[英]罗伯特·A. 福尔奇克 (Robert A. Forczyk)——著　　顾剑 朱任东——译

东线坦克战
1941—1945

全2册

江苏凤凰文艺出版社
JIANGSU PHOENIX LITERATURE AND
ART PUBLISHING, LTD

图书在版编目（CIP）数据

东线坦克战：1941-1945：全2册 /（英）罗伯特·
A. 福尔奇克 (Robert A. Forczyk) 著；顾剑，朱任东
译 . —— 南京：江苏凤凰文艺出版社，2019.12
书名原文：Tank Warfare on the Eastern Front
1941-1942: Schwerpunkt；Tank Warfare on the
Eastern Front 1943-1945: Red Steamroller
ISBN 978-7-5594-4258-1

Ⅰ.①东… Ⅱ.①罗… ②顾… ③朱… Ⅲ.①第二次
世界大战 – 坦克 – 战争史 – 史料 Ⅳ.① E195.2
② E923.1

中国版本图书馆 CIP 数据核字 (2019) 第 265404 号

TANK WARFARE ON THE EASTERN FRONT 1941-1942: SCHWERPUNKT by ROBERT A. FORCZYK
TANK WARFARE ON THE EASTERN FRONT 1943-1945: RED STEAMROLLER by ROBERT A. FORCZYK
Copyright:©ROBERT A. FORCZYK 2016
This edition arranged with Pen & Sword books Limited through Big Apple Agency, Inc., Labuan, Malaysia.
Simplified Chinese edition copyright:2019 ChongQing Zven Culture communication Co., Ltd
All rights reserved.

版贸核渝字（2018）第030、第031号

东线坦克战：1941-1945：全2册

[英] 罗伯特·A. 福尔奇克 (Robert A. Forczyk)　著　　顾剑　朱任东　译

责任编辑　王　青

特约编辑　王雨涵

装帧设计　杨静思　周　杰

出版发行　江苏凤凰文艺出版社

　　　　　南京市中央路 165 号，邮编：210009

网　　址　http://www.jswenyi.com

印　　刷　重庆长虹印务有限公司

开　　本　787mm×1092 mm 1/16

印　　张　41.5

字　　数　634 千字

版　　次　2019 年 12 月第 1 版　2019 年 12 月第 1 次印刷

书　　号　ISBN 978-7-5594-4258-1

定　　价　189.80 元（全 2 册）

江苏凤凰文艺版图书凡印刷、装订错误可随时向承印厂调换

"东线文库"总序

　　泛舟漫长的人类战争史长河，极目四望，迄今为止，尚未有哪场陆战能在规模上超过二战时期的苏德战争。这场战争挟装甲革命与重工业革命之双重风潮，以德、苏两大军事体系20年军改成果为孤注，以二战东线战场名扬后世。强强相撞，伏尸千里；猛士名将，层出不穷。在核恐怖强行关闭大国全面战争之门70年后的今天，回首望去，后人难免惊为绝唱。在面对那一串串数字和一页页档案时，甚至不免有传说时代巨灵互斫之苍茫。其与今人之距离，似有千年之遥，而非短短的七十春秋。

　　但是，如果我们记得，即便是在核武器称雄的时代，热战也并未绝迹，常规军事力量依然是大国达成政治诉求的重要手段；而苏德战争的胜利者苏联，又正是冷战的主角之一，直到今天，苏系武器和苏式战法的影响仍具有全球意义。我们就会发现，这场战争又距离我们是如此之近。

　　要知道这场战争究竟离我们有多近，恰恰要先能望远——通过对战争史和军事学说发展史的长程回顾，来看清苏德战争的重大意义。

　　正如俾斯麦所言："愚人执着于自己的体验，我则师法他者的经验。"任何一个人、一个组织的直接体验总是有限的，但如能将别人的间接经验转化为自己的直接体验，方是智者之所为。更高明的智者又不仅仅满足于经验的积累，而是能够突破经验主义的局限，通过学说创新形成理论体系，从而在经验和逻辑、事实与推理之间建立强互动，实现真正的以史为鉴和鉴往知来。

　　无怪乎杜普伊会说："军事历史之所以对军事科学的发展至关重要，是因为军事科学不像大多数其他学科那样，可在实验室里验证它们的理论和假说。军事试验的种种形式，如野战演习、对抗演习和实兵检验等，都永远不会再现战争的基本成分：致命环境下对死亡的恐惧感。此类种种试验无疑是非常有益的，但是，这种益处也只能是在一定程度上的。"[1]但这绝不等于说战争无法研究，只能在战争中学战争。突破的关键即在于如何发挥好战争史研究的作用。所以杜普伊接着强调："像天文学一样，军事科学也是一门观测科学。正如天文学家把天体作为实验室（研究对象），而军人的真正的实验室则永远是军事历史。"[2]

从这个角度上讲，苏德战争无疑是一个巨型实验室，而且是一个直接当下，具有重大特殊意义的实验室。

回顾战争史册，不难发现，受技术手段的局限，战场的范围长期局限在指挥官的目力范围之内。故而，在这个时期，战争行为大致可以简化为两个层级，一为战略（strategy），一为战术（tactic）。

战术是赢得战斗的方法，战略则是赢得战争的方法。战之术可以直接构成战之略的实施手段。一般而言，战争规模越有限，战争结局越由战斗决定，战略与战术的边界便越模糊，甚至可以出现"一战定乾坤"的戏剧性结局。这又进一步引发出战局和会战两个概念。

所谓战局，就是英语中的Campaign，俄语的кампания，德语的Feldzug。Campaign的词源是campus，也就是营地。因为在罗马时代，受当时的技术条件限制，军队每年会有一个固定的季节性休战期，是为宿营时期。这样就可以很清晰地划分出以年度为单位的"战局"。相对不同的是德语Feldzug的词根有拖、拉、移动的意思，对弈中指移动棋子。已隐约可见机动战的独特传统。但三方对战局的理解、使用并无本质不同。

而会战（英语中的Battle，俄语的Битва，德语的Schlacht）则是战斗的放大。换言之，在早期西方军事学说体系中，战略对应战局，战术对应战斗，而"会战"则是战略与战术的交汇地带，战局与战斗的中间产物。在早期冷兵器战争时代，会战较为简单，很多时候就是一个放大的战术行动和缩小的战略行动。但是，随着技术的变革，社会结构、动员体系、战争规模的巨变，会战组织越来越复杂，越来越专业，逐渐成为一个独立于战略和战术之外的层级。拿破仑的战争艺术，归根结底其实就是会战的艺术。

但是，拿破仑并未发展出一套会战学说，也没有形成与之相表里的军事制度和军事教育体系，反而过于依赖自己的个人天赋，从而最终走向不归路。得风气之先的是普鲁士军队的改革派三杰（沙恩霍斯特、格奈瑟瑙、克劳塞维茨），收功者则是促成德意志统一的老毛奇。普德军事体系的发展壮大，正是研究透彻了拿破仑又超越了拿破仑，在战略和战术之间增加了一个新层级——Operation，从根本上改变了军事指挥和军事学术研究范式。所谓

"Operation"，本有操作、经营、（外科）手术等多层含义，其实就是战略实施中的落实性操作，是因为战术已经无法直接构成战略的实施手段而增加的新环节。换言之，在德军军事体系中，Operation 是一个独立的、高度专业化的军事行动层级。

与之相表里，普德军事系统又形成了现代参谋制度，重新定义了参谋，并形成了以参谋军官为核心的现代军官团，和以参谋教育为核心的现代军校体系。总参谋部其实是一个集研究、教育、指挥为一体的复合结构。参谋总长管理陆军大学，而陆军大学的核心课程即为战争史研究，同时负责将相关研究兵棋化、实战化、条令化。这种新式参谋主要解决的就是 Operation Level 的问题，这与高级统帅思考战略问题，基层军官、士官思考战术问题正相等同。

普法战争后，普鲁士式总参谋部制度迅速在全球范围内扩散，举凡英法俄美意日等列强俱乐部成员国，无不效法。但是，这个制度的深层驱动力——Operation Level 的形成和相应学说创新，则长期为德军秘而不宣，即便是其亲传弟子，如保加利亚，如土耳其，如日本，均未得其门径窍奥，其敌手如法，如英，如俄，如美，亦均茫然不知其所以然。

最早领悟到德军作战层级独创性和重要性的军队，正是一战后涅槃重生的苏联红军。

苏军对德语的 Operation 进行了音译，是为 Операция，也就是日后中苏合作时期经苏联顾问之手传给我军的"战役"概念。换言之，所谓战役学，其实就是苏军版的 Operation 学说。而美军要到冷战期间才明白这一点，并正式修改其军事学说，在 Strategy 和 Tactic 之间增设 Operation 这个新层级。

与此同时，英美体系虽然在战役学层次反应迟钝，却看到了德、苏没有看到的另一个层次的变化——战争的巨变不仅发生在传统的战略、战术之间，更发生在战略之上。

随着战争本身的专业性日趋强化，军人集团在战争中的发言权无形中也被强化，而文官和文人战略家对战争的介入和管控力逐渐弱化。但正如克劳塞维茨强调指出的那样，战争是政治的延续[3]。因而，战争只是手段，不是目的。无论军事技术如何变化，这一个根本点不会变化。但现代战争的发展却导致了手段高于目的的客观现实,终于在一战中造成了莫大的灾难。战争的胜利不等于政治的胜利这一基本事实,迫使战争的胜利者开始反思固有战争理论的局限性,逐渐形成了"大战略"(Grand Strategy)的观念,这就在英美体系中形成了大战略(又称国家战略、总体战略、高级战略)、分类战略(包括军事战略、经济战略、外交战略、文化战略等)、战术的三级划分。大战略不再像传统战略那样执着于打赢战争,而是追求战争背后的终极目标——政治目的。因为此种战略在国家最高决策层面运作,所以美国学界又将大战略称为国家战略。用美国国防部的定义来说明,即:"国家战略是平时和战时在使用武装力量的同时,发展和运用国家的政治、经济和心理力量,以实现国家目标的艺术和科学。"

冷战初期,美国以中央情报局、国家安全委员会、民营战略智库(如兰德公司)、常青藤联盟高校人才库相呼应的制度创新,其实就是建立在大战略学说领先基础上的国家安全体系创新[4]。而德军和苏军受传统"战略—战局"概念的束缚,均未看清这一层变化,故而在宏观战略指导上屡屡失误,只能仰赖希特勒、斯大林这样的战略怪才,以杰出个体的天赋弥补学说和制度的不足,等于又回到了拿破仑困境之中。

从这个角度上看二战,苏德战争可以说是两个走在战役学说创新前列的军事体系之间的超级碰撞。同为一战失败者的德、苏,都面对一战式的堑壕难题,且都嗅到了新时代的空气。德国的闪电战与苏军的大纵深战役,其实是两国改革派精英在同一场技术革命面前,对同一个问题所做出的不同解答。正是这种军事学说的得风气之先,令两国陆军在军改道路上走在列强前列。二战期间两国彗星撞地球般的碰撞,更进一步强化了胜利者的兼容并蓄。冷战期间,苏军的陆战体系建设,始终以这个伟大胜利为基石,不断深化。

在这个基础上再看冷战,就会发现,其对抗实质是美式三级体系(大战略、战略、战术)与苏式三级体系(战略、战役、战术)的对抗。胜负关键在于谁能先吸取对方之所长,弥补己方之所短。结果,苏联未能实现大战略的突破,建立独立自主的大战略学说、制度、教育体系。美国却在学科化的战略学、国际政治学和战争史研究的基础上,建立了自己的 Operation Level,并借力新一轮技术变革,对苏军进行创造性的再反制。这个连环反制竞争链条,一直延续到今天。虽然苏军已被清扫出局，但这种反制的殷鉴得失却不会消失，值得所有国家的军人和战史研究者注目。而美国借助遏制、接触战略，最终兵不血刃地从内部搞垮苏联，亦非偶然。

正是这种独特的历史地位，决定了东线史的独特重要性，东线研究本身也因而成为另一部波澜壮阔的历史。

可以说，苏军对苏德战争最具切肤之痛，在战争期间就不断总结经验教训。二战后，这个传统被继承下来，形成了独特的苏军式研究。与此同时，美国在二战刚刚结束之际就开始利用其掌握的资料和德军将领，进行针对苏军的研究。众多德军名将被要求撰写关于东线作战的报告[5]。但是，无论是苏军的研究还是美军的研究，都是内部进行的闭门式研究。这些成果，要到很久之后，才能公之于世。而世人能够看到的苏德战争著述，则是另一个景象。

二战结束后的最初 15 年，是宣传品与回忆录互争雄长的 15 年。作为胜利者的苏联，以君临天下的优越感，刊行了一大批带有鲜明宣传色彩的出版物[6]。与之相对应，以古德里安、曼施坦因等亲身参与东线鏖战的德国军人为代表的另一个群体，则以回忆录的形式展开反击[7]。这些书籍因为是失败者痛定思痛的作品，著述者本人的军事素养和文笔俱佳，故而产生了远胜过苏联宣传史书的影响力，以至于很多世人竟将之视为信史。直到德国档案资料的不断披露，后人才逐渐意识到，这些名将回忆录因成书年代的特殊性，几乎只能依赖回忆者的主观记忆，而无法与精密的战史资料互相印证。同时，受大环境的影响，这些身为楚囚的德军将领大多谋求：一，尽量撇清自己的战争责任；二，推卸战败责任（最常用的手法就是将所有重大军事行动的败因统统归纳为希特勒的瞎指挥）；三，宣传自身价值（难免因之贬低苏联和苏军）。而这几个私心又迎合了美国的需求：一，尽快将西德纳入美国领导的反苏防务体系之中，故而必须让希特勒充分地去当替罪羊，以尽快假释相关军事人才；二，要尽量抹黑苏联和苏军，以治疗当时弥漫在北约体系内的苏联陆军恐惧症；三，通过揭批纳粹政体的危害性，间接突显美国制度的优越性。

此后朱可夫等苏军将领在后斯大林时代刊行的回忆录，一方面固然是苏联内部政治生态变化的产物，但另一方面也未尝不可说是对前述德系著述的回击。然而，德系回忆录的问题同样存在于苏系回忆录之中。两相对比，虽有互相校正之效，但分歧、疑问更多，几乎可以说是此亦一是非、彼亦一是非，俨然是在讲两场时空悬隔的战争。

结果就是，苏德战争的早期成果，因其严重的时代局限性，而未能形成真正的学术性突破，反而为后人的研究设置了大量障碍。

进入 20 世纪 60 年代，虽然各国关于东线的研究越来越多，出版物汗牛充栋，但摘取桂冠的仍然是当年的当事人一方。幸存的纳粹党要员保罗·卡尔·施密特（Paul Karl Schmidt）化名保罗·卡雷尔（Paul Carell），在已有研究的基础上，大量使用德方资料，并对苏联出版物进行了尽量全面的搜集使用，更对德国方面的幸存当事人进行了广泛的口述历史采访，在 1964 年、1970 年相继刊行了德军视角下的重量级东线战史力作——《东进：1941—1943 年的苏德战争》和《焦土：1943—1944 年的苏德战争》[8]。

进入 20 世纪 70 年代后，研究趋势开始发生分化。北约方面可以获得的德方档案资料越来越多，苏方亦可通过若干渠道获得相关资料。但是，苏联在公布己方史料时却依然如故，仅对内进行有限度的档案资料公布。换言之，苏联的研究者较之于北约各国的研究者，掌握的史料更为全面。但是，苏联方面却没有产生重量级的作品，已经开始出现军事学说的滞后与体制限制的短板。

结果，在这个十年内，最优秀的苏德战争著作之名被英国军人学者西顿（Albert Seaton）的《苏德战争》摘取[9]。此时西方阵营的二战研究、希特勒研究和德军研究均取得重大突破，在这个整体水涨的背景下，苏德战争研究自然随之船高。而西顿作为英军中公认的苏军及德军研究权威，本身即带有知己知彼的学术优势，同时又大力挖掘了德国方面的档案史料，从而得以对整个苏德战争进行全新的考订与解读。

继之而起者则有西方学者约翰·埃里克森（John Ericsson）与厄尔·齐姆克（Earl F. Ziemke）。

和西顿一样，埃里克森（1929 年 4 月 17 日—2002 年 2 月 10 日）也曾在英军中服役。不同之处则在于：

其一，埃里克森的研究主要是在退役后完成。他先是进入剑桥大学圣约翰学院深造，1956 年苏伊士运河危机爆发后作为苏格兰边民团的一名预备军官被重新征召入役。危机结束后，埃里克森重启研究工作，1958 年进入圣安德鲁大学担任讲师，开始研究苏联武装力量。1962 年，埃里克森首部著作《苏联统帅部：1918—1941 年》出版，同年在曼彻斯特大学出任高级讲师。1967 年进入爱丁堡大学高级防务研究所任职，1969 年成为教授，研究重心逐渐转向苏德战争。

其二，埃里克森得益于两大阵营关系的缓和，能够初步接触苏军资料，并借助和苏联同行的交流，校正之前过度依赖德方档案导致的缺失。而苏联方面的战史研究也取得了较大的进展，足以为这种校正提供参照系，而不像五六十年代时那样只能提供半宣传品性质的承旨之作。同时，埃里克森对轴心国阵营的史料挖掘也更全面、细致，远远超过了之前的同行。关于这一点，只要看一看其著述后面所附录的史料列目，即可看出苏德战争研究的史料学演进轨迹。

埃里克森为研究苏德战争，还曾专程前往波兰，拜会了苏军元帅罗科索夫斯基。这个非同凡响的努力成果，就是名动天下的"两条路"。

所谓"两条路"，就是 1975 年刊行的《通往斯大林格勒之路》与 1982 年刊行的《通往柏林之路》[10]。正是靠了这两部力作，以及大量苏军研究专著[11]，埃里克森在 1988—1996 年间成为爱丁堡大学防务研究中心主任。

厄尔·齐姆克（1922 年 12 月 16 日—2007 年 10 月 15 日）则兼有西顿和埃里克森的身影。出生于威斯康星州的齐姆克虽然在二战中参加的是对日作战，受的也是日语训练，却在冷战期间华丽转型，成为响当当的德军和苏军研究权威。曾在硫磺岛作战中因伤获得紫心勋章的齐姆克，战后先是在天津驻扎，随后复员回国，通过军人权利法案接受高等教育，1951 年在威斯康星大学获得学位。1951—1955 年，他在哥伦比亚的应用社会研究所工作，1955—1967 年进入美国陆军军史局成为一名官方历史学家，1967—1977 年在佐治亚大学担任全职教授。其所著《柏林战役》《苏维埃压路机》《从斯大林格勒到柏林》《从莫斯科到斯大林格勒》《德军东线北方战区作战报告，1940—1945 年》《红军，1918—1941 年：从世界革命的先锋到美国的盟友》等书[12]，对苏德战争、德军研究和苏军研究均做出了里程碑般的贡献，与埃里克森堪称双峰并峙、二水分流。

当《通往柏林之路》刊行之时，全球苏德战争研究界人士无人敢想，仅仅数年之后，苏联和华约集团便不复存在。苏联档案开始爆炸性公布，苏德战争研究也开始进入一个前人无法想象的加速发展时代，甚至可以说是一个在剧烈地震、风暴中震荡前行的时代。在海量苏联史料的冲击下，传统研究纷纷土崩瓦解，军事界和史学界的诸多铁案、定论也纷纷根基动摇。埃里克森与齐姆克的著作虽然经受住了新史料的检验，但却未能再进一步形成新方法的再突破。更多的学者则汲汲于立足新史料，急求转型。连保罗·卡雷尔也奋余勇，在去世三年前的1993年刊行了《斯大林格勒：第6集团军的覆灭》。奈何宝刀已老，时过境迁，难以再掀起新的时代波澜了。

事实证明，机遇永远只向有准备、有行动力的人微笑，一如胜利天平总是倾斜于能率先看到明天的一方。风起云涌之间，新的王者在震荡中登顶，这位王者就是美国著名苏军研究权威——戴维·格兰茨（David Glantz）。

作为一名参加过越战的美军基层军官，格兰茨堪称兼具实战经验和学术积淀。1965 年，格兰茨以少尉军衔进入美国陆军野战炮兵服役，并被部署到越南平隆省的美国陆军第 2 军的"火力支援与协调单元"（Fire Support Coordination Element，FSCE，相当于军属野战炮兵的指挥机构）。1969 年，格兰茨返回美国，在陆军军事学院教授战争史课程。1973 年 7 月 1 日，美军在陆军训练与条令司令部下开设陆军战斗研究中心（Combat Studies Institute，CSI），格兰茨开始参与该中心的苏军研究项目。1977—1979 年他出任美国驻欧陆军司令部情报参谋办公室主任。1979 年成为美国陆军战斗研究所首席研究员。1983 年接掌美国陆军战争学院（United States Army War College）陆战中心苏联陆军作战研究处（Office of Soviet Army Operations at the Center for Land Warfare）。1986 年，格兰茨返回利文沃思堡，组建并领导外国军事研究办公室（Foreign Military Studies Office，FMSO）。在这漫长的研究过程中，格兰茨不仅与美军的苏军研究同步前进，而且组织翻译了大量苏军史料和苏方战役研究成果[13]。

1993 年，年过半百的格兰茨以上校军衔退役。两年后，格兰茨刊行了里程碑著作《巨人的碰撞》[14]。这部苏德战争新史，系格兰茨与另一位美国军人学者乔纳森·M. 豪斯（Jonathan M. House）合著，以美军的苏军研究为基石，兼顾苏方新史料，气势恢宏地重构了苏德战争的宏观景象。就在很多人将这本书看作格兰茨一生事功的收山之作的时候，格兰茨却老当益壮，让全球同行惊讶地发现，这本书根本不是终点线，而是格兰茨真正开始斩将搴旗、攻城略地的起跑线：

1998 年刊行《泥足巨人：苏德战争前夕的苏联军队》[15]《哈尔科夫：1942 年东线军事灾难的剖析》[16]。

1999 年刊行《朱可夫最大的败仗：红军 1942 年"火星"行动的惨败》[17]《库尔斯克会战》[18]。

2001 年刊行《巴巴罗萨：1941 年希特勒入侵俄罗斯》[19]《列宁格勒之围 1941—1944，900 天的恐怖》[20]。

2002 年刊行《列宁格勒会战：1941—1944》[21]。

2003 年刊行《斯大林格勒会战之前：巴巴罗萨，希特勒对俄罗斯的入侵》[22]《八月风暴：苏军在满洲的战略攻势》[23]《八月风暴：苏联在满洲的作战与战术行动》[24]。

2004 年与马克·里克曼斯波尔（Marc J. Rikmenspoel）刊行《屠戮之屋：东线战场手册》[25]。

2005 年刊行《巨人重生：大战中的苏联军队》[26]。

2006 年刊行《席卷巴尔干的红色风暴：1944 年春苏军对罗马尼亚的攻势》[27]。

2009 年开始刊行《斯大林格勒三部曲·第一部：兵临城下》[28]和《斯大林格勒三部曲·第二部：决战》[29]。

2010 年刊行《巴巴罗萨脱轨：斯摩棱斯克交战（1941 年 7 月 10 日—9 月 10 日）·第一卷》[30]。

2011 年刊行《斯大林格勒之后：红军的冬季攻势》[31]。

2012 年刊行《巴巴罗萨脱轨：斯摩棱斯克交战（1941 年 7 月 10 日—9 月 10 日）·第二卷》[32]。

2014 年刊行《巴巴罗萨脱轨：斯摩棱斯克交战（1941 年 7 月 10 日—9 月 10 日）·第三卷》[33]《斯大林格勒三部曲·第三部：终局》[34]。

2015 年刊行《巴巴罗萨脱轨：斯摩棱斯克交战（地图集）·第四卷》[35]。

2016 年刊行《白俄罗斯会战：红军被遗忘的战役 1943 年 10 月—1944 年 4 月》[36]。

这一连串著述列表，不仅数量惊人，质量亦惊人。盖格兰茨之苏德战史研究，除前述立足美军对苏研究成果、充分吸收新史料及前人研究成果这两大优势之外[37]，还有第三个重要优势，即立足战役层级，竭力从德军和苏军双方的军事学说视角，双管齐下，珠联璧合地对苏德战争中的重大战役进行深度还原。

其中，《泥足巨人》与《巨人重生》二书尤其值得国人注目。因为这两部著作不仅正本清源地再现了苏联红军的发展历程，而且将这个历程放在学说构造、国家建设、军事转型的大框架内进行了深入检讨，对我国今日的军事改革和军事转型研究均具有无可替代的重大意义。

严谨的史学研究和实战导向的军事研究在这里实现了完美结合。观其书，不仅可以重新认识那段历史，而且可以对美军专家眼中的苏军和东线战史背后的美军学术思想进行双向感悟。而格兰茨旋风业已在多个国家掀起重重波澜。闻风而起者越来越多，整个苏德战争研究正在进入新一轮的水涨阶段。

如道格拉斯·纳什（Douglas Nash）的《地狱之门：切尔卡瑟战役1944.1—1944.2》（2002）[38]，小乔治·尼佩（George Nipe Jr.）的《在乌克兰的抉择：1943年夏季东线德国装甲作战》（1996）[39]、《最后的胜利》（2000）[40]以及《鲜血·钢铁·神话：武装党卫队第2装甲军与通往普罗霍罗夫卡之路》（2013）[41]均深得作战研究之精髓，且能兼顾史学研究之严谨，从而将老话题写出新境界。

此外，旅居柏林多年的新西兰青年学者戴维·斯塔勒（David Stahel）于2009年刊行的《"巴巴罗萨"与德国在东线的失败》[42]，以及美国杜普伊研究所所长、阿登战役与库尔斯克战役模拟数据库的项目负责人克里斯托弗·劳伦斯（Christopher A. Lawrence）2015年刊行的《库尔斯克：普罗霍罗夫卡之战》[43]，均堪称卓尔不群，又开新径。前者在格兰茨等人研究的基础上，重新回到德国视角，探讨了巴巴罗萨作战的复杂决策过程。整书约40%的内容是围绕决策与部署写作的，揭示了德国最高统帅部与参谋本部等各部门的战略、作战观念差异，以及战前一系列战术、技术、后勤条件对实战的影响，对"巴巴罗萨"作战——这一人类历史上最宏大的地面作战行动进行了精密的手术解剖。后者则将杜普伊父子的定量分析战史法这一独门秘籍发扬到极致，以 1662 页的篇幅和大量清晰、独特的态势图，深入厘清了普罗霍罗夫卡之战的地理、兵力、技战术和战役部署，堪称兼顾宏观、中观、微观的全景式经典研究。曾在英军中服役的高级军医普里特·巴塔（Prit Buttar）同样以半百之年作老当益壮之后发先至，近年来异军突起，先后刊行了《普鲁士战场：苏德战争 1944—1945》（2010）、《巨人之间：第二次世界大战中的波罗的海战事》（2013）、《帝国的碰撞：1914 年东线战争》（2014）、《日耳曼优先：1915 年东线战场》（2015）、《俄罗斯的残息：1916—1917 年的东线战场》（2016）[44]。这一系列著作兼顾了战争的中观与微观层面，既有战役层级的专业剖析，又能兼顾具体人、事、物的栩栩如生。且从二战东线研究追溯到一战东线研究，溯本追源，深入浅出，是近年来不可多得的佳作。

行文及此，不得不再特别指明一点：现代学术著述，重在"详人之所略，略人之所详"。绝不可因为看了后出杰作，就将之前的里程碑著作束之高阁。尤其对中国这样的后发国家而言，更不能限在"第六个包子"的思维误区中。所谓后发优势，无外乎是能更好地以史为鉴，以别人的筚路蓝缕为我们的经验教训。故而，发展是可以超越性布局的，研究却不能偷懒。最多是随着研究的深入，实现阅读、写作的加速度，这是可取的。但怀着投机取巧的心态，误以为后出者为胜，从而满足于只吃最后一个包子，结果必然是欲速不达，求新而不得新。

反观我国的苏德战史研究，恰处于此种状态。不仅新方法使用不多，新史料译介有限，即便是经典著述，亦乏人问津。更值得忧虑之处在于，基础学科不被重视，军事学说研究和严肃的战争史研究长期得不到非军事院校的重视，以致连很多基本概念都没有弄清。

以前述战局、战役、会战为例：

汉语	战局	战役	会战
英语	Campaign	Operation	Battle
俄语	кампания	Операция	Битва
德语	Feldzug	Operation	Schlacht

比如科贝特的经典著作 *The Campaign of Trafalgar*[45]，就用了 "Campaign" 而非 "Battle"，原因就在于这本书包含了战略层级的博弈，而且占据了相当重要的篇幅。这其实也正是科贝特极其自负的一点，即真正超越了具体海战的束缚，居高临下又细致入微地再现了特拉法尔加之战的前因后果，波澜壮阔。故而，严格来说，这本书应该译作 "特拉法尔加战局"。

我国军事学术界自晚清以来就不甚重视严肃的战争史研究和精准的学说体系建立。国民党军队及其后身——今日的台军，长期只有一个 "会战" 概念，后来虽然引入了 Operation 层级，但真正能领悟其实质者甚少[46]，而且翻译为 "作战"，过于具象，又易于引发误解。相反，大陆方面的军事学术界用 "战役" 来翻译苏军的 Операция，胜于台军用 "作战" 翻译 Operation。因为战役的 "役" 也正如战略、战术之 "略" 与 "术"，带有抽象性，不会造成过于具象的刻板误解，而且战略、战役、战术的表述也更贯通流畅。但是，在对 "战役" 进行定义时，却长期没有立足战争史演变的实践，甚至形成如下翻译：

汉语	作战、行动	战役	会战
英语	Operation	Campaign Operation Battle	Battle Operation
俄语	—	Операция кампания	Битва
德语	Operation	Feldzug Operation	Schlacht Operation

但是，所谓 "会战" 是一个仅存在于国—台军的正规军语中的概念。在我军的严格军事学术用语中，并无此一概念。所以才会有 "淮海战役" 与 "徐蚌会战" 的不同表述。实质是长期以来用 "战役" 一词涵盖了 Campaign、Operation 和 Battle 三个概念，又没有认清苏俄军事体系中的 Операция 和英德军语中的 Operation 实为同一概念。其中虽有小异，实具大同。而且，这个概念虽然包含具体行动，却并非局限于此，而是一个抽象军事学说体系中的层级概念。而这个问题的校正、解决又绝非一个语言问题、翻译问题，而是一个思维问题、学说体系建设问题。

正因为国内对苏德战争的理解长期满足于宣传品、回忆录层级的此亦一是非、彼亦一是非，各种对苏军（其实也包括了对德军）的盲目崇拜和无知攻击才会同时并进、甚嚣尘上。

因此之故，近数年来，我多次向多个出版大社建议，出版一套"东线文库"，遴选经典，集中推出，以助力于中国战史研究发展和军事学术范式转型。其意义当不限于苏德战史研究和二战史研究范畴。然应之者众，行之者寡。直到今年六月中旬，因缘巧合认识了指文公司的罗应中，始知指文公司继推出卡雷尔的《东进：1941—1943 年的苏德战争》《焦土：1943—1944 年的苏德战争》，巴塔的《普鲁士战场：苏德战争 1944—1945》和劳斯、霍特的回忆录《装甲司令：艾哈德·劳斯大将东线回忆录》《装甲作战：赫尔曼·霍特与"巴巴罗萨"行动中的第 3 装甲集群》之后，在其组织下，小小冰人等国内二战史资深翻译名家们，已经开始紧锣密鼓地翻译埃里克森的"两条路"，并以众筹方式推进格兰茨《斯大林格勒》三部曲之翻译。经过一番沟通，罗先生对"东线文库"提案深以为然，乃断然调整部署，决定启动这一经典战史译介计划，并与我方团队强强联合，以鄙人为总策划，共促盛举，以飨华语读者。罗先生并嘱我撰一总序，以为这一系列的译介工作开宗明义。对此，本人自责无旁贷，且深感与有荣焉。

是为序。

*王鼎杰，知名战略、战史学者，主张从世界史的角度看中国，从大战略的视野看历史。著有《复盘甲午：重走近代中日对抗十五局》《李鸿章时代》《当天朝遭遇帝国：大战略视野下的鸦片战争》。现居北京，从事智库工作，致力于战略思维传播和战争史研究范式革新。

注释

1. ［美］T. N. 杜普伊，《把握战争——军事历史与作战理论》，北京：军事科学出版社，2001 年，第 2 页。

2. 同上。

3. ［德］克劳塞维茨，《战争论》，第 1 册，北京：商务印书馆，1995 年，第 43—44 页。

4. 这就是为什么很多优秀制度被一些后发国家移植后往往不见成效，甚至有反作用的根源。其原因并非文化的水土不服，而是忽视了制度背后的学说创新。

5. 战争结束后美国陆军战史部（Historical Division of the U.S.Army）即成立德国作战史分部［Operational History（German）Section］，监督被俘德军将领，包括蔡茨勒、劳斯、霍特等人，撰写东线作战的回忆录，劳斯与霍特将军均以"装甲作战"（Panzer Operation）为主标题的回忆录即诞生于这一时期。可参见：［奥］艾哈德·劳斯著，［美］史蒂文·H. 牛顿编译，邓敏译、赵国星审校，《装甲司令：艾哈德·劳斯大将东线回忆录》，北京：中国长安出版社，2015 年 11 月第一版。［德］赫尔曼·霍特著，赵国星译，《装甲作战：赫尔曼·霍特大将战争回忆录》，北京：中国长安出版社，2016 年 3 月第一版。

6. 如国内在 20 世纪五六十年代译介的《苏联伟大卫国战争史》《苏联伟大卫国战争简史》《斯大林的军事科学与苏联伟大卫国战争》《苏军在伟大卫国战争中的辉煌胜利》等。

7. 此类著作包括古德里安的自传《闪击英雄》、曼施坦因的自传《失去的胜利》、梅林津所写的《坦克战》、蒂佩尔斯基希的《第二次世界大战史》等。

8. Paul Carell, *Hitler Moves East, 1941—1943*, New York: Little, Brown; First Edition edition, 1964; Paul Carell, *Scorched Earth*, London: Harrap; First Edition edition, 1970.

9. Albert Seaton, *The Russo−German War 1941—1945*, Praeger Publishers; First Edition edition, 1971.

10. John Ericsson, *The Road to Stalingrad: Stalin's War with Germany* (Harper&Row, 1975); John Ericsson, *The Road to Berlin: Continuing the History of Stalin's War With Germany* (Westview, 1983).

11. John Ericsson, *The Soviet High Command 1918—1941: A Military−Political History* (Macmillan, 1962); *Panslavism* (Historical Association, 1964); *The Military−Technical Revolution* (Pall Mall, 1966); *Soviet Military Power* (Royal United Services Institute, 1976); *Soviet Military Power and Performance* (Archon, 1979); *The Soviet Ground Forces: An Operational Assessment* (Westview Pr, 1986); *Barbarossa: The Axis and the Allies* (Edinburgh, 1994); *The Eastern Front in Photographs: From Barbarossa to Stalingrad and Berlin* (Carlton, 2001).

12. Earl F. Ziemke, *Battle for Berlin: End of the Third Reich* (Ballantine Books, 1972); *The Soviet Juggernaut* (Time Life, 1980); *Stalingrad to Berlin: The German Defeat in the East* (Military Bookshop, 1986); *Moscow to Stalingrad: Decision in the East* (Hippocrene, 1989); *German Northern Theatre Of Operations 1940—1945* (Naval&Military, 2003); *The Red Army, 1918—1941: From Vanguard of World Revolution to US Ally* (Frank Cass, 2004).

13. 这些翻译成果包括：*Soviet Documents on the Use of War Experience*, I，II，III (Routledge,1997); *The Battle for Kursk 1943: The Soviet General Staff Study* (Frank Cass,1999); *Belorussia 1944: The Soviet General Staff Study* (Routledge, 2004); *The Battle for L'vov: The Soviet General Staff Study* (Routledge,2007); *Battle for the Ukraine: The Korsun'−Shevchenkovskii Operation* (Routledge, 2007).

14. David M. Glantz&Jonathan M. House, *When Titans Clashed: How the Red Army Stopped Hitler,*

University Press of Kansas; First Edition edition, 1995.

15. David M. Glantz, *Stumbling Colossus: The Red Army on the Eve of World War* (Kansas, 1998).

16. David M. Glantz, *Kharkov 1942: Anatomy of a Military Disaster* (Sarpedon, 1998).

17. David M. Glantz, *Zhukov's Greatest Defeat: The Red Army's Epic Disaster in Operation Mars* (Kansas, 1999).

18. David M. Glantz&Jonathan M House, *The Battle of Kursk* (Kansas, 1999).

19. David M. Glantz, *Barbarossa: Hitler's Invasion of Russia 1941* (Stroud, 2001).

20. David M. Glantz, *The Siege of Leningrad, 1941—1944: 900 Days of Terror* (Brown, 2001).

21. David M. Glantz, *The Battle for Leningrad, 1941—1944* (Kansas，2002).

22. David M. Glantz, *Before Stalingrad: Barbarossa, Hitler's Invasion of Russia 1941* (Tempus, 2003).

23. David M. Glantz, *The Soviet Strategic Offensive in Manchuria, 1945: August Storm* (Routledge，2003).

24. David M. Glantz, *The Soviet Operational and Tactical Combat in Manchuria, 1945: August Storm* (Routledge, 2003).

25. David M. Glantz&Marc J. Rikmenspoel, *Slaughterhouse: The Handbook of the Eastern Front* (Aberjona, 2004).

26. David M. Glantz, *Colossus Reborn: The Red Army at War, 1941—1943* (Kansas, 2005).

27. David M. Glantz, *Red Storm Over the Balkans: The Failed Soviet Invasion of Romania, Spring 1944* (Kansas, 2006).

28. David M. Glantz&Jonathan M. House, *To the Gates of Stalingrad: Soviet—German Combat Operations, April—August 1942* (Kansas, 2009).

29. David M. Glantz&Jonathan M. House, *Armageddon in Stalingrad: September—November 1942* (Kansas, 2009).

30. David M. Glantz, *Barbarossa Derailed: The Battle for Smolensk,Volume 1, 10 July—10 September 1941* (Helion&Company, 2010).

31. David M. Glantz, *After Stalingrad: The Red Army's Winter Offensive 1942—1943* (Helion&Company, 2011).

32. David M. Glantz, *Barbarossa Derailed: The Battle for Smolensk,Volume 2, 10 July—10 September 1941* (Helion&Company, 2012).

33. David M. Glantz, *Barbarossa Derailed: The Battle for Smolensk,Volume 3, 10 July—10 September 1941* (Helion&Company, 2014).

34. David M. Glantz&Jonathan M. House, *Endgame at Stalingrad: December 1942—February 1943* (Kansas, 2014).

35. David M. Glantz, *Barbarossa Derailed: The Battle for Smolensk,Volume 4, Atlas* (Helion&Company, 2015).

36. David M. Glantz&Mary Elizabeth Glantz, *The Battle for Belorussia: The Red Army's Forgotten Campaign of October 1943—April 1944* (Kansas, 2016).

37. 格兰茨的研究基石中，很重要的一块就是马尔科姆·马金托什（Malcolm Mackintosh）的研究成果。之所以正文中未将之与西顿等人并列，是因为马金托什主要研究苏军和苏联政策、外交，而没有进行专门的苏德战争研究。但其学术地位及对格兰茨的影响是不容忽视的。

38. Douglas Nash, *Hell's Gate: The Battle of the Cherkassy Pocket, January—February 1944* (RZM, 2002).

39. George Nipe Jr. , *Decision in the Ukraine: German Panzer Operations on the Eastern Front, Summer 1943* (Stackpole, 1996).

40. George Nipe Jr. , *Last Victory in Russia: The SS-Panzerkorps and Manstein's Kharkov Counteroffensive, February—March 1943* (Schiffer, 2000).

41. George Nipe Jr. , *Blood, Steel, and Myth: The* Ⅱ . *SS-Panzer-Korps and the Road to Prochorowka* (RZM, 2013).

42. David Stahel, *Operation Barbarossa and Germany's Defeat in the East* (Cambridge, 2009).

43. Christopher A. Lawrence, *Kursk: The Battle of Prokhorovka* (Aberdeen, 2015).

44. 普里特·巴塔先生的主要作品包括：Prit Buttar, *Battleground Prussia: The Assault on Germany's Eastern Front 1944—1945* (Ospery, 2010); *Between Giants: The Battle of the Baltics in World War* Ⅱ (Ospery, 2013); *Collision of Empires: The War on the Eastern Front in 1914* (Ospery, 2014); *Germany Ascendant: The Eastern Front 1915* (Ospery, 2015); Russia's Last Gasp, *The Eastern Front, 1916—1917* (Ospery, 2016).

45. Julian Stafford Corbett, *The Campaign of Trafalgar* (Ulan Press, 2012).

46. 参阅：滕昕云，《闪击战——迷思与真相》，台北：老战友工作室／军事文粹部，2003 年。该书算是华语著作中第一部从德军视角强调"作战层级"重要性的著作。

序一

　　1986年2月，韩国杨平郡附近一片白雪茫茫，气温低至零下，我打开了一个只有在紧急情况下才能打开的木箱。由于我的坦克正在独自执行一项侦察任务，没有其他车辆协助，这似乎可以算是紧急情况了。为了抵达铁路终点的营集结地，我们不得不去爬一条倾斜角为30°的山路，但由于履带在冰雪地面上打滑，我们怎么也爬不上去。这个木箱来自德国，里面是一副雪地防滑齿，可以安装在履带上，增大和冰雪地面的啮合力。它是莱茵金属公司制造的，正是这家公司，在1941年—1942年的冬天把雪地防滑齿迅速运到了东线前线。40年后，美军买了几套试用，我很幸运地分到了一套，但被指示只有在绝对必要的情况下方可使用。我的车组和我花了不到一小时装好了防滑齿，开始爬山。它像尖牙一样嵌入冰雪，我们得以沿斜坡前进。然而，在－23摄氏度（－71华氏度）的低温下，防滑齿上的金属越来越脆弱，开始碎裂。每走20—30米，就会有一个金属齿断裂，碎片从履带上掉下来。终于，我们的坦克爬上斜坡回到营集结地，但所有的防滑齿都损坏了。美军决定不再购买这些看上去属于一次性的物品，尽管如此，现代坦克手还能受益于这项数十年前从东线的残酷战斗中产生的技术，我对此心存感激。事实上，我逐渐意识到，从那场战争的装甲战中我们还可以学到很多东西，这些东西在未来一段时间内仍将十分有用。

　　我不打算将此书写成日复一日的战事流水账，尽管有时会感觉如此；也不打算将此书写成一本关于"勇气和荣耀"的战斗故事集锦，虽然会提及一些有关的因素。相反，这本书将专注于战争中的战役和战术层次，回答红军怎样以及为何能击败号称不可战胜的第三帝国装甲部队。与装甲作战无关的部分将省略或删去，但我准备谈谈与坦克技术、生产和维修有关的很多问题，这些部分其他历史书籍通常不会涉及。我还打算在史料允许的范围内，从双方而不仅仅是一方的角度来讲述这些故事，不幸的是，之前有关东线的许多历史著作在这方面都是有欠缺的。

罗伯特·A. 福尔奇克

2014年2月24日

序二

  天气又热又干，我站在"哥斯拉二代"号的炮塔中，用望远镜扫视直直的地平线，寻找对手的踪迹，但一无所获。我的坦克连已经在沙漠里行进了一星期，我们的营长——他一旦出现就没什么好事——命令我们花一天时间进行连队规模的战术演习。他最喜欢让我们表演"十三打一"，就是让连里的1辆坦克躲进一个较低的防御位置，然后其他13辆坦克进行机动去消灭这辆躲起来的坦克。我们被告知，任务必须紧急执行。我们没有空军、炮兵和步兵的支援，也不能绕过那辆坦克。这完全是一种会经常导致灾难性后果的僵化思维。我提出，这种纯粹依靠坦克穿越平坦沙地发动的进攻在1941年—1942年的北非和1941年—1943年的俄国草原上都被证明毫无用处，但这些常识只换来一句简单的否定："服从命令。"

  于是我们花了一天时间一遍又一遍地攻击那辆坦克。我们不得不穿越3公里长的平坦地面，地上除了偶尔出现的草丛外，什么也没有。标准的掩护战术——营长认为那样会拖慢行动节奏——是用不上的，因为根本就没有什么掩护。一开始我们进行了一次"坦克冲锋"，3个排一字排开，同时以高速前进，但仅仅前进了1500米，所有的激光警示灯（MILES）就都亮了——这表明全部坦克都被击毁。我们甚至没看到那辆躲起来的坦克，等看到的时候一切都已经晚了。然后，我们想尽各种办法，但都无路可走。对手——我知道他是一名非常有经验的老兵——可以看到我们的一举一动。他一定是在炮塔里抽着烟，透过日间主观察窗凝视着我们，嘲笑我们的愚蠢。我们甚至试过让几个乘员下车，带着AT–4这样的轻型反坦克武器爬过去，但还是被他发现了，并用 .50口径机枪向我们射击。最后，在大概第四轮尝试的时候，我们碰巧发现了一些死角。我们故意牺牲2个排的坦克，把火力吸引到一侧。13辆坦克中有1辆坚持了足够长的时间，终于看到了对手柴油发动机冒出的黑烟——每次他停下来开火时，都会冒出一股烟，这样就暴露了他的藏身之处——但那仍远在400米之外。最后那辆坦克悄悄接近，在对手爬上来准备射击时向他开了炮。我们的指挥系统似乎不太关心我们为击毁对方1辆坦克付出了400%的代价，反而对我们花了那么长的时间完成这样一项看似简单的任务感到不悦。他们这样倒是可以造就优秀的"红军"指挥官。这些人没有一个在坦克里待过，也从不会费神去观察地形。尽管他们有西点军校的学历，但似乎并不明白冯·克劳塞维茨的话：战争中的一切都看似很简单，然而实际并非如此。

当我看到在1943年—1944年间，德国的"虎"式和"豹"式坦克可以对阵并消灭大量的T–34坦克时，我回想起了自己那次以数量对抗火力的经历。当代的装甲研究爱好者——很少有人在坦克上服过役——喜欢把这种战果归之于德国坦克相对苏联的先天优势，而没有考虑到隐藏好的、位置较低的坦克相对于穿越开阔地带的坦克有着更为巨大的优势。他们也许被阴魂不散的纳粹时代的宣传所感染，喜欢用某种神话般的眼光来看待第三帝国及其武装，而忽视它的诸多缺点。多年以来，德国退伍老兵一直在强调苏联的"压倒性优势"，似乎苏联只是依靠数量上的优势才赢得了胜利。但是，以我在坦克上服役的经验来说，数量上的优势是短暂的，胜利不是依靠数字取得的，而是通过大胆而有效地运用多兵种协同作战取得的。1973年的戈兰高地和1991年的伊拉克再次证明了这一点，大量的叙利亚和伊拉克坦克完全输给了指挥更胜一筹的以色列和联军坦克。

1941年—1942年，德国装甲部队取得了胜利，是因为他们成功地实施了多兵种协同作战，而红军坦克却没能做到。在东线的头两年，红军主要依靠数量来进攻，结果遭到了一次又一次一边倒的失败。红军坦克部队指挥员为政委和最高统帅部代表所迫，往往无视军事理论和常识，在不利的条件下仓促发起进攻，结果可想而知。然而，到了1942年11月，随着红军战术的改进，东线装甲战的平衡开始发生变化；1943年，这一变化加快了。被严重消耗的国防军能够实施多兵种作战的资源越来越少，作战能力也越来越低下，而红军指挥员则越来越不倚重数量，转而更多地运用战争初期对手所擅长的多兵种协同战术。

罗伯特·A.福尔奇克

2016年3月30日

军衔表

美军	德国国防军	德国武装党卫军	苏军
五星上将	陆军元帅	N/A	苏联元帅
上将	大将	大将	大将
中将	兵种上将	上将	上将
少将	中将	中将	中将
准将	少将	少将	少将
上校	上校	上校	上校
中校	中校	中校	中校
少校	少校	少校	少校
上尉	上尉	上尉	上尉
中尉	中尉	中尉	中尉
少尉	少尉	少尉	少尉
军士长	军士长	士官长	N/A
第一军士	高级军士	高级士官	大士
一级军士	军士	上士	上士
参谋军士	下级军士	中士	N/A
中士	下士	下士	中士
下士	高级上等兵	上等兵	下士
一等兵	上等兵		上等兵
列兵	一等兵	突击兵	N/A
	列兵	列兵	列兵

CONTENTS 目录

·上篇·
重点突破战术，1941 年—1942 年

·下篇·
红色压路机，1943 年—1945 年

重点突破战术
1941 年—1942 年

· 上篇 ·

引子

我们落后于先进国家五十到一百年。我们必须在十年内弥补这一差距。我们要么做到这一点，要么被他们打垮。

——约瑟夫·斯大林，1931年2月4日

流行的神话

在过去的60年中，苏德战争，特别是东线的装甲战斗，一直是英语世界有关二战史的热门话题。然而，英美读者对于东线装甲战自以为是的了解大多来自一些个人色彩浓厚的回忆录，例如古德里安的《闪击英雄》和梅林津的《坦克战》，或是流行的战棋游戏，例如SPI公司的《装甲闪电战》（1970年）和新一代的电脑游戏。一群德国坦克的崇拜者已然出现，他们坚信所有的德国坦克（即他们钟爱的"虎"式和"豹"式系列）都比苏联坦克要好，红军只是因为数量优势而占了上风。德国的退伍军人希冀第三帝国的宣传不朽，一直在鼓吹"野蛮"的红军是依靠数量而不是技术赢得了胜利，这种论调有一点点道理。但是，数量重于质量的看法忽略了许多关键的因素，包括双方的作战理论、战略误判和地形、天气等等，这些因素明显地对东线装甲战产生了影响。一些重要的事实被忽视了，比如在"巴巴罗萨"行动之前，苏联就制造了一种可靠的柴油发动机，而德国却无力做到这一点，恰恰这一点对东线机械化作战产生了重大影响。并且，物质还不是影响东线装甲战的唯一因素。拿破仑有一句格言："在战争中，精神的重要性三倍于物质。"在1941年—1945年的东线，这句话被证明是相当贴切的，有许多精神和非物质的因素影响着战役和战争的结果。

在叠加着六角形网格的二维地图上看，代表德国"虎"式或"豹"式坦克的纸牌或塑料微缩模型看起来比苏联的T–34要更令人印象深刻。德国坦克的强项——远程火力和装甲防护在这种模拟游戏中具有很大的权重，而它们的主要弱点——机动性和机械可靠性则被描述为只是一些小麻烦。例如，"豹"式坦克在库尔斯克出现的所谓"出牙期问题"被当作一个暂时的困难，只会消耗玩家几个行动点数。他们没有意识到，"豹"式坦克机动能力持久性的缺陷与其整个服役生涯相关联，它无法实施德国机动作战理论所要求的那种大范围转移。T–34的主要优势——能够可靠地实现长距离开行和适合大规模生产——是大多数战术层面的模拟所不涉及的。因此，两代英美历史爱好者遇到了无数强调德国坦克优越性和把苏联坦克贬低为"炮灰"的模拟游戏。冷战也在观念的形成上起到了作用，许多德国老兵的文章被不加批判地接受，而从苏联方面却得不到有用的报告，就算能看到，也常常被视为谎言或宣传。"巴巴罗萨"行动过去50年后，苏联解体，大量档案解密，西方这种根深蒂固的成见开始改变，但有关东线的英语历史著作仍然严重倾向德国视角。但愿本书能有助于纠正这种偏见。

评价东线装甲战的另一个主要问题是，到目前为止，大部分的分析都是战术性质的，主要集中在斯大林格勒或库尔斯克这样的单一战役上，往往掩盖了长期趋势对双方作战表现的影响。苏德战争持续了46个月，它不是由一场战斗或战役决定的。本书旨在研究德国装甲部队和苏联坦克战斗的整个过程，以及苏联获胜的原因。我不打算制作一张包含每一次坦克战斗的年表，而是要找到随着时间推移而出现的主要趋势。我还打算强调那些在其他历史著作中经常被忽略或掩盖的行动，在以前那些著作中，似乎当斯大林格勒和库尔斯克等地发生重要会战的时候，东线其他地方便无所事事。20世纪80年代中期，我曾是一名坦克乘员，我曾经评估过后勤、地形和天气如何影响装甲作战，看似轻微的缺陷怎样产生重大的影响。在经历过坦克在冰冻斜坡上失控下滑的恐惧、救援深陷泥潭的坦克或是把坦克开过布满漂砾的河流的困难之后，我打算写一份关于坦克作战的报告，要把之前常常被其他著作忽略的那些关键因素包括进去。

战略设想

阿道夫·希特勒打算在一场迅速的战役中，动用他经过战斗考验的装甲师和空军来粉碎苏联以及敌对的共产主义意识形态。在1940年12月18日发布的"第21号元首令"中，希特勒说："大部分位于西部的俄国军队将被装甲部队引领的、大胆的纵深穿插所消灭。"[1]他有意识地发动一场毁灭性的战争，其目的不仅在于摧毁红军和苏联国家，还要最终消灭当地的斯拉夫人口，因为这是德国在东方进行殖民的必要前提。以往在波兰、法国和巴尔干，德国遵循的都是传统的作战方法，但希特勒打算将"巴巴罗萨"行动变成一场十字军东征。然而奇怪的是，希特勒对于东方战场的宏伟构想并没有在战略层面上做完善的规划，战争主要是在战役甚至战术层面上进行的，通常是基于临时或机会主义的决策，而非基于对目标和方法的冷静评估。

德国装甲部队对苏作战的前提是希特勒和陆军司令部提出的三个战略假设。第一个假设是对苏战争将是一场速决战，几个月内就可解决问题。德国没有为东线的持久战做任何准备，包括提高坦克产量、训练新兵和储备油弹。第二个假设是地形和天气不会对战争产生重大影响。希特勒和陆军司令部认为苏联几乎是一马平川的草原，是快速装甲作战的理想之地，却忽视了它也有众多的河流、茂密的森林、遥远的距离和糟糕的公路网络。之前，德国装甲战的胜利都是在天气晴朗、道路良好、行进距离300—400公里这样的条件下取得的。实际上，在德国军事史上，还没有一次进攻能推进500公里以上。基于第一个假设，德军认为苏联在冬季来临之前就会崩溃，因此希特勒和陆军司令部对于天气完全没有考虑。第三个假设是红军不堪一击。出于一系列原因——红军在苏芬战争中表现不佳、斯大林对军官的清洗以及陆军司令部情报不足——希特勒和陆军司令部认为他们可以在6周之内消灭红军的精锐部队。只要包括坦克部队在内的红军主力被歼，希特勒相信苏联的意志会和1940年6月的法国一样彻底崩溃。这三个战略假设对德军在苏联的装甲作战产生了深远的影响，当所有假设都被证明是错误的时候，装甲师就将陷入万劫不复的境地。

在1941年中期，斯大林的目标只是防止德国入侵，直到红军做好充分准备，让他能够对希特勒采取更为强硬的姿态为止。1939年11月，他愚蠢地下令解散红军现有的4个机械化军，在1940年7月又将其重建，德军大胜法军后，机械化军的数量翻了一番。为了在德国人面前展示肌肉，斯大林还指示机械化军换装新的T-34和KV-1坦克，以取代轻型的T-26和BT系列坦克。苏联工厂接到命令要生产5000辆以上的新型坦克，苏联预计其将在1942年中期完成全部机械化军的换装。然而，斯大林对德国扩充装甲师的报告大为震惊，1942年2月，他下令尽快再组建20个机械化军——大约还需要11000辆坦克。就算斯大林格勒拖拉机厂和哈尔科夫工厂一起生产T-34，这28个机械化军也几乎不可能在1943年结束前完成装备。由于斯大林的任意更改，到1941年6月，红军这28个机械化军只进行了部分装备，且处于一种严重的混乱状态中。

红军机械化部队的部署和使用，也是基于斯大林和他的总参谋部提出的三个战略设想。首先，斯大林认为，在德国发动侵略之前，将有足够的预警时间，使红军有时间做准备和部署。出于这种假设，红军领导人认为，他们可以不急于加强战备，而让位于其他优先事项。苏联的第二个战略假设是，只要有足够的后勤、训练和准备，红军就能对抗德军。这一设想的言外之意，即敌人的入侵可能仅限于1939年—1940年间获得的波兰和立陶宛的缓冲区。苏联的第三个假设是工业动员是胜利的关键，战役的胜利将由更能维持其部队长期作战能力的一方取得，而不是靠花哨的演习来决定。由于斯大林的失算，第一个假设被推翻了，也损害了第二项假设，斯大林战略误判的代价是苏联坦克部队的主力在战争的头三个月里就损失殆尽。然而，第三个假设被证明是完全正确的，它为第二个假设提供了手段，并在战争的第二个年头开始显现出来。简而言之，尽管没有预料到迫在眉睫的战争，但斯大林和总参谋部为持久战奠定了扎实的基础，比德国人要好得多，这一战略演算使得红军坦克部队能有效抵消德军的技战术优势。苏军在东线大部分战场上拥有坦克的数量优势——这一点常常引起德国士兵的哀叹：苏联在战争中并没有什么技巧，一切只是战前精心计划的结果。

希特勒部署了4个装甲集群，总共有17个装甲师和3106辆坦克用于"巴巴罗萨"行动[2]。此外，他还在芬兰部署了2个独立的装甲营，第40装甲营和第211装甲营，共有124辆坦克（包括22辆Ⅲ号坦克）。1941年4月希腊战役结束后，第2、第5装甲师回到德国休整，作为陆军司令部的预备队。此外，就只有埃尔温·隆美尔的第15装甲师在利比亚，2个装甲旅在法国，德国没有正在组建的装甲师。因此，陆军司令部几乎把所有能用的坦克都送去参加"巴巴罗萨"了，仅有很少的储备和有限的月产量来弥补损失。1941年中期，德国工厂每月生产250辆坦克，一半是Ⅲ号中型坦克。1940年在法国和比利时的战斗经验表明，即使在短短6周的战事中，德国人也可能失去三分之一的中型坦克，希特勒认为这是可以接受的。另外，除了Ⅲ号和Ⅳ号坦克，德国没有先行开发别的坦克。陆军装备部只是在"巴巴罗萨"行动开始的4周前，指示亨舍尔和保时捷研制一种新型的重型坦克，这个项目直到在战斗中首次遭遇苏军的T-34和KV-1坦克，才得到了优先发展。

　　4个装甲集群针对的主要目标分别是北面的列宁格勒、中部的莫斯科以及南方的基辅和顿巴斯地区。从各自的出发地到目的地，第4装甲集群有800公里，第2、第3装甲集群有1000公里，第1装甲集群有1200公里。希特勒预计，在"巴巴罗萨"行动开始后10周内就可以到达那些地方，这是现代军事史上前所未有的推进速度。然而，就算大部分苏联红军在边境上已经被摧毁了，德国坦克能否在这么短的时间内开到那么远的距离也是个问题。按照一般的经验，在公路上开行100公里后，一个单位中会有5%的坦克因机械故障而抛锚，尽管大部分可以在几个小时内修好。在"巴巴罗萨"行动的三年前，第2装甲师向维也纳行军，在路况良好、畅通无阻的情况下开行了670公里，有近30%的坦克抛锚[3]。如果装甲师的战损规模与1940年的西线相似，那最初出发的坦克只有大概不超过10%—20%能开到目的地。

　　"巴巴罗萨"所设想的大胆机动作战还因德国情报部门缺乏准备而大打折扣。陆军司令部的情报人员对红军的实力和部署的理解存在误差。他们没有发现1940年7月红军重建机械化军的情况，认为红军的坦克仍然部署为独立的坦克旅或机械化旅[4]。1941年6月，东方外军处处长埃伯哈德·金策尔上校曾估计红军会部署48个机械化旅共约9500辆坦克来对付国防军[5]。金策尔的部门为装甲集群制作了一本苏军坦克手册，详细介绍了T-26、T-28、T-35和BT-5/7的各种型号，其中还包括一种新的苏联重型坦克的信息，该坦克装备了60毫米厚的装甲和76.2毫米口径的主炮，曾在1939年12月用于对芬兰的战争。这是SMK坦克的原型，德国人错误地将其标注为T-35C。尽管金策尔很清楚苏联在

"巴巴罗萨"行动开始的18个月前就已经生产出一种重型坦克的原型车，但他估计德国现有的反坦克武器可以打败它[6]。

在德军入侵前，斯大林想保留灵活的战略选择权，想夺得尽可能多的地盘，但要避免在红军准备好之前被拖入战争中。他打算把相当一部分新成立的机械化军放在西部边境以阻止德国的进攻，但其余的要部署在遥远的后方预备队中。若发生入侵，红军的作战计划命令所有的机械化军要立刻投入到对任何越境德军的反击中。不知不觉中，这一计划落入德军毂中，苏联坦克指挥员被迫把毫无准备的部队派上战场，直面进行"重点突破"的德军装甲部队主力。德国装甲部队在边境地带正处于实力最强的时候，距离和后勤还没有削弱他们的战斗力。不过，德国陆军司令部的将军们并不了解苏联在攻防上梯次配置的军事哲学，这意味着其不太可能像对待1940年的法国那样靠一次战役来击败红军。所谓闪电战理论的全部精髓是使用集中的装甲编队进行迅速有力的攻击，通过对敌人主力的分割包围来瓦解防御。由于突然面临失败，一个识时务的敌人会转而乞求和平。但是，一旦斯大林和红军明白希特勒的战略目标是消灭他们，那就没有理由再去乞和。希特勒选择打一场毁灭性战争，使得国防军不可能靠一次战役击败红军。

地形和天气因素

从1939年9月到1941年5月，德国装甲师没有遇到任何因恶劣的天气或地形而造成的严重困难（英吉利海峡除外，这很容易被忽略）。尤其是克莱斯特的装甲集群，他们迅速穿越了号称"不可逾越"的阿登森林，然后成功渡过了法国的马斯河和索姆河。1941年4月，克莱斯特的装甲部队在不到3周的时间内攻占了南斯拉夫和希腊，尽管那里也有许多河流和多山的地形。通过前几次战役，希特勒和陆军司令部深信地形不是装甲部队的严重障碍。他们对于冬季的机械化作战也没有任何现成的经验。相比之下，在1939年—1940年苏芬战争中，红军在冬季和森林中作战，因机械化部队的局限性而吃尽了苦头，却获得了一些经验。

渡过较大的河流是在苏联作战的一种基本形态，坦克的涉水能力会对装甲战的速度产生较大影响。虽然德国和苏联都有少量具有两栖能力的坦克，如Ⅲ号、Ⅳ号潜水坦克以及T-37、T-38、T-40轻型两栖坦克，但双方的大多数坦克都不能涉水超过1米（即到一个人的胸部）。1941年—1942年，德国装甲师的架桥能力相当有限——一个B级或K级舟桥纵队可以在12个小时内架起一座50米长的浮桥。Ⅲ号中型坦克可以开过去，但Ⅳ号和后期的"虎"式或"豹"式坦克还是需要正式的桥梁来渡河。确实，国防军在突击建桥方面落后于同盟国，没有像英国贝雷桥[①]这样的成果。1941年苏军的坦克师本应有1个浮桥营，但大多没有组建完成，或者在1941年的仓皇溃退中损失掉了。虽然坦克可以从浅滩开过不大的河流，但这些地方常常有敌人的反坦克炮和地雷防御。像第聂伯河和伏尔加河这样较大的河流，没有1个集团军下辖的工兵单位支持是不可能渡过去的。建造一座浮桥可以让少量的坦克渡过一条大河，但这通常只够支撑桥头堡应对敌人的反击。因此，占领完整的桥梁——尤其是能够支撑坦克重量的铁路桥——是东线装甲战中的一个重要内容：双方都在寻找机会，夺取防守薄弱的桥梁，因为它们可以让坦克做自己最擅长的事情——快速机动，并以以冲击效应破坏敌人的防御。当桥梁和渡口不能使用的时候，装甲作战就会陷于停顿。

总而言之，你可以驾驶一辆坦克去任何地方——至少要去一次，但可能很快就会后悔。东线装甲作战经常受到阻碍或疏导——即被迫进入狭窄的机动走廊，原因是有沼泽或茂密的森林等"禁区"地形。俄国北部列宁格勒和奥斯塔什科夫之间的沼泽地和普里佩特沼泽地对于装甲部队而言特别危险，坦克一不小心就会陷在里面，或者被迫沿着窄轨铁路线行进，这使得他们很容易遭到反坦克武器的伏击。在早期1941年的边境战事中，红军就在普里佩特沼泽地愚蠢地损失了许多珍贵的T-34和KV-1坦克。东线最好的坦克战场是乌克兰的大草原，即便是那里，雨季的泥泞也很糟糕。苏联有几个坦克需要"缓行"的地方，包括城区和顿河沿岸的峡谷，不然坦克可能会抛锚。德国人对苏联地区几乎完全没有像样的全天候公路感到震惊，所有车辆的磨损消耗都变大了，这极大地限制了他们的机动性。

德国人完全忽视了苏联的恶劣天气，对夏天的酷暑、秋天的泥泞和冬天的严寒感到出乎意料。尤其是泥泞，是所有坦克的大敌，但如果认为泥泞只会

---

① 译注：贝雷桥1938年由英国工程师唐纳德·西·贝雷发明，为模块化的装配式公路钢桥。

干扰德国坦克的行动，或者认为麻烦只在春天和秋天的"泥淖季节"才会有，那就过于简单化了，但这些看法在西方的东线史学中已经沿用了太长时间。首先，东线从列宁格勒延伸到克里米亚超过1700公里，不同地区的天气差别很大。一个典型的降雨带会覆盖400—500公里宽的区域，但其他地方却没有雨雪。整个俄国的天气锋面从西向东移动，这意味着恶劣的天气通常会首先袭击德国人。其次，6月至7月的夏季往往雨水最多，而4月和5月则是最干燥的月份。1941年，南方集团军群在7月遇到的降雨是9月—10月的两倍，在夏天，泥浆同样给机动带来了很大困扰。一旦翻浆，轮式装甲车辆和牵引式火炮可能受到的影响最大，但履带式车辆一般可以开动，除非淤泥太深，擦伤了坦克底盘，或者负重轮上包裹了太多的烂泥。当补给卡车无法在泥地通行时，装甲作战就会因缺乏供应和弹药而停止。SPW半履带装甲车经常不得不放下运载步兵的主要任务，转而驶过泥淖去运送给养或援救陷入泥塘的卡车。当所有的东西都粘着厚厚的泥巴时，日常的履带保养就会变得非常困难。苏联的坦克手同样抱怨泥泞，这对他们的行动也产生了严重的影响。1941年苏联的主力坦克——T-26和BT-7的履带甚至比德国的Ⅲ号坦克更窄，发动机功率也更小，这意味着1941年时大多数红军坦克部队更容易被泥泞的道路阻碍。由于1941年—1942年间苏军的坦克旅采用混编的方式，先进的T-34仍然不得不和较慢的轻型坦克保持同样的速度前进。

1941年10月，东线下了第一场雪，但大多数地区积雪只有5厘米，24小时内就转为降雨。10月份只有两三天下雪，潮湿的乌克兰比列宁格勒雪量更多。到11月份，俄国中部的降雪量猛增至20厘米左右，但最大的降雪要到12月至2月才出现。德国的装备是按照在温带地区运行的要求设计的，不适应俄国的严寒天气。车组人员吃惊地发现，他们的履带在冬季的几个月里会完全冻在地面上，电池会因电解液结冰而破裂。捷克造35(t)坦克的液压系统在1941年10月全都被冻住了，该型车辆因此骤然退出历史舞台。当德军速决战的期望破灭后，他们被迫在全天候条件下作战，而其无论在心理和物质上都没有做好准备。

理论和技术的影响

在两次大战之间，对于如何使用坦克，主要国家的军队中出现了两派相互竞争的观点。占支配地位的派别主张，坦克最适宜支援步兵作战，因此坦克应该直接配属给步兵单位。更具有革命性的观点是装甲部队应该独立作战，这在一定程度上受到了英国装甲理论家J. F. C. 富勒和他在1919年计划的启发。富勒在两次大战之间所写的著作中详细阐述了他的机械化理论，其在国防军和红军中都有追随者。支持组建独立坦克部队的那一派主张眼光不应囿于突破战斗，而要把坦克用于长距离作战及扩大战果。然而，这种激进的思维触动了德国和苏联强大的骑兵传统势力，他们认为坦克会抢走原先属于骑兵的饭碗。步兵和骑兵军官基本上都反对建立独立的坦克部队，或者限制坦克的使用。步兵主张发展有良好装甲和榴弹炮的步兵支援坦克，但不在意速度和射程。骑兵军官逐渐接纳坦克，但他们喜欢轻快的坦克，可以协助骑兵进行侦察和追击。在20世纪20年代和30年代，这些不同兵种间关于坦克设计的辩论超越了国家界限，对英、美、法、德、苏各国的坦克发展都产生了影响。

装甲理论家逐渐认识到，为了让坦克变得更有效率，设计者需要通过技术去适应步兵支援和骑兵突袭的任务。希望设计出一种"通用坦克"的乌托邦思想很快被认定是不可行的，理论家们意识到，为了在战场上发挥坦克的潜能，需要不止一种类型的坦克。步兵支援任务需要坦克装备一种能消灭躲在野战工事、碉堡和建筑物中敌人的武器，鉴于敌军火炮和反坦克武器的威胁很大，步兵支援坦克需要有高水平的装甲防护。然而，扩大战果的任务却需要坦克具备较高的速度和机动性。大多数军队都在努力发展合适的坦克，以最佳的特性和最优的搭配来满足这些任务的要求。20世纪30年代，红军和德国国防军都基于各自的理论和技术因素选择了他们想要的坦克，这将决定1941年—1945年的战场结局。

第一次世界大战之后，德国由于《凡尔赛条约》的限制被禁止生产和拥有坦克，政府与红军签订了秘密协议，于1929年在喀山建立了坦克训练学校。红军在一战以后只有少数几辆老旧的坦克，其渴望获得外国的技术，愿意和国防军进行合作。在喀山学校运营的四年里，德国人在那里测试了两种坦克的原型车，并确定了在每辆坦克上安装无线电的必要性，以便对装甲部队进行有效的指挥和控制（当德国观察员看到英国在二战前的坦克演习中成功运用了无线电后，这种看法得到了进一步加强）。德国军官如埃里希·冯·曼施泰因、瓦尔特·莫德尔和沃尔特·内林等都在苏联待过一段时间，观摩过苏联的坦克演习，不过显然他们没觉得苏联人有多专业。作为成立喀山学校协议的一部分，红军从德国的莱茵金属公司购买了几门37毫米口径的反坦克炮和75毫米高射炮的图纸，该公司曾帮助苏联研制坦克武器。苏联还从德国获得了燃油喷射技术，该项技术帮助了康斯坦丁·F. 切尔潘在哈尔科夫机车厂研制新型柴油发动机。但是，苏联领导人认为德国人没有分享他们最好的技术，最终在1933年9月将学校关闭。

自20世纪20年代以来，苏联的军事理论家如米哈伊尔·图哈切夫斯基、弗拉基米尔·K.特里安达菲洛夫和格奥尔基·伊谢尔松一直在努力研究一种新的军事理论[78]。它被称为"大纵深"作战理论，部分来源于1919年富勒的计划，以及马列主义关于持久战的思想。红军领导人早就认识到必须发展一支坦克部队，但不愿在支援步兵还是骑兵之间做出选择。相反，1929年10月，红军在《工农红军1929年野战条令》中提出了他们的基本装甲理论。条例规定，PP坦克将负责支援步兵，DD坦克将深入敌人后方以摧毁其炮兵[9]。以布琼尼元帅为首的红军骑兵部队仍然保留了很大的影响力，在《1929年野战条令》中包括了骑兵和坦克联合进行的大纵深作战。与此同时，红军成立了机械化和摩托化办公室以研制实施《1929年野战条令》所必需的坦克，以及训练和组建全部机械化部队。办公室第一任主任是因诺森特·A.卡列普斯基，他认为红军必须要有一种重型坦克来突破筑垒地域，所以他建议制造一种重60吨、有两门76.2毫米榴弹炮和一门37毫米加农炮的坦克。从此以后，红军的作战理论推动苏联工业同时发展轻、中、重三型坦克。

在第一个"五年计划"（1928年—1932年）开始时，苏联工业部门无法自主设计制造坦克发动机或主炮，而且每年只能制造几十辆轻型坦克。相比于国内的经济状况，斯大林和政治局更担心坦克的发展落后于西方，因此他们武断地将红军所需要的坦克数量翻了一番，并加快技术发展，以便部署尽可能多的坦克。根据计划，苏联成立了三个坦克设计局：列宁格勒的实验性机械装备设计局、基洛夫斯基工厂设计局和哈尔科夫运输机械制造厂设计局。高尔基的一个炮兵设计局也参与进坦克武器的设计中。在斯大林的命令下，机械化和摩托化办公室批准了许多坦克项目，其中有很多都以失败告终，但苏联的坦克工业也是从此时启动的。在"五年计划"的高额目标和"蓄意阻挠"罪名的双重压力下，苏联坦克设计局不得不设计一种可以迅速大批量生产的坦克，这在长期战争中将被证明是有利的。通过近乎无情的努力，斯大林政权以惊人的速度建立起苏联的国防工业基础，并在第一个"五年计划"中成功地生产了5000多辆轻型坦克。年轻一代的苏联工程师表现得擅长运用从英美那里以合法或非法手段获得的现成部件与设计，他们从约翰·沃尔特·克里斯蒂创新的M1931坦克原型中汲取了倾斜装甲的理念，并将其应用于BT系列轻型坦克。苏联间谍也在英国获得了坦克设计的有关情报。尽管苏联工程师在装甲车辆的设计和生产方面几乎毫无经验，但他们成功地在两年内实现了T–26和BT系列轻型坦克从原型车转向量产。虽然苏联的第一代坦克使用的是进口的发动机和武器，但列宁格勒、哈尔科夫和高尔基的设计局里聚集了苏联最优秀的设计人才，他们的任务就是为下一代的苏联坦克开发自己的发动机和火炮。尤其是才华横溢的康斯坦丁·切尔潘，他获得了机械化和摩托化办公室主任卡列普斯基的支持，在开发一种实用的柴油发动机方面取得了卓越的进展，这将对二战东线的装甲战产生巨大的影响。

由于第一个五年计划的成功，到1932年，红军已经有足够的坦克，可以建立独立的坦克部队和支援步兵的独立坦克旅。在德军部署第一个装甲师的三年前，苏军就组建了2个机械化军。机械化军将独立用于大纵深作战，三天内可以前进250公里。T–26将承担直接支援步兵的任务，具备速度和机动性的BT系列快速坦克将扮演纵深作战扩大战果的角色。红军用新式T–35重型坦克组成单独的重型坦克旅，并组建独立机械化旅以支援步兵和骑兵。1932年—1933年，红军新组建的坦克部队开始野战演习，以验证大纵深作战理论。当红军按照大纵深理论开展的演习遇到困难的时候，富有创新精神的副总参谋长亚历山大·I. 谢将金受命负责训练，他把这种新的理论变为可操作的现实方法。1934年，塞迪金为苏联军官制作了一本关于大纵深作战理论的手册，指示他们如何最佳地使用装甲部队、机械化步兵、炮兵和空军进行联合作战。谢将金和他的参谋以机械化军为试验对象，深入研究和检验了大纵深作战理论。他最重要的发现之一就是发现后勤很难把燃料运送到深入穿插的坦克部队中。位于莫斯科的机械化和摩托化军事学院（VAMM）也在努力用新理论培训营级和团级坦克部队指挥员。1936年，在《工农红军1936年野战条令》中，大纵深理论成为红军正式的指导思想。然而，应当重视的是，谢将金的大纵深作战手册偏重于意识形态对纪律性的要求，要求基层指挥员对条令死记硬背，忽视了在战场上发挥主观能动性。

与苏联的积极步伐不同，德国因受限于《凡尔赛条约》，直到1934年才开始认真开始发展坦克。德国军队的领导者花了很长时间才就应当如何使用坦克的问题达成共识。尽管阿道夫希特勒对坦克的潜力十分着迷，但建立一支独立的装甲部队最初遭到了许多高级领导人的反对，其中包括陆军参谋长路德维希·贝克大将。奥斯瓦尔德·鲁茨中将（摩托化运输部队总监）和他敢于直言的部下海因茨·古德里安是独立装甲部队的主要倡导者。最终，鲁茨和古德里安成功实现了他们的目标。1935年6月，希特勒把魏玛防卫军改为德国国防军并扩充到36个师，其中有3个师被编为装甲师。古德里安，一位没有任何实战指挥经验的前通信兵军官，被任命为第2装甲师师长。贝克和他的作战处长埃里希·冯·曼施泰因还提出了一个除了装甲师以外的方案，即成立突击炮单位为步兵提供直接援助。曼施泰因提议为每个步兵师配备一个采用中型坦克底盘的突击炮营。因此，第三帝国的装甲部队最终被分为坦克和突击炮部队，加上坦克歼击车，即后来的自行反坦克歼击车部队。

与斯大林不同，希特勒不愿过度发展军备，因为他的政权若想要稳固，首先便要确保德国经济复苏。希特勒想要重整旗鼓，但他不打算花太多钱，以免给德国平民带来不必要的负担。因此，军工厂继续实行一班制，产量始终萎靡不振。令人惊讶的是，即便到1941年6月入侵苏联之前，希特勒仍然没有重视坦克的生产，甚至在苏德战争第二年，军工厂依然按照和平时期的标准运作。因此，德国的工厂没有受到如苏联一样的催迫去开发大量的新型坦克。研制新坦克的成本——在苏联这不成问题——对于正在从大萧条中恢复的德国来说是一个沉重的负担。研制重型坦克这样昂贵的奢侈品被推迟了，即便是研制一款可靠的中型坦克，对德国来说也是一个比苏联更大的挑战。当德国国防军的领导者想要坦克拥有足够的火力和机动性去实现20世纪20年代末魏玛防卫军设想的那种机械化战争时，他们只能让装甲师主要装备I号和II号轻型坦克，后来变成捷克造35(t)和38(t)坦克。国防军花了很久的时间才出台了对新型中型坦克的技术要求，并最终演化为两型坦克：Ⅲ号坦克成为装甲师的主战坦克，装备37毫米口径的高射速反坦克炮，而Ⅳ号坦克成为步兵支援坦克，装备75毫米低初速榴弹炮。这两个计划都是以蜗牛一般的速度实施的，苏联已经证明了其两年之内可以完成从原型车到量产的转变，但德国人花了五年。德国的坦克设计也没有很好地考虑大规模生产的问题，制造过程分布在八个公司，效率低下。由于德国人喜欢不断升级型号，坦克产量一直较低。到"巴巴罗萨"行动开始时，Ⅲ号和Ⅳ号坦克仍不足以装备所有现役的装甲师，更不用说弥补战斗损失了。由于设计和生产的路径抉择不同，德国装甲部队经常在数量上被苏联对手压倒，其有限的坦克补充能力决定了德国指挥官如何运用他们的坦克。

　　Ⅲ号和Ⅳ号坦克同时采用了试验性和非常保守的设计，但结果证明，它们并没有什么创新。Ⅲ号坦克的主炮是现有37毫米反坦克炮，并在1940年8月升级为50毫米口径的KwK 38 L/42型短身管火炮，希特勒正确地看出这是不够用的。他下令为Ⅲ号坦克装备50毫米口径长身管炮，但陆军武器装备部门没有落实。坦克最重要的部件就是发动机，而Ⅲ号和Ⅳ号坦克都受限于那台只有300马力的迈巴赫HL 120TR发动机。由于功率较低，德国设计师被迫把坦克的重量限制在19—22吨，因而减少了装甲防护和携带的武器数量。德军对汽油发动机的依赖意味着燃油经济性不能令人满意，这在整个二战期间将一直成为困扰装甲部队的问题。希特勒有兴趣开发一种柴油坦克发动机——他知道这将节省燃料提高行程，但德国工程师认为"太困难、太费时"，因此只能不了了之。如果用一个词来描述"巴巴罗萨"行动开始时德国坦克设计的状况，那就是：平庸。1941年之后，德国坦克因额外的装甲和较重的武器增加了自重，其机动性是下降而非提高的。实际上，在整个第三帝国时期，德国工业部门从来没有设计过一款可用于长途机动的坦克。

　　大多数德国军官认为，摧毁敌方坦克不过是主要任务之外的附带操作，他们喜欢的理论和战术方案是用小型的、易伪装的反坦克炮伏击敌方坦克。高射速反坦克炮如德国的37毫米火炮可以穿透30—40毫米厚的装甲，射程可达500米，这被认为足以击败大多数中型坦克。由于体型较小，在交战中很容易抢先开火，其在战场上可以得到非常有利的交换比。就算敌人获胜，补充反坦克炮也比昂贵的坦克容易得多。在Ⅲ号坦克上安装这样的高射速火炮并不适合执行主要任务，因为穿甲弹在突破战中并无用武之地，而且和敌方反坦克炮交战也未得便宜。此外，在二战初期，坦克对坦克的交战一般是尽量避免的，因为胜利者也要付出惨重的代价。1940年5月12日至14日，在比利时汉努特的战役中，第3和第4装甲师和法国坦克进行了三天战斗，自己损失了25%的坦克。鉴于1940年—1941年德国工业弥补坦克损失的能力有限，德国人对消耗战没有多少热情。因此，德国人把主要的反坦克任务交给坦克歼击车部队，而让装甲师专门负责突破和扩大战果。德军"战斗群"的发展正是基于这一专业化的思想，坦克只是这个诸兵种合成单位中的一部分，其中还有机械化步兵、工兵、自行火炮、坦克歼击车、轻型高射炮和通信部队。德军理论认为，坦克作为一个武器系统，在合成单位中起着"战力倍增器"的作用，但要依靠其他部队来提供外部支援——包括德国空军的近距离支援——才能抵消其局限性。

与德国人不同，苏联坦克兵根据在西班牙的经验，认为坦克之间发生战斗的可能性会越来越大，他们希望自己的坦克到时能占上风。1936年—1937年，德米特里·巴甫洛夫将军在西班牙内战中指挥了一个坦克旅，他从自己的经验出发，形成了苏联的坦克作战理论，并在后续担任红军汽车装甲坦克兵局局长时影响了坦克的发展[10]。巴甫洛夫知道，为了在坦克大战中获胜，苏联坦克需要更好的火力和装甲。苏联情报机构获悉，德国人正在研制一种50毫米口径的反坦克炮，并充分估计到他们将在不久的将来装备一种75毫米口径的高射速坦克炮。巴甫洛夫建议，最简明的应对办法是开发新一代的中口径两用火炮，既可以发射穿甲弹，也可以发射高爆弹。在红军汽车装甲坦克兵局的支持下，列宁格勒基洛夫工厂SKB-4团队的工程师们开始研制76.2毫米口径的L-11坦克炮，并在1938年进行了测试。1939年末，瓦西里·G.格拉宾在高尔基的火炮设计局开始测试76.2毫米口径的F-32火炮。无论哪种武器，只要能在试验中证明自己更适合安装在下一代坦克上，巴甫洛夫都表示欢迎。他还认为德国的37毫米反坦克炮是一个"游戏规则改变者"，让T-26和BT系列轻型坦克变得过时了，因此他迫切希望能开发一种"防弹"的中型坦克，可以抵挡50毫米反坦克炮弹的攻击。巴甫洛夫还支持切尔潘发展500马力的V-2柴油发动机，该型发动机于1938年4月开始测试。巴甫洛夫建议，新型的T-34中型坦克和KV-1重型坦克应使用倾斜装甲、全新的V-2柴油发动机和L-11火炮，以便在与德国第一种中型坦克Ⅲ号坦克抗衡时获得显著优势。虽然KV-1的设计过于超前，无法整合倾斜装甲，但T-34从却充分利用了苏联坦克技术的最新成就。因此，从1940年冬天到1941年冬天，红军接收了具有革命性设计的坦克，并准备开始大规模生产，而德国国防军仍满足于那些设计保守、数量不足的坦克。

德国对坦克发展采取这种漫不经心的态度的主要原因之一，是陆军司令部认为苏联没有能力生产任何能与德国坦克相媲美的产品。1929年—1933年间，德国在技术交流时认为苏联的坦克技术十分原始，没有看到"第一个五年计划"后苏联坦克制造能力的进步。德国的军事情报机关，国防军谍报局①对苏联几乎一无所知，一直在低估苏联坦克的数量和质量。希特勒一意消灭苏联，接受了国防军谍报局对苏军作战能力的错误估计，因为这迎合了他对斯拉夫文化和共产主义意识形态的固执偏见。

尽管苏联在装甲理论和技术发展方面遥遥领先，斯大林却浪费了这一优势。1937年—1941年，他对军官进行了大清洗，并放弃了大纵深作战理论。在内务人民委员会的怂恿下，斯大林相信机械化和建立一支独立的坦克部队是图哈切夫斯基和其他改革者的阴谋，目的是建立一个国中之国，以便从共产党手中夺取军队的控制权。虽然后人皆知，斯大林的清洗削弱了军队的领导力，但鲜少有人指出，这一清洗尤其针对新建的机械化部队和支持他们的坦克设计局。机械化第11军司令员卡辛·A.柴可夫斯基是首批被捕的人之一，后来死于狱中。1937年6月，图哈切夫斯基元帅被处决。随后，1938年7月，谢将金和卡列普斯基被处决。格奥尔基·伊谢尔松逃过了第一轮清洗，但在1941年被捕，整个二战期间都在劳改营度过。内务人民委员会接着迫害制造坦克的工程师：1938年3月，V-2柴油发动机的设计者切尔潘被处决，基洛夫斯基工厂设计局和哈尔科夫运输机械制造厂设计局的负责人也被处决。清洗从1937年开始，持续了四年，甚至在"巴巴罗萨"行动开始后仍在继续，造成了更多的受害者，包括巴甫洛夫。除了清洗图哈切夫斯基和大部分坦克部队高级指挥员，

---

① 译注："Abwehr"，曾音译为"阿勃维尔"。

《工农红军1936年野战条令》以及大纵深作战理论也受到了打压。此外，1939年11月，斯大林下令解散机械化军，对红军尚存的坦克部队造成了毁灭性一击，红军的战斗力在几年内大打折扣。

然而，到1940年，德国国防军以惊人的优势战胜了法国，这使得斯大林不得不重新考虑这一问题，并于1940年7月下令重组8个机械化军。这种大转变只会使红军坦克手的组织和训练更加混乱，而新组建的军要到1941夏天才能进行大规模机动训练。此外，大纵深作战理论没有重新成为官方的指导理论，因此，苏联并不明白如何运用新的机械化军。相比之下，大部分德国装甲部队在波兰、法国和巴尔干战役中获得了宝贵的战斗经验，他们的机动作战理论在1941年6月得到了明确的展现。在波兰战役中，德国最大的2个装甲军团是2个军级规模的集群，各只有1个装甲师和2个摩托化步兵师。在西欧战役中，克莱斯特装甲集群有5个装甲师和3个摩托化步兵师。到1941年6月，每个德国集团军群都至少有1个装甲集群来引领他们的重点突破，这已经成为德军的标准做法，装甲师会试图实施凶猛的钳形攻势，以求围歼对手，而不是进行正面突击。苏联唯一可取的诸兵种协同战斗经验是1939年8月格奥尔基·朱可夫在诺门坎战胜日军，可以与德国的技战术相媲美，但只有很少的坦克部队参与其中。到1941年6月，德国国防军在多兵种协同作战方面相比红军有显著的优势，这有助于弥补其在坦克技术方面的局限。

乘员生活的要素

坦克是一种复杂的武器系统，需要大量的子系统和车组人员才能正常工作，为车辆提供关键的特性：火力、防护、机动和通讯。坦克乘员的数量有多有少，一般为4—5人，但可能有战斗或非战斗减员（例如瘟疫或冬季寒冷引起的疾病）。只有每一名乘员都完成其指定的任务，坦克才能充分发挥威力。一名训练不足的装填手可能是车组中地位最低的人，但是如果他不能在战斗中迅速装填主炮炮弹，就会导致他的坦克在和更快的对手进行炮战时失利。同样，驾驶员在崎岖地形上机动以及利用掩护隐蔽接敌的能力也对车组的生存至关重要。1941年6月，大多数苏军坦克驾驶员，特别是装备T–34和KV–1坦克的营，没有什么实战经验，而大多数德军坦克驾驶员都参加过一次或多次战役。

德国对坦克新驾驶员的训练也是非常完善的，而红军在这方面到1942年仍是一个弱点。

作为一名坦克手，生活中最重要的事情就是维修和后勤。当坦克开过一段较长的距离后，履带和负重轮会受到来自大块岩石、树桩和各种战场残骸的严重伤害。履带是由长销连接起来的，会断裂开来，乘员必须不断观察它有没有损坏的迹象。大多数坦克都携带备用履带，但往往缺少把它们连接在一起的销子。好的车组乘员只要坦克能停几分钟就会检查一下履带和车轮并及时上紧。如果不这么做，履带就会从车轮上脱落，坦克抛锚。在坦克排或连里，下级军官会命令车组进行日常维护——即使是在严寒、泥泞和战斗中也是如此。摩擦是坦克的大敌，涉水会洗掉传动装置上的润滑油，很快让负重轮轴承烧坏。例如，一辆T–34坦克在干燥地面上每行100公里需要至少1公斤润滑油，但如果涉水就要提前更换。所有的发动机和变速箱多少都会泄漏机油，特别是在滤清器和垫圈老化时。德国坦克发动机通常使用橡胶垫圈，在寒冷的俄国冬季，橡胶垫圈容易变脆，如果不及时更换，就会导致大量漏油。炮塔系统也需要检查，包括液压槽、光学和无线电系统，主炮在远距离移动和激烈战斗后需要重新校准（通常在炮口上用校正十字线以及校正靶），如果光学望远镜和主炮由于炮塔受到撞击或一路颠簸而偏离校准，那么炮手就很难击中目标。车组每周都要检查发动机和变速箱的磨损情况（通常从发动机舱中的微小金属碎屑可以看出磨损过大），还有电池、板簧或扭力杆以及制动系统。经常可以见到有照片把车组人员用清洁杆洗刷炮管称为"困难"的工作（5—10分钟），但与之相比真正最困难的任务是更换一根折断的扭力杆，这需要卸下多个负重轮，费大量敲击捶打的工夫才能把破碎的机件取出来（典型的野战条件下，这要花费4—6小时）。如果坦克在一根扭力杆损坏的情况下运行，转移的重量会让另一根也损坏。不过苏德双方都会让处于"降格模式"的坦克继续运行，但这样的坦克差不多也就是一座固定炮台，战斗力不高。坦克营一级最重要的车辆就是回收车和燃油卡车，它们对维持该单位的运作至关重要。

坐在坦克炮塔指挥塔里的人可以分为两类：一类是坦克指挥官，另一类是坦克骑手。1941年—1943年，德国国防军基本上可以把适宜的军官或军士长派到指挥塔的岗位上。一名训练有素并具有领导能力的人，能够积极地带领他的排或连投入战斗。一名坦克指挥官应该是个果敢的人，并通过训练能够学会利用装甲部队的冲击效应、火力和机动性来完成任务。相比之下，战争之初，红军在基层指挥员和军士的训练方面是非常欠缺的，很少有坦克指挥官表现出果敢的进攻性。坦克骑手则是那些被动的人、跟随者，服从命令但几乎没有主动性的人。不幸的是，斯大林的清洗扼杀了基层的主动权，助长了队伍中的消极思想，极大地削弱了红军坦克部队在战争第一年的战斗力。对于坦克骑手来说，一种常见的事故——除了突然死亡外，就是坦克在行进中让炮管撞到地面、树木或建筑物，因而损坏。直到1943年—1944年，红军才开始出现经验丰富、具有进攻性的基层指挥员，能够在战斗中出色地指挥小单位作战，而德军的下级军官战斗素养则在1942年后逐步下降。

在战斗中，车组人员是封闭的，周围只能看到短暂经过的友军坦克和步兵。德军车长在训练中已经习惯了打开指挥塔露出头来进行机动和战斗，这使得他们能够更好地了解周围态势，但同时也令他们更容易受到炮击、狙击手和机枪的伤害[11]。苏军车长在训练中被教导要采取"舱盖关闭"模式，只从车内观察，事实证明这是完全不够的。对于并不重视士兵生命的苏军来说，这十分奇怪。由于苏军牺牲了对战场态势的观察，使得少量的德国坦克经常可以击败占有数量优势的苏军坦克。许多赞扬德军坦克炮火有多么致命的说法都没有注意到"舱盖关闭"对杀伤力的影响。对态势更好的观察能让德国人抢先开炮，在苏联坦克还没有发现之前就对其造成巨大的伤害。在炮塔里，主炮的射击就像在房间里发生了一次小小的爆炸，里面很快充满了令人窒息的氨气。一个好的车组会在开炮前打开炮塔鼓风机吹散有毒气体，但打过几炮之后，苏军新兵在炮塔里呕吐的情况依然并不少见。德国坦克在行进间通常不会开炮，因为精度太低；他们更喜欢寻找一个藏身之处，地形可以遮蔽车体，但炮塔可以向接近之敌开火。相对而言，红军在战前曾试图研制火炮稳定器，并鼓励车组在行进间射击。夜间很少发生坦克战，因为坦克无法射击100米以外的目标，除非有照明弹，但这将更有利于防御的一方。

除了维修和战斗之外，车组的其余生活都集中在获取足够的食物和睡眠上。和步兵相比，坦克乘员非常想睡得舒服一些，这经常让他们做一些不谨慎的事。1941年10月，当埃贝巴赫战斗群（Kampfgruppe Eberbach）的坦克冲进奥廖尔时，第35装甲团第6营的一个排离开了他们的车辆，任其无人看守，只是为了可以在附近的房子里睡上一觉——入夜后苏军坦克进行反攻，冲进了城里，眼前的场景让他们大吃一惊[12]。苏军坦克手西蒙·L. 阿利亚回忆说，在1942年—1943年冬天一个寒冷的夜晚，他的车组决定睡在一个农舍里，T-34丢在一边没人管。第二天早晨，坦克被另一支部队开走了，阿利亚则被押往惩戒部队[13]。在一场长途推进中，坦克车组通常可以分到几天的口粮，这些口粮很快就会被吃完，但正常的后勤服务可能要等上几天甚至几星期才能跟上来。在机动中，德苏双方都不得不从当地平民手中夺取食物，苏军坦克手称之为"祖母的口粮"，德军则称之为抢劫。坦克经常被要求在夜间行动以避免敌机的侦察，睡眠不足的乘员更容易发生事故。在夜间穿越森林时，站在指挥塔里的车长被划过脸上的树枝猛地惊醒是常有的事。在夜间行进时，车长不得不经常通过对讲机和驾驶员聊天，以免他打瞌睡。

在战斗中，被击中的坦克通常只有四分之一会着火并烧毁。双方都喜欢把每一次命中都称为"击杀"，但有很大的比例是跳弹或没有击穿。根据战后对双方记录的分析，德国人夸大的坦克"击杀"数高达200%，而苏联则是500%。即使是那些被认为已经打瘫①的坦克也常常可以修复，因为穿甲弹造成的伤害常常不是毁灭性的，车组人员通常只有0—2人阵亡，其余人员负伤。因此在战争期间，某个车组多次失去战斗力并不罕见。在战争初期，苏军乘员只要自己的坦克被击中就弃车而逃。红军最后发布了一项命令，不把坦克带回来的车组要被送进惩戒部队，以强迫他们不得放弃自己受损的座车。

---

① 译注：英文"knock out"，指坦克受损失去战斗力或行动能力，本书译为打瘫。

注释

1. Hugh Trevor-Roper (ed.), *Hitler's War Directives 1939－1945* (London: Birlinn Ltd, 2004), p. 94.

2. 不含不再分配给装甲营的I号轻型坦克，我也排除了类似的苏联轻型坦克或小型坦克，例如T-37和T-40。按照1941年的标准，这些已不算坦克了。

3. Heinz Guderian, *Panzer Leader* (New York: Ballantine Books, 1957), pp. 31－4.

4. *The German Campaign in Russia － Planning and Operations (1940－1942),* Historical Study No. 20-261a (Washington, D: Department of the Army, March 1955), p. 42.

5. David Kahn, *Hitler's Spies: German Military Intelligence in World War II* (Cambridge, MA: Da Capo Press, 1978), pp. 428－9 and 458－9.

6. *Die wichtigstenPanzerkampfwagen der Union der SozialistischenSovietrepubliken (U.S.S.R),* 1 June 1941, Panzerarmee 3, Ic Anlagen Band A, Teil I z. Tatigkeitsbericht Nr. 2, NAM (National Archives Microfilm), series T-313, Roll 222.

7. Richard W. Harrison, *Architect of Soviet Victory in World War II: The Life and Theories of G.S. Isserson* (Jefferson, NC: McFarland& Company, Publishers, 2010), pp. 60－121.

8. Mikhail N. Tukhachevsky, 'What is New in the Development of Red Army Tactics', in *The Soviet Art of War,* Harriet F. Scott and William F. Scott (eds.), (Boulder, CO: Westview Press, 1982), pp. 56－9.

9. Mary R. Habeck, *Storm of Steel: The Development of Armour Doctrine in Germany and the Soviet Union, 1919－1939* (Ithaca, NY: Cornell University Press, 2003).

10. 1940年更名为工农红军汽车装甲坦克总局（GABTU）。

11. Wolfgang Schneider, *Panzer Tactics: German Small-Unit Armor Tactics in World War II* (Mechanichsburg, PA: Stackpole Books, 2005), p. 293.

12. Arthur Wollschlaeger,'The Raid on Orel', in *Knights Cross Panzers* (Mechanicsburg, PA: Stackpole Books, 2010), p. 127.

13. Artem Drabkin &OlegSheremet, *T-34 in Action* (Barnsley, UK: Pen & Sword Ltd, 2006), pp. 61－2.

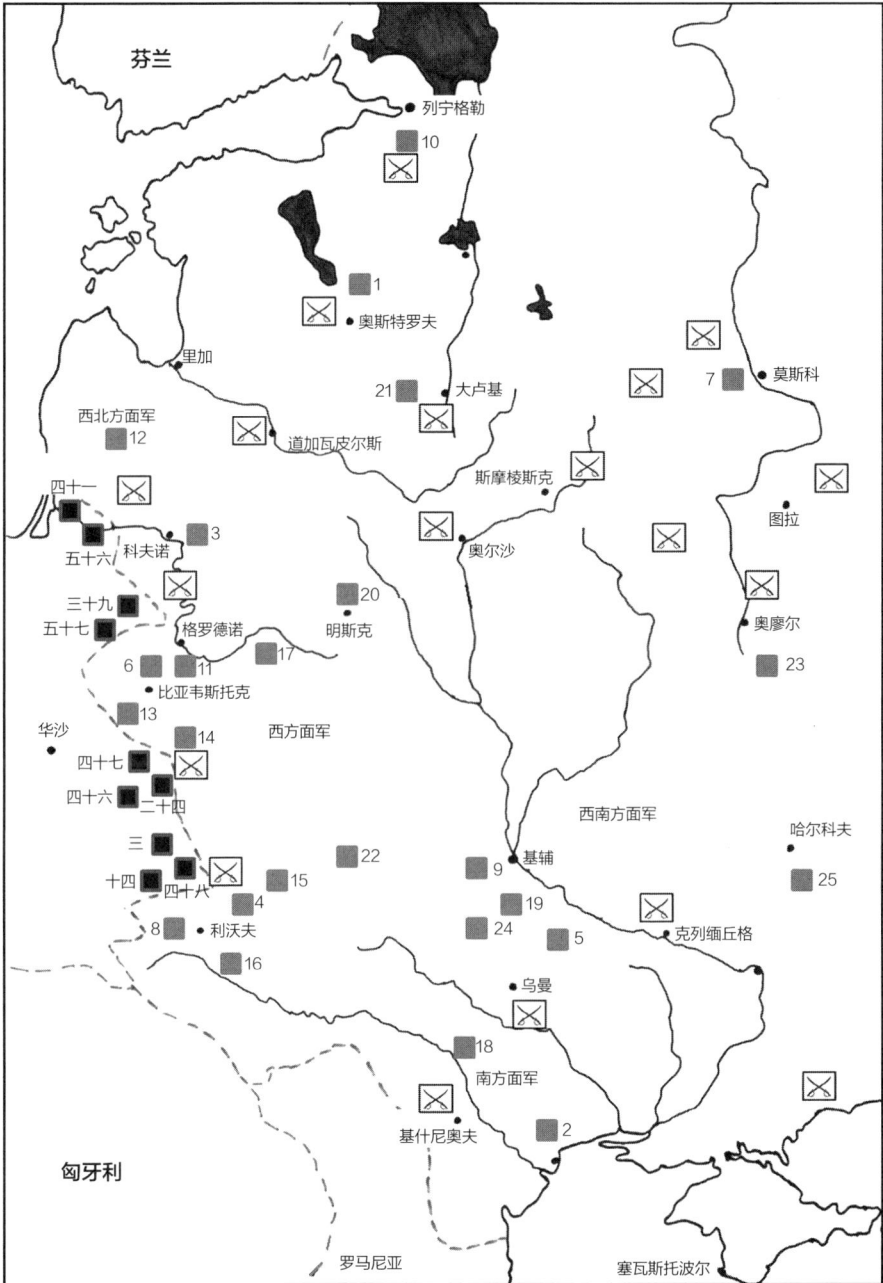

1941年6月22日"巴巴罗萨"行动开始时德苏双方装甲部队的部署情况、主要交战地点和德军推进的限度（注：黑色方块为德军装甲军，灰色方块为苏联坦克或机械化军）

第一章

1941年双方的装甲力量

德国装甲部队

为打击苏联，德国国防军最初部署了17个装甲师，编成4个装甲集群。[1]有9个装甲师组建尚不足一年，是希特勒决定把装甲师的数量翻倍后，于1940年8月至11月期间以现有步兵单位为基础组建的。事实上，这意味着参与"巴巴罗萨"行动的装甲师中有将近一半没有装甲作战经验。装甲师的编制结构也不统一：8个师下辖2个装甲营，另9个师有3个装甲营。这些装甲集群下辖10个摩托化军，后来在1942年初更名为装甲军，各辖2个装甲师和2个摩托化步兵单位。装甲集群（或1941年10月以后的装甲集团军）将成为1941至1942年德军主要的战役装甲力量，而装甲军将是主要的战术力量。[2]先前的战局让国防军知道了集中使用装甲兵的价值，所以在东线战争的第一年，单个装甲师、旅或团独立行动是罕见的。

大部分的装甲部队分配给了中路的中央集团军群，包括海因茨·古德里安（Heinz Guderian）大将的第2装甲集群和赫尔曼·霍特（Hermann Hoth）大将的第3装甲集群。这2个装甲集群有9个装甲师，共1786辆坦克，占"巴巴罗萨"行动总数的57％。在战前为争取装甲部队成为独立兵种而奋斗的古德里安，现在凭借在波兰和法国指挥装甲军树立的威信，获得了"巴巴罗萨"行动中最强大的几个装甲师。古德里安的装甲集群在战役打响时拥有13个装甲营近1000辆坦克，他的5个师全部装备Ⅲ号中型坦克。相比之下，霍特的第3装甲集群共有4个装甲师共12个装甲营，没有1个装备Ⅲ号中型坦克，都是装备捷克制造的38(t)型轻型坦克，配备37毫米口径的斯柯达A7型加农炮，共507辆。38(t)坦克仍然在布拉格的BMM公司生产，比Ⅲ号F/G型有更好的机动性，但装甲和火力就差多了。事实上，霍特的装甲集群主要是追击力量，反坦克能力可以忽略不计。

海因茨·古德里安大将的第2装甲集群（隶属中央集团军群）

部队	Ⅱ号	Ⅲ号	Ⅳ号	指挥坦克	合计
第3装甲师	58	110	32	15	215
第4装甲师	44	105	20	8	177
第10装甲师	45	105	20	12	182
第17装甲师	44	106	30	10	190
第18装甲师	50	115	36	12	213
合计	241	541	138	57	977

赫尔曼·霍特大将的第3装甲集群（隶属中央集团军群）

部队	Ⅱ号	Ⅳ号	38(t)	指挥坦克	合计
第7装甲师	53	30	167	8	258
第12装甲师	33	30	109	8	180
第19装甲师	35	30	110	11	186
第20装甲师	31	31	121	2	185
合计	152	121	507	29	809

赫普纳大将（Höpner）的第4装甲集群的任务是支援北方集团军群向列宁格勒推进，是德军在"巴巴罗萨"计划中被赋予独立任务的最小的装甲兵团。赫普纳有3个装甲师，下辖8个装甲营，共590辆坦克。他的装甲部队全都久经沙场，但装备却是德国和捷克制造的大杂烩。尤其是第6装甲师，主要装备过时的捷克制造的35(t)型轻型坦克，这一型坦克早在战役开始时就已无零配件可用。捷克造35(t)型坦克的机械可靠性不足以支撑长期作战，在1941年10月之后就从一线作战部队中除役。而第1装甲师特别幸运，其4个步兵营中有2个共装备了近200辆Sd.Kfz.250型和Sd.Kfz.251型半履带装甲车。

在波兰南部集结的冯·克莱斯特（von Kleist）大将的第1装甲集群是南方集团军群突向基辅的矛头。克莱斯特所部是古德里安之外装备最好的装甲集群，5个装甲师下辖10个装甲营，共有730辆坦克。克莱斯特麾下有不少Ⅲ号中型坦克，没有捷克制坦克，但是他的作战地域也比其他坦克装甲集群大得多。国防军谍报局的情报人员对于苏联坦克部队的实力和部署了解有限，但足以判断出克莱斯特将面对红军一些最有战斗力的部队。所以克莱斯特需要至少另一个装甲集群的帮助才能完成使命，就不足为奇了。

赫普纳大将的第4装甲集群（隶属北方集团军群）

部队	Ⅱ号	Ⅲ号	Ⅳ号	35(t)	38(t)	指挥坦克	合计
第1装甲师	43	71	20	0	0	11	145
第6装甲师	47	0	30	155	0	8	240
第8装甲师	49	0	30	0	118	8	205
合计	139	71	80	155	118	27	590

克莱斯特大将的第1装甲集群（隶属南方集团军群）

部队	Ⅱ号	Ⅲ号	Ⅳ号	指挥坦克	合计
第9装甲师	32	71	20	12	135
第11装甲师	44	71	20	8	143
第13装甲师	45	71	20	13	149
第14装甲师	45	71	20	11	147
第16装甲师	45	71	20	10	146
合计	211	355	100	54	730

　　1941年编制的装甲师的主要作战部队：1个装甲团（有些师还有装甲旅旅部），下辖2个或3个装甲营；2个摩托化步兵团，共有4个营；1个摩托车营；1个侦察营；1个摩托化炮兵团，共有36门牵引式榴弹炮；1个装备37毫米和50毫米反坦克炮的坦克歼击营和1个摩托化工兵营。大部分步兵乘卡车机动，但装甲师已开始获得性能优异的Sd.Kfz.250型和Sd.Kfz.251型半履带装甲车，"巴巴罗萨"计划开始时已装备了约560辆。总而言之，装甲师下辖5个摩托化

步兵营①和摩托车营，共有5300名步兵。一个1941年编制的装甲师共有约4100辆汽车。1941年6月，装甲营的编成远未达到标准化，但其作战单位有2个或3个轻型坦克连［装备Ⅲ号、35(t)或38(t)型坦克］、1个中型坦克连，装备Ⅳ号坦克。总体来说在理想状态下，满编的装甲营将有66—88辆坦克（15—20辆Ⅱ号、35—52辆Ⅲ号、14辆Ⅳ号及2辆指挥坦克）和625—780名官兵。[3]虽然一些陈旧的Ⅰ号轻型坦克仍保留在装甲师中，但它们并不隶属于装甲团，只在工兵营中作为扫雷车使用。

装甲师主要下属单位

下属单位	部队人数	装甲汽车	卡车	半履带车辆
装甲团（2个营/3个营）	1760/2520	0	174/250	22/28
摩托车营	1032	2	74	0
侦察营	623	33	53	0
摩托化步兵团	2138	6	316	2
摩托化工兵营	852	1	120	10
炮兵营	2146	0	159	67
坦克歼击营	700	2	85	10

在"巴巴罗萨"行动中，Ⅲ号坦克是德军坦克的主力，其中较新的G型和H型是当时德国装甲部队最好的坦克。这2个型号装备50毫米KwK 38 L/42型坦克炮，在火力和防护方面比红军坦克的主力——T–26或BT系列轻型坦克要好。Ⅲ号坦克的作战目标是击败敌方坦克，其一个弹药基数为85发穿甲弹和15发高爆弹，标准的39型穿甲弹可以在500米距离击穿47毫米的装甲，使得Ⅲ号G型或H型坦克在典型的交战距离上可击败苏联所有的轻型坦克。如果使用38型穿甲弹在500米以内从侧面或后方射击，Ⅲ号坦克甚至能够击伤苏联T–34坦克，这种操作有难度但并非不可能。由于50毫米的40型穿甲弹是钨芯，所以具有更好的穿甲能力，其在"巴巴罗萨"开始之前刚投入生产，但数量有限，

---

① 译注："Schützen-Abteilung"，德文直译为"火枪兵营"，这是德军在战争初期对装甲师编制内的摩托化步兵的叫法。

例如第4装甲集群配备的40型穿甲弹只够每辆Ⅲ号坦克携带5发。[4]虽然Ⅲ号坦克反坦克火力还可以，但主要局限是其一次性加满油后的战术行程也只有100公里，实在是不尽如人意。在"巴巴罗萨"计划开始时，装备75毫米KwK 37 L/24型榴弹炮的Ⅳ号中型坦克装备了52发高爆弹、21发穿甲弹（被帽穿甲弹或穿甲弹）、7发烟雾弹。[5]被帽穿甲弹在500米距离可以击穿39毫米厚的装甲，但其速度太慢，不适合与T-34或KV坦克交战。为了加强火力，德国人正在为Ⅳ号坦克和Ⅲ号突击炮上使用的75毫米榴弹炮研制一种新型高爆反坦克弹药（即破甲弹），但其直到1941年底才开始使用。事实上，在1941年，Ⅳ号坦克和Ⅲ号突击炮两者都只适合承担支援步兵的角色，Ⅲ号坦克是"巴巴罗萨"战役时装甲兵唯一有效的两用坦克。除了坦克以外，国防军还部署了12个突击炮营，配备200多辆Ⅲ号突击炮，以及5个集团军直属的坦克歼击营，装备135辆Ⅰ型坦克歼击车。Ⅰ型坦克歼击车是一种临时装备，将捷克制造的47毫米高射速加农炮安装在过时的Ⅰ号坦克底盘上。在"巴巴罗萨"开始的时候，47毫米加农炮是国防军拥有的最好的反坦克武器之一。

在进入苏联的德国坦克中，有近四分之一是Ⅱ号轻型坦克，它们在之前的法国战役中就已经过时。与Ⅰ号坦克不同，Ⅱ号坦克仍在德军坦克排和坦克连中发挥着重要作用。虽然经常被用作侦察坦克，但和T-26或BT系列轻型坦克相比，Ⅱ号坦克有更好的装甲防护，其高射速的20毫米KwK 30型火炮可以在500米内穿透前者的装甲。Ⅱ号坦克还将在护送补给车队通过苏联游击队出没的森林地带时发挥效用。

尽管媒体在战争期间和战争结束后对所谓的德国闪电战理论进行了大量的宣传，让人们觉得这些战役既迅速又顺利，但是在1941年，德国装甲战理论相对并未定型。这一理论的一个关键点在于强调合成战斗群的诸兵种合成战术——单纯使用坦克被视为鲁莽且低效。举个例子，1941年7月初，第4装甲师的埃贝巴赫战斗群下辖1个装甲营，1个摩托车连，1个搭乘SPW半履带车的摩托化步兵连，1个炮兵营（12门105毫米口径的牵引式榴弹炮），2个工兵连，1个舟桥连（Brückenkolonne）的部分兵力，1个重型高射炮连（88毫米口径）和1个轻型高炮连（20毫米口径）。总而言之，埃贝巴赫战斗群一开始拥有约2300名士兵和750辆汽车。有些时候还下辖坦克歼击车、侦察部队以及更多的步兵。每个装甲师通常组成3个战斗群,一般1个偏重坦克,2个偏重步兵。

德国理论的另一个关键组成部分是在战术车辆上广泛使用无线电,以确保有效的指挥和控制。德军装甲部队拥有连、营、团、师级无线电网络,能够及时共享作战信息,为德军指挥官提供良好的态势感知能力。运用Ⅲ号装甲指挥车或Sd.Kfz.250/3型半履带装甲车上搭载的中频(MF)Fu-8和甚高频(VHF)Fu-6无线电台,一名德国装甲战斗群指挥官于运动中可在40公里半径范围内进行指挥,在静止时可达70公里。德国装甲排和连无线电网络依靠甚高频Fu-2和Fu-5型无线电台,控制半径在2—4公里之间。每一辆坦克上都安装了无线电,这使得德军能够最大限度地利用现有的装甲力量,并将其集结在最需要的地方。此外,使用恩尼格玛密码机为德国人提供了一种在师、军和集团军之间安全的传递命令的手段。在1941年6月,虽然德国装甲单位缺乏与德国空军直接的空地通信,但前方战斗群空中支援的请求能在合理的时间内通过师的无线电网络传达。

德国战役和战术层面的装甲理论融入1918年"突击队"的要素,倾向于渗透和包围,而不是代价高昂的正面进攻。德国人在1939年9月8日的华沙街头亲身体验到装甲师在城市中表现不佳,但苏德战争期间这一教训往往被双方忽视。相反,装甲师的目的是在有利地形上,与步兵、炮兵和空军协同,在敌战线上打开一个缺口,然后快速推进,趁敌军主力做出反应之前将其包围。坦克将在非摩托化的步兵师前方大胆推进,而后者不得不依靠突击炮的近距支援来完成突破战斗。德国的理论认为,一旦敌方单位被合围在包围圈中,他们就会迅速投降或被向心突击歼灭。其理论更倾向运用成对的装甲师或军以双重合围包围敌人,而不是风险更高的单层包围法。因此,德军对红军的理论解决方案是进行连续的围剿战,直到消灭苏联最精锐的部队为止。然而,德国装甲部队采用的理论有2个主要缺陷,这在以前的战役中没有出现过。首先,德国人无法在后勤上无限期地维持一系列的装甲包围圈,长此以往,燃料短缺和机械故障会拖住前进的脚步,这可能会让敌人有机会恢复力量。其次,这一理论是在反坦克防御相对薄弱的时候发展起来的,这使得装甲师能够在开阔地带碾压大多数的步兵师。然而,即使苏联的反坦克防御已经于1942年—1943年间稳步改善,德国装甲部队的将领依旧认为敌人步兵无法阻止包围圈的形成。

引领装甲部队进入苏联的是一群训练有素的专业骨干，但近三分之一的人几乎或根本没有直接指挥坦克的经验。事实上，1941年德国装甲部队许多高级将领仍在学习技能，并不完全了解坦克的能力和局限。装甲部队的31名高级将领中有一半出身于步兵，三分之一出身于骑兵。最高级别的指挥官中，第1装甲集群的埃瓦尔德·冯·克莱斯特（Ewald von Kleist）大将尽管从来没有在装甲部队服役过，但在指挥大规模装甲部队方面比任何国家军队中的任何军官都更有经验。第2装甲集群的指挥官海因茨·古德里安大将曾领导过1个装甲师，并在波兰和法国指挥过摩托化军，但他却是"巴巴罗萨"行动中唯一一位非战斗兵种出身的装甲指挥官。古德里安由一名通信兵军官转行为机械化的倡导者，在整个职业生涯中一直表现得有些业余，且有一个在军事上特立独行者的冲动和不守纪律的天性——他不是团队合作者，而是个人主义者。1941年6月，摩托化军的10名军长中有6名曾在军级指挥岗位上打过仗，但有3名军长——包括步兵上将埃里希·冯·曼施泰因（Erich von Manstein）——没有亲自参与过装甲部队作战。只有3名装甲军军长——装甲兵上将格奥尔格–汉斯·莱因哈特（Georg–Hans Reinhardt）、装甲兵上将莱奥·盖尔·冯·施韦彭格男爵（Leo Freiherr Geyr von Schweppenburg）和装甲兵上将鲁道夫·施密特（Rudolf Schmidt）具备丰富的军一级指挥经验，并且曾在战场上领导过1个装甲师。希特勒在1940年末组建了10个新的装甲师，这在一定程度上削弱了师一级的领导力量。到"巴巴罗萨"战役开始时，17名装甲师师长中只有8人有过师级指挥经验，5人是新加入装甲部队的。一些新的装甲师师长，例如瓦尔特·莫德尔（Walter Model）中将，基本是指挥经验有限的参谋军官。由于斯大林对红军的清洗，德国军官的年龄往往比苏军指挥员大，31名装甲兵高级将领的平均年龄为53岁。

在排、连、营和团一级，德国坦克手在操作车辆方面训练有素，很多人是打过仗的老兵。所有这些人都曾在明斯特（Munster）的装甲部队第一学校和温斯多夫（Wünsdorf）的第二学校接受过培训，这有助于整个德国装甲部队作战技能水平的标准化。1940年—1941年的冬天，大多数装甲师都在法国或德国度过，他们花了相当多的时间进行火炮射击和机动训练。各部队在格拉芬沃尔（Grafenwöhr）或瓦尔特（Warthe）等训练区轮训，以及在波罗的海沿岸的普特洛斯山脉（Putlos range）进行火炮射击训练。德国坦克乘员在驾驶、装填和射击等基本技能方面接受了良好的培训，并进行交叉训练以免因伤亡而造成职能空缺。德国坦克手还要接受日常保养训练，但他们并不擅长脱落履带的修补、战地回收或简单故障的处理，只倾向于等待修理大队的机械师到来。这种漫不经心的态度在法国的战役中不是一个问题，但在俄罗斯，这样的心态常常导致坦克被遗弃。"巴巴罗萨"启动时，大多数装甲指挥官都是经过考验的低级军官或军士。在装甲连和装甲营中，其他成员承担的角色同样值得注意，特别是作为连第一士官的连队上士。德国陆军的真正实力在于其精心打造的军士团队，这些人可以在必要时轻松承接更高的职位，弥补战斗损失造成的空缺。德军的训练非常注重个人的主动性和解决问题的能力，这塑造了很强的冲劲，让士兵们善于在战斗中随机应变。比起等待命令，士兵们更被鼓励要迅速行动。"巴巴罗萨"战役开始时，德国装甲兵的士气非常高昂，他们相信自己是一支胜利的队伍，战斗将很快结束，祖国会感激幸存者并给予其丰厚回报。第三帝国的法西斯哲学充斥着游行、勋赏、英雄崇拜和新的哥特式纹章，有利于造就一代超越自我的人们，他们希望通过奉献和自我牺牲行为来赢得认可。事实证明，良好的训练、积极进取的精神和高昂的士气是德国装甲部队在1941年—1942年成功的主要因素，并且也足以解释其后来为何失败。

德军装甲师能够在苏联取得战役层面的决定性胜利，根本原因在于军与集团军一级的后勤梯队可以维持装甲矛头的燃料和弹药补给，并为其补充后备乘员和车辆。然而，德国的后勤系统还没有强大到可以在遥远的距离和各种气候条件下，在苏联境内进行一场旷日持久的战局的地步。1941年，1个装甲师消耗1个消耗额度（Verbrauchssatz）的燃料（相当于125立方米[6]，即125000升，重量为92.3吨）可以使其所有车辆在道路上行驶100公里。德国理论规定，每个装甲师需要储备4个消耗额度的燃料才能开始进攻，这样理论上其作战范围可达到400公里，但俄罗斯路况不佳，1个消耗额度的燃料通常只能让1个师移动40—50公里。为了进抵遥远的目的地，如莫斯科或乌克兰东部，德国人要求每个师配备数十个消耗额度的燃料。但是，国防军的后勤能力远远不足以应付这种规模的行动。第三帝国常年受燃料生产不足的影响，即使是像"巴巴罗萨"行动这种规模的短期战役也会大大减少现有的燃料储备。装甲集群获得了足够进行为期2个月战斗的燃料，而只有有限的储备可用于维持夏季以后的任何行动。即使燃料够用，装甲矛头想要深入苏联腹地也几乎不可能，因为装甲集群的建制内缺乏交通工具，无法有效地将燃料从铁路末端前送超过50公里。每个装甲师建制内都有3个燃料连，共30辆卡车，可以装载75立方米燃料或0.6个消耗额度。因此，1个装甲师推进2天就会耗尽其全部燃料储备，然后动弹不得，直至更多的燃料被送上来，这种情况在1941年的"巴巴罗萨"行动和1942年的"蓝色"行动中一再发生。快速的推进使最近的铁路末端被远远抛在后面，德军需要等待比预期更长的时间才能再次获得补给。双方的装甲行动将受到其铁路维修单位进展缓慢的制约。

因为国防军普遍缺乏轮式车辆，燃料短缺问题变得雪上加霜，德军只能利用缴获的数千辆英国、法国和俄国卡车让这一情况暂时缓解。不幸的是，由于缺乏零配件，加上俄罗斯路况差，这些二手车在"巴巴罗萨"行动期间以惊人的速度损坏。装甲师的机动力依赖欧宝36S中型载货卡车，正如该卡车的机动力依赖其油箱，但德国国内的产量从未满足编制要求，更不用说弥补战斗和非战斗损失了。希特勒对俄国的崩溃非常有信心，因而在"巴巴罗萨"行动开始仅3周后，他就命令德国工业部门在1941年秋季前削减军队的弹药生产，这让德国的补给问题更加严重。[7]当战役没有按预期结束时，1941年12月，德国军队发现自己急缺火炮和反坦克炮的炮弹。简而言之，德国的装甲部队实力强大、领导有方、装备比较精良，但没有做好持久战的准备，所以相当脆弱。

红军的坦克兵

1941年6月，红军可投入战斗的坦克高达18700辆，另有4500辆正在修理。坦克总数的约63%（14000多辆坦克）被分派给1940年7月—1941年3月组建的28个机械化军。另有1700辆坦克属于远东和外贝加尔的5个独立坦克和机械化师，还有6000辆坦克散布在骑兵部队、训练学校、修理厂和仓库。[8]苏联坦克部队刚开始换装KV系列重型坦克和T-34中型坦克，但在1941年6月中旬之前生产的385辆KV-1和185辆KV-2坦克中，只有433辆装备部队。同样，大约1000辆T-34坦克是在德国入侵前制造的，其中903辆已经送抵部队。

红军的28个机械化军中有18个驻扎在西部的5个边境军区，共10688辆坦克，其中约83%可以投入战斗，还有4个机械化军作为第二梯队部署在俄罗斯中部。在"巴巴罗萨"行动开始之前，这些部队组建都未满一年，只有1个军进行了师一级的合练。因此在1941年6月，这些机械化军的军和师一级的训练水平与经验都微不足道，严重削弱了部队战斗力。与德国装甲部队不同，苏联机械化军及其坦克和机械化师的编成在1941年6月基本一致，尽管许多只是拥有部分装备的架子单位。表面上，苏联的机械化军是一支强大的部队，下辖2个坦克师、1个机械化师、1个摩托车团和1个摩托化工兵营，共有9—12个坦克营、9个步兵营和6个炮兵营，官兵3.7万余人，汽车6000多辆，给人以深刻印象。和德国装甲师相比，苏联机械化军偏重坦克，步兵和炮兵不足。然而，机械化军及其下辖师的各种缺陷迅速变得无关紧要，因为它们在战役的前3周就被歼灭或解散了。苏联最高统帅部大本营于1941年7月15日解散了剩下所有的机械化军，并将其残部改编为坦克旅，后者事实上成为当年余下时间内苏联主要的装甲编制。德军的迅猛入侵迫使红军转入防御，并不得不解散剩余的坦克部队并将其用于支援步兵。

最初，红军最优秀的装甲力量集中在南方的基辅附近，因为苏军总参谋部判断德国人将在这里发动主要突击，其余坦克部队则稀稀拉拉地部署在立陶宛和白俄罗斯。西北方面军的第8集团军用5个步兵师和尼古拉·M. 舍斯托帕洛夫（Nikolai M. Shestopalov）少将的机械化第12军保卫立陶宛—东普鲁士边境155公里宽的战线，这个军共有725辆坦克和96辆装甲车。[9]舍斯托帕洛夫的军没有现代化的坦克，只有BT-7和T-26坦克，分布在110公里宽的地域，超过30%的坦克无法投入战斗。[10]机械化第12军拥有编制数量绝大部分的火炮，但卡车或无线电台不及编制数的一半，这使得运动作战、指挥和控制变得非常困难。另一方面，机械化第12军有一支训练有素的干部队伍，包括坦克第28师师长伊万·切尔尼亚霍夫斯基（van Chernyakhovsky）上校。立陶宛边境的其余部分由第11集团军保卫，该部拥有8个步兵师和阿列克谢·V. 库尔金（Aleksei V. Kurkin）少将的机械化第3军。库尔金麾下共630辆坦克，其中包括51辆KV重型坦克和50辆T-34中型坦克，但其建制内的各个师分散在一大片地域内。总而言之，红军总共有1355辆坦克守卫立陶宛边界，尽管其中大多数是T-26和BT-7轻型坦克。此外，北方面军另有1431辆坦克可作为增援，其编制内的机械化第1军驻扎在普斯科夫（Pskov）附近，机械化第10军驻扎在列宁格勒（Leningrad）附近。然而，这些二线力量主要装备较旧的轻型坦克，包括BT-2和BT-5。波罗的海特别军区的红军坦克部队质量不高，且从一开始就部署不当，但由于河流众多，沼泽和森林密布，其享有便于防守的地利。

　　尽管红军在西方面军集中了6个机械化军、2200辆坦克以保卫比亚韦斯托克突出部（Bialystok salient），但唯一真正具备战斗力的部队是米哈伊尔·G.哈茨基列维奇（Mikhail G. Khatskilevich）少将的机械化第6军。哈茨基列维奇掌握着西方面军近一半的坦克，包括4个重型坦克营114辆KV重型坦克及7个中型坦克营238辆T-34坦克。相比之下，机械化第11、第13和第14军的兵力只有编制数的一半或更少，且主要装备的是T-26轻型坦克。这4个第一梯队军分别支援第3、第4和第10集团军，从格罗德诺（Grodno）到比亚韦斯托克再到布列斯特（Brest），它们排成了一条弧线，部署在边境后方的30—60公里处。再往后，巴拉诺维奇（Baranovichi）和明斯克（Minsk）之间，西方面军以机械化第17军和第20军作第二梯队，但这些都是架子部队，每个军只有129辆轻型坦克。德米特里·巴甫洛夫（Dmitri Pavlov）大将曾在20世纪30年代末担任红军汽车装甲坦克兵局（ABTU）局长，在指导苏联坦克发展方面发挥了重要作用，现在他指挥着西方面军，麾下有4个机械化军在第一梯队支援他的12个一线步兵师。巴甫洛夫基本上把他所有的坦克力量都用于固定阵地支援步兵，没有留下进行机动的任何余地。

苏联北方面军和西北方面军的坦克力量，1941年6月22日

方面军部队	KV-1/2	T-34	T-28	T-26	BT	合计
西北方面军						
机械化第3军	51	50	57	41	431	630
机械化第12军	0	0	0	483	242	725
北方面军						
机械化第1军	6	8	76	375	522	973
机械化第10军	0	0	0	177	281	458

苏联西方面军的坦克力量，1941年6月22日

方面军部队	KV-1/2	T-34	T-26	BT-2/5/7	合计
机械化第6军	92-114	70-238	83	53/67/350 470	1021
机械化第11军	0-3	0-28	141-243	0/44/0	237-287
机械化第13军	0	0	263	15	294
机械化第14军	0	0	518	6	520
机械化第17军	0	0	1	24	36
机械化第20军	0	0	80	13	93

米哈伊尔·P. 基尔波诺斯（Mikhail P. Kirponos）上将领导的西南方面军（原基辅特别军区改编）共8个机械化军，他在这一区域部署了4400多辆坦克。基尔波诺斯将5个最强大的机械化军作为第一梯队部署在边境附近，位于利沃夫（L'vov）和罗夫诺（Rovno）之间。这些军的装备数为编制数的45%—90%。其中，安德烈·弗拉索夫（Andrey Vlasov）少将[11]的机械化第4军是1941年6月红军装备最好的坦克部队，拥有101辆KV重型坦克和313辆T-34坦克。表面上，弗拉索夫的军与德军的1个装甲集群同样强大——其除了新型坦克之外，炮兵力量齐备，卡车也有2000多辆。值得注意的是，39岁的弗拉索夫以往没有和坦克打过交道，但他是大清洗后红军中一颗冉冉升起的新星。基尔波诺斯的第二梯队装甲力量由3个只有骨干力量的机械化军组成，部署在基辅以西，这些部队只装备轻型坦克，装备数只有编制的20%—40%；再向南，敖德萨军区（Odessa Military District）拥有2个不满编的机械化军，以700辆轻型坦克和1个T-34坦克营来保卫与罗马尼亚相邻的边界；俄罗斯中部的莫斯科、奥廖尔（Orel）和伏尔加军区还有4个不满编的机械化军，有2000辆轻型坦克，但没有KV和T-34坦克；在德军无法染指的高加索、外贝加尔、中亚和远东军区还有5000辆轻型坦克待命。更重要的是，这些军区有15000—20000名坦克手，这样苏联最高统帅部就已经有大量多多少少受过训练的后备坦克乘员，可以用于组建新的坦克旅。

1941年7月中旬后，苏联主要的坦克部队编制是坦克团和坦克旅。东线战争打响时，苏联每个机械化军都有5个坦克团：机械化军建制内的2个坦克师各有2个，还有1个在某个机械化师中。坦克团作为一个师内诸兵种合成结构的一部分发挥作用，并且是纯坦克部队，建制内没有步兵和炮兵。坦克师的每个坦克团编有3个坦克营，共62辆坦克。然而，一旦机械化军在德国装甲集群的重击下开始瓦解，红军最高统帅部便选择依靠独立的坦克旅，这样组建起来比较快，也可以简化指挥和控制手续。1941年8月下旬批准成立的坦克旅以机械化军的残余部队为基础，本应拥有3个坦克营（91辆坦克）和1个摩托化步兵营。然而由于苏联的损失越来越大，工业生产无法弥补，坦克旅的规模继续缩小。9月，坦克旅减为2个坦克营，共有67辆坦克，12月减少到只有46辆坦克，步兵营也被取消。

西南方面军的坦克力量，1941年6月22日

部队	KV-1/2	T-34	T-26	T-28	T-35	BT-2/5/7	合计
机械化第4军	101	359	106	68	0	127	761
机械化第8军	71	100	298	0	48	276	793
机械化第9军	0	0	144	0	0	134	278
机械化第15军	64	72	44	51	0	439	670
机械化第16军	0	0	214	75	0	360	649
机械化第19军	6	2	291	0	0	0	450
机械化第22军	31	0	464	0	0	163	658
机械化第24军	0	0	100	0	0	100	200

战前，大多数苏联坦克营只有一种坦克，数量从30到50辆不等。新的T-34和KV-1坦克正按营进行部署，因此其在德国入侵之前几乎没有与现有型号进行过磨合。苏联坦克营比其德国对手小得多，并且在整个1941年变得越来越精简。通常，苏联坦克营有1个营部、1个80人的维修连、1个装备3辆BA-10型或BA-20型装甲车的侦察排、1个21人的卫生分队、一些燃料和弹药分队和3个坦克连。红军在战前不断调整坦克排的规模，尝试了3辆、4辆、5辆坦克的配置。重型坦克排通常配备5辆坦克，但是轻型和中型坦克排很快就放弃了战前的4辆配置，并且在战争的大部分时间内采用3辆坦克的组织结构。

尽管在评估1941年6月红军相对战斗力时，人们关注更多的是新型的KV-1、KV-2和T-34坦克，但"巴巴罗萨"行动刚开始时，这些坦克仅占苏联可用坦克力量的12%，且由于一系列后勤和训练缺陷，它们在最初几乎没有任何战斗力。这些现代化的坦克有很多在"巴巴罗萨"开始的几周或几个月前才抵达部队，并储存在仓库中，等待1941年夏季的训练。很少有坦克手在这两种新型坦克上接受过培训，它们和早期的轻型坦克大不相同，即使是经验丰富的坦克手也需要上一个过渡课程才能在战斗中有效地使用这些坦克。然而，更为严重的问题是KV-1和T-34的76.2毫米主炮炮弹的短缺，以及用于KV-2的152毫米炮弹几乎完全付之阙如。比较幸运的T-34坦克营也只有1个基数的弹药——往往没有穿甲弹，而比较倒霉的单位只有机枪子弹；燃料短缺情况更严重，绝大多数苏联重型和中型坦克只有不超过1个基数的燃料，只能维持几天的运作。前方油库中的大部分燃料是T-26和BT系列轻型坦克用的汽油，T-34和KV坦克的柴油仍然供应不足。新坦克的零配件几乎没有。因此，T-34和KV坦克在"巴巴罗萨"开始时所享有的唯一真正的优势是德国人需要花很大力气才能摧毁它们，由于后勤准备不足，它们天生的火力和机动性优势被浪费了。

1941年，苏联使用的主要作战坦克是T-26和BT-7轻型坦克，它们占可用坦克的近80%。 T-26被设计为步兵支援坦克，反映了20世纪30年代早期的坦克设计思想。1941年6月，只有大约三分之一的现役T-26是1939年—1940年制造的改进型，其余的都是老型号，作战能力微不足道。与德国的Ⅲ号G型和H型坦克相比，哪怕是T-26的改进型号，在机动性和防护方面都差距明显。T-26最大的弱点是它的动力装置，源于GAZ卡车的发动机机械可靠性不足。战役打响时，现有的T-26轻型坦克中有30%—40%无法运作，其余的大部分坦克在几周的行动后都出现了机械故障。BT系列轻型坦克是更强的对手，特别是1939年首次出现的升级版BT-7M型。BT-7M采用与T-34相同的V-2柴油坦克发动机，相比Ⅲ号坦克具有极佳的机动性和可靠性。与T-26不同，BT-7M具有更厚的倾斜装甲，其防护水平更接近Ⅲ号坦克。不幸的是，在"巴巴罗萨"行动开始之前，哈尔科夫运输机械制造厂便已停止生产BT-7M，以集中生产T-34。T-26和BT-7都安装了45毫米20K型火炮，这一火炮至少在表面上与Ⅲ号坦克上的50毫米KwK 38 L/42型火炮相当。但糟糕的是，由于制造其BR-240 APBC型炮弹时品控不佳，45毫米火炮的威力被削弱了，钢制弹芯会在撞击时破碎，难以在几百米距离上击穿Ⅲ号和Ⅳ号坦克的装甲。剩下的苏联坦克，包括T-35重型坦克、T-28中型坦克、旧式BT-2/5系列和T-37/38/40轻型坦克严重过时，数量太少，在1941年—1942年的坦克战中起不了什么作用。

　　理论上，整场战争中苏联人倾向于维持三种装甲部队：遂行独立机动战役的大兵团，用于支援步兵的独立营、团或旅级部队，以及大本营直属的最高统帅部大本营预备队。1941年7月机械化军解散后，红军在1942年春以前只有用于支援步兵的坦克部队。直到确定莫斯科很明显不会陷落，资源匮乏的红军才开始抽调兵力充实最高统帅部大本营预备队，这在1942年成为优先事项，最终将为红军最高统帅部提供德国陆军总司令部在东线很少拥有的优势——可以转移到关键战线上的大规模坦克预备队。

　　战争初期，苏联的坦克战术非常简单，因为大多数部队的训练水平都很低。坦克排和坦克连受的教导主要是排成一线冲击，以便于指挥和控制，不过也可能采用楔形阵形。苏联坦克排以密集的队形发动攻击，车辆之间的距离通常只有5米。苏联坦克指挥员通常没有双筒望远镜，他们被教导在战斗中要"闭上嘴巴"，这大大降低了他们和德国坦克手对决时的态势感知能力。由于苏联没有研制类似德国Sd.Kfz.251型那样的装甲人员输送车（这是一个重大缺陷），苏联坦克无法像德国装甲战斗群那样，与配属的摩托化步兵紧密配合。总而言之，这些密集的、近乎盲目的苏军纯坦克编队让德国装甲兵和坦克歼击车单位应对起来非常轻松。另一个战术上的考虑是红军倾向以照本宣科的方式取代常识，本质上，1941年—1942年的苏联坦克战术完全是僵化的。如果一次攻击失利并且损失惨重，苏军政委就指责指挥员不遵守"剧本"，同时拒绝承认学校里教授的战术需要修改，以适应战场现实。

　　1941年6月，红军机械化军军长没有一个人于德军开始入侵时在岗位上工作超过一年，大多数人只待了几个月。苏联机械化军军长们比他们的德国同行要年轻得多（其平均年龄是44岁，而德国人是53岁），而且经验不足。大约58%的机械化军军长之前没有坦克或机械化部队服役的经历，16%的人没有指挥过大兵团。在大清洗消灭了大量经验丰富的坦克指挥员骨干，且最初的机械化军于1939年解散之后，1940年—1941年新组建的机械化军配备了大量的骑兵军官，1941年6月，一半的机械化军由骑兵出身的人指挥。然而，将1941年所有的苏联坦克指挥员都概括为无能之辈，那就错了。特别要指出的是，伏尔加军区机械化第25军军长谢苗·M. 克里沃申（Semen M. Krivoshein）少将是红军中最有经验的坦克兵之一。他在西班牙、远东、芬兰和波兰成功指挥了坦克部队。事实上，克里沃申与1941年大多数德国装甲师或军指挥官一样，经验丰富、能力出众。机械化第21军军长德米特里·D. 列柳申科（Dmitri D. Lelyushenko）少将是另一名经验丰富、能干的苏联坦克兵，尽管1941年时他只有39岁。大多数苏联坦克军官都是伏龙芝军事学院（Frunze Military Academy）或机械化和摩托化军事学院[①]的毕业生，但有一些人，像米哈伊尔·P. 彼得罗夫（Mikhail P. Petrov）少将，受过的普通或军事教育微乎其微（只上到四年级），与德国国防军接受过总参训练的装甲兵将军相比，他们劣势明显。在没有坦克相关经验的军官中，有一名骑兵指挥员康斯坦丁·K. 罗科索夫斯基（Konstantin K. Rokossovsky）少将很快就展示出诸兵种合成作战的天赋。总而言之，1941年6月红军坦克部队的领导班子就是一个大杂烩，有一些优秀的军官、一大批有一定能力但缺乏经验的军官，以及相当数量的尸位素餐者。

在师、旅、团和营级，情况大致相同，虽然有更多的空缺没有填补，许多单位仍在等训练单位分配其25%—50%的基层军官。战前的军官培训需要1—2年的时间，而且如此多的机械化军迅速组建，一时让工农红军汽车装甲坦克总局（GABTU）管理的坦克训练学校不堪重负。例如，首屈一指的奥廖尔装甲坦克学校[②]于1940年9月开始培训800名基层军官作为T-34坦克排排长，第一批学员将在1941年夏末毕业。在过渡期，红军确实有一些优秀的中层坦克指挥员，如帕维尔·罗特米斯特罗夫（PavelRotmistrov）上校和米哈伊尔·E. 卡图科夫（Mikhail E. Katukov）上校，如果有机会，他们足以在战斗中掌控坦克旅或师级部队。在连级和排级，大多数现有的基层军官都是仓促训练的产物，

---

① 译注："VAMM"，当时全名为"以斯大林命名的工农红军机械化和摩托化军事学院"，1967年起名为"以苏联元帅马利诺夫斯基命名的装甲坦克兵军事学院"。

② 译注："Orel Tank Training School"，BTU，当时全名为"以伏龙芝命名的奥廖尔装甲坦克学校"。

很少有人能够读懂地图，且在战斗中能指挥的坦克仅限于其座车。尽管斯大林的大清洗并没有破坏士兵队伍，但1940年—1941年的快速扩军造成了训练有素的驾驶员和炮手的严重短缺，直到1941年6月，这些人员依然未得到补充。数千名应征士兵被送往奥廖尔和列宁格勒的坦克训练学校接受为期6个月的训练，但入侵开始时这群人还在前往学校的路途中。由于缺乏像国防军那样坚实的士官团队，红军各单位内几乎没有教员，不得不依靠集中训练设施，大多数坦克部队都没有按照标准实施训练。很少有坦克手接受过其他坦克乘员职责的交叉培训，这意味着伤亡人员很难替换。苏军驾驶员的训练尤其不足，德军入侵前，红军总参谋部曾发出指令，过时的T-27小型坦克将作为训练用的主要车辆，以减轻红军主战坦克的磨损。不幸的是，2.7吨的T-27的操控特性和其他坦克完全不同，新手驾驶员通过它训练根本无助于操控32吨的T-34或45吨的KV-1。在手忙脚乱地重新组建机械化军的过程中，驾驶员的培训时间被压缩得很少，特别是对较新的坦克。因此，1941年苏联坦克部队在公路调动中出了许多事故，并经常导致坦克损失。

总之，苏联的坦克训练本质上过于机械，培养出来的士兵死板教条，不会发挥主观能动性。火炮射击训练也不足，次口径射击[①]经常代替实际的主炮射击。当红军在1945年占领东普鲁士和西里西亚的德国靶场时，苏联坦克手惊奇地发现，坦克靶场中竟然有弹出式靶标和放置在滑车上的移动靶标——即使到战争结束，苏军也没有这种训练。相反，大多数苏联坦克乘员如果在前往部队之前向一个固定的胶合板目标打过4发炮弹，都算是幸运了。战斗中，苏联坦克手经常会以尽可能快的速度打光所有的弹药，因为他们没有接受过需要节约炮弹的教导。[12]斯大林时代的偏执对苏联坦克单位的保养训练也有负面影响。大清洗期间，内务人民委员部总是威胁要找出内部"肇事者"，或称"反革命破坏分子"，因此不想显得与反政府势力勾结的工农红军总参谋部发出指令，禁止坦克乘员在合适的上级（例如政治委员）不在场的情况下进行日常保养。由于担心士兵可能会故意污染坦克发动机中的润滑油或燃料，政委干脆禁

① 译注：指在射击训练中使用小口径枪炮代替大口径枪炮，这么做费用低且所需场地小。

止了大多数在各部队进行的例行维护，并指示任何工作由集团军级维修站的技术人员监督进行。

战争开始时，后勤准备不足严重阻碍了苏联坦克部队的行动。后勤从来都不是红军的强项，而且作战计划仍然依赖铁路和固定的补给基地，这在面对德军的闪电战时非常脆弱。坦克弹药，特别是76.2毫米的穿甲弹供应不足，1941年6月，很少有KV和T-34坦克拥有超过1个基数的弹药。大约四分之一的可用弹药储存在西部边境附近的补给库，这些补给库很快就在"巴巴罗萨"战役的头几个星期被德军占领了。更糟糕的是，红军大部分的燃料储备都在莫斯科、奥廖尔和哈尔科夫附近的仓库里，前线部队的燃料只能维持1—2周的作战。[13]简单地说，尽管表面上兵强马壮、枕戈待旦，但当坦克部队发现其燃料和弹药只够进行短暂的战斗行动时，即使是装备最精良的机械化军也会很快露怯。1941年苏联的1个坦克师需要的燃料比德国装甲师少三分之一，大约60—70吨，但是GAZ和ZIS-5型油罐卡车太少，无法携带如此多的燃料伴随坦克前进。使真正的机械化机动作战成为可能的后勤基础设施——这往往被认为是进行战前机动的一个关键弱点——在1941年6月根本不存在。

在1941年6月红军机械化力量的诸多不足中，决定战前组建的机械化军命运的一点是缺乏有效的无线电台。大多数机械化军只有编制数大约一半的无线电台，其中大部分出厂日期可以追溯到1933年—1934年。尽管苏联工业部门在坦克研发上领先于德国，但在通信技术方面却落后了。[14]与德国人不同的是，苏军只有连长或营长驾驶的坦克才配有无线电，当然，自1941年6月始，有些排长座车也装备了无线电。苏联的指挥坦克，通常是BT-5、BT-7或T-34型，安装了1台高频71-TK-3式1939型无线电台。输出功率只有3瓦的71-TK-3式发射机与德国指挥坦克上的20或30瓦发射机相距甚远，而且其有效距离只有大约6公里。当然，当10辆坦克中只有1辆携带电台时，通信距离也就失去了意义。即使是最现代化的苏联坦克，如KV和T-34，也只配备了这些功率不足、过时的无线电设备，而1个连中只有一两辆坦克装备这些设备。红军领导层未能像古德里安那样，坚持为所有坦克装备现代化的无线电台，使得在战争开始时，有效的指挥和控制大规模坦克部队几乎是不可能的。由于缺乏有效的通信，苏联坦克部队被迫依赖旗语、传令兵和危险的"跟随指挥员"的阵型。

注释

1. 在1941年10月至1942年1月之间被更名为装甲集团军。

2. 1941年，一些德国装甲部队已经自称装甲军，但直到1942年6月，摩托化军的改名才得以标准化。

3. *TaktischeGliederung des Regiments* [Tactical Organization of the Regiment], Panzer-Regiment 18,18.Panzer-Division, Ia, Anlage z. KTB, NAM (National Archives Microfilm), series T-315, Roll708, Frame 258.

4. Panzergruppe 4, O.Qu., Anlagenband 3 z-KTB, NAM (National Archives Microfilm), seriesT-313, Roll 336, Frame 8618121.

5. Ibid.

6. 1立方米的燃料相当于5000升，重739千克。

7. Hugh Trevor-Roper (ed.), *Hitler's War Directives 1939‐1945* (London: Birlinn Ltd, 2004), p. 138.

8. Charles C. Sharp, *The Deadly Beginning: Soviet Tank, Mechanized, Motorized Divisions and TankBrigades of 1940‐1942,* Soviet Order of Battle World War II, Volume 1 (George F. Nafziger,1995), pp. 10‐14.

9. 小型坦克与外国制造的过时坦克不计入内。

10. *Mechanized Corps of the Red Army website,* http://mechcorps.rkka.ru/files/mechcorps/pages/ 12. meh.htm.

11. 安德烈·弗拉索夫1942年7月被俘，成为叛国者，与德国人合作，组建反共的俄罗斯解放军（ROA）。

12. Artem Drabkin and OlegSheremet, *T-34 in Action* (Barnsley, UK: Pen & Sword Books, Ltd, 2006), p. 34.

13. David Glantz, *Stumbling Colossus* (Lawrence, KS: University Press of Kansas, 1998), pp. 176‐8.

14. Glantz, *Stumbling Colossus,* p. 166.

第二章

1941 年坦克战战况

"奇袭，然后向前，向前，一路向前。"

——1941年6月22日，第6装甲师当日命令[1]

第4装甲集群与西北方面军的交锋，6月22日—30日

对于德军在立陶宛边境显而易见的集结，波罗的海军区（很快将被重命名为西北方面军）司令员费奥多尔·I.库兹涅佐夫（Fyodor I. Kuznetsov）感到非常不安，因此甚至不等莫斯科的明确指示就努力提高麾下部队的战备程度。在演习的名义下，库兹涅佐夫决定将尼古拉·M.舍斯托帕洛夫少将的机械化第12军从里加（Riga）和利耶帕亚（Liepaja）调离，并于1941年6月19日至20日集中在希奥利艾（Siauliai）附近。库兹涅佐夫打算把舍斯托帕洛夫的坦克部署在距边境60公里以内，以支援第8集团军在国境线上展开的3个步兵师。这3个步兵师兵力只有编制的60%，却要沿着边界掩护155公里宽的战线，这意味着他们只能起到牵制作用。[2]虽然希奥利艾位置更好，有利于舍斯托帕洛夫的军应对边境事件，但这一草率的行动消耗了大部分的在手燃料，而该军的油库留在了后方190公里外的里加。由于机械化第12军的燃料输送卡车不到编制数量的一半，车队得往返里加多次，在希奥利艾给坦克加油。此外，因为技术上的缺陷，大批坦克和其他车辆会在行进中出现故障，机械化第12军需得花费几天时间才能准备就绪。在机械化第12军前往希奥利艾的途中，库兹涅佐夫命令

第8集团军在边界开始铺设雷区，并准备拆除桥梁。当莫斯科的苏军总参谋长格奥尔吉·朱可夫（Georgy Zhukov）将军听说库兹涅佐夫擅自调动坦克和准备防御工作时，勃然大怒，要求他撤销命令。朱可夫甚至不顾脸面的宣称，库兹涅佐夫疏散家属的做法是"懦弱的行为"，并指责他试图"在人民中传播恐慌情绪"。库兹涅佐夫以巨大的勇气无视朱可夫的指示，独自冒着风险，在德文斯克（Dvinsk，即陶格夫匹尔斯）以南的树林里建立了一个战术指挥所。

X时——6月22日凌晨4时（当地时间），北方集团军群开始越过立陶宛边境，包括赫普纳大将的第4装甲集群以及第十八集团军下辖的10个步兵师。装甲兵上将格奥尔格-汉斯·莱因哈特的第四十一摩托化军尾随第36步兵师在陶罗根（Taurogen）南部越过了边界，左翼是第1装甲师，右翼是第6装甲师。第1装甲师与韦斯特霍芬（Westhoven）战斗群对陶罗根镇发起了正面攻击，而克鲁格（Kruger）战斗群则徒涉无人防守的尤拉（Jura）河，包围了整个城镇。由于库兹涅佐夫最后时刻发出的警报，苏军步兵第125师在陶罗根进行了一场苦战，德军装甲师在敌军的地雷和反坦克炮火面前放慢了前进速度，陶罗根直到20时才被攻克。为拿下城市，第1装甲师耗费了大量的弹药并用去一天的大部分时间，而步兵第125师的大部分兵力事实上已成功向东北方向撤离。当第1装甲师正在攻击陶罗根时，弗朗茨·兰格拉夫（Franz Landgraf）少将的第6装甲师与劳斯（Raus）战斗群及塞肯多夫（Seckendorff）战斗群一起，在镇东侧越过一些反坦克壕后向东北方向前进，直取希奥利艾，但他们对部署在那里的苏联坦克一无所知。作为库兹涅佐夫临时演习动员起来的部分兵力，步兵第48师只携带了训练用的弹药，很轻易就被驱离。总体而言，赫普纳计划使用装甲部队夺取边境城市陶罗根的设想并不合理，最终，第四十一摩托化军在"巴巴罗萨"的第一天仅仅楔入30公里，只将敌人击退而未能包围他们。

与莱因哈特有条不紊地攻击苏联防线形成鲜明对比的是，步兵上将埃里希·冯·曼施泰因的第五十六摩托化军直接绕开苏军抵抗中心，越过边境线，几乎是取正东径直向凯代尼艾（Kedainiai）挺进，曼施泰因以第8装甲师的克里佐利（Crissoli）战斗群在前面开路，其后是第3步兵师和第290步兵师。[3]曼施泰因专注于他的目标——300公里外德维纳（Dvina）河上的桥梁，基本不理会没有直接挡路的苏军。因此，曼施泰因的先头师在第一天通过茂密的森林地带前进了70公里，没有与苏军发生激烈交火。

　　苏联方面对入侵的反应缓慢而混乱。当确信德国人已武装入侵后，9时30分左右，库兹涅佐夫决定动用坦克部队反击。然而，德国空军的空袭严重扰乱了苏联高层的通信，直到14时，第8集团军反击命令才发出。[4]由于通信问题，机械化第12军23时40分才收到库兹涅佐夫的命令。这些命令指示舍斯托帕洛夫向南推进70公里攻击德国入侵部队的左翼。然而，第8集团军命令暂调坦克第23师协助步兵第10军收复梅梅尔（Memel）附近的边界，这么做无疑分散了机械化第12军的反击力量，也表明了红军中存在的观点分歧：机械化部队到底是集中起来当成突击力量使用，还是将其分散支援步兵？库兹涅佐夫还向阿列克谢·V.库尔金少将的机械化第12军发出命令，要求其在维尔纽斯（Vilnius）以西第11集团军后面集结，并派出坦克第2师进攻靠近拉塞尼艾（Raseinai）的德军右翼。库兹涅佐夫派遣帕维尔·P.波卢博亚罗夫（Pavel P. Poluboiarov）协调这次攻击，他是西北方面军机械化与坦克兵司令。库兹涅佐夫的坦克钳击方案并不是一个糟糕的计划，但在当时条件下是没法实现的。

　　舍斯托帕洛夫的军在6月22日—23日夜间开始向前进发，但因缺乏燃料没法出动所有坦克。派遣补给车队回里加获得更多燃料的尝试因混乱和堵塞的道路而受挫。库兹涅佐夫希望坦克在黎明时开始发动反击，但是波卢博亚罗夫说服他推迟行动，直到机械化第3军主力准备就绪。坦克第28师师长伊万·切尔尼亚霍夫斯基上校强行军60公里后抵达前线，但黎明时分，德国空军发现了苏联坦克行军纵队并进行了攻击，打瘫了44辆坦克和大量轮式运输车辆。尽管如此，切尔尼亚霍夫斯基的先遣队最终还是在6月23日下午到达了集结地域。切尔尼亚霍夫斯基原应等待后续部队，但他却将谢尔盖·费多西耶维奇·奥尼丘克（Sergei F. Onischuk）少校的坦克第55团下辖的40辆T-26和BT-7轻型坦克投入了战斗。大约21时，在没有步兵或炮兵支援的情况下，奥尼丘克直接冲向了德国第21步兵师，并在德军反坦克炮火中损失了2辆BT-7和3辆T-26坦克。切尔尼亚霍夫斯基坐镇他的BT-7TU跟随着奥尼丘克的混成营，根据苏方的说法，他亲自与1辆德国Ⅳ号中型坦克（可能来自第1装甲师）对决，意识到45毫米炮在800米的距离上没法打穿敌方坦克后，切尔尼亚霍夫斯基将他的BT-7靠近对手，距敌400—500米时通过侧击干掉了这辆Ⅳ号。

奥尼丘克派遣他的副手鲍里斯·P.波波夫（Boris P. Popov）少校用17辆BT-7轻型坦克通过树林进行侧翼机动，波波夫成功击溃一些德国步兵并摧毁了几门37毫米反坦克炮。波波夫农民出身，只接受过中等教育，没有受过德国同行的那种训练，但勇敢而坚定。即使德国人开始集结，他的BT-7被多次命中且着火，他依旧继续进攻。当波波夫试图逃离他燃烧的坦克时，被德国步兵击中阵亡，他很快就会被追授"苏联英雄"称号。虽然切尔尼亚霍夫斯基的仓促攻击造成了一些伤害，但3个小时的战斗损失了44辆坦克中的17辆，迫使他命令奥尼丘克脱离。意识到德国人过于强大，切尔尼亚霍夫斯基决定重组部队并等待增援。

虽然舍斯托帕洛夫的军开始对推断的第4装甲集群的侧翼进行了逐次突击，但在拉塞尼艾和凯代尼艾附近以东地域，德国装甲部队活动仍然频繁。轻松碾过特拉高根（Taroggen）东北部的步兵第48师后，第6装甲师前进了55公里，并在6月23日下午占领了拉塞尼艾。兰格拉夫少将的2个装甲战斗群在杜比萨河（Dubysa）建立了独立的桥头堡，拉塞尼艾地域的苏军燃料补充和增援被掐断。与此同时，耶格尔·N.索良金（Egor N. Solyankin）少将的坦克第2师从凯代尼艾强行军100公里，试图夺回拉塞尼艾。索良金手下的师里有6种型号的坦克，包括32辆KV-1、19辆KV-2和50辆T-34，作战后勤工作由此变得更加复杂。由于空气滤清器堵塞和传动系统故障，KV重型坦克在长途行军中表现极差，近一半在前往战场的途中抛锚。然而，6月23日晚些时候，索良金设法在拉塞尼艾附近集结主力，计划在第二天黎明时发起进攻。

奇怪的是，尽管第4装甲集群的侦察机已经发现了从凯代尼艾接近的坦克，第6装甲师却还是对苏军猛烈的坦克反冲击没有防备。因此，6月24日早上，德国人受到双重惊吓：不仅遭到苏军大批坦克的袭击，而且他们对攻击他们的3种不同型号的坦克一无所知。索良金指挥他手中的主力——2个坦克团和1个摩托化步兵团的一部分打击塞肯多夫装甲战斗群。苏联坦克的攻击分几个波次，前方是轻型的BT和T-26，其次是T-34，然后是KV重型坦克。尽管被T-34、KV-1和KV-2坦克的外观吓了一跳，德国的反坦克炮兵依然遵循了作战条令，等苏联坦克开到200米内才用他们的37毫米和50毫米炮开火。但德国反坦克炮弹被轻易弹开了，然后苏联的重型坦克碾压了德军反坦克炮和第6摩托车营一部。在第二次世界大战中，德国步兵还没有遭遇过这种情况，这对他们来说太可怕了。在击败塞肯多夫装甲战斗群之后，由德米特里·I.奥萨德奇（Dmitry I. Osadchy）少校率领的3辆KV重型坦克冲向杜比萨河并攻击了第114摩托化步兵团一部。在遭遇150毫米榴弹炮的直瞄射击前，KV坦克碾压了1个德国炮兵连的部分火炮。虽然榴弹炮无法穿透KV厚实的装甲，但德军仍设法打断其履带，使它们无法动弹。

这次凶狠的攻击让第6装甲师大为震惊。关于拉塞尼艾战役，大多数历史学家采信了艾哈德·劳斯（Erhard Raus）的说法，尽管这仗他没怎么参与。[5]劳斯的陈述集中在其摧毁1辆KV-2单车的努力上，这辆KV-2设法深入他的战斗群后方切断补给线，但对塞肯多夫战斗群的溃灭几乎没有提及。当坦克第3团团长被炮弹弹片杀死且他的坦克都快耗尽燃料和弹药时，苏军的进攻暂时中止。苏方的停滞让德国人获得了短暂的喘息机会。由于苏联轰炸机不断空袭正在穿越立陶宛边境的德国补给车队，第4装甲集群把可用的88毫米高射炮连留在了后方，没有部署在前线的拉塞尼艾附近。莱因哈特迅速命令1个高射炮炮连向前进发支援第6装甲师，与此同时，兰格拉夫独自对抗索良金的坦克。第11装甲团团长里夏德·科尔（Richard Koll）上校用手下那些小巧的35(t)轻型坦克和少量Ⅳ号坦克对正在痛打第114摩托化步兵团的苏联坦克发动了反攻，但这不过是徒劳之举，在付出重大损失后，科尔停止了攻击。有关拉塞尼艾之战另一个奇怪的事情是德国空军并没有出现，"斯图卡"的到来原本可以打破平衡，但它们却杳如黄鹤。

6月24日，索良金独力发起6次进攻，给德国人制造了相当大的混乱，但苏军坦克力量随着燃料和弹药的耗尽变得虚弱，苏军的作战后勤崩溃了。大多数T-26和BT-7轻型坦克以及摩托化步兵在战斗中早早损失，剩下的KV和T-34坦克只能孤军奋战。当天晚些时候，苏联重型坦克最后一次努力突向拉塞尼艾，但此时1个88毫米高射炮连和1个100毫米重榴弹炮连已经抵达，他们成功地打瘫几辆坦克，让攻击停滞。

虽然震惊于苏军在拉塞尼艾的反击，但莱因哈特花了一天时间，巧妙地指挥第1装甲师和第36步兵师包围了索良金没有防守的侧翼。与此同时，曼施泰因的第8装甲师几乎没有遭遇抵抗，直接进入凯代尼艾，踩躏了索良金的后勤单位。6月24日夜幕降临时，索良金坦克第2师的两翼都被包抄了。第二天早上，索良金试图以他剩余的重型坦克领头实施突破，当韦斯特霍芬战斗群在沃希利斯基斯（Vosiliskis）附近遭到KV重型坦克进攻时，第1装甲师颇为紧张。反坦克炮再一次无法阻止苏联重型坦克，德国人被迫动用88毫米高射炮和100毫米榴弹炮充当反坦克角色。之后，莱因哈特在次日不断削弱被围的坦克第2师，6月26日，索良金阵亡。虽然苏军在拉塞尼艾战役中败北，但是索良金的部队成功挡住了莱因哈特全军整整3天。

当坦克第2师在拉塞尼艾被包围时，舍斯托帕洛夫的机械化第12军也在卡尔蒂内奈（Kaltinenai）附近几乎被第一和第二十六军的德国步兵围困。坦克第23师和坦克第28师于6月24日—25日进攻第十八集团军，但是他们的T-26和BT-7轻型坦克被德国的反坦克炮兵迅速击退。经过两天的战斗，部队耗尽了物资，坦克力量减少到编制的20%左右。在认识到他的部队实力不足，无法固守立陶宛——更不要说将德国人打回边境后，库兹涅佐夫下令舍斯托帕洛夫和第8集团军的其余步兵撤离德维纳河北部。切尔尼亚霍夫斯基与他的坦克第28师的残余部队策划了一次巧妙的后卫战斗，让主力得以逃脱。撤退期间，舍斯托帕洛夫受伤被俘，随后很快在德国人的监禁中死去。

6月26日8时，曼施泰因从第8装甲师抽调的前卫部队在行军315公里后，于陶格夫匹尔斯夺取了完整的横跨德维纳河的铁路和公路桥梁。虽然曼施泰因在短短4天内就达成了中期目标，却无法利用它。他大胆的冲刺消耗了5.5个消耗额度的（545吨）燃油，第8装甲师因缺乏油料而动弹不得。此外，长途的陆路进军导致第10装甲团的24辆坦克由于机械故障掉队。[6]莱因哈特的军仍然位于拉塞尼艾附近，在曼施泰因身后165公里处，未来几天都无法支援曼施泰因。库兹涅佐夫指挥空降兵第21旅试图收复陶格夫匹尔斯，苏军最高统帅部则派遣德米特里·列柳申科少将的机械化第21军从伊德里扎（Idritsa）出发夺回桥梁。虽然列柳申科的军只是一支没有坦克和车辆的架子部队，但莫斯科的机械化和摩托化军事学院为列柳申科提供了2个由教官和学员组成的坦克营，这为机械化第21军增加了105辆BT-7和2辆T-34坦克。此外，苏军大本营于6月23日—24日给机械化第21军补充了大量的45毫米反坦克炮和新型76.2毫米USV野战炮，以加强他的军。

列柳申科迅速将他不完整的军重组为2个战斗群，每个战斗群都有1个坦克营、1个车载步兵营、1个炮兵与反坦克混成营。然后，他于6月25日行军200公里前往陶格夫匹尔斯。尽管德国空军的袭击摧毁了一些轮式运输车，但列柳申科的先头战斗群还是在2天内到达了陶格夫匹尔斯附近。6月28日8时，列柳申科动用大约60辆BT-7，由一些步兵和炮兵支援，在陶格夫匹尔斯东北进攻第8装甲师的前沿阵地。德军装甲部队缺乏燃料，但列柳申科的坦克开始战斗时弹药很少，无法接近桥梁。余下的部队抵达时，列柳申科已攻了一整天，但这种零打碎敲的攻击只会削弱他的作战效能。让曼施泰因紧张了一天后，列柳申科在夜幕降临时中断攻击并退回城北的防御阵地。6月30日，列柳申科的军只剩大约3000名士兵，7辆BT-7坦克和44门火炮。

6月28日，西北方面军完全撤出立陶宛，而德军的追击未能抓住任何大股部队。库兹涅佐夫曾试图动用机械化第12军和第27集团军步兵师的参与力量，共同在德维纳河组织防御，但曼施泰因已于6月26日突破沿河防线，莱因哈特的军于6月29日在杰卡布皮尔斯（Jekabpils）附近渡过德维纳河。随着沿河防御的崩溃，库兹涅佐夫下令他的部队撤回普斯科夫（Pskov）和奥斯特罗夫（Ostrov）的斯大林防线，但在6月30日，他被解除了指挥权。第二天，来自第1步兵师的拉施（Lasch）战斗群，在5辆Ⅲ号突击炮的支援下进入里加。

赫普纳将第4装甲集群北向奥斯特罗夫推进了大约200公里，左翼是莱因哈特的军，右边是曼施泰因的。尽管表面上取得了成功，但第4装甲集群在立陶宛的表现还是不合格。除了坦克第2师和1个步兵师的一部分，苏军西北方面军大部得以逃脱。德军前线指挥官迷恋于夺取地盘，以至于错过了包围和消灭红军部队的黄金机会，这种行为在"巴巴罗萨"行动中多次出现。关于东线装甲战的铁律之一，就是在明确敌军方位之前，不要动用本方最好的装甲部队。赫普纳进入立陶宛时对当面的苏联坦克部队的位置一无所知，却在还未找到库兹涅佐夫的坦克时，错误地将所有3个装甲师都投入战斗。他愚蠢地让第1装甲师参加陶罗根的巷战，导致他最好的机动单位被困了一整天，也没能很好地协调曼施泰因和莱因哈特两军的行动。

第3装甲集群与横渡涅曼河，6月22日—24日

中央集团军群司令官费多尔·冯·博克（Fedor von Bock）元帅打算用南

北两个强大的装甲钳形攻势粉碎比亚韦斯托克突出部中的苏联西方面军部队，然后继续消灭明斯克周围的所有残部。北部的钳子由霍特大将的第3装甲集群组成，旗下第三十九和第五十七摩托化军拥有4个装甲师和3个摩托化步兵师。两个军最初的目标是突破苏联第11集团军的边防部队，前进45—65公里，在阿利图斯（Alytus）和梅尔基内（Merkine）渡过涅曼河（Neman River），随后东进穿越立陶宛和白俄罗斯，从北部包围明斯克。霍特最初的攻势得益于在西北方面军和西方面军分界线附近发动进攻，但该地区的树木比赫普纳需要穿越的地区更加繁密。德国空军的第八航空队，包括来自第1和第2俯冲轰炸机联队的158架Ju–87俯冲轰炸机、第26驱逐机联队的78架Bf–110战斗轰炸机被指派为霍特的装甲集群提供近距离支援。

苏联第11集团军拥有8个步兵团，在立陶宛南部守卫170公里长的防线。库尔金（Kurkin）的机械化第3军作为预备队部署在涅曼河东侧。6月22日凌晨4时45分，当第3装甲集群越过边界时，2个德国装甲军并列前进并轻易绕过步兵第128师的主力推进到涅曼河。由卡尔·罗滕伯格（Karl Rothenburg）上校领导的第7装甲师1个强大的战斗群于12时40分到达阿利图斯的郊区，很快就从一支毫无准备的内务人民委员会边防大队手中夺下2座涅曼河上完好无损的桥梁。西北方面军司令员库兹涅佐夫已经取消了机械化第3军下属坦克第2师支援拉塞尼艾反击战的命令，只有费奥多尔·费奥多罗夫（Fedor Fedorov）上校的坦克第5师位于能够阻止罗滕伯格战斗群的阵地上。

费奥多罗夫的坦克必须行军30公里到达阿利图斯，有一些坦克由于机械问题掉队，因此当他的先头部队到达阿利图斯时，罗滕伯格的第25装甲团已经渡过了涅曼河。伊万·G. 韦尔日比茨基（Ivan G. Verzhbitsky）率领坦克第9团第2营的44辆T–34坦克首先到达。由马科贡（Makogan）中士指挥的1辆T–34冲向德军纵队并摧毁了正在驶过北桥的1辆38(t)坦克。这次交火是德军与T–34的首次接触，此时距"巴巴罗萨"开始不到10个小时。虽然T–34远远优于38(t)，但苏联坦克只有几发穿甲弹，而且驾驶员没有驾驶新坦克的经验。韦尔日比茨基决定将他的坦克部署在隐蔽处并等待增援，很快坦克第9团第1营的24辆T–28中型坦克抵达了。德国装甲部队被费奥多罗夫的坦克成功阻击，无法接近至他们37毫米火炮的有效射程内。罗滕伯格暂时被困，他联系了德国空军，后者用高爆弹轰炸了苏军阵地。与此同时，来自第7装甲师的一个较小的战斗群夺取了南桥，随后为拥有45辆BT-7坦克的苏联坦克第10团所阻。

费奥多罗夫当天发动了3次反击，给第7装甲师带来了一些伤亡，但他自己部队的消耗非常迅速。与德国人不同，费奥多罗夫只有极少的步兵和炮兵协同，没有空中支援，而且他的燃料和弹药也少得多。第三十九摩托化军军长施密特（Schmidt）将第20装甲师打头阵的战斗群派向北桥头堡，后者于19时30分左右到达。[7]以第25装甲团第3营为先锋，第7装甲师从桥头堡破茧而出，并开始包围费奥多罗夫那些疲惫的坦克。夜幕降临时，费奥多罗夫不得不停战。阿利图斯之战让坦克第5师失去了73辆坦克（16辆T-28、27辆T-34和30辆BT-7），对应的第7装甲师报销11辆坦克［7辆38(t)型和4辆Ⅳ号］。大多数T-34是由于乘员操作失误而损失的，其中包括2辆沉没于涅曼河以及其他陷入战壕或弹坑的坦克。根据苏方资料，德国在阿利图斯损失的坦克约为30辆，但这包括装甲车的损失以及被击伤的坦克。由马科贡中士指挥的那辆T-34单车可能造成了德方近一半的损失——在坦克战中，少数王牌取得大部分战果的情况并不罕见。

夺取阿利图斯后，第7装甲师和第20装甲师于6月23日将费奥多罗夫师的残部驱离，并迅速向维尔纽斯前进，而第12装甲师也从梅尔基内桥头堡进发。霍特从阿利图斯桥头堡迅速扩张战果，使得苏联第11集团军无法建立新的阵线，因此第3装甲集群当面之敌弱小且分散。令人惊讶的是，来自坦克第5师的一个3000人的分遣队竟成功从追击中脱身并设法逃往普斯科夫。第7装甲师的摩托车营于6月24日黎明时分进入维尔纳（Vilna）郊区。霍特击败了西北方面军左翼，使位于比亚韦斯托克突出部的西方面军部队陷入来自被北方包围的危险之中。

比亚韦斯托克突出部巴甫洛夫坦克部队的覆灭

德米特里·巴甫洛夫（Dmitry Pavlov）将军没有提升西方面军的戒备级别，和库兹涅佐夫一样，他致力于对比亚韦斯托克突出部进行几乎静态的防御。巴甫洛夫的大部分坦克部队仍驻守在和平时期的军营，而且也没有做好迅即转入战时行动的准备。在边境，他的确拥有比库兹涅佐夫更多的步兵，这让

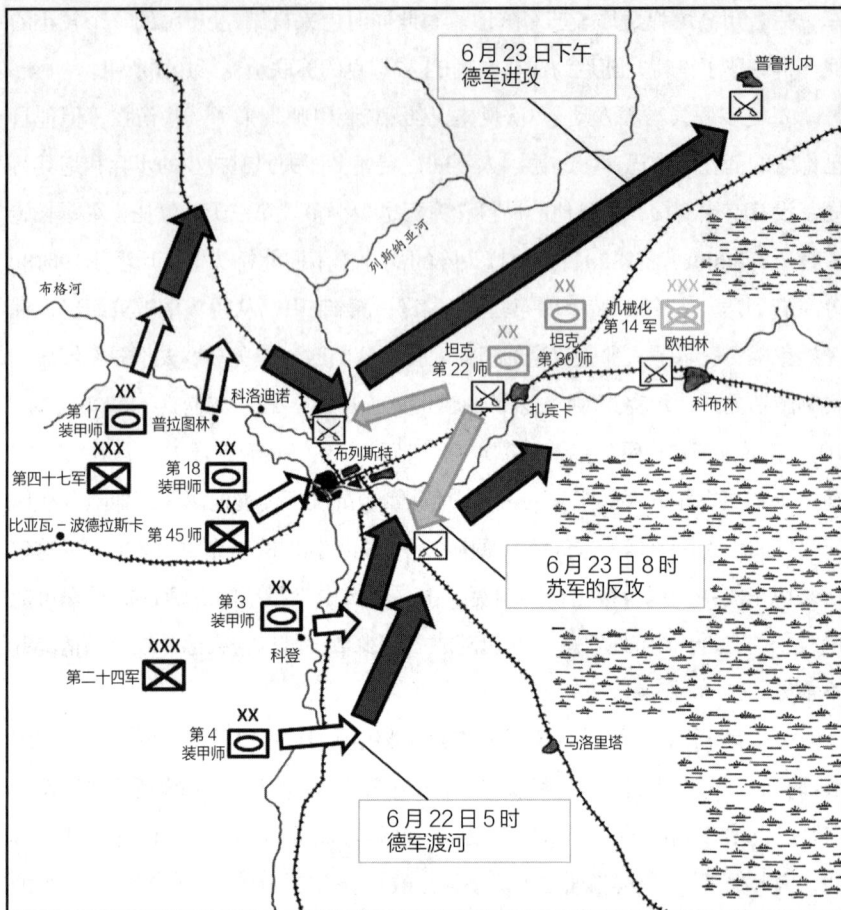

6月23日下午
德军进攻

普鲁扎内

列斯纳亚河

布格河

机械化
第14军

坦克
第30师

欧柏林

科洛迪诺

坦克
第22师

扎宾卡

科布林

第17
装甲师

普拉图林

布列斯特

第四十七军

第18
装甲师

6月23日8时
苏军的反攻

比亚瓦－波德拉斯卡

第45师

第3
装甲师

科登

第二十四军

第4
装甲师

马洛里塔

6月22日5时
德军渡河

1941年6月22日—23日，冯·施韦彭格的第二十四摩托化军渡过布格河击败了欧柏林的机械化第14军

他误以为自己可以在比亚韦斯托克周围建立连贯的防线。

德国情报部门对巴甫洛夫手中坦克数量的估计极不准确，其估计红军在该地区有大约1000辆坦克，而实际的数量是2251辆。德国人正确地识别出位于比亚韦斯托克的机械化第6军，但对部署于侧翼的机械化第11军和机械化第14军一无所知。然而，德军对比亚韦斯托克突出部进行双重装甲合围的作战计划之优秀，加之巴甫洛夫在作战指挥上的失误，足以成就国防军在东线上的第一次重大胜利。

在霍特第3装甲集群攻击涅曼河沿岸的西北方面军第11集团军的同时，位于南方200公里处，海因茨·古德里安大将的第2装甲集群向布列斯特–立陶夫斯克（Brest–Litovsk）筑垒地域附近的西方面军第4集团军发动了进攻。古德里安决定绕过布列斯特–立陶夫斯克，炮兵上将约阿希姆·利默尔森（Joachim Lemelsen）的第四十七摩托化军向北，装甲兵上将冯·施韦彭格男爵的第二十四摩托化军向南。这2个军都必须横渡90米宽的西布格河，这是一处天堑。除了师属工兵，中央集团军群还为古德里安提供了大量的工程兵支援，包括第902突击艇分队（Sturmbootkommando 902），共有81艘冲锋舟。[8]德国空军的第二航空队被指派为古德里安的装甲集群提供近距空中支援，其中包括来自第77俯冲轰炸机联队的115架Ju–87"斯图卡"俯冲轰炸机和来自第210快速轰炸机联队的83架Bf–110战斗轰炸机。

尽管瓦尔特·莫德尔中将的第3装甲师通过奇袭夺取了完好的科登（Koden）大桥，但是利默尔森选择的渡过西布格河的地段没有桥梁。在用88毫米高射炮直瞄射击摧毁了普拉图林（Pratulin）附近西布格河东岸的苏军掩体后，4时15分，第18装甲师派遣120名摩托车营的步兵乘冲锋舟抵达了对岸。[9]德国炮兵和"斯图卡"的轰炸被用来压制东岸的苏联防卫者。30分钟后，曼弗雷德·格拉夫·冯·施特拉赫维茨（Manfred Graf von Strachwitz）少校率领他装备着Ⅲ号与Ⅳ号潜水型坦克的第18装甲团第1营，以在河底行驶的方式过河。莫德尔的第6装甲团也装备了潜水坦克，但科登大桥的成功夺取让他们无须出马。这2个军在对岸建立了桥头堡，随后德国工兵开始为每个装甲师建造一座16吨的浮桥，并扩建了渡口。然而，除了潜水坦克和莫德尔的先头部队之外，古德里安的装甲主力在大约12时20分才开始横渡西布格河，每个完整的装甲团过完需要大约6个小时。因此，古德里安的大部分作战部队直到第一天晚上才能过桥。

在河对岸，最近的苏联坦克部队是斯捷潘·I. 奥博林少将（Stepan I. Oborin）的机械化第14军。机械化第14军的大部分单位在6月21日—22日晚上进行了训练，而瓦西里·P. 普加诺夫（Vasiliy P. Puganov）少将的坦克第22师平时的驻地距离布列斯特–立陶夫斯克有40公里。曾在红军汽车装甲坦克总局主管作战训练的普加诺夫将他的大部分T–26坦克部署在扎宾卡（Zabinka）附近的射击场，而他的炮兵和后勤单位仍位于布列斯特。德军对布列斯特–立陶夫斯克的炮火准备和空袭摧毁了坦克第22师的弹药库和燃料库，以及大部分火炮。 奥博林的指挥所在凌晨5时遭到轰炸，通讯被切断，直到德国人已开始横渡布格河，他才向他的部队发布警报。不过，普加诺夫已派遣1个坦克营前往布格河，但无法对德军过河造成实际性干扰。尽管遭到德国空军的持续轰炸，上午晚些时候，奥博林仍然在扎宾卡附近集结了坦克第22师和坦克第30师的作战部队。

古德里安和莫德尔都没有坐等工兵部队在架桥点完成工作，而是去了东岸指挥前卫部队。古德里安与施特拉赫维茨的潜水坦克营一起行动，在布列斯特北部的列斯纳亚（Lesnaya）河上夺取了一座完整的桥梁，而莫德尔则乘坐一台Sd.Kfz.231型八轮装甲车向科布林（Kobrin）推进。作为回应，坦克第30师师长谢苗·I. 波格丹诺夫（Semyon I. Bogdanov）上校在12时派遣他的1个坦克团向施特拉赫维茨的装甲部队发起反冲击。然而，古德里安呼叫了德国空军的近距支援，打退了这次反击。奥博林决定取消所有后续的仓促进攻，并于18时30分发出命令：机械化第14军将暂时转入防御，但6月23日5时，3个师将集体出动，对德国桥头堡发动全面反攻。普加诺夫在夜间加油，并用科布林的武备仓库重整他的坦克。奥博林炮兵出身，没有指挥坦克部队的经验，为求安全他照搬了伏龙芝军事学院教材上的方法，但也给了古德里安一个安静的夜晚，让其大部分装甲部队能够渡过布格河。

奥博林的反击在8时左右开始，由普加诺夫和波格丹诺夫的坦克师的200辆T-26参与，但得到的步兵和炮兵支援有限。波格丹诺夫的坦克向第18装甲师发难，而普加诺夫攻击了第3装甲师。在一边倒的战斗中，德国装甲兵和反坦克炮兵轻松摧毁了缺乏支援的敌方轻型坦克，尽管德国人也确实蒙受了一些坦克损失。消灭了奥博林的坦克后，古德里安就以第二十四、第四十七摩托化军的4个装甲师展开全线攻击，向东北方向推进。普加诺夫的坦克第22师被莫德尔的第3装甲师消灭，普加诺夫阵亡，而波格丹诺夫的坦克第30师被击退。[10]利默尔森的军在6月23日前进80公里，占领了普鲁扎内（Pruzhany），而冯·施韦彭格的军夺取了科布林。奥博林在混战中负伤，他在飞回莫斯科接受治疗时遭到逮捕，随后因临阵脱逃被处决。波格丹诺夫负责指挥全军的残余部队往东向普斯克退却。在扎宾卡（Zhabinka），科布林和普鲁扎尼的坦克战未能切实拖住古德里安的装甲部队，机械化第14军的败北决定了比亚韦斯托克突出部中3个苏联集团军的命运。

虽然奥博林的机械化第14军被古德里安击溃，比亚韦斯托克突出部的其余部队遭到包围攻击，但巴甫洛夫最初并未确定如何使用他的坦克预备队——米哈伊尔·G. 哈茨基列维奇少将的机械化第6军，直到他人为他做出决定。在巴甫洛夫的北翼，苏军步兵第4军的防线一直延伸到格罗德诺（Grodno）北界，6月22日早上，其在德国第八装甲军的攻击下被摧毁。第3集团军司令员瓦西里·库兹涅佐夫（Vasily Kuznetsov）中将仓促决定派遣德米特里·K. 莫斯托文科（Dmitri K. Mostovenko）少将的机械化第11军对已打到格罗德诺郊区的德国第8猎兵师发起反冲击。只有驻扎在格罗德诺以南的尼古拉·P. 斯图德涅夫（Nikolai P. Studnev）上校的坦克第29师能够迅即出动。12时，斯图德涅夫已经在战线上部署了他不满员的坦克第57团和坦克第59团，只有2辆KV、26辆T-34和38辆T-26坦克。有趣的是，这是边境交战中一次少见的场景：红军坦克部队没有因长途行军和缺乏燃料遭遇损耗，他们有机会给德国步兵带来一些伤亡。然而，斯图德涅夫并不是红军中正在升起的将星，战前他曾两次被解除指挥权，只是因为斯大林的大清洗让坦克部队中高级指挥员人数急剧减少，他才能在1941年当上师长。在格罗德诺西南，斯图德涅夫的2个坦克团撞上了第84步兵团的1个战斗群，后者由第184突击炮营的一些突击炮支援。在推进几公里之后，斯图德涅夫误将少数突击炮当成了坦克，他选择立刻停下来开火而不是进行机动作战，将主动权拱手交给德军。苏军的坦克手没有接受过射击纪律方面的培训，他们很快就打完了大部分弹药，但命中寥寥。虽然Ⅲ号突击炮的短管主炮和37毫米反坦克炮在与斯图德涅夫的T-34的远距交火中毫无用处，但是德国人用他们出色的无线电通信呼叫第八航空军的近距空中支援，后者迅速派出Ju-87"斯图卡"俯冲轰炸机赶到现场。整整4个小时，斯图德涅夫那些半停止状态的坦克一直在承受德军的空袭和炮击，所有的轻型坦克和一些T-34被打瘫。最终，在指挥员全部阵亡、2个坦克团都失去了战斗力的情况下，斯图德涅夫命令幸存者撤退。失去了其66辆坦克中的大约半数，斯图德涅夫却只给第8猎兵师造成了约50人的伤亡。[11]

斯图德涅夫的反击失败后，苏联第3集团军司令员决定放弃格罗德诺市

（其战前人口为5万人），集团军燃料库也在此处。得知格罗德诺失守，国防人民委员和实际上的红军总司令谢苗·K.铁木辛哥（Semyon K. Timoshenko）元帅认为这是霍特的装甲部队所致。铁木辛哥立即在21时15分向巴甫洛夫发出命令，指示他出动机械化第6军消灭威胁格罗德诺的德军。3个小时后，巴甫洛夫顺从地向哈茨基列维奇的军传达了命令，并派遣他的副手，伊万·S.博尔金（Ivan S. Boldin）少将协调反攻。此时，巴甫洛夫认为以机械化第13军支援第10集团军将能稳定比亚韦斯托克以南的局势——那里德国第四集团军正自古德里安的左翼越过边境。

6月23日黎明前，哈茨基列维奇的机械化第6军开始从比亚韦斯托克周围的驻地出发。太阳升起时，德国侦察机很快发现大群苏联坦克向格罗德诺移动，第八航空军对密集的行军纵队进行了一连串的疲劳轰炸，导致坦克第7师失去了63辆坦克。在陆路行军90公里后，哈茨基列维奇的作战部队约在14时到达格罗德诺西南的集结地域，但由于大多数的KV坦克只剩下四分之一的燃料，博尔金决定将攻击推迟到第二天早晨。然而，德国空军已经摧毁了比亚韦斯托克的燃料库，最近的备份燃料供应点在距离75公里外的沃尔科维斯克（Volkovysk）。其实T-26和BT轻型坦克上的汽油有很多，但柴油却不够了。表面上哈茨基列维奇手握红军最强大的坦克集群之一，拥有超过100辆KV和200辆T-34坦克，但柴油短缺大大降低了他们的持续战斗能力。

博尔金打算在6月24日10时以机械化第6军攻击德国第二十军的侧翼。由于缺乏电台，博尔金无法与机械化第11军协调，后者也打算在6月24日再次发动反击。博尔金掌握的敌情非常不准确，这导致了机械化第6军的错误部署。当哈茨基列维奇的坦克在第二天早上开始前进时，他们发现己方距离敌人将近30公里，漫长的行军路程让德国第二十军有充足的时间让装备了12门88毫米高射炮的第4高炮团第2营（Ⅱ/Flak 4）组织好反坦克防御。第八航空军来回轰炸，"斯图卡"以准确的俯冲攻击给红军造成了相当大的损失。仍在等着柴油补给的哈茨基列维奇只能动用那些使用汽油的BT和T-26轻型坦克，而第4高炮团第2营的88毫米高射炮可在800米距离上把它们轰成碎片。苏联坦克的损失数在20—40辆之间。[12]哈茨基列维奇决定停止攻击，显然是打算等待他的重型坦克、提供支援的步兵和炮兵赶上来，而不是仅用轻型坦克孤零零地发动进攻。

巴甫洛夫也承诺提供空中支援，如果哈茨基列维奇继续等待的话，也许会有更好的结果。与之类似，机械化第11军在6月24日继续攻击第8猎兵师，损失了剩下的大部分坦克。然而，哈茨基列维奇过早的进攻已经提醒了德国人，苏军的一次大规模坦克反击即将到来。第256步兵师有时间在库兹尼察（Kuznica）镇周围建立强大的反坦克防御，并得到1个88毫米高射炮连和来自第210突击炮营的2个连的Ⅲ号突击炮的加强。[13]

6月25日，哈茨基列维奇用150—200辆坦克继续攻势，但他的炮兵和空中支援未能到来。和以前一样，苏联坦克发动浪涛般的攻击，BA-10和BA-20型装甲车组成第一波作为侦察力量，随后是第二波，由T-26和BT轻型坦克攻击敌军阵地，T-34和KV坦克出现在最后的第三波。当哈茨基列维奇的坦克攻击第256步兵师时，第256坦克歼击营的炮手很快发现他们的37毫米与50毫米反坦克炮无法在通常的500—600米距离上摧毁苏联坦克。有一阵子，德军在看到苏联重型坦克时会感到恐慌，似乎红军有可能取得一场局部胜利。来自第210突击炮营的第二个Ⅲ号突击炮连被派去对付苏联坦克，但他们的短身管75毫米榴弹炮同样对其无效。德国战地记者霍斯特·斯莱斯纳（Horst Slesina）目睹了其在格罗德诺附近与KV和T-34坦克的战斗：

> 那时，越来越多的炮管出现在地平线上。高大的坦克炮塔变得清晰可见，然后是巨大的坦克底盘。坦克！我们以前从未见过的巨型坦克！俄国人装备着150毫米大炮的52吨坦克（KV-2）！我们感到极其恐惧。反坦克炮转动炮口齐齐开火，但毫无效果。炮弹从坚固的钢铁墙壁上弹开，就像橡胶球一样……反坦克部队狂热地战斗。他们把它放到最近距离，冷酷地向他们所知的最薄弱处射击……突击炮发出刺耳的啸叫……他们直接冲向俄国佬……在最近的距离内进行可怕的决斗。就在我边上响起地狱般的爆裂声——1门突击炮被直接命中！[14]

至少有2门突击炮、一些反坦克炮和2门步兵炮被摧毁，但哈茨基列维奇的坦克未能突破第256步兵师的防御，因为他们的进攻缺乏足够的步兵与炮兵支援。相反，德国人一恢复镇静，就开始通过射击履带的方式让苏联重型坦克动弹不得。来自第4高炮团第9连的88毫米高射炮有几名炮手受伤，但取得了十几个甚至更多的战果。德国反坦克炮兵很快发现，50毫米Pak 38型反坦克炮凭借其Pzgr40型钨芯穿甲弹，可在200米外击穿KV-1重型坦克的侧面装甲，但这对炮组的心理素质要求极高。[15]一些KV-1坦克确实如大象般成功地将德军战线犁了一遍，一路上碾压车辆和武器装备，给德军造成了更多的损失，但它们随后便陷入了沼泽地带，被红军遗弃。试图在一辆T-34上引领全军的哈茨基列维奇阵亡后，苏军的攻势动摇了。尽管如此，150—200辆苏联坦克的出现依然引发了第二十军的恐慌情绪，后者错误地向中央集团军群报告其步兵已被"化为灰烬"。[16]

6月25日中午，巴甫洛夫终于意识到对比亚韦斯托克突出部的主要威胁不是在格罗德诺的德军，而是正从他的侧翼向明斯克不懈前进的霍特和古德里安的装甲集群。6月25日16时45分，巴甫洛夫命令博尔金调动机械化第6军和机械化第11军的残部立即向斯洛尼姆（Slonim）强进军，以阻止德国装甲部队切断明斯克—华沙公路。然而，向后方的调动很快变为溃败，2个军遭到毁灭，大量武器装备沿途丢了一路。6月26日，巴甫洛夫将他的西方面军司令部撤到莫吉廖夫（Mogilev），这进一步削弱了苏联方面对明斯克—比亚韦斯托克战斗的掌控。

当巴甫洛夫最好的坦克部队被困在格罗德诺时，霍特的装甲集群几乎没有遭遇抵抗就横扫了立陶宛南部，6月24日，维尔纳（Vilna）被占领。唯一部署在霍特的装甲集群与明斯克之间的苏军部队是驻扎在利达（Lida）附近不满员的步兵第21军。苏联战前的军事演习已经确定利达可能在敌方装甲部队的途经地域，所以步兵第21军和反坦克第8旅驻扎于此，以保护西方面军和西北方面军的结合处。然而，步兵师和反坦克旅满员率只有40％，无法挡住德军第五十七摩托化军。第12装甲师巧妙地绕过步兵第21军侧翼，而第19装甲师于6月25日攻入利达。霍特让第12和第20装甲师进攻明斯克（Minsk），而第7装甲师则在别列津纳河（Berezina）转向，朝鲍里索夫（Borisov）进发。

与此同时，古德里安的第2装甲集群在残酷地扫荡奥博林的机械化第14军残部后，干脆利落地在普鲁扎内打开缺口，并迅速向北推进，与霍特的装甲部队建立联系。巴甫洛夫以不同寻常的速度设法将步兵第47军调动160多公里，在斯洛尼姆（Slonim）建立了一道防线，而机械化第17军的主力则在巴拉诺维奇（Baranovichi）掘壕固守。6月24日晚，当汉斯-尤尔根·冯·阿尔尼姆（Hans-Jürgen von Arnim）中将率领第17装甲师的先头部队到达斯洛尼姆时，他发现苏联人已经烧毁了夏拉（Shchara）河上的木桥并在对岸设防。古德里安面临着艰巨的任务，要对抗有强大炮兵支援的对手。尽管如此，第17装甲师B级舟桥连的工兵们仍在夜间于夏拉河上架起了桥，第二天，第四十七摩托化军攻入斯洛尼姆，然后是巴拉诺维奇。此时，古德里安将他的装甲部队一分为三，试图同时达成多个目标。他指示第29步兵师向西转建立防线，以阻止苏军第3集团军和第10集团军从迅速缩小的比亚韦斯托克口袋中逃脱，而第47摩托化军其余兵力向东北前往明斯克。冯·施韦彭格的第24摩托化军向正东冲向斯卢茨克（Slutsk）——那里被莫德尔的第3装甲师于6月26日攻克。尽管古德里安让红军疲于奔命，但他的装甲集团也被分散在不同方向，这使他脆弱的后勤变得愈加复杂。

第二梯队的苏联第13集团军、不满员的机械化第20军和几个预备步兵师绝望地拼尽全力防守明斯克，但6月26日霍特已将第12装甲师和第20装甲师集中在城北郊区，明斯克周边在战前有一个筑垒地域，共580个碉堡，包括45毫米反坦克炮台，但只派驻了4个要塞营。在霍特的装甲部队抵达之前，第13集团军设法将步兵第44军的2个步兵师加强到明斯克北郊的筑垒阵地上，但这2个师在50公里宽的防线上显得过于稀薄。德国空军无情地轰炸了这座城市，把大约一半明斯克城化为火海，这加剧了守军的混乱。6月27日3时，第12装甲师和第20装甲师以其摩托化步兵攻击明斯克筑垒地域——总共只有8个营把守。一些装备了76.2毫米榴弹炮的混凝土掩体给德军带来了很大麻烦。苏联军队顽强抵抗，但2个德国装甲师且战且进，在一天结束时楔入防御地带2—3公里。有趣的是，大雨已在明斯克周围造成泥淖和道路积水，这降低了德军的机动能力。6月28日，霍特恢复攻势，苏军的防御崩溃了。约瑟夫·哈佩（Josef Harpe）大将的第12装甲师在中午前成功抵达明斯克市中心。当确信无法守住明斯克时，苏联第13集团军大部便向东逃往别列津纳河，开始在那里构建一条新防线。单独使用装甲部队迅速攻占大城市——10月份这一幕在奥廖尔重演——给德国人一种错觉，即莫斯科和后来的斯大林格勒这样更大的都市也可以运用大胆的装甲突袭来夺取。

由于霍特和古德里安的装甲部队不断推进，德国国防军在"巴巴罗萨"开始的6天内取得了重大胜利，包围击溃了巴甫洛夫的西方面军主力。博尔金和莫斯托文科收集了所有剩余的燃料和可运作车辆，无情放弃了其他的一切，设法将机械化第6军和第11军的残部合并成几个不完整的战斗群。尽管在格罗德诺周边的战斗中损失惨重，这些坦克战斗群仍在沃尔科维斯克附近沿着森林小径向东运动，成功躲过了入侵德军的清剿。然而，当德国第29步兵师找到他们并在泽利瓦（Zel'va）镇堵住其逃生路线时，他们的好运用光了。打算横渡夏拉河的几辆BT-7坦克被德国反坦克炮击中，迫使其余部队向南转移10—15公里，在克列帕奇（Klepachi）附近徒涉。6月27日，苏联坦克设法渡河，但他们发现德国人已经在克列帕奇和奥泽尔尼察（Ozernitsa）附近构筑了封锁线，一次反坦克伏击迅速击毁4辆苏联坦克。坦克第57团团长约瑟夫·G. 切尔雅卜金（Iosif G. Cheryapkin）少校带着10辆坦克坚决地尝试突破，虽然负伤但成功逃出包围圈。来自坦克第13团的2辆T-34和1辆KV-1坦克组成另一个战斗群，在往明斯克的道路上一直冲至斯洛尼姆，但2辆T-34最后还是被德国反坦克炮打瘫了，原本KV-1可以逃脱，却在经过一座木桥时栽进了夏拉河。另有一些苏联坦克手和军官也脱身了，包括博尔金、莫斯托文科和米哈伊尔·帕诺夫（Mikhail Panov）上校。以部队建制来说，巴甫洛夫所有的机械化部队经过短短一周的战斗即不复存在，沃尔科维斯克至泽利瓦的道路上满是耗尽燃料的坦克，德国人宣称在明斯克—比亚韦斯托克口袋消灭了3000多辆苏联坦克，但忽略了这样一个事实，即有大批的苏联坦克手从包围圈中逃出生天并很快投入到挫败德国装甲部队的战斗中。在明斯克—比亚韦斯托克地区的围歼战提供了第一个实例，表明装甲部队中数量有限的德国摩托化步兵没法构建严密的包围圈。苏联军队在密林里到处都是，德国人只成功兜捕了沿路和城镇内的红军队伍。尽管只携带少量装备，那些通过沼泽和森林小径的人们经常能够逃脱。

霍特和古德里安的装甲部队于7月5日在明斯克以东再次建立联系，兜住了西方面军更多的人马，巴甫洛夫的被围部队在几天内不断减少。尽管霍特在鲍里索夫（Borisov）夺取了别列津纳河上的桥梁，古德里安在博布鲁伊斯克（Bobruisk）有一座桥头堡，但两个装甲集群都不得不将他们的主力用于封锁和缩小包围圈，只以小部分力量往东向他们的下一个目标——斯摩棱斯克（Smolensk）进发。横亘在道路上的包围圈被消除之前，装甲集群很难获得大量的燃料和弹药补给。

两个装甲集团的初步目标都实现了，且为下一个目标——7月初夺取斯摩棱斯克获得了有利位置。许多现代的历史学家，包括戴维·斯塔赫尔（David Stahel）和戴维·格兰茨（David Glantz），都高估了德国在明斯克—比亚韦斯托克围剿战中的损失，这些评估是基于对统计数据的误解和对苏联时代说法的过度依赖。[17]因为德国人控制了战场，相当部分原始资料未能区分"全损"与受损但可修复的坦克，后者大部分可在几天内回收使用。由于过时的轻型坦克不再装备德军坦克连，而仅用于辅助角色，所以将Ⅰ号坦克的减少计入德军总损失也是错误的。在6月22日—7月5日的明斯克—比亚韦斯托克战役中，霍特和古德里安的装甲集群各全损了大约65辆主战坦克，总损失率分别为初始力量的12％和7％。此外，由于战伤和机械故障，大约三分之一的坦克不在完备状态，尽管第10装甲师在部分战斗中已转为预备队，但仍有84％的坦克可以作战。相比之下，巴甫洛夫的坦克部队除少数外均在战斗中完全损失，130辆坦克对应的是包围圈内超过2000辆的苏联坦克，交换比是一边倒的1∶16。此时德国装甲集群的人员消耗也远非伤筋动骨，例如屡经战火的第18装甲师在交战中有331人死亡和失踪，总伤亡人数占该部队人数的6％。在战役中唯一阵亡的重要高级军官是第7装甲师的罗滕伯格上校，而红军则在包围圈中失去了6名机械化军军长中的5名，以及大部分的坦克师、团级指挥员。就莫斯科方向而言，德国在明斯克—比亚韦斯托克坦克围剿战的胜利改变了平衡，即使考虑到减员，在1941年的剩余战役中，德国装甲部队也能从数量劣势的状况中摆脱出来。

在丢掉几乎所有的坦克——但不是他的坦克手——之后，巴甫洛夫被解除了指挥权，召回莫斯科并于7月22日被处决。铁木辛哥直接指挥西方面军残部，后者正在编成新的方面军。虽然苏军在明斯克—比亚韦斯托克的灾难中损失了大约259000人，但还有数万人得以逃脱，继续战斗。

冯·克莱斯特的第1装甲集群与西南方面军的交锋

1941年6月22日X时，南方集团军群面临的情况远比其他两个德国集团军群不利。冯·克莱斯特的第1装甲集群只能强渡西布格河，进入一个防御严密的筑垒地域，这意味着第六集团军的步兵必须首先夺占一批桥头堡，德国装甲部队才能行动。从6月22日黎明开始，第六集团军动用5个步兵师，多批次渡过西布格（Western Bug）河。第298步兵师在勃兰登堡部队①渗透者的帮助下，设法在乌斯古卢格（Ustilug）夺取了一座完整的桥梁。德国工兵也成功地在更远的南部索卡利（Sokal）拿下一座完整的桥梁。两个苏联步兵师对渡河行动进行了抵抗，但兵力分散得太薄，无法对最初的夺桥行动实施严重干扰。第六集团军没有浪费时间，于4时50分立即将第197突击炮营送过索卡利大桥。[18]为避免让冯·克莱斯特的装甲部队因为仅有2座桥梁遭到延误，德国工兵立即开始在河上架设浮桥，提供多个过河点。尽管成功渡过了西布格河，但由于攻击面狭窄以及2座桥梁的拥堵，冯·克莱斯特最初只能动用9个装甲师中的3个来扩大桥头堡。装甲兵上将路德维希·克吕维尔（Ludwig Crüwell）的第11装甲师通过索卡利大桥，解决了微弱的抵抗，在第一天日终时推进近30公里。从乌斯古卢格出发的第6集团军夺取了弗拉基米尔-沃伦斯基（Vladimir Volynskii）镇，为装甲兵上将弗里德里克·居恩（Friedric Kühn）的第14装甲师突向卢茨克（Lutsk）——第1装甲集群的中期目标——打开了通道。

　　苏军西南方面军司令员米哈伊尔·P.基尔波诺斯上将匆匆赶往他位于塔诺波尔（Tarnopol）的新战时指挥所，但战争前两天，他在那儿几乎无法与任何下属部队进行通讯。其总部人员无法建立起有效的无线电指挥网（和平时期，红军避免使用无线电通信以限制对手截获信号的机会，但当战争突然爆发时，大多数部队都没有经验也没有正确的密码册来进行保密通讯），所以他被迫依靠民用电话试图协调他的部队。在这一指挥真空期，为了应对德国入侵，各地指挥员开始自行其是。总部设在卢茨克的苏联第5集团军命令谢苗·M.孔德鲁谢夫（Semen M. Kondrusev）少将的机械化第22军对威胁弗拉基米尔-沃伦斯基的德国军队发起反冲击。尽管军主力距离边境约100公里，但其最强的部队，彼得·帕夫洛夫（Petr Pavlov）上校的坦克第41师正在弗拉基米尔-沃伦斯基

---

① 译注：勃兰登堡部队为德军特种部队，成员多穿着敌军制服，在敌后方制造混乱。

北部进行野战训练。帕夫洛夫拥有31辆KV-2重型坦克（但缺乏152毫米炮炮弹）和342辆T-26坦克，在反击于乌斯古卢格过桥的德国第14装甲师时处于极有利的位置。不过，帕夫洛夫发现自己进退两难，这一窘境在1941年6月的红军中并不鲜见。他联系不上孔德鲁谢夫的军司令部，而战前的动员令又命令他部署到科韦利（Kovel），这一地点远离位于乌斯古卢格的德国部队。驻地的苏军指挥员给他们施压，要求他们采取行动帮助摇摇欲坠的边境防御，为解决分歧，帕夫洛夫将他的大部分坦克派往科韦利，但派出1个由亚历山大·S. 苏因（Aleksandr S. Suin）少校指挥的坦克营共50辆T-26轻型坦克支援在弗拉基米尔-沃伦斯基的苏军步兵。苏因的营刚刚抵达就被德国人的反坦克炮打垮，被干掉30辆T-26后，他被迫放弃了弗拉基米尔-沃伦斯基。

6月22日晚，基尔波诺斯与位于布罗迪（Brody）附近伊格纳季·I. 卡尔佩佐（Ignatii I. Karpezo）少将的机械化第15军取得了联系，并命令他们反攻拉杰霍夫（Radekhov）附近克吕维尔的第11装甲师，尽管此时他对德方的进展依旧不清不楚；孔德鲁谢夫的机械化第22军的剩余兵力则用于反攻弗拉基米尔-沃伦斯基；由基里尔·S. 莫斯卡连科（Kirill S. Moskalenko）少将指挥的反坦克第1旅是全机械化的，装备了48门76.2毫米F-22型反坦克炮和72门85毫米的M1939型高射炮，得令在卢茨克以西建立阻击阵地；莫斯卡连科的反坦克旅是西南方面军最强大的反坦克单位之一，还装备了充足的反坦克地雷；基尔波诺斯的西南方面军还有4个机械化军部署在第一线，但是机械化第4和第8军在战争的最初几天只是来回行军，没起到任何作用；罗科索夫斯基的机械化第9军主力开始向卢茨克进行200公里的行军，但要好几天才能抵达；机械化第16军甚至远离边境。简而言之，尽管基尔波诺斯在面对冯·克莱斯特的第1装甲集群时，拥有6∶1的坦克数量优势，但苏联坦克在战场上零打碎敲的参战意味着红军的优势在局部被削减到2∶1，这只够进行防御而不是进攻。即便如此，6月22日23时，基尔波诺斯的指挥所还是收到了由格奥尔吉·朱可夫签发的苏军最高统帅部的命令，指示基尔波诺斯在48小时内以5个机械化军进行反击。

6月23日，冯·克莱斯特的坦克向东进发，北翼以居恩作矛头，南翼的先锋是克吕维尔。他们沿着非常狭窄的正面推进，因为相距50多公里，所以没有交替掩护。这种情况下，红军应该有能力重创这些先头部队。23日早晨，第13装甲师渡过西布格河，增援第14装甲师，并与第六集团军的步兵一起，开始扫荡残余的苏联边防军。克吕维尔的第11装甲师派出里贝尔（Riebel）战斗群（由古斯塔夫-阿道夫·里贝尔中校的第15装甲团和德国空军的"戈林"高炮团第1营组成，装备12门88毫米高射炮）和安格恩（Angern）战斗群（由京特·冯·安格恩上校的第11摩托化步兵旅和第119炮兵团组成）前往拉杰霍夫。[19]来自谢尔盖·I. 奥古尔佐夫（Sergei I. Ogurtsov）少将的苏联坦克第10军下属坦克第20团的部分兵力在城里，但他们显然被打了个措手不及，匆忙放弃了拉杰霍夫，随之被弃的还有20辆BT-7和6辆T-34坦克。完全夺取城市后，里贝尔从艾德尔·扎哈里埃-林根塔尔（Edel Zachariae-Lingenthal）中尉的第15装甲团第5连调派了1个坦克排向南进行侦察，这个排发现一批苏联坦克以纵队从公路自西南方向接近拉杰霍夫。德国坦克迅速占据隐蔽车体的阵地，一直等到苏军——是T-34中型坦克——接近到100米内，然后5辆Ⅲ号坦克以37毫米和50毫米的穿甲弹开火。

这么近的距离，每次开火都能打中对方，但俄国人没有明显损伤，一直在前进……虽然被反复命中，但我们的火力全然无效。看上去炮弹仅仅是被弹开了。敌人的坦克在没有交战的情况下脱离接触并撤退。[20]

这次苏军的试探性进攻让里贝尔意识到苏联坦克部队的反击即将到来，他立即在拉杰霍夫以西建立防线，部署了第15装甲团第1和第2营，中间是德国空军88毫米高射炮，在其身后是安格恩战斗群的火炮。[21]此后不久，奥古尔佐夫在光天化日之下，以仅仅2个坦克营和2个摩托化步兵营于开阔的地形上进行了一次随意且缺乏支援的进攻。他拒绝停下来以侦察德军阵地或部署好自己的炮兵，几乎没有步坦协同，盲目地将部队投入交战。100多辆苏联坦克分波次进攻：首先是轻型的BT-7和BA-10/20装甲车，然后是中型T-28和T-34，压阵的是KV-1重型坦克。德国坦克在大约400米处开火，轻松地让第一波苏联轻型坦克交了学费，但T-34在800—1000米外开始战斗并干掉了3辆Ⅲ号坦克和2辆Ⅳ号坦克。50毫米口径的KwK 39 L/42火炮在该距离上全无成效，绝望中，扎哈里埃-林根塔尔中尉命令他的Ⅳ号坦克对T-34发射75毫米高爆弹。由于T-34

是经过漫长行军后直接参战的，它们的后装甲上仍然携带着备用燃料箱，这会被弹片点燃。一两次幸运的命中让苏军后撤了。[22]尽管德国的37毫米炮和50毫米炮对他们的装甲几乎无效，但是许多T–34和KV–1因为履带被打中而动弹不得，随后被他们的乘员放弃。折损近半后，奥古尔佐夫中断了他业余的攻势。苏联坦克第10师在与第11装甲师的第一次对决中失去46辆坦克，但击毁了5辆德国坦克和数门反坦克炮。[23]战斗结束后，扎哈里埃–林根塔尔视察了一些被遗弃的T–34坦克，被其出色的火力和装甲防护震惊，他后来写道："这极大地震撼了德国装甲兵和反坦克单位，令我们很长时间都挺不起腰杆。"[24]

与此同时，为了执行6月24日早上苏军最高统帅部下达的反攻命令，基尔波诺斯徒劳地试图调集更多的机械化部队，但只有机械化第15军和第22军就位。随着苏联边境防卫者被肃清，冯·克莱斯特逐步在战斗中投入更多的装甲力量，但他最开始时扣住了第9装甲师和他的4个摩托化步兵师。这是一项重要的指挥决定——在杜布诺（Dubno）战役期间，德方保持着强大的摩托化预备队，而基尔波诺斯的部队各司其位，未保留后备力量以应对敌人的突破。由于苏联在师级及以下的通讯保密情况不佳，德国第3无线电侦测连（3rd Radio Intercept Company）能够发现苏联坦克部队正在向边境运动。尽管集团军及上级单位的无线电通讯加密技术优良，但是坦克团和坦克师的密码却相对简单，德方可以破译密码，并且苏军经常在密码泄露几天后都没有改变频率与呼号。苏联坦克部队还有一个坏习惯，就是在发动攻击之前常会要求燃料供应，这为德国情报人员提供了一个有价值的信号。[25]因此，苏联坦克部队糟糕的无线电通讯成了德国装甲师的另一项优势。

6月24日上午，苏军的大规模反攻没有出现，这毫不奇怪，因为机械化第15军和机械化第22军都没有做好进攻准备。相反，居恩的第14装甲师在第五航空军轰炸机的掩护下，于上午8时向东攻击了卢茨克。居恩的装甲部队一阵猛攻，驱逐了驻守通往卢茨克道路的苏联步兵师，但在卢茨克西面撞上了莫斯卡连科的反坦克第1旅。莫斯卡连科所部的大炮还挂载在拖车上，先导营就被德国坦克逮住机会打垮，但当其剩余兵力排成战线时，在开阔地带的德国坦克就会变得很脆弱，苏联的反坦克炮手在1000米或更远的距离外便能很轻松地打穿Ⅲ号和Ⅳ号坦克，只是缺少支援的步兵或战车，莫斯卡连科未能给第14装甲师一个很好的教训。事实上，在德国装甲兵和苏联反坦克炮之间的第一次大规模对决中，双方都遭受了重大损失。14时，机械化第22军终于完成了进攻准备，但仅是坦克第19师的部分兵力。1个营共45辆T-26轻型坦克勇敢地向位于沃伊尼察（Voinitsa）附近的第14装甲师左翼进行突击，并暂时收复了一些失地。然而德国人只是撤回重新集结，并在18时用一次诸兵种合成作战击退了坦克第19师。坦克第19师不仅损失了大部分的轻型坦克，师长也受了伤，所有3个团长都阵亡或被俘，炮兵指挥员也是如此。苏军师的残部与莫斯卡连科的反坦克旅一起乱哄哄地朝卢茨克撤退，期间孔德鲁谢夫被德国炮火打死，机械化第22军变得群龙无首。

卡尔佩佐的机械化第15军也未能阻止克吕维尔的第11装甲师，后者绕过了拉杰霍夫以东的苏军拦截阵地并向杜布诺的郊区前进了55公里。卡尔佩佐似乎认为他的任务是静态防御，保卫布罗迪，因此放任克吕维尔的师从他身边通过。其实克吕维尔给了卡尔佩佐相当大的行动自由——他的右翼暴露得非常危险，但什么事都没发生。德国装甲指挥官受的训练是要能承担风险且不被侧翼危险束缚，这在1941年通常带来了可观的回报。汉斯-瓦伦丁·胡贝上将的第16装甲师及2个步兵师利用了这次突破，跟随克吕维尔开辟的道路前进。朱可夫以苏军最高统帅部大本营代表的身份赶到基尔波诺斯在塔诺波尔设立的指挥部，命令他于6月25日7时起对第11装甲师的侧翼发动反攻，这又将是一次逐次突击。当德国装甲兵指挥官能够利用无线电以协同手法指挥和调遣他们的装甲师时，苏联的机械化军还很少或根本没有与友军配合行动。缺乏指挥-控制的协同，使得基尔波诺斯无法有效地在战场上集结他的坦克部队。

坦克战的主战场在杜布诺附近，但是基尔波诺斯最强大的坦克部队——安德烈·弗拉索夫少将的机械化第4军被第6集团军司令毫无意义地投入到对接近利沃夫的德国第十七集团军发起的局部反击中去了。弗拉索夫的反攻并不顺利，因为他的坦克也是分散的，且没有炮兵支援。彼得·S.福琴科夫（Petr S. Fotchenkov）上校的坦克第8师的140辆T-34损失了19辆，坦克第32师也在6月24日—25日与德国步兵单位的交火中失去了16辆坦克。弗拉索夫没有向基尔波诺斯报告这些重大损失，只上报摧毁了37辆敌军坦克，尽管这一地带没有德国装甲部队。更糟糕的是，机械化第4军的坦克被第6集团军来回调动，并要求其坦克于各处迅速就位，结果由于机械故障，数百辆坦克趴窝了。

6月25日对第1装甲集群而言是非常美好的一天。埃贝哈德·冯·马肯森（Eberhard von Mackensen）大将让第13和第14装甲师一起向卢茨克挺进，其集结的强大力量足以迫使莫斯卡连科的反坦克旅后撤。下午，来自第13坦克师的德国坦克在斯特里（Styr）河上夺取了一座桥头堡并占领了卢茨克。[26]从东边赶来的苏军机械化第9军和机械化第19军来得太迟，无法挽救这座城市。卡尔佩佐无视朱可夫的攻击命令，继续按兵不动，听凭克吕维尔的第11装甲师在14时之前进入杜布诺。苏联步兵试图在伊基瓦河（Ik'va）后建立防线，但克吕维尔高速机动的战斗群挫败了这一努力。德军轻松夺占卢茨克和杜布诺，在苏联第5集团军和第6集团军之间打进了一个有力的楔子，让苏方的协同变得更加困难。苏联人当天唯一积极的成果是机械化第9军和机械化第19军正在罗夫诺（Rovno）附近聚集，机械化第8军已到达布罗迪增援卡尔佩佐。根据地图，朱可夫似乎认为红军可以进行强大的反击，以坦克钳形攻势在杜布诺消灭第1装甲集群的先头部队。

然而，朱可夫在6月26日开始反攻的努力并未取得更大的成效，只让基尔波诺斯的坦克数量进一步减少。康斯坦丁·K. 罗科索夫斯基少将在卢茨克以东构筑了一个相当坚固的阻击阵地，阻止了第13装甲师以及第14装甲师直接冲向罗夫诺，但在意识到以100多辆过时的轻型坦克与马肯森的第三摩托化军对抗毫无胜算时，他选择进行佯动以在形式上应付朱可夫的命令，然后转向防御。尼古拉·V. 费克连科（Nikolai V. Feklenko）少将则不那么谨慎，顺从地以他的机械化第19军于14时在杜布诺对第11装甲师发起攻势。费克连科用大约200辆坦克进攻，但只有2辆KV-1和2辆T-34，其余的都是T-26或只配备机枪的T-37侦察坦克。克吕维尔轻松击退了费克连科的反击，2辆KV-1坦克都损失了。之后克吕维尔大胆地将他的第61摩托车营向东推进到奥斯特罗格（Ostrog）郊区30公里处。[27]

在第1装甲集群推进形成的突出部南侧，卡尔佩佐的机械化第15军与德米特里·I. 利亚贝舍夫（Dmitri I. Ryabyshev）中将的机械化第8军会合，后者陆路行军600公里后刚刚抵达前线。由于机械故障，利亚贝舍夫的军几乎失去了一半的坦克，包括48辆T-35重型坦克中的44辆。利亚贝舍夫的军在6月26日早晨以纵队前行，穿过了卡尔佩佐乱成一团的部队。卡尔佩佐继续选择守势，让利亚贝舍夫重点攻击位于列什涅夫（Leshnev）和科岑（Kozyn）之间，由装甲兵上将维尔纳·肯普夫（Werner Kempf）指挥的第四十八摩托化军的右翼。上午9时，利亚贝舍夫早早地让季莫费·A. 米沙宁（Timofei A. Mishanin）少将的坦克第12师出击，他的其余部队直到下午才投入进攻。利亚贝舍夫打算占领列什涅夫村，然后向前推进夺取别列斯杰奇科（Berestichko），如此将孤立位于杜布诺的第11装甲师。米沙宁的师拥有1个KV-1坦克连和1个完整的T-34坦克营，利亚贝舍夫相信他们可以完成这项任务。

　　不幸的是，米沙宁的坦克几乎是按行军序列直接进发的，没有时间去侦察陌生的地形，或等待炮兵和工程兵抵达。因此，米沙宁在只有极少步兵进行支援的情况下，用他的2个坦克团进行近乎纯粹的坦克攻击。这些坦克很快驶入了斯杰尼卡河（Syten'ka）河沿岸非常泥泞的地带，虽只比一条溪流大不了多少，但苏联的坦克乘员甚至缺乏越过这个小障碍的技能。3辆T-34坦克被困在沼泽地，米沙宁被迫寻找别的渡口，这一切都被驻守列什涅夫的德军第57步兵师看个明明白白。当苏联坦克冲入河流时，德军呼叫炮火，使得很多坦克被击中。最终，米沙宁设法让他的坦克穿过了沼泽地，攻入列什涅夫。德军反坦克炮遭T-34和KV-1坦克碾压，被履带压扁了不少。德国步兵放弃了列什涅夫，后退了。然而，在米沙宁还未来得及巩固阵地前，来自胡贝的第16装甲师的1个装甲战斗群就试图夺回列什涅夫。虽然Ⅲ号和Ⅳ号坦克在火力上远不如T-34和KV-1，但德国装甲部队得到了炮火和空中支援，他们的指挥和控制系统也更完善，这大大提高了其获胜概率。德国炮手全力射击体量更大的苏联坦克的履带，成功打瘫了一些T-34。最终，德国装甲部队脱离战斗后撤了。米沙宁有25辆坦克被困在沼泽地或在列什涅夫周围被击毁，没有力量继续以他没有支援的坦克进攻了。作为替代方案，他派遣了1个连的KV-1坦克前进，切断别列斯捷奇科—杜布林（Berestichko-Dublin）公路，干掉了这条路上的一些德国轮式车辆。利亚贝舍夫另外的2个师，坦克第34师和摩托化第7师，只在当天晚些时候投入了战斗，战果寥寥或者根本一无所获。

　　作为1941年6月最强大的苏联坦克部队之一，却未能重创1个德国步兵师，这实在令人惊讶。红军未能运用诸兵种合成战术——这主要是由于高层指挥的急躁冒进，也几乎完全没有发挥T-34和KV坦克的优越性能。截至6月26日日终，利亚贝舍夫和卡尔佩佐看上去仍处于一个绝佳的位置，可以在第二天席卷冯·克莱斯特的右翼，但是德国人留有后手绝活。德国侦察机每天都在观察布罗迪周围苏联坦克的集结情况，他们发现了机械化第8军和机械化第15军指挥所共同使用的GAZ-AAA型无线电指挥车组。大约18时，来自第五航空军的几个Ju-88轰炸机编队低空飞来，对2个指挥所进行了轰炸。卡尔佩佐受了重伤，利亚贝舍夫幸免于难，但无线电指挥车辆被烧毁了。这次空袭——原因在于红军的作战保密工作不到位——致使在杜布诺周边的坦克战中，苏军指挥和控制系统严重失灵。除了这些困难，苏军最高统帅部还在21时重申命令，即基尔波诺斯继续动用其所有坦克部队进攻，并禁止为避免被包围做战术退却。

尽管基尔波诺斯有意在罗夫诺与布罗迪发动钳形攻势以包围杜布诺的德国军队，但由于各机械化军和其他红军部队之间缺乏协调，6月27日全天，红军都是在进行一系列凌乱的战斗。从罗夫诺伸出的由费克连科和罗科索夫斯基实力欠奉的军组成的钳子，在与获得2个步兵师支援的第14装甲师的较量中败下阵来。冯·克莱斯特的装甲兵手握步兵支援的便利，前线部队持续作战的能力因此大大提高。当苏联机械化第9军和机械化第19军的坦克力量枯竭之时，德国人就开始动用他们的装甲兵——第13和第14装甲师联手进攻，意图包围费克连科和罗科索夫斯基的残余部队。与此同时，克吕维尔的第11装甲师压倒苏联步兵微弱的抵抗力量后占领了奥斯特罗格。在奥斯特罗格，15辆BT-7轻型坦克对第15装甲团的反击未能让德国人却步。基尔波诺斯被迫拼凑起一个小型机械化集群库金（Kukin）特遣队，以阻止克吕维尔向东推进。

尽管在战争开始阶段红军的坦克部队遇到了无数问题，但在6月27日的杜布诺西南，利亚贝舍夫的机械化第8军距离真正的胜利只有一步之遥。布罗迪以北，苏军集结了米沙宁的坦克第12师，伊万·V.瓦西列夫（Ivan V. Vasil'ev）上校的坦克第34师和亚历山大·G.格拉西莫夫上校（Aleksandr G. Gerasimov）的摩托化第7师，利亚贝舍夫的进攻颇有章法，到6月27日中午已设法包围分割了第11装甲师和第16装甲师，以及第75步兵师的部分兵力。许多苏联坦克在穿越沼泽地时损失了，但有1个装备大约200辆坦克的机动群打到了杜布诺的郊区。米沙宁在战斗中负伤，苏军损失颇重，但肯普夫的第四十八摩托化军的情况同样极为不妙。日终时，德国和苏联的坦克部队在杜布诺西南犬牙交错，没有明显的界线。

尽管朱可夫被突然召回莫斯科，但他还是通过无线电成功驱使基尔波诺斯继续反击冯·克莱斯特的第1装甲集群。基尔波诺斯在其政委的胁迫下遵从了命令，将麾下剩余的大部分坦克推进了屠宰场。罗科索夫斯基设法集结起1个拥有大约50辆T-26和BT轻型坦克、少量KV-2重型坦克与一些步兵的战斗群，于6月28日早晨攻击第1装甲集群突出部的北侧。然而，此时来自第六集团军的步兵已经抵达，并支撑起冯·克莱斯特暴露的侧翼，来自第299步兵师的反坦克炮挡住了罗科索夫斯基的进攻。米哈伊尔·E.卡图科夫上校带领他的33辆BT-2和BT-5轻型坦克投入战斗，结果全军覆没。[28]像往常一样，苏联坦克的进攻很少或根本没有进行侦察，炮兵支援也可以忽略不计。大规模的炮击、反坦克火力和高射炮摧毁了苏军大部分坦克，但有1辆受伤的KV-2一瘸一拐地逃走了。苏方的攻势衰竭后，冯·马肯森大将巧妙地协调第13和第14装甲师全体出击，打垮了苏军机械化第9军和机械化第19军的侧翼。7个苏联坦克和摩托化步兵师的残部被击溃，逃到戈伦河（Goryn）后方。费克连科放弃了罗夫诺，后者迅速被第13装甲师占领。

苏联坦克部队的北翼发生危机时，利亚贝舍夫的机械化第8军发现自己被包围了。这是东线交战以来苏联坦克部队第一次实现对德军防线的大规模突破，利亚贝舍夫开的先例在未来两年将多次重演：首先，苏军没有后续力量来支持这一突破，几乎群龙无首的机械化第15军对德国第四十四军步兵的进攻只有示威性质，没能给利亚贝舍夫提供任何帮助；其次，德国人反应迅速，切断了苏联坦克部队利用的狭窄的突破走廊，将坦克第12师和坦克第34师主力孤立在杜布诺西部的一个包围圈内；第三，被困部队的士气及指挥和控制系统很快瓦解，导致所有单位的凝聚力都迅速丧失。德国第75步兵师在孤立利亚贝舍夫的主力方面发挥了至关重要的作用，这一点充分说明了苏军缺乏战场态势感知能力，1个步行的步兵单位可以包围完全摩托化的部队。利亚贝舍夫的坦克刚一陷入合围，胡贝的第16装甲师便开始一系列的进攻，迅速缩小了包围圈。德国重型火炮和高射炮被用来终结被困的苏联T-34和KV-1坦克，这些坦克现在缺油少弹，有22辆被毁。位于包围圈之外的利亚贝舍夫亲自率领摩托化第7师试图突破包围救出陷阱中的2个坦克师，但损失惨重未能成功。截至6月28日，利亚贝舍夫的军被肃清，冯·克莱斯特的第1装甲集群已经深入到苏联第5集团军和第6集团军的分界线。仅仅打了6天，基尔波诺斯的4个机械化军已经被击败，剩余部队减员严重。

战争的前6天，当基尔波诺斯的坦克部队在一场场战斗中被粉碎时，冯·克莱斯特还一直将第9装甲师及4个摩托化师收在手中。一旦苏联最优秀的坦克部队被消耗光，冯·克莱斯特就于6月28日—29日开始投入他的第二波机动力量。第9装甲师出其不意地攻向利沃夫以北苏联第6集团军的侧翼并迅速打穿其步兵防线。凭借机动性优势，第16和第25摩托化步兵师迅速增援位于别列斯捷奇科和罗夫诺的第1装甲集群的侧翼，这使得各装甲师能够恢复向东的攻势。冯·马肯森的第3摩托化军突入罗科索夫斯基部队的残部并将其击退。在杜布诺西南与胡贝的第16装甲师激战一场后，罗科索夫斯基与他的残部一起后撤，兵力方面只余原先35%的坦克，以及4个步兵营和4个炮兵连。他的其余部队，大约1万名士兵和200辆坦克，被丢在杜布诺外的包围圈内。随着西南方面军各部队要么撤退要么面临包围，苏军最高统帅部终于下令基尔波诺斯撤回旧国境线的"斯大林"防线。

在杜布诺附近最后的交战中，坦克第34师被困的坦克手们在6月30日晚上利用大雾沿着伊基瓦河实施突破，成功挽救了一些部队，但装备丢掉了。在一场夜间混战中——这在东线并不多见，苏联人集结他们剩余的坦克，穿越了胡贝的警戒线。德国人调集大炮、高射炮和坦克来消灭逃跑的苏军，但当T–34和KV重型坦克从雾中显现并碾过他们的阵地时，一些德军慌了手脚。军级政委尼古拉·波佩尔（Nikolai Popel）领导了这次突围，他后来写道：

1辆我方的T–34像火炬一样燃烧，照亮了周围的大地。十几辆Ⅳ号坦克同时与1辆KV–1交火。我们对德国战车的尾部射击，当弹药耗尽时，我们撞向它们……瑟特尼克少校（A. P. Sytnik，坦克第67团团长）的KV–1在激战中冲向敌人，他撞击了好几辆Ⅲ号坦克，自己的战车都已变成一堆奇形怪状的金属。随后，他和他的乘员撤进密林中。[29]

7月1日，西南方面军全线撤退，第1装甲集群初步目标达成。在"巴巴罗萨"的第一周，位于卢茨克—罗夫诺—杜布诺—布罗迪周围的第1装甲集群与7个苏联机械化军之间的坦克战是迄今为止规模最大的坦克战，有600多辆德国坦克和3800辆苏联坦克卷入战斗。虽然冯·克莱斯特未能围歼任何一个苏联机械化军，但正如比亚韦斯托克—明斯克包围战那样，机械化第8、第15和第19军遭重创，其他3个机械化军的实力至少减半。1941年6月22日—30日期间，大约三分之二的苏联坦克力量，或者说2500辆坦克在战斗中损失，其中大多数是非战斗因素造成的，包括机械故障和驾驶员技艺生疏。由于乘员缺乏训练加上战术低劣，苏联KV-1和T-34坦克的技术优势在杜布诺战役中几乎没有得到发挥。苏军最高统帅部坚持过早地发动反攻，导致其最好的坦克军团零打碎敲地投入战斗，被经验丰富的德国装甲部队打得溃不成军。除了装备，坦克部队高级指挥员的损失还包括6名机械化军军长中的2名，18名师长中的6名和30名坦克团团长中的10名。撤到"斯大林"防线后，幸存的部队被缩编为只配有少量炮兵和支援单位的师级规模的战斗群。在乌克兰地区，红军的一个亮点是位于基辅附近的二线坦克部队，以及在敖德萨附近部署的南方面军中的机械化第2军和机械化第18军，他们距离主战线过远，德国最初的闪击作战对他们影响有限。7月—8月，这些部队将在基尔波诺斯军队迟滞南方集团军群对基辅的进攻时发挥重要作用。

与基尔波诺斯第一梯队的坦克力量遭受的损失形成鲜明对比的是，德军第1装甲集群的部队在第一周的战斗中减员轻微，装甲部队没有高级军官伤亡，人员总损失约为5%或更低。不包括Ⅰ号和指挥坦克，截至6月30日，第1装甲集群中全损的坦克不超过25辆，另外还有100辆因受伤或机械故障无法运作，但所有5个装甲师仍具备完全的作战能力。德军领导层，从冯·克莱斯特到军级的冯·马肯森和肯普夫，再到师一级的克吕维尔和胡贝，都表现出高度的灵活性和进取精神。即使被短暂孤立，装甲师仍保持了凝聚力，杀出血路摆脱困境。可以确定的是，装备37毫米KwK 36 L/46型加农炮的Ⅲ号坦克已被证明无法对抗苏联坦克，这一期间德军将用诸兵种合成战术和空地协同方面的技艺来对抗苏军的数量与技术优势。当南方集团军群在1941年7月初继续向前挺进到"斯大林"防线时，冯·克莱斯特在数量上仍处于劣势，但他的部队得到了更好的指挥，因此在局部关键地域，德军能够取得决定性的优势。

1941年6月边境交战评价

1941年6月的最后9天，红军约损失了战前25％—30％的坦克，各机械化军面对经验丰富，训练有素的德国装甲师表现得非常低劣。更糟糕的是，大多数可用的T-34和KV重型坦克都在最初的败仗中损失了，苏军需要数月时间才能获得补充。不过在苏联腹地，很多二线苏军坦克部队依旧完好无损，苏军最高统帅部开始尽力将他们调动到前方以迎击德军装甲部队。虽然第二梯队的机械化军主要配备轻型坦克，但至少有机会为其战车补充足够的燃料和武器。鉴于最好的红军坦克部队在面对德国步兵时的表现也很平庸，在局势变得有利前，苏军避免坦克对战显然更为明智，但斯大林只关注结果，而非损失。

"巴巴罗萨"行动包含的攻击波次，取决于装甲部队在一周或两周内的攻击能力，即能否夺占一些地域、包围一批苏军部队，然后等待补给及本方步兵跟上步伐。一些现代作家坚持认为，由于红军仍未被击败，"巴巴罗萨"行动在7月或8月败相已呈，虽然这种观点如今变得颇为流行，但在1941年—1942年的冬天到来之前，任何一方言此都还为时过早。正如每个职业军人都知道的那样，交战后仍可以完美执行的计划是不存在的，甚至希特勒和国防军陆军总司令部在7月中旬之后也意识到，不可能以轻微的代价在俄罗斯迅速获得胜利。然而，希特勒相信国防军正在实现他的预期目标——粉碎红军，即使未达成原定计划。整个1941年的夏季和秋季，德国武装力量都掌握着战略和战役的主动权，苏联人只能在德军的攻击波之间进行反击。

入侵的前8天，4个装甲集群伤亡大约10000人，并有106辆坦克全损［包括33辆38(t)，44辆Ⅲ号坦克和15辆Ⅳ号坦克］。考虑到他们给红军带来的毁伤，这些损失看上去不过尔尔。另有约200辆坦克受损或趴窝，需要维修，这意味着大多数装甲师在7月初仍然拥有100辆或更多能投入作战的坦克。虽然夏季时确实有一些师的可运作坦克力量下降了30％—35％，但在天气转冷之前，大多数装甲师的实力都维持在拥有80—100辆可用坦克的水平。相比之下，除了决定性战场，苏联坦克很快从其他地域撤离了。

在俄国的第一周显示，德国战役层面的效率受后勤不足的局限要远超战斗损失。德军各单位很快发现俄国的路况不佳，这大大增加了燃料消耗，1个消耗额度的燃料只能支持其运动70公里，而不是理论上的100公里。由于敌军的行动、己方发生的事故和维护不足，装甲部队的卡车大量损失，很快导致了补给车辆消耗严重，这给师级和军级后勤带来了更大的压力。国防军的长途及大件运输，包括燃料（每天9000吨）、弹药和备件等，迄今仍然是基本依靠铁路，但铁道工程兵修复和调整苏式宽轨轨道的速度非常缓慢。[30]即使经过了修缮，铁路运输也只能满足军队一半的供给需求，而且在夏季的大部分时间里，燃料和弹药都供不应求。随着装甲集群向东推进，他们很快就远远跑出了事实上的补给范围，经常被迫求助空军以进行紧急供应。然而，空中补给虽能满足紧急情况，但它永远不会真正取代地面补给列车。通常情况下，单架Ju-52只能携带1600升燃料，足以为5辆Ⅲ号坦克加油。为了给1个装甲战斗群加油，德国空军Ju-52必须飞大约25个架次，这还不包括运送食物、弹药和其他物资所需的额外飞行架次。除非国防军提高其后勤水平——这一点能否做到尚且存疑，否则随着进一步东进，装甲集群将会逐渐油尽灯枯。

阻止赫普纳进军列宁格勒，1941年7月—9月

当赫普纳凭借莱因哈特的第四十一摩托化军和冯·曼施泰因的第五十六摩托化军以强大的力量渡过德维纳河，退却中的西北方面军在1941年7月的头几天里对在拉脱维亚大地上横冲直撞的德国装甲师毫无办法。阿列克谢·V.库尔金少将的机械化第3军几乎不复存在，机械化第12军遭受了80%的损失，军长也牺牲了。德米特里·D.列柳申科的机械化第21军英勇地从陶格夫匹尔斯边打边撤，并试图在雷泽克内（Rezekne）抵抗冯·曼施泰因麾下的党卫军"髑髅"师，但被击溃。当到达奥斯特罗夫附近的俄罗斯边境时，列柳申科手中只余7辆坦克和3000名士兵。总而言之，西北方面军剩下不到100辆坦克，其中大部分是T-26，用于列宁格勒的防御，而与之对阵的赫普纳的第4装甲集群，则拥有至少300辆可运作的坦克。

苏军总参谋部没有预料到列宁格勒的直接威胁会来自西南方向，该地区唯一剩余的坦克部队属于马尔基安·M.波波夫（Markian M. Popov）中将的北方面军，其任务是保卫从芬兰人那里夺占的城市。波波夫有2支坦克部队可供

他调用：伊万·G. 拉扎列夫（Ivan G. Lazarev）少将的机械化第10军驻扎在列宁格勒周边；米哈伊尔·L. 切尔尼亚夫斯基（Mikhail L. Cherniavsky）少将的机械化第1军部署在普斯科夫附近。拉扎列夫的军基本上是一个训练单位，有大约450辆轻型坦克，它的任务是在卡累利阿（Karelia）对付芬兰人。当芬兰于6月25日宣战时，整个机械化第10军都部署在芬兰前线。波波夫关注芬兰人更甚于德国人，在德国入侵之前，他曾命令机械化第1军通过铁路将其坦克第1师调至身处坎达拉克沙（Kandalaksha，位于芬兰北部边境附近）的苏联第14集团军。战争第一天，波波夫决定将切尔尼亚夫斯基的机械化第1军余部从普斯科夫转移到普希金（Pushkin），其能够在那里支援对抗芬兰的战斗。虽然切尔尼亚夫斯基没有T-34或KV坦克，但他确实有2个满员的摩托化师，共550辆坦克。如果他的军留在普斯科夫，他们本可以阻挡赫普纳的装甲部队，然而，机械化第1军已经远离了即将到来的德国军队。

机械化第1军于6月22日—24日从普斯科夫向列宁格勒的进军表明，在战争初始阶段，即使没有遇到敌人抗击，苏联坦克部队也运作得很糟糕。尽管没有德国空军的骚扰，通往列宁格勒的路况也相对较好，但机械化第1军的行军却是一场灾难。大量坦克因机械故障掉队，且毫无交通管制措施；车队未携带修理或回收设备来处理趴窝的车辆，只能简单地遗弃在路边；一些团级、营级和连级指挥员认为转向普斯科夫只是非作战性的调动而不是战术行动，故与他们的部队分头进发；由于监管不力，苏联坦克手纪律松弛，未经允许就离开行军纵队。在上路2天后，全军仅仅移动了100公里，并且分散得十分彻底，波波夫只能命令切尔尼亚夫斯基在赤卫队城［Krasnogvardeysk，今加特契纳（Gatchina）］重组他的部队。在那里，波波夫开始从机械化第 21 军中派出单独的营，然后调出摩托化第163师，以支撑他对芬兰人的作战行动。

然而，到6月下旬，西北方面军在立陶宛败相已呈，德国装甲部队正在拉脱维亚境内全速前进。6月29日，朱可夫亲自干预，将机械化第1军的指挥权从波波夫处转至西北方面军，并命令切尔尼亚夫斯基强行军回到奥斯特罗夫。朱可夫还希望从芬兰前线调回坦克第1师，但波波夫设法拖延了这一命令近3个星期。同时，切尔尼亚夫斯基带坦克第3师赶往奥斯特罗夫抗击赫普纳，这是唯一一个仍受他指挥的主要单位。行政勤务单位的陆路行军再次遭遇困难，5天之后，切尔尼亚夫斯基的坦克距离奥斯特罗夫仍有约60公里。在此期间，库兹涅佐夫于7月3日被解除指挥权，改由彼得·P. 索本尼科夫（Petr P. Sobennikov）少将领导西北方面军。

当切尔尼亚夫斯基向奥斯特罗夫缓慢移动时，莱因哈特的第四十一摩托化军正冲向俄罗斯边境。弗里德里希·基希纳（Friedrich Kirchner）中将的第1装甲师轻松击穿边境上"斯大林"防线的筑垒地域，7月4日晚，克吕格尔（Krüger）战斗群一路战斗打进奥斯特罗夫，甚至设法夺取了城内韦利卡亚（Velikaya）河上完好的桥梁。赫普纳能够成功进入奥斯特罗夫，得益于北方集团军群的军需官们快速前送燃料与弹药的能力。

当索本尼科夫得知奥斯特罗夫已经陷落时，他下令切尔尼亚夫斯基的坦克强行军赶到这座城市，协同步兵第41军于7月5日一早发动进攻。为加强攻势，切尔尼亚夫斯基从列宁格勒的工厂里直接获得了10辆新的KV重型坦克，并得到了空中支援的承诺。

行军一个通宵后，切尔尼亚夫斯基于7月5日5时30分开始对奥斯特罗夫的第1装甲师发动反击。更多KV重型坦克的出现让德国人惊慌失措，第37坦克歼击营第1连遭到碾压，德国反坦克炮和车辆成了KV坦克履带下的齑粉。由KV坦克带头，1个苏军坦克连成功杀进奥斯特罗夫并几乎夺回了大桥。但切尔尼亚夫斯基只能在战斗中投入3个缺乏足够步兵或炮兵支援的坦克营，德国的合成战斗群则表现出了强大的韧性——1个装备100毫米sK 18型榴弹炮的炮兵连用穿甲弹成功打瘫1辆KV-2和其他几辆坦克。[31]切尔尼亚夫斯基将他的坦克撤回来等待支援部队抵达，15时25分，在30分钟的炮火准备后，他重新投入坦克和2个步兵团进攻。尽管准备得更充分，但第6装甲师的主力及时赶到，德方对奥斯特罗夫的防御加强了，这次攻击以失败告终。德军的突袭让切尔尼亚夫斯基的部队陷入混乱。最终，切尔尼亚夫斯基所部遭受了大约50％的损失，包括10辆KV坦克中的8辆和大部分轻型坦克。

斯大林亲自责成奥斯特罗夫的坦克反冲击，并命令索本尼科夫不惜一切代价继续打下去。7月6日，切尔尼亚夫斯基再次动用他剩余的40辆坦克以及机械化第21军的残部进攻，莱因哈特的2个装甲师轻松打垮这些无力的攻击。到了下午，苏军撤退了。奥斯特罗夫战役表明，红军没有合成作战的能力，他们

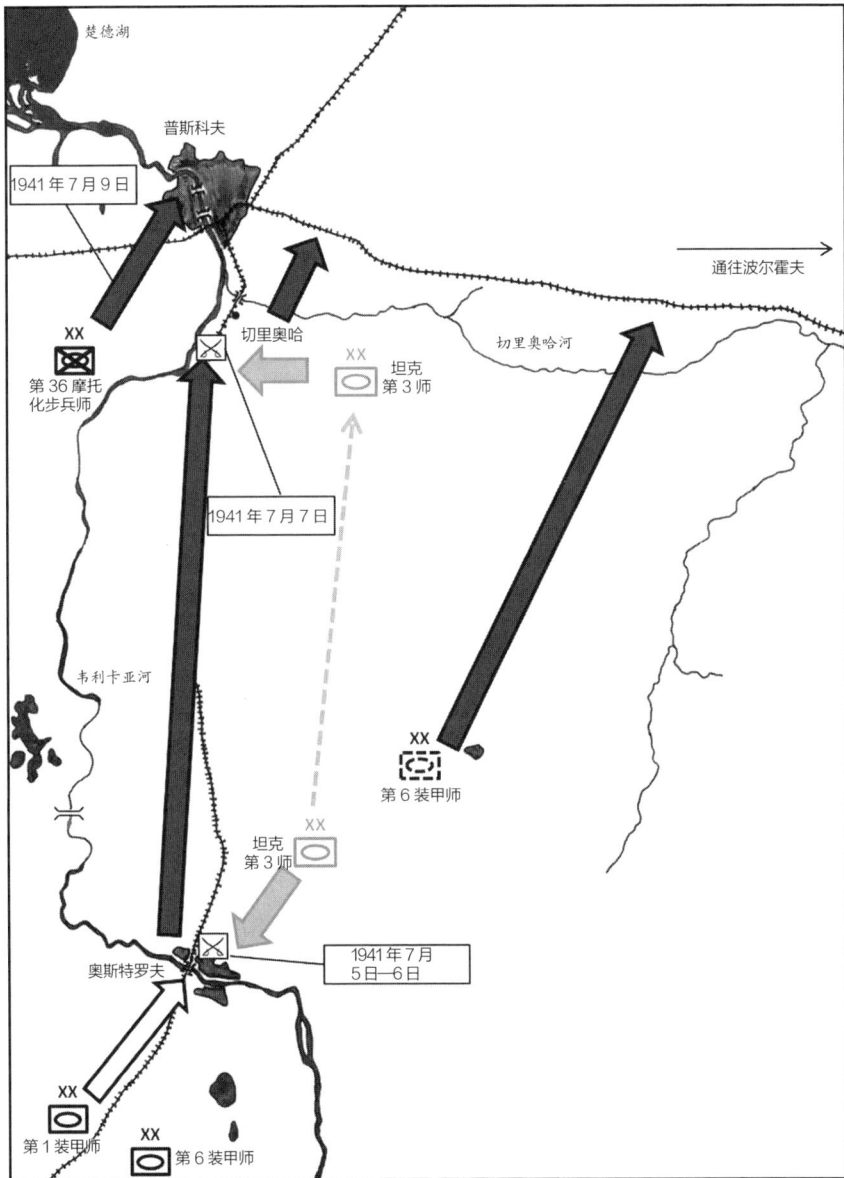

切尔尼亚夫斯基的机械化第 1 军对阵莱因哈特的第四十一摩托化军；1941 年 7 月 5 日—6 日，苏军坦克第 3 师在奥斯特罗夫向德军第 1 装甲师发动反攻，迟至 7—9 日撤回普斯科夫

的坦克在与单独的装甲师正面对决时处于明显的劣势。

　　阻止莱因哈特位于奥斯特罗夫的装甲部队的行动失败后，坦克第3师开始实施迟滞作战，撤向普斯科夫——第一个遭德军装甲师威胁的俄罗斯城市。为了阻止第6装甲师渡过韦利卡亚河抵达城市，坦克第3师于7月7日17时，在切廖哈河（Cherekha）以约100辆BT和T-26轻型坦克进行了一次自杀式反攻。在这一战术行动中，里夏德·科尔上校第11装甲团的35(t)型坦克和Ⅳ号坦克占据了上风，他们达成突破并夺取了韦利卡亚河上完整的桥梁。格利戈里·帕岑楚克（Gregory N. Pasynchuk）上校的坦克第5团反应迅速，阻止了科尔的坦克扩大桥头堡，但帕岑楚克在桥上的混战中被俘。战斗持续了5个小时，到夜幕降临时，坦克第3师的实力降到只有大约35辆BT坦克，而第1和第6装甲师仍剩下200多辆可运作的坦克。7月9日，莱因哈特的装甲师攻进了普斯科夫。再一次，坦克完成了教科书上没有的战例，在没有大量步兵支援的情况下攻占了城市，坦克第3师的残部则向东撤退。

　　当奥斯特罗夫和普斯科夫发生坦克战时，苏联的西北方面军正疯狂地试图在列宁格勒以南140公里的卢加（Luga）建立一个强大的阻击阵地，以阻止赫普纳的装甲部队沿着高速公路直接冲向列宁格勒。德国空军侦察机很快发现苏军在卢加集结，赫普纳决定动用莱因哈特的军直接进攻，同时以冯·曼施泰因的第五十六摩托化军向东对卢加进行大包抄。曼施泰因的军在穿越拉脱维亚的战斗中一直落在后面，直到莱因哈特的坦克占领奥斯特罗夫5天后才抵达。当然，赫普纳在一定程度上是有过错的，他指派冯·曼施泰因穿越一些最糟糕的沼泽和树木繁茂的地形，但冯·曼施泰因也犯了一些坦克新手会犯的错误，比如把"无法通过"的地形误认为"缓慢通过"。埃里希·布兰登贝格尔（Erich Brandenberger）少将的第8装甲师是冯·曼施泰因唯一的装甲师，其在俄罗斯战役中表现平平。赫普纳选择将一个非常困难的任务分配给一个由2个师组成的摩托化军，且指挥官还似已失去进取心方面的优势，这令人疑窦丛生，人们只能猜测是不是冯·曼施泰因的粗暴傲慢——他在其他德军高级将领中口碑不佳——影响了赫普纳的指挥决策。

　　冯·曼施泰因将坦克第3师的残部赶开，率领第8装甲师和第3摩托化步兵师直接冲向波尔霍夫（Porkhov）。7月10日，他占领了波尔霍夫，然后向东北的索利齐（Soltsy）前进，意图包抄卢加阵地。莱因哈特在同一天对卢加进行了首次试探性进攻，但是第1装甲师被击退了。他派第6装甲师向西进行侧翼机动，其沿着林间小道缓慢而曲折地前进，这与闪电战完全相悖。通常情况下，德军在正面进攻时进行包抄的本能反应是正确的，但是在卢加，赫普纳没有意识到他在与时间赛跑，这里应该保持"重点突破战术"，而不是试图穿过缓慢通过的地形，进行长途侧翼行军。

苏联方面，机械化第10军的坦克第21和第24师主力刚刚从卡累里阿乘火车返回，大大加强了这一由步兵军把守的阵地。苏联西北方面军——现在由克利缅特·伏罗希洛夫（Kliment Voroshilov）元帅指挥——判明了德军的侧翼包抄行动，并意识到莱因哈特已经将第4装甲集群分散成了无法相互支援的各个军，这为红军提供了一个至少击败一支德军先头部队的理想机会，减轻德军对列宁格勒的威胁。尼古拉·F. 瓦图京（Nikolai F. Vatutin）中将是西北方面军富有才华和进取心的参谋长，他建议派遣第11集团军的预备队包围并摧毁冯·曼施泰因的第五十六摩托化军，后者获得援助的可能性最小。瓦图京请求并接收了坦克第21师以及5个步兵师，沿着冯·曼施泰因必经的森林小径，在索利齐附近建立一个伏击阵地。

冯·曼施泰因沿着从波尔霍夫（Porkhov）到希姆斯克（Shimsk）的砂土小径前进，布兰登贝格尔的第8装甲师以单个坦克排成纵队鱼贯前行。他们尚未遭受重大损失，仍有163辆可运作的坦克。[32]德国人在侧翼没有戒备的情况下穿过森林前进，而德国空军未能侦察到苏军在该地区的任何集结情况。7月15日上午，瓦图京的伏击战打响，以生力军步兵第70师切断了第8装甲师先头战斗群的后路。而另一个步兵师和坦克第3师剩余的35辆BT-7坦克对德国第3摩托化步兵师进行了牵制性进攻。冯·曼施泰因很快发现中了埋伏，5个苏军师从四面八方进攻他。第二天，坦克第21师在索利齐攻击了第8装甲师的侧翼，用128辆T-26轻型坦克和一些KV重型坦克对抗38(t)坦克和IV号坦克。尽管步坦协同仍然存在问题，但瓦图京确保进攻得到了苏联轰炸机和炮兵的支援。经过3天的激烈战斗，第8装甲师终于杀出包围圈，但被迫放弃了索利齐，一路撤回德诺（Dno）。莱因哈特派遣党卫军"髑髅"师协助冯·曼施泰因突出重围，但结果仍然是德军失利，因为其不得不放弃战场上受损的车辆。苏军声称摧毁了70

辆德军坦克，但后者实际上的总损失是12辆［2辆Ⅱ号坦克和10辆38(t)坦克］，27辆坦克负伤，不过轮式车辆的损失要严重得多。[33]苏联坦克第21师损失了128辆坦克中的54辆，但这一次苏联坦克部队的严重损失是划算的，因为冯·曼施泰因包抄卢加的行动失败了。冯·曼施泰因从瓦图京的伏击中撤出他的军后，赫普纳将惊魂未定的第8装甲师转入了预备队（尽管该师仍有124辆可运作的坦克），如此冯·曼施泰因手里没了坦克。[34]

尽管在索利齐遭遇挫折，但是莱因哈特还是于7月14日跨过卢加河与第6装甲师的劳斯战斗群在波雷奇（Poretsye）成功夺取了一个小桥头堡，然后第1装甲师在萨布斯克（Sabsk）又获得了一个桥头堡。附近的苏联民兵单位在一些坦克支援下，立即开始猛攻这两座桥头堡。劳斯受到的打击最为严重，因为其战斗群孤立于他的师的其余部队，补给几乎用完了。一个民兵连在一辆KV-1重型坦克的支援下，设法潜入到附近的森林，发动了一次袭击，打了劳斯战斗群一个措手不及：

……KV-1坦克从森林中冒出来，开得那么快、那么近，以至于在经过1门精心伪装的100毫米大炮时，炮手们都没有机会向它射击。坦克绕着教堂开，碾碎了一切看似可疑的东西，包括冯·瓦尔登费尔（von Waldenfel）上校的团部。我们的35(t)坦克无能为力——就像在拉塞尼艾，它们的火力对这一怪兽毫无作用。最后，一位特别勇敢的军士终结了这一危局。他跳上坦克，不停地拿手枪向驾驶员的视线槽射击。驾驶员被子弹溅伤，视力受损，被迫开回去了。[35]

尽管到1941年7月中旬，战场上的T-34坦克和KV重型坦克已经少了很多，但这些重型坦克看起来确实愈发危险，因为现在它们武备齐全、燃料充足，还有一批经验丰富的驾驶员。列宁格勒的基洛夫工厂一周内制造了40多辆KV重型坦克，其中有不少被西北方面军接收。此外，还有许多参加过苏芬战争，重新入役的具有作战经验的预备役军人，其中最好的人员将充当KV坦克乘员。事实上，劳斯战斗群被迫使用这种特殊的拼死战术来阻止KV重型坦克的单车进攻，这表明德国坦克和反坦克武器的不足之处日益明显。

在不到3周的时间里前进了400多公里之后，由于苏军抵抗增强、地形不利和供应问题等综合因素，赫普纳的前进几乎陷入停滞状态。莱因哈特需要等待将近3周的时间才能获得足够的补给和援兵，以杀出卢加河的桥头堡。苏军在卢加的顽强防御，让列宁格勒多出了将近1个月的时间来准备防御工事。索利齐战役后，机械化第1军和机械化第10军均解散了，但是坦克第1师（减去了1个坦克团及其摩托化步兵团）的部分兵力于7月17日—19日从北边的芬兰前线返回了列宁格勒。该师在7月剩余时间到8月初一直留守在赤卫队城附近以作预备队，并从基洛夫工厂接收了补充坦克和12辆新的KV–1坦克。8月初，西北方面军还剩下约250辆可运作的坦克，分布在卢加的坦克第24师（不到100辆BT–2轻型坦克）、由解散的机械化军组成的一些坦克分遣队（大约50—100辆各类BT坦克和T–26坦克）和坦克第1师（60—80辆坦克）中。

直到8月8日，列宁格勒前线才恢复大规模的坦克交战。莱因哈特的第四十一摩托化军从金吉谢普（Kingisepp）附近的桥头堡开始实施突破，而冯·曼施泰因的第五十六摩托化军从正面直取卢加阵地。坦克第24师派出1个轻型坦克排以支援卢加的第41步兵军，但伏罗希洛夫不确定是否需要以大部分剩余坦克用于对突破口发动反击，因此在头几天未将其投入战斗。在这一突破战中，赫普纳的坦克获得了几个抵达的德国步兵师的支援，然而激烈的战斗仍在卢加河沿线上持续了2周。伏罗希洛夫开始零零碎碎地派出坦克第1师，但是一支被派去帮助金吉谢普防御的分遣队于8月11日遭到了莱因哈特坦克的伏击，损失了28辆坦克，包括11辆KV重型坦克。苏军声称在此战中消灭了11辆德军坦克。虽损失严重，但坦克第1师能够部分弥补损失，包括5辆的KV重型坦克和4辆新的T–50轻型坦克（这种坦克只制造了69辆）。

随着莱因哈特在西面扩大其金吉谢普桥头堡，以及其他德军在东面占领旧卢萨（Staraya Russa）和诺夫哥罗德（Novgorod），卢加的阵地逐渐被包围。8月16日，苏军在旧卢萨发动大胆的反攻，包围了第十军，迫使赫普纳派遣冯·曼施泰因来营救被困的德国步兵，短时间内成功转移了德军对主战场的注意力。与此同时，莱因哈特的坦克最终在金吉谢普附近打垮了苏联步兵，然后向东冲向莫洛斯科维齐（Moloskovitsy），在那里，第1装甲师和维克多·I. 巴拉诺夫（Viktor I. Baranov）少将的坦克第1师于8月15日迎面相撞。巴拉诺夫是最富有经验的苏联坦克兵指挥员之一，他曾在西班牙内战中领导过1个坦克营，后来又在苏芬战争中指挥过1个坦克旅，并且还因在突破曼纳海姆防线时的战功被授予"苏联英雄"称号。然而，莫洛斯科维齐战役对苏联坦克手来说非常糟糕，他们损失了65辆坦克中的52辆，包括6辆KV坦克、4辆T-28坦克、32辆BT-7坦克、6辆T-50坦克和4辆T-26坦克，被迫撤退到赤卫队城。巴拉诺夫声称，他的坦克手让莱因哈特的军蒙受了103辆坦克和41门反坦克炮的损失，但德军折损并不大。赤卫队城是一个强大的据点，是通往列宁格勒的阻击阵地，进入赤卫队城后，坦克第1师接收了增派的新坦克和训练有素的后备役军人，以弥补其损失。该师被重组为一个由3个营组成的坦克集群，共59辆坦克。巴拉诺夫让34岁的约瑟夫·B.斯皮勒（Iosif B. Spiller）大尉指挥他的坦克第1营，该营有20辆新造的KV重型坦克。斯皮勒是一位经验丰富的苏联坦克手，之前有对抗日军和芬军的战斗经验。与大部分英语文献相反，这些受德国影响的史料常常把苏联坦克手描绘成未经训练和笨拙的小丑，事实上，红军的确拥有与他们的对手一样经验丰富且有能力的人。

在莫洛斯科维齐溃败后，巴拉诺夫决定避免与赫普纳的坦克进行大规模战斗，因为红军坦克单位还没有做好多兵种联合作战的准备。相反，巴拉诺夫选择用他的坦克进行排级规模的伏击，来扰乱和拖延德军向列宁格勒进发。莱因哈特的坦克花了3天时间，沿着从金吉谢普到赤卫队城郊外的道路推进了30公里，每天都能碰到巴拉诺夫的坦克搞"打了就跑"的伏击。赫普纳将从索利齐败仗中恢复过来的第8装甲师调到莱因哈特的军，并于8月18日用其作为前卫。斯皮勒的任务是保卫赤卫队城郊区，他派出1个排5辆KV-1坦克，在季诺维·G.科洛巴诺夫（Zinoviy G. Kolobanov）中尉的指挥下，于城市西面沿着第8装甲师接近的路线部署。8月19日上午，科洛巴诺夫的 KV-1E坦克，即"ekranami"型，在炮塔上焊接了附加的35毫米厚的装甲板后，于坦克车体隐蔽阵地待机。[36]第8装甲师再次表现得容易中埋伏且战术平庸，其打头的战斗群毫无准备地径直开进了杀戮场。科洛巴诺夫的5辆KV-1坦克在450米的距离上开火，与第59装甲侦察营的先头部队交锋，并迅速摧毁了各种装甲车、半履带车和轮式车辆。第43坦克歼击营试图将其37毫米和50毫米反坦克炮部署到公路上的射击阵地，但科洛巴诺夫用高爆弹轻松将其轰成了碎片，然后以7.62毫米同轴机枪扫射幸存者。第10装甲团第3营设法以1个连或更多兵力投入战斗，但是其38(t)坦克和Ⅳ号坦克无法击败科洛巴诺夫的排。[37]科洛巴诺夫的坦克屡遭命中，但没有被打瘫，尽管最终他的瞄准具被打坏，炮塔也卡住了。他在打掉了1个基数全部98发炮弹后退出战斗。苏方声称科洛巴诺夫的排摧毁了42辆德军坦克，其中的22辆应归功于科洛巴诺夫本人，KV–1没有1辆损失。尽管苏军夸大了战绩，把所有装甲车都算作坦克，但毫无疑问，埃里希·布兰登贝格尔将军的第8装甲师被打得溃不成军。KV也证明了它是一种防护极好的坦克。[38]

　　尽管巴拉诺夫做出了努力，但德军还是设法在8月24日前包围并摧毁了卢加战斗群。冯·曼施泰因粉碎了苏军在旧卢萨的反攻，让其损失惨重。更糟糕的是，陆军总司令部把鲁道夫·施密特将军的第三十九摩托化军从中央集团军群调到北方集团军群，为向列宁格勒的最后冲刺加力。施密特的2个摩托化师——第12装甲师和第20摩托化步兵师很快证明了他们的价值，他们切断了莫斯科—列宁格勒的铁路干线并开始冲向位于姆加（Mga）的重要铁路枢纽，以彻底孤立列宁格勒。巴拉诺夫的坦克手继续协助击退德军对赤卫队城的装甲攻势，声称其到8月底又摧毁了30辆德军坦克，同时承认他们自己也损失了28辆坦克（11辆 KV坦克、4辆T–28坦克、1辆T–34坦克、3辆BT–7坦克和9辆T–26坦克）。尽管巴拉诺夫竭尽全力，但截止8月底，赫普纳在列宁格勒战线的装甲部队数量优势都非常明显，而且没有任何重要的红军坦克单位来阻止施密特的压路机前行。8月30日，约瑟夫·哈佩大将的第12装甲师占领了姆加，切断了列宁格勒与外界最后的地面联系。然而，哈佩到得不够快，没能阻止基洛夫工厂（国营第100厂）的机器和数以千计的工人通过姆加乘火车逃往车里雅宾斯克（Chelyabinsk），他们在那里重建了KV–1坦克的生产线。[39]

　　肃清卢加的防守阵地后，赫普纳和北方集团军群司令官威尔海姆·冯·莱布元帅认为，在列宁格勒的防御还没有准备周全之前，他们有机会像哈佩的第12装甲师在明斯克那样，对列宁格勒发动突袭。赫普纳的装甲部队在经过10周近乎连续的战斗后已经消耗殆尽，但是红军也只剩下不到100辆可运作的坦克来保卫通往该城的道路。苏联第42集团军在赤卫队城进行了非常顽强的抵抗，这挡住了莱因哈特的摩托化军，但施密特又在列宁格勒以东进军，其面临的对手非常虚弱。莱因哈特在赤卫队城附近集结了第1、第6装甲师和第36摩托化步兵师，并于9月11日发动了全面进攻，并最终克服了塔伊契（Taitsy）附近苏军的防守。巴拉诺夫的坦克第1师残部对赤卫队城附近的第1装甲师发起反攻，包括科洛巴诺夫中尉的KV-1坦克排，但无法阻止德军坦克。苏军的防御阵地开始瓦解，9月12日红村（Krasnoye Selo）失守，9月13日赤卫队城也丢了。巴拉诺夫的坦克手撤退到列宁格勒前方的最后一道防线——普尔科沃（Pulkovo）高地。

当莱因哈特的其余部队正在扫荡赤卫队城阵地时，一个来自第1装甲师的战斗群——由第1装甲团第2营和第113摩托化步兵团第1营组成——冲到前面，夺取了列宁格勒以南7公里处的普尔科沃高地的一部分。刚刚抵达列宁格勒接替不称职的伏罗希洛夫元帅的格奥尔吉·朱可夫立即下令展开反击，将德军装甲部队驱离该城。巴拉诺夫奉命动用他最后的25辆坦克作为反攻的先头部队，这些坦克将得到几个民兵营的支援。斯皮勒大尉仍然是坦克第1营的营长，拥有3辆KV-1坦克和5辆KV-2坦克，但其余坦克部队由轻型坦克组成。苏军坦克大约在15时发动进攻，斯皮勒的KV坦克在前，缓缓驶出城市，慢慢爬上该城的南部高地。德军反坦克炮兵试图粉碎这次袭击，但此时他们已经清楚自己贫弱的37毫米和50毫米反坦克炮几乎无法阻止KV重型坦克。KV重型坦克开始以履带碾碎反坦克炮，并摧毁其拖车。德国步兵目睹反坦克部队的失败，随后开始撤退。来自第1装甲团的几辆Ⅲ号坦克试图介入战斗，但被76.2毫米火炮击毁。最终反攻达到高潮，苏军的一些坦克由于受损无法移动，但第1装甲师撤退了。之后，朱可夫巧妙地让仅存的少量KV坦克转战在不断收缩的列宁格勒防线上，以抗击德军在城市东西两侧的进攻。朱可夫还动用波罗的海舰队的舰炮火力支援小规模的反击，给德军留下了深刻印象。

9月底，赫普纳知道他的装甲部队很难对付战壕中的苏联重型坦克，而且也知道他缺乏长驱直入列宁格勒的火力。然而，随着列宁格勒被包围，冯·莱布和赫普纳认为没有必要以蒙受重大损失的代价直接进攻，宁愿让饥饿为他们赢得战斗。赫普纳的装甲集群已不再处于战备状态，大部分坦克受伤或磨损严重，人员队伍因伤亡变得虚弱，幸存者也筋疲力尽。列宁格勒战役似乎取得了胜利，是时候撤回装甲部队重整旗鼓，让北方集团军群的步兵和炮兵来应对这场围攻了。预计针对莫斯科的"台风"行动即将打响，赫普纳的第4装甲集群于9月22日转隶中央集团军群，这距德军在普尔科沃高地的攻势达到顶峰还不到一周时间。施密特的第三十九摩托化军暂时留在了北方集团军群。

苏联的坦克部队，以及红军坦克手自我牺牲的勇气，在迟滞德军对列宁格勒的推进中发挥了至关重要的作用，但参战的所有红军坦克单位都在这一过程中消耗殆尽了。巴拉诺夫的师残部在9月底被解散，而幸存人员——现在都是战斗经验丰富的老兵——被用来组建坦克第123旅。1941年秋天，随着围城战的开始，双方都只剩下几十辆可运作的坦克，这些坦克是为偶尔的反冲击保留的。赫普纳在战役中的表现不值一提，因为他让西北方面军第8和第11集团军的大部分部队逃离了立陶宛，也未能妥善协调莱因哈特和冯·曼施泰因部队的行动，让地形桎梏了自己，影响了作战的步调。他原本应当派遣莱因哈特的军以迂回战术穿越爱沙尼亚占领纳尔瓦（Narva），同时利用冯·曼施泰因的部队在卢加河方向发起佯攻。一旦到达纳尔瓦，整个卢加河防线就会被侧翼包围，只需通过利用楚德湖（Peipus）来掩护他的右翼，他就能把苏军像索利齐和旧卢萨那样反攻的风险降到最低。相反，赫普纳笨手笨脚地攻克卢加阵地，其代价便是浪费了对北方集团军群而言至关重要的1个月，让苏军有时间重新部署从芬兰战线调来的坦克部队，并在一定程度上用新的KV重型坦克重建他们的坦克单位。尽管未能阻止列宁格勒被包围，但在1941年—1942年冬季之前，苏军坦克在通往列宁格勒的道路上取得的成就，胜过了任何其他的红军坦克部队。

渡过别列津纳河和第聂伯河，1941年7月

陆军总司令部的参谋人员制订"巴巴罗萨"行动时，还犯了其他错误，比如未考虑部署在苏联腹地的红军第二梯队，以及红军召集援兵可能性，因此他们没有预料到红军的西方面军在其第一梯队于明斯克—比亚韦斯托克突出部战败后，能再重建一条连贯的战线。事实上，在1941年6月至11月期间，这一预设计划至少有4次被证明是错的。

尽管7月8日前，缩小在明斯克以西对苏联第3和第10集团军的包围圈耗费了中央集团军群的大部分精力，但是古德里安和霍特早在6月28日占领明斯克时，就已经开始向东调动他们的一些装甲部队，并试图夺取横跨别列津纳河的桥头堡了。与此同时，其装甲部队的部分兵力也在协助钳制和消灭被困于

明斯克以西的苏军。在霍特的战区，只有第7装甲师可以立即向东前进，但第17装甲师能很快参与进来；在古德里安的地域，冯·施韦彭格第二十四摩托化军的主力没有参与明斯克包围圈的战斗，而是在向别列津纳河推进，正如冯·菲廷霍夫（von viettinghoff）第四十六摩托化军的大部分部队一样，其总共有4个摩托化师。坦克和人员的折损不算严重，所以霍特和古德里安的这部分队伍仍然有500多辆坦克。虽然德军后勤在这一阶段十分脆弱，但中央集团军群正在修复2条铁路线以支持作战，分别是布列斯特—巴拉诺维奇—明斯克线和格罗德诺—维尔纳—明斯克线。[40]7月1日，德国铁道维修大队已将铁路运营至巴拉诺维奇，7月5日，第一批补给列车驶入明斯克。明斯克周围的一些道路是全天候的柏油马路，而不是边境附近的砂石路，这使得第605卡车运输团（a Großtransportraum or GTR unit）的供应卡车能更好地向前方装甲单位运送燃料、弹药和口粮。必要时，德国空军Ju–52运输机也可用来将应急补给送往推进得更远的第3和第4装甲师。[41]

苏联方面，谢苗·铁木辛哥元帅于7月2日从莫斯科抵达斯摩棱斯克，接替巴甫洛夫重建被歼灭的西方面军。除了第13集团军的残部——机械化第20军（没有坦克）和10个遭受重创的步兵师外，铁木辛哥手里最初只有很少的部队。幸运的是，当"巴巴罗萨"行动开始时，红军最高统帅部正处于将大批部队从内地军区调往西部的过程中，并且有4个集团军还在最高统帅部预备队的控制之下。巴甫洛夫在比亚韦斯托克–明斯克突出部的灾难，提高了最高统帅部对铁木辛哥增援请求的重视程度。伊万·S.科涅夫（Ivan S. Konev）中将拥有6个步兵师的第19集团军，从乌克兰改道到斯摩棱斯克，而帕维尔·A.库罗奇金（Pavel A. Kurochkin）中将的第20集团军由莫斯科和伏尔加军区的7个步兵师组成。米哈伊尔·F.卢金（Mikhail F. Lukin）中将的第16集团军从乌克兰调来，7月5日2个步兵师开始抵达斯摩棱斯克，很快来自外贝加尔军区的独立坦克第57师（160辆T-26坦克）也加入他们的行列。总之，铁木辛哥将于1941年7月上半月在斯摩棱斯克附近共计接收15个优秀的步兵师，所有这些部队都是战前编成，达到编制人数的84%—88%。铁木辛哥还从最高统帅部预备队接收了一些炮兵团和反坦克旅。[42]

此外，铁木辛哥的幸运之处在于，最高统帅部预备队可以迅速为他提供2

个几乎齐装满员的机械化军——机械化第5和第7军，以便在7月底重建他的坦克力量和另外4个机械化军。战争开始时，伊利亚·P. 阿列克谢延科（Ilya P. Alekseenko）少将的机械化第5军正处于从外贝加尔军区向基辅军区调动的过程中，摩托化第109师已在舍佩托夫卡（Shepetovka）下车，并迅速被派去遏制德军在奥斯特罗格的突破，但其余部队在途中改道，前往斯摩棱斯克，加入了正在组建的第20集团军。阿列克谢延科是红军中经验最丰富的老坦克兵之一，曾于1939年在诺门罕战役中指挥过1个坦克旅。

而在更接近前线的地方，瓦西里·维诺格拉多夫少将（Vasily vinogradov）的机械化第7军驻扎在莫斯科周围，德军入侵后立即收到警报。该部队于是乘汽车和火车前往奥尔沙（Orsha），第一批先头部队于6月26日抵达。3天后，由雅科夫·G. 克列伊泽尔（Yakov G. Kreizer）上校领导的精锐的莫斯科摩托化第1师奉命赶往鲍里索夫，在别列津纳河沿岸设立防御屏障，其他部队则在奥尔沙和维捷布斯克（vitebsk）之间布置阻击阵地。对克列伊泽尔的师而言，特别幸运的是其拥有4个坦克营，其中包括225辆最新的BT-7M轻型坦克（与T-34坦克采用相同的V-2柴油发动机和更好的倾斜装甲），以及从当地的训练单位接收的10辆KV重型坦克和30辆T-34坦克。不过弹药仍然是一个问题，红军可用的穿甲弹太少。瓦尔特·内林（Walther Nehring）少将第18装甲师的特格（Teege）战斗群于6月30日13时左右首先进抵鲍里索夫，并试图利用尚未被破坏的混凝土公路桥发动进行一次突袭。威利·特格（Willi Teege）少校有自己的第18装甲团第2营，此外第18摩托车营和第88侦察营增援，但其却在河流以西意外地遇到了第13集团军的残部和鲍里索夫坦克学校学员的猛烈抵抗，他们击毁了德军前卫的一些坦克。直到来自第52摩托化步兵团的步行步兵抵达，特格战斗群才占领了这座完整的桥梁。接下来的几天，内林扩大了他的桥头堡，并得到来自第17装甲师1个战斗群的增援。[43]

克列伊泽尔的先头部队来不及救援鲍里索夫大桥，但库罗奇金命令他组织反攻，以尽快夺回桥梁。即使对于像克列伊泽尔这样装备精良的师来说，这也是一项艰巨的任务。7月3日早晨，克列伊泽尔动用所有的坦克发动进攻，这时，内林的师已在别列津纳河的东岸站稳脚跟。德国空军的空中侦察发现了正在逼近的苏联坦克部队，并向内林提供了重要的早期预警，让内林能够在鲍里索夫桥头堡以东8公里处的一片浓密的白桦林中部署他的坦克和坦克歼击车。令人惊讶的是，克列伊泽尔的坦克在明斯克—莫斯科的高速公路上，以小的连排规模于光天化日之下长驱直入，未摆出任何阵型。至少有1辆KV-2坦克、几辆KV-1坦克和一些T-34坦克参与了这次进攻，但是克列伊泽尔的大部分坦克是BT-7M坦克。这种情况下，德军坦克和坦克歼击车轻而易举地打瘫了很多前来进攻的BT-7M轻型坦克，但是KV重型坦克和T-34坦克设法短暂地突破了德军的防御。至少有1辆Ⅲ号坦克被1辆T-34击毁，但德军坦克手最后开始集火攻击苏联重型坦克的履带，成功使其无法动弹。[44]德军高炮和重型火炮参战进一步迫使克列伊泽尔的坦克手撤退。像往常一样，苏军声称重创了1个装甲师——大约有60—70辆坦克，但德军的实际损失很小。德国装甲师指挥官很快注意到，占领关键地形，然后迅速转入战术防御，往往会导致苏军发动近乎自杀式的反击，这为德军的进一步前进开辟了道路。

此后，克列伊泽尔推迟撤回奥尔沙，于7月4日和7月5日分别在克鲁普基（Krupki）和塔拉钦（Talachyn）反攻内林的先头部队。克列伊泽尔声称在塔拉钦对追击的德国装甲部队造成了1000人的伤亡，但实际上他的师不断在后撤。和苏联重型坦克进一步的对决表明，除了射击他们的履带使其不能移动外，直接射击炮塔也可能会卡住其转向机构。当第17和第18装甲师缓慢地向奥尔沙（Orsha）推进时，冯·施韦彭格的第二十四摩托化军在博布鲁伊斯克（Bobruisk）渡过了别列津纳河，很快第四十六摩托化军的党卫军"帝国"师、第10摩托化步兵师也过了河。7月3日，两支德国装甲集群的部队都渡过了别列津纳河，克服了零星的抵抗向第聂伯河进发。与此同时，霍特派遣第五十七摩托化军占领了波拉茨克（Polotsk），以掩护德军前进的左翼，但这削弱了即将到来的斯摩棱斯克战役中的装甲力量。

铁木辛哥只指挥了西方面军3天，他命令陆续抵达的机械化第5军和第7军，连同第20集团军的步兵，对前往奥尔沙的德国装甲部队发起反冲击。师与军之间的协同仍然不力，但铁木辛哥认为，这批坦克部队或许能够挡住德军无情的推进。7月6日10时，维诺格拉多夫和阿列克谢延科在奥尔沙以西的战线上部署了4个坦克师和1个摩托化师，并开始向先诺（Senno）和列佩利（Lepel）挺进。总而言之，2个军设法让约1100辆坦克投入战斗，其中包括37辆KV-1坦克和KV–2重型坦克以及69辆T–34坦克。红军最高统帅部命令1个来自哈尔科夫坦克学校的由29辆T–34坦克组成的营和基洛夫工厂出厂的44辆全新的KV重型坦克直接上阵，增援维诺格拉多夫的机械化第7军，但苏联坦克手很难驾驭重型坦克，还烧掉了7辆KV坦克的离合器，这些KV坦克从铁路终点站到集结地域只移动了5公里。接下来的几天里，大约一半的KV坦克因为相同的故障无法行动。[45]

　　与此同时，施密特的第三十九摩托化军在霍特的第 3 装甲集群中遥遥领先，其余部队前进时，只有汉斯·佐恩（Hans Zorn）中将的第20摩托化步兵师和汉斯·冯·丰克（Hans Freiherr von Funck）中将第7装甲师掩护维捷布斯克（vitebsk）以东地段。佐恩刚刚占领了别申科维奇（Beshenkovichi），而丰克的先头部队，第7摩托车营就在先诺的郊区。施密特的部队分散且脆弱，但是德国空军提醒他们有苏联坦克部队正在逼近，这使得前哨阵地得以迅速做好防御。

　　苏军再次未经侦察就发动了进攻，战术指挥员对敌军的部署和地形几乎一无所知。维诺格拉多夫之前没有和坦克打过交道，在遭遇战阶段表现得极其笨拙。7月6日上午，他派遣由格奥尔吉·F. 哈拉博尔金（Georgy F. Haraborkin）上尉指挥的1个坦克加强连到别申科维奇以东的切尔诺戈斯基察（Chernogostitsa）河上寻找涉渡点，哈拉博尔金是一名经验丰富的坦克兵，曾因苏芬战争中的作战表现被授予"苏联英雄"称号，但维诺格拉多夫却派他去执行这么一项愚蠢的任务。维诺格拉多夫没有动用装甲车打探敌情，他希望进行一次火力侦察，因此哈拉博尔金率领12辆KV–1坦克和2辆BT–7坦克开往河边。除了涉渡点周围的地形是沼泽外，哈拉博尔金还发现佐恩摩托化师的先头部队已到达了涉渡点，并埋设了反坦克地雷。哈拉博尔金试图横渡，但有4辆KV重型坦克压上了地雷，另外3辆坦克陷入泥淖。德军用反坦克火炮掩护雷场障碍物，并开始轰击搁浅的苏联重型坦克，同时召唤炮火。苏联坦克手设法在炮火中救出了2辆KV重型坦克，但哈拉博尔金阵亡，7辆KV坦克被遗弃在河中。[46]

　　7月6日晚，苏联机械化第5军和第7军与第三十九摩托化军的2个师发生了接触，但尚未发起猛攻。苏联这2个军的行动没有相互配合，向前方输送燃料的困难更让其无法保持行动步调一致。维诺格拉多夫的军在接敌前已用了75%的燃料，阿列克谢延科的第5军也差不多，但维诺格拉多夫决定继续前进，而阿列克谢延科则暂停进发以等待更多的燃料。因此，施密特在7月7日只需面对1个苏联机械化军，而不是2个。铁木辛哥经常在行动中表现出糟糕的态势感知能力，他不知道阿列克谢延科的决定，并自信地认为全部2个军将在7月7日发动进攻，并歼灭1个孤零零的德国装甲师。

维诺格拉多夫的进攻于7月7日8时开始，这是个阳光明媚、天气温暖的日子，坦克第18师以1个坦克营向先诺抵进侦察。然而，德方沃尔夫冈·托马勒（Wolfgang Thomale）中校的第25装甲团第3营在夜间抵达，增援摩托化步兵，38(t)坦克和反坦克炮打退了首轮攻势。最初的攻击失败后，苏军似乎陷入迷茫，并浪费了许多宝贵的时间，最终，在16时30分，他们重新进攻先诺。托马勒战斗群再次击退苏军的进攻，第三次攻击是在19时，参战坦克包括2辆KV-2坦克和1辆T-34坦克。当天，托马勒的部队总共摧毁17辆苏联坦克（包括2辆KV-2坦克），付出的代价是4辆坦克和1门50毫米反坦克炮。[47]再往北，坦克第14师遭遇了冯·博伊内布格（von Boineburg）战斗群，其中包括埃德伯特·舒尔兹（Adelbert Schulz）上尉的第25装甲团第1营、第7摩托化步兵团第2营，以及第8坦克歼击营第1连基于Sd.Kfz.8型半履带车底盘的6门88毫米高射炮。苏军在这一地区的进攻更为猛烈，还有步兵支援，但进展缓慢，使得德军有时间做出反应。当德国反坦克炮和4个炮兵单位猛轰逼近中的苏联坦克时，舒尔兹上尉调动他的装甲营攻击苏军编队的侧翼。通过运用火力和机动防御，冯·博伊内布格战斗群粉碎了坦克第14师的进攻，使其损失43辆坦克，变得虚弱不堪。2门外形高大的88毫米自行高射炮在此战中被摧毁，但其已从别处获证能够有效对付苏联的重型和中型坦克。到当天日终时，丰克的第7装甲师击退了2个苏联坦克师，击毁103辆苏联坦克，付出的代价是8人死亡，136人负伤。[48]

阿列克谢延科的坦克基本枯坐了一天，以等待更多的燃料，而维诺格拉多夫的坦克部队此时正遭歼灭。当阿列克谢延科在7月8日开始出动其坦克时，霍特已经派出了他余下的装甲部队第12和第20装甲师，而古德里安也在奥尔沙附近拥有第47摩托化军的2个装甲师。第17装甲师在7月8日袭击了机械化第5军侧翼，第二天，苏军2个苏联机械化军面临着被霍特和古德里安的装甲部队合围的危险。[49]德军注意到，伊万·P. 柯察金（Ivan P. Korchagin）上校的坦克第17师表现特别差，并将此归因于该部队的60%由乌克兰籍士兵组成——其中许多人仍然记得苏维埃掌权期间他们遭受的不公正待遇，因此现在不愿为俄罗斯祖国拼命。[50]第39装甲团团长库尔特·库诺（Kurt Cuno）上校率领他的Ⅲ号坦克和Ⅳ号坦克运用火力和机动战术与阿列克谢延科少量的KV重型坦克和T-34坦克交火：

　　……无线电操作员韦斯特法尔（Westphal）在他的坦克里听到了指挥官激动的声音："敌重型坦克！炮塔10点钟方向准备。穿甲弹，开火！""直接命中！"下士喊道。但俄国人似乎甚至都没有感觉到炮弹，还在继续开过来，根本没当回事。第9连的2辆、3辆、然后是第4辆坦克在800—1000码（732—914米）的距离迂回绕着俄国人，他们开火，但什么也没发生。俄国坦克停了下来，炮塔旋转着。一闪一闪的，主炮开火了。第7连洪伯根上士的坦克前面升起了一场40码（约为37米）高的尘土喷泉。洪伯根逃离了火线，俄军继续沿着一条农场小径前进。[51]

　　这辆苏军的KV-1坦克碾碎了1门试图挡住它去路的德国37毫米反坦克炮，但在前进了十几公里后，最终瘫在了一片沼泽里。

　　霍特意识到铁木辛哥的大部分坦克被派去反攻先诺，于是决定动用施密特的第三十九摩托化军去粉碎第22集团军的战线，然后转向包抄维诺格拉多夫的机械化第7军。第20装甲师已经在尤拉（Ula）占领了一座横跨西德维纳河的公路桥，并用了几天时间扩大桥头堡。[52]7月9日上午，第20装甲师渡过西德维纳河进入桥头堡，打了一次极漂亮的进攻，这与维诺格拉多夫的惨败形成鲜明对比。第21装甲团迅速打垮苏联步兵，轻松渗入步兵第62军的防线，并在夜幕降临前推进了60公里，占领了维捷布斯克市。奥托·卡里乌斯（Otto Carius）在尤拉是第21装甲团第1营中一名38(t)坦克的乘员：

　　我们冲在前头。前方是尤拉，一个完全被烧毁的村庄……我们刚抵达河流另一边的森林边缘，他们就把我们打瘫了。如电光火石一般，我们的坦克挨了一下，一道金属的裂缝，一个同伴的尖叫，就这些！无线电操作员座位旁边的一大块装甲板被打穿了。没人告诉我们必须要出去。直到我在旁边的沟里爬行时，我才发现我也被他们打中了。我们的无线电操作员的左胳膊没了。我们诅咒脆弱且无弹性的捷克制钢板，它在俄国人47毫米反坦克炮面前就是小菜一碟。我们的装甲板和装配螺栓迸溅的碎片造成的伤害比炮弹弹片本身要大得多。不久，我那被打碎的牙齿就被扔进救援站的垃圾桶里。[53]

第20摩托化步兵师也在不同地点渡过德维纳河，支援对维捷布斯克的进攻。在西德维纳河的战斗中，施密特对第三十九摩托化军的运用充分展示了领导得当的装甲部队的能力。与此相反，遭受重创的苏军机械化第5军和第7军的残余部队正在全面撤退。奥尔沙附近的坦克反击是一场惨败，造成了约832辆坦克的损失，另有100辆坦克受损，或者说占已投入坦克的80%以上。事实上，苏联坦克部队在短短几天内的损失规模令人震惊，两个军简直像被有意推下悬崖一般。此外，大量苏联坦克被其乘员随意放弃了，这表明苏军的士气很有问题。或许这场战役中苏军唯一的亮点是，至少有45辆受损坦克（包括4辆KV重型坦克和11辆T-34坦克）从战场上找回——这是红军在苏德战争中第一次这么做。然而，铁木辛哥并没有将幸存者重组，也没有修复受损的坦克，而是仓促地下令让他们和科涅夫的第20集团军一起收复维捷布斯克。施密特的第7和第12装甲师轻易就击退了这个半心半意的行动，苏军又损耗了100辆坦克。令人惊讶的是，在斯摩棱斯克战役正式打响前不到1周的时间里，铁木辛哥就已经挥霍了最高统帅部预备队中大部分最好的后备坦克力量。

不畏艰险：占领斯摩棱斯克，7月10日—8月5日

为了支援对斯摩棱斯克的进攻，中央集团军群迅速在明斯克建立了一个重要的后勤基地。7月12日，德国军需官在明斯克为霍特、古德里安的装甲部队储备了2000立方米的燃料、2600吨弹药和两天的口粮，其中一些存货尽可能地向前靠近鲍里索夫。[54]在古德里安渡过第聂伯河后，因为预计是一场追击行动而非激烈的战斗，所以德国军需官优先考虑的是燃料，而不是弹药。因此，古德里安的装甲师携带着大量的燃料开始了斯摩棱斯克战役——有些师的燃料

储备高达5个消耗额度，但弹药只有1个基数。在随后的斯摩棱斯克战役中，德国人所遇困难，更主要的原因是后勤优先次序的错误，而不是送到前线的总补给量不足。

铁木辛哥笨拙的坦克反冲击为仍然斗志昂扬的霍特与古德里安的装甲集群在7月10日完美转而强渡第聂伯河铺平了道路。为取得奇袭效果，古德里安特意选择了第聂伯河上次优的渡河点，那里的防守相对薄弱。7月10日，第3和第4装甲师首先在旧贝霍夫（Staryy Bykhov）附近渡河；随后，7月11日，第29摩托化步兵师在科佩西（Kopys），第10装甲师在什洛克夫（Shklov）过河。德国工兵于11个小时内便在科佩西建造了一座浮桥，使得约阿希姆·利默尔森炮兵上将第四十七摩托化军的其余部队能够顺利通过。在第聂伯河的另一边，苏联第13集团军在明斯克附近的战斗中损失惨重，没能留下任何机动预备队，其司令员在一次德国空军的空袭中受了致命伤。到7月11日日终时，古德里安已让其所有的3个摩托化军跨过第聂伯河，驻守莫吉廖夫（Mogilev）的苏军大部队将被包围。渡过第聂伯河的行动执行得非常出色，这是古德里安的装甲部队在短短3周内进行的第三次重大渡河行动。利默尔森的第四十七摩托化军以第29摩托化步兵师带头，随后是第17和第18装甲师，从第13集团军的残部中迅速通过，直奔斯摩棱斯克。

同样，确保了维捷布斯克的安全后，霍特的装甲部队轻松冲破了叶沙科夫（Ershakov）第22集团军和科涅夫第19集团军的战线，这2个军全部由步兵师组成，没有强力的坦克部队支援。尽管苏军在战场上有大量步兵，但是防御这一地区的反坦克炮和火炮数量太少。苏联的说法强调在斯摩棱斯克战役中战场应急的反坦克武器的运用，例如莫洛托夫燃烧弹，但徒手投掷的武器根本无法阻止在开阔地带集结的装甲部队。施密特第三十九摩托化军的汉斯·冯·丰克中将的第7装甲师以及霍斯特·施通普夫（Horst Stumpff）中将的第20装甲师像刀切黄油一样粉碎了科涅夫的步兵。这2个师仍有总共大约250辆坦克能够作战，它们以团级规模的战斗群投入战斗，而不是像红军坦克部队那样以连级规模。因此，科涅夫的步兵单位出现了严重的恐慌情绪，导致部队在没有接到命令的情况就撤退了。丰克的第7装甲师在4天内前进了100多公里，赶开了科涅夫的步兵，于7月13日晚些时候到达杰米多夫（Demidov）镇。

帕维尔·A. 库罗奇金中将的第20集团军如中流砥柱般屹立在斯摩棱斯克—维捷布斯克—奥尔沙之间的三角地带，但很快发现两翼被霍特和古德里安的装甲部队席卷了。铁木辛哥的西方面军在重建后仅仅10天就崩溃了，他不顾一切想要阻止德军的铁钳，但在坦克、大炮和空军方面几乎没有进攻能力。相反，他做了苏联指挥员在防御出现危机时常干的事情：把部队零打碎敲地派到德军"重点突破战术"的进攻通道上，希望为最高统帅部预备队增援力量的到来争取更多时间。铁木辛哥更担心来自北面的施密特第三十九摩托化军的威胁，因此命令步兵第32和第34军在杰米多夫建立一条新的防线以迎战第7装甲师。铁木辛哥不太担心从南面接近的第29摩托化步兵师，他认为，刚从外贝加尔抵达斯摩棱斯克的瓦西里·A. 米舒林（Vasiliy A. Mishulin）上校不完整的坦克第57师（只有1个坦克团）可以挡住利默尔森的先头部队，因此在斯摩棱斯克南面仅投放了1个步兵团防卫。米舒林于1939年在诺门罕指挥过1个机械化旅，他将自己的4个T-26坦克营部署在斯摩棱斯克南边的阻击阵地上等待敌人。

然而，施密特的军并没有长驱直入斯摩棱斯克，而是绕过步兵第32军和第34军，于7月15日向东扑向杜霍夫希纳（Dukhovschina）。7月15日下午，丰克派遣冯·博伊内布格战斗群去斯摩棱斯克以东的亚尔采沃，切断斯摩棱斯克–莫斯科公路。20时30分，冯·博伊内布格成功占领了无人防守的亚尔采沃（Yartsevo），从而将苏联第20集团军主力孤立在斯摩棱斯克以西的包围圈内。施密特迅速调整了他的3个师，以牵制正在形成的包围圈中的苏军，同时阻止任何救援行动。

与此同时，瓦尔特·冯·博尔滕施特恩（Walter von Boltenstern）中将的第29摩托化步兵师于7月15日下午接近斯摩棱斯克南郊，该师得到了突击炮、第100装甲营的喷火坦克、火箭炮和88毫米高射炮的强力增援。米舒林的坦克和伴随的步兵被绕过，博尔滕施特恩在当天剩余时间里动用其第15和第71摩托化步兵团肃清了城市中第聂伯河以南地域，然后在7月16日4时发动了一次大胆的渡河突击行动。罗科索夫斯基被提任为新的第16集团军司令员，他抵达斯摩棱斯克不过24小时，博尔滕施特恩的部队就到了，罗科索夫斯基的指挥部只有1个步兵团和一些直属的火炮。2个德国摩托化步兵团跨越河流迅速北上，将罗科索夫斯基的部队逐个击破，博尔滕施特恩的师在23时占领了斯摩棱斯克全城。[55]同在明斯克一样，德国摩托化部队在苏联红军做出反应之前，又一次以突袭的方式占领了苏联的一个大城市。

7月17日上午，铁木辛哥西方面军的大部分部队要么被包围，要么撤退，要么被打散。3个坦克师和克列伊泽尔的摩托化步兵第1师被孤立在斯摩棱斯克以西，但是亚尔采沃附近的霍特与斯摩棱斯克的古德里安的装甲部队之间，仍有一条位于索洛维耶沃（Solov'evo）的狭窄通道。在这一点上，德军毫无疑问犯了一些严重的战役层面的错误，导致其没能很早完成对斯摩棱斯克的合围。首先，古德里安在最初将注意力集中到了向叶利尼亚（Yeln'ya）推进的第三十六摩托化军身上。古德里安认为，第四十七摩托化军已经掌控了斯摩棱斯克的战局，他更愿意集中精力向东冲向下一个显而易见的目标：莫斯科。他认为肃清包围圈是步兵的任务，且不希望麾下任何一个军陷入阵地战中，并落入他的对头——冯·克卢格元帅第四集团军的指挥之下。第二个因素是，中央集团军群的冯·博克和陆军总司令部都对苏军在莫吉廖夫的支撑点以及苏军对古德里安右翼日益增长的威胁感到非常紧张。古德里安不得不动用他的第三个军，冯·施韦彭格的第二十四摩托化军来遏制莫吉廖夫的包围圈——那里有近100000名苏军，同时抵御第21集团军的救援行动。最后，希特勒开始确信苏军在大卢基（Velikiye Luki）附近集结了一支重要的反击力量，并命令霍特将他的大部分部队从斯摩棱斯克转移到次要目标。尽管理查德·斯塔勒（Richard Stahel）辩称，霍特和古德里安装甲集群可用坦克数量的减少，使得斯摩棱斯克的消耗战拖延了3周，但导致德军困局的真正原因是作战力量的分散。[56]在斯摩棱斯克，德国的摩托化军们不再像以前那样团结一致，而是开始追求不同的目标，这使他们失去了此前一直能达成的那种决定性的局部优势。

亚尔采沃决战，1941年7月17日—31日

当中央集团军群试图死死围住被孤立在斯摩棱斯克以西的第20集团军时，红军最高统帅部已经在维亚济马（Vyazma）和斯帕斯–杰缅斯克（Spas–Demensk）周围匆匆组建了第三梯队的集团军，但这些几乎都是全步兵单位——包括大量的民兵，没有坦克，重型武器也极少。7月15日，红军最高统

帅部还下令撤销所有红军机械化军，尽管德军已助其完成了这一任务。取而代之的是红军最高统帅部开始组建的"100系列"独立坦克师，配备过时的轻型坦克和少量新造的坦克，且在火炮和支援单位方面严重不足。铁木辛哥得到了匆忙组建的坦克第101师和第104师，并以此作为他反攻斯摩棱斯克的矛头。格里戈里·M. 米哈伊洛夫（Grigoriy M. Mikhailov）上校的坦克第101师有7辆新的KV重型坦克和70辆老式的轻型坦克，而坦克第104师的180辆轻型坦克得到了12辆KV重型坦克和30辆T-34坦克的加强。这2支部队总共大约有300辆坦克，是斯摩棱斯克陷落后西方面军仅存的真正的坦克预备队。7月，列宁格勒和哈尔科夫的工厂每周生产大约35辆KV-1坦克和70辆T-34坦克，但是红军汽车装甲坦克总局犯了一个错误，将它们以连级规模的分遣队形式分派给不同单位，而不是集中起来组成具备完全作战能力的坦克兵团。

尽管KV重型坦克和T-34坦克每次出现都让德军望而生畏，但到了仲夏，双方都对这些坦克的优缺点有了深刻的了解。一份发给红军汽车装甲坦克总局的苏军战后报告指出："KV坦克在战场上能挫败敌军坦克，在任何情况下他们的坦克都会撤退。"然而，苏军的坦克手注意到，敌军炮弹击中KV-1的炮塔可能会卡住转向机构，两种坦克都可能因履带受损而无法动弹。KV-1坦克的变速箱有重大瑕疵，这大大降低了坦克的机动性和机械可靠性，KV坦克和T-34的离合器和转向系统也存在严重问题，技艺生疏的驾驶员会导致很高的损失率。[57]

红军最高统帅部不顾一切地要求罗科索夫斯基负起夺回亚尔采沃的责任，尽管直至7月18日，他那小小的指挥部除了防守什么也干不了。最终，他得到了从外贝加尔军区调来的米哈伊洛夫的坦克第101师和摩托化第69师，加上已消耗殆尽的步兵第38师和一些火炮，总共相当于12个步兵营和8辆坦克。丰克在其师属工兵、坦克歼击车和炮兵团的支援下，用相当于2个装甲营和5个步兵营的兵力控制着亚尔采沃。经过一系列试探性进攻，罗科索夫斯基所部于7月21日开始全面攻击，以图收复亚尔采沃，尽管罗科索夫斯基在人数上拥有3∶1的优势，但是苏军的进攻依旧连续被击退。在8天时间里，罗科索夫斯基持续以其坦克和步兵进攻在亚尔采沃的第7装甲师，并在这一过程中损失了大部分坦克。最后，他剩下的几辆KV-1坦克于7月29日一路杀进城镇，但随后丰克又在7月31日发动反攻并重新夺回了亚尔采沃。罗科索夫斯基精疲力竭的部队败退了，未能打赢第7装甲师。第7装甲师无疑是在俄罗斯受创最重的德军装甲单位，但直到斯摩棱斯克战役结束，其损失距离被打残仍然很远：大约有50辆主战坦克和20%的轮式车辆被摧毁，人员损失约20%。亚尔采沃战役之后，第7装甲师仍然保留了大约50%的作战能力。[58]

与此同时，第四十七军击退了所有收复斯摩棱斯克的行动，并协助从南侧控制包围圈。在包围圈里，苏联第20集团军到7月26日只剩下65辆坦克，7月29日大部分燃料和弹药已经消耗殆尽。被困的第20集团军剩下的唯一走廊，通过拉奇诺（Ratchino）和索罗维耶沃，由只剩下15辆T-26坦克的机械化第5军的残部守卫。古德里安可以动用他未参战的第四十七摩托化军，轻松穿过苏军这最后一条走廊，与亚尔采沃的第7装甲师建立联系，但他故意无视这么做的直接命令。相反，他让第10装甲师和党卫队"帝国"师向叶利尼亚推进，并于7月20日将其占领。直到确保拿下叶利尼亚，古德里安才极不情愿地让第17装甲师和党卫队"帝国"师转向至苏军走廊脆弱的南侧，此时已有几个步兵师到达那里设防。古德里安的部队最终与霍特的部队会师，并于7月26日封闭了口袋。虽然的确有4万多苏联军人在斯摩棱斯克包围圈最终封闭前逃离了，但他们只带走了3辆BT坦克和6辆T-26轻型坦克。

斯摩棱斯克附近最后一场坦克战发生在古德里安的南翼，靠近罗斯拉夫尔（Roslavl）的地方。苏联第28集团军组建了1个突击集群，名为卡恰洛夫集群，其中包括瓦西里·G. 布尔科夫（Vasiliy G. Burkov）上校的坦克第104师（12辆KV-1坦克、30辆T-34坦克和180辆BT/T-26坦克）。7月23日，卡恰洛夫集群袭击了古德里安的左翼，布尔科夫的坦克刚开始击退了内林第18装甲师一部，然而，内林只是退回到其炮兵和坦克歼击车的射程内，后者阻止了布尔科夫的坦克。一旦斯摩棱斯克包围圈被彻底封闭，古德里安就转而对付卡恰洛夫集群，通过重新部署冯·施韦彭格军的第3和第4装甲师进行包围攻击。8月1日，古德里安发起这一攻势。2天之内，罗斯拉夫尔被占领，卡恰洛夫集群和布尔科夫的坦克被包围。卡恰洛夫开着布尔科夫的1辆T-34坦克试图杀出包围圈，但阵亡了。布尔科夫负了伤，不过与一些坦克手一起成功逃脱。然而，8月4日，第4装甲师肃清了包围圈，另有38500名苏联军人被俘虏。卡恰洛夫集群被消灭后，西方面军再一次失去了他们大部分的坦克部队。

在近期的东线史学中，特别是戴维·格兰茨，曾试图将斯摩棱斯克战役描述为苏联的战术胜利，在伤亡和时间消耗方面，德军付出了惨重的代价。的确，国防军在7月份遭受了"巴巴罗萨"行动中最严重的损失，斯摩棱斯克战役的拖延也使得德军不能如预期一般在苏联迅速取胜。未按照预定的时间表完成军事行动并不等同于失败，真相反而是战役结束后，德国所有的装甲师依旧存在——无论遭受多大的打击。但红军最后一个机械化军已被消灭。1941年剩下的时间里，德军在莫斯科方向的坦克力量一直保持着2∶1或更大的数量优势。虽然德军装甲师的战斗力已经下降了50%或更多，但在斯摩棱斯克战役之后，红军的战斗力更是急剧下降，只剩下很少的坦克或反坦克炮来阻止"巴巴罗萨"行动的最后阶段。此外，将可运作坦克的数量作为装甲部队作战效能的唯一决定性因素是十分草率的，真正的决定性因素源于合成兵种战术的协同效应。尽管可能损失了三分之一的坦克和10%的人员，但是德军合成兵种部队仍然完好无损，各装甲师重要的火炮、情报和其他后勤单位的损失迄今为止微乎其微。

大卢基：出击和反击，7月17日—8月26日

当斯摩棱斯克合围战还在继续时，冯·博克、陆军总司令部的参谋人员和希特勒越来越担心西德维纳河畔中央集团军群的北翼。早些时候，霍特曾命令阿道夫·孔岑（Adolf Kuntzen）装甲兵上将的第五十七摩托化军，以第19装甲师和第18摩托化步兵师于7月4日在齐斯纳（Disna）夺取一个西德维纳河的渡河点。德国工兵于7月5日18时30分在西德维纳河上建成了一座长195米、承重20吨的浮桥。[59]然而，菲利普·A.叶沙科夫中将的第22集团军——拥有8个步兵师和1个坦克营——却能以猛烈的局部反攻和持续的炮轰遏制德军的桥头堡。此外，波拉茨克筑垒地域作为"斯大林"防线的一部分，T-26坦克的炮塔被安置在混凝土碉堡里，事实证明，这成了德军在西德维纳河进一步扩张桥头堡的巨大障碍。随着7月中旬红军最高统帅部预备队中的机械化军开始抵达并增援西方面军，希特勒确信叶沙科夫的集团军将会得到大力加强，并利用波洛茨克筑垒地域作为跳板，包围反击冯·博克的左翼，这可能会危及斯摩棱

斯克周边脆弱的局势。

因此，希特勒指示霍特动用孔岑的第五十七摩托化军来肃清波拉茨克的筑垒地域，并在叶沙科夫的集团军获得增援前歼灭其主力。对于仅有1个装甲师和1个摩托化步兵师，且主要装备还是38(t)轻型坦克的军而言，这是个执行起来难度很大的命令。第九集团军提供了一些步兵来帮助消除波拉茨克的筑垒地域，但是德军在这个方向投入的力量除了坦克以外，其他方面都处于数量劣势。波拉茨克于7月15日陷落，孔岑让奥托·冯·克诺贝尔斯多夫（Otto von Knobelsdorff）中将的第19装甲师沿着道路向涅韦尔（Nevel）推进，当天晚些时候，涅韦尔也沦陷了。尽管森林和湖泊地形对防御非常有利，但是德国装甲部队的进攻让叶沙科夫猝不及防，他的军队被截成两段。然而，红军最高统帅部的确做出决定，派出一些坦克——来自机械化第23军的德米特里·Y. 雅科夫列夫（Dmitry Y. Yakovlev）上校的坦克第48师去增援叶沙科夫的第22集团军。雅科夫列夫是一名40岁的骑兵军官，他的师在德军攻势启动前从沃罗涅日（Voronezh）乘火车抵达，并在波拉茨克东北方向的涅韦尔集结。坦克第48师只有85辆坦克（78辆T–26坦克和7辆BT–7坦克），没有装甲车，有130辆ZIS–5卡车——这实际上只是一个团级规模的坦克集群。

在叶沙科夫的集团军陷入混乱之时，克诺贝尔斯多夫大胆使用他的装甲部队沿着一条森林覆盖的伐木小径进入涅韦尔，然后向大卢基前进。雅科夫列夫试图实施机动迟滞作战，以骚扰克诺贝尔斯多夫，并帮助叶沙科夫的步兵师逃离正在张开的陷阱。但他没能挡住第19装甲师的一个战斗群，7月17日，后者一路打进了拥有3万人口的大卢基市，粉碎了那里的防御。大卢基是俄罗斯北部的一个重要铁路枢纽，德军先头部队在车站成功俘获了一车皮的坦克，这些原本是为雅科夫列夫的师准备的。

然而，叶沙科夫的集团军并没有被打垮，红军最高统帅部对大卢基的迅速陷落感到愤怒，勒令他对孔岑通过涅韦尔的交通线发动全面反攻。叶沙科夫集结他的剩余步兵和雅科夫列夫的坦克集群，于7月19日—20日晚突袭了第14摩托化步兵师，导致其踉跄后退。其他苏联步兵单位在大卢基反击克诺贝尔斯多夫的先头部队。受到苏军凶猛反攻的刺激，克诺贝尔斯多夫认为他在大卢基的战斗群有可能被孤立，因此下令其向南撤退。7月21日上午，叶沙科夫的军队解放了大卢基——这是第二次世界大战中第一个获得解放的俄罗斯城市。

叶沙科夫的胜利是短暂的。霍特派遣第20装甲师来增援涅韦尔的第19装甲师以及第9集团军的4个步兵师。最近刚从德国抵达的格奥尔格·施图姆（Georg Stumme）装甲兵上将得令指挥这2个装甲师和其他突击部队，并将之编为施图姆集群。8月初，霍特的部队逐步向大卢基集结，但雅科夫列夫用他的坦克发动了一系列猛烈的反扑，痛击了第253步兵师的1个团。叶沙科夫设法让4个步兵师在城市周围连成战线，并建立起纵深防御。尽管如此，当第九集团军在城南和城西逐步集结步兵时，施图姆指挥他的2个装甲师进入城市东南部的进攻阵地，并切断了通往勒热夫（Rzhev）的铁路线。然后，他于8月22日上午发动了一次精心策划的进攻，由一个六管火箭炮营的火箭炮射击拉开序幕。施图姆的坦克花了3天时间才打穿苏军在该城以东的防线，但他们逐渐包围了大卢基。雅科夫列夫的坦克手和叶沙科夫的步兵在城中进行了为期2天的殊死战斗，然后在8月26日突围。雅科夫列夫设法从大卢基撤出了2辆坦克和2400名军人，但是其余的守军都损失了，施图姆的部队抓获了24109名俘虏。[60]铁木辛哥无视这一结果，立即命令雅科夫列夫反攻施图姆集群，重新收复这座城市。当雅科夫列夫抗议他的剩余部队无法完成这一任务时，他被逮捕，并依照铁木辛哥的命令被处决。

在雅科夫列夫的坦克手的引导下，苏军在大卢基取得了短暂胜利，这表明成功的坦克战斗并非依赖于像KV–1或T–34这样先进的坦克，而是依赖于优秀的指挥技艺和进取心。虽然雅科夫列夫使用的是85辆老式的BT坦克和T–26轻型坦克，但其达成的成就比其他装备了现代化坦克的建制机械化军还要高。他不仅收复了大卢基并将其控制1个月，还迫使霍特调动2个完整的装甲师以粉碎1个团级规模的坦克集群。遗憾的是，雅科夫列夫并没有因战功获得认可或赢得"苏联英雄"称号，只得到了一发射进他的后脑勺的来自内务人民委员部的子弹和一个浅浅的墓穴。

通往基辅之路，7月2日—9日

即使在7月初发生了灾难性的杜布诺战役以及向"斯大林"防线的退却，基尔波诺斯的西南方面军仍有1200多辆坦克。这些坦克有超过四分之一由安德烈·弗拉索夫少将的机械化第4军指挥，该军的装甲车辆大约还余40%。至于机械化第8、第16、第19、第24军，各剩下100辆或更多的坦克；机械化第9、第15军各约有80辆；机械化第22军约有60辆。[61]战争的第一周，西南方面军就失去了三分之二以上的现代化坦克，但8个机械化军仍拥有大约100辆KV重型坦克和150辆T–34坦克。因此，较之冯·克莱斯特的第1装甲集群，西南方面军在坦克方面仍旧保持了数量和质量优势。

到7月2日，冯·克莱斯特的第1装甲集群已在利沃夫和罗夫诺之间展开，马肯森的第三摩托化军将他的3个师完全集结于罗夫诺以东。肯普夫的第四十八摩托化军的部分兵力仍在压缩杜布诺附近的苏军口袋，但克吕维尔的第11装甲师和第16摩托化步兵师处于恢复进攻的有利位置。只有冯·维特斯海姆（von Wietersheim）的第14摩托化军还没有做好进一步东进的准备，因为它仍在与利沃夫以东的苏联步兵单位交战。冯·克莱斯特有一个未投入战斗的机动师，即党卫军"警卫旗队"师（LSSAH），在杜布诺战役中一直充当预备队。

当南方集团军群的第六集团军和第十七集团军缓慢向东行军时，冯·克莱斯特与冯·伦德施泰特（von Rundstedt）元帅、希特勒、陆军总司令部一起思考下一步的行动。尽管事实上西南方面军在杜布诺和利沃夫被击败，但很明显，基尔波诺斯依旧拥有大量的坦克、步兵和火炮后备力量来保卫乌克兰。冯·克莱斯特和冯·伦德施泰特都是谨慎、老派的指挥官，他们倾向于让第1装甲集群集中精力，专注于一个单一的目标，也就是对从边境撤退的苏联第6和第12集团军进行战役层面的包围。希特勒同意这2个集团军是一个有价值的目标，但他也希望冯·克莱斯特能够以一次突袭夺取基辅，就像霍特的装甲部队在明斯克所做的那样。然而，在乌克兰的红军已被打败的情况下，为了追求多个目标而分散第1装甲集群似乎是自找麻烦。基辅是一个拥有846000人口的大城市，由两道防线保护，基尔波诺斯正手忙脚乱地给其补充步兵、大炮和反坦克部队。

短暂的停顿之后，第三和第四十八摩托化军于7月2日继续向东前进，但尼古拉·V.费克连科少将的机械化第19军在霍林（Horyn）河沿岸进行了一场成功的机动作战，迟滞了敌人，使苏联第5集团军的其余兵力得以逃脱。费克连科曾在诺门罕（Nomonhan）服役，是一名经验丰富的坦克兵指挥员，他把握住了正确的时机，成功撤离。第5集团军利用费克连科的迟滞行动换来的时间，在罗夫诺（Rovno）以东83公里、斯卢奇河（Slucz）后面的沃伦斯基新城（Novgorod Volynskiy）进入"斯大林"防线驻守。7月4日，在大炮和德国空军的支援下，马肯森的第三摩托化军占领了霍林河上2个可容纳师级规模部队的桥头堡。弗里德里希·库恩（Friedrich Kühn）少将的第14装甲师于7月5日抵达沃伦斯基新城郊区，但斯卢奇河上的公路桥已被摧毁，所有过河点都能被远处掩体内的炮火覆盖。马肯森认为，苏军在沃伦斯基新城的防线过于坚固，不适合仓促发起进攻，所以又花了近2天的时间来召集他摩托化军中的另外2个师。

马肯森指挥瓦尔特·杜韦尔特（Walther Düvert）中将的第13装甲师绕过沃伦斯基新城坚固的防御阵地，穿过斯卢奇河，向南8公里到达古利斯克（Hulsk）。7月7日3时30分，杜韦尔特师约布-戴特勒夫·冯·拉切克（Job-Detlef von Raczeck）中校的第93摩托化步兵团第1营乘坐突击艇悄悄滑过河水，在过河点掩体内的苏军被打了个措手不及。拉切克的突击部队用炸药清除掩体，建立了1个桥头堡，并迅速获得2个步兵营的增援。[62]在这一地域，"斯大林"防线由一系列地堡组成，当德国工兵在斯卢奇河上建造浮桥时，这些地堡被逐步清除。基尔波诺斯决定在7月8日派出机械化第9、第15、第19和第22军的剩余坦克——可能有250—300辆——来消除杜韦尔特的桥头堡。然而，当苏联坦克部队开始反攻时，德国坦克歼击车已经过河，他们击退了这场协同不佳的逐次突击，并让苏军损失惨重。7月8日日终，马肯森的军在"斯大林"防线上打开了了一个巨大的突破口，第5集团军撤退了。马肯森在沃伦斯基新城周围扫荡的同时，做出一个大胆的决定——这是德国基层指挥官有权做出的决定：立即派遣1个战斗群长驱直入扑向基辅。

杜韦尔特选择让拉切克组建1个战斗群，其中包括海因茨·伦克（Heinz Renk）中尉的第4装甲团第7连、第13炮兵团的1个炮兵连和一些坦克歼击车，然后尽可能地向东推进。7月8日下午，拉切克战斗群绕过撤退的苏联行军纵队，出人意料地行军80公里，进入日托米尔市（Zhitomir）。尽管拉切克的部队规模很小，但红军在日托米尔的抵抗也是相当弱——大部分是狙击手和少量无法行动的BT、T-26轻型坦克。1辆德国Ⅲ号坦克栽入弹坑动弹不得，但是拉切克依然以微乎其微的代价拿下了日托米尔。趁着苏军抵抗力薄弱，拉切克决定继续向前，他留了一些人在日托米尔，然后继续向前推进110公里，于7月9日3时进抵伊尔平河（Irpen）。"巴巴罗萨"开战17天之后，第13装甲师的先头部队距离基辅市中心17公里。

然而，拉切克无法以10辆坦克和几个步兵连占领一座人口近100万的城市。第13装甲师和第三摩托化军的其他部队需要几天时间才能赶上来，这将给基尔波诺斯一段时间来加强城市的防御。第四十八摩托化军也不处在随时能够对基辅发动突袭的位置上。克吕维尔的第11装甲师于7月7日从奥斯特罗格出发并占领了别尔季切夫（Berdichev），但在第二天遭到了弗拉索夫机械化第4军的反攻。随着来自莫斯科朱可夫的怂恿，基尔波诺斯派出了剩余的大部分坦克，以阻止冯·克莱斯特的装甲部队通过日托米尔和别尔季切夫向前进发，德军的前进被迫停顿了几天，以抵挡苏军的反复攻击。这一战术成功地推迟了德军对基辅的进攻，但到7月13日日终时，机械化第9、第19和第22军的坦克总数减少到只有95辆。苏军的反攻也使希特勒确信，如果没有南方集团军群步兵和炮兵的全力支援，冯·克莱斯特的装甲部队是无法占领基辅的，所以他开始重新考虑至少动用一两个军包围乌曼附近的苏联第6和第12集团军。

基什尼奥夫，1941年7月2日—12日

当南方集团军群的领导层还在考虑是去进攻基辅还是包围乌曼时，罗马尼亚人正努力争取夺回其失去的比萨拉比亚（Bessarabia）省，该省于1940年被红军占领。罗马尼亚第三和第四集团军被派去参与这次行动，包括14个步兵师、6个旅和第1装甲师。阿列库·I. 西翁（Alecu I. Sion）准将是一名长期服役的炮兵军官，此前没有指挥机动部队的经验，在参战6周前才被选中领导新组建的师。虽然由德国教官训练，但是罗马尼亚军没有把他们的装甲部队集中使用，而是派遣了1个坦克团为他们的第三集团军担任步兵支援角色，该团有75辆法制雷诺R-35坦克。西翁率领的这个师的其他部队，有2个坦克营［126辆斯柯达公司制造的R-2轻型坦克，与德国现役的35(t)坦克相同］和5个摩托化步兵营。德军提供了已经部署在罗马尼亚的第十一集团军，以5个步兵师和

3个突击炮营支援罗马尼亚的进攻，但没有其他装甲部队。与之相对的是，伊万·秋列涅夫（Ivan Tyulenev）将军的南方面军以第9集团军控制着比萨拉比亚，其拥有7个步兵师、2个骑兵师以及机械化第2和第18军。这2个苏联军共有625辆坦克，包括1个T-34坦克营和1个KV-1坦克连。与其他一线红军部队不同，秋列涅夫的南方面军在"巴巴罗萨"行动开始后有10天的时间来准备战斗，这有助于他们从相对宽松的状况转至战时状态。

罗马尼亚第四集团军的第3军于7月2日以1个后备步兵师渡过普鲁特（Prut）河进入比萨拉比亚中部，同时德国第三十军在其左翼过河。入侵者在第一天前进了8—10公里，撕开了边防守军。罗马尼亚军的前进十分缓慢，第三集团军用了5天的时间才让3个师全部渡过普鲁特河。最初，秋列涅夫想要退出比萨拉比亚并将第9集团军撤到德涅斯特河后方，但他的打算被红军最高统帅部否决，后者命令他动用坦克部队反击已经渡过普鲁特河的德罗军队。罗马尼亚军的缓慢集结为苏军提供了时间，秋列涅夫得以于7月7日以坦克第11师和步兵第48军在洛佐瓦发动一次配合良好的进攻，罗马尼亚军完全措手不及。苏联坦克碾过了第35后备步兵师的1个步兵团，随后是2个炮兵团，2200多名罗马尼亚军人和44门大炮被俘获。[63]红军坦克手很快发现罗马尼亚军队面对红军坦克特别脆弱，因为罗马尼亚军队缺乏装备和训练，没有有效的反坦克防御手段。罗马尼亚轻型坦克装备的37毫米口径低初速火炮仅适合用于支援步兵，而步兵师缺少重型火炮或88毫米高射炮来挡住苏军的中型或重型坦克。因此，红军的反攻以20辆坦克被打瘫为代价，迫使罗马尼亚第三集团军转入防御1周，以等待德军的援助。

罗马尼亚第四集团军小心翼翼地挺进比萨拉比亚，而苏联第9集团军只要有机会就持续以坦克和步兵发起小规模的反击。7月14日，德国第十一集团军派出1个步兵师赶往基什尼奥夫（Kishinev），罗马尼亚第1装甲师的其余部队致力于全面进攻。苏军勉强撤退了，但现在秋列涅夫获得授权，撤退到德涅斯特河后方。7月15日，苏联坦克第47师在基什尼奥夫以西进行了最后一次反击，用苏联的T-26坦克对抗罗马尼亚的R-2轻型坦克。此时由于德军威胁到了基辅，红军再也无法让大规模坦克部队被牵制在比萨拉比亚，第9集团军开始从德涅斯特河撤退。机械化第2和第18军得令转移到乌曼，两支部队仍然具有作战能力，第2军拥有大部分的T-34坦克和KV-1坦克。7月16日上午，苏军撤退之后，罗马尼亚第1装甲师的1个特遣队进入基什尼奥夫，打败了一些苏军的后卫部队。7月20日，最后一批苏军离开比萨拉比亚。

罗马尼亚军队在解放比萨拉比亚的过程中动用了少量的装甲部队，并取得了一定成功，但付出的代价是统共伤亡22765人。罗马尼亚装甲部队的损失轻微，但是参战坦克中至少有10%在两周的行动后被摧毁或受损。相比之下，苏联第9集团军蒙受的损失要比罗马尼亚军少得多，还明白了罗军在面对坦克进攻时的准备是多么不足。基什尼奥夫附近的战斗表明，红军坦克部队指挥员有能力在时间和资源充分的情况下组织有效的反攻。尽管围绕基什尼奥夫的行动是个被遗忘的小插曲，但这预示着有一天，苏联的坦克部队将充分展示大纵深作战法则的全部威力。

乌曼惨败，7月15日—8月8日

就在第9集团军从比萨拉比亚撤退的时候，谢苗·布琼尼（Semyon Budyonny）元帅——斯大林决定基尔波诺斯和秋列涅夫均归他指挥——做出了一个愚蠢的决定，放弃德涅斯特河防线的最西端部分，尽管它还没有被攻破。比萨拉比亚的顽强防御使布琼尼相信罗马尼亚的威胁并不严重，但克莱斯特的装甲集群则完全不同了。德军拿下日托米尔后继续前进，很可能会闯进乌克兰平坦的草原上，布琼尼想在乌曼周围建立一条新的战线，以掩护德涅斯特河和基辅之间300公里宽的区域。布琼尼命令第6和第12集团军在乌曼集结，他们已经从西乌克兰撤退了450公里，一路被德国第十七集团军追击。为了固守这条新战线的侧翼，第26集团军被指派保卫基辅以南的第聂伯河沿岸地区，而第2集团军控制的地域则在乌曼和德涅斯特河之间。更为复杂的是，一些军队隶属于基尔波诺斯，另一些隶属于秋列涅夫，这使得任何协调都变成了一个小小奇迹。

希特勒坚持认为，不能让红军在乌克兰南部或第聂伯河后方重建一条可靠的防线。7月19日发布的"第33号元首令"中，他指示："最重要的目标，是当他们还在第聂伯河以西之时，通过向心攻势摧毁敌第12和第6集团军。"[64]冯·克莱斯特很快制订了一个计划，包围乌曼周围的苏联军队。第六集团军继续向基辅周围的苏联军队施压，马肯森的第三摩托化军将在第26集团军有机会做好固守准备前对其发动进攻，以此在基辅南面制造一个突破口。第十四和第四十八摩托化军以6个从日托米尔发起突袭，向南席卷第6集团军的右翼。与此同时，第十七集团军的步兵将继续扮演助攻角色，向苏军2个集团军施压，并将其撵向东面冯·克莱斯特用以实施包围的装甲师那里。德国第十一集团军于7月20日开始渡过德涅斯特河，也将承担支援任务。德国无线电情报机构在形成乌曼包围圈的过程中发挥了重要作用，苏军无线电纪律在从边境紧急撤退期间急剧恶化，第12集团军要为在此期间发出的许多明码电文负责，这为冯·克莱斯特了解苏军的部署和意图提供了重要的内情。[65]

尽管德国装甲部队这一时期较之红军有许多优势，但南方集团军群的后勤状况在7月初迅速恶化，并在整个夏天变得越来越糟。每当装甲部队快速前进时，他们都得留许多支援步兵和大炮在后面，此外还有他们自己的辎重队（Gepäcktroß）。海因里希·斯科德尔（Heinrich Skodell）下士是第197突击炮营第1连的一名炮手，他在7月中旬写道："口粮和补给非常差，我们得自己弄。不幸的是，能弄到的东西很少。"[66]

经过短暂的停顿以便让一些补给物资跟上后，克莱斯特的装甲集群于7月15日恢复进攻，马肯森派出第13和第14装甲师以及法斯托夫（Fastov）附近的党卫队"维京"师打头阵。苏军第26集团军由8个步兵师和2个骑兵师组成，但他们几乎没有坦克，不能指望在开阔地带阻止马肯森的军。第26集团军刚一碰上大规模的德国装甲部队，就从法斯托夫（Fastov）和白采尔科维（Balaya Zerkov）向第聂伯河退却。同时，利默尔森的第四十八摩托化军以第11、第16装甲师以及2个摩托化步兵师攻击卡扎京（Kazatin）附近第6集团军的右翼，轻松打退了机械化第15和第16军的残余部队。很快，第6集团军和第26集团军的防线之间出现了一个巨大的缺口。冯·克莱斯特迅速将第十四摩托化军投入这个缺口，其中，阿尔弗雷德·冯·胡比基（Alfred Ritter von Hubicki）中将的第9装甲师一马当先。

令人惊讶的是，第6集团军能够迅速重新部署机械化第2军和机械化第24军，以应对这一危机，阻止第11和第16装甲师完全席卷其侧翼。7月21日—27日，苏联机械化第2军和第24军试图支撑集团军遭受重创的侧翼，一场激烈的坦克战围绕莫纳斯特里谢（Monastryshche）展开。与此同时，第6和第

12集团军的剩余部队往东向乌曼方向撤退。尤里·诺沃谢利斯基（Yuri V. Novoselsky）少将的机械化第2军仍有大约100辆可运作的坦克，包括1辆KV-1坦克和18辆T-34坦克，而且其表现也很出色，只是燃料和弹药供应非常短缺。与此同时，机械化第18军对追击而来的第十七集团军进行迟滞作战，但到7月底，轴心国部队已从四面八方逼近过来。虽然第十七集团军没有德国装甲部队，但它下辖由贝洛·米克洛什（Béla Miklós）少将指挥的匈牙利"快速军"。这支匈牙利部队大致相当于1个加强的德国摩托化步兵师，拥有3个装甲侦察营（装备有瑞典设计的托尔第轻型坦克）、4个摩托化步兵营、8个自行车步兵营和2个骑兵团。米克洛什是一位经验丰富的骑兵军官，他率领其部队对退却中的苏军的侧翼穷追猛打。

尽管未能粉碎第6集团军的侧翼，胡比基的第9装甲师还是占领了新阿尔汉格尔斯克（Novo Archangel'sk），这威胁到了至乌曼的苏军交通线。弗拉索夫的机械化第4军（减员至大约30辆坦克）于7月31日被派去收复新阿尔汉格尔斯克，但余下的T-34坦克因为严重缺乏燃料和弹药，无法达成突破。"警卫旗队"师赶上来接过阵地后，胡比基就向南前进，于8月2日夺取了位于波沃玛耶斯克（Pervomaysk）的大桥，在那里他与第十七集团军的先头部队——第1山地师取得了联系。米克洛什的匈牙利"快速军"第2天也与第9装甲师会师，进一步封闭了乌曼包围圈。冯·克莱斯特兜住了苏联第6和第12集团军主力，包括几个机械化军的残部。

经常有这样的情况，德国装甲师包围了苏联军队，但在等待德国步兵到达并接手消除包围圈时，会因为苏军的破围尝试而遭受重大损失。不过这在乌曼没有发生。当第9装甲师和"警卫旗队"师切断苏军最后一条逃生路线时，已有大批第十七集团军的步兵抵达包围圈西侧，不到一个星期，包围圈就被肃清了。由于红军在第聂伯河以南没有大规模坦克部队，冯·克莱斯特的装甲师对微弱的反击根本不屑一顾。7月20日—8月10日期间，克莱斯特的装甲集群蒙受了11415人的伤亡，其中阵亡2468人，人数可观，无法轻易进行弥补。虽然前线基层军官和军士的损失在不断增加，但营以上级别的军官伤亡很少，这意味着德国装甲部队谋划和战役执行的总体能力依旧良好。相比之下，8月8日，当乌曼包围圈被清除时，红军不仅又损失了20万人的军队，西南方面军也损失了很大一部分训练有素的指挥干部。第6和第12集团军的司令及其大部分参谋人员都被俘虏了。机械化第16和第24军全军覆没，两位军长以及坦克第8和第44师的师长也阵亡了。乌曼包围圈让红军 5 个机械化军里最后一批有战斗力的部队从作战序列中消失了，第聂伯河和黑海之间的剩余地域几乎没了苏联装甲力量的踪影。在逃离包围圈的11000名士兵中有一些坦克手，但只够在1941年秋季编成3个新的坦克旅。

　　乌曼包围圈被夷平后，冯·克莱斯特的坦克在乌克兰南部扩张战果，追击苏联第9和第18集团军残破不堪的剩余部队。第2集团军的大部撤进要塞化的敖得萨（Odessa）港，德军把削弱港口守军的任务交给了罗马尼亚军队。虽然乌曼包围圈比明斯克—比亚韦斯托克或斯摩棱斯克的包围圈都要小，但由于西

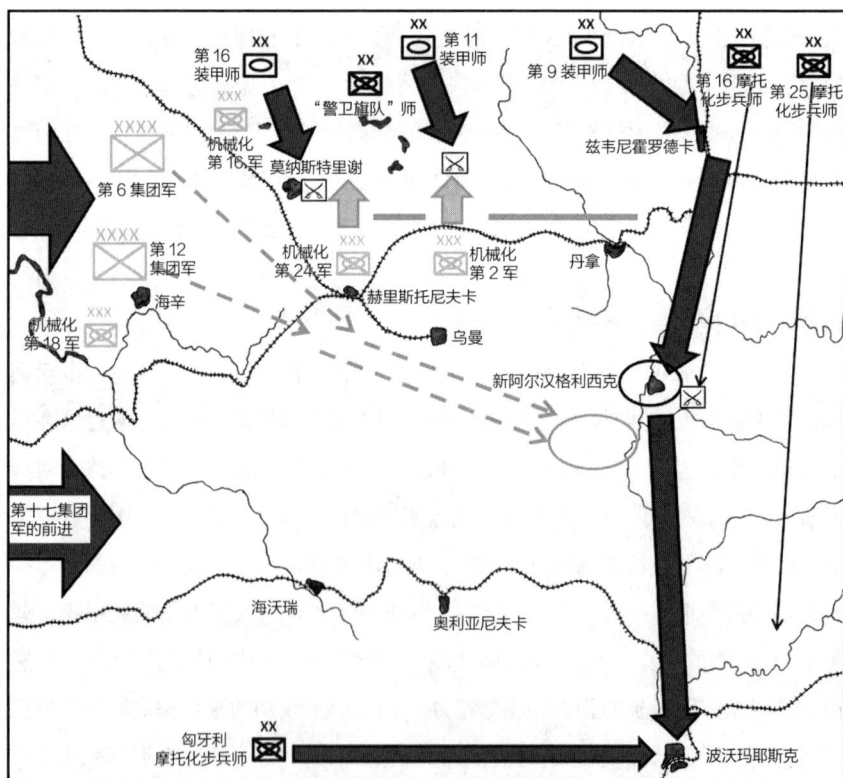

第 1 装甲集群完成对苏联第 6 和第 12 集团军的乌曼包围圈，1941 年 7 月 15 日—8 月 3 日

南方面军缺乏资源，无法像西方面军在每次灾难后所做的那样，迅速拼凑起一条新的战线，所以，无论是第9集团军，还是第18集团军，都无法在德涅斯特河前进行抵抗。冯·克莱斯特把他的9个摩托化师都投入追击行动。8月份，红军首次开始大量使用反坦克地雷来迟滞德国装甲部队的前进速度。在一些单位中，地雷带来的破坏和伤亡超过了苏联坦克与反坦克炮。3周时间内，第197突击炮营的一个营的6辆Ⅲ号突击炮中有5辆被地雷破坏。[67]

8月15日，冯·马肯森的第三摩托化军第13装甲师和党卫军"维京"师一起抵达克列缅丘格。再往南，8月17日—18日，冯·维特斯海姆的第十四摩托化军以第14装甲师及第60摩托化步兵师突袭了第聂伯罗彼得罗夫斯克（Dnepropetrovsk）和扎波罗热（Zaporozhe）的部分地区，1周后又夺取了河对岸的桥头堡。然而，苏军成功炸毁了横跨第聂伯河的所有主要铁路桥——分别位于第聂伯罗彼得罗夫斯克、扎波罗热、克列缅丘格和卡尼夫（Kanev）。一旦德军过河前进，他们的后勤就会瘫痪。同时，利默尔森的第四十八摩托化军以第16装甲师和"警卫旗队"师消灭了尼古拉耶夫港（Nikolayev）的苏联军队，然后肃清了第聂伯河下游地区。8月底，冯·克莱斯特的坦克占领了第聂伯河西岸全部地区，并准备夺取克列缅丘格和第聂伯罗彼得罗夫斯克附近的桥头堡，这可能会威胁到基尔波诺斯在基辅部队的侧翼。

叶利尼亚：朱可夫的皮洛士式胜利，8月8日—9月6日

7月16日，古德里安直接违抗了陆军元帅冯·博克要求其坦克力量立即与霍特的第7装甲师在亚尔采沃会合的命令。古德里安认为，其他人可以处理这些琐碎事务，且现在真正重要的是尽可能又快又远地向东推进。莫斯科金色尖顶的景象在他脑海中萦绕不绝。为此，他有意命令冯·菲廷霍夫的第四十六摩托化军向东往叶利尼亚前进，而不是向北赶往亚尔采沃。7月19日，第10装甲师占领叶利尼亚，并夺取了一座横跨丹萨河（Densa）的桥头堡——距离莫斯科仅300公里。在古德里安看来，拥有叶利尼亚桥头堡至关重要，因为它是进军莫斯科的跳板。当冯·博克得知古德里安没有在亚尔采沃封闭斯摩棱斯克包围圈时，他不太高兴，并且无视古德里安所谓占领叶利尼亚是一个巨大的成功的说法，他曾写道："我立即回答说，这无关紧要，此时唯一要做的就是在向

东搜索时封闭斯摩棱斯克口袋。"[68]

不管喜欢与否，冯·博克现在不得不防守在叶利尼亚的古德里安的桥头堡，后者如磁石般迅速引来苏军的反攻。第10装甲师以自身力量控制突出部4天之久，7月23日党卫队"帝国"师赶到，随后大德意志步兵师也于7月28日介入。然而，7月底时，红军调集力量包围冯·菲廷霍夫第四十六摩托化军的预兆已现。红军最高统帅部组建了第24集团军，由康斯坦丁·K. I. 拉库京（Konstantin K. I. Rakutin）少将领导，他是一名苏联内务人民委员部的干部，负责消除突出部，但他在7月底最初的进攻中缺乏资源，无法克服冯·菲廷霍夫的防御。装甲部队不太适合静态防御，而动用摩托化部队进行消耗战是对宝贵资源的浪费，冯·博克不可能长时间加以容忍。于是他命令第二十军以3个步兵师调入突出部，替换冯·菲廷霍夫的摩托化师。第一个步兵师于7月30日进入突出部，8月6日，冯·菲廷霍夫的大部分部队已被替换。第10装甲师被安置在突出部后方作为预备队，以在必要时支援第二十军。

8月初，预备队方面军（包括拉库京的第24集团军）的新司令员格奥尔吉·朱可夫，决定发动大规模反攻来粉碎叶利尼亚突出部。鉴于拉库京之前进攻失败是因为他让苏联的几个步兵师去对抗德军的坦克，此刻朱可夫打算用坦克、大炮和空中支援，发动一次良好的多兵种合成进攻，就像他1939年8月在诺门罕取得的胜利一样。利用他在红军最高统帅部的影响力，他得到了几个最高统帅部预备队的炮兵团，更多和更优秀的步兵师，以及由北高加索和中亚地区不满员的机械化军组成的2个坦克师。伊万·D. 伊拉里奥诺夫（Ivan D. Illarionov）上校的坦克第102师是最强大的部队，拥有8辆KV-1坦克和100辆BT系列轻型坦克。阿列克谢·S. 别洛格拉佐夫（Aleksei S. Beloglazov）上校的坦克第105师有大约100—120辆T-26轻型坦克，但状况不佳。朱可夫还接收了摩托化第103师和第106师，每个师都有1个拥有30—40辆轻型坦克的营。此外，朱可夫还获得1个单独的T-34坦克连，有9辆坦克。总之，朱可夫能够集结大约300辆各种型号的坦克，率领第24集团军进攻叶利尼亚突出部。

朱可夫在策划叶利尼亚反攻时，几乎没有表现出什么战术技巧或指挥艺术。他以伊拉里奥诺夫的坦克第102师和3个步兵师为基础组建了1个突击集群，在230门大炮的支援下，对突出部北侧发动单向攻势。反攻于8月8日拂晓开始，苏军攻击了党卫队"帝国"师和第15步兵师控制的阵地，但只取得了微小的进展。战斗持续了一个星期，德国第15步兵师蒙受了大约2000人的伤亡，但伊拉里奥诺夫的坦克第102师损失了2名营长和大约一半的坦克。朱可夫没有试图实施钳形攻势，反而将部队聚集在一个地域，这使得德军能集中兵力，防御时获得了极大优势。8月18日，收效甚微的朱可夫被迫中止反攻。他对他的坦克指挥员特别恼火，并向别洛格拉佐夫上校发送了一份怒气冲冲的备忘录：

> 尽管我明确要求前进，但是坦克第105师已经在一个地方停留了10天，蒙受了损失且没有取得任何战果。由于没有能力独立执行作战任务，坦克第105师将被取消番号，并将人员和装备移交给坦克第102师。[69]

朱可夫请求并得到了最高统帅部预备队的更多增援，然后于8月30日恢复了对叶利尼亚的进攻。这一次，朱可夫打算从各个方向发动一次向心攻势，但主要作战行动仍在北面。经过非常激烈的战斗，随着伤亡人数的增加，德国守军开始撤退，叶利尼亚于9月5日被收复。冯·博克不愿遭受进一步的损失，于9月6日批准从突出部撤离。红军第一次打破了德军的阵地防御，虽然未能包围或歼灭敌人。然而，尽管朱可夫不遗余力地加以宣传，他的胜利仍然是得不偿失的。7月中旬—9月初，叶利尼亚突出部战役令预备队方面军付出伤亡大约75000人的代价，2个坦克师都已精疲力竭，它们后来被拆散，其人员成了组建坦克旅时的骨干。[70]相比之下，德国守军在这场战役中伤亡约10000人，其中四分之三来自第四集团军的步兵单位，而非古德里安的第四十六摩托化军。尽管总有人努力想证明叶利尼亚的防御战削弱了古德里安的装甲力量，但是突出部内的菲廷霍夫的军在朱可夫的反击打响之前就已被替换，7月份的防御战斗并没有让其损失大量的坦克或人员。相反，叶利尼亚反攻的主要结果表明了红军还没有能力进行有效的大纵深坦克战，只能进行笨拙且代价高昂的消耗战，而这种消耗战需要通过肆意挥洒鲜血和消耗资源来达成目的。尽管叶利尼亚突出部的失守严重影响了德军士气，但冯·博克很快就意识到，苏军西方面军和预备队方面军在这次战役中的损失将会使其在面对德军中央集团军群再次东进时变得更加脆弱。

基辅：元首的抉择，8月25日—9月20日

当冯·克莱斯特的装甲部队在编织乌曼包围网时，基尔波诺斯动用他剩余的大部分坦克部队为先锋，以苏联第5集团军对已经在基辅郊区的第六集团军的左翼发起反攻。这次进攻与其说是在认真地试图包围第六集团军，不如说是在吸引德军的注意力，以转移德军对基辅的关注度及增援。在机械化军被包围之前，弗拉索夫就从乌曼战役中脱身，并奉命指挥新成立的第37集团军，这个集团军把守从西面进入基辅的道路。为给弗拉索夫的防御争取时间，第5集团军集结了一支反击力量，由机械化第9和第22军的残部以及2个步兵师和1个骑兵师组成。经过1个月的战斗，这2个机械化军的规模大大缩水，只剩35辆坦克（包括1辆KV-1坦克）。7月24日，第5集团军的突击集群袭击位于基辅西北梅林（Malyn）的德国第五十一军，并在接下来的12天里持续进攻该地域。尽管这次反攻成功地将德国第262步兵师逼退10公里，并在南方集团军群中引发了一些不安，但它未能严重干扰德军对基辅全面进攻的准备。此外，西南方面军剩余的坦克部队在这一行动中被消耗了，到8月中旬，机械化第9军和第22军都没有可用的坦克了。德国第六集团军在当地发动了一场大规模进攻，给第5集团军造成了更多的损失，最终促使斯大林于8月16日允许遭受重创的第5集团军撤退到第聂伯河后方。弗拉索夫的第37集团军在基辅的防御阵地依旧坚固，但德军向他的侧翼运动，导致他的队伍此时正处于一个危险暴露的突出部。基尔波诺斯不得不展开他的部队，以保护其在杰斯纳（Desna）河沿岸的北翼和第聂伯河沿岸的南翼。他唯一的机动预备队是已严重折损的坦克第32师，驻扎在基辅突出部后方的普里卢基（Priluki）。

尽管在斯摩棱斯克战役结束后，陆军总司令部的大部分参谋人员和中央集团军群的领导层，包括古德里安，一直在敦促希特勒恢复对莫斯科的进攻，但这位元首并不那么乐观。[71]关于1941年8月德国内部对作战目标选择的讨论，以及其他的决策是否可能导致更有利的结果，已有大量的文献阐述，对此我不再多费笔墨——尽管这一点很重要，我会将重点放在那些对评估装甲战而言十分重要的方面。希特勒认识到，7月份实践的通过明斯克和斯摩棱斯克"中央突破"的方法，在装备和人员方面的代价都太过高昂。冯·博克的中央集团军群在斯摩棱斯克附近长达一个月的战斗中遭受了超过77000人的伤亡，其中死

亡17000人。虽然希特勒"巴巴罗萨"行动的主要目标是摧毁红军，但人们往往忽略了他同时也想让自己的军队以尽可能低的代价做到这一点。希特勒渴望在德国获得公众的支持，因此总在寻求轻松的胜利。1941年8月，对希特勒来说，情况很明显，红军将会以能召集到的最后1名士兵、最后1辆坦克和最后1门大炮来封锁通往莫斯科的道路，随着德军损失的增加，他对莫斯科这条轴线愈发不安。他还意识到，冬季和作战期的结束很快就会到来，如果要将"巴巴罗萨"行动作为一场成功的战役呈现在德国人民面前——尽管现在看来在俄罗斯再打一年已不可避免——希特勒还需要再取得一到两次大捷来巩固胜利的印象。在乌曼相对迅速的成功使他相信，乌克兰是获得低成本胜利的最佳地点。7月30日"第34号元首令"发布，要求中央集团军群转入防御，让霍特和古德里安的装甲部队稍作喘息，以便步兵部队抵达斯摩棱斯克以东的前线。[72]在间歇期，为了对付罗斯拉夫尔和戈梅利（Gomel）地区的苏军反击，古德里安的装甲部队越来越被引向南方。8月23日，希特勒指示戈梅利附近古德里安的2个摩托化军——第二十四和第四十七摩托化军向南进攻，以便与向北攻击克列缅丘格桥头堡的冯·克莱斯特第1装甲集群取得联系。

　　尽管这一双重包围在希特勒位于拉斯滕堡（Rastenburg）的图表上看起来非常可行，但由于装甲师的人员和装备的影响，已经连续作战9周的部队将会面临相当大的压力。崎岖的地形不利于快速前进，并且有许多河流障碍需要跨越。施韦彭格的第二十四摩托化军将带头向南前进，这将使第3和第4装甲师可运作的坦克很难维持在100—120辆。[73]古德里安的补给情况非常糟糕，可用燃料只有最低限度。在第聂伯彼得罗夫斯克的马肯森的第三摩托化军拥有第14和第16装甲师，状态较好。库恩的第14装甲师在整个8月能够维持90—100辆坦克的战力，相当于"巴巴罗萨"行动开始时其兵力的65%—70%。[74]尽管德军最初只派出300辆坦克和7个师对基辅突出部展开双重包围行动，但红军在这一地区几乎或者根本没有留下坦克和机动力量来对抗他们。

　　8月25日，冯·施韦彭格以莫德尔的第3装甲师开始他的进攻，而第4装甲师和第10摩托化步兵师仍在途中。古德里安的"重点突破战术"打算从新组建的布良斯克方面军的左翼——第13和第21集团军交界处切入。冯·施韦彭格的最初目标是位于科诺托普（Konotop）的重要铁路枢纽。冯·利文斯基战斗群拥有大约60辆来自第6装甲团的坦克和第3摩托化步兵团第1营的半履带车，在30小时内前进了80公里。莫德尔就在尖兵部队后面坐镇，深入一线积极指挥。尽管德军的进攻本质上没有新花样，但这一行动开局时运气就不错，冯·利文斯基战斗群于8月26日早上在诺夫哥罗德-塞夫斯基（Novgorod Severskiy）附近夺取了一座完好无损、横跨杰斯纳（Desna）河的700米大桥。红军以猛烈的炮击作为对丢失这座大桥的反应，莫德尔被弹片击伤，他的炮兵团团长被击毙。[75]

然而，莫德尔已经消耗殆尽的装甲师还不够强大，尚不能以自身力量扩张战果。阴雨连绵的天气和后勤问题削弱了冯·施韦彭格的剩余部队渡过杰斯纳河的能力。与此同时，红军最高统帅部迅速做出反应，在第二十四摩托化军向杰斯纳河集结的道路上部署第40集团军作为阻截部队。第40集团军是1941年红军仓促组建部队的典型代表，由3个步兵师、8000名空降兵新兵抓包拼凑而成的大杂烩，总共战斗力量大约25000人，但几乎没有火炮，反坦克炮非常少。谢尔盖·雅科夫列维奇·奥古尔佐夫（Sergey I. Ogurtsov）少将的坦克第10师已减员为1个拥有约15辆坦克、800人的战斗群，作为第40集团军的机动预备队。而此时红军更大的弱点是师级以下缺乏无线电台，这大大降低了苏联指挥员的态势感知能力。

冯·施韦彭格的军在8月的最后几天前进得非常缓慢，最终第10摩托化步兵师在科罗普附近渡过杰斯纳河，但一次强有力的反攻将他们撵回了河对岸。9月1日，冯·施韦彭格让第3和第4装甲师渡过杰斯纳河，他的军总共只剩86辆可运作的坦克，而两翼却都身处险境。[76]红军最高统帅部意识到了古德里安向南的狭长矛头的危险性和脆弱性，起初他们试图用DB-3战术轰炸机于8月29日—31日发动大规模空袭来减缓其前进速度，但收效甚微。尽管苏军空袭的频率在不断增加，但他们缺乏像1943年—1945年西方盟国战术空军在西欧上空所展示的那种严重阻断德军装甲部队运动的能力。奥古尔佐夫的坦克手对格卢霍夫（Glukhov）以西莫德尔的第3装甲师进行了反击，而第21集团军的小规模坦克部队则袭击了科罗普（Korop）附近的第4装甲师。第4装甲师的埃贝巴赫（Eberbach）战斗群击退了第21集团军的反攻，打瘫了7辆坦克，并捕获1200多名战俘。由于苏军的反扑以及燃料严重不足，莫德尔的师停顿了好几天。古德里安曾希望在南下时动用第四十七摩托化军，但苏军持续不断地从东面发动反击，迫使他只能派遣第四十七军来保卫自己的左翼。第10摩托化步兵师被用来掩护右翼的突破，只留下冯·施韦彭格以精疲力竭的第3和第4装甲师继续前进。古德里安督促冯·博克交给他更多部队来增援自己的行动，但中央集团军群正忙于全面遏制铁木辛哥西方面军持续的反攻，只承诺在8月30日象征性地增派"大德意志"步兵团，然后是党卫队"帝国"师。[77]基辅战役期间，古德里安接连表现出自负的态度，不断要求优先增援，缺乏大局观念。冯·博克试图解除古德里安的指挥权，但没有成功。[78]

叶廖缅科试图进行大纵深作战，8月30日—9月7日

8月14日，红军最高统帅部以其他部队的残部组建了布良斯克方面军，并将其交给了安德烈·叶廖缅科（Andrei Yeremenko）中将指挥，他是一名48岁的骑兵军官，于7月从外贝加尔军区调回。叶廖缅科是红军中一颗冉冉升起的新星，斯大林喜欢内战期间曾在红军骑兵军服过役的军官，他认为叶廖缅科能干可靠，因此经常给他分配最艰巨的任务。在负伤前，他在斯摩棱斯克战役中发挥了短暂但重要的作用。休息了很短一段时间后，他接到另一个命令，布良斯克方面军有一个关键职位，他必须去挡住古德里安的装甲集群。

8月30日6时10分，最高统帅部大本营（Stavka VGK）发布第001428号训令，指示叶廖缅科通过向斯塔罗杜布（Starodub）的反攻，包围并"摧毁"古德里安的装甲集群，斯大林亲自修订了该指令，内容如下："古德里安及其整个集群必须被彻底粉碎。"[79]这一任务远远超出了布良斯克方面军的能力，但叶廖缅科尽职尽责地试图完成。利默尔森的第四十七摩托化军正在斯塔罗杜布周围，对古德里安拉得很长的侧翼进行掩护，以第17装甲师控制着近60公里宽的战线。叶廖缅科决定在中央用第3集团军的2个步兵师进攻，第13和第50集团军的7个师在侧翼攻击作为支援，以牵制利默尔森其他伸展过长的部队。为尝试运用已被废止的大纵深作战原则，叶廖缅科组建了1个由阿尔卡季·N.叶尔马科夫（Arkadiy N. Ermakov）少将领导，以坦克第108师、坦克第141旅和骑兵第4师组成的机动集群，以利用预期的突破。叶廖缅科希望发动一次精心谋划的进攻，包括空中和炮兵支援，燃料和弹药储备也要充分，而不是早些时候

在斯摩棱斯克周边那种仓促的反击，但斯大林希望迅速看到成果。谢尔盖·A. 伊万诺夫（Sergey A. Ivanov）上校的坦克第108师是7月份组建的，拥有65辆坦克（5辆KV重型坦克、38辆T-34坦克和22辆T-40坦克），而彼得·G. 切尔诺夫（Petr G. Chernov）上校的坦克第141旅拥有62辆坦克（4辆KV重型坦克、18辆T-34坦克和40辆BT坦克）。考虑到第17装甲师实际上已经减员至仅有1个装甲营，大约50辆坦克（只有一半是Ⅲ号坦克），叶尔马科夫机动集群将在坦克方面享有2：1的数量优势，而9辆KV重型坦克和56辆T-34坦克的存在应该是决定性的。

8月30日晚，在接到红军最高统帅部的命令仅仅12个小时后，叶廖缅科就命令叶尔马科夫的机动集群向波加尔（Pogar）镇进军，占领苏多斯特（Sudost）河上的一个渡口，希望以一次试探性进攻来平息斯大林的怒气。显然，叶廖缅科并不清楚德国战线的实际位置，他认为在河的东面只有敌军的搜索力量。叶尔马科夫集群在没有事先侦察路线，对敌军下落一无所知的情况下就行动了。伊万诺夫的坦克第108师引导了这次进军，他将所部分成2个平行的纵队，左纵队由摩托化步兵第108团的2个营、1个T-40轻型坦克营和炮兵第108团的2个营组成，而右纵队是以坦克第216团为核心的突击集群主力。在波加尔东北约20公里处靠近卡尔博夫卡（Karbovka）村的地方，左侧纵队遭到了第39装甲团的伏击，后者的Ⅲ号坦克隐藏在与公路平行的森林里。很快，5辆T-40轻型坦克被打瘫，纵队陷入混乱。德军呼叫"斯图卡"式俯冲轰炸机，对2个炮兵营进行了猛烈攻击，9辆火炮牵引车被摧毁，一半的火炮受损。奇怪的是，伊万诺夫已经听到了8公里外其左纵队受到攻击的动静，却并未前往支援。然而，当他试图绕过德军阵地时，又在罗曼诺夫卡（Romanovka）村撞上了敌人另一支阻截部队。伊万诺夫轻率地命令1个排3辆KV-1坦克和1个排3辆T-34坦克在没有支援的情况下袭击这个村庄。罗曼诺夫卡由第39装甲团的1个分遣队牢牢控制着，并有坦克歼击车和重型火炮支援。这时，德军已经开始调整他们的战术来对付苏军先进的坦克，他们将其放进火炮直射距离内，然后集火射击苏联重型坦克的履带。所有3辆T-34坦克和1辆KV-1坦克都被打瘫，随后被摧毁，2辆幸存的KV-1坦克被迫撤退，让苏军吃了一惊。伊万诺夫声称在罗曼诺夫卡有4辆德军坦克受损，但德军依旧控制着这个村庄。8月30日日终，

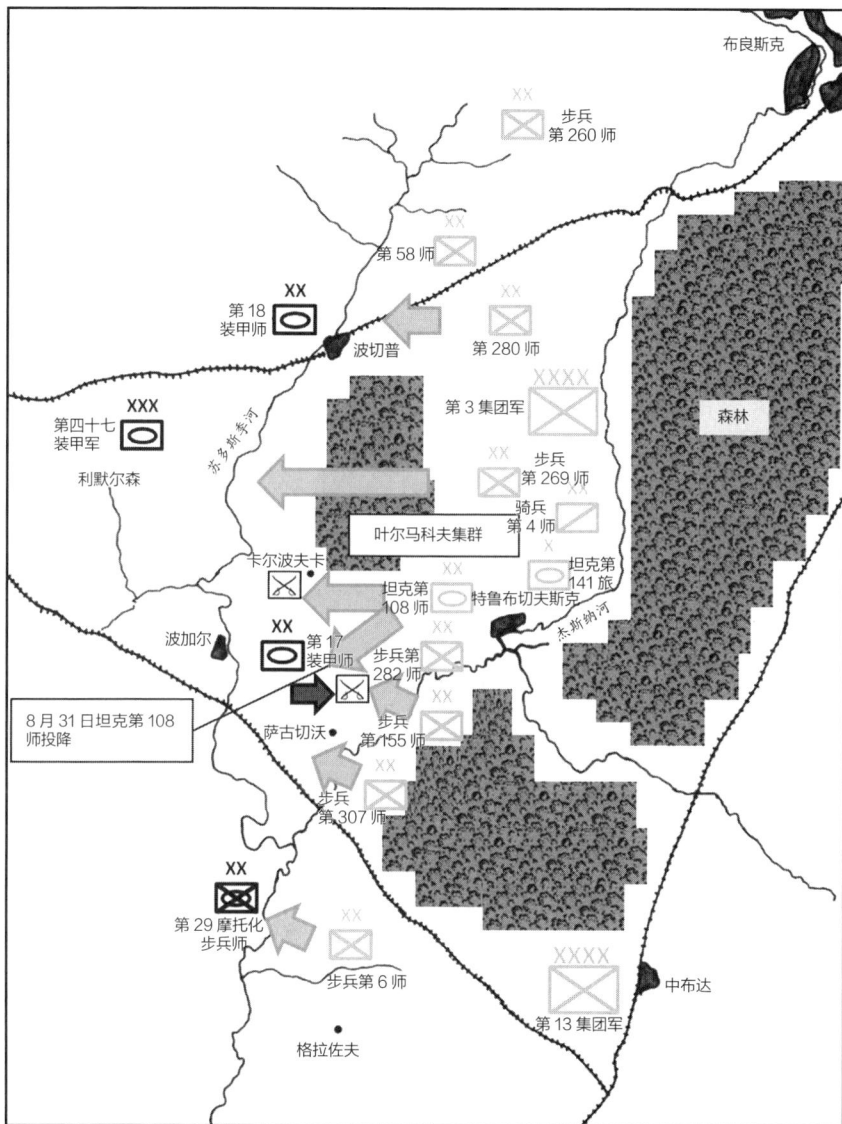

1941年8月30日—9月7日叶廖缅科进行纵深作战；为了"粉碎古德里安装甲集群"，叶尔马科夫集群连同坦克第18师一起进攻利默尔森的第四十七摩托化军

部队的混乱和对敌情的不明导致叶尔马科夫集群前卫的坦克先锋被困住了。

第17装甲师师长汉斯-尤尔根·冯·阿尔尼姆中将是这次进攻的坚定支持

者，他决定不等叶尔马科夫集群重组就进行攻击。8月31日上午，冯·阿尔尼姆以第39装甲团一部、他的坦克歼击车和1个摩托化步兵团，在大炮和德国空军的支援下发起了一次钳形攻势。这一突然的合成兵种反击打了伊万诺夫一个措手不及，他的师损失了1辆KV-1坦克、11辆T-34坦克和8辆T-40坦克，不过宣称击毁了22辆德国坦克。奇怪的是，伊万诺夫选择把他的坦克埋入战壕，在森林里构筑了一个环形筑垒阵地——可能是为了保护其免受进一步的空袭，但这使得第39装甲团能够在当天日终时兜住坦克第108师的主力。9月1日，冯·阿尔尼姆继续用空中力量和大炮猛轰伊万诺夫被困的师，又打瘫了7辆T-34坦克和4辆T-40坦克。奇怪的是，叶尔马科夫集群和叶廖缅科的布良斯克方面军其他部队对被围的坦克先头部队竟然袖手旁观，即使包围伊万诺夫的德军在数量上明显处于劣势。骑兵第4师被第17装甲师轻松击退，切尔诺夫的坦克第141旅除了折损外几乎没有获得什么战果。

叶廖缅科于9月2日上午启动攻势，进行了2个小时的炮火准备，但这是一次令人费解的进攻，因为坦克集群已被包围，而且德军也不在他们预计的位置。冯·阿尔尼姆试图以一次由"斯图卡"式俯冲轰炸机支援的装甲营突袭来终结伊万诺夫的师，但在一番激战后被击退了。苏军确认6辆T-34坦克损失，德军承认有7辆坦克丧失战斗力。叶廖缅科的反攻迅速土崩瓦解，斯大林因此把他训诫了一顿。9月3日—4日晚，一事无成的伊万诺夫率领11辆坦克和1200名士兵冲出包围抵达苏军防线，他抛弃了大部分伤员、火炮和技术装备。叶廖缅科又继续攻了几天，但利默尔森兵力过于分散的第四十七摩托化军仍然设法击退了这些协同不力的钳形突击。至攻势终止，叶尔马科夫集群已损失127辆坦克中的75辆，伊万诺夫的坦克师作为一支战斗力量被歼灭了。叶廖缅科声称摧毁了110辆德军坦克——是冯·阿尔尼姆第17装甲师数量的一倍多，但事实很明显，叶尔马科夫集群的坦克攻击失败了，德军坦克大约有20辆左右被打瘫，5辆被摧毁。总体而言，叶廖缅科反攻的代价是布良斯克方面军蒙受了100000人的伤亡，损失一半以上的坦克。[80]叶尔马科夫集群的行动是红军在1941年最后一次动用100多辆坦克的坦克反击战，包括大量的T-34坦克，也是一段时间内苏军依据1936年版《工农红军野战条令》进行大纵深作战的最后一次尝试。叶尔马科夫集群试图击溃1个精疲力竭、兵力过于分散的装甲师，但输得很彻底，这标志着第二次世界大战期间红军坦克作战的技能跌入了底谷。

基辅：封闭包围圈，9月1日—20日

当古德里安的坦克缓慢南下时，冯·克莱斯特的大部分装甲部队设法休息了几天，并在克里沃罗格（Krivoi Rog）和第聂伯罗彼得罗夫斯克周围重整武备，而第十七集团军则接管了第聂伯河沿岸的战线。冯·伦德施泰特已决定将主要精力放在克列缅丘格，但是他希望冯·克莱斯特的装甲部队能够尽可能长时间地留在第聂伯罗彼得罗夫斯克附近，直至步兵抵达接管那里的桥头堡，伦德施泰特还想欺骗基尔波诺斯，让他认为德军会在此实施重点突破。某种程度上，基尔波诺斯确实被误导了，他把更多的精力放在了夺回第聂伯罗彼得罗夫斯克的努力上，而非可能来自克列缅丘格的包抄威胁。他将所余最好的部队派到第聂伯罗彼得罗夫斯克，只留下实力不足的第38集团军保卫克列缅丘格周边地区。这个集团军拥有2个步兵师，于7月份由预备役军人和当地民兵编成，完全缺乏反坦克武器，只有很少的火炮支援。克列缅丘格地区唯一的机动预备队是已精疲力竭的坦克第47师，他们有一到两打轻型坦克。经过周密的准备，8月31日，第十七集团军的第52军在克列缅丘格东南40公里处建立了1个桥头堡。德军工兵仅用一个晚上就在1200米宽的河道上架起了1座浮桥。德军在第聂伯河上的桥头堡并非固若金汤，但第38集团军最多只能限制它，因此基尔波诺斯恳请红军最高统帅部给予援兵。红军最高统帅部勉强同意提供在哈尔科夫组建的坦克第132旅和帕维尔·A. 贝洛夫（Pavel A. Belov）少将的骑兵第2军，以增援第38集团军。

苏军在杰斯纳河以南对冯·施韦彭格的第二十四摩托化军的反击，迫使古德里安缩小了其推进轴线的宽度。9月4日，他的第3和第4装甲师都抵达科罗托普（Korotop）以北，但令人惊讶的是，步兵第293师和1个拥有20辆坦克的独立坦克营设法拖住了这2个师整整2天。9月5日—6日晚，埃贝巴赫战斗群试图在步兵第293师附近进行迂回，并利用巴图林（Baturin）的桥梁渡过塞姆河（Seym River），但苏联坦克手设法挡住其猛烈的攻势，一直撑到桥被炸毁。埃贝巴赫上校满足于打瘫了6辆苏联坦克和粉碎1个炮兵团的战绩。莫德尔运气要好一些，他成功地让一些摩托化步兵在梅尔尼亚（Melnya）渡过塞

姆（Seym）河，并带来1个B级舟桥连在河上架起了8吨重的浮桥。燃料短缺让冯·施韦彭格暂时无法利用这座桥头堡，但随后，9月10日，莫德尔的第3装甲师向南扩张战果，干脆利落地在苏军战线上打开了一个缺口。莫德尔组建了一个先遣营（Voraus-abteilung），由坦克歼击车第521营营长海因茨-沃纳·弗兰克（Heinz-Werner Frank）少校指挥，包括1个Ⅲ号坦克排、1个装备47毫米反坦克炮的I号自行坦克歼击车连、8辆装甲侦察车、1个炮兵连和一些搭乘半履带装甲车的步兵。莫德尔命令他们趁着苏军陷入混乱全面出击。君特·冯·曼陀菲尔（Günther von Manteuffel）上校将跟随余下的作战部队前进。尽管路况恶劣，天气多雨，弗兰克少校还是绕过科诺托普——留下第4装甲师扫荡该地区——继续向南前进70公里，占领了罗姆内（Romny）。[81]

接下来的几天，弗兰克少校的先遣营被孤立在罗姆内，周围都是苏军，但其纵深突击粉碎了第40集团军的战线，德方原本期望的闪电战效果达成了。尽管摩托化的苏联内卫第23师（几乎没有参与实际战斗）也抵达了战场，但是第40集团军开始向东撤退，苏军的抵抗开始瓦解。冯·曼陀菲尔和莫德尔能够推进至罗姆内，将师大部分兵力重组，深入到苏联的后方。尽管莫德尔无法通过苏军控制地域遣回补给大队去补充燃料，但幸运的是，他在罗姆内占领了一个苏军小型燃料库，可以用来给弗兰克少校的先遣营加油。9月13日上午，莫德尔派弗兰克少校前进45公里至卢霍维萨（Lokhovitsa），与预期将从南方过来的克莱斯特的部队会合，同时他在罗姆内建立了环形筑垒阵地，等待古德里安的其余部队前来营救。尽管缺乏装甲部队实战指挥经验，但莫德尔已经用实际战果证明了他在1941年的战役中算得上是最有技巧、最富进攻性的装甲指挥官。愿意承担巨大的风险，这让他在国防军中迅速脱颖而出。

与此同时，德国的第十七集团军在9月1日—11日期间，调动8个步兵师渡过第聂伯河，扩大了其在克列缅丘格的桥头堡，并建起第二座浮桥。苏联第38集团军在桥头堡周围逐步建立起警戒线，有7个步兵师和3个骑兵师，以及精疲力竭的坦克第47师。此外，2个新组建的坦克旅在德军进攻前几天到达，分别是格里戈里·库兹敏（Grigoriy Kuzmin）上校的坦克第132旅（3个轻型坦克营）和尼古拉·F. 米哈伊洛夫（Nikolai F. Mikhailov）上校的坦克第142旅（7辆KV-I坦克、22辆T-34坦克和57辆T-26坦克）。第38集团军多次进攻德国桥头堡，但未能将其拔除。在此过程中，红军在克列缅丘格损失了40000多人和279辆坦克。苏联人也没有料到德军会在这一地域部署装甲部队，因为苏联人相信冯·克莱斯特的装甲部队仍聚集在第聂伯罗彼得罗夫斯克附近。与古德里安不同的是，冯·克莱斯特准备了一场精心策划的攻势，动用维尔纳·肯普夫装甲兵上将的第四十八摩托化军进攻，并在计划中纳入了欺敌方案。9月10日，肯普夫开始转移部署，首先是胡贝的第16装甲师移动到克列缅丘格，然后是库恩的第14装甲师，第9装甲师也将随之而来。9月11日晚，胡贝的装甲师开始通过浮桥进入桥头堡。

　　9月12日上午，胡贝的第16装甲师攻击了第38集团军警戒线的西侧末梢，这里由2个精疲力尽的步兵师把守。在大炮和德国空军的支援下，胡贝的装甲部队在几个小时内就打垮了苏军全部步兵单位，并迅速向西北方向前进。苏联第38集团军的战线被打得支离破碎，无法恢复。接下来的两天，冯·克莱斯特将第三和第四十八摩托化军的大部分部队调过第聂伯河，3个装甲师也得以在基尔波诺斯的南翼形成一个巨大的突出部。第38集团军动用其最后的坦克力量向肯普夫军的侧翼发起反攻，但无法阻止德国装甲部队的钢铁洪流。胡贝的先锋在9月14日18时20分与莫德尔的先遣部队暂时建立了联系，而第9装甲师在9月15日快速前进，于卢霍维萨以南与莫德尔的师更牢固地联结了一起。当古德里安和冯·克莱斯特的坦克会师最终达成时，苏联第5、第21、第26和第37集团军的大部分部队已经被包围。4天之内，基辅被占领，基尔波诺斯本人阵亡，他的440000名士兵在基辅包围圈内被俘。在基辅周边的战斗中，苏军总共损失超过600000人和400辆坦克，西南方面军只剩躯壳了，只有15000名士兵和50辆坦克成功突围。[82]尽管南方集团军群花费了一些时间在基辅周遭扫荡以及修复横跨第聂伯河的设施，但德军向哈尔科夫和顿巴斯地区挺进的步伐势不可挡，西南方面军幸存的第38和第40集团军除了加以迟滞外，对局面毫无帮助。

维持坦克力量，1941年9月

　　夏末将至，连续10周的战斗让双方的装甲部队损耗严重。红军损失了15000多辆坦克，而德国国防军损失了800辆坦克。尽管德军打了胜仗，但甚至在9月1日以前，情况就十分明显，德国不可能以"巴巴罗萨"这么一场战役就全歼红军，因此双方都必须补充装甲部队使其恢复作战能力。

红军最高统帅部于7月15日废除战前的机械化军，并将余下的少数单位作为独立坦克师使用。1941年7月—8月，9个新的"100系列"坦克师以现有作战单位为基础匆忙组建，配备了剩余的轻型坦克和一些新式坦克。这些应急作战单位大多在斯摩棱斯克战役中被消耗掉了。9月1日，整个红军完整的大型坦克部队只剩下4支：外贝加尔军区的坦克第61和坦克第111师、远东的坦克第58和坦克第112师。因为其战备状态不值一提，红军最高统帅部决定将外贝加尔的2个坦克师留下来，远东2个装备较好的坦克师则接到命令，一旦有铁路运力就立即准备转移至西部。然而，苏联工业部门的东移使得铁路的可用运力严重削减，因此两个坦克师都不能马上动身。直到10月14日，驻扎在中国东北边境的阿列克谢·F. 波波夫（Aleksei F. Popov）少将的坦克第60师才开始装车，然后花了2周时间乘火车向西调动了8600公里。

很明显，红军无法让那些已经支离破碎的战前老部队恢复元气，也缺乏训练有素的人员及装备来组建新的军，甚至是师级单位。骨干指挥员的丧失和无线电的缺乏让编制不得不小型化，因此红军汽车装甲坦克总局负责人雅科夫·N. 费多连科中将（Yakov N. Fedorenko）成功说服红军最高统帅部在1941年剩下的时间里，集中精力组建坦克旅。费多连科在1941年—1943年重建和指导如何运用红军坦克部队方面发挥了重要作用，但是，由于朱可夫努力将公众的注意力吸引到他的作为上，费多连科和许多其他军官一样，贡献都被低估了。费多连科对坦克学校进行了仔细梳理，选拔学校的军官和军士去担任新坦克旅的干部，并为他们配备了数以千计的坦克手，这些坦克手在之前的战斗中失去了坦克，仅以身免，并向东逃离。8月中旬，第一批9个坦克旅开始在莫斯科、哈尔科夫和斯大林格勒组建。

首批坦克旅从战前部队中挑选幸存者，并计划由3个共拥有62辆坦克（7辆KV重型坦克、22辆T-34坦克和31辆BT/T-26坦克）的坦克营和1个摩托化步兵营组成。这些早期的旅中有部分相当不错，这表明红军最高统帅部有意识地用最好的装备来搭配最好的指挥员。米哈伊尔·E. 卡图科夫上校在斯大林格勒组建的坦克第4旅配备了30辆全新的T-34坦克和30辆BT-7坦克。在乌拉尔组建的帕维尔·A. 罗特米斯特罗夫（Pavel A. Rotmistrov）上校的坦克第8旅也配备了7辆新的KV-1坦克和22辆T-34坦克。然而,苏联工业部门无法给这些旅配齐全套装备,只能给大多数提供轻型坦克,而且每个旅下辖坦克营的数量也很快从3个减少到2个。另外21个坦克旅于9月开始组建,10月又有12个建成。然而,将生产的所有新坦克用于坦克旅的组建,意味着前线余下的苏联坦克部队都得不到补充,只能解散。

事实上,苏军向坦克旅的转变是东线坦克战演变的一个关键点,因为红军选择将其所有的坦克力量分散到更小的部队中以支援步兵,如此一来,在这一做法撤销前,任何进行决定性的机动作战的可能性都不存在了。每一个苏军前线集团军都开始要求组建1个坦克旅,集中使用坦克的原则被搁置到一边。1940年,法国军队在坦克问题上也犯了同样的错误。虽然许多关于东线的陈述都强调苏联在1941年生产的坦克比德国多,但他们没有注意到红军正在分散其坦克部队,所以在关键地域失去了数量优势。相比之下,德军的坦克数量虽总体上有所减少,但他们仍继续在最重要的地方集中运用坦克。此外,新的苏联坦克旅被设计为只承担步兵支援的角色,缺乏牵引火炮或工程兵,这使它们在面对德国装甲师时,处于十分不利的境地。

1941年9月,苏联坦克产量开始下降,因为哈尔科夫蒸汽机车制造厂(KhPZ)准备从哈尔科夫撤到下塔吉尔,列宁格勒的基洛夫工厂(Kirov Plant)正在迁往车里雅宾斯克(Chelyabinsk)。苏联唯一不受疏散影响的大型坦克厂是斯大林格勒拖拉机厂(StZ),该厂每周生产40辆T-34坦克。另一条设在高尔基(Gorky)的第112工厂(Zavod 112),其备用的T-34坦克生产线在1941年9月仅成功制造出5辆T-34坦克,10月份是20辆。1941年秋季唯一批量生产的坦克是新的5.8吨重的T-60轻型坦克,装备1门20毫米火炮。T-60坦克的批量生产始于10月份,在高尔基的高尔基汽车厂(GAZ)进行,11月—12月的月产量上升到600辆,尽管这些轻型坦克对提升红军坦克力量来说只有微不足道的贡献。工业疏散也对大型坦克部队所需的弹药和其他装备的供应产生了影响。甚至在德军入侵之前,人民军需委员部就经常完不成弹药生产指标,这也是1941年苏联国防工业中效率最低的部门之一。整个夏季的大部分时间里,大多数前线红军坦克作战单位都非常缺乏弹药,但迅速提高产量的努力致使品控骤然下降。一些制造厂开始用其他金属代替硬化钢作为穿甲弹弹芯，这使得45毫米反坦克炮弹的穿甲能力降低了近50%。76.2毫米坦克炮炮弹和反坦克弹药的产量如此之低，以至于坦克的射击训练很少进行甚至完全省略。与德国国防军一样，红军坦克在1941年下半年也面临着严重的备件短缺问题，这一问题导致了大量的非战斗损失。坦克无线电台的生产于8月暂停，直到1942年中期才恢复。[83]

尽管存在这些问题，斯大林的战时内阁——国防委员会（Gosudarstvenny Komitet Oborony或GKO）还是做出了一个非常关键的决定：把重心放在固定几个坦克型号上，并大量生产。一些新型号，如KV-2重型坦克和T-50轻型坦克，国防委员会决定停产。哈尔科夫蒸汽机车制造厂已经完成了1辆T-34改进型的原型车，被称为T-34M坦克，在"巴巴罗萨"战役开始的7周前就获准批量生产。T-34M坦克比1941年标准的T-34坦克拥有更厚的装甲和许多其他优势，但由于完成设计和投入生产需要数月时间，国防委员会取消了该方案。一个例外是T-34-57坦克，这一改型坦克装备了炮口初速更高的Zis-4L/73型57毫米口径坦克炮，提高了对敌军坦克的杀伤力。当"巴巴罗萨"战役开始时，这种改型已经做好了生产准备，红军汽车装甲坦克总局也渴望提高T-34坦克的火力，因此国防委员会在8月份批准小规模生产了41辆，但这一安排随后被搁置。此外，57毫米反坦克炮弹只生产了2800枚，使该型号基本限于战地试验。后来，国防委员会规定，为了不影响产量，坦克的设计只允许进行微小的改进，甚至在接下来的两年内基本"冻结"了苏联坦克设计。被取消的T-34M坦克方案中的一些内容，逐步被T-34稍后的升级型号吸纳。

为了确保苏联工业部门实现坦克生产目标，斯大林任命维亚切斯拉夫·马雷舍夫（Vyacheslav Malyshev）为9月11日成立的苏联坦克工业人民委员会（NKTP）的负责人。马雷舍夫是一名工程师，在20世纪30年代苏联重工业的快速扩张中证明过自己的能力。他接管时，整个坦克工业正陷于一片混乱中，马雷舍夫首先把列宁格勒和哈尔科夫的坦克厂转移到乌拉尔。他迅速开始简化T-34的制造工序，不到一年的时间，生产T-34所需的工时减少了一半。马雷舍夫鼓励使用冲压零件和铸造炮塔来加快生产进度，为获得更高的坦克产量，他接受一定程度的产品质量下降。为了激励工厂经理们，他提醒他们那些未完成斯大林下达的指标的人的下场，并直言不讳地说："为了坦克，我押上了我的脑袋。"虽然苏联为调动劳动力和工业资源付出了惊人的努力，但应该指出，如果没有《租借法案》提供的原材料和机床来代替紧急撤离中丢失的设备，苏联坦克生产的快速扩张将受到阻碍。在失去乌克兰的铝资源后，T-34柴油坦克发动机所用的80%的铝都由《租借法案》交付，如果没有《租借法案》，T-34坦克的数量将大大减少。[84]

德国方面，1941年9月初，国防军在东线仍有1500多辆作战坦克，其中包括362辆Ⅲ号坦克和193辆Ⅳ号坦克。这些数字意味着，总体而言，装甲师仍然拥有48%的作战能力，但最有用的型号仅占39%。另外值得一提的是，损失并非平均分布。第7装甲师和第11装甲师的战力都降低到了25%左右，但有两个单位——第10和第14装甲师仍有70%以上的坦克处于可运作状态。德军剩余坦克实力的下降，常常被史家用于证明在1941年夏天结束之前，德国国防军就几乎丧失了进攻的能力，但这一论调忽略了一个扭转战场局势的重要的力量：整备一新的第2和第5装甲师于9月中旬从德国本土抵达战场。[85]这2个师都参与了巴尔干半岛战役，因此错过了"巴巴罗萨"战役的前3个月战事。他们整个夏天都在德国休整并进行换装，接收了大约160辆新坦克，然后被派往东方，加入中央集团军群参与"台风"行动。这2个装备齐全的师为德军作战序列总共增加了380辆坦克，其中包括210辆Ⅲ号坦克和40辆Ⅳ号坦克，并在一定程度上恢复了装甲部队的攻击力，尽管只是暂时的。然而，陆军总司令部犯了一个巨大的错误，他们没有利用这2个师的到来，让至少2个已经精疲力竭的装甲师在1941年秋季轮换回德国进行整备。装甲师人员的损失也很严重，1941年9月底，古德里安的装甲集群伤亡超过32000人，其中7200人死亡。8月底之前，只有很少的补充兵员抵达，只够替换大约一半的伤亡人员。然而，值得注意的是，装甲部队的大多数伤亡人员是摩托化步兵团和侦察营的步兵，坦克乘员仅占总损失的2.5%。与红军不同的是，德军装甲师损失的高级军官很少，而在和平时期，德国国防军对其人员进行了超强度的训练，因此，在一段时间内，德军提拔士兵来填补军士和低级军官的空缺就足够了。

9月中旬，苏联境内的德国装甲部队有将近900辆坦克因战损和机械故障而无法使用，其中520辆是Ⅲ号和Ⅳ号坦克。待修理的坦克几乎有一半属于古德里安的装甲集群，而北方集团军群和南方集团军群在维持其坦克作战能力方面都更加成功。较之其他3个装甲集群，古德里安的坦克战斗得更艰苦、更频繁，而且部署在距离补给铁路终点站更远的地方，这都使得抛锚率更高了。在3个月内行驶超过2000—3000公里的坦克，它们的发动机出故障是很常见的事情，但如果有备用发动机和零部件，大多数坦克可以在1天或更短的时间内修好。德国国防军在苏联建立了3个主要的备件仓库（Zentrales Ersatzteillager或ZEL），分别位于普斯科夫湖（Pleskau）、鲍里索夫和别尔季切夫（Berdichev），以支援3个集团军群。7月—8月，超过2.2万吨的备件通过火车运至这些备件仓库，但到1941年9月初，大多数装甲师便已有30%—50%的卡车损失或损坏，这使得备件和物资的输送问题日益严峻。[86]作为"台风"行动准备工作的一部分，希特勒于9月中旬同意给东线发放3500辆卡车替换前线运输车辆的损失。[87]

从7月初开始，东线对德国坦克而言便非常严酷，厚重的灰尘首先损害了空气滤清器，然后就是发动机，在漫长的连续使用过程中，Ⅳ号坦克上的发动机曲轴成了其致命的弱点，过热和金属疲劳会导致它弯曲，然后断裂。在俄罗斯，负重轮的轴承、板弹簧和活塞环也磨损得很快，所有这些都供不应求。把履带连在一起的履带销容易因应力而断裂——特别是当坦克碾过一个大物体时，而且也总是缺货。尽管仅在6月—8月之间，德国人就设法向东部战线运送了超过22000吨的备件，但事实证明这仍然远远低于所需数量。战场上的德国维修人员奇迹般地让三分之一的坦克一周又一周地连续保持运转，但到初秋，大多数坦克已经累计行驶超过3000公里，却没有得到真正的保养了——就是有也是争分夺秒进行的。[88]维修人员越来越多地倾向用同型替换（即拆车）来保持车辆的运行，从其他车况较差、有故障的车辆上拆下零件只是权宜之计，这最终导致一些原本只是出故障的车辆完全报废。偶尔，摇摇欲坠的德国后勤系统也能创造奇迹，比如确保部署在芬兰北部奥卢（Oulu）的第211装甲营能够继续从法国的日安（Gien）以多种渠道获得霍奇基斯H-39坦克的备件。

除了捉襟见肘的德国国防军供给系统在后勤方面的不足外，希特勒还下令在"巴巴罗萨"战役结束前将大多数新造的坦克和备件留在德国，这加剧了坦克更替和备件危机。希特勒预计，随着损失的增加，每个装甲师将解散1个装甲营，并将剩余人员送回德国以新坦克重新装备。这一观点与德国作战补给的惯有理念一致，即最好把整个部队撤回休整，然后在他们家乡的军区重整武备，而不是零打碎敲地运送替换车辆，德军认为那将导致部队没法很好地换装。但这一理念不符合东线的条件。大多数装甲师确实在夏末解散了1个装甲营，但留下了相关人员，在部署地的后方执行安保或别的任务。尽管德国工业部门在1941年7月—12月期间制造了1890辆坦克，但在年底之前，只有大约三分之一的坦克被送往东线。即便是在最好的情况下，1个装甲单位也只能在平均每3辆坦克"全损"后才能接收到1辆替换坦克。希特勒授权陆军总司令部发放350部新的坦克引擎和307辆新坦克［包括91辆38(t)坦克、166辆Ⅲ号坦克和50辆Ⅳ号坦克］，以便及时在"台风"行动期间重振中央集团军群的装甲力量，但更多的坦克仍留在马格德堡（Magdeburg）和维也纳的仓库里。[89]轮式车辆的替换情况更为严峻，古德里安被迫强征那些虏获的苏联GAZ和ZIL型卡车投入使用，以保持其补给大队的正常运作。

向顿巴斯追击，1941年9月—10月

一旦南方集团军群渡过了第聂伯河，在寒冷的天气来临之前，红军几乎无法阻止克莱斯特的装甲力量继续前进。希特勒命令冯·伦德施泰特追击败北的西南方面军部队，并往东410公里占领顿巴斯地区，拿下克里米亚。冯·伦德施泰特随即分散了他的集团军群，以第六集团军向哈尔科夫挺进，第十一集团军去攻占克里米亚，克莱斯特的装甲集群则前往顿巴斯。前两项推进有突击炮营的支援，但除此之外没有可观的装甲力量支撑。冯·克莱斯特的装甲集群仍有能力进行机动作战，并得益于红军自乌曼和基辅溃败后，在乌克兰只剩下了很少可用的坦克作战单位。然而，冯·克莱斯特不得不将其近一半的装甲力量转交中央集团军群，包括肯普夫第四十八摩托化军的第9装甲师、第16和第25摩托化步兵师以及第11装甲师。克莱斯特只剩下3个装甲师和武装党卫军"警卫旗队"师、党卫军"维京"师来征服乌克兰的其余地区。

基尔波诺斯牺牲后，铁木辛哥元帅赶来接管西南方面军剩下的4个集团军，他发现剩余的坦克和大炮的数量微不足道。用美国历史学家戴维·M. 格兰茨的话说："西南方面军必须从零开始重建。"[90]10月初，雨季和泥泞拖慢了德军向哈尔科夫推进的步伐，但铁木辛哥只能投入未经训练的步兵单位，

挡在第六集团军前行的道路上。海因里希·斯科多尔（Heinrich Skodell）下士，一名第197突击炮营第1连的炮手写道："抵抗逐渐变成了逃跑。很长一段时间，俄国步兵都不合格。他们都是上了年纪的人，有些人当兵时间只有8天。"[91]铁木辛哥的部队确实为哈尔科夫蒸汽机车制造厂从哈尔科夫通过火车转移争取了时间，挽救了一条主要的T-34坦克生产线，但他们无法保住这座城市。尽管极度缺乏燃料和弹药，第197突击炮营仍于10月22日一路杀进哈尔科夫，该市在2天内就落入德军手中。

苏联南方面军也是一片混乱，其第9和第12集团军已经放弃了扎波罗热（Zaporozhe）以南的第聂伯河防线。伊万·V.秋列涅夫大将于8月下旬受伤，接任方面军司令的是德米特里·I.利亚贝舍夫中将，他之前是现已解散的机械化第8军的军长。利亚贝舍夫刚获得3个坦克旅增援，当他注意到德国第十一集团军（现在由埃里希·冯·曼施泰因大将指挥）分散了其部队，以1个军前往彼列科普地峡（Perekop）进攻克里米亚，另外2个军向东往梅利托波尔（Melitopol）进发时，他看到了一个可以让追兵惨败的机会。9月26日，第18集团军的步兵和坦克部队袭击了隶属于第十一集团军的2个罗马尼亚旅，将之逐退并令其损失惨重。冯·曼施泰因迅速派遣"警卫旗队"师去稳定第十一集团军的战线，几天之内就遏制住了苏军的反攻。然而，当铁木辛哥的军队撤退时，利亚贝舍夫仍然专注于打击脆弱的罗马尼亚军，忽视了自己的右翼。南方集团集群很快注意到，第聂伯罗彼得罗夫斯克的德国桥头堡以东、铁木辛哥和利亚贝舍夫2个方面军的结合处，只有2个步兵师和1个骑兵师把守。

冯·克莱斯特在第聂伯河北岸一线集结了古斯塔夫·冯·维特斯海姆装甲兵上将的第十四摩托化军，第14和第16装甲师一线排开，面向东方。马肯森的第三摩托化军在冯·维特斯海姆的军后面集结，用于发展胜利。尽管是步兵出身，57岁的冯·维特斯海姆已经指挥他的军3年多了，并率领部队横扫了波兰和法国——他是俄国战区最年长的，也是经验最为丰富的德国机动部队指挥官之一。9月30日，冯·维特斯海姆以他全部2个装甲师攻击当面的苏联步兵单位，不到24小时，冯·维特斯海姆的坦克就在2个方面军的结合处撕开了一个大口子，并转向东南，包抄了利亚贝舍夫南方面军的北翼。与此同时，利亚贝舍夫继续试图突破罗马尼亚军，并取得了一些成功，但他没有注意到来自后方的威胁。事实证明，利亚贝舍夫的新坦克旅在这次战斗中几乎没有发挥作用，因为他们的装备太差了。坦克第15旅有33辆坦克，但只有3辆卡车，这意味着其支援部队，以及后勤、维护能力都付诸阙如。

冯·维特斯海姆的坦克于10月2日席卷了扎波罗热周围第18集团军的阵地，而胡贝的第16装甲师则纵身冲向东南，占领了奥利基夫（Orikhiv）镇，并开始威胁到南方面军的交通线。利亚贝舍夫终于发觉自己有被围的危险，并试图命令撤退，但冯·曼施泰因第十一集团军牵制住了他，使其主力无法脱身。一些单位，例如坦克第13旅，被派去对位于奥利基夫的胡贝的坦克发起试探性进攻，但克莱斯特很快调来第13和第14装甲师增援胡贝，使德军在关键时刻拥有数量上的绝对优势。冯·克莱斯特的大批装甲部队开始切断利亚贝舍夫与后方的联系，向亚速海海滨的别尔江斯克（Berdyansk）进发。10月5日，随着部队开始匆忙向东撤退，第9和第12集团军的凝聚力开始瓦解，战线上出现了许多缺口。"警卫旗队"师勇猛地冲进其中的一个缺口，并于10月6日向东占据了别尔江斯克。10月7日，冯·维特斯海姆以其全部装甲师封锁了苏军往东的逃跑路线，而马肯森的军构成包围圈的北侧，冯·曼施泰因的步兵则从西面紧逼过来。第9和第12集团军落入了陷阱。一些苏联部队逃脱了，但没带走多少装备。当梅利托波尔包围圈于10月11日被肃清时，红军又损失了106000名士兵和210辆坦克，死者包括第18集团军司令。这次溃败之后，利亚贝舍夫被雅科夫·T. 切列维琴科（Yakov T. Cherevichenko）上将取代。这一行动被德军称为"亚速海战役"，它是德国国防军随机应变发起运动围歼战能力的典型体现，其装甲单位横扫了苏军大部队缺乏保护的后方。到德军发动这场攻势的时候，红军坦克手的水平已降低到只能承担有限的步兵支援角色，没有能力进行这种纵深作战。

打败南方面军后，冯·克莱斯特继续向东前进，他们面前只有苏联人缺乏组织的抗击，10月中旬"警卫旗队"师设法在塔甘罗格（Taganrog）以北渡过米乌斯河（Mius River），并于10月17日夺取了该城。冯·克莱斯特将所部分兵，冯·维特斯海姆的第十四摩托化军派往东北向沙赫特[①]进军，而马肯森

[①] 编者注：原文为"Stalin"，疑是有误。经查阅历史地图，该地并无以"Stalin"命名的地点，应为"Shakhty"。

的第三摩托化军取正东直奔罗斯托夫。不过，南方集团集群再也无法为冯·克莱斯特的装甲部队提供足够的补给了，因为其远离铁路端点，阴雨连绵的天气几乎使他的2个摩托化军陷入瘫痪。10月24日，"警卫旗队"师和第13装甲师已经接近罗斯托夫，但苏军的抵抗正在加强。

准备"台风"行动，9月6日—30日

基辅沦陷后，希特勒愿意考虑暂停军事行动，因为南方集团军群和中央集团军群已经转入防御，而且似乎除了夺取克里米亚和顿巴斯地区之外，德军在当年作战季剩下的时间里几乎做不成什么别的事情了。虽然红军没有被打败，但希特勒和陆军总司令部仍然将"巴巴罗萨"战役视为部分成功，这是合理的，因为这场战役使德国国防军处在了有利地位，令其能够在1942年消灭苏联。作为一名领导人，希特勒并不倾向于过度冒险，尤其是当他觉得自己已占据上风的时候。从一开始，希特勒就把莫斯科视为一个象征性的目标，几乎没有军事价值，他一直反对派遣德国国防军的装甲部队主力去占领这么一个地理目标，他所设想的装甲部队应当履行其主要职能，即包围和歼灭红军的重兵集团。

然而，甚至在基辅的基尔波诺斯的西南方面军被包围之前，希特勒就开始相信，苏联仅存的真正的战斗力量只有保卫通往莫斯科道路上的西方面军了。铁木辛哥的西方面军在8月—9月间对中央集团军群发动了多次反攻，特别是对暴露的叶利尼亚突出部，但除了给双方带来一场伤痕累累的消耗战外，收效甚微。因此，希特勒认为，铁木辛哥的军队在数周的战斗中已精疲力竭，如果从侧翼受到重击，他们很可能会崩溃。9月6日，也就是冯·博克从陷入困局的叶利尼亚突出部撤离的同一天，希特勒发布了"元首令第35号"，指出德军在大卢基和基辅取得的成功"为对铁木辛哥集团发起决定性行动创造了先决条件，苏联的该集团对中央集团军群的进攻都失败了，它必须在冬季来临之前被彻底摧毁"。希特勒的指令允许中央集团军群在摧毁铁木辛哥的部队后沿着莫斯科轴线进行追击，但没有明确要求占领苏联首都。陆军总司令部开始制订一个名为"台风"行动的作战计划，动用东线剩余的大部分德军装甲部队，以摧毁苏联西方面军和布良斯克方面军。

冯·博克的中央集团军群将作为攻城槌，粉碎苏联最后一次有组织的抵

抗。陆军总司令部开始将赫普纳的第4装甲集群的一部分从北方集团军群中调出，转隶给中央集团军群，而冯·克莱斯特也不得不转出4个他麾下的师。这是在很短时间内对装甲部队进行大规模的重新部署。例如，莱因哈特的第四十一摩托化军必须在不到一周的时间内调动600公里，并入冯·博克的中央集团军群。[92]在恶劣的道路网上进行的长距离行军，导致德军的履带和轮式车辆都出了不少故障。一些部队，比如第1装甲师，很幸运地通过铁路将他们的坦克转移到维捷布斯克，从而延长了车辆的使用寿命。[93]9月下旬，冯·博克麾下已经拥有古德里安的第2装甲集群、霍特的第3装甲集群和赫普纳的第4装甲集群，共14个装甲师和8个摩托化步兵师供其调遣。赫普纳——在"巴巴罗萨"战役期间，他连一场包围战都没打好——是作战的主力，贡献了2个新的装甲师和仍有作战能力的第10装甲师。"台风"行动将是德军在这场对苏战争中规模最大的攻势之一，约有1800辆坦克和69个师参与其中，另外还有14个突击炮营，共350辆Ⅲ号突击炮支援3个德国步兵集团军。沿着莫斯科轴线，德军剩余装甲力量的80%都集结了过来，这场战役中德军首次获得了在局部上较之红军可观的数量优势：中央集团军群相对苏联西方面军，将在坦克数量上拥有1.7：1的优势，人力上拥有1.5：1的优势。德国空军将剩余飞机的一半集结在第2航空队麾下，用于支援冯·博克的中央集团军群。尽管冯·博克因为"台风"行动掌控了国防军剩余的大部分装甲部队，但陆军军需官们却无法在战区内囤积任何燃料或弹药。尤其是穿越战区从德国送来的燃料，几乎不足以应付中央集团军群在8月—9月的防御行动，更不用说发动大规模进攻了。即使在最好的情况下，德军也没有足够的燃料让中央集团军群的所有部队都到达莫斯科城下。

伊万·科涅夫中将于9月12日从铁木辛哥手中接管了西方面军，当时铁木辛哥正前往南方，试图挽救乌克兰的败局。科涅夫有6个集团军把守直通莫斯科的道路，谢苗·布琼尼元帅指挥的预备队方面军以6个集团军为其后方梯队。在南方，通向莫斯科的道路由安德烈·叶廖缅科中将的布良斯克方面军以及另4个集团军保护。莫斯科前方的红军阵地看上去似乎很坚固，因为他们计划进行纵深防御，并有时间在防线上大规模修筑野战工事。总而言之，3个苏联方面军共有83个步兵师和9个骑兵师，并由16个坦克旅和2个独立坦克营共849辆坦克（其中包括128辆T-34坦克和47辆KV-1坦克）提供支援，[94]然而这只是外强中干罢了。苏联的3个方面军缺乏统一的指挥架构，没有强大的坦克力量作为机动预备队，对后方的保护也不够，预备队方面军的很多单位没有很好地巩固自己的阵地，甚至连维亚济马与奥廖尔等重要的补给和通信枢纽也没有驻守。8月的战斗之后，大多数富有经验的苏军师的兵力降至一半或更少，许多新的补充师的质量也差得惊人。更糟糕的是，希特勒转向乌克兰的举动误导了斯大林，使他相信莫斯科不再处于巨大的危险中，因此命令红军最高统帅部向铁木辛哥在乌克兰南部的新指挥部输送更多的补充力量。

因为"台风"行动是为了在基辅包围圈封闭后，于科罗托普和卢霍维萨两地之间扩张战果，所以希特勒并没有命令古德里安的第2装甲集群参与这一行动，然而，冯·博克想把他能用上的每一辆坦克都投入战场，好在最后一次猛击中粉碎西方面军。9月15日，他命令古德里安在基辅周围的行动完成后，立即将所部调回北方，转移到格鲁科夫（Glukhov）附近的集结地。前往格鲁科夫的长达185公里的陆路行军，给车辆和精疲力竭的人员带来了额外的损耗，且他们到达后就只剩下两三天的时间休整。9月27日，古德里安只有25%的坦克仍可运作，共187辆，包括94辆Ⅲ号坦克和36辆Ⅳ号坦克，分布在第二十四摩托化军和第四十七摩托化军的4个装甲师中。[95]古德里安设法让陆军总司令部发放了149辆新坦克（124辆Ⅲ号坦克和25辆Ⅳ号坦克）补充到他的师，但当"台风"行动开始时，这些坦克仍在运输中，直到10月1日—2日才接收到。更糟糕的是，古德里安的后勤状况是参与"台风"行动的3个装甲集群中最脆弱的1个，他开始行动时手头只有不到2个消耗额度的燃料，只够前进200公里，而莫斯科距离古德里安的出发阵地有550公里之遥。

"台风"行动：古德里安的战斗，9月30日—10月16日

叶尔马科夫机动集群在叶廖缅科的反攻中失利后，阿尔卡季·N.叶尔马科夫少将及其幸存的部队被转移到一个相对平静的区域进行重建。叶尔马科夫将他的3个步兵师和2个骑兵师部署在从格鲁科夫到奥廖尔的主干道上，形成一面很弱的屏障，2个坦克旅则作为预备队。鲍里斯·S.巴哈罗夫（Boris S. Bakharov）上校是一位经验丰富的坦克指挥员，领导着坦克第150旅，该旅以12辆T-34和8辆T-50坦克把守格鲁科夫—奥廖尔公路。14吨重的T-50是一款刚刚

投入生产的新型轻型坦克，作为T-26的替代品，它拥有T-34的倾斜装甲和柴油发动机，但在国防委员会终止该项目前只完成了48辆，随后取而代之的是更便宜的T-60。叶尔马科夫的另一支坦克预备队是尼古拉·N. 拉德克维奇（Nikolai N. Radkevich）上校的坦克第121旅，部署在德米特里耶夫（Dmitriyev）附近，有70辆坦克（5辆KV-1、18辆T-34、46辆T-26）。拉德克维奇也是一位经验丰富的坦克指挥员，毕业于机械化和摩托化军事学院，是一名训练有素的总参谋部军官。这个区域的地形相对平坦开阔，因此不利于防御。

　　一夜暴雨之后，古德里安于9月30日6时35分在艾斯曼（Essman）附近对步兵第283师阵地进行了简短的炮火准备，揭开了"台风"行动的序幕，"斯图卡"俯冲轰炸机紧随其后攻击了苏军的炮兵。之后，作为攻击主力的冯·施韦彭格的第二十四军进攻叶尔马科夫防线的中央，而助攻的利默尔森的第四十七摩托化军攻向叶尔马科夫机动集群和苏联第13集团军的结合处。来自第4装甲师的埃贝巴赫战斗群组织了"重点突破"，轻松突入苏联步兵第283师的一线阵地，但是在艾斯曼遭遇了巴哈罗夫的坦克第150旅。几辆轻型坦克刚一露头就被埃贝巴赫手下来自第35装甲团第1营的坦克击毁，但随后，德军在城镇附近被2辆T-34依托绝佳的埋伏位置阻挡了几小时。德国坦克手还撞上了由木质的TMD-40反坦克地雷组成的大型障碍带，到目前为止，这在东线还很少见。埃贝巴赫派出第35装甲团第2营绕到侧翼，从后方攻击T-34，但是有1辆T-34打瘫了第6连连长亚瑟·沃施莱格（Arthur Wollschlaeger）中尉的Ⅲ号坦克座车。德国坦克手呼叫空中支援，一架Bf-110战斗轰炸机扫射了苏联阵地，逼迫敌方坦克撤离。[96]

　　叶尔马科夫向叶廖缅科报告德国攻击规模时出了错，后者误判古德里安的进攻仅仅是为了转移注意力，遂指示叶尔马科夫通过局部反击解决问题。然而，叶尔马科夫本就摇摇欲坠的指挥-控制系统在激烈的战斗中分崩离析，以至于失去了对其坦克部队的掌控。与埃贝巴赫战斗群较量一番后，巴哈罗夫的坦克第150旅向东撤退，通往奥廖尔的道路变得无人防守。拉德克维奇的坦克第121旅处于对埃贝巴赫战斗群发动侧翼攻击的绝佳位置，却袖手旁观，整整5天按兵不动。由于未受到叶尔马科夫坦克的干扰，埃贝巴赫战斗群击溃了苏联的步兵，突破了苏联的炮兵阵地，于10月1日中午占领了谢夫斯克（Sevsk）。

古德里安左翼，利默尔森的军也在西侧获得了成功，突破薄弱的步兵阵地防御，击败了坦克第141旅的反击。德国人已经着手调整他们的战术以对付苏联的重型坦克，现在每个装甲营都附带了1门105毫米中型榴弹炮和1门88毫米高射炮。当切尔诺夫的坦克正面攻击第17和第18装甲师时，他们设法向一个德军行军纵队射击，却遭遇了猛烈的炮火。很快，至少1辆KV-1和1辆KV-2被打瘫。[97]利默尔森的坦克迅速向第13集团军的侧翼推进，扩大了后者与叶尔马科夫机动集群之间的缺口。48小时之内，古德里安粉碎了叶廖缅科的方面军，击溃了叶尔马科夫机动集群并开始包围第13集团军。两个月以来第一次，古德里安的坦克取得了干脆利落的突破，他充分利用了这一点。下午，第34摩托化步兵营得令在奥廖尔高速公路上前驱100公里，并于黄昏时分在克罗梅（Kromy）夺取了奥卡（Oka）河上的桥梁。埃贝巴赫战斗群以最快速度紧随其后，所遇抵抗可以忽略不计。

10月3日早些时候，埃贝巴赫战斗群向奥廖尔挺进，这座拥有11万人口的城市仅由少量苏军后勤部队保卫。德国装甲部队又一次奇袭了一个苏联大城市，并在红军做出反应之前将其拿下。一个孤零零的装甲连——沃施莱格（Wollschlaeger）中尉的第35装甲团第6连在下午4时内驶入奥廖尔市中心，他在反坦克炮火中损失了3辆坦克，但其他方面只遭遇了零星的抵抗。[98]埃贝巴赫的坦克还在奥廖尔机场遭遇了TB-3轰炸机，这些飞机正将第5空降军运来。奥廖尔的失陷对布良斯克方面军来说是个灾难性的打击，因为苏军主要的交通线路贯穿全城，叶廖缅科很快就与他手下许多部队以及在莫斯科的红军最高统帅部失去了联系。[99]

短短4天，第4装甲师已经前进了240公里，毙伤敌2200人，同时缴获了16辆坦克和24门大炮，付出的代价仅是41人死亡，120人受伤。古德里安的2个军在此期间总计消灭了1万多名苏联士兵，并击溃2个坦克旅。[100]然而，古德里安这种披荆斩棘的前进是短暂的，因为第二十四摩托化军到达奥廖尔时耗光了其所有的燃料，一滴也不剩了。埃贝巴赫派出第35装甲团第2营、第12摩托化步兵团、第34摩托车营和1个炮兵营进入奥廖尔，但第4装甲师的剩余部队在距离城市20—40公里时用尽了燃料。与神话相反，由于缺乏燃料，古德里安的先头部队在第一次降雪前4天就动弹不得了。前线部队的弹药储备也非常低。古德里安要求德国空军用Ju-52运输机向奥廖尔机场运送500立方米的燃料，但苏联战斗机在该地区非常活跃，德国空军对此有所忌惮。替代方案是，冯·施韦彭格被迫将他的补给大队调回后方补充燃料，这需要4天的时间，其2个师均能获得1个消耗额度的燃料，尽管这一数量仍然不足以抵达古德里安的下一个目标——图拉（Tula）。

当冯·施韦彭格的军被困在奥廖尔时，红军最高统帅部开始就古德里安对布良斯克方面军的突破做出反应。在莫斯科，红军最高统帅部下令德米特里·列柳申科少将立即前往奥廖尔，并接手即将派给他的几个最高统帅部预备队单位。他得令尝试夺回奥廖尔，或在该城以北建设一条新的防线。碰巧，米哈伊尔·卡图科夫上校的坦克第4旅从斯大林格勒乘坐火车前往莫斯科，中途改道至距离不远的奥廖尔以北的姆岑斯克（Mtensk）火车站。卡图科夫的坦克旅于10月4日开始在姆岑斯克卸车，共有60辆坦克（7辆KV、22辆T-34、31辆BT-2/5/7）。阿曼·P. 马季索维奇（Arman P. Matisovich）上校的坦克第11旅正在从莫斯科出发的路上，其拥有大约50辆坦克，包括一些KV-1和T-34。列柳申科和卡图科夫都是非常有能力且经验丰富的坦克指挥员，这是第一次，红军最好的指挥员和装备同时出现在战场。甚至在他的旅完全卸载之前，卡图科夫就派遣了2个坦克连，包括19辆T-34和2辆KV-1，在弗拉基米尔·古谢夫（Vladimir Gusev）大尉和亚历山大·F. 布尔达（Aleksandr F. Burda）上尉的指挥下，在通往奥廖尔的道路上进行了一次侦察。

与此同时，叶廖缅科并没有意识到古德里安的突破，还指示第13集团军防御其侧翼，此举给了利默尔森从后方接近布良斯克的机会。缺乏无线电设备以及各部队之间协调不力，使叶廖缅科失去了态势感知能力，让古德里安的部队能够轻松战胜对手。叶廖缅科的最后一支机动预备队——切尔诺夫的坦克第141旅曾试图在卡拉齐夫（Karachev）停留，对抗利默尔森的2个装甲师，但很快便被击败。第17装甲师随后从第39装甲团第1营派出一支连级战斗群，在汉斯·格拉德尔（Hans Gradl）少校的指挥下向正西方挺进，从后面迫近布良斯克。格拉德尔只有13辆坦克（7辆Ⅱ号坦克和6辆Ⅲ号坦克），连同4台搭载1个排步兵的半履带装甲车和2门20毫米自行高射炮。直到格拉德尔的坦克出现在司令部外面并开始射击，叶廖缅科才意识这一威胁，他被迫在负伤后逃离。[101]此后不久，格拉德尔于10月6日晚夺取了杰斯纳河上的一座桥梁，进入拥有87000人口的城市布良斯克，并于10月7日早上以突袭方式将其占领。除了城市，格拉德尔还俘获了1000多名红军士兵，1个炮兵营和14辆坦克，其中包括4辆KV-1。[102]一小股德军装甲部队对布良斯克方面军的指挥部实施了斩首行动，拿下了俄国一个大城市，孤立了第3和第13集团军共14个师。德国第二集团军从西面逼过来，编织起杜布切夫斯克（Trubchevsk）包围圈。这是一次非凡的成功，但古德里安拒绝从利默尔森的军中调派足够的力量来彻底封死杜布切夫斯克口袋。5天后，被困的第3和第13集团军发起了一次成功的突围行动，利默尔森无法阻挡，拥有7个步兵师的部队得以突破松散的封锁线，到达图拉附近的苏联战线。

古德里安决心把控主动权，并不希望像杜布切夫斯克包围圈这样的干扰使他分心，偏离莫斯科这一目标。他认为第二集团军的步兵可以肃清杜布切夫斯克。然而，很明显第2装甲集群的后勤支援严重不足，不足以继续大踏步推进。古德里安只能进行"保障先锋"式的进攻，通过从下属的其他一些单位，比如第3装甲师，搜罗燃料和弹药，给埃贝巴赫战斗群提供足够的资源，使其继续向图拉和莫斯科进发。埃贝巴赫战斗群轻松的胜利以及对布良斯克的攻占，使古德里安确信当面的红军已所剩无几，他只需尽快前进，以取得历史性的胜利。

埃贝巴赫战斗群派出1个装甲连和一些侦察部队沿奥廖尔—图拉公路行驶了15公里，直到他们撞上古谢夫和布尔达的T-34。布尔达与德军纵队交战，打瘫了一些侦察车辆，其余德军则迅速撤离。一些受伤的德国士兵被丢弃，随后对红军交代了第4装甲师将很快通过这条路前往姆岑斯克。有了这些情报，卡图科夫将他的坦克力量拉回利希察（Lisiza）河，他把手下的2个坦克营部署在俯瞰桥梁的高地上。这是一个完美的伏击位置，因为在这里卡图科夫拥有很好的能见度，地形也将遏制德军的任何进攻。

10月5日的小规模交战警醒埃贝巴赫敌方重型坦克的存在，因此他为其先头部队配备了1个88毫米高射炮连、1个100毫米重炮连和1个105毫米中型榴弹炮连，并由很有能力的梅纳德·冯·劳赫特（Meinrad von Lauchert）少校指挥。截至10月6日，第4装甲师获得的燃料足够劳赫特动用5个坦克连和第34摩托车营，但若要供应摩托化步兵团的话还是不够。虽然没有德国空军配合，但劳赫特得到保证，1个营的六管火箭炮和2个炮兵营将为他提供常规火力支援。上午9时，冯·劳赫特奉命出发，机动接敌。他在前一天的交战地没有发现任何俄国人，看起来敌人已经撤退了。冯·劳赫特的先头坦克连抵达了利希察河上的桥梁，发现这座桥居然完好无损。卡图科夫在桥的北侧部署了一些内卫部队的步兵和45毫米反坦克炮，以及手下4辆BT轻型坦克作为掩护力量，以此欺骗德国人，让他们以为这就是主防线。当发现敌军力量后，冯·劳赫特下令对敌阵地进行炮击，坦克迅速打垮了倒霉的内卫部队。上午11时30分左右，冯·劳赫特小心翼翼地派出2个连的坦克驶过大桥，同行的武装力量还有一些摩托车步兵、2门88毫米高射炮、1门100毫米大炮和第103炮兵团第6连（4门105毫米榴弹炮），去夺取俯瞰桥梁的山脊。

冯·劳赫特不知道的是，卡图科夫上校已经将他的2个坦克营部署在山脊线，距桥约400米处的伏击位置，德国坦克刚爬上山顶，就遭到一连串的76.2毫米反坦克炮弹的打击，这是隐蔽在道路两侧白桦树林中的KV-1和T-34坦克发射的。1辆德国坦克被打瘫，但其余的仍在还击。苏联坦克手在Ⅲ号坦克装备的低初速50毫米火炮的有效射程外开火，而德国穿甲弹在装甲厚实的苏联坦克上被弹飞了。之前KV和T-34坦克参与的战斗通常以灾难告终，原因是其没能获得地利，或者战术选择不当，更甚者两者皆有，但在通往姆岑斯克的道路上，卡图科夫从他精心策划的伏击中取得了成效。当德国人意识到被T-34和KV-1的火力压制时，便立刻撤回到山脊边缘可以隐蔽炮塔的阵地上，并拖出他们的88毫米高射炮。这些高射炮需要1辆8吨的无装甲Sd.Kfz.7型半履带车拖着进入阵地——这使得它们在战场上非常显眼，并且德军需要10分钟才能把火炮部署到射击位置。1门88毫米高射炮成功就位，击中了伊万·T.柳布什金（Ivan T. Lyubushkin）中士的T-34，炸伤了所有4名乘员。然而，这辆T-34没有燃烧，他的连的另一辆坦克开火直接命中了高射炮，将其消灭。第二门88毫米高射炮也只打了3发就与其牵引车一同被摧毁。伊万·T.柳布什金中士设法重新投入战斗，从其战位巧妙地打瘫了在山脊线边缘的5辆德国坦克。

冯·劳赫特受够了，命令他的先头部队脱离战斗撤到桥对岸。摩托车步兵首先撤退。但弗拉基米尔·古谢夫大尉一发现德国人在后撤就命令布尔达的连攻击桥头堡。100毫米口径的K18榴弹炮用1枚反坦克炮弹打瘫了1辆T-34，但它自己也被摧毁了。古谢夫下令将他营里的其余部队，大约21辆T-34和4辆KV-1投入战场。当T-34直冲过来时，第103炮兵团第6连的4门105毫米榴弹炮坚守阵地，霎时炮火纷飞。3辆T-34被打瘫，但是德军2门榴弹炮被炸毁，所有炮组人员被击毙。1辆驶入德国阵地的KV-1坦克发生故障——可能是变速箱出了毛病，一些德国士兵迅速带着燃料罐跳上动弹不得的坦克，将其点燃。卡图科夫命令他的坦克撤回以避免进一步的损失，他们完成了遏制德军过河的任务，可以从远处向德国人开火而无需担心反击。剩下的德军迅速撤到桥对面，放弃了被击毁的车辆。冬天的第一场雪开始下了，为战斗划上了一个恰如其分的句号。冯·劳赫特损失了10辆坦克，还有5门火炮。卡图科夫损失了1辆KV-1、2辆T-34和4辆BT坦克，还有4辆T-34受损但修复了。[103]

尽管双方各自只有1个坦克营参战，但10月6日在姆岑斯克附近发生的坦克交锋对东线装甲战影响深远。虽然自6月份边境交战以来，德国坦克手对KV和T-34坦克的出现感到震惊，但实际上没有任何德国装甲部队被这些苏联的"神奇武器"击败。6月27日，德国陆军总司令部派遣特别委员会前往拉塞尼艾视察缴获的T-34和KV-1，并建言使用88毫米高射炮就足以击败这些苏联重型坦克，然而在姆岑斯克，高射炮很快就被干掉了。[104]红军第一次在理想条件下动用足够数量的KV和T-34，显示出明显的战术优势。虽然只有7名乘员阵亡，但德军整个装甲连被粉碎了。古德里安对这场战斗感到震惊，并认为第4装甲师的损失堪称"悲壮"。他后来写道："我们向图拉的高速推进计划因此暂时搁浅。"[105]古德里安还清楚，姆岑斯克之战表明，至少一些红军坦克指挥员正在学习如何正确指挥坦克战，而德国最好的Ⅲ号坦克，已经无可救药的过时了。古德里安要求德国陆军总司令部另派一个特别委员会来调查战斗结果，并就提高德军装甲部队的装备质量提出建议。然而，德国陆军总司令部正忙于指挥"台风"行动，在接下来的6周都不会派出这一委员会。

与此同时，古德里安仍然有一项使命要完成，即解决敌人的抵抗、冬季的气候和后勤物资供应不足等问题。第3装甲师由于缺乏燃料，不得不留在奥廖尔，因此德军只有1个装甲师可以立即恢复进攻。古德里安命令冯·施韦彭格绕过卡图科夫的坦克旅并运用迂回机动的方式迫使苏联人撤退。埃贝巴赫的指挥车在10月6日的战斗中被摧毁，古德里安与他商讨情况时发现他已精疲力竭。埃贝巴赫下令摩托车营在10月7日进行大规模扫荡，好为渡过奥卡河占领一个河口，这个行动同时还将威胁到卡图科夫的后方。[106]卡图科夫的部队仅仅撤退了5公里，并在杜姆齐诺（Dumchino）附近建立了一条新的防线。列柳申科命令卡图科夫进行机动迟滞，以时间换空间，同时他在姆岑斯克的祖莎（Zusha）河后面建立了一条更坚固的防线。列柳申科为卡图科夫提供了一个来自马季索维奇坦克第11旅的坦克营，一些内卫部队和2个营的BM-13型喀秋莎火箭炮，但若想长期控制阵地，这显然是不够的。卡图科夫最大的弱点是缺乏步兵支援。

冯·施韦彭格花了2天时间补给燃料和弹药，以进行一场阵地战。这一次，德国侦察确定了卡图科夫旅的位置，而埃贝巴赫也决定改变策略：派遣2个步兵团——摩托化步兵第12和第33团在卡图科夫坦克的两翼徒步渗透，当苏联人开始撤退时，再把冯·劳赫特的坦克投入战斗。10月9日6时30分，德军步兵开始分两个集群前进。注意到卡图科夫的左翼缺乏步兵支援，来自第35装甲团1个连的坦克和一些步兵设法进行包抄，但他们很快被伏击阵地的T-34的火力压制住了。埃贝巴赫召唤"斯图卡"式俯冲轰炸机，却未给敌军造成重大损失，但苏联飞机开始沿路扫射返回奥廖尔的埃贝巴赫的行军纵队。卡图科夫声称他的坦克摧毁了41辆德国坦克和13门大炮，这场一边倒的战斗的实际情况已够糟糕了：冯·劳赫特的坦克至少有5辆被打瘫，还加上1门88毫米高射炮、1门反坦克炮、1辆装甲工兵的SPW半履带车。[107]卡图科夫的损失微不足道，他已经阻挡古德里安最好的师整整1天，但他不能夜间停留在敌军步兵出没的树林里，所以他回撤到姆岑斯克以南3公里的另一处阵地上。[108]

10月9日的战斗消耗了埃贝巴赫一半的弹药，他的第35装甲团只剩下30辆可用的坦克。10月9日—10日，夜间的一场大雪使这条道路变得泥泞不堪，这意味着补给卡车不会很快到达他这里。然而，雪成了埃贝巴赫的救兵。德国侦察兵在姆岑斯克东南的祖莎河上发现了一座苏联浮桥，大雪将能见度降低到200米甚至更低。埃贝巴赫决定走一步险棋，他派出1个装甲连——亚瑟·沃施莱格中尉的第35装甲团第6连，搭载来自第33摩托化步兵团一个连的步兵，穿过原野夺取浮桥，从北边拿下了这座城市。苏军在战术上表现出惊人的愚蠢，浮桥只有很少的兵力防守，而姆岑斯克本身几乎没有保卫者。沃施莱格在没有被卡图科夫的坦克手发现的情况下占领了浮桥，让其坦克通过——这再次证明坦克可以去任何地方。但在88毫米高炮连过桥时，浮桥轰然倒塌。沃施莱格毫不畏惧，于12时冲进城中，摧枯拉朽般碾过1个连的7门BM-13型火箭炮和1个防空炮连。虽然他仅有的几辆坦克和步兵不足以控制整个城市，但是沃施莱格拿下了控制公路大桥北侧的关键地带。卡图科夫的坦克顿时被孤立了。

卡图科夫立即试图用8辆坦克过桥反击，但现在战术形势已经发生了变化。正如埃贝巴赫后来所写："我们的坦克已经占据了有利位置，可以利用房屋、花园隐蔽和掩护，能把苏联坦克放进直瞄距离。3辆俄国坦克（T-34）被打瘫，其余的撤回……"事实上，其他苏联坦克直接冲出了德军的伏击圈，然后开出了城市。只有1辆德国坦克被击毁。尽管取得了这一胜利，但埃贝巴赫意识到沃施莱格的处境十分艰难，于是他敦促工兵们修复浮桥，向姆岑斯克派出增援力量。列柳申科对德军占领姆岑斯克之事做出了反应，从坦克第11旅调了1个连6辆KV-1去收复姆岑斯克，但当他们到来时，装甲工兵已经埋下了一些反坦克地雷，1门100毫米榴弹炮已送至沃施莱格处。3辆KV-1被打瘫，其余的都撤了。在与时间的赛跑中，埃贝巴赫紧赶慢赶，终于让更多的增援部队渡过祖莎河进入了姆岑斯克，而列柳申科和卡图科夫则试图集结起一支有组织的力量。大约13时30分，第33摩托化步兵团第1营的步兵连同1门88毫米高射炮和沃施莱格会合。大约15时，当列柳申科最终投入坦克第11旅的其余兵力和一些步兵时，德国人在姆岑斯克已站稳脚跟。88毫米高射炮占据了射界非常好的位置，在约1000米距离上打瘫了3辆T-34，使得攻方撤退。在祖莎河以南被切断了联系的卡图科夫一直等到夜幕降临，在枪林弹雨中冲过铁路桥，疯狂地突围。卡图科夫的旅大部分抵达了姆岑斯克以北列柳申科的战线，但许多受损的车辆被遗弃，坦克第4旅装备减至3辆KV-1、7辆T-34和20多辆轻型坦克。

卡图科夫的坦克第4旅在只能获得有限援助的情况下，以巧妙的机动迟滞，阻滞了古德里安的进军将近一周的时间，使其向图拉的推进变成了爬行。期间卡图科夫失去了60辆坦克中的25辆以及300名士兵，但是他摧毁了8辆德国坦克，打伤了10辆。此外，虽然第4装甲师通过突袭夺取了姆岑斯克，但古德里安在接下来的两周内被迫转入防御，直到他能获得补给弥补损失。斯大林认定卡图科夫此战取得了胜利，并亲自下令将卡图科夫及其麾下的旅从现已平静的姆岑斯克地域调离，去帮助阻止德国人从西面攻入莫斯科。虽然古德里安对此一无所知，但他如果知晓卡图科夫的坦克向北行军长达360公里，且在这段因泥泞让许多德国车辆趴窝的时期，却没有因机械故障损失1辆坦克，定会惊讶不已。[109]

霍特击溃西方面军，10月2日—12日

10月2日5时30分，霍特的第3装甲集群和赫普纳的第4装甲集群对苏联西方面军和预备队方面军发起进攻，"台风"行动主攻开启。冯·博克的意图是，让2个装甲集群都在狭窄的正面突破苏军战线，深入其后方区域，然后在维亚济马市后侧会合，从而包围西方面军和预备队方面军的主力。与其他德国装甲合围不同，这次行动是一次正面攻击，没有战役或战略层面的突然性。这个时候，苏联进行防御的各集团军都很警惕。这一次，德军不会再有机会做出精妙的机动来通过意想不到的地形。然而，尽管红军这2个方面军拥有639辆坦克，包括35辆KV和90辆T-34，但这些坦克都是用于支援步兵的，离前线太近，部署情况糟糕。科涅夫一半的坦克力量被分配给列夫·M. 多瓦托尔（Lev M. Dovator）少将的骑兵—坦克混合集群。两个方面军都没有在纵深展开可观的坦克预备队，以应对德军的突破。

霍特把他的第四十一和第五十六摩托化军作为主攻力量，这2个军拥有第1、第6和第7装甲师，他们将在西方面军第19和第30集团军的结合处实施突破。所有苏军部队都由步兵师组成。科涅夫方面军里的这2个集团军控制的战线延伸长达50公里，完全没有坦克支援力量，每公里也只有3门反坦克炮。这就是霍特决定动用他的3个装甲师进攻的地带。虽然许多历史学家都指出红军最高统帅部在1941年组建"即时"步兵师的非凡能力，但很少有人探讨，这种不顾一切的努力事实上对红军的战斗力产生了什么样的影响。战前苏联步兵师有自己的反坦克营，装备18门M1937型45毫米口径反坦克炮，每个步兵团有1个6门炮的炮兵连，每个步兵营有1个2门炮的炮兵排，共计54门反坦克炮。而7月—8月组建的步兵师没有反坦克营，火炮被削减到18门45毫米炮。同样，师

属炮兵从60门炮减少到24门，其中大部分是76.2毫米F-22/USV型加农炮。更糟糕的是，在仓促动员中征召的炮兵没有受过间接瞄准射击培训，只接受过直瞄射击训练，这大大削弱了苏联炮兵对其视野之外战局的影响力。无线电设备如此之少，以至于大多数新部队不得不依靠野战电话，而这些电话在机动作战中很容易被打断和失效。只受过两到三个星期的训练，这些"即时"步兵师只能装装样子，且在经历了8月份铁木辛哥大放血式的反攻后，第19和第30集团军的大部分师，在前线第一个月损失的作战人员和装备高达30%—50%。结果，西方面军的前线防御由精疲力竭、训练不足的部队掌控，只有极少的通讯设备和重型武器支持，对如何应对大规模装甲进攻战也是一知半解。

装甲兵上将费迪南德·绍尔（Ferdinand Schaal）已经从第10装甲师师长调任第五十六摩托化军军长，接替了冯·曼施泰因的职位，将指挥第6和第7装甲师主攻，执行霍特的"重点突破战术"。绍尔共有大约300辆坦克，其中大部分是捷克制造的35(t)和38(t)型坦克，以及第210突击炮营的III号突击炮，第643坦克歼击车营装备的配备47毫米火炮的I型坦克歼击车。35(t)坦克很快就要到其使用寿命了，国内生产线上也没有任何备件库存，霍特知道"台风"行动将是他们的最后一战。为霍特的装甲集群提供的燃料和弹药，连支撑短期进攻都有些困难，更不用说一场旷日持久的战斗了。

10月1日夜—2日凌晨，在步兵第129师的战线上开辟了一条前进通道后，绍尔将2个装甲师并排展开，并选定了一条不足10公里宽的突破走廊。这是一个崎岖不平的丘陵地带，超过一半的地区被森林覆盖，不是特别适合坦克作战。来自第6装甲师的劳斯战斗群进行了包括2个火箭炮营在内的炮火准备，随后开始地面进攻。挡在他们道路上的是第19集团军的步兵第91师，这是7月份从远东调来的最早一批"西伯利亚师"之一。虽然他们较之大多数友邻部队都更为训练有素，但事实证明，面对劳斯战斗群，步兵第91师只起到了"减速带"作用，前者协同第7装甲师轻松突破了前线防御并迅速向东推进。在绍尔左翼，莱因哈特的第四十一摩托化军以第1装甲师进攻第30集团军的步兵第162师。日终时，霍特的2个军在这一地域的苏军战线上扯开了大口子，他们横扫一切，扩大突破口。霍特旗下还留有2个步兵军——第五和第六军，以备攻势之需。霍特曾指挥他们对第19和第30集团军战线进行牵制性进攻。由于缺乏坦克支援，第19和第30集团军的指挥员们选择就地死守——这也正是霍特所希望的——同时等待科涅夫派出坦克援兵来填补缺口。进攻第二天，劳斯战斗群设法在霍尔姆–日尔科夫斯基（Kholm–Zhirkovski）夺取了2座第聂伯河上的小木桥，为快速向维亚济马挺进开辟了道路。

第二天早上，来自第7装甲师的1个小型战斗群开始从第聂伯河桥头堡向东试探，其兵力有1个Ⅱ号坦克排、1个搭乘半履带装甲车的步兵排和一些装备了47毫米炮的I号坦克歼击车。在第聂伯河后面，苏联人放置了一些"龙牙"反坦克障碍，并由T–34坦克掘壕据守，但均被德军一一攻破。[110]科涅夫迅速对霍特在第聂伯河上的突破做出反应，首先命令第19集团军用3个最高统帅部预备队的榴弹炮团（近100门152毫米榴弹炮）轰击德军先头部队。然而，炮兵在最好的情况下也很难击中移动的装甲目标，因此未能阻止霍特的坦克。随后，科涅夫指挥离突破口最近的坦克部队——坦克第143旅（9辆T–34和44辆T–26）发动反击，但他们错误地攻击了第八军的步兵并被击退。10月3日，科涅夫决定尝试动用多瓦托尔的骑兵军和西方方面军其他的坦克部队进行一次钳形攻击，以求截断霍特的先锋部队。他指定他的副手，伊万·波尔金（Ivan Boldin）中将以摩托化第101师、坦克第126和第128旅组建1个战役集群，攻击劳斯在霍尔姆–日尔科夫斯基的桥头堡。波尔金只有几个小时的时间来集结这些部队，这些部队宣称有190辆坦克，包括11辆KV和10辆T–34。10月4日，波尔金战役集群在霍尔姆–日尔科夫斯基攻击了劳斯战斗群。劳斯后来写道：

100辆坦克从南面驶来，攻击霍尔姆的公路枢纽。这些大部分只是中型坦克（BT和T–26），我派了1个单独的35(t)装甲营和第114摩托化步兵团第6连去对付。当高射炮、反坦克炮在霍尔姆与南边的第聂伯河桥梁之间构成一条稳固的反坦克防线时，少许兵力足以遏制潜在的攻击危险。他们的坦克被森林分成小群，俄国人从未成功组织过一次强大、统一的装甲突击。一旦遭遇反坦克防线，他们的先头部队就会被逐一歼灭。因此，苏联指挥官变得更加谨小慎微，并倾向于在战场上将他们的车辆散得更开，分散的小队坦克在碰上我们的反坦克武器后都被粉碎了……因此，霍尔姆附近100辆苏联坦克的侧翼攻击只成功迟滞了第6装甲师的推进几个小时。[111]

波尔金计划不周的反攻失败了，损失了大约100辆坦克。缺乏无线电通讯使波尔金无法有效地集中他的坦克力量，从而败于一支远逊于他的德军。波尔金撤退后，绍尔的2个装甲师横扫了该地域大部分未有护卫的苏联炮兵，锁定了胜利。科涅夫的反击能力在一次行动后便一蹶不振，再也无法阻止霍特。事实上，霍特最严重的问题是燃料短缺，这使他无法动用所有的装甲力量，只能被迫依靠德国空军的空中补给来保持第7装甲师的前进势头。[112]然而，德国空军已动用了东线运输机部队的主力——200架容克斯Ju-52型运输机，在10月的头几天将第7空降师的空降兵调往列宁格勒，只留下很少的飞机来支援"台风"行动。[113]向莫斯科发起主攻的同时将重要的运输装备调配给一个次要战区，这表明陆军总司令部未能对关键性的目标保持始终如一的注意力。

10月6日，即进攻的第5天，来自第7装甲师的曼陀菲尔战斗群穿过维亚济马以北，一路打垮虚弱的苏军，然后南下，并在晚上8时左右切断了明斯克高速公路。与此同时，第1装甲师通过占领别雷（Belyy），为第九集团军打开了通往勒热夫的道路，迫使多瓦托尔的骑兵集群向北撤退。霍特的装甲集群以大约1000人伤亡的代价完成了在维亚济马包围战形成北侧钳子的任务，并在此过程中击溃了科涅夫大部分的坦克部队。

10月5日，所有4个装甲集群都改名为装甲集团军。在此之前，装甲集群名义上隶属于一个野战集团军，但重新命名表明它们现在完全独立，与其他集团军平级。同一天，装甲部队的领导层发生了重大变化：霍特离开了第三装甲集团军，去南方集团军群担任第十七集团军司令官，他的职位由乔格·汉斯·莱因哈特顶替；瓦尔特·莫德尔，其第3装甲师在奥廖尔耗尽了燃料，被提拔接替莱因哈特担任第四十一摩托化军军长。

赫普纳封闭维亚济马包围圈，10月2日—12日

埃里希·赫普纳大将的第四装甲集团军获得了"台风"行动中最多的资源，他的部队预计将要夺取莫斯科。与在北方集团军群指挥过的部队完全不同，现在他的集团军里包括3个摩托化军：装甲兵上将格奥尔格·施图姆的第四十摩托化军，海因里希·冯·菲廷霍夫–谢尔上将的第四十六摩托化军，装甲兵上将阿道夫·孔岑的第五十七摩托化军。赫普纳共有约765辆可用的坦

克，包括300余辆Ⅲ号坦克和75辆Ⅳ号坦克，同时他接收了2个满编的师：第2和第5装甲师。施图姆的军——这将是其主力——实力最强，拥有335辆坦克。除此之外，赫普纳还有党卫军"帝国"师、第3摩托化步兵师、1个突击炮营和2个常规步兵师。赫普纳受益于这样一个事实：其主要铁路补给站罗斯拉夫尔（Roslavl）距离他的集结地域仅25公里之遥。

　　赫普纳的任务是粉碎布琼尼元帅预备队方面军的防线，并向前推进从而形成维亚济马周边的南侧铁钳。赫普纳基于他部队的规模，决定以第四十和第四十六摩托化军为主力，在一个宽度为25公里的正面实施突击，孔岑的军为预备队以扩大战果。他们的对手，苏联第43集团军有4个步兵师，稀疏地分布在85公里宽的战线上，防御密度少于每公里200人和0.8门反坦克炮，这意味着赫普纳的装甲集团军在这一地域对守军有压倒性优势。例如，赫普纳的第10装甲师的对手是一个仅有4或5门45毫米反坦克炮的步兵团。除此之外，第43集团军仅获得了坦克第145和第148旅88辆坦克的支援。赫普纳和霍特在同一时间动手，以火箭炮和"斯图卡"俯冲轰炸机对苏军一线阵地进行了轰击。炮火准备后，施图姆和菲廷霍夫的军很快在杰斯纳河对岸建立了桥头堡，并击溃了苏军第一梯队薄弱的步兵师。杰斯纳河足够浅，足以让第11装甲师的坦克自己开过去，苏方没有在浅滩埋设地雷。[114]苏联第43集团军司令没有出动坦克进行反击，而是决定用他的2个坦克旅保卫斯帕斯–杰缅斯克重要的铁路枢纽。苏军几乎没有对赫普纳渡过杰斯纳河或建造浮桥的行动做任何阻拦。尽管苏联第43集团军的步兵很快就被德国装甲部队击溃，但布琼尼已将部队做纵深部署，苏联第33集团军的5个步兵师应该能拖慢德军的推进速度。但相反，苏联步兵部队由于过于分散以致不能相互支援，施图姆的军只是简单地集结装甲力量依次攻击一个又一个的苏联步兵师便能将其碾过。布琼尼的很多师都是民兵部队，几乎没有重武器，并不适合用来阻挡大规模装甲部队的进攻。在进攻的前3天，赫普纳击溃了苏联第33集团军和第43集团军的大部并在布琼尼的战线上撕开一个大口子。布琼尼犯了一个错误，在前去第43集团军指挥部的途中被溃兵挟裹，这导致预备队方面军在关键时刻失去了高层的指挥。[115]10月4日，菲廷霍夫的军占领了斯帕斯–杰缅斯克并包围了苏联坦克第145和第148旅。

　　10月5日，赫普纳投入孔岑的军扩大战果。当施图姆和菲廷霍夫向北转向包围维亚济马时，孔岑大胆地指挥党卫军"帝国"师进攻格扎茨克（Gzhatsk），让第3摩托化步兵师进攻尤赫诺夫（Yukhnov）。接下来的48小时对苏军来说非常糟糕，灾难接踵而来。布琼尼的预备队方面军在赫普纳的坦克攻势下迅速瓦解，这次行动与其说是一次进攻还不如说是一次追击。一架苏联Pe-2轻型轰炸机在一次独自进行的侦察任务中，发现成群结队的德国装甲部队在华沙——莫斯科公路上毫无阻拦地推进，但这一情报未获重视。德军第10装甲师现在由装甲兵上将沃尔夫冈·菲舍尔（Wolfgang Fischer）指挥，他进行了一次大胆的突袭，在10月6日5时30分派遣一个战斗群去进攻尤赫诺夫，派遣另一个战斗群前往维亚济马。斯大林获知尤赫诺夫——其离克里姆林宫不到200公里——已经被攻占时大惊失色，命令科涅夫和布琼尼立即向莫扎伊斯克（Mozhaisk）撤退，但为时已晚。此时，红军最高统帅部快速组建的单位——缺乏足够的运输能力——再一次困扰着红军，这些步兵单位显然缺乏机动性，跑不过装甲师。10月7日10时30分，德军第10装甲师的一个战斗群一路打进维亚济马，与来自德军第7装甲师的曼陀菲尔的战斗群建立了联系，苏军的抵抗力量出奇的弱，城内只有民兵和防空部队。罗科索夫斯基和他的参谋目睹了德军的进攻，但无力阻止，只能仓促向莫斯科撤退。[116]德军钳形攻势的钳口已经夹住了维亚济马的4个苏联集团军，其中包括波尔金的战役集群。到目前为止，德军已积累了不少组织合围战的经验。霍特动用了第五十六摩托化军，而赫普纳则派遣了第四十和第四十六军封锁包围圈的东端，另外5个步兵军从西面实施封锁。尽管10月6日下了一场湿雪，10月7日又下雨，但这对德国人肃清包围圈的能力几乎没有影响。不到1周的时间，维亚济马包围圈内的苏军就被德军吃掉了，尽管波尔金带着大约85000名士兵逃了出来。

10天中，这2支德国装甲集团军进行了一系列合围，形成了维亚济马—布良斯克包围圈。苏联的西方面军和预备队方面军被歼灭，布良斯克方面军被打垮，苏联损失855000名士兵、830辆坦克和6000门火炮。超过30个苏联师和8个坦克旅被消灭。考虑到冯·克莱斯特在霍特和赫普纳包围苏联西方面军、预备队方面军、布良斯克方面军的同时，还合围了苏军南方面军的大部分兵力，斯大林在短短10天时间内面临着损失近百万军队和红军三分之一作战力量的打击。德国人的损失也不小，但霍特和赫普纳的装甲部队仍然具有很强的战斗力。在"台风"行动的前10天，他们遭受了大约6000人的伤亡，其中死亡1200人。总体而言，中央集团军群在维亚济马—布良斯克战役中伤亡近33000人，其中6600人死亡，但带给红军的伤亡比率为25∶1。德国的3个装甲集团军的全部坦克损失仅为60辆坦克和5辆突击炮，占其坦克力量5%不到。无奈之下，斯大林从列宁格勒召回朱可夫，后者于10月6日抵达莫斯科。斯大林让他与科涅夫和布琼尼会面，评估战局并判定敌人接下来要做什么。在这些模糊的指示下，朱可夫赶往前线。[117]

朱可夫：与时间赛跑，10月7日—31日

"有预备队的话，任何白痴都能保卫莫斯科。"

——约瑟夫·斯大林，1941年10月

10月7日上午，天空正在下雨，头顶笼罩着低矮的灰色云层，亚历山大·德鲁日尼纳（Aleksandr Druzhinina）上校的坦克第18旅开始从铁路平板车上卸下坦克，这里距莫扎伊斯克火车站1公里。德国轰炸机袭击了铁路干线编组站并将其炸毁，因此火车只能在城市附近卸载。德鲁日尼纳的旅来自莫斯科以东185公里处的弗拉基米尔（Vladimir）——最高统帅部大本营预备队在那里组建了3个新的坦克旅。[118]尽管这些坦克旅组建工作尚未全部完毕，但他们的装备和训练都比8月份塞进野战军队的那批速成旅更好。最高统帅部决定立即将所有3个坦克旅派给科涅夫，给他支离破碎的西方面军提供坦克力量，没有坦克是挡不住德国人的。坦克第18旅有2个坦克营和1个摩托化步兵营，共有1400名士兵和63辆坦克（29辆T-34，33辆BT和1辆T-26）。只有T-34是斯大林格勒拖拉机厂新生产的型号，其余轻型坦克都是从维修站里拖出来的过时货。

苏军原本有更多的坦克可用，但不幸的是其无法调用它们。8月份，斯大林下令建立一个特别的坦克预备队，独立于最高统帅部下属的最高统帅部大本营预备队，该预备队位于莫斯科附近，由他个人直接控制。他下令这些坦克"不能交给任何人"。[119]当某一名指挥员让他满意时，斯大林会向他发放一些坦克作为奖励，然后最高统帅部大本营预备队不得不调配坦克来补充斯大林的

"小金库"。有趣的是，战争期间，斯大林和希特勒都在不同时期试图维持他们个人的坦克储备，这些坦克仅他们自己可以调配，但这种"微操"在任何情况下都被证明是有害的。

当朱可夫终于在10月7日晚上找到科涅夫的时候，他发现西方面军的兵力所剩无几，并且科涅夫本人也很绝望，等待着自己因战败而被枪毙的命运。这是对的，斯大林是想要他的脑袋，但朱可夫设法推迟了这一打算。科涅夫向他介绍了战场局势，情况很糟。党卫军"帝国"师正沿着莫斯科—明斯克公路向格扎茨克推进，后者仅由苏联步兵第50师防卫。再往南，孔岑的第五十七摩托化军夺取了尤赫诺夫和乌格拉（Ugra）河上的桥梁。他们的下一个目标——小雅罗斯拉韦茨（Maloyaroslavets）由2个已被重创的莫斯科民兵师进行防守。本年的第一场雪已经下了，但很快变成了雨水，而且天气变得越来越冷，这势必会削弱德国人的机动能力，但通往莫斯科的2条主干道几乎无人防守。在回忆录中，朱可夫试图让人们觉得他很快就控制住了局面，恢复了战线，但他的角色最初只是顾问，很多功劳实际上都要归于他人。

谢苗·I. 波格丹诺夫上校是一名坦克部队指挥员，曾在德军的明斯克—比亚韦斯托克包围圈中奋战突围，"台风"行动开始时，他负责在莫斯科军区组建新的坦克旅。在最高统帅部明了西方面军和预备队方面军正处于崩溃状态后，波格丹诺夫得令去指挥莫扎伊斯克的筑垒地域。最高统帅部决定重建第5集团军——其在基辅包围圈内被歼灭，作为增援莫扎伊斯克的核心部队。波格丹诺夫被派去帮西方面军恢复元气，他被任命为西方面军莫扎伊斯克筑垒地域的司令。当最高统帅部大本营预备队的两个先行坦克旅开始自弗拉基米尔乘火车抵达后，波格丹诺夫决定用他们作为屏护部队，同时在莫扎伊斯克和小雅罗斯拉韦茨构筑坚固的防御阵地。他命令德鲁日尼纳的坦克第18旅前往格扎茨克阻击德国党卫军"帝国"师，伊万·I. 特罗伊茨基（Ivan I. Troitsky）上校的坦克第17旅拖住孔岑所部前往小雅罗斯拉韦茨的步伐。另外3个坦克旅——坦克第9、第19和第20旅尚在途中。这一迟滞德国装甲部队的决定是在朱可夫到达之前做出的，没有得到最高统帅部的批准，仅仅由一名上校做出——这是一个至关重要的决定。

1941年10月8日是另一个沉闷、多雨、寒冷的日子。德鲁日尼纳和特罗伊

茨基将他们的坦克旅转移到格扎茨克和小雅罗斯拉韦茨附近的集结地域，准备
战斗。武装党卫军中将保罗·豪塞尔的党卫军"帝国"师是德军仅有的两个未
参与消除维亚济马—布良斯克包围圈的重点摩托化部队之一，其任务是沿着明
斯克—莫斯科公路尽可能地推进。豪塞尔的武装党卫军师兵强马壮，有9个摩
托化步兵营，1个摩托车营和1个侦查营，但他唯一的装甲支援部队是一个配有
6辆Ⅲ号突击炮的突击炮连。冯·博克非常专注于在维亚济马组织完美的包围
圈，以至于他没有认真地为豪塞尔提供增援或补给以维持其推进。同样，孔岑
也没有心思将他的部队沿华沙—莫斯科公路推进到小雅罗斯拉韦茨，这使得第
20装甲师远远落后于库尔特·雅恩（Curt Jahn）中将的第3摩托化步兵师。实
际上，在10月7日—12日这一关键时期，朝莫斯科推进的德军主要先头部队都
是由摩托化步兵师引领的，装甲支援可以忽略不计。

　　10月9日上午，党卫军"德意志"团攻向格扎茨克——位于莫斯科以西仅
175公里，并于12时30分占领该城镇。这场胜利后，志得意满的豪塞尔派出他
的摩托车营，随后是党卫军"元首"团，沿着公路进一步向莫扎伊斯克发起
试探性进攻。德鲁日尼纳在格扎茨克以东10公里处建立了一个阻击阵地，他
的坦克隐藏在布达耶沃（Budayevo）村附近准备伏击。[120]16时30分，德鲁日尼
纳的坦克手发现了武装党卫军的前卫部队，打头的是摩托车和装甲车。当50
多辆苏联坦克向他们开火——其中一些还是在近距离射击时，党卫军被打得晕
头转向。由于对T-34无能为力，党卫军在遭受400人的伤亡后撤离。豪塞尔立
即要求施图姆的第四十摩托化军提供装甲支援以对抗敌方坦克。在更南边，
特罗伊茨基的坦克第17旅在尤赫诺夫东北对孔岑军的先头部队发起反击。在
苏芬战争中作为坦克手赢得"苏联英雄"称号的尼古拉·Y.克雷平（Nikolai
Y. Klypin）少校率领两个T-34坦克连对德军进行了猛烈的反击，打散了霍斯
特·冯·沃尔夫（Horst von Wolff）上校的第478步兵团。沃尔夫被调上来增援
雅恩的第3摩托化步兵师，但他少量的37毫米反坦克炮对克雷平的T-34坦克全
然无效。沃尔夫上校是少数几位在第一次世界大战中赢得蓝马克斯勋章（Pour
le Mérite）且在第二次世界大战中荣获骑士铁十字勋章（Ritterkreuz）的德国军
官之一，他在战斗中被击毙，他的团也被击溃了。在几天灾难性的失败后，苏
联坦克手们终于获得了一定程度的成功。

德军的追击已被阻止，最高统帅部试图充分利用这一机会。谢尔盖·A. 卡利霍维奇（Sergey A. Kalihovich）上校的坦克第19旅通过铁路运输抵达莫扎伊斯克，并被派去增援德鲁日尼纳的坦克旅。更重要的是，10月10日，步兵第32师的第一批部队开始抵达莫扎伊斯克，这是一支来自西伯利亚的训练有素、齐装满员的队伍，兵力有15000人，炮兵力量完备。同样在这一天，朱可夫终于全面接管西方面军（包括预备队方面军的残余部队），科涅夫成为他的副手。此时德国人几乎全歼了维亚济马包围圈中的苏军，而第10装甲师派遣了冯·豪恩席尔德（von Hauenschild）战斗群（第7装甲团和第86摩托化步兵团）来增援豪塞尔向莫扎伊斯克的推进。孔岑指挥第19和第20装甲师向尤赫诺夫推进，但两个师的车辆状况都极差，只能沿着泥泞的道路缓慢爬行。德军中层指挥官被疾病和疲惫搞得不再如通常那般积极进取，很多人还产生了懈怠心理。德方在这一天的不作为，等同于苏联的又一次战术胜利。

10月11日，德米特里·列柳申科中将从姆岑斯克抵达莫扎伊斯克后接过第5集团军的指挥权，波格丹诺夫仍然是他的副手。另一个最高统帅部大本营预备队的坦克旅——伊万·F. 基里琴科（Ivan F. Kirichenko）上校的坦克第9旅抵达前线，被派去增援位于小雅罗斯拉韦茨的特罗伊茨基的坦克第17旅。西方面军现有坦克超过200辆，其中包括约60辆T-34坦克，部署在通往莫斯科的主干道上，而面前的中央集团军群的只有少量的突击炮——关键时刻的力量失衡让德军放缓了向莫斯科的推进速度，该原因甚于降雪、下雨和泥泞。然而，这4个苏联坦克旅只是屏护部队，只有非常少的步兵或炮兵支援。机动阻击作战的风险，在于当与敌脱离接触的恰当时机来临之际能否准确地作出判断。德鲁日尼纳在这点上犯了错误。为了增援豪塞尔，冯·豪恩席尔德战斗群于10月11日晚些时候抵达，同时第7装甲团一个Ⅲ号坦克营也出现在德鲁日尼纳阻击阵地的侧翼，打了他一个措手不及。面对敌人坚强的防御阵地，德国人还是老一套——包抄并召唤"斯图卡"俯冲轰炸机。在遭遇了空袭且坦克旅将被切断退路之时，德鲁日尼纳带了7辆坦克从包围圈中冲了出来，但其副手被打死，还损失了32辆坦克。这一仗表明了苏联坦克旅的脆弱性，其缺乏德国装甲师具备的支援力量。德国人还成功包围了卡利霍维奇的坦克第19旅，后者在失去10多辆坦克后被迫撤离。以152辆坦克开始"台风"行动的特奥多尔·凯泽

（Theodor Keyser）中校的第7装甲团，在击退掩护苏联第5集团军的坦克部队时，损失了大约20辆坦克。

　　朱可夫的第一个也是最重要的决定之一就是集中所有剩下的力量来防御和坚守莫斯科周边的 3 个关键阵地：从维亚济马包围圈逃出的罗科索夫斯基的第16集团军的余部将保卫沃洛科拉姆斯克（Volokolamsk）；列柳申科的第5集团军固守莫扎伊斯克；小雅罗斯拉韦茨则由第33和第43集团军的残余部队守卫。朱可夫决策的后果，就是苏联红军基本上放弃了所有不那么关键的区域，如此尽管道路泥泞、供给短缺，中央集团军群也能继续向前至红军放弃的地区。德国步兵师——其不受泥浆或补给问题的影响，但在苏联坦克反击面前很脆弱——在10月12日成功夺取卡卢加（Kaluga），10月13日攻下了勒热夫。德国陆军总司令部很快注意到苏联红军似已全线撤退，并下令冯·博克从霍特的第三装甲集团军里调动第四十一摩托化军向北推进，消灭苏联西方面军的第22和第29集团军的残余，然后占领加里宁（Kalinin）。德国陆军总司令部的一些人乐观地认为，加里宁将成为一处有用的跳板，后续行动将以此切断苏联西方面军和西北方面军之间的联系。

　　由于最初的降雪融化和突然的干燥，德国第1装甲师——其减员到仅有50辆坦克——派遣艾金格先遣营（最初配备半履带装甲车的第113摩托化步兵团第1营、第1装甲团第1营第3连、来自第75炮兵团的 1 个营、1 个配备Sd.Kfz.7型半履带装甲车的20毫米自行高炮排以及一些工兵）向北企图占领加里宁——一个有216000人口的城市。此时，第四十一摩托化军极度缺乏燃料，只能调派一些其他单位来增援约瑟夫-弗朗茨·艾金格（Josef-Franz Eckinger）少校的小型指挥部。汉斯-克里斯托夫·冯·海德布兰德（Hans-Christoph von Heydebrand）上校率领第101装甲营（配备Ⅱ号喷火坦克）、第1摩托车营以及一些加强的炮兵和工兵部队跟在后面。再后来，第900摩托化教导旅也被派往加里宁。第36摩托化步兵师贡献了自己的第36摩托车营以及弗里斯（Fries）战斗群——由第87步兵团 2 个车载营组成。但他们是从不同道路向加里宁（Kalinin）进发的，由于极度缺乏燃料且敌情不明，德军以如此小的兵力向加里宁推进实是一项极其危险的行动。

　　艾金格在通往加里宁的道路上撵开了后撤的苏联部队，他很幸运，加里宁的苏联防御力量极其薄弱，甚至一开始都没有坦克。尽管如此，在他10月14日上午开始对这座城市发起试探性进攻时，苏联的反坦克炮还是击毁了他的3辆坦克。冯·海德布兰德充实了艾金格的战斗力，并且喷火坦克用在将苏联步兵从建筑物中赶出来时非常有效。到18时30分，艾金格的先遣营不仅占领了加里宁市中心，还夺取了一座完整的、横跨伏尔加河的大型钢制公路桥。夺取加里宁是德国的装甲战斗群在1941年的战争中，第5次以奇袭方式单枪匹马地占领苏联的重要城市。

虽然感到意外，最高统帅部还是立即向加里宁派出援兵。富有才干的西北方面军参谋长尼古拉·F. 瓦图京中将组织了一个战役集群前往加里宁，这一集群由 2 个步兵师和 2 个骑兵师组成，但其主要打击力量是帕维尔·A. 罗特米斯特罗夫上校的坦克第8旅，有49辆坦克（7辆KV坦克、10辆T-34坦克、32辆T-40坦克）。罗特米斯特罗夫的坦克旅在一天内跑了250公里，抵达加里宁——这是项了不起的成就，但抵达时德军第1装甲师已夺取了该城市。[121]罗特米斯特罗夫与在该城西北位于卡利基诺（Kalikino）的几个苏联步兵营会合，并指望瓦图京的其他部队抵达后发起反攻夺回城市，但德国人先发制人。10月15日11时45分，第900教导旅在来自第1装甲团1个连17辆坦克的支援下，与第660突击炮营的一些突击炮开始沿着托尔若克（Torzhok）公路向西推进，他们没有意识到罗特米斯特罗夫的坦克手就在附近。罗特米斯特罗夫所部在强行军后已精疲力竭，但还是成功地对德军两翼发起了奇袭，3辆德国坦克以及8辆半履带装甲车和其他车辆被击毁，德国人被迫缩回加里宁。几个小时之后，德国人在第2个坦克连的增援下发起更猛烈的进攻，但罗特米斯特罗夫出动了他的KV-1坦克连，以76.2毫米火炮的远程火力至少摧毁了 2 辆德国坦克。一个88毫米高射炮连被拖上来回击，打瘫了KV-1坦克连连长的座车。虽然罗特米斯特罗夫获得了暂时的战术胜利，但由于缺乏燃料，他被迫转入防守。罗特米斯特罗夫已经在加里宁西郊区建立了防御阵地，但缺乏步兵或炮兵支援。10月16日上午，德国空军轰炸了罗特米斯特罗夫的阵地，随后德国第1装甲师包抄了苏军右翼。来自第1装甲团的坦克攻入他的坦克旅指挥所，情况正在迅速恶化，罗特米斯特罗夫决定在未接到命令的情况下撤退。他被迫放弃了31辆受损或缺少燃料的坦克，包括6辆KV-1和5辆T-34。随着罗特米斯特罗夫旅的撤离，第900教导旅向前推进了20公里，占领了梅德诺耶（Mednoye）和一座横跨特韦尔察（Tvertsa）河的桥梁。科涅夫威胁要将罗特米斯特罗夫送上军事法庭审判——明确警告要处决他，除非他立即掉头，阻止德军进一步沿着托尔若克公路推进。第二天，艾金格少校果然试图在托尔若克公路上前行，但是一辆罗特米斯特罗夫的T-34发现了他的半履带装甲指挥车并用76.2毫米的炮弹送他归西。颇有冲劲的艾金格少校的死亡使德军的进攻陷入停顿，并有助于挽救罗特米斯特罗夫的声誉。

苏军更为大胆的收复加里宁的尝试来自南边。红军汽车装甲坦克总局局长，装甲坦克兵中将雅科夫·N. 费多连科，亲自命令安德烈·L. 列索沃伊（Andrei L. Lesovoi）中校的坦克第21旅——刚刚通过铁路抵达莫斯科——前往扎维多沃（Zavidovo）卸车，准备给瓦图京夺回加里宁的努力加把劲。列索沃伊的坦克旅堪称一支精锐，装备了19辆T-34/76，10辆配备57毫米高初速火炮的T-34-57"坦克猎手"，此外还有20辆BT、10辆T-60和4辆ZiS-30型57毫米自行火炮。坦克第21旅也拥有具备非凡战斗经验的指挥员：该旅坦克第21团团长米哈伊尔·A. 卢金（Mikhail A. Lukin）少校1939年因在苏日诺门罕冲突中率领坦克进行突袭而成为"苏联英雄"称号获得者；第1营营长米哈伊尔·P. 阿吉巴洛瓦（Mikhail P. Agibalova）大尉也在诺门罕因表现英勇荣膺"苏联英雄"；他的副手，约瑟夫·I. 马科夫斯基（Josif I. Makovsky）上尉在苏芬战争期间指挥坦克部队，获"苏联英雄"称号。坦克第21旅在扎维多沃下车后，就向西行进到加里宁以南约30公里的图尔季诺沃（Turginovo）附近的集结地。费多连科在协调坦克第21旅与该地其他苏军的作战行动方面没有太多动作，列索沃伊得令从南边以一个单独的坦克旅对加里宁发动进攻，没有侦察报告或任何其他外部的支援——实质就是坦克突袭。

10月17日黎明前，坦克第21旅开始兵分两路向北接近加里宁，一路由卢金指挥，另一路由阿吉巴洛瓦率领。德国人正在调动第36摩托化步兵师支援加里宁的冯·海德布兰德战斗群，卢金的部队在加里宁以南15公里的公路上与德军行军纵队猝然相遇。虽然一些德国卡车被苏联坦克摧毁，但是第611炮兵营设法让一些100毫米的榴弹炮投入战斗并将苏联坦克置于其火力之下。[123]一发幸运的炮弹击中了卢金座车左前方的履带，炸掉了诱导轮，导致他的左履带脱落。

更糟糕的是，坦克从公路驶入泥地时炮管扎入了地面，致使其长身管火炮无法正常旋转。卢金告诉他的车组成员放弃坦克跑步撤离，但他本人被德国机枪一阵扫射打死。阿吉巴洛瓦继续带领坦克部队向北进攻，他的一些坦克袭击了加里宁以南的一个德军机场，击毁了一些停在地面上的Ju-52运输机。虽然苏联的坦克突袭令德国人感到意外，但他们迅速做出反应，派出了第36坦克歼击营、第600突击炮营的主力，从第2教导联队第2战斗轰炸机大队调遣Bf-109E战斗轰炸机去粉碎苏联坦克营。阿吉巴洛瓦的T-34在加里宁附近被火困住，他选择自尽而不是投降。有9辆T-34实际上冲进了加里宁，但都是单打独斗没有配合，因为无线电台仅配备给卢金和阿吉巴洛瓦的T-34。逐渐地，第36摩托化步兵师通过火炮、反坦克炮、地雷和空袭协同，将未获得支援的T-34消灭了。只有一辆T-34一路穿过加里宁，抵达城市东北的苏军防线。在突袭中失去了29辆T-34中的21辆、附属的摩托化步兵营（T-34上的搭乘兵），以及2位"苏联英雄"后，列索沃伊的坦克第21旅差不多完全丧失了战斗力，但其成功消灭了84辆卡车、13辆牵引车、2门火炮和8门反坦克炮。至少有2辆第1装甲师的Ⅲ号坦克和一些第101装甲营的Ⅱ号喷火坦克被击毁。[124]更重要的是，被摧毁的卡车中有12辆是坦克燃料加注车，这使冯·海德布兰德战斗群失去了燃料补给。然而，尽管取得了这些成绩，但突袭表明如果没有步兵和炮兵支援，哪怕是大量训练有素的T-34也无法取得决定性的战果。

到10月中旬，虽然占领了几个著名的俄罗斯城市，但"台风"行动已经失去了冲劲。支持中央集团军群的铁路补给站位于装甲师的后方，泥泞、拥挤的道路使他们的运输过程变得曲折——通常需要一周时间才能让供应车队从维亚济马附近的铁路来到前线。更糟糕的是，到达维亚济马的燃料量仅为保持3个装甲集团军行动所需额度的三分之一，第三装甲集团军尤其缺少汽油。燃料短缺导致弹药短缺，因为供给车队无法满足需求。在加里宁，处于困境的第1装甲师只有0.1个消耗额度的燃料，火炮弹药仅为基数的0%—5%，坦克弹药则是基数的10%—40%。[125]尽管后勤短缺问题颇为严重——仅因德国空军进行紧急空中补给获得部分缓解，德国陆军总司令部还是命令加里宁的第四十一摩托化军通过托尔若克（Torzhok）向西推进。然而，10月18日—21日，冯·海德布兰德战斗群和第900摩托化教导旅撞进了一个马蜂窝，被罗特米斯特罗夫支援的5个苏联步兵师围住。两支德国部队最终都成功破围回到了加里宁，但第1装甲师损失了大约60辆坦克及不少车辆——大多由于缺乏燃料而不得不放弃，伤亡750人。由于围绕加里宁的毫无意义的战斗占用了大量德军进攻莫斯科的资源，第四十一军被消耗得很厉害，除了静态防御之外几乎丧失了作战能力。

　　尽管德国陆军总司令部将不少战斗力量转移到加里宁和库尔斯克等次要目标，但冯·博克——像朱可夫一样——意识到他必须将有限的资源集中在关键点上，以便在苏联西方面军重建完成之前取得决定性的突破。认识到时间已经不多了，冯·博克选择干脆利索的方法，即取道莫扎伊斯克直接冲向莫斯科。列柳申科花了4天时间在莫扎伊斯克前面的博罗季诺建立一个临时防御阵地，位于著名的1812年抵抗拿破仑的博罗季诺战役的所在。德鲁日尼纳和卡利霍维奇在10月12日—13日继续机动作战拖延德军推进，他们让党卫军"帝国"师和第10装甲师放慢了步伐，但也消耗了剩余的大部分坦克。列柳申科利用步兵第32师训练有素的步兵和反坦克第121团设法在罗加乔沃（Rogachevo）和叶利尼亚建立了两个外围阻击阵地，10月13日，党卫军"帝国"师前锋与之交战。德军的两次试探性进攻均被击退，为此第7装甲团第2营损失了6辆坦克，这些坦克都是被隐蔽的76.2毫米F-22型反坦克炮在远距离击毁的。亚历山大·V.博德纳（Aleksandr V. Bodnar）少尉指挥1辆掘壕埋伏的KV-1坦克，在500米距离内冷静地干掉了2辆德国半履带车。[126]

　　虽然对苏军抵抗度感到惊讶，但豪塞尔和布鲁诺·里特尔·冯·豪恩席尔德上校依然决定第二天早上起进行全面进攻。列柳申科的侧翼没有保护，他缺乏兵力来做很多类似的事情。当党卫军"元首"团和来自第7装甲团的1个坦克营从侧翼袭击位于叶利尼亚的苏联阵地时，冯·豪恩席尔德在"斯图卡"和30多门多管火箭炮的支援下，集结了一支旅级规模的力量进行正面进攻。叶利尼亚和罗加乔沃的阵地都被侧翼包抄并拿下，豪塞尔坚信他的生力军党卫军第11步兵团和他的突击炮连将利用苏军防线的缺口扩大战果。列柳申科则投入步兵第32师的所有剩余部队、2个营的76.2毫米反坦克炮和他唯一的坦克预备队——季莫菲·S.奥尔连科（Timofei S. Orlenko）上校的坦克第20旅作为应对。看到T-34坦克营接近，党卫军的摩托化步兵撤退了，但奥尔连科在试图阻止一群苏军逃兵时被枪杀。在接连败北的压力下，苏军的士气和纪律开始显现出崩溃的迹象。

10月15日，战场下起了小雪，2个德国师对苏联主防御阵地发起了一次精心策划的进攻。冯·豪恩席尔德战斗群击溃了苏联步兵并接近到列柳申科的指挥所，列柳申科组织了一次成功的反击，迫使德国坦克停了下来，但他在战斗中受了重伤，职位由炮兵出身的列昂尼德·A.戈沃罗夫（Leonid A. Govorov）少将接替。反坦克地雷的布设以及76.2毫米反坦克炮的持续发威挡住了德军的推进。令人欣慰的是，一连串的BM-13喀秋莎火箭炮轰击打中了豪塞尔的253号半履带指挥车，让他受了重伤。党卫军上校威尔海姆·比特里希（Wilhelm Bittrich）接管了"帝国"师。10月16日，德军所有部队发起更猛烈的进攻，随着步兵第32师的防御开始崩溃，德国人攻占了更多的阵地。坦克第20旅又一次及时到达战场，其有60辆坦克，包括26辆斯大林格勒拖拉机厂制造的T-34和8门57毫米反坦克炮，成功反击了党卫军"德意志"团并阻止了己方溃败。然而，这只为苏军赢得了暂时的喘息之机。10月17日6时30分，来自新锐的第10装甲师的冯·布洛（von Bulow）战斗群（第69摩托化步兵团第1营和第2营，以及第10摩托车营），在凯泽的第7装甲师剩余坦克的支援下，打穿了苏联步兵第32师最后的防线。苏联第5集团军的残部向莫扎伊斯克方向且战且退，但10月18日15时，来自党卫军"德意志"团的一个战斗群占领了城镇。党卫军"帝国"师的摩托车营沿公路朝莫斯科方向继续发起试探性进攻，没有发现有组织的抵抗，且距莫斯科只有90公里了，但此时施图姆的第四十摩托化军在博罗季诺的战斗中损耗过大，未能抓住这个稍纵即逝的机会。

为期6天的博罗季诺之战打得极为血腥。第10装甲师伤亡776人，其中167人死亡，大约50辆坦克被摧毁，多辆坦克受损。这是德国装甲部队第一次真正尝试突破苏方部署的包括大量反坦克地雷、57毫米和76.2毫米反坦克炮在内的防御地带，然而这也是1943年面对反坦克阵地的一个痛苦的预演。德国武装党卫军"帝国"师在战斗中伤亡1242人，其中270人死亡，并被迫解散3个摩托化步兵团中的1个。虽然列柳申科失去了他在博罗季诺部署的大部分军事力量，包括超过10000名士兵和大部分坦克，但他为朱可夫重建西方面军赢得了宝贵的时间。德国在博罗季诺的战术胜利确实在莫斯科引发了一场短暂的恐慌，苏联政府的部分官员撤离去了古比雪夫（Kuybyshev）。

朱可夫的莫扎伊斯克战线其余部分于10月下旬陷落。尽管孔岑第五十七摩托化军的推进并不犀利，但苏联第43集团军没能像列柳申科在博罗季诺那样，在小雅罗斯拉韦茨修筑坚固的防御阵地。苏联人试图以来自中亚的步兵第312师和4个坦克旅（坦克第5、第9、第17与第24旅）为中心建设强大的防卫体系，但孔岑设法将第19和第20装甲师都投入战斗，苏军各部被逐个击溃。步兵第312师被围歼，坦克第17旅的旅长特罗伊茨基上校在小雅罗斯拉韦茨之战中身负重伤。格奥尔格·冯·俾斯麦（Georg von Bismarck）中将的第20装甲师刚在"台风"刮起之前接收了55辆新的38(t)型坦克和14辆Ⅳ号坦克，并于10月18日出动它们，占领了小雅罗斯拉韦茨。

在莫扎伊斯克防线北端，罗科索夫斯基的第16集团军为争夺沃洛科拉姆斯克（Volokolamsk）的交叉路口与菲廷霍夫的第四十六摩托化军进行了长时间的较量。来自中亚的伊万·V.潘菲洛夫（Ivan V. Panfilov）少将的步兵第316师在沃洛科拉姆斯克下车，几天后第2和第11装甲师的先头部队就到了。罗科索夫斯基还派了坦克第27、第28旅以及2个反坦克团来阻止德国人。菲廷霍夫的部队行动迟缓，直到10月20日才开始试探性的攻击，这给了罗科索夫斯基宝贵的时间。潘菲洛夫与前来支援的2个坦克旅以掘壕埋伏的T-34坦克和76.2毫米反坦克炮为基干，进行了顽强的抵抗，成功挡住了2个非常强大的德国装甲师一周的时间。像往常一样，德国人试图包抄苏军据点，派遣第10装甲师从南边行动，但泥泞的道路使其慢若爬行。卡图科夫的坦克第4旅在战斗后期从姆岑斯克赶到，帮助防止罗科索夫斯基的防线坍塌。经历了激烈的战斗之后，伤亡惨重的菲廷霍夫于10月29日最终占领了沃洛科拉姆斯克，但未能兜住苏军任何主力部队。

尽管莫扎伊斯克防线最终被突破，但德国人缺乏继续推进的资源，第四装甲集团军报告说它只获得了日常供给需求的15%—20%。[127]莫扎伊斯克和沃洛科拉姆斯克的战斗耗尽了最后一批可观的燃料和弹药储备，因此莫斯科前线短暂平静下来。中央集团军群在10月份伤亡72870人，包括13669人死亡，损失大约250辆坦克和突击炮。冯·博克确实在莫斯科附近100公里范围内有5个装甲师，但朱可夫利用在博罗季诺，小雅罗斯拉韦茨和沃洛科拉姆斯克获得的时间重建了50公里的前线阵地，以保护首都。红军的坦克手——来自11个不同的旅——在迟滞并阻止德军前进方面发挥了重要作用。苏方损失也很惨重，且朱可夫没有多少坦克预备队了，只有零星的坦克连在关键时刻出现在防御支撑点上。德军方面，追击行动被莱因哈特和赫普纳搞砸了，他们基本上将权力下放给了军、师，甚至是旅级指挥官。在维亚济马大捷之后，冯·博克分散了他的装甲部队来进攻多个目标，尤其是加里宁，这违反了军事上集中兵力的原则。

整个10月份，朱可夫都在竭力迟滞敌人，最高统帅部利用这段时间组织了生力军，将在几周内扭转局面。10月份，另有17个坦克旅抵达前线，维亚济马—布良斯克和乌克兰巨大的坦克损失得到了一些补充。这些坦克旅大多数都是在1—2周内组建的，缺乏训练和凝聚力，但是部队上下士气高昂，渴望尽其所能。理论上，这17个新的坦克旅应配备1139辆坦克，其中包括119辆KV-1和510辆T-34，但1941年10月，苏联的坦克生产正处于战争中的最低点，当月仅制造了396辆坦克，只有91辆KV-1和185辆T-34。因此，坦克旅装备了任何可用的武器，包括修理过的坦克，封存或训练单位中的过时货以及刚刚抵达的英国制造的第一批租借坦克。实际上，新的坦克旅平均每旅只有31辆坦克——并非标准的67辆，而且只有0—4辆KV-1和1—20辆T-34。虽然T-34优于德国所有现有的坦克型号，但许多是在没有完成基本测试和准备配套工具的情况下就被送往前线的，这意味着乘员无法修复诸如履带脱落或更换损坏负重轮等简单的问题，红军战备率由此变得低下，还引起大量的非战斗减员。

古德里安占领图拉的努力，10月22日—11月30日

在姆岑斯克歇了两周之后，古德里安在10月的最后几天努力让他的第二装甲集团军重新投入战斗。除了缺乏燃料和弹药外，他此时只剩冯·施韦彭格的第二十四摩托化军的2个装甲师还能继续冲向图拉（Tula）。布良斯克方面军的第26集团军基于近卫步兵第6师和坦克第11旅，在姆岑斯克附近组织起坚固的防御。肯普夫的第四十九摩托化军正向东往库尔斯克推进，而利默尔森的第四十七摩托化军由于缺乏燃料，被困在了布良斯克和奥廖尔周围。古德里安和冯·施韦彭格决心击退布良斯克方面军第26集团军在姆岑斯克北部的掩护力量，因此精心策划了一次进攻，以在10月22日冲出姆岑斯克桥头堡。古德里

安决定将剩余的装甲部队集中在埃贝巴赫战斗群，其中包括第3装甲师的第6装甲团和第18装甲师的第18装甲团第1营，总计有6个装甲营大约150辆坦克。在最初从姆岑斯克桥头堡正面出击的企图破产后，古德里安采用了侧翼机动的标准模式，派遣埃贝巴赫战斗群在姆岑斯克以西的罗申涅茨（Roshenez）附近渡过祖沙（Zusha）河。在10月21日—22日的夜晚，几个摩托化步兵连乘坐橡皮艇横渡40米宽的祖沙河，获得了一个桥头堡，随后德国工兵开始建造一座16吨的桥梁。这座桥直到9时30分才完工，3个小时后，第一支装甲部队过桥完毕，费迪南德·施奈德-科斯塔斯基（Ferdinand Schneider-Kostalski）上尉指挥的第6装甲团第3营（3辆Ⅱ号，16辆Ⅲ号和5辆Ⅳ号坦克），以及第3摩托化步兵团第1连载有步兵的SPW半履带装甲车也过了桥。苏军对桥头堡进行了猛烈轰击，但第26集团军错失以坦克第11旅在德国坦克过河前发动反攻的机会。现在，施奈德-科斯塔斯基的小股部队迅速向东挺进，夺取了舍利亚莫瓦（Shelyamova）村。大约13时，来自坦克第11旅某连的7辆T-34已经在附近集结，以迎击即将到来的德军行军纵队。随后发生了一场短暂的坦克战，2辆T-34和2辆Ⅲ号坦克被摧毁。令人费解的是，苏联坦克脱离战斗撤退了，使德军得以占领村庄并在当夜修筑了环形筑垒地域。[128]

　　10月22日—23日夜晚，埃贝巴赫战斗群所余的大部分部队通过祖沙河上的小桥，包括另外2个装甲营。到了早上，埃贝巴赫所部开始分头行动，从后方席卷仍在姆岑斯克的守军。尽管迂回机动获得成功，但德军仍然花了一天多的时间才击溃近卫步兵第6师。10月24日晚，埃贝巴赫派出第6装甲团第3营前往姆岑斯克—图拉公路，他们在那里包围了一支撤退的苏军行军纵队并打了一场激烈的夜间坦克战，2辆KV-1坦克在近战中被打瘫，另有3辆苏联坦克被击毁。对坦克而言，燃料问题贯穿整场攻势，因为普通的供给卡车无法越过祖沙河周边的泥泞地形，埃贝巴赫已经指示每个装甲团使用从装甲维修连（Panzerwerkstattkompanie）调来的Sd.Kfz.9型半履带车拖曳坦克运输车，携带大约9000升的额外燃料——这足以为装甲营加满油。[129]

　　10月25日上午，埃贝巴赫利用剩余的燃料组成了一个先遣队，包括施奈德-科斯塔斯基的第6装甲团第3营、第3摩托化步兵团第1连（SPW搭载的步兵）以及第521坦克歼击营和师直属炮兵的分队，把他们派往通向图拉的公路进行追击。苏联第26集团军已被打了个措手不及，正在向图拉撤退，但它设法在切尔尼（Chern）附近的主干道上布设了一个巨大的雷区。然而，撤退的苏联人犯了一个低级错误，即没有留下殿后部队以火力掩护雷区，德国的先头部队轻松地绕过了雷场并在黄昏时抵达了切尔尼村。这个村庄似乎已经被放弃，但是当施奈德–科斯塔斯基的坦克进驻时，他们发现了一些T-34。显然，苏联坦克手已经离开去睡觉了，可能他们认为德军第二天早上才能赶到。施奈德–科斯塔斯基发射降落伞照明弹照亮了村子，随后又是一场短暂的夜间战斗。T-34在夜间优势减小了，因为战斗发生得如此之近，Ⅲ号坦克上的50毫米火炮有机会打穿其侧面装甲。在数辆坦克被击中后，苏联坦克兵们撤退了。

埃贝巴赫战斗群一部加过油后，沿着通往图拉的道路向北快速突袭，绕过苏联的步兵单位并迫使坦克第11旅后撤。尽管道路满是泥泞和积雪，埃贝巴赫仍能每天推进约20公里，当他看到图拉这座拥有27.2万人口的城市仅由民兵及一些防空部队的内务部队驻守时，他试图进行一次快攻。在图拉以南的道路上，苏军以37毫米和85毫米高射炮迎击埃贝巴赫的坦克，但是它们被Ⅳ号坦克上的75毫米火炮发射的高爆弹击毁。10月30日5时30分，埃贝巴赫用大约60辆坦克和几个步兵营进攻了该市南端薄弱的苏联防御工事。通常情况下，苏联民兵会在坦克攻击下崩溃，但这次他们守得很顽强，给埃贝巴赫的步兵造成了重大伤亡——3名连长被打死。苏联37毫米高射炮进行直瞄射击，打伤了一些德国坦克。埃贝巴赫不想在没有步兵支援且弹药几乎耗尽的情况下进城，因此选择了撤回重整队伍，但机会已经溜走了。当晚，伊万·尤休克（Ivan Yuschuk）上校的坦克第32旅携34辆坦克（5辆KV-1、7辆T-34、22辆T-60）和1个营的步兵乘坐火车赶到，随后不久，又来了3个步兵师的援兵。尤休克于10月31日第二天早上发动反击，试图将埃贝巴赫的部队从该市南郊区赶走，但在德国坦克和反坦克的炮火下损失了2辆KV-1和5辆T-34。埃贝巴赫吸取了经验，在白天面对苏联重型坦克时将他的坦克调回，以88毫米高炮与敌交战。由于打不下图拉，古德里安的进攻在莫斯科以南160公里处受阻。

持续的降雨和霜冻，令身处图拉的德军后勤状况在11月的第1周变得更加糟糕，古德里安越来越依赖于使用缴获的俄国马拉大车和SPW半履带装甲车向前运输最低限度的燃料和弹药。古德里安所部的士气随着气温的下降而愈发低迷，因为士兵们无论是在精神还是物质上，都对在严寒中露宿户外没有准备。施韦彭格的第二十四摩托化军不得不在图拉以南转入防御，并多次遭到苏联连级和营级的小规模反击。

最终，11月11日左右，地面开始冻结，冯·施韦彭格的军恢复了部分机动性。然而，古德里安的第二装甲集团军分散在一大片区域，他缺乏足够的资源自行攻克图拉的防守阵地。距他最近的铁路终点站在其先头部队后方130公里处，而且从奥廖尔到图拉的道路一团糟，因此供给情况不会很快改善。伊万·V. 波尔金中将的第50集团军在图拉附近掘壕固守，兵力有6个步兵师、坦克第11和第32旅以及装备21辆"瓦伦丁"坦克的独立坦克第131营。古德里安只能动用第3、第4和第17装甲师，但他决定最后一次尝试对图拉进行钳形攻击，并得到了冯·克鲁格第四集团军第四十三军的一些支援。德国人从3个装甲师里集中了102辆可用的坦克，形成一个装甲铁拳，于11月18日5时30分砸向图拉东南部。装甲兵将坦克漆成白色，以在冰雪覆盖的战场上获得伪装。第一批冬装（耳罩和大衣）于11月7日抵达，但仅够装备四分之一的部队。[130]其余人必须在 −25摄氏度的寒冷室外穿着他们的夏季制服作战。苏联步兵第413师——著名的"西伯利亚"单位之一——在德国人选择的突破点博洛霍沃（Bolkohovo）地域防守，西伯利亚军队非常强悍，给前来支援的摩托化步兵营造成数百人的伤亡，但无法挡住大规模装甲部队。马季索维奇的坦克第11旅和尤休克的坦克第32旅已派遣了一些T–34和KV–1前来支援西伯利亚人，但他们被德国88毫米高炮逐一拦截。突破苏军防御之后，德军的"重点突破"呈扇形展开，第3装甲师以50辆坦克向内划过一个弧形，扑向图拉，第17装甲师的15辆坦克朝北攻向韦尼奥夫（Venev），第4装甲师则以35辆坦克指向斯大林诺戈尔斯克（Stalinogorsk）。[131]

第35装甲团在乌兹洛瓦亚（Uzlovaya）击毁1辆出故障的KV–1和一些T–26轻型坦克后，于11月22日晚间占领了斯大林诺戈尔斯克。古德里安只打算占领这个小镇，以便在包抄图拉时保护他的右翼，但苏联人却另有想法。他们于11月26日从东边发动了一次猛烈的反击，重新夺回了城镇，迫使冯·施韦彭格调动施奈德–科斯塔斯基的第6装甲团第3营恢复局势。随后的坦克战对德国人来说非常糟糕。施奈德–科斯塔斯基受伤，第1装甲连在失去连长和8辆坦克（5辆Ⅲ号、3辆Ⅳ号坦克）后几乎被歼灭。苏联红军在战斗中成长。

第17装甲师继续向韦尼奥夫镇推进。埃里希·哈格尔（Erich Hager）下士是第39装甲团第6连的坦克车手，他在日记中记下了韦尼奥夫附近战斗的经历：

> 现在好玩的开始了……52吨重的家伙（KV-1）着火了。我们看得很兴奋。接下来还发生了两件事情。我们对13辆坦克展开攻击，干掉了其中1辆，卡车烧起来了，许多俄国步兵被打死，被坦克碾过。接着是最棒的事情，我们攻击了2个52吨的家伙，开始真正的狩猎行动。在第一发直接命中的炮弹弹开后，其中一辆的炮塔转不了了。我们紧跟其后奋力追逐，离它20米远，狩猎持续了半个小时，直到它一条履带脱落并栽进沟里。我们向它开了30炮，无一穿透。那天我们的坦克开了110炮……弹药打光了。[132]

虽然哈格尔的战斗群消灭了韦尼奥夫以南大量的苏联坦克，但苏联的85毫米高射炮在11月24日干掉了几辆接近该镇的德国装甲车辆。镇上坦克之间的交锋很激烈，至少有3辆KV-1、1辆T-34以及2辆德国坦克被毁。夺取城镇后，第17装甲师向卡希拉（Kashira）推进，但是第39装甲团只剩下13辆可用的坦克，且已达到战斗效能的极限。可能是寒冷和机器磨损的共同作用，哈格尔Ⅳ号坦克的一根扭杆折断，导致悬架进一步受损，却在绝境中又凑合着打了一个星期的仗。更令人不安的是，第17装甲师发现安德烈·L.盖特曼（Andrei L. Getman）上校的坦克第112师的先头部队——约有200辆T-26轻型坦克，正从远东抵达卡希拉。

古德里安的攻击暂时打乱了波尔金的防御，第4装甲师和"大德意志"步兵团成功绕到图拉后面，于12月2日短暂地切断了通往该市的公路和铁路线。然而，进攻已经过度消耗了古德里安枯竭的力量，他现在无法掌控已占领的地盘。此外，冯·克鲁格的第四集团军所部的进攻不够犀利，导致古德里安无法完全包围图拉。截至11月底，德军只剩极少的坦克还能运作，由于天气酷寒，步兵也愈发无能为力。12月3日，古德里安终于承认他不能拿下图拉，并命令部下转入防御。但这已经太迟了。

在图拉最后的争夺战还在进行之时，古德里安接受了德国陆军总司令部战车委员会的访谈，要求他对一个月前的姆岑斯克战役进行回顾。该委员会成员包括德国陆军兵器局军械试验6室的负责人及其高级设计师，以及来自克虏伯、戴姆勒–奔驰、亨舍尔和曼恩公司的产业代表。古德里安允许委员会查看缴获的T–34坦克，并表示军队需要一种新型坦克来击败T–34。他概述了对这种坦克的需求，即比现在的Ⅲ号和Ⅳ号坦克拥有"更强的武备""更高的战术机动性"和"改进的装甲防护"。古德里安肯定地告诉委员会，新坦克的目的应该是重建先前德国坦克的优势。该委员会返回柏林后，军备生产和弹药部（Ministry for Armaments Production and Munitions）在1941年11月底前正式提议，发展一型装备60毫米倾斜装甲、30吨重的新型坦克——这成为V号"豹"式坦克的起源。曼恩公司和戴姆勒–奔驰公司都在1941年—1942年冬季开始了坦克原型车的研制工作。[133]

"台风"：最后一轮风暴，11月1日—12月4日

与此同时，在突破莫扎伊斯克防线后，中央集团军群的其余部队已于10月底距莫斯科70—90公里时裹足不前。冯·博克绝望地想在时间耗尽之前取得胜利，因此他决定继续往莫斯科推进，但供给情况已经低到危险的地步，部队也精疲力竭了。希特勒同意了为期两周的休整，让中央集团军群在11月15日继续最后的进攻。冯·克鲁格的第四集团军磨蹭了很久才将其11个步兵师调来，他不愿意在后续的进攻中让部队再冒风险。10月下旬和11月的第一周，俄国的道路处于最糟糕的状态，许多车辆都陷在泥浆中损坏了——德国人在机动性方面的优势暂时被抵消。令人想不通的是，冯·博克竟然就这么浪费了他剩余的主要优势，放任其集中的装甲打击力量分散。他指示霍特投入莫德尔的第四十一摩托化军的其余力量去支援第九集团军在加里宁周边毫无意义的战斗。结果，霍特鼎鼎大名的第三装甲集团军被缩编为绍尔的第五十六摩托化军，包括第6和第7装甲师、第14摩托化步兵师——总共只剩150辆可用的坦克。捷克制造的35(t)型坦克成了第6装甲师的主力坦克，而其使用寿命已差不多到头了。艾哈德·劳斯估计，到1941年10月底，大部分35(t)型坦克里程表的里程数都将超过12000公里，剩下的41辆中只有10辆可通过拼装来修复。[134]

冯·博克决定在霍特的右翼展开赫普纳的第四装甲集团军——其第四十和第四十六摩托化军还拥有约400辆坦克，让两者从沃洛科拉姆斯克联手向莫斯科进攻。赫普纳让孔岑被打残的第五十七摩托化军归第四集团军指挥，在纳罗福明斯克（Naro-Fominsk）附近独立作战。因此，冯·博克的装甲铁拳从5个摩托化军减少到4个，仅有少量步兵支援。由于本已滴水成冰的天气变得愈发酷寒、后勤供给量越来越少，以及苏联的抵抗未见减弱，一线德军士气低落。另一方面，希特勒终于同意向东部战线投放相当数量的补充坦克，并于1941年10月—11月向东线输送了397辆新坦克。[135]

苏联方面，截至10月底，西方面军仍在13个坦克旅和近卫摩托化步兵第1师中保有328辆坦克，包括33辆KV-1、175辆T-34、43辆BT、50辆T-26和32辆T-60。英国北极PQ-1护航队于10月11日运输了20辆"玛蒂尔达"II型坦克至阿尔汉格尔斯克（Archangelsk），随后PQ-2护航队于10月30日送来了76辆"瓦伦丁"III型坦克。这96辆坦克通过铁路被紧急运到莫斯科，并装备了坦克第146旅和4个独立的坦克营（独立坦克第131、132、136和138营）。[136]另一重要批次的英国租借物资由PQ-3护航队于11月22日送抵阿尔汉格尔斯克，其中包括200辆英国坦克。红军坦克军官不觉得"玛蒂尔达"和"瓦伦丁"的2磅（40毫米）炮有多棒，对其糟糕的越野能力也没好印象，但它们厚达60—75毫米的装甲，德军的37毫米和50毫米反坦克武器却是打不穿的。英国制造的装甲板的镍含量也高得多，为3%。相比之下，俄制的钢材含镍量仅为1%。当坦克被炮弹击中但没穿透时，3%的镍含量将会降低装甲崩落的风险（比如坦克内部的金属碎片）。[137]虽然设计成步兵支援坦克并被苏联红军照此运用，但2磅炮没有高爆弹，这降低了坦克在充当此角色时的效力。尽管如此，英国的租借坦克仍帮助红军补充了其坦克单位，直到国内产量能够赶上为止。据估计，在1941年11月—12月期间保卫莫斯科的坦克中，大约有10%为租借坦克。

作为红军实力的象征，坦克也有助于提高士气，因此斯大林决定将其作为11月7日莫斯科庆祝十月革命阅兵的核心内容：安德烈·G. 克拉夫琴科（Andrei G. Kravchenko）上校率领新成立的坦克第31旅，驾驶所属的KV-1、T-34和T-60坦克通过红场，然后直奔前线，加入位于克林（Klin）的第20集团军。为了鼓舞士气，最高统帅部决定创建第一批近卫部队，卡图科夫的坦克第4旅被重新命名为近卫坦克第1旅。除了给予近卫单位相关荣誉外，最高统帅部也开始将最新的坦克提供给经过战火考验的王牌部队，以保持它们的实力。然而，在1941年底之前，因资源不足，红军只编成了少量的近卫坦克单位，最高统帅部不得不创建一些独立的坦克营和连级分遣队，以便让每个集团军都至少有一定数量的坦克。

朱可夫利用德军进攻中的喘息时间将生力军整合到他位于莫斯科前方的战线中，并让科涅夫接管新的加里宁方面军。科涅夫得令继续反击德国第九集团军，以迫使冯·博克将更多的部队从莫斯科调走。处于加里宁和伊斯特拉（Istra）之间的拉马（Lama）河沿岸的关键地区，由瓦西里·A.霍缅科（Vasiliy A.Khomenko）少将的第30集团军和罗科索夫斯基的第16集团军防守。赫普纳的装甲部队打算从这里突入莫斯科。罗科索夫斯基接收了5个新的步兵师和5个坦克旅（卡图科夫的坦克第4旅，以及坦克第23、第27、第28、第33旅）大约250辆坦克，来重建他受到重创的部队，但霍缅科的第30集团军实力不足。另一个关键区域是在纳罗福明斯克附近，那里有第5、第33和第43集团军，下辖8个坦克旅450辆坦克。到11月中旬，朱可夫的西方面军共有14个坦克旅和近1000辆坦克，虽然KV-1与T-34仅有37辆和156辆。红军现在剩余的坦克力量中有很大一部分由轻型坦克组成，这些坦克不如德国的Ⅲ号和Ⅳ号坦克。

尽管德国人满足于安静地耗完11月的前两周，但朱可夫却不答应，他命令前线部队进行积极的局部反击以阻碍德国人的集结。11月8日—12日，在沃洛科拉姆斯克以东的斯基尔米诺瓦（Skirminova）村，罗科索夫斯基的坦克旅和德军第10装甲师之间进行了一系列的小规模战斗。在一场小冲突中，卡图科夫的坦克摧毁了一辆Ⅲ号指挥坦克，打死了第10装甲师第7装甲团团长特奥多尔·凯泽上校。然而，刚从远东抵达的亚历山大·A.科特利亚罗夫（Aleksandr A. Kotlyarov）上校的坦克第58师于11月14日—15日发起的反击却不太成功。科特利亚罗夫用200多辆轻型坦克攻击了德国第5步兵师，其中大部分是BT-7和T-26，但在不到2天的战斗中就丢掉了大约三分之一的坦克。朱可夫已经因战败或涉嫌怯懦处决了好几名高级军官，科特利亚罗夫显然是害怕德国步兵打败了自己坦克的事情被上报，于是选择了自杀。朱可夫的袭扰战果非常有限，还导致了罗科索夫斯基无法囤积任何可观的储备资源。此外，除了科特利亚罗夫的失利外，新的坦克旅在这些小规模坦克战中同样损失惨重，包括大约三分之一的可用的KV-1和T-34坦克。可以预见的是，朱可夫11月初的局部反击得不偿失，损失了人员、装备和物资，却只为德国人最后一次战术成功创造了条件。

德国"台风"行动第二阶段的计划是一次经典的钳形攻势——完全无视地形、天气和后勤保障。霍特和赫普纳将击溃罗科索夫斯基的第16集团军，并向莫斯科以北的亚赫罗马（Yakhroma）推进。在孔岑所部的坦克的支援下，冯·克鲁格将在纳罗福明斯克打穿苏军中路，古德里安将占领图拉，然后从南部逼近莫斯科。冯·博克乐观地希望3个装甲群能在莫斯科以东建立联系。然而中央集团军群只集结了36个师对莫斯科进行最后一击，而不是他在"台风"行动开始时设想的70个师，因为其近一半的兵力被吸引到侧翼防御苏军的反攻。冯·博克也指望不上德国空军，后者已将一些单位转移到地中海战区，"台风"行动的第二阶段只能投入300架飞机。虽然铁道大队（Eisenbahntruppen）已调整了前往格扎茨克、沃洛科拉姆斯克和卡卢加（Kaluga）的铁路轨距，但因为交通问题和物资短缺，只有很少的燃料和弹药被运上来。由于希特勒在"巴巴罗萨"开始时决定减少弹药的生产，在关键时刻，德军炮弹的数量极少。大部分参与"台风"行动第二阶段的装甲师，只能留出1.0—1.5个消耗额度的燃料用于这一攻势。

11月15日，"台风"行动的第二阶段启动，第1装甲师在加里宁附近与第30集团军交战，但直到11月17日，绍尔的第五十六摩托化军占领了一个横跨拉马河的渡口后，进攻才真正开始。第二天，赫普纳把沃洛科拉姆斯克附近的罗科索夫斯基一线部队击溃，并以第2装甲师向克林推进。德军装甲部队再一次主攻苏军2个集团军的结合部附近，突破分割了苏联第16和第30集团军。11月18日晚些时候，罗科索夫斯基的集团军在德军的巨大压力下撤往伊斯特拉，列柳申科被派到克林，从霍缅科（一位不称职的内卫部队将领）手中接管了接近崩溃的第30集团军。列柳申科只有相对很少的步兵来保卫克林，但来自3个不同的坦克旅和坦克第58师残部的坦克使他足以在城镇周围建立起屏障。现在，德军装甲车辆已能够在坚硬的冰冻地面上更好地运作，并在一定程度上恢复了之前的机动性。由于还有少量的T–34和KV–1坦克，列柳申科在克林挡住霍特的装甲部队5天之久。然而，第2装甲师于11月24日占领了索尔涅奇诺戈尔斯克（Solnechnogorsk），列柳申科陷入被包围的危险之中，他被迫撤离了。斯大林担心德军的此次推进，其坦克距离莫斯科已经很近了，他询问朱可夫莫斯科这座城市能否守住。朱可夫承诺可以，但他还需要200辆坦克。斯大林则回复无论是最高统帅部大本营预备队，还是他自己的个人储备中都没有坦克了——所有可用的东西都给了朱可夫。[138]11月25日，苏联红军无论是纵深还是坦克都濒临极限。

　　罗科索夫斯基的第16集团军得令，要在伊斯特拉击败施图姆依旧强大的第四十摩托化军；党卫军"帝国"师和第10装甲师则继续他们始于博罗季诺战役的战术配合，每天将伊万·V.潘菲洛夫少将顽强的步兵第316师向后逼退几公里。11月18日，潘菲洛夫在迫击炮火力下阵亡。就在罗科索夫斯基的第16集团军即将顶不住的时候，最高统帅部给他派来了生力军——来自西伯利亚的步兵第78师。最高统帅部给罗科索夫斯基的另一支援兵是坦克第146旅，有42辆"瓦伦丁"Ⅲ型坦克——第一批抵达前线的英国租借坦克。[139]西伯利亚部队证明了自己是施图姆前进道路上的磐石，德军击毁了一些"瓦伦丁"坦克，赫普纳重新部署了第11装甲师，对其"重点突破战术"进行了强化。在3天内伤亡了926人后，党卫军"帝国"师最终于11月27日占领了伊斯特拉。因其所部在德国装甲部队的反复攻击下处境日益艰难，罗科索夫斯基对朱可夫强迫他的手下"死守不退"感到愤慨。11月28日，罗科索夫斯基在莫斯科西北仅仅35公里处重新建立起一道防线。然而，伊斯特拉和克林的战斗消耗了德国剩余的大部分燃料和弹药库存，而寒冷的天气正在削弱德国步兵单位的战斗力。苏联守军也受到弹药短缺的困扰，苏联军人中同样很少有人穿着成套冬季制服，但因为是在捍卫首都的最后一道防线，他们的士气被爱国主义精神鼓舞。在莫斯科战役的最后阶段，苏联步兵也开始装备14.5毫米的PTRD–41型反坦克枪。尽管这种武器在"巴巴罗萨"行动开始后就很快加入生产计划，但是效率低下的军需人民委员会直到11月才投产14.5毫米口径的弹药。PTRD–41型反坦克枪在穿透德国坦克装甲方面并不特别有效，但确实在关键时刻为红军步兵部队提供了一种防止被敌方坦克碾压的手段，有助于提高他们的士气。

11月底，施图姆的第四十摩托化军的进攻已经停滞，其中第2装甲师位于红波利亚纳（Krasnaya Polyana），最靠近莫斯科。虽然气温酷寒，但霍特在第1、第6和第7装甲师之中仍有大约80辆坦克可用，赫普纳则有约170辆坦克，归属于第2、第5、第10和第11装甲师，但燃料和弹药见底，部队已经是强弩之末。中央集团军群在11月又伤亡45735人，报销了300辆坦克和突击炮，但莫斯科仍然可望不可及。最后一次猛攻失利了，部队和指挥官都明了这一事实。前线德军的士气崩溃了，这种情况在第二次世界大战期间屈指可数。放眼四望，像第11装甲师路德维希·弗里克（Ludwig Fricke）上校这样狂热的指挥官甚至在 –40摄氏度的天气里还设法让部队离莫斯科更近一些，但这样的努力在11月底也失败了。冯·克鲁格——他的第四集团军在"台风"行动第二阶段的大部分时间里都袖手旁观——最后摆了一次可笑的姿态，在12月1日—2日，以孔岑的第五十七摩托化军的部分兵力和3个步兵师攻击了纳罗福明斯克镇苏军支撑点的两翼。令人惊讶的是，第19和第20装甲师取得了重大进展，但朱可夫迅速反扑并打退了孔岑的先头部队——这是德军在战争中最后一次猛烈冲击莫斯科。12月4日，希特勒终于认清现实，叫停了"台风"，乐观地指望中央集团军群能守住莫斯科附近的阵地，直到1942年春另一场进攻变得可能为止。

在季赫温的冒险，1941年10月16日—11月18日

9月下旬，北方集团军群的主力包围了列宁格勒，冯·莱布满心期待苏联驻军很快会死于饥饿，但事实并非如此。朱可夫于10月6日离开前，曾飞来重振守军的士气，苏联红军和红海军迅速用驳船队组织了一条横跨拉多加湖的薄弱的供给线。苏联沃尔霍夫方面军仍控制着湖的东侧，并使用沃尔霍夫和季赫温的铁路终点站作为这一补给行动的前进基地。冯·莱布意识到苏联人横穿拉多湖的补给会拖长围困时间，他决定冒着极大的风险来终结这一行动。虽然赫普纳的第四装甲集团军已经调给中央集团军群用于"台风"行动了，但在丘多沃（Chudovo）附近的施密特（Schmidt）的第三十四摩托化军——下辖第8和第12装甲师以及第18和第20摩托化步兵师——还可动用。然而，施密特的军情况不太妙，车辆损耗，部队兵力也不足以支撑一次大规模进攻。此外，在围

攻开始后，北方集团军群的供给优先级降至较低水平，施密特不得不用最少的燃料和弹药进行攻击。更糟糕的是，天气每况愈下。

10月16日早晨，施密特攻击了尼古拉·K.克雷科夫（Nikolai K. Klykov）中将的第52集团军，该军以新编成的预备队单位——步兵第267师和步兵第288师控制一条60公里长、沿沃尔霍夫（Volkhov）河伸展的防线。德军工兵在格鲁济诺（Grusino）建造了一座横跨沃尔霍夫河的浮桥，使得第12装甲师的80辆坦克能够过河和步兵第288师交火。雨雪交加的天气使德军的进攻失去了空军的近距支援，30厘米厚的积雪让所有地面机动都降为龟速。因此，施密特的军花了4天的时间才打破了由二流步兵组成的薄弱防线。苏联第52集团军没有预备队来应对这一突破，第12装甲师能够直接向季赫温进军。然而，此处地形非常糟糕，基本是由茂密的森林和冰冻的沼泽地构成的无路荒野。第12装甲师以每天5公里的速度前行，苏军的抵抗微不足道。第8装甲师于10月17日加入了攻势，以2个战斗群在第12装甲师的右翼助攻；第10装甲团仍然有2个装甲营，共91辆坦克。[140]总而言之，德国人在季赫温战役中投入了大约170辆坦克。

与此同时，最高统帅部意识到，如果丢了季赫温，列宁格勒可能也会失守，于是他们从最高统帅部大本营预备队调来弗谢沃洛德·F.雅科夫列夫（Vsevolod F. Yakovlev）中将的第4集团军保卫这座城市。为了对抗德国坦克，最高统帅部决定调整阿列克谢·F.波波夫（Aleksei F. Popov）少将的坦克第60师的部署——当前正通过铁路从远东调往莫斯科，让波波夫改去季赫温。波波夫的坦克师于10月29日开始在季赫温卸车，其拥有6000名士兵和179辆轻型坦克（包括13辆BT-7、164辆T-26和2辆T-37）。还有另外几个步兵单位被派去支援季赫温的第4集团军，包括近卫步兵第1师和2个独立坦克营，共有78辆轻型坦克。最高统帅部为雅科夫列夫提供了250多辆坦克，这使得第4集团军成为1941年11月苏联坦克最多的集团军之一。

然而，雅科夫列夫步兵出身，他并没有集中他的坦克力量对付施密特缓慢推进的先头部队，而是按照红军使用坦克的传统方法进行部署——他决定拆散波波夫的坦克第60师，直接支援他的步兵单位。整个坦克第191团隶属于近卫步兵第4师，另一个坦克营留下来保护他在季赫温的指挥部。除了这个糟糕的决定，雅科夫列夫还打算在他的所有增援部队到来之前，于11月3日尝试发起一次仓促的反攻。他以坦克第60师剩下的部队、近卫步兵第4师、骑兵第27师以及另外2个步兵师组成一个攻击群，试图在施密特的坦克穿越布多戈希（Budogoschch）附近的普乔夫扎（Pchyovzha）河时，进行过于复杂的钳形反击。雅科夫列夫的作战计划不仅令坦克第60师的坦克必须要沿着森林里的小路机动近100公里，而且从战术上讲，所选地面的状况也非常差。波波夫的坦克得通过一个被大片沼泽地包围的狭窄峡谷进攻——这几乎没有回旋余地。

计划不周的陆路行军导致了坦克第60师的毁灭。尽管大多数关于东线的陈述都强调过泥泞的环境对德国装甲部队机动性的影响，但很少有人意识到泥淖也经常会损害红军的坦克。波波夫的坦克最终沿着森林小径陷入泥潭，雨雪天气使其变成了沼泽，随后燃料也迅速耗尽。在这样的关键时刻，这个坦克师却连着一个多星期动弹不得，第4集团军只能用步兵单位进行反攻。最终，雅科夫列夫的逆袭只对德军造成了轻微干扰，仅仅迫使施密特派遣第20摩托化步兵师防守他行军的东翼，未能阻止德军向季赫温推进。

施密特的坦克继续沿着丘多沃—季赫温（Chudovo-Tikhvin）道路缓慢前行，他的Ⅲ号和Ⅳ号坦克将通过沿途摇摇晃晃的木桥。第8装甲师与第12装甲师的战线连接上了。布莱肯（Bleicken）战斗群由1个摩托化步兵营、1个炮兵连和第10装甲团第1营组成，一路担当先头部队。雅科夫列夫用近卫第4师一部与2个步兵师的主力，还有来自帕维尔·A.加尔库沙（Pavel A. Garkusha）中校的坦克第121团的1个营保卫季赫温。11月5日，德国人距季赫温不到20公里，加尔库沙奉命在扎鲁切夫（Zaruchev）树木繁茂的交叉路口骚扰第8装甲师的侧翼。第二天，加尔库沙的T-26杀出森林，直取第10装甲团第1营的38(t)型坦克。德国坦克迅速打瘫了前来进攻的14辆T-26中的12辆，还有1辆宣称被50毫米反坦克炮击毁。[141]最终，11月8日，第8装甲师的一个战斗群和第18摩托化步兵师杀出血路，进入了季赫温，其余的部队则更多地在抵御苏军的局部反击。几个小时之内，苏军在城内的抵抗被击溃，季赫温落入了德国人手中。施密特随后从他所有的装甲师中抽调战斗群去支援第1军的步兵对沃尔霍夫业已停滞的进攻，但包围城镇的尝试失败了。

11月底，德国的进攻已经基本结束，并取得了部分成功。然而德军未能拿下沃尔霍夫，令施密特的第三十四摩托化军处在了一个非常显眼的突出部，北方集团军群也无法穿越60公里的泥泞小道和季赫温建立有效的联系。苏联第4集团军迅速从季赫温之败中恢复过来，不断打击德军暴露的突出部的侧翼，这一突出部很快就濒临崩溃。冯·莱布加速围攻列宁格勒的努力不仅耗费了他唯一的机动预备队，也在1941年秋季，对德军来说本应是平静的地段制造了危机。

罗斯托夫：冯·克莱斯特的冬季闪击，11月5日—20日

乌克兰的冬季来临，冯·克莱斯特的第一装甲集团军在罗斯托夫（Rostov）以西22公里处休整，供给情况很糟。由于第聂伯河上的铁路桥梁遭到破坏——直到1943年才完全修复，燃料运输车辆没法前往河东。相反，供给必须通过第聂伯河航运，然后装载到缴获的少量可用的苏联火车上，或者用运输总站（Grosstranportraum）的卡车运送超过300公里。由于路况不佳，补给的单程运输需要3到4天。到10月中旬，冯·克莱斯特的装甲部队前锋几乎没有或只得到了很少的补给。[142]在基辅取胜后，克莱斯特的部队仅剩马肯森的第三摩托化军，包括了第13装甲师、党卫军"警卫旗队"师和第60摩托化步兵师；以及冯·维特斯海姆的第十四摩托化军下属的第14、第16装甲师和党卫军"维京"师。11月1日，第15装甲师仍有68辆可用的坦克，但总体而言，冯·克莱斯特只能集结起不到200辆坦克和突击炮。此外，他的战区没有步兵单位，他只能用所部控制宽达100公里战线，这意味着装甲部队几乎没有休整的机会。

10月下旬，新任南方面军司令员雅科夫·T. 切列维琴科（Yaakov T. Cherevichenko）上将设法以第56集团军在罗斯托夫前方修筑了坚固的防御工事，第56集团军由来自高加索的单位组建，而重建的第9集团军则在城市的北面实施纵深防御。切列维琴科手里坦克很少，尽管他已经接收了6个新的坦克旅——很快就在保卫战中折损了，他还有4个由修理或回收的坦克组成的独立坦克营，总共约有150辆坦克，但大部分是轻型坦克。切列维琴科为保卫罗斯托夫的第56集团军提供了40辆坦克，还有60辆坦克去支援第9集团军，剩余的50辆坦克留在其正面的预备队中。虽处于死守状态，但切列维琴科正在组建一个新的第37集团军，一旦更多的增援部队抵达，他将在反攻中以该集团军作为突击力量。

随着"台风"行动无法确定能否占领莫斯科，希特勒希望在这个作战季度进行最后一次进攻，而罗斯托夫这座拥有51万人口的城市将是很理想的目标。他命令冯·伦德施泰特动用克莱斯特的第一装甲集团军在天气恶化之前占领此地。虽然冯·克莱斯特知道他在装甲力量方面略胜切列维琴科，但他没有其他物力优势。他还清楚如果直接进攻的话，这场战役将会在通向城市的22公里长的道路上演变为一场消耗战，这可能会拖垮他的集团军。因此，冯·克莱斯特选择以迂回的方式来出奇制胜。冯·克莱斯特没有从东边正面攻击切列维琴科的防御工事，而是决定集中他的机动部队在苏联第9集团军战线上撕开一个口子，再向东北方向推进60公里，然后向南扫荡，从后方攻占罗斯托夫。这是一个非常大胆的计划，依靠速度和机动，但秋雨和补给不足使其问题重重。冯·克莱斯特在11月初悄悄地将他的2个装甲师调到进攻位置，这显然被苏联情报机构忽视了。

11月5日，冯·克莱斯特发动了进攻。马肯森的第三摩托化军对罗斯托夫正面的第56集团军阵地进行佯攻，冯·维特斯海姆的第十四摩托化军攻击了第9集团军战线中央的步兵第30师和步兵第136师。胡贝的第16装甲师作为突破的矛头，第一天就突入20公里，开局良好。然而，库恩的第14装甲师在推进了大约12公里后遇到了麻烦：格奥尔基·库兹涅佐夫（Georgy Kuznetsov）少校的坦克第2旅（18辆坦克）从库恩师的侧翼发起逆袭，将德军打回了出发阵地。更糟糕的是，被派至胡贝左翼助攻的党卫军"维京"师在贾科沃（D'iakovo）撞上了一个苏军大型的反坦克筑垒阵地——由37门反坦克炮（包括6门57毫米口径的ZIS-4型高初速反坦克炮，可在1000米外击毁所有德国坦克）、配有84门火炮的7个野战炮营和1个步兵团守卫。通常情况下，苏军反坦克单位采用线性防御，很容易被装甲部队摧毁，但贾科沃所在是一个规模很大、布置周密的环形筑垒阵地，"维京"师的进攻被击退，损失惨重。胡贝很快发现自己两翼的部队都已撤退，后路有被切断的危险。

令人惊讶的是，第9集团军于11月6日从3个方向对胡贝位置突出的部队进行了协同反击，其中有来自坦克第2旅和坦克第132旅的60—70辆坦克以及2个摩托化步兵团。胡贝在蒙受重大损失后被迫撤退。尽管受挫，冯·维特斯海姆依然重新组织起他的军攻击同一地域，第14和第16装甲师在第9集团军的战线上打进一个很深的楔子。11月7日，第14装甲师打败了苏联步兵第339师，而胡贝向东拓展他的突出部。库兹涅佐夫的坦克第2旅继续发起凶猛的反击，但这一地带的苏联坦克力量不足。11月8日，来自第十七集团军的第1山地师完成了党卫军"维京"师没有做到的事情，拿下了在贾科沃的苏军阵地。渐渐地，冯·维特斯海姆的军在苏联第9集团军中杀出一条血路，并且到11月11日时已经向东挺进了60公里，之后由于供给短缺，冯·克莱斯特不得不暂时停止进攻。

考虑到道路泥泞以及路途漫长，冯·克莱斯特花了6天的时间补充他的前卫装甲师。切列维琴科误判德军的进攻已至高潮，调动了大部分增援力量——包括3个坦克旅——编成第37集团军以反击冯·克莱斯特的左翼。因此，当马肯森的第三摩托化军动用党卫军"警卫旗队"师，在第13装甲师第4装甲团的支援下，于11月17日在苏丹-萨雷（Sultan-Saly）攻击苏军第56集团军的外围阵地时，切列维琴科措手不及。第14装甲师和第60步兵师参与了最后的攻击，防守这个地域的2个苏联步兵师被逼退到他们的第二道防线。然而，当马肯森逼近罗斯托夫时，苏联第37集团军的攻势启动，开始威胁冯·克莱斯特的左翼。11月19日，库恩的第14装甲师一路杀进罗斯托夫，其苏联守军大约有80000人。这是德国人第一次也是唯一一次尝试一个装甲师在没有步兵支援的情况下，在一个大城市作战，事实证明代价十分高昂。到11月20日日终，马肯森的部队占领了罗斯托夫的大部分地区，但是他的力量也达到了极限且严重透支了。库恩的第14装甲师在攻占罗斯托夫时损失了20辆坦克，现在只余36辆坦克（10辆Ⅱ号坦克、20辆Ⅲ号坦克、2辆Ⅳ号坦克和4辆指挥坦克）。冯·维特斯海姆的军尽管没有完全参与对罗斯托夫的最后攻击，但他们也消耗极大，无法顶住第37集团军的反攻，虽然后者仅包括由不到100辆坦克支援的6个步兵师。胡贝的第16装甲师和党卫军"维京"师都在11月21—22日开始败退，这让马肯森在罗斯托夫的阵地危险了。

冯·克莱斯特发现自己处境非常艰难，燃料短缺让情况变得更糟，这使他无法打出德国指挥官所偏爱的那种机动防御。对罗斯托夫的进攻造成第一装甲集团军伤亡超过6000人，其中包括1778人死亡，以及剩余坦克的一半。任何援兵都指望不上。11月25日，马肯森的军逐渐衰弱下去，冯·维特斯海姆的军也接连败退，不祥之兆已很明显。冯·伦德施泰特和冯·克莱斯特认识到第一装甲集团军不再具备占领罗斯托夫的力量，但希特勒坚持要拿下这座城市。

顾此失彼，11月25日—12月15日

如果军事历史能告诉我们什么，那就是错误的假设是所有重大灾难的根源。由于燃料和弹药不足——远远超过天气因素，希特勒和陆军总司令部发起的"台风"行动，以及对季赫温和罗斯托夫的装甲攻击等攻势都未能达到预期目标。燃料缺乏致使德国装甲矛头一次又一次被迫停止前进；炮弹短缺加上空中近距支援规模缩减，降低了德军装甲集团军在伊斯特拉、沃洛科拉姆斯克和图拉等地削弱苏军据点的能力，使得红军能够从挫折中恢复过来。"台风"行动和其他攻势是基于这样一个假设：这些物质因素都不重要，国防军会凭借超人的意志力取得胜利。然而，当12月初最恶劣的冬季天气到来时，每个德国装甲集团军的进攻都因为物资不足而停滞了，这导致前线德军士气的崩坏。此外，所有战线上的德国装甲单位——季赫温、莫斯科、图拉和罗斯托夫——都过度扩张、消耗殆尽，只有很少或根本没有余留攻击力量。无论哪一场攻势，德军的阵地都缺乏侧翼保护，而且步兵支援极少。

第一个尝到这些错误假设恶果的是冯·克莱斯特的第一装甲集团军，他缺乏占领罗斯托夫的实力。苏联南方面军于11月25日发起反击，安东·I. 洛帕京（Anton I. Lopatin）少将的第37集团军开始逐回冯·维特斯海姆的第十四摩托化军，后者正沿着图兹洛夫（Tuzlov）河掩护冯·克莱斯特的左翼。斯洛伐克快速师和党卫军"维京"师控制的雷索戈尔卡（Lysogorka）附近地区被证明是一个薄弱之处，洛帕京在这一带集结了几个步兵师、2个骑兵师和3个坦克旅。冯·维特斯海姆的防守没有崩溃，但是在压力下逐渐收缩，这使得在罗斯托夫的第三摩托化军处于一个狭长薄弱且暴露的突出部中，危机四伏。苏联第56集团军在罗斯托夫的南部和东部投入更多的步兵、骑兵和坦克旅发起正面进攻，这让冯·克莱斯特的处境雪上加霜。11月25日—26日夜，第56集团军成功渡过顿河，包括2个步兵师和1个内务人民委员部团，同时坦克第54旅和2个骑兵师从城市北侧攻入，形成了钳形攻势，党卫军"警卫旗队"师被夹在中间。11月28日，冯·伦德施泰特许可冯·克莱斯特撤回米乌斯（Mius）河，

这是最好的行动方案。然而，12月1日，希特勒否决并解除了伦德施泰特的指挥权。同样，伦德施泰特的接替者——陆军元帅瓦尔特·冯·赖歇瑙（Walther von Reichenau）很快意识到撤退是拯救第一装甲集团军的唯一选择，希特勒不情愿地批准冯·克莱斯特后退70公里并在米乌斯河后方修筑防御工事。苏联坦克部队在罗斯托夫起的是辅助作用，只有少数坦克旅加入战斗——42辆苏联坦克在反攻收复罗斯托夫的战斗中被毁。[143]德军在罗斯托夫没有任何单位被歼灭，但冯·克莱斯特的第一装甲集团军在11月的战斗中伤亡6000多人，装甲师的进攻毫无进展。单单第14装甲师就在罗斯托夫附近损失了50多辆坦克，撤退时只有13辆坦克仍具备作战能力。[144]

莱因哈特的第三装甲集团军在莫斯科西北方向的克林突出部遭遇了更大的灾难，他的部队在那里把守着莫斯科河—伏尔加河运河一线50公里长的战线，以及向后延伸至莫斯科海（伊万科沃水库）的60公里长的侧翼。莱因哈特连续进攻，直至燃料和弹药几乎耗尽，最终在距离莫斯科20—40公里的地方停滞下来。莱因哈特让瓦尔特·莫德尔的第四十一摩托化军下属的第1、第6和第7装甲师在亚赫罗马附近集结，并配属了第23步兵师和4个非师属炮兵营。莫德尔的军在攻势的最后几天折损严重，到12月的第一周，第6装甲师只在里夏德·科尔上校的第25装甲团中还有5辆坦克可用，以及在4个摩托化步兵营和1个摩托车营中还有1061名步兵，仅为坦克编制的2％，步兵编制的25％。[145]莱因哈特延伸的北翼由绍尔的第五十六摩托化军的第14和第36摩托化步兵师以及第900教导旅掩护，后者配属了一些突击炮。这些摩托化部队可以在气温低于零下的夜间，以提供必要宿营场所的村庄为核心建立营级环形防御，但这些村庄并未构筑防御工事。莱因哈特留有第1装甲师部分兵力作为预备队，但其机动能力有限。更确切地说，他只有10000—12000名步兵用来防守100公里的战线。他的炮弹非常少，且炮兵无法机动，因为大多数牵引车都无法运作了，坦克几乎没有燃料。12月4日，一股贯穿俄罗斯中部的寒流使温度降至－40摄氏度（－40华氏度），大部分军队去寻找庇护所了，将他们的车辆丢在霜冻之中。几乎没有防冻剂补充给前线的部队，燃料管线被冻住，甚至连坦克履带都被冻结在地面。德军在战术机动性方面的优势消失了。

莱因哈特、赫普纳或者冯·博克都不知道的是，红军最高统帅部已经集结了3个新的方面军，即将进行大规模的反攻，斯大林于11月30日批准了这一反攻计划。朱可夫的西方面军拥有瓦西里·I. 库兹涅佐夫（Vasily I. Kuznetsov）中将的突击第1集团军和安德烈·A. 弗拉索夫中将的第20集团军，他们将进入莫斯科北部阵地以打击克林突出部。这2支突击部队配备了大量的步兵——大约60000人，但只有有限的炮兵支援——大约36门中型榴弹炮和50门BM-13型喀秋莎火箭炮，坦克更少。库兹涅佐夫有1个独立坦克营，弗拉索夫有坦克第24旅和1个独立坦克营，这2个集团军总共只有100辆坦克，KV系列和T-34不超过30辆。库兹涅佐夫有一个优势，因为他控制着莫斯科—伏尔加运河上一个相当大的桥头堡，正好面对第6装甲师，这意味着运河对于德国人来说起不到真正意义上的防御作用。在克林突出部的北侧，科涅夫的加里宁方面军动用重组的德米特里·D. 列柳申科少将的第30集团军，在反攻中准备担当主力。列柳申科拥有一支由约30000名步兵、8000名骑兵和约50辆坦克（其中KV系列或T-34不超过10辆）组成的合成部队。帕维尔·A. 罗特米斯特罗夫上校的坦克第8旅加强了一个步兵营，准备作为第30集团军进攻的主力——这显示出在1941年12月，红军的坦克部队有多虚弱。

12月6日6时，列柳申科从北方以一系列缺乏协同的团级步兵、骑兵部队向莱因哈特的第三装甲集团军展开攻势，对第14和第16摩托化步兵师的环形筑垒阵地发起进攻。这些袭击是在黎明前进行的，目的是尽可能降低德军防御火力的效果。列柳申科的3个步兵师和1个骑兵师刚刚从乌拉尔军区到达，在下车后很快投入战斗。苏军的大多数攻击被击退，原因在于其分散在50公里宽的正面战线上，未能集中力量。然而，与步兵第365师一起进攻的罗特米斯特罗夫成功迫使一支德国阻击部队撤离扎博罗季耶（Zabolote）村，在第36摩托化步兵师的防线上凿出一个缺口。第二天，罗特米斯特罗夫的坦克手成功前进了8公里，在克林的德军防线后方打进了一个小楔子。同一天，库兹涅佐夫的突击第1集团军用几个步兵旅袭击了亚赫罗马附近的第6装甲师，但未收复任何失地。莱因哈特对苏军的反攻做出反应，命令第1装甲师派遣1个装甲营阻止罗特米斯特罗夫进一步渗透，指示莫德尔的第四十一摩托化军从德米特罗夫（Dmitrov）—亚赫罗马地区撤回，以缩短防线。

12月8日，随着第三装甲集团军继续朝克林与索尔涅奇诺戈尔斯克

（Solnechnogorsk）撤退，苏军对克林突出部的反攻势头愈发强劲。第14摩托化步兵师在没有怎么大打的情况下放弃了位于罗加乔沃（Rogachevo）的重要的道路交叉口，同时丢掉了大量装备和损坏的车辆。罗特米斯特罗夫的坦克旅继续向前推进，扩大了德军防线上的缺口，12月9日晚间他占领了克林以北7公里处的亚穆加（Yamuga）。类似于1941年6月红军指挥员最开始对突然袭击的反应，莱因哈特和冯·博克似乎麻木了，并且在立即尝试坚守还是回撤至防御阵地上首鼠两端。希特勒不会批准任何重大撤退，但是德国指挥官变得善于为那些轻微的"拉直战线"的机动进行分辩，事实上那是战术撤退。罗科索夫斯基的第16集团军也开始在红波利亚纳攻击赫普纳的第四装甲集团军，以阻止他向莱因哈特提供任何有力的援助。

到12月10日，克林周围的局势对莱因哈特来说变得非常危险，当罗特米斯特罗夫切断克林—沃洛科拉姆斯克公路并袭击距离克林4公里的第五十六摩托化军的司令部时，绍尔不得不投入步兵来保卫他的老巢。莱因哈特的部队不断地从一个村庄回撤到另一个村庄，直到其4个师聚集在克林周围。赫普纳派遣第2装甲师一部前来支援，驱逐罗特米斯特罗夫的坦克旅，但其从战线调离使得罗科索夫斯基在12月11日收复了伊斯特拉和索尔涅奇诺戈尔斯克。到12月12日，情况明摆着，苏联第30集团军和突击第1集团军在克林包围了第3装甲集团军主力，而莱因哈特几乎无能为力。列柳申科组建了1个由罗特米斯特罗夫指挥的战役机动集群，下辖坦克第8和第21旅、1个独立坦克营和1个摩托车团，并指示他们封锁莱因哈特的逃跑路线。罗特米斯特罗夫已很接近于兜住第1、第2、第6和第7装甲师以及第14摩托化步兵师，但德军设法在涅克拉辛诺（Nekrasino）发起一次小规模的攻击，撑住了逃跑路线足够长的时间，让莱因哈特的部队能向西撤退，德军于12月15日放弃了克林。因为剩下的牵引车很少，所以大多数88毫米高炮和火炮都不得不丢弃了，只有很少的坦克或火炮保存了下来，莱因哈特的师减员到略大于步兵战斗群的规模。

对于第三装甲集团军来说，克林突出部的战役是灾难性的，导致约2500人伤亡和重大的物资损失，包括大部分火炮和车辆。莱因哈特所有的5个摩托化师都失去了作战能力，甚至连防御措施都没有了。他们还在继续向西撤退，尽管苏联追兵已无法撵上他们。与此同时，科涅夫的加里宁方面军于12月16日收复加里宁，迫使第九集团军逃跑。中央集团军群的左翼在一片混乱中撤离，冯·博克指示莱因哈特退到"哥尼斯堡"（Konigsberg）防线，但这次撤退与其说是一次有序的行动，更像是一场溃败。列柳申科在克林取得了令人印象深刻的胜利，尽管资源和谋划的时间都非常有限，但罗特米斯特罗夫在战术层面上表现得非常出色。第30集团军在克林的进攻，离大纵深作战学说相距甚远，它反映的是坦克、步兵和骑兵成功的合成作战，这是苏联红军在工业部门弥补1941年的损失前最好的作战组织模式。

在图拉，古德里安过度分散的第二装甲集团军在12月6日—12日期间被各个击破，因为两边侧翼都被粉碎，他不得不一次又一次地后撤。红军最高统帅部第3个后备集团军——第10集团军突然出现在米哈伊洛夫（Mikhailov）附近的古德里安的东部侧翼，并击溃了利默尔森的第四十七摩托化军。第10集团军在2天内推进了30公里，切断了古德里安的交通线，意欲与从图拉进攻的第50集团军会合，这将导致冯·施韦彭格的第二十四摩托化军被包围。古德里安立即对苏军的逆袭做出反应，下令迅速撤退，并很快在图拉和叶伊凡（Yeifan）之间建立了一条新的防线，但当铁木辛哥的西南方面军逼迫第二集团军向奥廖尔退却时，古德里安也不得不撤了。和莱因哈特的第三装甲集团军一样，古德里安的后撤迫使其丢弃了火炮和车辆，这是德国人无法补充的。

在季赫温，因为无法通过仅有的一条穿越冰冻沼泽地的小道给摩托化军运输给养，第三十九摩托化军自11月中旬以来一直立不住脚。装甲兵上将鲁道夫·施密特向陆军总司令部报告说，由于没有冬季制服和补给，他的部队"处于崩溃的边缘"，因此汉斯–于尔根·冯·阿尔尼姆中将接手指挥在季赫温的军队。然而，冯·阿尔尼姆的到来未能改变德方糟糕的局势，苏联第4集团军开始了一系列的反击，逐渐压向德军的侧翼并干扰地面的交通线。季赫温驻军的处境变得极其危急，冯·阿尔尼姆被迫要求空中补给，考虑到恶劣的天气条件，这显然不足以让摩托化军保持战备状态。12月4日，苏联第4集团军对季赫温直接发起进攻，德军防线开始崩溃。12月8日，冯·阿尔尼姆终于接受了这一不可避免的事实，放弃了季赫温，并下令撤回到沃尔霍夫河。尽管冯·阿尔尼姆的部队逃出了苏军的铁钳，但第8和第12装甲师在撤退中不得不丢掉了大量的装备，这使他们丧失了战斗力。解放季赫温让第4集团军付出了70辆坦克的代价。[146]

　　令人惊讶的是，红军在11月25日—12月15日期间的反击不过短短3周时间，却令每一个德国装甲集团军都吃了败仗。除了少数例外，撤退给德军装甲师造成了严重的物资损失，这些是永远不能完全弥补的。到1941年底，国防军在东线上失去了2600多辆坦克和突击炮，另有1000辆坦克无法运作，需要维修。轮式车辆、火炮和88毫米高射炮的损失也很大，大大削弱了其余德国机械化部队的进攻火力和机动性。总体而言，1941年，德国国防军在东线蒙受了830903人员伤亡，其中装甲部队占了27％。

　　战败让国防军和装甲部队的高级将领付出了代价。除了冯·伦德施泰特之外，希特勒还在12月18日解除了冯·博克的职务，在12月26日将古德里安撤职。希特勒会不会将未经许可就撤退的军官免职，这因人而异，真正的原因是他认为这些人失去了获胜的意志——希特勒很快就会领教己方将领们的失败主义。赫普纳在1月份也因未得到允许就撤退而被罢免，军长冯·施韦彭格和孔岑由于健康状况不佳被撤换。另一方面，希特勒迅速嘉奖那些即使在逆境中也表现出坚定不移的战斗意志的军官，比如瓦尔特·莫德尔。当莫德尔在1941年12月中旬抱怨向"哥尼斯堡"防线的撤退时，希特勒认为他是接管位于勒热夫濒临崩溃的第九集团军的最佳人选。

　　在12月的反攻中，苏联红军已接近兜住在季赫温、克林和罗斯托夫的大批德国装甲部队，但缺乏实力和技巧来实现此举。事实上，尽管局势逆转，红军仍然未能摧毁任何德军主力部队。1941年12月底，内务部报告苏联只俘虏了10602名德军，而德国人在过去6个月中捕获了3355000名苏联军人。[147]1941年年底，红军自己的坦克部队状况变得非常糟糕，只能在冬季反攻中担当辅助角色。到1941年圣诞节，德军和苏联红军的装甲力量几乎都被摧毁了，经过6个月的持续战斗，他们都只保有极少的可作战的中型或重型坦克。任何一方没有足够的坦克预备队，后续行动的战术退化到一战时代了。

　　在1941年的坦克战中，德国装甲师占据优势的主要原因不是依赖先进的理论、装备或者领导能力，而是因为其装甲集群能在战术层面有效运用多兵种合成作战法则，并通过无线电与本方其他的装甲单位进行协同。战前苏联驾驶员和炮术训练不足是一项严重的缺陷，这往往抵消了KV系列和T-34坦克在机动性和火力上的优势。1941年期间，尽管KV系列和T-34坦克在火力和装甲防护方面优于任何德国坦克，但红军却损失了1540辆KV系列重型坦克中的940辆（61%）和3131辆T-34中型坦克中的2331辆（74%）。虽然维亚切斯拉夫·马雷舍夫努力让苏联工业部门尽可能多地制造坦克，但仅仅拥有更多或更好的坦克是不够的——作为红军汽车装甲坦克总局局长，雅科夫·N.费多连科中将要确保苏联坦克兵能学会如何去运用它们，这才是至关重要的。苏联红军还必须增加坦克部队中电台的数量，以更好的指挥和控制部队——1941年几乎每次苏军的坦克反击都会因为指挥-控制系统的缺陷而分崩离析。在战役层面，德国的优势远没那么明显，红军有相当多的坦克指挥员了解如何策划包围攻击并与其他兵种进行协同，但大多数苏联坦克手缺乏在战场上有效执行命令的能力。双方也都未能建立可以充分保障机动作战的后勤支持机构，这严重削弱了他们进行高强度装甲攻势的能力，使其最多不得超过数周。

注释

1. David Glantz, *The Initial Period of War on the Eastern Front, 22 June - August 1941* (London: Frank Cass & Co. Ltd, 1993), pp. 103.

2. David Glantz, *The Initial Period of War on the Eastern Front, 22 June - August 1941* (London: Frank Cass & Co. Ltd, 1993), pp. 83 - 5.

3. Werner Haupt, *Die 8.Panzer-Division im 2.Weltkrieg* (Eggolsheim: Podzun-Pallas Verlag, 1987), pp. 137 - 40.

4. Harold S. Orenstein (ed.), 'Combat Documents of the Soviet Northwestern Front, 21 June - 1 July 1941', *The Journal of Soviet Military Studies,* Vol. 5, No. 2, June 1992, pp. 267 - 99.

5. Erhard Raus, *Panzer Operations* (Cambridge, MA: Da Capo Press, 2003), pp. 14 - 34.

6. Werner Haupt, *Die 8.Panzer-Division im 2.Weltkrieg* (Eggolsheim: Podzun-Pallas Verlag, 1987), p. 153.

7. Generalmajor Horst Ohrloff, 'XXXIX Motorized Corps Operations' in David M. Glantz (ed.), *The Initial Period of War on the Eastern Front, 22 June - August 1941* (Portland, OR: Frank Cass & Co. Ltd, 1997), pp. 167 - 83.

8. Ia, Kriegstagebuch 1 and 2, May 25 - 13 July 1941, XXIV Armeekorps (mot.), NAM (National Archives Microfilm), series T-314, Roll 715.

9. Korpsbefehl Nr. 1 für den Angriff, XXXXVII Armeekorps (mot.), NAM (National Archives Microfilm), series T-314, Roll 1097, frame 299.

10. Veterans of the 3rd Panzer Division, *Armored Bear: The German 3rd Panzer Division in World War II, Volume I* (Mechanichsburg, PA: Stackpole Books, 2012), pp. 147 - 9.

11. Ia, Kriegstagebuch Nr. 7. Jun 20 - Jul 24, 1941, 8. Jäger-Division, NAM (National Archives Microfilm), series T-315, Roll 458.

12. *Berichtüber Leistungen und Erfolge der II./Flakregiment 4 bei der 256. Division im der Zeit vom 22-27.6.41,* NAM (National Archives Microfilm), series T-314, Roll 653, frames 221 - 31.

13. 256. Infanterie-Division KTB, NAM (National Archives Microfilm), series T-315, Roll 1796.

14. Horst Slesina, *Soldaten gegen Tod und Teufel* (Giddings, TX: Preuss Publishing, 2003), pp. 28 - 9.

15. Ia, Kriegstagebuch Nr. 7. June 20 - July 24, 1941, 8. Jäger-Division, NAM (National Archives Microfilm), series T-315, Roll 458.

16. Klaus Gerbet (ed.), *Generalfeldmarschall Fedor von Bock: The War Diary 1939 - 1945* (Atglen, PA: Schiffer Publishing Ltd, 1996), p. 228.

17. David Stahel, *Operation Barbarossa and Germany's Defeat in the East* (Cambridge,

UK: Cambridge University Press, 2009), pp. 170 - 86.

18. Karlheinz Münch, *The Combat History of German Heavy Anti-tank Unit 653 in World War II* (Mechanicsburg, PA: Stackpole Books, 2005), p. 12.

19. Ia KTB, 11. Panzer–Division, NAM (National Archives Microfilm), series T–315, Roll 2320.

20. Gustav Schrodek, *Ihr Glaube galt dem Vaterland: Geschichte des Panzer–Regiments 15* (Munich: Schild–Verlag, 1976), pp. 124 - 9.

21. Gustav W. Schrodek, *Die 11. Panzer–Division: Gespenster–Division 1940 - 1945* (Eggolsheim: Dörfler Verlag GmbH, 2004), p. 132.

22. Brigadier General Edel Lingenthal, '11th Panzer Division Operations' in David M. Glantz (ed.), *The Initial Period of War on the Eastern Front, 22 June - August 1941* (Portland, OR: Frank Cass & Co. Ltd, 1997), pp. 336.

23. Victor J. Kamenir, *The Bloody Triangle: The Defeat of Soviet Armour in the Ukraine, June 1941* (Minneapolis, MN: Zenith Press, 2008), pp. 142 - 4.

24. Brigadier General Edel Lingenthal, '11th Panzer Division Operations' in David M. Glantz (ed.), *The Initial Period of War on the Eastern Front, 22 June - August 1941* (Portland, OR: Frank Cass & Co. Ltd, 1997), p. 336.

25. Generalleutnant Albert Praun *et al., German Radio Intelligence* (Washington, DC: Department of the Army, 1953).

26. Friedrich von Hake, *Der Schicksalsweg der 13. Panzer–Division 1939 - 1945* [The Destiny of the 13th Panzer–Division] (Eggolsheim, Germany: Dorfler im Nebel Verlag, 2006), p. 54.

27. Lieutenant General H. J. von Hoffgarten, '11th Panzer Division Operations' in David M. Glantz (ed.), *The Initial Period of War on the Eastern Front, 22 June - August 1941* (Portland, OR: Frank Cass & Co. Ltd, 1997), p. 327.

28. Richard N. Armstrong, *Red Army Tank Commanders* (Atglen, PA: Schiffer Publishing Ltd, 1994), p. 35.

29. Nikolai Popel, B., *During Difficult Times* (Moscow: Terra–Fantastica, 2001) p. 185.

30. Martin van Creveld, *Supplying War: Logistics from Wallenstein to Patton* (Cambridge: Cambridge University Press, 1977), p. 157.

31. Paul Carell, *Hitler Moves East* (Winnipeg, Canada: J. J. Fedorowicz Publishing, 1991), p. 211.

32. Ia, Anlagenband B Ia/b z. KTB Nr. 5, June 18 - Sep 17, 1941, Panzerarmee 4, , NAM (National Archives Microfilm), series T–313, Roll 331.

33. Werner Haupt, *Die 8.Panzer–Division im 2.Weltkrieg* (Eggolsheim: Podzun–Pallas Verlag, 1987), pp. 158 - 60.

34. Erich von Manstein, *Lost Victories* (Novato, CA: Presidio, Press, 1982), pp. 194 - 7.

35. Erhard Raus, *Panzer Operations* (Cambridge, MA: Da Capo Press, 2003), p. 64.

36. Aleksei Isaev, *Inoy 1941: Ot granitsy do Leningrada* [The Other 1941: From the Border to Leningrad] (Moscow: EKSMO, 2011), pp. 326 - 9.

37. Werner Haupt, *Die 8.Panzer-Division im 2.Weltkrieg* (Eggolsheim: Podzun-Pallas Verlag, 1987), p. 168.

38. Robert A. Forczyk, *Panzerjäger vs. KV-1: Eastern Front 1941 - 43* (Oxford: Osprey Publishing, 2012), pp. 58 - 9.

39. Tim Bean and Will Fowler, *Russian Tanks of World War II* (St. Paul, MN'MBI Publishing Co., 20030, p. 119.

40. O. Qu., Kriegstagebuch, Panzerarmee 4, NAM (National Archives Microfilm), series T-313, Roll 330, frame 8610992.

41. Hans Schaufler, 'From the Bug to the Dnepr', in *Knights Cross Panzers* (Mechanicsburg, PA: Stackpole Books, 2010), pp. 72 - 3.

42. David M. Glantz, *Barbarossa Derailed: The Battle for Smolensk 10 July - 10 September 1941, Volume 1* (Solihull, UK: Helion & Co. Ltd, 2010), p. 79.

43. David M. Glant, *Barbarossa Derailed: The Battle for Smolensk, 10 July - 10 September 1941* (Solihull, UK: Helion & Co. Ltd, 2010), p. 65.

44. Paul Carell, *Hitler Moves East* (Winnipeg, Canada: J. J. Fedorowicz Publishing, 1991), p. 73.

45. 'Description of the fighting of the 5th and 7th Mechanized Corps in the counterattack at Senno and Lepel']

http://mechcorps.rkka.ru/files/mechcorps/pages/7_meh.htm.

46. *Journal of the Fighting of the 14th Tank Division,* http://mechcorps.rkka.ru/files/mechcorps/pages/7_meh.htm.

47. KTB, 7. Panzer-Division, NAM (National Archives Microfilm), series T-315, Roll 406, frames 0039-0041.

48. Abteilung Ic Report from Panzergruppe 3, XXXIX Armeekorps (mot.), NAM (National Archives Microfilm), series T-314, Roll 926, frame 00558.

49. David M. Glant, *Barbarossa Derailed: The Battle for Smolensk, 10 July - 10 September 1941* (Solihull, UK: Helion & Co. Ltd, 2010), pp. 78 - 81.

50. Abteilung Ic Report from Panzergruppe 3, XXXIX Armeekorps (mot.), NAM (National Archives Microfilm), series T-314, Roll 926, frame 00558.

51. Paul Carell, *Hitler Moves East* (Winnipeg, Canada: J. J. Fedorowicz Publishing, 1991), pp. 75 - 6.

52. Ia Reporting, Panzerarmee 3, NAM (National Archives Microfilm), series T-313, Roll 231, frame 6176.

53. Otto Carius, *Tigers in the Mud* (Mechanichsburg, PA: Stackpole Books, 1992), pp. 7 - 8.

54. O.Qu., Anlagenband 2 z. KTB, May 4, 1941 ‐ 28 April 1942, Panzerarmee 4, NAM (National Archives Microfilm), series T‐313, Roll 335, Frame 8617204.

55. Bryan I. Fugate, *Operation Barbarossa: Strategy and Tactics on the Eastern Front, 1941* (Novato, CA: Presidio Press, 1984), pp. 125‐8.

56. David Stahel, *Operation Barbarossa and Germany's Defeat in the East* (Cambridge, UK: Cambridge University Press, 2009), pp. 260‐360

57. 'The report of the commander of the 10th Armored Division on the division's fighting from 22 June to 1 August 1941 to the Deputy People's Commissar of Defense on 2 August 1941'.

http://mechcorps.rkka.ru/files/mechcorps/pages/otchet_10td.htm

58. Ib KTB der Quartiermeister‐Abteilung, June 1, 1941 ‐ May 18, 1942, 7. Panzer‐Division, NAM (National Archives Microfilm), series T‐315, Roll 423.

59. Ia Reporting, Panzerarmee 3, NAM (National Archives Microfilm), series T‐313, Roll 231, frame 6176.

60. Ia KTB, LVII Armeekorps (mot.), NAM (National Archives Microfilm), series T‐314, Roll 1,474, frame 430.

61. David Glantz, *The Initial Period of War on the Eastern Front, 22 June ‐ August 1941* (London: Frank Cass & Co. Ltd, 1993), p. 282.

62. Friedrich von Hake, *Der Schicksalsweg der 13. Panzer‐Division 1939‐1945* [The Destiny of the 13th Panzer‐Division] (Eggolsheim, Germany: Dorfler im Nebel Verlag, 2006), pp. 58‐9.

63. Cornel I. Scafes *et al., Armata romana 1941‐1945* (Bucharest: Editura RAI, 1996).

64. Hugh Trevor‐Roper (ed.), *Hitler's War Directives 1939‐1945* (London: Birlinn Ltd, 2004), p. 139.

65. Generalleutnant Albert Praun *et al., German Radio Intelligence* (Washington, DC: Department of the Army, 1953).

66. Karlheinz Münch, *The Combat History of German Heavy Anti‐tank Unit 653 in World War II* (Mechanicsburg, PA: Stackpole Books, 2005), p. 5.

67. Karlheinz Münch, *The Combat History of German Heavy Anti‐tank Unit 653 in World War II* (Mechanicsburg, PA: Stackpole Books, 2005), pp. 6‐7.

68. Klaus Gerbet (ed), *Generalfeldmarschall Fedor von Bock: The War Diary, 1939‐1945* (Atglen, PA: Schiffer Publishing Ltd, 1996), p. 255.

69. David M. Glantz, *Barbarossa Derailed: the Battle for Smolensk 10 July ‐ 10 September 1941*, Volume I (Solihull, UK: Helion & Co. Ltd, 2010), p. 545.

70. David M. Glantz, 'Forgotten Battles of the German‐Soviet War 1941‐1945', Volume I (22 June ‐ 4 December 1941), (self‐published, 1999), pp. 88.

71. Heinz Guderian, *Panzer Leader* (New York: Ballantine Books, 1957), p. 153.

72. Hugh Trevor-Roper (ed.), *Hitler's War Directives 1939 - 1945* (London: Birlinn Ltd, 2004), pp. 145 - 6.

73. Kriegstagebuch Nr. 1, Part 2, Panzergruppe 2, August 21 - October 31, 1941. NAM (National Archives Microfilm), series T-313, Roll 86.

74. Thomas L. Jentz, *Panzertruppen*, Vol. 1 (Atglen, PA: Schiffer Publishing Ltd, 1996), p. 211.

75. Konrad Leppa, *Generalfeldmarschall Walter Model: Von Genthin bis vor Moskaus Tore* (Nurnberg: Prinz-Eugen Verlag, 1962), p. 142.

76. Ia, KTB 1, Part 2, Panzergruppe 2, August 21 - October 31, 1941. NAM (National Archives Microfilm), series T-313, Roll 86.

77. Klaus Gerbet (ed.), *Generalfeldmarschall Fedor von Bock: The War Diary, 1939 - 1945* (Atglen, PA: Schiffer Publishing Ltd, 1996), p. 298.

78. Klaus Gerbet (ed.), *Generalfeldmarschall Fedor von Bock: The War Diary*, 1939 - 1945 (Atglen, PA: Schiffer Publishing Ltd, 1996), p. 304.

79. David M. Glantz, *Forgotten Battles of the German-Soviet War 1941 - 1945, Volume I* (Self-published, 1999), pp. 91 - 8.

80. David M. Glantz, *Forgotten Battles of the German-Soviet War 1941 - 1945, Volume I* (Self-published, 1999), pp. 101 - 2.

81. Konrad Leppa, *Generalfeldmarschall Walter Model: Von Genthin bis vor Moskaus Tore* (Nurnberg: Prinz-Eugen Verlag, 1962), pp. 145 - 8.

82. David M. Glantz, *Barbarossa: Hitler's Invasion of Russia 1941* (Charleston, SC: Tempus Publishing Inc., 2001), p. 132.

83. Artem Drabkin & Oleg Sheremet, *T-34 in Action* (Barnsley, UK: Pen & Sword Ltd, 2006), p. 40.

84. Albert L. Weeks, *Russia's Life-Saver: Lend-Lease Aid to the U.S.S.R. in World War II* (New York: Lexington Books, 2010), p. 9.

85. David Stahel, *Operation Barbarossa and Germany's Defeat in the East* (Cambridge, UK: Cambridge University Press, 2009).

86. Lukas Friedli, *Repairing the Panzers: German Tank Maintenance in World War 2, Volume 2* (Monroe, NY: Panzerwrecks, 2011), p. 144.

87. Franz Halder, *Kriegstagebuch: Tägliche Aufzeichnungen des Chefs des Generalstabes des Heeres 1939 - 1942, Band III, Der Russlandfeldzug bis zum Marsch auf Stalingrad*, edited by Hans-Adolf Jacobsen and Alfed Philippi (Stuttgart: W. Kohlhammer, 1963), p. 242.

88. Lukas Friedli, *Repairing the Panzers: German Tank Maintenance in World War 2, Volume 2* (Monroe, NY: Panzerwrecks, 2011), pp. 138 - 44.

89. Thomas L. Jentz, *Panzertruppen,* Vol. 1 (Atglen, PA: Schiffer Publishing Ltd, 1996), p. 205.

188

90. David M. Glantz, *Barbarossa: Hitler's Invasion of Russia 1941* (Charleston, SC: Tempus Publishing Inc., 2001), p. 132.

91. Karlheinz Münch, *The Combat History of German Heavy Anti-tank Unit 653 in World War II* (Mechanicsburg, PA: Stackpole Books, 2005), p. 9.

92. Franz Halder, *Kriegstagebuch: Tägliche Aufzeichnungen des Chefs des Generalstabes des Heeres 1939 - 1942, Band III, Der Russlandfeldzug bis zum Marsch auf Stalingrad*, edited by Hans-Adolf Jacobsen and Alfed Philippi (Stuttgart: W. Kohlhammer, 1963), p. 237.

93. Horst Reibenstahl, *The 1st Panzer Division: A Pictorial History* (West Chester, PA: Schiffer Publishing Ltd, 1990), p. 99.

94. Maksim Kolomiets, *1941 Tanki v bitve zu Moskvu [Tanks in the Battle of Moscow]* (Moscow: IAUZA, 2009), pp. 26 - 9.

95. Kriegstagebuch Nr. 1, Part 2, Panzergruppe 2, August 21 - October 31, 1941. NAM (National Archives Microfilm), series T-313, Roll 86.

96. Hans Schäufler (ed.), *Knights Cross Panzers* (Mechanicsburg, PA: Stackpole Books, 2010), pp. 121 - 2.

97. David Garden and Kenneth Andrew (ed.), *The War Diaries of a Panzer Soldier* (Atglen, PA: Schiffer Military History, 2010), p. 54.

98. Hans Schäufler (ed.), *Knights Cross Panzers* (Mechanicsburg, PA: Stackpole Books, 2010), p. 124.

99. Leonid M. Sandalov, *Na Moskovskom Napravlenii* (Moscow: Nauka, 1970), p. 207.

100. Robert Forczyk, *Moscow 1941: Hitler's First Defeat* (Oxford: Osprey Publishing Ltd, 2006), p. 33.

101. Franz Kurowski, *Panzer Aces III: German Tank Commanders in Combat in World War II* (Mechanichsburg, PA: Stackpole Books, 2010), p. 113.

102. Ia, Kriegstagebuch mit Gefechtskalender, Teil III,18. Panzer-Division, NAM (National Archives Microfilm), series T-315, Roll 706.

103. Hans Schäufler (ed.), *Knights Cross Panzers* (Mechanicsburg, PA: Stackpole Books, 2010), pp. 132 - 3.

104. Meldung der Sonderkommission des OKH, 27 June 1941, NAM (National Archives Microfilm), series T-315, Roll 744, frame 729.

105. Heinz Guderian, *Panzer Leader* (New York: Ballantine Books, Inc., 1968), p. 179.

106. Heinz Guderian, *Panzer Leader* (New York: Ballantine Books, Inc., 1968), p. 180.

107. Richard N. Armstrong, *Red Army Tank Commanders* (Atglen, PA: Schiffer Publishing Ltd, 1994), p. 43.

108. Hans Schäufler (ed.), *Knights Cross Panzers* (Mechanicsburg, PA: Stackpole Books, 2010), pp. 134 - 5.

109. Richard N. Armstrong, *Red Army Tank Commanders* (Atglen, PA: Schiffer Publishing

Ltd, 1994), p. 44.

110. Hasso von Manteuffel, *The 7th Panzer Division: An Illustrated History of Rommel's 'Ghost Division' 1938 – 1945* (Atglen, PA: Schiffer Military History, 2000), p. 73.

111. Erhard Raus, *Panzer Operations: The Eastern Front Memoir of General Raus, 1941 – 45* (Cambridge, MA: Da Capo Press, 2003), p. 86.

112. Ia, Anlagen zum Kriegstagebueh Nr. 3, Part III, Sep 28, 1941 – May 5, 1942, 7. Panzer-Division, NAM (National Archives Microfilm), series T-315, Roll 407.

113. Fritz Morzik, *German Air Force Airlift Operations* (Honolulu: University Press of the Pacific, 2002), pp. 76 – 7.

114. Gustav W. Schrodek, *Die 11. Panzer-Division: Gespenster-Division 1940 – 1945* (Eggolsheim: Dörfler Verlag GmbH, 2004), p. 251.

115. Georgy K. Zhukov, *The Memoirs of Marshal Zhukov* (New York: Delacorte Press, 1971), p. 324.

116. Konstantin K. Rokossovsky, *A Soldier's Duty* (Moscow: Progress Publishers, 1985), pp. 51 – 3.

117. Georgy K. Zhukov, *The Memoirs of Marshal Zhukov* (New York: Delacorte Press, 1971), p. 321.

118. Maksim Kolomiets, *1941 Tanki v bitve zu Moskvu [Tanks in the Battle of Moscow]* (Moscow: IAUZA, 2009), p. 36.

119. Simon Sebag Montefiore, *Stalin: the Court of the Red Tsar* (New York: Vintage Books, 2005), pp. 394.

120. Maksim Kolomiets, *1941 Tanki v bitve zu Moskvu* [Tanks in the Battle of Moscow] (Moscow: IAUZA, 2009), pp. 37 – 8.

121. Pavel A. Rotmistrov, *Stal'naya gvardiya [Steel Guards],* (Moscow: Voenizda`t, 1984), Chapter 3.

122. Jack Radey and Charles Sharp, *The Defense of Moscow 1941: The Northern Flank* (Barnsley, UK: Pen & Sword Books Ltd, 2012), pp. 90 – 1 and 190.

123. Jack Radey and Charles Sharp, *The Defense of Moscow 1941: The Northern Flank* (Barnsley, UK: Pen & Sword Books Ltd, 2012), p. 86.

124. Ia, Anlagenband IVb z. KTB, Verteidigung von Kalin, Oct 15 – Kov 20, 1941, XXXXI Armeekorps, NAM (National Archives Microfilm), series T-314, Roll 980.

125. Ia, Anlagenband IVb z. KTB, Verteidigung von Kalin, Oct 15 – Kov 20, 1941, XXXXI Armeekorps, NAM (National Archives Microfilm), series T-314, Roll 980.

126. Artem Drabkin & Oleg Sheremet, *T-34 in Action* (Barnsley, UK: Pen & Sword Ltd, 2006), p. 47.

127. Ia, Anlagenband A 1 z. KTB Nr. 6, 29 September – 14 October 1941, Panzerarmee 4, NAM (National Archives Microfilm), series T-313, Roll 340.

128. Veterans of the 3rd Panzer Division, *Armored Bear: The German 3rd Panzer Division in World War II, Volume I* (Mechanichsburg, PA: Stackpole Books, 2012), pp. 249 - 51.

129. Ibid., p. 249.

130. David Garden and Kenneth Andrew (ed.), *The War Diaries of a Panzer Soldier* (Atglen, PA: Schiffer Military History, 2010), p. 56.

131. Veterans of the 3rd Panzer Division, *Armored Bear: The German 3rd Panzer Division in World War II, Volume I* (Mechanichsburg, PA: Stackpole Books, 2012), pp. 269 - 73.

132. David Garden and Kenneth Andrew (ed.), *The War Diaries of a Panzer Soldier* (Atglen, PA: Schiffer Military History, 2010), p. 58.

133. Thomas L. Jentz, *Germany's Panther Tank: The Quest for Combat Supremacy* (Atglen, PA: Schiffer Publishing Ltd, 1995), pp. 14 - 15.

134. Erhard Raus, *Panzer Operations: The Eastern Front Memoir of General Raus, 1941 - 45* (Cambridge, MA: Da Capo Press, 2003), p. 88.

135. Niklas Zetterling and Anders Frankson, *The Drive on Moscow 1941* (Philadelphia: Casemate, 2012), p. 212.

136. Alexander Hill, 'British Lend-Lease Tanks and the Battle of Moscow, November - December 1941 - Revisted' , *Journal of Slavic Military Studies, Vol. 22, No. 4* (October - December 2009), pp. 575 - 6.

137. Artem Drabkin and Oleg Sheremet, *T-34 in Action* (Barnsley, UK: Pen & Sword Publishers, 2006), p. 24.

138. Georgy K. Zhukov, *The Memoirs of Marshal Zhukov* (London: Jonathan Cape Ltd, 1971), pp. 339 - 40.

139. Alexander Hill, 'British Lend-Lease Tanks and the Battle of Moscow, November - December 1941 - Revisted' , *Journal of Slavic Military Studies, Vol. 22, No. 4* (October - December 2009), pp. 575 - 6.

140. Werner Haupt, *Die 8.Panzer-Division im 2.Weltkrieg* (Eggolsheim: Podzun-Pallas Verlag, 1987), p. 179.

141. Werner Haupt, Die 8.Panzer-Division im 2.Weltkrieg (Eggolsheim: Podzun-Pallas Verlag, 1987), pp. 192 - 3.

142. Martin van Creveld, *Supplying War: Logistics from Wallenstein to Patton* (Cambridge: Cambridge University Press, 1977), p. 165.

143. Grigory F. Krivosheev, *Soviet Casualties and Combat Losses in the Twentieth Century* (London: Greenhill Books, 1997), p. 261.

144. Thomas L. *Jentz, Panzertruppen,* Vol. 1(Atglen, PA: Schiffer Publishing Ltd, 1996), p. 211.

145. Erhard Raus, *Panzer Operations: The Eastern Front Memoir of General Raus, 1941 - 45* (Cambridge, MA: Da Capo Press, 2003), pp. 89 - 90.

146. Grigory F. Krivosheev, *Soviet Casualties and Combat Losses in the Twentieth Century* (London: Greenhill Books, 1997), p. 261.

147. Grigory F. Krivosheev, *Soviet Casualties and Combat Losses in the Twentieth Century* (London: Greenhill Books, 1997), p. 277.

一个混编的德国装甲战斗群准备入侵苏联。到1941年6月，德军在运用多兵种协同作战方面已经十分娴熟，因此在初期边境附近的战斗中赢得了压倒性的优势。（*伊恩·巴特尔*）

1941年6月23日在科布林，奥博林的机械化第14军丢弃的T-26轻型坦克。德军古德里安装甲集群在渡过西布格河后打垮了这支苏联军队。（*作者*）

在初期边境附近战斗中一辆被打坏的T-26轻型坦克和一名阵亡士兵。T-26是1941年最常见的苏联坦克，德军反坦克手的武器可以轻易对付它们。（*伊恩·巴特尔*）

第12装甲师的一辆38(t)型坦克，该师隶属于霍特的第3装甲集群。德军使用捷克造的轻型坦克是希特勒不想花太大代价就去打一场全面战争的表现。（*伊恩·巴特尔*）

1941 年 6 月的乌克兰，一名德军步兵走近一具苏军坦克手的尸体，旁边是燃烧着的 BT-7 快速坦克。这辆苏军坦克的炮塔可能挨了一发 37 毫米的炮弹，油箱被点燃了。（德国联邦档案局，图片编号 1011-020-1268-36，拍摄者：海勒，约翰内斯）

1941 年 6 月，一辆 150 毫米口径的自行重步兵炮开过一辆被丢弃的 KV-2 重型坦克。尽管 KV-2 在战斗中的表现很糟糕，但德军还是被它的巨大威力震慑。（作者）

在1941年6月26日的杜布诺战役中，苏军坦克第12师试图进攻德军据守的列什涅夫，但他们冲进了西滕卡河沿岸的沼泽地里，有3辆T-34因为陷得太深而被丢弃。注意位于前景位置的是1辆1940年型的T-34，安装了L-11火炮。另外两辆是1941年型的T-34，安装了F-32火炮。1941年的红军几乎没有拖救装备，所以不能使用或抛锚的坦克只能丢弃。（*作者*）

一辆1941年型T-34坦克撞上了一门德军的1.FH18 105毫米榴弹炮。T-34在当时是一种非常先进的坦克，但很多坦克在投入战斗时只有很少的弹药和燃油，以至于不得不使用冲撞战术。（*作者*）

"巴巴罗萨"战役初期，一辆三号突击炮正在渡河。木制公路桥已被撤退的红军破坏，迫使德军不得不寻找浅滩涉水。渡河决定了在俄国进行装甲作战的节奏。（作者）

由于1941年的德军制式反坦克武器无法在远距离击穿 KV-1 厚厚的装甲，德军只能集中火力打击它的轮子。这辆 KV-1 的炮塔至少挨了 4 发中口径反坦克炮弹，但仍未被洞穿，而一发大口径 105 毫米或 150 毫米榴弹炮炮弹却击毁了它的履带。（伊恩·巴特尔）

1941年10月9日，一辆坦克第124旅的KV-1重型坦克在伊万诺夫卡东北伏击了一支德国部队。这门正在燃烧的88毫米高射炮和牵引它的Sd.Kfz.7半履带车还未来得及展开就被击毁了。尽管88毫米炮能够击败KV-1，但它需要10分钟才能完成部署——在装甲战斗中，这段时间太长了。（作者）

苏军坦克手正在检查一辆38（t）轻型坦克，这辆坦克被德国第7装甲师丢弃在亚尔采沃附近。它看上去似乎是没油了，这是1941年夏天德国坦克乘员经常遇到的麻烦。（作者）

泥泞逐渐放慢了德军的作战速度，但并未让他们停下脚步。通常情况下德军装甲部队会遥遥领先于步兵，所以这张照片很可能摄于 1941 年 9 月中旬，即"台风"战役开始前的准备阶段。（伊恩·巴特尔）

1941 年 8 月，铁木辛哥在斯摩棱斯克发动反攻，T-26 轻型坦克成为先头部队。注意此时正是大白天，看上去似乎并没有任何炮火掩护，这样的冲锋对于德军反坦克部队来说几乎与打靶无异。（作者）

1941年11月中旬，第10装甲师的一辆Ⅲ号中型坦克在沃洛科拉姆斯克以东的斯克米诺瓦（Skirminova）被击毁。苏军的抵抗在莫斯科外围顽强起来，德国装甲部队第一次遭到重大损失。这名德国坦克乘员没有逃过厄运，他是被烧死的。（俄新社，#884162）

"台风"战役的最后阶段始于德国装甲部队试图突破莫斯科外围由罗科索夫斯基把守的最后一道防线。注意德军坦克乘员已经穿上了长大衣，但是没有其他冬装。（伊恩·巴特尔）

1941 年 11 月，在沃洛科拉姆斯克，一辆白色涂装的 T-34 躲在下沉阵位中准备迎战德国坦克。苏军士兵正在观察树林里的树木是否倒下，那是德国坦克即将出现的标志。这辆 T-34 大约会在 500 米距离上开始交战。（作者）

1941 年 12 月，莫斯科无产阶级摩托化步兵师米哈伊尔·G. 萨赫诺上校的坦克正在开往位于纳罗－福明斯克的新阵地。在冬季反攻开始的时候，红军只剩下小型的连级和营级坦克部队，而且还是许多型号的杂烩。（俄新社）

1941年12月1日，在沃洛科拉姆斯克，两辆倾覆的"玛蒂尔达"II型坦克。1941年—1942年，根据《租借法案》提供的坦克在东线装甲战中扮演了重要的角色，尽管战后苏联历史学家对西方军事援助进行了贬低。（*俄新社，#881048*）

一辆T-34坦克在很深的积雪中快速行进。T-34在设计上能够适应冬季作战需要，能够机动通过德国坦克无法通过的地方。（*作者*）

1942 年中期，第14装甲师的一名坦克乘员正在注视步兵扫荡村庄。德国车长接受的训练是要尽可能打开舱盖露出头来作战，以便于观察战场态势。这在草原上是有用的，但在城市和森林里就并不奏效了。（德国联邦档案局，图片编号 1011-748-0088-02A，拍摄者：施密特／盖耶）

第16装甲师，胡贝先进的指挥车。德国装甲师战斗力的秘密在于使用无线电进行高效的指挥和控制，这使得他们能够一再击败数量上占优的对手。（作者）

1942年6月28日—30日，第11装甲师的一辆Ⅲ号坦克正在"蓝色"方案开始阶段的战斗中。这张照片提供了草原战场上一个很好的坦克乘员视角，告诉我们在高高的草丛里寻找装甲车辆是多么困难。（作者）

一门88毫米口径火炮正在向苏军装甲车辆进行直瞄射击，注意这门炮还处于牵引状态，因此炮身较高，但也可以较清晰地观察战场。英军最后发现，要对付德军致命的88毫米炮，最佳办法就是用曲射火力进行覆盖压制，但苏军坦克部队和英军不同，他们在1941年—1942年几乎没有配属什么炮兵支援火力。（作者）

1942年5月，一辆Ⅳ号坦克在第二次哈尔科夫战役中被击毁。这辆坦克经历了一次内部爆炸，应该属于"报销"行列，但有很多坦克被打坏以后又被修复了。德军装甲部队在野战修复上是十分专业的。（伊恩·巴特尔）

配备50毫米口径长身管主炮的Ⅲ号J型坦克投产在很大程度上满足了德国装甲师对反坦克火力的需求。但是，大部分新型坦克被送去参加斯大林格勒战役，白白地浪费在巷战中。（伊恩·巴特尔）

一辆美国援助的 M3"李"式坦克被 88 毫米反坦克炮弹打爆了。红军不喜欢这种高车身的坦克，因为它很容易被德军反坦克炮手发现。（*伊恩·巴特尔*）

1942 年 8 月，"虎 I"重型坦克投产，但在数量上只是象征性的，起初对战局没有什么影响。"虎 I"开启了德国装甲车辆牺牲机动性以换取火力和防护的趋势——这逐渐剥夺了德国装甲师依靠自身进行长距离机动的能力。（*伊恩·巴特尔*）

一辆 T-34 坦克及其搭载的步兵在山地上行进。1942 年末，红军已经逐渐学会并运用步坦协同战术。但除少数近卫部队外，大部分部队对真正的多兵种协同作战仍然陌生。（*作者*）

1942 年中期，装备了 75 毫米长身管火炮的 IV 号 G 型坦克到来，它改变了东线装甲作战的平衡。在火力上吃了 T-34 一年亏之后，德军终于有了和苏联最好的坦克一较高下的信心。（*作者*）

在奥斯特罗夫战役中，一辆KV-1重型坦克压垮了一辆德军侦察汽车。苏军重型坦克英勇地冲向德军部队，似乎所向披靡，却常常在一些简易的障碍面前吃苦头。（*作者*）

一辆德军Ⅲ号潜水坦克在试验中。这些坦克本来要在1940年用于"海狮"行动，但后来在"巴巴罗萨"行动开始时用于渡过布格河。（*作者*）

第三章

1942 年的坦克战

苏联与德国装甲部队，1942年1月—3月

1942年1月1日，东线的19个德军装甲师境况惨淡。德军持续的进攻致使各装甲师逐步消耗殆尽，之后的撤退更是让他们损失惨重。第203装甲团是东线最强的德军装甲部队，它于12月17日才抵达北方集团军群，1月初时拥有大约60辆作战坦克。除此以外，大多数装甲师都只剩下区区5—15辆可用的坦克，总共大约300辆可运作的坦克分布在整个东线上。大多数装甲师的摩托化步兵团被摧毁，人员损失在50%—80%之间，车辆消耗更是巨大。超过一半的卡车和牵引车在1941年的战役中报销了，这严重降低了许多部队的机动性和后勤的可持续性，尤其是摩托化步兵师。1942年初，一些装甲师战斗力非常有限，例证包括：

· 第1装甲师有5辆作战坦克和不足2个步兵营。

· 第3装甲师的第6装甲团第1营拥有15辆作战坦克（1辆Ⅱ号坦克、11辆Ⅲ号坦克、2辆Ⅳ号坦克、1辆装甲指挥车）。[1]

· 第4装甲师有1个拥有10辆坦克的连，1月21日，其增加到2个连共16辆坦克。

· 第6装甲师没有可用的坦克，失去了80%的步兵和大部分牵引车。唯一有战斗力的是佐伦科普夫（Zollenkopf）战斗群，相当于1个加强的步兵营。[2]

· 第7装甲师有5辆能用的坦克［4辆38(t)坦克和1辆Ⅳ号坦克］。[3]

· 第8装甲师有1个拥有12辆坦克［11辆38(t)坦克和1辆Ⅳ号坦克］的混合装甲战斗群，剩下大约15%的步兵。[4]

· 第11装甲师将剩余坦克撤回后方的格扎茨克。有多少辆坦克可运作没有明确记录，但不超过10—15辆。[5]

· 第18装甲师有少量Ⅲ号和Ⅳ号坦克可用。

冯·克莱斯特的第一装甲集团军在1月中旬报告它仍然有458辆坦克，但只有166辆坦克可以运作（22辆Ⅱ号坦克、111辆Ⅲ号坦克、33辆Ⅳ号坦克），加上15辆Ⅲ号突击炮，这让他麾下成了东线唯一一支名副其实的装甲兵团。虽然这听上去像是一支战斗力很强的力量，但报告中还指出，前线部队只有0.25个消耗额度的燃油，仅够每天发动几次引擎。[6]冯·克莱斯特确实受益于这样一个事实：在罗斯托夫战败后，他并没有撤退太远，因此几乎没有任何装备被遗弃，而红军在冬天剩余的时间里也相对没有袭扰他的部队。在东线的其他地方，大多数装甲团以剩余的坦克组成一两个混合连，而其他的装甲连则被解散，人员被派往警备单位对付敌方游击队或袭击者。一些"没有乘骑"的装甲兵被送回他们本土军区的补充营，但大多数人都作为临时步兵被赶进防线。剩下的坦克严格用于步兵支援任务，增援在关键地点面对强大压力的德国步兵。一些突击炮也被如此使用，但并不常见。1941年—1942年的冬季，德军后勤系统一度几近崩溃，大多数德国制造的火车无法适应俄罗斯的严寒，道路被一米甚至更深的积雪堵塞，公路网络几乎瘫痪。

尽管在冬季几个月没有重大的坦克战，但由于撤退和缺乏救援车辆导致的弃置，德国坦克在1942年1月—2月期间的损失仍然惨重。直到1942年2月，德军才开始得到新坦克供应，但那时苏联的冬季反攻失去冲劲的苗头已现。[7]德军的修理大队终于可以开始维修一些坦克和车辆，但整个冬天德军在东线都没有值得一提的机动预备队。

1942年1月初，德国坦克和突击炮乘员确实得到了一次重要增援：第一批75毫米Gr. 38 H1型高爆破甲弹。自1939年以来，陆军军械局一直在试验破甲弹，而传统的德国反坦克炮弹对苏联KV–1和T–34坦克的无能为力使该计划在1941年末加速。到达前线的第一批破甲弹遭受了气性熔合的影响——弹头必须在正确的时刻和角度准确引爆才能使炸药正常工作，如果能做到这一步，其形成的热流足以烧穿70毫米钢板，很容易就能摧毁T-34坦克并给KV-1坦克造成严重损害。由于破甲弹不像传统动能穿透型那样依赖速度，因此其在距离目标1000米与500米时一样有效。

东线德军坦克的实力

月份	坦克损失	补充	当月1日可用坦克数
1942年1月	362	158	300
1942年2月	305	582	340
1942年3月	72	196	643
1942年4月	125	590	736
1942年5月	66	536	1167

另一方面，红军1942年初在坦克部队上似乎有巨大的数量与质量优势。表面上看，红军在1942年1月1日拥有7700辆坦克，其中包括约600辆KV重型坦克和800辆T-34坦克。[8]但是，这些坦克中约有4400辆驻扎在远东、土耳其边境或其他内陆军区以及院校。在莫斯科军区共有7个坦克旅和19个独立坦克营，共有约880辆坦克在集结或整修状态。红军最高统帅部预备队掌握着9个坦克旅和1个独立坦克营，有约435辆坦克，其中包括约60辆KV-1坦克和100辆T-34坦克。最高统帅部预备队所辖部队通常尽可能接近编制人数，以便投入战斗时可以发挥最大作用。在从波罗的海到黑海的10个方面军中，红军部署了3个坦克师、43个坦克旅和55个独立坦克营大约2000辆坦克。这3个坦克师（第21师、第60师和第112师）只是即将转变为坦克旅的战斗群。前线坦克部队兵力普遍不足，大多数坦克旅的坦克数量降到26—30辆左右，独立坦克营的坦克数量平均为12—15辆。大约30%的一线坦克，特别是传动装置有缺陷的KV-1型坦克，在任何时候都不适宜投入作战。尽管如此，1942年初，红军野战集团军的坦克部队与德国装甲兵相比握有至少6∶1的数量优势。可问题是，红军的领导层能利用这一优势取得任何决定性胜利吗？

由于缺乏坦克重兵集团和部队训练不足，朱可夫与其他苏联前线指挥员都知道，他们无法在1942年1月利用手中部队进行大纵深作战或任何其他复杂的战役机动。稚嫩的红军坦克部队充其量只能担任支援步兵的角色，以及方面军地域反击作战的矛头。在朱可夫的建议下，红军最高统帅部命令每个方面军组建突击集群，通常由1个坦克旅、1个步兵旅或师、一些骑兵与1个或2个滑雪营组成——可能有5000名士兵和30辆坦克，但炮兵或后勤支援微不足道。这些突击集群成了苏军冬季反攻的基础，尽管他们给德军带来了不少麻烦，但也未能起到突破和扩张战果的作用。

冬季反攻，1942年1月—3月

从莫斯科、季赫温、图拉和罗斯托夫撤退后，东线的德军似乎一度认为，在冬季的剩余时间里，主要作战行动可能会停止。对双方而言，合理的做法是控制一线的行动，并集中精力重建消耗惨重的装甲部队，以便他们在春季到来时能进行后续的大规模作战。然而，德军在莫斯科战败后，斯大林表现得急不可耐并确信德国国防军再遭受一次重大打击就会崩溃——正如希特勒在1941年10月对红军的判断。有趣的是，这两位领导人都自欺欺人地认为他们的对手明显处于弱势，而其总参谋部的诌媚助长了这种错觉，这都导致了过度扩张的灾难性结果和失利。德军装甲部队从莫斯科撤退后，朱可夫和其他一些红军指挥员希望有时间重建他们的军队，但斯大林没这个耐心。相反，1941年12月底，斯大林告知红军最高统帅部，他想要发动一系列新的反攻，在从列宁格勒一直到克里米亚的整条战线上无情地打击德军，并把侵略者赶出苏联。朱可夫意识到红军的力量仍然十分有限，没有能力这么快支撑多个方向的反击，他主张集中在一两点以取得决定性结果，但这个建议被斯大林推翻了。[9]方面军层级的参谋们于12月底接到准备进攻行动的通知，他们最多只有几天时间来准备作战计划。

德军在莫斯科战败后，红军不会收手的第一个迹象出现在克里米亚，苏军于12月26日在刻赤（Kerch）和12月29日在费奥多西亚（Feodosiya）分别进行了两栖登陆。冯·曼施泰因的第十一集团军毫无防备，苏军在短短几天内就有超过8.5万名士兵和43辆轻型坦克上岸。尽管冯·曼施泰因能够遏制苏军登陆，但红军在1月份仍继续向刻赤半岛投入士兵、坦克和大炮——这意味着考验双方实力的时刻不会等太久。克里米亚没有装甲部队，但冯·曼施泰因的第十一集团军确实拥有第190突击炮营和第197突击炮营，装备少量突击炮。事实上，在苏联冬季反攻中，突击炮部队一次又一次证明了他们强化防御的价值。

　　1月1日，铁木辛哥是第一个驱使部队发起总攻的方面军司令员，当时他的西南方面军正在准备进攻伊久姆（Izyum）附近的德国第六集团军。天气恶劣，气温只有–29摄氏度（–20华氏度），地面覆盖着厚厚的积雪，但铁木辛哥的部队在经过长达2周的战斗后，逐渐打垮了1个孤立无援的德国步兵师，并取得重大进展，在第六集团军和第十七集团军之间制造了一个40公里宽的缺口。铁木辛哥的突破得益于少量KV-1坦克和T-34坦克，但他的西南方面军仅有200辆坦克，被迫以骑兵作为主要力量发展胜利。由于缺乏坦克部队的突袭效应，苏联骑兵的先头部队最终被德军和罗马尼亚军的阻截分遣队挡住，但依然造成了巴尔文科沃（Barvenkovo）突出部，在南方集团军群战线打入了一个很深的楔子。

　　苏军冬季反击的主要攻势从1月6日开始，由基里尔·A. 梅列茨科夫（Kirill A. Meretskov）将军领导的沃尔霍夫方面军、帕维尔·A. 库罗奇金（Pavel A. Kurochkin）上将率领的西北方面军、科涅夫领导的加里宁方面军和朱可夫指挥的西方面军进行一系列协同进攻。朱可夫在他的战区动用了近五分之一的红军可运作坦克部队，大约400辆坦克，仅给科涅夫留下不到200辆坦克，给库罗奇金留下100辆坦克，给梅列茨科夫留下150辆坦克。沃尔霍夫方面军以突击第2、第4和第59集团军攻向第十六集团军和第十八集团军的1个军。但沃尔霍夫沿岸的沼泽地和树木繁茂的地形让双方都不可能动用装甲重兵集团，而邻近的列宁格勒方面军能够使用少量KV-1坦克和T-34坦克攻打位于基里希（Kirishi）的遭到猛烈压制的德军据点，这里很快就获得了"沃尔霍夫的凡尔登"之称。苏军坦克手将他们的KV-1坦克刷上白色作为冬季伪装，这使其得到了"白色猛犸象"的绰号。在前线战壕中的德国步兵将看到"白色猛犸象"在1000米外的开阔地带整队，准备发起攻击。苏军知道他们的KV-1坦克坚不可摧，除非是88毫米的高射炮和重型火炮——它们很难通过深雪移动到前线，因此苏军变得越发大胆，他们希望德军意识到KV-1坦克的防护是无解的，由此削弱对手士气。通常，1辆或2辆KV-1坦克会接近德军战线，并在500米以外——超过50毫米反坦克炮的有效射程——用高爆弹和机枪无情摧毁任何可见的目标。这种情况在冬季日复一日地发生，当时的低云和低能见度使得纳粹空军的"斯图卡"俯冲轰炸机很难进行干预。

1942年1月18日上午，来自米哈伊尔·鲁多伊（Mikhail Rudoy）上校坦克第122旅的一小群KV-1和T-34坦克在基里希以西的波戈斯特埃（Pogost'e）附近开始了他们的常规示威活动。突然，苏军坦克在大约800米的距离遭到攻击，几辆坦克被击毁。隐藏在德军阵地上来自第667突击炮营的2门Ⅲ号突击炮发射了75毫米破甲弹。虽然"白色猛犸象"中止了进攻，但它们显然认为这次只是运气不好，次日又尝试了一次——结果一样。不过两天时间，德军Ⅲ号突击炮成功击毁4辆KV-1坦克和5辆T-34坦克，几乎是鲁多伊旅的三分之一。

被围在列宁格勒的苏联3个方面军在重型坦克第124旅和5个独立坦克营中拥有100多辆坦克，并于1941年—1942年的冬天一再试图向位于姆加的铁路枢纽破围，以便与梅列茨科夫的部队会合。在一次行动中，坦克第124旅投入了唯一留存的KV-3重型坦克，这是战前在列宁格勒建造的KV-1坦克的实验版本。62吨的KV-3坦克被用作"突破坦克"，并配备了额外装甲板，使其几乎无懈可击——或者说苏军是这么认为的。为了冲破列宁格勒周围的德军封锁线，这辆孤零零的KV-3成了苏军的进攻矛头。这头重型庞然大物大摇大摆地向德军防线逼近，但其重量大大降低了机动性，使得敌方炮兵能够将其锁定。一发精准的德国150毫米榴弹炮炮弹击中KV-3型坦克的炮塔并引爆了弹药，使苏联唯一一辆突破坦克的战斗首秀戛然而止。

然而，在其他地方，KV-1坦克在实施突破方面更为成功。作为库罗奇金西北方面军攻势的一部分，第11集团军于1月7日—8日晚派遣了1个由阿斯塔霍夫（Astakhov）中尉指挥的，由5辆KV-1坦克组成的排和1个T-60坦克连穿越冰冻的伊尔曼湖（Il'men），意图迂回旧卢萨（Staraya Russa）的德国第十军。正如一位苏军坦克搭乘员所述：

我和一群步兵一起乘坐的重型坦克小心翼翼地缓慢前行穿过冰面。我们奉命跳下车并与坦克一起前行。大伊尔曼湖夜间的宁静似被这突如其来的打扰惹怒，吱吱作响，呻吟着，仿佛在暴风雨中颤抖。50吨重的机器——这意味着每平方厘米的冰面都要承受300磅的压力——使冰层破裂，伴随着一种奇怪的叮当声，在冰层未至底部的地方，我们可以明显看到冰层表面因承重而弯曲。

其他的重型车辆不允许沿着第一批车辙行进，而是跟在其左或右侧。最终，湖被抛在了身后。[10]

阿斯塔霍夫中尉的KV-1坦克开过冰封的伊尔曼湖，但有1辆坦克在他们穿越洛瓦特河（River Lovat）时陷入冰面，被丢弃了。夜晚时间已所剩无几，苏军坦克手在森林里聚集，并用雪橇运载来的油桶加油。黎明时分，当余下的4辆KV-1坦克和1个苏联步兵团对尤里耶沃（Yur'evo）村的几个据点发动进攻时，来自第290步兵师的德国步兵惊呆了：

2枚绿色火箭腾空而起，期待已久的信号呼叫着KV-1型坦克投入战斗。突然，随着震天动地的轰鸣声，这些庞然大物从道路附近树丛中的整队出现。德军炮弹如狂风暴雨般打来，但是我们的陆地战舰无情地穿过火海前行……正在右翼进发的阿斯塔霍夫坦克的白色舱盖打开了，一面红旗闪过3次。这一信号表示第3辆坦克要冲进村庄。[11]

第3辆坦克是由奇利金（Chilikin）中尉指挥的，其被德军炮弹命中数次，还是冲进村子并碾压了德军的反坦克炮。震惊的德国守军撤退了，仅仅两天时间，第11集团军就接近了旧卢萨郊区。这一行动很有意思，因为苏军坦克排指挥员在战斗中仍然要靠信号旗来指挥他们的坦克，而且坦克是在"关闭"的状态下作战的——这让人不禁要问：在激战中，奇利金中尉是如何在那个距离看清信号旗的？尽管遭到突袭，但德军在旧卢萨附近的防御确实加强了，来自第203装甲团的一个Ⅲ号坦克排抵达这里，以防止苏军滑雪部队包围这座城市。

不出一周，3个苏联集团军攻击了奥斯塔什科夫（Ostashkov）和勒热夫之间的德军战线，并在德国北方集团军群和中央集团军群的结合处实现了突破。第九集团军的第二十三军在混乱中溃退，德国前线出现了一个150公里宽的巨大缺口。俄国蒸汽压路机呈扇形散开，突击第3集团军向霍尔姆进发，突击第4集团军冲向大卢基，第22集团军向正南方向的亚尔采沃挺进。对德国人来说，苏军的这一突破无疑是这个充满危机的冬天里最为紧要的关头，因为它威胁到了德国中央集团军群的生存。然而，红军最高统帅部只为这3个集团军每个配备了1个单一的独立坦克营，没有骑兵，所以它们扩张战果的能力受限于穿过深雪的步行速度。德军无法完全阻止苏方雪崩般的攻势，但他们利用自己的铁路运转能力向霍尔姆和大卢基投放增援力量，将其变成了筑垒地域。对德国人而言更糟的是，科涅夫的加里宁方面军取得了重大突破，第39集团军不仅孤立了位于奥列尼诺（Olenino）的德国第二十三军，骑兵第11军也意欲包围位于勒热夫的整个第九集团军。

不同于西北方面军与加里宁方面军缺乏坦克和骑兵部队来赢得胜利，朱可夫确保红军最高统帅部将大多数可用的坦克部队、火炮和骑兵提供给他的西方面军。然而，朱可夫的15个坦克旅在连续2个月的战斗中已经疲惫不堪，且在总攻中状态很差。1月1日的兵力显示，其4个旅剩余的坦克力量仅为编制的10%—35%，现有坦克中T–34的数量不到四分之一：

· 坦克第20旅有5辆可用坦克（1辆T–34坦克、1辆T–26坦克、1辆T–60坦克和2辆"瓦伦丁"坦克）

· 坦克第23旅有6辆可用坦克（1辆T–34坦克和5辆"瓦伦丁"坦克）

· 坦克第32旅有12辆可用坦克（1辆KV–1坦克、5辆T–34坦克、6辆T–60坦克）

· 坦克第146旅有16辆可用坦克（2辆T–34坦克、10辆T–60坦克、4辆"瓦伦丁"坦克）

整个1941年，朱可夫的头脑还比较清醒，之后突然被斯大林的看法——德军的崩溃迫在眉睫模糊了判断，他相信他的西方面军可以向维亚济马发动大规模钳形攻势。他的部队已经在第四装甲集团军和第四集团军之间的博罗夫斯克（Borovsk）附近打开了一个缺口，而第四集团军在苏希尼奇（Sukhinichi）附近的右翼也已分崩离析。朱可夫将他的坦克主力摆在右翼，有8个坦克旅，分别辅助第5、第16、第20集团军，而另一边左侧钳子由第43、第49、第50集团军组成，由5个坦克旅支援。从德军角度看，现由冯·克鲁格领导的德国中央集团军群情况非常糟糕，唯一可能的解决办法——按照希特勒的命令——就是掘壕固守，等待红军有限的后勤供应消耗殆尽。剩下的少数德国坦克聚集在中央地域位于维亚济马附近的预备队里。

朱可夫的蒸汽压路机于1月20日启动，直接沿着100公里宽的战线将德国第四集团军向后猛推，夺回了莫扎斯克。尽管德国第十三军在尤赫诺夫几乎被围，但朱可夫未能兜住任何德军单位。他的坦克旅被大幅削弱，实力不足，只能进行局部战斗，事实上，他的大部分坦克部队是由T-60轻型坦克组成的，很难击败配有反坦克炮的德军据点。1月27日，朱可夫决定派遣他的机动力量——别洛夫的近卫骑兵第1军向维亚济马发动一次远程突袭。别洛夫的骑兵抵达维亚济马郊区，但被第5装甲师的一个战斗群击退。同样，从北方接近的骑兵第11军切断明斯克—莫斯科公路和德国中央集团军群主要交通线的意图，也被第11装甲师的一个战斗群阻止。2月1日，朱可夫的部队已经在格札次克和尤赫诺夫被挡住，德军发动了一次由步兵而非坦克主导的突袭，导致第33集团军在通往维亚济马的道路上孤立无援。朱可夫开始表现出"添油"倾向，想要牺牲3个空降旅及更多部队来重启他的攻势。然而，德军第四集团军的新司令官，戈特哈德·海因里希（Gotthard Heinrici）步兵上将在面对朱可夫时打了一场巧妙的战斗，阻止了他夺取维亚济马和营救最终被击溃的第33集团军的企图。同样，接手第九集团军的莫德尔设法修复了防线上的漏洞，守住了勒热夫，最终摧毁了苏军第39集团军。

在其他地方，苏军的布良斯克方面军主要凭借着骑兵和几十辆轻型坦克，把第二集团军推回了奥廖尔。西北方面军也成功地在德米扬斯克包围了德军第二军，但缺乏坦克和火炮来肃清包围圈。总而言之，苏军冬季反攻把德国国防军几乎逼到了崩溃边缘，但没有取得任何真正具有决定意义的结果。在1941年—1942年的冬季战斗中，任何一方都不能集结超过连级和营级规模的坦克群，甚至在关键区域也是如此。战线广阔绵延，却根本看不到坦克。尽管在纸面上，红军坦克拥有令人印象深刻的数量优势，但由于缺乏大规模的坦克兵团，红军始终无法集结一支像样的机动部队。相反，苏军前线指挥员被迫临时组建快速集群，运用基于轻型坦克、骑兵和滑雪部队组建的力量薄弱的坦克旅。这些临时的快速集群足以迂回包抄德军的阵地——这会给德军造成很大麻烦，但缺乏火力来消灭防守严密的要塞化的村庄和城镇。因此，希特勒基于直觉采取的"刺猬战术"，由于红军暂时缺乏坦克、火炮和弹药，在1941年—1942年冬季大获成功。

事实上，红军在此时缺乏火力或战术技巧，来攻克防守严密的德军环形筑垒阵地。尤其有两处——霍尔姆和德米扬斯克顶住了苏军多轮进攻。在霍尔姆，由4500名士兵和4门反坦克炮组成的舍雷尔（Scherer）战斗群于1942年1月21日—5月5日，长达105天的围攻中进行了史诗般的防御。红军在独立坦克第146和170营的支援下，用2个步兵师反复进攻这里，他们总共有46辆坦克（4辆KV-1坦克、2辆T-34坦克、11辆"玛蒂尔达"Ⅱ型坦克和29辆T-60坦克）。最初，苏军一次只使用几辆坦克，以步兵支援的角色攻击该镇，但这让德军得以在小的地域内调动他们数量有限的反坦克炮。随后，苏军在2月份开始使用更多坦克同时在不同区域发动进攻，这几乎击溃了守军。"玛蒂尔达"坦克被证明对37毫米反坦克炮免疫，但有3辆坦克毁于T型地雷，由于高爆弹不足，它们的2磅炮对建筑物中的目标效果不明显。德国空军设法通过滑翔机和降落伞运入新的反坦克武器，以阻止苏军坦克，包括3月10日首次运用的，配套37毫米反坦克炮的新式41型破甲弹。[12]尽管18枚41型破甲弹中只有9发击中目标，且仅2辆坦克受损，但破甲弹的引入将缓慢开始改变东线的反坦克作战形态，使之有利于防御方，尽管这直到1944年"铁拳"反坦克榴弹发射器现身后才得以实现。当2个独立坦克营试图突入霍尔姆时——有几次几乎成功了，为了阻止德军的救援行动，苏军在该镇以西还部署了几辆T-34。在围攻期间，霍尔姆周围被毁苏军坦克超过30辆。

1942年，德军第一次大规模装甲作战是1942年3月—5月对霍尔姆和德米扬斯克口袋的解围。营救霍尔姆的行动由来自突击炮第184营的Ⅲ号突击炮和来自第8装甲师的克里佐利战斗群领头，在通往霍尔姆的道路上激烈交火后，双方都在伏击战中损失了装甲车辆，德军突击炮最终冲进该镇，并解救了舍雷尔战斗群。在德米扬斯克，苏军用9.6万名士兵包围了6个德国师，但是红军缺乏肃清包围圈的力量，也不能有效干扰德国空军的空运，让守军能够获得补给。1942年3月21日，塞德利兹（Seydlitz）战斗群开始了"架桥行动"（Brückenschlag），救援动用了5个德国步兵师，由来自第203装甲团第1营的30辆坦克、13辆Ⅲ号突击炮提供支援。[13]整个行动非常缓慢，德军通过冰冻的沼泽地和茂密的森林，气温仍然在－20摄氏度（－13华氏度）到－29摄氏度（－20华氏度）之间。苏军以他们在该区域唯一的坦克预备队——坦克第69旅，于3月27日发动了一次攻击，试图阻止德军的救援行动。然而，德军步兵成功击退了苏联坦克旅，并运用各种手段干掉了20辆T-34坦克中的8辆。4月初开始的春季解冻，对德军救援行动而言是比苏军坦克更大的障碍。尽管如此，塞德利兹战斗群依然成功地在4月21日于德米扬斯克与被困的德国部队取得联系。德军装甲部队的运用——尽管只有1个装甲营加上2个突击炮营——在打破苏军对德米扬斯克口袋的包围方面起到了决定性作用。这一事件是德军未来许多行动的先兆，在这些行动中，装甲部队被用来充当救援工作的先锋。

尽管冬季战斗缺乏决定意义，双方仍然为此付出了沉重的代价。夺取勒热夫和维亚济马的失败让科涅夫和朱可夫的部队损失惊人，伤亡人数达到了776889人，损失957辆坦克——这是开始行动时部队人数的73%和坦克力量的150%。同一时期，德国中央集团军群遭受了150008人的战斗伤亡，但获得了超过160000名后备人员。总体而言，1941年—1942年的冬季反攻使红军在1942年头3个月的伤亡人数达到了185.4万人。[14、15]

冬季坦克战

德军坦克的设计并没有考虑到俄罗斯的冬天。Ⅲ号坦克和Ⅳ号坦克上的履带比T-34坦克的履带窄16%—25%，且两种坦克的离地净高都比T-34坦克或KV-1坦克小，这导致它们常会陷入深雪中。特别是T-34坦克，由于其优越的马力/重量比率和较低的地面压强，在松软地面或雪地上较Ⅲ号和Ⅳ号坦克机动性优势明显。V-2柴油坦克发动机为T-34提供了二战期间德国坦克无法比拟的机动性、可靠性和耐久性。然而，在冰雪上最灵活的苏联坦克实际上是T-60轻型坦克，尽管它薄弱的装甲使其被苏联坦克手称为"烈士墓-2（BM-2）"或"双人烈士墓（Bratskaya Mogila na Dvoikh）"。相比之下，英国制造的"瓦伦丁"坦克和"玛蒂尔达"型坦克在深雪中的机动性极差，在冰面上几乎没有牵引力。在谢利格尔湖（Lake Seliger）附近，当独立坦克第170营向前线行军时，其13辆"玛蒂尔达"Ⅱ型坦克中的2辆因在结冰的道路上侧翻倾倒而损失了。[16]在伊斯特拉附近，坦克第146旅也因为翻车事故损失了几辆"玛蒂尔达"坦克。

除了在深雪中机动性较差外，俄罗斯的严寒天气对德军坦克的影响也很严重。尽管德军和苏军坦克都有办法将热气流从发动机排气口转到乘员舱，但这只在发动机工作时才可行。当燃料供应不足时，如1941年10月—12月，他们无法让发动机连续运转。由于坦克里没有乘员用的燃气取暖器（可以在发动机熄火的情况下工作），装甲兵躲进附近的房子或农民的小木屋，把坦克丢在整夜的奇寒中。结果，坦克电池组中的液体冻结，导致电池破裂，需要立即更换，但电池供不应求。即使电池没有冻爆，在冷冻后其存储的电荷也会迅速下降。电源线上的橡胶涂层同样可能在低于 – 29 摄氏度（ – 20 华氏度）的温度下破裂。汽油和柴油受到严寒的影响，可能会在燃油管路中形成冰晶。气温低于 – 32 摄氏度（ – 25 华氏度）时，主炮反后坐力装置的液压油会凝固，导致主炮开火时蓄电池组断电。机枪中的润滑剂会在 – 37 摄氏度（ – 35 华氏度）时冻结，使武器在清洗前无法使用。冰冻后弹药变得难以使用，主炮后膛在冰冻后可能会变得非常"粘"，致使炮弹被卡在炮闩里。[17]即使部队接收了附加燃料，在零下的温度里启动一台闲置了几天的发动机对德国人来说也是相当困难的，他们采取了极端措施，例如在坦克下面生火。一旦被加热，设备内的霜就会变成冷凝水。相比之下，苏军的T–34有用于寒冷天气启动的内压空气瓶，并且T–34在冬季条件下进行过全面测试。结果，德军装甲部队在清晨受到苏军坦克袭击时变得非常脆弱，此时许多坦克无法启动。如果德国军队被迫撤退，未启动的坦克都会被抛弃。

即使德军能够启动坦克，他们也会发现寒冷的天气严重劣化了关键系统的性能。无线电设备面对冰冻和凝结特别脆弱，炮手的主光学瞄准镜也是。光学器件透镜内容易留有霜状物，从而妨碍有效瞄准。当温度低于–29摄氏度（–20华氏度）时，坦克维护将变得非常困难，暴露的皮肤会粘附于金属表面，甚至标准润滑油和坦克润滑油还会因为变得太稠，导致无法正常使用。缺乏润滑的话，坦克就很难保证在移动过程中不损伤驱动装置。像更换扭力杆或驱动链轮这样的任务，如果没有遮棚，在零下的天气里几乎是不可能完成的。当红军能够把受损坦克运回莫斯科附近，在适当的设施中进行修理时，国防军的境况就很不妙，因为他们远离德国的工业基地，也缺乏前沿的维修基地。事实上，俄罗斯的冬天在短短几周内就把希特勒的大部分装甲部队变成了冰冻的废铁——这被证明是1941年苏联最有效的反坦克武器。这并不是说俄国的冬天打败了希特勒的装甲集群，而是说它压制了一支已经消耗殆尽的并且遭遇失利的军队。

德国装甲兵没有为应对冬季天气做好物质和心理上的准备。1941年—

1942年的整个冬季，大多数坦克乘员都穿着黑色装甲制服，因为大部分可用的冬季制服都是步兵和炮兵的，而不是装甲部队的。德国装甲兵没有料到会在冬天打仗，当大雪和深寒降临时，许多人似乎误以为他们会返回国内去获得新的坦克。一些多余的装甲兵被遣送回家，但大多数人被迫作为步兵或清剿游击队的角色作战，他们对此并不适应。相比之下，大多数苏联坦克手都配发了保暖的冬季服装。虽然苏军坦克部队在1941年—1942年冬季部署得过于稀疏，无法取得决定性的成果，但他们确实在对手数量下降的时期学到了很多东西。

致命的决定和装甲力量的恢复，1942年4月—5月

尽管在"巴巴罗萨"和"台风"行动中成功幸存，并迫使4个德国装甲集团军全部撤退，但冬季反攻表明，红军不能以由坦克旅和独立坦克营组成的混合集群给国防军造成决定性的失败。为组织周密的攻势以夺取纵深目标并包围敌军重兵集团，红军需要重建军级规模的坦克部队。1942年2月，红军最高统帅部批准以现有和新组建的坦克旅组建25个新的坦克军。最初，这些部队以2个或3个坦克旅为基础，配备100—150辆坦克和1个摩托化步兵旅，编制兵力为1900名步兵，但配备的炮兵、工兵、侦察和防空武器很有限。甚至为各军运送燃料与弹药的卡车也非常短缺。

1942年3月31日，莫斯科军区正式成立了首批3个坦克军，由米哈伊尔·E.卡图科夫少将指挥坦克第1军，德米特里·K.莫斯托文科（Dmitry K. Mostovenko）少将率领坦克第3军，瓦西里·A.米舒林（Vasiliy A. Mishulin）少将领导坦克第4军。卡图科夫的军是以其麾下老兵近卫坦克第1旅为基础组建的，但他手里另2个增加的坦克旅是没打过仗的新部队。4月中旬，苏联又新建了10个坦克军，5月又成立6个。像卡图科夫一样，罗特米斯特罗夫也是因在前线取得的战绩而赢得声誉，他被授予了坦克第7军的指挥权。1942年3月—4月，所有被选为前9个坦克军的指挥员在1941年的战役中均指挥过坦克旅或坦克师，其中有3人在战斗中受过伤。因此，每个军都有一批核心战斗老兵和训练有素的坦克手，但许多人都是从坦克训练学校来的新人。

红军最高统帅部和工农红军汽车装甲坦克总局决定，坦克军将接收可用的最好的坦克，即KV-1、T-34、"玛蒂尔达"Ⅱ型和T-60坦克。1942年3

月—4月，装备前9个坦克军需要大约1400辆坦克，其中包括540辆T-34和200辆KV-1坦克。装备这些坦克军对工农红军汽车装甲坦克总局来说应该相当简单，因为到3月为止，苏联工业部门每月能生产700多辆T-34坦克和250多辆KV-1坦克。然而，尽管红军最高统帅部和总局认识到新的坦克军作为先锋对即将到来的进攻作战至关重要，但红军步兵指挥员都要求坦克协同，因此最高统帅部决定保留甚至扩大独立坦克旅和独立坦克营的数量，以便每个野战集团军均可获得一些坦克支援。尽管剩下的大多数T-26坦克、BT轻型坦克以及英国制造的"瓦伦丁"坦克都应付给步兵支援单位，但他们也分到了一些T-34和KV-1坦克。然而，红军做事依旧贪大求快，他们决定发展2支独立的坦克力量，一支用于机动作战，另一支用于步兵支援——这弱化了苏联1942年初坦克产量日益增长的优势，并导致各单位里坦克型号混杂。独立坦克旅、坦克营分流了大量坦克与坦克手去那些很少或几乎不承担作战任务的部队，而非将这些精英集中于坦克军中。这个做法带来的恶果就是在1942年春夏的初期战役中，红军日益增长的坦克数量优势被削弱。

尽管1941年战役的作战经验表明，在舱盖关闭的状态下，T-34车长的能见度很差，而KV-1的传动装置不敷用，但国防委员会和工农红军汽车装甲坦克总局仍然决定不对这些设计进行任何重大更改，因为这在短期内将减少产量。替代方案是，这2种坦克的1942型号都得到了一些额外的装甲保护。1942年5月后，T-34 1942型开始使用更大的六角形炮塔，以帮助提高乘员的作战能力。1942年，新型履带和车轮开始出现，但直至1943年—1944年，红军坦克的主要缺陷一直没有得到纠正。事实上，苏联的坦克设计在一年多的时间里变得非常保守，尽管德军刚开始部署本方改进的坦克，总局的领导层就认识到T-34坦克的设计需要更新。KV-1的问题更大，任何细微的改进都无法改变其机动性差、无法跟上T-34的情况。1942年入役的唯一一款新型苏联坦克是9吨重的T-70轻型坦克，装备1门45毫米加农炮，旨在取代T-60坦克，后者只有1门20毫米的加农炮。生产T-70坦克的主要原因是它可以大量制造，并有助于弥补T-34的不足，而不是因为它能大大提升苏联坦克部队的战斗力。

德国方面，有一些重要发展改变了装甲战的形式。在1941年的战役中，德国军队几乎把所有的坦克都集中在19个装甲师中，而德国步兵师对苏联坦克凶狠冲击的体验——例如1941年10月苏军坦克第21旅在加里宁攻击第36摩托化步兵师——说服了陆军司令部尽快为摩托化步兵师配备自己的装甲营。分配给南方集团军的4个摩托化步兵师，包括"大德意志"师，都配备了1个装甲营。武装党卫军也成功地为自己游说来了装甲部队，因为在"巴巴罗萨"期间动用的4个师不得不经常要求集团军提供装甲支援。这4个武装党卫队师总共获得了40辆Ⅲ号突击炮，但这些突击炮最适合防御作战，而不是快速机动作战。经过多次讨论，陆军总司令部最终于1942年1月28日批准组建3个党卫军装甲营；这些营将于3月—4月前往"警卫旗队"师、"帝国"师和"维京"师。德国陆军领导层拒绝给武装党卫军提供坦克，因为这将使他们更显独立——这被认为是一个危险的趋势，意味着要从新生产的坦克中转走大约150辆坦克。这还不包括德国空军设法获批为赫尔曼·戈林旅组建的1个装甲连。因此，在1942年的战役中，装甲师放弃了他们以前对装甲机动作战的垄断，让位于各类新来的统管者。然而，这一变化的结果削弱了他们对德国装甲力量的集中使用，这些部队过去曾取得过胜利，而为了安抚官僚利益，现有装甲师最终被迫与武装党卫军和其他所谓的精英部队争夺稀缺资源。

　　希特勒一直渴望编组新的装甲师，以备日后作战之需。1941年9月，他开始投产新型坦克，并在法国成立了第22和第23装甲师。培训这2个师花费了6个月时间，1942年3月，他们开始被送往东线。1941年11月，第24装甲师以解散的第1骑兵师为基础开始组建，并同样将在次年5月被送去东线。随着这3个新的装甲师陆续被派去，陆军总司令部命令消耗殆尽的第6、第7和第10装甲师乘火车返回德国进行休整并换装，这3个师将会为1942年战役的后期阶段提供及时的第二波装甲增援。1942年2月中旬，希特勒决定将1942年的主要攻势放在南方，他指示陆军总司令部从北方集团军群和中央集团军群的装甲师中抽调坦克来增援南方集团军群的装甲师，冯·克莱斯特的每一个装甲师都将配备3个装甲营，但这意味着东线战场其他地区的一些装甲师现在只能减至1个装甲营。从短期来看，希特勒的这一决定很快恢复了南方集团军群下辖的装甲力量，并使德国国防军能够在1942年夏天对东线的这一区域发动一次主要攻势，不过这也令东部战线其他地方的德国装甲部队固守能力下降，这些地区的主动权将拱手交给红军坦克手。希特勒没有试图重建1941年遭重创的装甲部队，而是选择将他现有的大部分装甲资源配置在一个庞大的指挥体系内，这在理论和组织上都被证明是合理的，其目的只有一个：到达高加索地区的油田。这一尝试非常冒失和危险——尽管在1942年2月的柏林当局还看不到这一点——因为如果失败了，国防军将完全失去在东线的主动权。

在T-34和KV-1的威胁下度过大半年之后，德国装甲和反坦克部队开始于1942年2月接收第一批用于对抗苏联重型坦克的新式武器。春季时分，这一进程加快了。1月份提供的75毫米破甲弹数量有限，并且有一段时间还因质量管控问题而被限制产量，但是它们的出现有助于终结苏军喜好的KV-1坦克的单车突袭。在1941年的战役中，德军还缴获了大量苏军76.2毫米野战炮，这些野战炮被德国人扩大了弹膛，于1942年2月以76.2毫米Pak 36(r)的编号重新发给部队。Pak 36(r)反坦克炮是反坦克部队获得的第一种能使用动能的穿甲弹、可在1000米或更远距离摧毁KV-1或T-34的武器，其在1942年的战场中帮助平衡了战局，直到莱茵金属公司能够生产出等量的75毫米Pak 40反坦克炮为止。由于Pak 36(r)反坦克炮的重量是50毫米Pak 38反坦克炮的两倍，德军开始在剩余Ⅱ号坦克底盘上安装大量Pak 36(r)反坦克炮，这种称为"貂"Ⅱ型的坦克歼击车于4月投入使用。

1942年初，配套50毫米Pak 38型火炮以及Ⅲ号坦克50毫米火炮的50毫米钨芯反坦克炮弹的产量也显著增长，因为40型穿甲弹——唯一对T-34坦克有效的反坦克炮弹——的数量在1941年的战役中只具象征意义。此外，使用盖拉赫"锥膛"原理产生极高炮口初速的新一代反坦克武器开始少量出现，例如42毫米的Pak 41和75毫米的Pak 41型火炮。虽然在1942年的战役中，钨芯穿甲弹和锥膛炮暂时增强了德军的反坦克火力，但德国的钨供应（主要从葡萄牙进口）太有限了，无法为所有部队装备这种改进后的武器，甚至无法长期维持增产。相反，为了提升初速，陆军兵器局在短期内将主要关注点放在了给Ⅲ号和Ⅳ号坦克升级火炮以及换装长身管武器的工作上。于1941年12月生产、装备在Ⅲ号J型坦克上的50毫米口径长身管KwK 39 L/60型火炮，为德军主力中型坦克提供了在500米范围内与T-34有效对抗的能力。然而由于Ⅲ号坦克的装甲防护水平和机动性较差，T-34坦克仍然是一个强大的对手。装备了75毫米KwK 40 L/43火炮的Ⅳ号F2型坦克，有潜力成为德国的"通用坦克"，能同样有效完成反坦克和步兵支援任务，但在关键的冬季月份里，其产量几乎没有扩大。1942年3月，Ⅳ号F2型坦克开始少量入役——通常一批只有5到10辆新坦克到达，这意味着差强人意的Ⅲ号J型坦克，将在1942年大部分战役中成为德军的主要作战坦克。同时，装备75毫米Stuk 40 L/43加农炮的Ⅲ号F型突击炮开始出现，为突击炮部队提供了真正的反坦克能力——尽管它们的主要任务仍然是步兵支援。

1942年，尽管这些应急计划和特设的紧急措施显著提高了德军的反坦克能力，但对付T-34的长期规划应当以完成新的重型坦克和中型坦克设计开发为基础。亨舍尔和波尔舍都在开发重型坦克原型车，但希特勒直到4月才选择亨舍尔的设计，生产Ⅵ号"虎"式坦克。虎式坦克装备88毫米36 L/56型坦克炮并有厚达120毫米的装甲，将于8月现身，为国防军提供火力和装甲防护方面的巨大优势，但其机动性仍然低于T-34坦克，以及之前的德国坦克。与此同时，戴姆勒-奔驰和奥格斯堡-纽伦堡机械工厂股份公司在生产新型中型坦克方面展开了激烈的竞争，该坦克将配备莱茵金属公司开发的新型75毫米42 L/70型坦克炮。最初，新式中型坦克本应为30吨，但负责监督新型中型坦克的陆军兵器局——军械试验6室将要求提高到36吨。戴姆勒-奔驰的工程师对缴获的T-34坦克进行了仔细研究，并开发了一款外形相似，由梅赛德斯-奔驰MB 507柴油发动机提供动力的原型车。相比之下，尽管这与1941年11月古德里安提出的最初要求无关，但奥格斯堡-纽伦堡机械工厂股份公司还是将扭杆悬挂作为其原型车的关键特征。希特勒对戴姆勒-奔驰于1942年4月向他展示的设计印象深刻，他喜欢柴油坦克发动机。然而因为各种幕后政治因素，军械试验6室更倾向于奥格斯堡-纽伦堡机械工厂股份公司的设计，这是由汽油发动机驱动的。希特勒被告知，目前还不能大量生产柴油坦克发动机，而选择戴姆勒-奔驰的原型车将会导致无法接受的生产拖延。因此，在5月14日，他选择奥格斯堡-纽伦堡机械工厂股份公司的原型车作为下一代德国中型坦克。[18]不给下一代主战坦克配备柴油发动机，是德国在第二次世界大战的装甲战争中犯下的最严重的错误。燃料短缺已经在1941年末影响了装甲部队的运作，因此提高燃油使用效率与给坦克配备更大口径的火炮、更厚的装甲一样重要，但陆军兵器局忽视了继续依赖汽油发动机会对德国的机械化作战产生怎样的影响。在看到T-34之前，希特勒已经要求为Ⅲ号坦克配备长身管火炮，他表现出比他的一些工程技术人员更明智的判断力，而且他认为柴油坦克发动机的开发对装甲部队是一项关键需求，但陆军兵器局和德国工业部门设法略过了他提出的优先事项。希特勒那些导致德国战败的决定经常被拿出来说事，但他那些被证明是正确的判断往往被忽视了。德国战败后，德国军事和工业部门领导人很容易就把所有的责任都推到希特勒头上，这有助于掩盖他们自己惊人的错误判断。

显然，最大的问题——直接影响了装甲部队从1941年的失利中恢复元气的能力——就是1942年1月—5月，德国坦克产量只维持在一个异常疲软的水平，德国的工业部门平均每月生产240辆Ⅲ号坦克和60—80辆Ⅳ号坦克，总共只制造了300—320辆中型坦克。此外，同期每月还生产36—45门Ⅲ号突击炮。德国军备生产不足的大部分责任必须落在帝国部长弗里茨·托特（Fritz Todt）的头上，他领导着帝国军械弹药部。除了新型坦克，德国工业部门在1942年1月—4月修复了67辆Ⅲ号型坦克和24辆Ⅳ号坦克，这甚至不足以重新装备一个单独的装甲师。德国工业部门的漫不经心，使苏联在坦克产量上取得了可观的3∶1或更大的数量优势，他们从未丢掉这一优势。因此，当托特于1942年2月8日在一次飞机失事中丧生，由能力出众的阿尔伯特·施佩尔（Albert Speer）接替他的位置时，这一灾难只能被视为第三帝国的幸运。尽管施佩尔对德国坦克生产的影响就1942年的战役而言为时已晚，但他为提高德国军事工业效率所做的努力，将使装甲部队得以在1942年—1943年战役的损失中幸存。

克里米亚的小规模坦克战，1月1日—5月20日

尽管苏军的冬季反攻在3月初达到高潮，但从1942年1月起到夏季，有一个地域的战斗几乎从未停止过，那就是克里米亚。双方在克里米亚使用的坦克和突击炮不超过几百辆，但考虑到地形狭窄导致短兵相接，即使是少量的装甲部队也能做出超出战术层面的贡献。苏军在刻赤和费奥多西亚登陆，迫使冯·曼施泰因停止对塞瓦斯托波尔要塞的进攻，并令第三十军强行军向东以遏制苏军的滩头阵地。这是第二次世界大战中，德国国防军首次应对主要敌人的两栖登陆，红军也是第一次打这种仗。1942年初，双方在克里米亚展开了一场竞赛，苏联试图让更多的部队登陆，包括坦克部队，以在德国人于刻赤半岛的狭颈上建起无法穿透的屏障之前实现突破。冯·曼施泰因要求一个装甲单位来

帮助粉碎苏联的滩头阵地，但陆军总司令部无兵可派。

　　冯·曼施泰因在一场精心谋划的战役中表现杰出，尽管没有装甲支援，但第三十军下辖第190突击炮营，而德国空军在克里米亚握有相当大的空中优势，曼施泰因可以获得"斯图卡"式俯冲轰炸机的支援。尽管苏军第44集团军有2周的时间来巩固其在费奥多西亚的阵地，并有装备T–26轻型坦克的独立坦克第79营，但他们没有料到冯·曼施泰因相对较弱的部队会进行反击。1942年1月15日，第三十军在大规模空袭和炮兵支援下进攻费奥多西亚，并在三天之内夺回了该港口。这是一场惊人的战术胜利，冯·曼施泰因声称第44集团军在费奥多西亚损失了16700名士兵和85辆坦克。[19]

　　尽管冯·曼施泰因在费奥多西亚取得了胜利——德军在1942年1月取得的唯一一次胜利，但苏军还是设法在刻赤半岛组建了由德米特里·T.科兹洛夫（Dmitri T. Kozlov）中将指挥的克里米亚方面军，下辖第44、第47和第51集团军。为了突破跨越13公里宽的巴尔巴赫（Parpach）地岬的德军防线，红军最高统帅部向科兹洛夫增派了坦克和大炮，以及空中支援。不似冬季反攻中红军其他行动的应急潦草，科兹洛夫获得了足够资源，可以打有准备之仗。然而，巴尔巴赫地岬是东线为数不多的、可以让德军根据他们的教范建立防御阵地的地方之一；冯·曼施泰因的步兵师只需据守4—6公里的战线，而非东线沿线大部分地区的20—25公里。到2月底，科兹洛夫在刻赤半岛拥有近200辆坦克，其中包括36辆KV–1坦克和20辆T–34坦克，因此他在2月26日发动了一次试探性进攻，包括用坦克攻击罗马尼亚第18步兵师。然而，大雨、沼泽地和德国雷区使苏联坦克寸步难行，在为期一周毫无意义的战斗中，科兹洛夫的坦克第39和第40旅以及独立坦克第229营损失了36辆KV–1坦克中的28辆和7辆T–34坦克。如果说有一个地方可以让KV–1坦克实现其作为突破坦克的预期设想，那就是刻赤半岛，但它未能实现这一目标，尽管事实上，当面的2个德国步兵师的反坦克武器非常有限。冯·曼施泰因也不能在战线使用88毫米高射炮，因为他们会在平坦地形上遭苏联炮兵定点摧毁。德国步兵依赖于大量的35型反坦克地雷，而苏军更多地以小群方式使用KV–1坦克。

　　在斯大林的敦促下，科兹洛夫在获得另一个坦克旅及一个独立坦克团后决定于3月13日重启攻势。科兹洛夫拥有大约225辆坦克以及大量的火炮支援，即使不能实现突破，他应该也能让冯·曼施泰因的防线弯曲，后者仅由2个德国和1个罗马尼亚步兵师组成。然而，科兹洛夫几乎没有从他的第一次挫败中学到什么，他又在同一个区域动用坦克部队，结果完全相同：3月13日—19日，坦克第39旅损失了27辆坦克中的23辆，第40旅损失了18辆坦克，坦克第56旅被打垮，损失了90辆T-26轻型坦克中的88辆。苏军坦克试图在平坦开阔的地形上大摇大摆地开进，然后穿过被德军反坦克火力覆盖的障碍带。尽管冯·曼施泰因的反坦克能力并不强，但他的部队在一周内成功击毁了科兹洛夫一半以上的坦克。德国空军有时也会介入，缺乏空中掩护的话，坦克在刻赤半岛上没办法隐蔽，因为在没有树木的大草原上，坦克营或旅无法避免被发现。

为了回应早先对装甲支援的请求，在科兹洛夫的第二波攻势被击溃时，陆军总司令部最终向冯·曼施泰因提供了新组建的第22装甲师。冯·曼施泰因立即决定派遣第22装甲师进行一次袭扰，但在装甲师全部抵达之前，该行动就已经开始了。尽管冯·曼施泰因以战略家闻名，但他对坦克战术知之甚少，这一点在他对第22装甲师的轻率使用中得到了充分证明。第204装甲团团长威尔海姆·科彭布格（Wilhelm Koppenburg）中校率领他的2个坦克营参加了3月20日6时开始的进攻。科彭布格用142辆坦克攻击，大部分是Ⅱ号坦克和38(t)型坦克，但步兵很少，没有工兵支持。清晨，浓雾笼罩着战场，能见度低至50—100米，科彭布格的坦克盲人瞎马在浓雾中行进。他很快就在雾中失去了对2个营的控制，第204装甲团第1营的坦克误闯进一个未被发现的雷区。更糟糕的是，坦克第55旅和独立坦克第229营的集结区就在附近，苏军迅速派出一个营的T-26轻型坦克和4辆KV-1坦克与德国装甲部队交战。科彭布格的营在大雾中跑散了，苏联坦克和反坦克炮轰击了第204装甲团第1营的坦克，使其折损40%的兵力。在雾中游荡了4个小时后，科彭布格遭受重创的团未完成任务，撤回其起始位置。第22装甲师在科尔佩契（Korpetsch）的进攻是东线整场战争中德军装甲部队打得最差的仗之一，这个新的师失去了142辆坦克中的32辆（9辆Ⅱ号坦克、17辆38(t)型坦克和6辆Ⅳ号坦克），且不得不立即从前线撤走以重建其装甲团。在没有空军、炮兵、步兵以及工兵支援的情况下使用坦克完全违反了德军协同作战的原则，未能正确谋划或支援这次进攻，并因此导致了失利，是冯·曼施泰因自食其果。

科兹洛夫有能力补充自己的坦克部队，并在4月9日又用150辆坦克发动了另一次进攻，但这也未能打穿冯·曼施泰因的战线。德军第28轻步兵师的第49猎兵团获得了一些新的28毫米口径PzB 41型锥膛反坦克炮，这在克里米亚获证是一种很好的反坦克武器，一等兵艾曼努埃尔·彻尔尼克（Emanuel Czernik）用它于4月9日在70—600米距离上摧毁了7辆T–26坦克和1辆BT型坦克。[20]在驱使所部对坚固的防御工事猛攻2个月后，科兹洛夫被迫暂时停止了冲出刻赤半岛的努力。一直到5月初，他的4个旅中尚存230多辆坦克，3个独立坦克营也返回前线。然而，由于气温回暖，德国国防军打算重获主动权，这一拖延对克里米亚方面军来说是致命的。

为了准备德军在苏联的第二次夏季攻势，陆军总司令部提出了"蓝色"方案，希特勒希望在春天打两场热身仗，以消除令人棘手的苏方楔子：科兹洛夫在刻赤半岛的克里米亚方面军以及铁木辛哥在巴文科沃突出部的西南方面军。这将是真正的"闪电战"，运用经验证的"重点突破战术"规则，以装甲部队做先导、德国空军俯冲轰炸机协同的进攻模式，快速在苏联防线上撕开缺口，然后实施合围，围歼整支苏联军队。根据4月5日发布的第41号元首令，冯·曼施泰因得令首先消灭科兹洛夫所部，接着南方集团军群将与铁木辛哥交战，然后，冯·曼施泰因以占领塞瓦斯托波尔要塞为终结，完成在克里米亚的作战行动。然而，与"巴巴罗萨"不同的是，国防军不再拥有同时发动大规模进攻的人力和物力，而是必须在克里米亚和南方集团军群的集团军之间调配资源——只要进攻按计划进行且没有遇到意外，这还是有可能行得通的。

冯·曼施泰因制订了一项名为"猎鸨"的作战计划，欲以短期、高强度的突袭打垮科兹洛夫的第44、第47和第51集团军。乍一看，德军对以巴尔巴赫为中心的苏军防线实施一次成功进攻的胜算并不大。即便排除所有其他区域，冯·曼施泰因也只能集中第22装甲师、5个德国步兵师和2个半罗马尼亚师，进攻总共19个苏联师和4个坦克旅（230辆坦克）。科兹洛夫的部队进行了纵深部署。北边，弗拉基米尔·N. 利沃夫（Vladimir N. L'vov）中将领导的第51集团军以8个步兵师、3个步兵旅和2个坦克旅防守9公里的防线；而斯捷潘·I. 切尼亚克（Stepan I. Cherniak）中将的第44方面军以5个步兵师和2个坦克旅保卫黑海沿岸的南部区域。科兹洛夫以康斯坦丁·S. 科尔加诺夫（Konstantin S.

Kolganov）少将的第47方面军所属2个步兵师和1个骑兵师充当预备队。在斯大林要求迅速再尝试一次突破的压力下，科兹洛夫打算在北方发动另一场攻势，并集结了他大部分军队以执行这一计划。科兹洛夫没有预料到德国人会大干一场，因为他的部队人数较之敌人超过2∶1，而且黑海沿岸的沼泽地带似乎不利于攻击行动。此外，克里米亚方面军的苏联空军部队几个月来一直控制着克里米亚东部的天空，科兹洛夫认为苏军的空中优势将阻止德军的进攻。

然而，苏联情报机构未能侦察出冯·里希特霍芬（von Richthofen）大将的第八航空军于5月初部署到了克里米亚机场。这支精锐拥有600多架飞机，包括第1攻击机联队，配备了43架新型HS 129 B-1型对地攻击机，这型飞机装备了2门20毫米和1门30毫米航炮。冯·曼施泰因有意识地选择在最恶劣的地形上实施重点突破——即切尼亚克的第44集团军控制的南部地区。他计划在第一梯队中使用弗雷特-皮科（Fretter-Pico）中将第三十军的3个步兵师来突破苏军防线，然后将第22装甲师投入突破口扩大战果。很明显，冯·曼施泰因从3月第22装甲师的溃败中吸取了教训，这一次，他打算把自己的装甲部队作为后手，直到弗雷特-皮科的步兵在敌人的防线上开辟出一条突破走廊。冯·曼施泰因为弗雷特-皮科精心提供了打开切尼亚克防御的工具：总共57辆来自第190、第197和第249突击炮营的Ⅲ号突击炮，2个营的88毫米高射炮和来自第902突击艇特遣队的攻击艇。它们将在苏军防线后方进行两栖登陆。"猎鸨"计划很有意思，运用了德国装甲部队两种独立功能——突击炮用于支援步兵和突破，以及坦克用来扩张战果。在德军第46步兵师和罗马尼亚第七山地军用一系列佯攻困住强大的苏军右翼时，冯·曼施泰因打算粉碎其较弱的左翼，然后用第22装甲师转向北方，冲向亚速海，兜捕苏军主力。第十一集团军须严格保密以掩盖这样一个事实：超过一半的作战部队聚集在苏联防线最南端，而战线的其余部分十分空虚。

"猎鸨"行动于5月8日凌晨3时15分开始，德军对苏联第44方面军的前沿阵地进行了10分钟的炮火轰击。"斯图卡"精确的俯冲攻击帮助德国步兵仅用3个半小时就突破了切尼亚克的前两道防线，并抵达一条11米宽的反坦克壕，后者是第44方面军最后一道防线的边界。苏军不仅在这条反坦克壕的接近地埋设了地雷，还在沟里安放了钢梁，以阻止坦克。不过他们犯了一个业余错误，即如果没有火力掩护，最可怕的障碍也发挥不了什么作用。德国步兵越过壕沟，随行的工兵开始清除障碍。以388人伤亡为代价，第三十军撕开了克里米亚方面军的左翼。第44集团军派出的坦克第56旅、独立坦克第126营的98辆坦克（包括7辆KV-1坦克）姗姗来迟，对突破口地点附近的第28猎兵师发起攻击。然而，这些坦克在开阔地面上被第77俯冲轰炸机联队的"斯图卡"式俯冲轰炸机和第1攻击机联队的Hs 129 B型对地攻击机逮住，在一阵炸弹和航炮炮火中被炸成了碎片。48辆坦克被击毁，包括所有7辆KV-1坦克。

当科兹洛夫意识到第44方面军的防线崩坏情况有多严重时，德国工兵几乎已经完成反坦克壕沟的填埋工作，为第22装甲师扫清了道路。格罗代克（Groddeck）战斗群，由第22装甲侦察营、1个坦克歼击营、1个突击炮兵连和一些摩托化步兵组成，其率先向刻赤东进。切尼亚克将剩余坦克投入对德军突破口的局部反击中，这使他又损失了26辆轻型坦克。5月9日中午之后，第22装甲师的先头部队开始越过反坦克壕沟向北移动，但是突如其来的暴雨使"重点突破战术"失去了空中支援，导致这次进攻骤停。尽管苏联第51集团军司令在一次德军空袭中丧生，科兹洛夫还是成功将坦克第40旅和独立坦克第229营——共计53辆坦克，其中包括21辆KV-1坦克——调到德国装甲师的前进道路上。然而，第二天早上雨停时，德国空军很容易就发现了苏联的重型坦克并将其粉碎——11辆KV-1坦克被击毁，其他坦克被打瘫。随着苏联坦克部队被打垮，第22装甲师恢复了前进并迅速抵达亚速海，将第51方面军整个截断。科兹洛夫的最后一支坦克部队——坦克第55旅在5月10日为阻止第22装甲师发动了一次徒劳的、没有任何协同的进攻，损失了46辆坦克中的26辆，包括所有10辆KV-1坦克。此后，克里米亚方面军开始瓦解，许多部队投降，其余人马逃往刻赤指望撤离。

5月20日，冯·曼施泰因的部队占领了刻赤，并在不到2周的时间内就消灭了科兹洛夫的克里米亚方面军。德军仅伤亡3397人，苏军却有3个集团军被粉碎，17.5万人阵亡。红军损失了4个坦克旅和3个独立坦克营，共计238辆坦克，其中包括41辆KV-1坦克，而他们的对手损失只有第22装甲师的8辆坦克［1辆Ⅱ号坦克、4辆Ⅲ号坦克、3辆38(t)型坦克］和3辆突击炮。事实上，德军甚至成功找回了6辆他们在3月份遗弃后被苏军继续使用的坦克。"猎鸨"行动是一场规划细致、执行精准的进攻，近乎完美地运用了"重点突破战术"的合成战法，快速取得了决定性的成果。尽管冯·曼施泰因不得不将第22装甲师和一些德国空军部队送回南方集团军群执行哈尔科夫周边的行动，但在没有其他苏军威胁后方的情况下，他现在可以自信地减少围攻塞瓦斯托波尔要塞的兵力。

哈尔科夫的决断，1942年5月12日—28日

费多尔·冯·博克元帅于1942年1月接管南方集团军群。1942年2月以后，他就一直打算利用第六集团军和冯·克莱斯特第一装甲集团军的部分兵力发动一次钳形攻势，以截断铁木辛哥在巴文科沃突出部的军队，但他缺乏装甲部队、空中支援和后勤来实施包围行动。然而，陆军总司令部在3月份派遣了2个装甲师和3个步兵师到南方集团军群，这在一定程度上恢复了它的战斗力。4月，第41号元首令指定必须在6月"蓝色"行动开始之前夷平巴文科沃突出部，冯·博克的参谋人员制订了"腓特烈"计划，准备动用这些部队切断突出部75公里宽的颈部。根据最初的谋划，弗里德里希·保卢斯（Friedrich Paulus）装甲兵上将的第六集团军从北方主攻，而冯·克莱斯特则向马肯森集群提供第14装甲师和第60摩托化步兵师，辅攻突出部的南侧。保卢斯得到了第3和第23装甲师，他将其留在哈尔科夫附近，以做预备队。然而，即使春季天气回暖，德军后勤仍然存在问题，4月25日，马肯森的师只有0.2个消耗额度的燃料。冯·博克允许"腓特烈"计划行动日期推迟到5月，并决定让冯·曼施泰因先执行"猎鸨"行动，因为第十一集团军对后勤的需求远低于"腓特烈"计划所需。一旦冯·曼施泰因粉碎科兹洛夫的方面军，保卢斯和克莱斯特就会执行"腓特烈"计划。

冯·博克不知道的是，铁木辛哥打算在哈尔科夫附近组织攻势。尽管斯大林和红军最高统帅部预计德军将在明年夏天攻向莫斯科，但他们希望能够利用红军新组建的坦克部队在其他地域发起攻势，打破和德军的平衡状态，并从中央集团军群调出预备队。由于铁木辛哥在冬季反攻中成就最大，斯大林赞成他的提议，即在哈尔科夫组织一个大规模的双重合围，并摧毁保卢斯的第六集团军。然而，当铁木辛哥要求再增加1200辆坦克来打这一仗时，斯大林很不乐意，这表明苏军坦克资源仍然有限。替代方案是，铁木辛哥获得923辆坦克，其中只有34%是现代化的主战坦克（80辆KV-1坦克和239辆T-34坦克），还有超过21%的坦克部队由英国制造的"玛蒂尔达"Ⅱ型和"瓦伦丁"型坦克组成。铁木辛哥不仅有三分之一的坦克力量是战斗力欠佳的T-60轻型坦克，还

不得不在部分坦克旅中塞进一些老旧的BT-2和BT-5轻型坦克。事实上，铁木辛哥的19个坦克旅中只有6个是按照1942年3月10日的标准装备的（10辆KV-1坦克、20辆T-34坦克、20辆T-60坦克）。[21]这是很有意思的，因为这表明，得到高优先级的红军进攻部队只获得了KV-1坦克和T-34坦克当时月产量的三分之一，以及勉强能用的零碎，这就引出了一个问题：为什么红军最高统帅部没有为铁木辛哥提供更多的坦克？合乎逻辑的解释是，红军当时并没有获得苏联工业部门宣称生产的那么多坦克。尽管按理在1942年春天，苏联的中型/重型坦克产量与德国相比具有3∶1的优势，但铁木辛哥在哈尔科夫战场上只有2∶1的数量优势，而德国装甲部队中中型坦克的比例比苏联坦克部队高得多。此外，德军还能够在哈尔科夫部署112辆Ⅲ号J型坦克和17辆Ⅳ号F2型坦克，第一次让他们的装甲师获得了一些对抗T-34的能力。

铁木辛哥打算让第21、第28、第38集团军以哈尔科夫东部的旧萨尔托夫（Staryi Saltov）桥头堡为根据地形成一个北部钳子，南部钳子则是位于巴尔文科沃突出部内的第6集团军。突破德军战线后，第6集团军将派出一个由新的坦克第21、第23军组成的突击集群从南面席卷德国第六集团军，而北方集群将派近卫骑兵第3军从另一侧包抄哈尔科夫。铁木辛哥预计苏军的铁钳将于进攻开始后4—5天内合拢。红军最高统帅部希望铁木辛哥的哈尔科夫战役是红军在苏德战争中第一次有计划有组织的进攻，但斯大林不愿意投入资源或时间来实现这一点。

表面上看，铁木辛哥试图发动一次攻势，看起来像是1936年版《工农红军野战条令》中设想的那种大纵深作战。然而，他指定的主力——第6集团军只为其坦克准备了2.7个基数的燃料，而不是红军最高统帅部规划者指出的必须7—8个基数。西南方面军储备的燃料和弹药数量也不足以支持数天的全面进攻。[22]参与攻击的4个苏联集团军几无协同，而北翼的3个集团军也没有任命一个总指挥。不过，在谋划哈尔科夫行动时，最令人震惊的错误是关于德军部署和意图的错误信息。铁木辛哥完全没有意识到一些德军增援力量的存在，他轻率地无视保卢斯装甲预备队——第3和第23装甲师的存在，并认为其无关紧要，因为他宣称苏军的铁钳会在保卢斯有机会派遣他的装甲部队进行反击之前合围德国第六集团军。本质上，铁木辛哥的进攻计划是在后勤基础不足、指挥-控制系统不完善、敌情不明，并且假设对手是静态且缺乏机动性的情况下制订的。

当铁木辛哥的部队于5月12日6时30分攻向第六集团军时，他确实达成了一定程度的战术和战役层面的突然性。那天天气晴朗，阳光明媚，温度高达22摄氏度（71华氏度），两支攻击部队都以现代化模式开始进攻，在保卢斯防线的大部分区域进行了长达60分钟猛烈的炮火准备，随后的空袭进一步压制了德国炮兵阵地。7时30分，进攻的苏联军队派出突击集群，每个集群大约由1个步兵师和1个拥有40—45辆坦克的坦克旅组成。北翼总共有300辆坦克，南翼则派出了124辆坦克，前线德国步兵对冒出这么多坦克感到震惊。最初，苏联坦克部队被严格用于步兵支援，以帮助本方的步兵削弱德军防御阵地，后者是营级规模的支撑点。第28和第38集团军取得了相当大的成功，他们的2个突击集群由坦克第36和第90旅引领，击溃了第294步兵师的2个战斗群，并占领了涅波克里塔亚（Nepokrytaya）镇。在这一地区，德国步兵只有3门50毫米的Pak 38火炮来对抗90多辆苏联坦克，KV-1和"玛蒂尔达"Ⅱ型坦克迅速压倒了为数不多的反坦克炮，这在德国步兵中引发了罕见的"坦克恐慌"。[23]德国炮兵在涅波克里塔亚街道上与苏军进行了一场激烈的战斗，他们在开阔的视野下用105毫米l.FH18型榴弹炮开火，成功击毁了12辆"玛蒂尔达"Ⅱ型坦克，但在此过程中失去了2个炮兵营。在南翼，第6集团军集结了4个步兵师和3个坦克旅对抗2个德国步兵师，但在第一天只前进了6—8公里，德国第62步兵师和第454保安师的侧翼被包抄，但两个师都没有在苏军的火力重压下崩溃。虽然保卢斯的步兵在铁木辛哥进攻的第一天受到猛烈压制，有时表现出恐慌的迹象，但他们确实通过空间来换取时间或者驻守像捷尔诺瓦亚（Ternovaya）这样筑垒地域的方式成功避免了被消灭。

铁木辛哥认为德军不会及时投入他们的装甲预备队，这一预估在第一天就被证明是错误的。当时冯·博克命令保卢斯将第3和第23装甲师调往前线，以支援压力巨大的第十七军。这2个师都不准备立即发起逆袭，冯·博克指示保卢斯（按照德国标准，保卢斯是一名新手指挥官）在确保得到德国空军配合之前，不要进行反击。结果，第28方面军和第38方面军的突击集群于5月13日上午击溃了第294步兵师的余部，并占领哈尔科夫以西仅18公里的佩列莫加（Peremoga）。因此，12时30分，当来自第3装甲师（第6装甲团第3营和第3摩托化步兵团第1营）的施密特-奥特（Schmitt-Ott）战斗群和第23装甲师在巴布卡河（Babka river）附近袭击第38集团军的2个先头步兵师时，苏军吃了一惊。德军装甲部队在开阔地抓住了2个苏军步兵师并将其击溃，一些苏联炮兵营与德国坦克交战，但很快被打垮。令人惊讶的是，在参与反击的262辆德国坦克中，只有3辆坦克被摧毁，19辆受伤。苏联第38集团军司令愚蠢地决定将他3个参与步兵支援的坦克旅合并到坦克第22军中，以实现与德国装甲部队间的实力平衡，但这一突发的编队命令让第38集团军的步兵部队在关键时刻失去了坦克的支援。此外，坦克第22军只有22辆T–34坦克，其余的都是轻型坦克和英国坦克，1辆KV–1也没有。铁木辛哥通过调动仍在开进中的第28集团军的近卫坦克第6旅来应对德国装甲部队的反击，以增援步履蹒跚的第38集团军，从而进一步削弱北翼的钳子。铁木辛哥也开始专注于消灭被包围在捷尔诺瓦亚的德军格吕纳（Grüner）战斗群，并为此项任务投入了大量资源——之后的1944年，德国人在巴斯托涅也犯了这样的错误。

　　苏军进攻的第三天，2个德军装甲师已经把第38集团军打得失去战斗力，并击败了指挥拙劣的坦克第22军。德国空军战斗机获得了空中优势，使苏联突击集群没法得到空中近距支援。尽管如此，第28集团军仍以4个步兵师和2个坦克旅缓慢地向哈尔科夫前进，只是其侧翼越来越暴露。苏联第6集团军继续在南方击退第62步兵师，但撞上了在后方部署的第113步兵师和第244突击炮营，他们吃了一惊。5月14日，在耶夫列莫夫卡（Efremovka）镇，装甲部队的短兵相接导致9辆Ⅲ号突击炮被毁，12辆"玛蒂尔达"Ⅱ型坦克损失。[24]德国第八军在强大压力下逐渐后撤，苏联第6集团军进行了一场相对缺乏想象力的按部就班的战斗，未能充分利用其坦克部队追击撤退的德军。唯一干净利落的突破出现在第6集团军的左翼——被铁木辛哥用于第二梯队的骑兵第6军得令向克拉斯诺哥罗德（Krasnograd）前进。尽管事实上他有坦克第21军和坦克第23军的269辆坦克准备执行扩大战果的任务，但铁木辛哥希望保留这些坦克作为预备队，直到第6集团军在通往哈尔科夫的方向上实现彻底的突破。铁木辛哥墨守成规，而不是随机应变，与大多数德军高级指挥官灵活机动的指挥风格形成鲜明对比。直到5月16日，铁木辛哥才最终决定让坦克第21军和坦克第23军投入战斗，不过到那时，第3和第23装甲师的多次反攻已经完全挡住了北翼的突击部队。2个苏联攻击群都遭受了重大损失，弹药不足，也并没有真正打破德军的防御。

在北方，第3和第23装甲师于5月17日发起了一次进攻，以解救在捷尔诺瓦亚被包围的格吕纳战斗群。第28集团军派出最后的预备队近卫坦克第6旅，以阻止德军的救援工作。一场坦克大战在捷尔诺瓦亚南部打响，双方各有约100辆坦克。德军在这次战斗中损失了13辆坦克，其中包括一些新的Ⅲ号J型坦克，但他们带来的一个88毫米的高射炮营，给苏联坦克造成了重大损失。随后，来自第3装甲师的施密特–奥特战斗群和来自第23装甲师的佐尔特曼（Soltmann）战斗群继续推进，给格吕纳解了围。战斗进行到此时，德国空军的空中优势已经令苏联坦克部队寸步难行，而苏联在北方的进攻也降格成没有配合的局部战斗。5月20日，2个德国装甲师又发动了一次反击，粉碎了第28集团军，并使铁木辛哥的北翼攻势骤然终结。

随着战局的发展，冯·博克只在第六集团军的步兵承受重压的地域以时间换空间，同时重新部署冯·克莱斯特第一装甲集团军的部分兵力，以让马肯森的第三摩托化军和位于巴尔文科沃突出部南侧的第四十四摩托化军执行"腓特烈"计划。在未被苏联情报机构发现的情况下，冯·克莱斯特的部队进入了费多尔·M.哈里托诺夫（Fedor M. Kharitonov）少将第9集团军当面的阵地，后者有6个步兵师、2个坦克旅和2个反坦克团，战线拉得很长。与1941年德军的进攻不同，冯·克莱斯特为进攻部署的11个师中只有3个师是摩托化的，他只能在每个攻击轴线上动用1个装甲师进攻。5月17日下午5时50分，冯·克莱斯特发动了攻势，先是进行了大规模炮火准备，然后是"斯图卡"式俯冲轰炸机空袭，接下来是2个"重点突破"，一个由第14装甲师，另一个由第16装甲师引导。尽管有2个反坦克团，但哈里托诺夫的前沿步兵师无法抵挡德国装甲部队的凶猛冲击，在冯·克莱斯特发起进攻数小时后就被大量围歼。哈里托诺夫的司令部被德国空军轰炸，其通讯中断，失去了对部队的指挥。2个兵力不足的苏联坦克旅试图阻止冯·克莱斯特取得突破，但在巴尔文科沃附近的决胜点，即重点突破地带，红军坦克部队数量劣势超过5:1，很容易便被打败了。第一天，冯·克莱斯特的装甲部队仅以8辆坦克的代价就摧毁了第9集团军。[25]巴尔文科沃突出部的后方敞开，德国装甲部队蜂拥而入。

铁木辛哥未能注意到德军的反攻，部分要归咎于哈里托诺夫在报告其集团军遭受的灾难规模时闪烁其词。相反，他把注意力集中在第6集团军上，最终在投入坦克第21军和坦克第23军后取得一定的成功，击退了德国第113步兵师的两翼，威胁并意欲瓦解第八军的防御。格里戈里·I.库兹敏少将的坦克第21军占领了一些德国步兵阵地，但随后在里亚布希涅（Ryabukhyne）村遭到了顽强抵抗，3辆Ⅲ号突击炮和1个88毫米的高射炮营击毁了34辆苏联坦克。埃菲姆·G.普希金（Efim G. Pushkin）少将的坦克第23军取得了更大的成功，以9辆坦克的代价推进了15公里，但是一支德国生力军——第305步兵师及时赶到并阻止了一次彻底突破。尽管德国老兵经常声称，新的苏联生力军似乎总在他们的装甲部队即将取得胜利之际冒出来，但在哈尔科夫，情况完全相反。5月17日晚些时候，铁木辛哥意识到第9集团军麻烦大了，根据红军最高统帅部的建议，他决定派遣普希金的坦克第23军回头去支援哈里托诺夫的部队。突破力量转向去对付冯·克莱斯特导致第6集团军进攻的势头被打断，这类典型的作战指挥失误，在1941年—1942年间削弱了红军坦克部队的作战效能。

　　保卢斯同样担心他的第八军可能在苏联坦克部队的重击下崩溃，因此从第23装甲师中调动了冯·海德布莱克（von Heydebreck）战斗群（第201装甲团第1营）和几个88毫米高射炮营，以增援摇摇欲坠的德国步兵部队。期待已久的首批6门75毫米Pak 40反坦克火炮送抵第113步兵师，为其提供了反制KV−1和T−34坦克的手段。[26]

　　5月18日，第14和第16装甲师分割了苏联步兵和骑兵部队，冯·克莱斯特摧毁了哈里托诺夫的第9集团军。在"腓特烈"行动开始仅31小时后，德军装甲部队的矛头就已抵达顿涅茨河（Donets），并占领了伊久姆（Izyum）南部地区。巴尔文科沃突出部南侧被打入一个巨大的楔子，冯·克莱斯特的先锋与集结在突出部北侧巴拉克拉瓦附近的保卢斯突击群相距不到30公里。苏联第57集团军的左翼试图抵抗，以阻止冯·克莱斯特从后侧包抄苏军，但铁木辛哥现在不得不转移他的全部坦克军和第6集团军预备队的大部分兵力，以试图遏制德军的突破。令人难以置信的是，铁木辛哥下令第6集团军继续进攻，就好像冯·克莱斯特装甲部队的威胁只是骚扰。一旦苏联坦克军撤退，冯·海德布莱克战斗群就在博尔基附近迅速发起反攻，并在开阔地俘虏了大量的苏联步兵和炮兵，第6集团军的攻势停了下来。

眼见苏军的抵抗在瓦解，冯·克莱斯特可以在5月19日从容地重新补充他的装甲部队，并将第14、第16装甲师和第60摩托化步兵师打造成一个强大的装甲铁拳，同时他的步兵师还清剿了第9集团军的残部。铁木辛哥最终在5月19日取消了进攻，但是，他没有集结他仍然相当庞大的坦克力量来阻止冯·克莱斯特封闭巴尔文科沃突出部，而是派了2个坦克军在格鲁舍瓦哈（Grushevakha）村附近做静态防御，同时天真地打算以第57集团军的步兵和骑兵来孤立冯·克莱斯特的装甲部队。冯·克莱斯特很容易就注意到其左翼受到的威胁，并巧妙地调动胡贝的第16装甲师，在5月20日上午发动了一次突然袭击，歼灭第2骑兵军，把第57集团军打退了30公里。冯·克莱斯特随后把胡贝的师调回他的先头部队，继续向北推进，切断了巴尔文科沃突出部。5月21日，马肯森第三摩托化军在马里耶夫卡（Mar'evka）附近遭遇了顽强抵抗，普希金的坦克第23军和胡贝的第16装甲师混战一场，这是第二次哈尔科夫战役中为数不多的大规模坦克战之一，胡贝损失了21辆坦克，但成功占领了该镇，迫使苏联坦克撤退。德国空军全力出击，所有集结在一起的苏联坦克都遭到了"斯图卡"式俯冲轰炸机的无情打击，迫使许多营为求生存不得不分散，但这却更容易被聚集的德军装甲部队各个击破。随着冯·克莱斯特的坦克接二连三地通过顿涅茨河上的桥梁，苏军在巴尔文科沃突出部的后勤供应也崩溃了。冯·博克唯一的问题是保卢斯在调动第3和第23装甲师与冯·克莱斯特建立联系时显得犹豫不决。

"腓特烈"行动本应该是一个双重合围战，最终却以一个单一包围圈结束。直到5月22日，保卢斯的装甲部队才完成"腓特烈"行动，但他们迅速将苏联步兵分割包围在突出部北侧，并于5月23日与冯·克莱斯特的装甲部队会合，将苏联第6和第57集团军困在了巴尔文科沃包围圈内。

1942年5月，德军在对付被围的苏军上积累了相当丰富的经验，冯·克莱斯特迅速组织了步兵师来封锁包围圈内被困的军队，同时他的装甲部队被重新部署，以应对不可避免的苏联方面的救援和突围行动。铁木辛哥集结了一些预备队试图打穿德军包围圈，其中包括拥有美制M-3斯图尔特轻型坦克和M3"李将军"型坦克的坦克第114旅。马肯森的坦克很容易就将这些微不足道的救援行动击退了，而德军步兵则终结了苏军多次试图破围的努力。冯·博克指示冯·克莱斯特和保卢斯依靠炮兵和德国空军来清剿被困敌军，让苏军在5

月24日—28日期间饱受其苦。第6集团军、第57集团军司令都牺牲了，坦克第23军军长库兹敏也阵亡了。普希金和一个旅在包围圈封闭之前逃了出来，但他的军的其余部队全军覆没。根据苏联方面的说法，22000名士兵和6辆T-34坦克在包围圈被肃清前成功逃离，但事实上西南方面军遭遇了灾难性的失败。铁木辛哥的部队伤亡277190人，占投入部队的36%。战役中投入的1200辆坦克已经损失了775辆。库兹敏的坦克第21军全军覆没——这是第一个遭受这种命运的新编坦克军，普希金的坦克第23军也被打残了。

　　第62步兵师提供了非常有意思的例证，表明苏联坦克部队此时还没有能力冲破德军坚实的步兵防御，因为该师直接横亘在了苏联第6集团军的进攻路线上。在5月12日—24日的战斗中，第62步兵师17900名士兵共有3121人伤亡，其中591人死亡，1084人失踪。而该师声称在此期间消灭了162辆敌军坦克，并详细说明了是如何完成这一壮举的，记录表明大多数苏联坦克成了50毫米口径Pak 38火炮或者88毫米高射炮的牺牲品。[27]在哈尔科夫战役中，野战炮以直瞄射击对抗坦克的情况屡有发生，但交换比很差，只有1∶1。

苏联坦克战损例证，1942年5月

苏军被打瘫坦克数	损失原因	德军战损	交换比
61	50毫米Pak 38火炮	25门50毫米Pak火炮	2.4∶1
60	88毫米高射炮	10门88毫米高射炮	6∶1
17	105毫米Le.FH18榴弹炮	17门Le.FH18火炮	1∶1
11	Ⅲ号突击炮	3辆Ⅲ号突击炮	3.6∶1
6	37毫米Pak火炮		
4	地雷		

　　相反，轴心国部队在第二次哈尔科夫战役中伤亡3万人，没有重点单位被歼。与前一年相比，1942年的德国步兵面对苏联坦克部队时变得不那么无助了。虽然新的反坦克武器只在战役的最后阶段发挥了很小的作用，但是PzGr 40反坦克炮弹产量的增加极大地提高了Ⅲ号坦克上50毫米Pak 38火炮、50毫米火炮的战场杀伤力。这些钨芯弹在1941年供应极为匮乏，但它们现在占到了可用的50毫米口径弹药的17%—18%。[28]4个装甲师总计421辆坦克中有108辆损

失，但这只相当于月产量的三分之一，足以被弥补上。德国装甲部队在进攻中的损失大部分源自冯·克莱斯特所部，赫尔曼·布雷斯（Hermann Breith）少将的第3装甲师以损失10辆坦克（7辆Ⅲ号坦克、3辆Ⅳ号坦克）为代价，消灭了62辆敌军坦克，其中包括5辆KV-1坦克和36辆T-34坦克；冯·伯纳博格-伦斯费尔德少将的第23装甲师摧毁了260辆苏联坦克，包括15辆KV-1坦克和116辆T-34坦克，自身坦克的损失仅仅13辆。[29、30]更多的德军坦克在战斗中受损，但因为本方控制了战场，德军可以回收和修复它们。在战术层面的坦克对战中，德军证明他们可以给苏联坦克造成6∶1或更高的伤亡率，如果是在苏联坦克处于防御时，交换比可能更高。从战略上讲，夷平巴尔文科沃突出部大大缩短了德国战线，为南方集团军群启动"蓝色"方案提供了必要的预备力量。

第二次哈尔科夫战役中，德军在装甲部队的作战运用方面非常出色，就许多方面而言，德国装甲师的作战能力在这一时期达到了顶峰。每一场战斗中，装甲部队—空中支援配合都成就了一次"重点突破"，相对轻松地打穿了苏军步兵单位。装备了大量的KV-1或T-34坦克的苏联坦克部队相对难对付一些，但获得升级的Ⅲ号坦克和Ⅳ号坦克以及PzGr 40型弹药让差距正在缩小。这场战役另一个不祥的结果是冯·博克和陆军总司令部开始相信，如果得到恰当的支援，罗马尼亚军队能够守住前沿防御阵地——这一想法很快就会引来麻烦。事实上，苏联坦克部队并没有认真对付参与这场战役的4个罗马尼亚步兵师，因此它们并没有经历真正的考验。对红军最高统帅部来说，哈尔科夫战役是一个惨痛的教训，让他们认识到要想打赢进攻战，必须做好适当的情报和后勤准备，此外还要预判德军可能的应对措施。

肃清残余，6月2日—7月4日

当铁木辛哥的西南方面军因为第二次哈尔科夫战役的失利被打残时，冯·博克命令他的下属军队在6月28日"蓝色"方案开始之前，清除其分散的残余。冯·曼施泰因的第十一集团军从6月2日开始对塞瓦斯托波尔要塞实施"捕鲟"行动，使用空前数量的火炮和空中支援，摧毁苏联滨海集团军的多层防御，随后在6月7日开始地面攻势。冯·曼施泰因在战前就提出了突击炮的概念，他集结了3个拥有65辆Ⅲ号突击炮的突击炮营来支援他的步兵，但花了2周时间才突破苏方的前两道防线，打开了通道。为了清除混凝土碉堡，冯·曼施泰因还获得了威克（Weicke）的第300装甲营（无线电导），它使用无线电控制的BIV和歌利亚无线遥控爆破车来袭击苏军的防御要塞。然而，削弱塞瓦斯托波尔要塞花费的时间比预期要长，而且在冯·曼施泰因的进攻到达决定性时刻之前，德国空军大部分的空中支援都要用于其他地方。苏联方面，滨海集团军拥有独立坦克第81和第125营，共有1辆T-34坦克和37辆T-26型坦克，用于支援局部反击。冯·曼施泰因在塞瓦斯托波尔使用突击炮和无线遥控坦克，有助于德国人思考在城市战中如何使用装甲部队，而1941年，这样的情况并不多。

6月10日，保卢斯的第六集团军开始了"威尔海姆"行动，使用来自第八军的4个步兵师和冯·马肯森的第四摩托化军对旧萨尔托夫桥头堡的苏联第28集团军实施双重包围。马肯森的装甲部队第14和第16装甲师袭击了苏联第28和第38集团军的交界处，并迅速打垮了1个步兵师。在抵抗了一天后，第28集团军开始向东撤退，因为它的侧翼暴露了。红军从先前的战役——比如维亚济马—布良斯克战役中吸取了教训，其中下属的4个坦克旅进行自杀式的局部反攻，以防止德军铁钳太快合拢。然而，德军的铁钳还是在5天内就合拢了，24800名苏联军人当了俘虏，但是第28集团军的三分之二逃脱了。马肯森的军抓获了一半以上的战俘，击毁及俘获了264辆坦克，代价是伤亡4334人。[31]这场败仗之后，铁木辛哥中路的坦克部队折损得一干二净，他不得不调动坦克第13军，并要求最高统帅部预备队提供更多的坦克部队。斯大林同意将坦克第4和第16军从布良斯克方面军中调来增援铁木辛哥的西南方面军，但后者因为这么快就丢掉了如此多的坦克部队被训斥一顿。

在"威尔海姆"行动中击败了第28集团军后，冯·克莱斯特的第一装甲集团军于一周后又对第9集团军和第38集团军发起了"腓特烈Ⅱ号"行动。再一次，第三摩托化军——暂时由冯·施韦彭格指挥——达成"重点突破"，切割了敌军步兵，打响了库普扬斯克（Kupyansk）战役。胡贝的第16装甲师撞上了近卫步兵第9师，后者在近卫坦克第6旅和3个反坦克旅的支援下坚决抵抗，于6月24日—25日暂时逼停装甲部队。胡贝因敌方地雷损失了4辆坦克，但苏联军队再次选择撤退，而不是坐以待毙。到"腓特烈Ⅱ号"行动结束时，第38集团军已损失惨重，22000多名军人被俘，另有100辆坦克损失。总之，"威尔海姆"行动和"腓特烈Ⅱ号"大大消耗了西南方面军的坦克和火炮力量，进一步削弱西南方面军阻止德国主要攻势的能力。

在克里米亚，冯·曼施泰因直到6月29日才取得重大突破，打穿了塞瓦斯托波尔的最后防线。苏军设法通过海路撤离了一些军队，但最后的抵抗在7月4日被击溃。塞瓦斯托波尔的沦陷使苏军损失了11.3万人，但对冯·曼施泰因所部而言，这场胜利并不划算，他蒙受了27000名德军和8454名罗马尼亚军的伤亡。[32]在塞瓦斯托波尔，装甲部队只起到辅助作用，但如果没有突击炮营，德军将无法以可承受的代价攻破苏军防线。一些历史学家暗示，由于苏联拥有更大的物力资源和工业产出，红军的损失在某种程度上并不真正重要，因为它们是可以弥补的，但轴心国的损失不太可能得到补充。总而言之，这一言论认为红军是最适合去赢得一场消耗战的，而德军的成功则基本是无意义的胜利。但是，苏军的损失并非无足轻重，当它们像1941年—1942年那样突然大规模发生时，往往会为德军后续战役层面上的成功提供必要条件。在5月10日—7月4日短短8周时间里，南方集团军群成功包围并摧毁了克里米亚和乌克兰东部9个苏联集团军的主力，造成61.2万人伤亡，坦克损失1400辆。冯·博克的下属军队以损失德军67000人、坦克和突击炮140辆的代价取得了这些胜利，人员交换率为9∶1，装甲部队交换率为10∶1。这些一边倒的损失将战略主动权交还给了德国国防军，为希特勒计划的"蓝色"方案奠定了基础。

随着夏季的临近，德军的后勤状况有了很大改善，陆军总司令部将大部分可用的新武器、燃料和弹药都投入到冯·博克的南方集团军群中。南方集团军群的军需官在斯大林诺（Stalino）建立了一个大型燃料仓库，其附属补给点紧挨着德军战线。[33]6月7日—19日，南方集团军群获得了相当数量的新型反坦克武器，其中包括48辆"貂"Ⅱ和12辆"貂"Ⅲ型坦克歼击车（装备苏制的76.2毫米反坦克炮）、90门新的75毫米Pak 40反坦克炮（每门大炮只有20发弹药）、160门75毫米Pak 97/38火炮（每门大炮只有35发弹药）和144门42毫米Pak 41火炮。德国装甲力量得到了部分补充，超过400辆Ⅲ号J型坦克和100辆Ⅳ号F2型坦克由德国铁路运抵，许多先前受损的坦克也得到了修复。6月21日，所有的"摩托化军"被重组为"装甲军"。

为即将启动的"蓝色"方案，南方集团军群组建了2个主要的装甲打击集群：冯·克莱斯特第一装甲集团军，领导第三和第十四装甲军；赫尔曼·霍特大将的第四装甲集团军，指挥第二十四和第四十八装甲军。而施图姆的第四十装甲军隶属于保卢斯的第六集团军，基希纳（Kirchner）的第五十七装甲军为预备队，由冯·博克直接掌握。总而言之，南方集团军群为"蓝色"方案设法集结了9个装甲师和6个摩托化步兵师，统共1582辆坦克。冯·博克获得了46个装甲营中的32个和21个突击炮营中的13个，约占德军东线可用装甲力量的70%，包括几乎所有可用的新型的Ⅲ号坦克与Ⅳ号坦克。在苏联的其他德国军队仅保留了最低限度的装甲支援力量——北方集团军群只有200—220辆坦克和突击炮，中央集团军群的数量是650辆。与1941年不同的是，国防军缺乏在东线多个地区发起攻势的资源，因此不得不在三分之二的战线转入长期防御。7月1日，东线德军装甲部队恢复为一支拥有2200多辆坦克和400辆突击炮的力量，这是一个小小的奇迹，但将主力攻向一个目标的这一举动，如果出现问题，可能会造成灾难性的后果。与1941年一样，国防军在执行"蓝色"方案进行深远纵深的机动作战时，并没有可观的预备队。

德国装甲部队在东线的部署，1942年6月

	北方集团军群	中央集团军群	南方集团军群	合计
装甲师	2	8	9	19
摩托化步兵师	3	4	6	13
装甲营	5	9	32	46
突击炮营	3	5	13	21
合计	150	544	1582	2276

德国装甲力量在1942年初有所恢复的另一个重要因素是，Sd.Kfz.251型半履带装甲车的产量增加了两倍，其中包括1942年3月—6月期间生产的350多辆。德军装甲师中配备Sd.Kfz.251型半履带装甲车的摩托化步兵营的数量从1941年的仅仅3个增加到1942年的12个，这显著提高了德军合成部队中的步兵、迫击炮排和工兵的战术机动性。例如，霍特第四装甲集团军的第9装甲师就在"蓝色"方案开始前获得了85辆半履带装甲车。[34]

苏联的坦克力量在5月—6月间急剧增加，第1个坦克集团军——尽管番号是坦克第3集团军——于5月25日在图拉组建。6月，坦克第5集团军开始在莫斯科附近创立。坦克集团军作为突破部队，将会被红军用来对付德军的装甲集团军，以在敌军战线上打开重点突破口，然后深入后方瓦解敌人。1942年，通过创建4个坦克集团军中的前2个，红军最高统帅部已做好准备，将坦克力量从严格用于步兵支援转向允许其进行更多的机动和独立作战上。然而，坦克集团军有效的火炮支援却几近于无——只有1个团的BM-8/13多管火箭炮，而且还缺乏德国装甲集团军的合成作战架构。最初提供给坦克集团军的装备也与1942年中期提供给其他苏联坦克单位的没有任何不同。坦克第5集团军有439辆坦克，其中只有50辆KV-1坦克和132辆T-34坦克（占42%），其余由88辆"玛蒂尔达"Ⅱ型坦克和159辆T-60坦克组成。把移动缓慢、短射程的"玛蒂尔达"Ⅱ型坦克分配给坦克集团军，这给大纵深作战带来了问题。

苏联坦克部队在东线的部署，1942年6月

方面军	坦克集团军	坦克军	坦克旅	独立坦克营	坦克总数
列宁格勒方面军			3	2	185
沃尔霍夫方面军			6	5	400
西北方面军			5	12	525
加里宁方面军		1	12	6	840
西方面军		6	16	4	1720
莫斯科军区			14	26	1280
布良斯克方面军	1	7	11		1640
西南方面军		4	11	4	1100
南方面军			5	2	275
斯大林格勒方面军			8		360
北高加索方面军			3	2	150
最高统帅部预备队	1	1	3		480
其他		2			300
合计	2	22	98	63	9260

　　7月初，苏联的工业产出让红军获得了相对于东线的德国装甲部队3.4：1的总体数量优势，尽管红军最高统帅部没有意识到这一点。苏联情报机构在1942年大大高估了德国坦克的产量——超出实际近400%，认为德国人制造的坦克几乎和苏联一样多，因此红军领导人并没有指望在坦克上获得巨大的数量优势。[35]苏联现有的坦克部队中大约48%是由KV-1和T-34组成的，这些坦克仍然优于大多数德国坦克；有12%的坦克是外国制造的（"玛蒂尔达"Ⅱ型坦克、"瓦伦丁"型坦克、"斯图亚特"型坦克、"李将军"型坦克）；其余40%则是几乎无用的T-60轻型坦克。由于斯大林确信德军会再次试图占领莫斯科，红军的9100辆坦克中有三分之一集结在莫斯科周围，归属朱可夫的西方面军，或在附近作为预备队。朱可夫认为，德军最有可能从南方长驱直入打进莫斯科，正如古德里安所尝试的那样。因此，罗科索夫斯基的布良斯克方面军也装备了数量异常庞大的坦克部队——超过1500辆坦克，以及2个新的坦克集团军中的1个。红军最高统帅部预计1942年主要的坦克战将在东线中部进行，而朱可夫、科涅夫和罗科索夫斯基拥有的坦克相对德国中央集团军群消耗殆尽的装甲力量，局部上几乎有8：1的优势。其他地方，铁木辛哥在西南方面军的坦克部队从5月—6月的失败中迅速恢复过来，但他们还是打不过南方集团军群集结起来的装甲部队。苏联的其余战线，从北方的列宁格勒-旧卢萨到南方的罗斯托夫之间，坦克数量应付步兵支援任务是足够的，但不具备大规模进攻的能力。同样有意思的是，超过四分之一的红军可运作的坦克力量——约2400辆都被当做预备队，此时甚至不在前线。相比之下，国防军在东线或西线没有可观的装甲预备队，一切都被推到了第一线。

"蓝色"方案：霍特向沃罗涅日的推进，6月28日—7月15日

　　在4月发布的"第41号元首令"中，希特勒明确指出，夏季攻势的主要目的是"消灭苏军残存的全部防御潜力，并尽可能切断他们与最重要的军工中心的联系"。[36]尽管希特勒想在下一场夏季大攻势中尽可能地摧毁南俄红军，但他的主要目标是确保拿下高加索地区的油田，这对德军的战争行动至关重要。在这方面，希特勒是正确的。1941年，长期的燃料短缺大大削弱了德国空军和装甲部队的战斗力，夺取苏联的油田可以解决这个问题，同时也有助于断绝红

军的燃料来源。在迈科普（Maikop）、格罗兹尼（Grozny）和巴库（Baku）附近的3个油田为苏联产出了82%的原油。如果没有这些石油，红军将失去以坦克和空军部队进行持续的大规模进攻的能力。[37]因此，"蓝色"方案其实是一场石油争夺战，胜利的衡量标准就是拿下特定的地理目标，而不是一场没有明确结局、随心所欲的机动战。在某种程度上，希特勒和陆军总司令部认识到，在根据现有资源量身定制的作战行动中使用装甲部队会获得更好的效果，可以避免持续作战引起的装甲师战斗力下降。"蓝色"方案基于多阶段作战的想法，将所有可用部队同时投入了同一个目标。与德国国防军在1941年取得的成就相比，夏季攻势所选目标的距离似乎并不合理。1942年6月，德军第六集团军前线阵地到斯大林格勒和伏尔加河有500公里之遥；从冯·克莱斯特在米乌斯河的战线至高加索油田，到迈科普的距离为350公里，到格罗兹尼的距离为700公里，到巴库的距离为1000多公里。鉴于这3个月天气良好，这些距离对于装甲部队来说似乎并非遥不可及。

"蓝色"方案的第一个目标是让霍特的第四装甲集团军以大规模装甲战粉碎菲利普·I. 戈利科夫（Filipp I. Golikov）中将布良斯克方面军的左翼，然后向东挺进，占领位于顿河附近拥有326000人口的沃罗涅日市。[38]一旦沃罗涅日被占领，霍特就会转向南方，与保卢斯的第六集团军和冯·克莱斯特的第一装甲集团军一起对铁木辛哥的西南方面军进行双重包围。"蓝色"方案的基本行动计划与"台风"中维亚济马—布良斯克战役相似，但前提是红军会像1941年那样固守死拼。霍特在库尔斯克东部集结了他的第二十四和第四十八装甲军，当面为布良斯克方面军的苏联第40集团军。霍特选择了蒂姆（Tim）镇以北地区——苏联第13集团军和第40集团军的交界处，以他的2个军执行重点突破。这次进攻于6月28日上午开始，进行了30分钟的炮火准备，随后德国空军对敌军后方地区的目标进行了空袭。那天温暖、多云，非常适合闪电战。尽管苏军的步兵师或旅已进行了两重的纵深防御，但霍特的装甲部队还是毫不费力地突破了防线。第二十四装甲军派出第11装甲师攻击第13集团军的步兵第143师，第9装甲师对付第40集团军的步兵第121师。这2个苏军师都是战前组建的老部队，但在面对近300辆坦克进攻时，仍然缺乏防御火力。遭受了惨重损失后，他们撤退了，但并未被歼灭，等待改日再战。在第四十八装甲军第24装甲师进攻通道上的步兵第212师就没那么幸运了，很快就被压制遭到歼灭。配备80毫米口径迫击炮的Sd.Kfz.251/2型半履带装甲车获证在这种快速机动作战行动中特别有用，装甲营因此要求提供高爆弹或烟雾弹来压制村庄里的敌军据点。约翰尼斯·拜斯勒（Johannes Baeßler）中将的第9装甲师迅速夺取了蒂姆河上的一座铁路桥，令装甲部队能够在第一天向前推进20公里，但下一座克申河（Kshen River）上的桥梁被撤退的苏军摧毁了。在其首次战斗中，冯·豪恩席尔德中将的第24装甲师第一天表现非常出色，前进了30多公里。

　　取得最初的突破后，霍特的装甲部队展开成一个巨大的钢铁楔子，第9、第11和第24装甲师做矛头，紧随其后的是第3和第16摩托化步兵师以及"大德意志"摩托化步兵师。6月29日—30日的大雨让其放慢了脚步，但德国装甲部队继续前行。戈利科夫的反应并不迟缓，他迅速命令第40集团军的2个坦克旅迟滞霍特的推进，同时命令米哈伊尔·E.卡图科夫少将的坦克第1军和米哈伊尔·I.帕维尔金（Mikhail I. Pavelkin）少将的坦克第16军在克申河挡住霍特。因为担心霍特的进攻意味着向莫斯科的新攻势将从西南发起——正如古德里安去年所做的那样，红军最高统帅部于6月28日—29日夜间命令铁木辛哥派遣坦克第4和第24军增援戈利科夫摇摇欲坠的左翼。尽管一些苏军步兵部队在霍特坦克的压力下节节后退，但是斯大林还是驳回了戈利科夫允许其第13和第40集团军撤退以避免被包围的请求，并要求尽快进行大规模装甲反击。在"蓝色"方案的头几天，经过重组的双方装甲部队就进行了较量，彼此也算考验了对方的实力。

　　尽管下着雨，装甲兵上将鲁道夫·维利尔（Rudolf Veiel）还是在6月29日前进了30公里。第24装甲师成功占领了第40集团军的指挥所，致使苏联指挥和控制系统进一步恶化。与此同时，卡图科夫的坦克第1军从利夫内（Livny）向第二十四装甲军的左翼逼近，同时帕维尔金的坦克第16军自东边进行策应，位于德军左翼的赫尔曼·巴尔克（Hermann Balck）装甲兵上将的第11装甲师即将面临被2个猛冲过来的苏联坦克军挤压的局面。然而，尽管战术形势有利且有2:1的数量优势，于6月29日晚些时候过早进行的坦克战对红军来说仍是一场灾难。巴尔克的师有110辆改进的Ⅲ号J型坦克和12辆Ⅳ号F2型坦克，并为马克斯·罗特（Max Roth）中校的第15装甲团加强了88毫米高射炮。帕维尔金

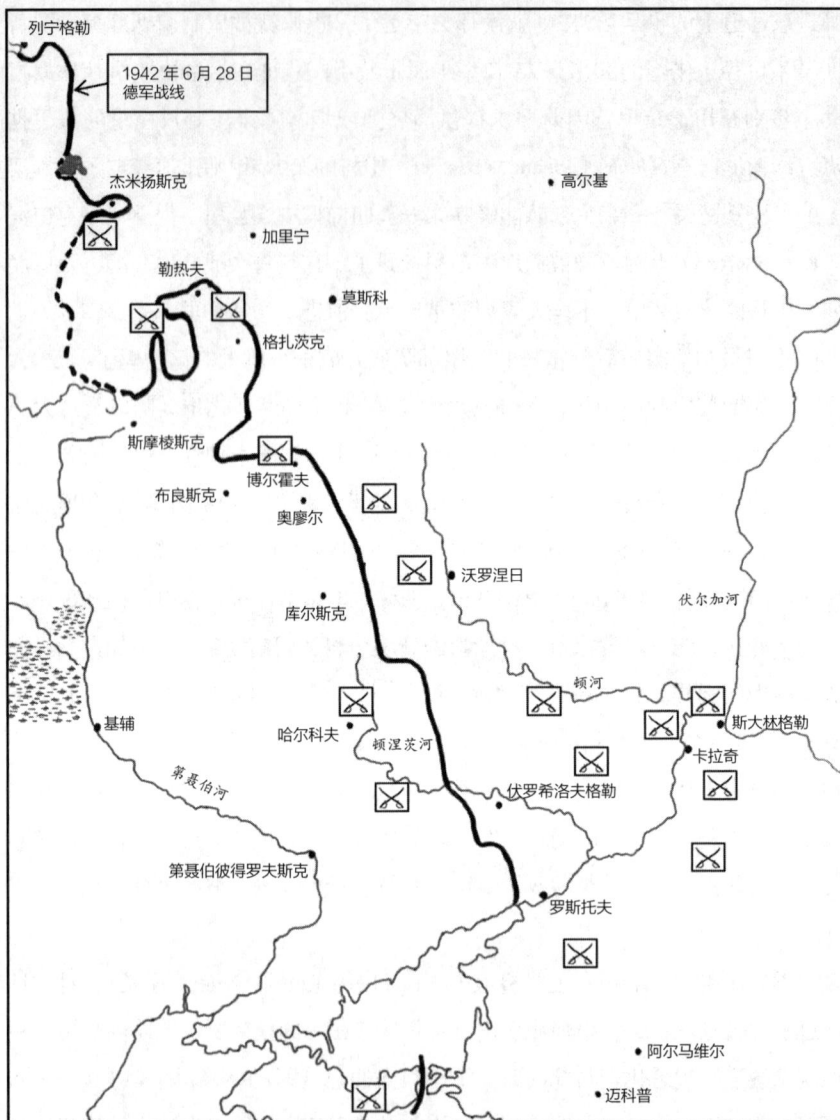

概述——1942 年 6 月 28 日的战线、德军目标、1942 年东线主要坦克战

只派出了3个坦克旅中的2个，而且指挥拙劣，两天时间内就损失了大约80辆坦克，包括大部分KV-1。由于2个苏联坦克军没有协同，巴尔克能做到先应对帕维尔金，再对付卡图科夫。尽管卡图科夫在回忆录中否认了这一点，但他

的军确实打了一场遭遇战，而且显然是撞上了一次精心策划的反坦克伏击。[39]沃洛沃（Volovo）周围的地形是开阔的农田，为巴尔克的部队提供了极好的露天观测与射击的场所。卡图科夫的军以亚历山大·F.布尔达少校的营为先锋前进——这是1942年红军中一些经验最丰富、技术最熟练的坦克手。突然，布尔达的营被猛烈的坦克和反坦克火力覆盖——新的Ⅳ号F2型坦克能够在1000—1200米的距离有效地与T–34对抗，这让他们吃了一惊。隐藏在高高的草丛中，Ⅲ号J型坦克和Ⅳ号F2型坦克有条不紊地屠戮了布尔达的战车，而T–34则难以定位德军坦克。苏军坦克手并没有预料到或准备好打一场远程炮战，牺牲人员中包括伊万·T.柳布什金，他曾因在明斯克战役中击毁5辆德军坦克而被授予"苏联英雄"称号，但现在只是一辆燃烧的T–34中的遇难者。在救出幸存者之后，卡图科夫带领所部撤退，并中断了反击行动。

戈利科夫试图在沃罗涅日以西70公里处的奥利姆河（Olym）后面的卡斯托尔诺耶（Kastornoye）停下，他派遣伊万·P.柯察金（Ivan P. Korchagin）少将的坦克第17军以坦克第115、第116旅短暂地挡住了第二十四装甲军。坦克第4和第16军的部队也在附近。红军坦克兵总司令雅科夫·N.费多连科中将作为红军最高统帅部的代表抵达沃罗涅日，以协调装甲反击。斯大林从莫斯科敦促戈利科夫粉碎德军的突破，他指出戈利科夫在霍特和沃罗涅日之间有1000辆坦克，与不到500辆的德军坦克对峙。然而，事实证明，新的苏联坦克军的指挥员及全体参谋都无法有效地掌控自己的下属及与友邻部队进行协调。前往卡斯托尔诺耶的行动中，柯察金的参谋没有准备足够的燃料，影响了其战术机动性。霍特没有直接进攻被德国空军发现的大批苏联装甲部队，而是使用机动战术，派遣第11装甲师绕过卡斯托尔诺耶向北，派遣第9装甲师往南。柯察金被德军的机动策略搞糊涂了，没有做出反应，导致他的军被打得一败涂地；坦克第17军在几天内损失了141辆坦克，并在混乱中撤退。"大德意志"装甲营经历了一场战火洗礼，其Ⅳ号F2型坦克在卡斯托尔诺耶附近的坦克小规模战斗中击毁了16辆T–34坦克。[40]坦克第116旅中的一名T–34无线电操作员，彼得·I.基里琴科（Petr I. Kirichenko）当时就在被击中的坦克内：

一枚炮弹击中了炮塔，坦克里充满了烟雾。车长的一只手臂被炸掉了，半边身子被撕碎。他疼得尖叫起来，实在瘆人。我们试图用绷带包扎伤口，却没能帮到他。他失血过多，很快就死在坦克里。[41]

同样地，瓦西里·A. 米舒林少将的坦克第4军也试图在格列舍奇诺耶（Goreshechnoe）附近封锁第四十八装甲军的前进道路，但被第24装甲师击退。戈利科夫的坦克反击是一场灾难，仅对霍特的第四装甲集团军造成24小时延迟，却导致4个坦克军遭到重创。

6月30日，保卢斯的第六集团军袭击了保护铁木辛哥西南方面军右翼的第21集团军，德军的进攻规模进一步扩大。施图姆的第四十装甲军用第3和第23装甲师进攻第21集团军的战线，而第六集团军则用2个步兵军攻击他的左翼。冯·伯纳博格-伦斯费尔德中将的第23装甲师以冯·博登豪森（von Bodenhausen）战斗群（第201装甲团第1、第2营，第128摩托化步兵团）和穆勒（Muller）战斗群（第201装甲团第2营，第126摩托化步兵团）实施施图姆的"重点突破"，取东北方向往新奥斯科尔（Novy Oskol）挺进，他们打算在那里与第四十八装甲军会合，完成对第21集团军和第40集团军主力的合围。短暂的炮火准备后，这2个相隔约4公里的德军战斗群开始行动，但很快就遇到了麻烦。穆勒战斗群撞上地雷和反坦克炮火，前进速度变得很慢；冯·博登豪森战斗群在格列舍奇诺耶（Nesternoye）村外遇到了一片雷区，这一雷区被反坦克炮与下沉掩体内T-34坦克的炮火所覆盖。以往的战斗中，红军常常疏于对障碍物的火力保护，但这次，他们表现出的技巧有所提升。5辆德国坦克被炸瘫，而第201装甲团第1营的坦克进行了一场不对等的远程炮战，在2个小时内耗尽了所有的弹药。最终，冯·博登豪森战斗群绕着地雷机动，并将1个苏联步兵营赶出格列舍奇诺耶村，但因为时间拖太久了，第201装甲团团长卡尔-奥古斯特·波哈特（Karl-August Pochat）上校没有清扫侧翼，就命令继续前进。当前往下一个村庄捷格加夫诺耶（Degtyavnoye）时，冯·博登豪森战斗群被苏军隐蔽的大炮和反坦克炮从侧翼开火击中。在其坦克指挥车内指挥的波哈特上校被弹片击毙，其他坦克也被打瘫。尽管如此，冯·博登豪森战斗群仍继续对由另一个苏联步兵营控制的捷格加夫诺耶村发起攻击，后者在更多的雷区后掘壕固守，并得到反坦克炮、大炮和T-34坦克的有力支援。在捷格加夫

1942年6月28日—7月6日在沃罗涅日以西的坦克战斗：霍特的第四装甲集团军对抗多个苏联坦克军

诺耶村的对手表现得更强悍，直到"斯图卡"式俯冲轰炸机轰炸了村庄、穆勒战斗群赶来增援，他们才被击败。然而，第201装甲团第1营营长格奥尔格-海宁·冯·海德布莱克（Georg-Henning von Heydebreck）中校在争夺村庄的战斗中负伤，另有5辆坦克损失。[42]意识到第23装甲师遭到了极其坚决的反抗，施图姆决定在12时停止进攻，以让这一区域的2个装甲战斗群获得补给，并向这一地带提供更多的火力支援。随着夜幕降临，公路上新一轮的进攻开始了，德军的先头部队在希罗提诺（Ssirotino）撞上了一个苏军据点并被其击溃，损失了更多的坦克。前来支援的T-34坦克利用反斜面防御阵地，在德军还击之前突然冒出来开火，然后撤退——苏联坦克手们正在边打边学。同样，第四十装甲军右翼的第3装甲师面对苏联近卫步兵第15师和巴达诺夫坦克第24军一部，进展也很缓慢。

尽管第23装甲师在第一天就前进了11公里，并打穿了第21集团军的第一道防线，但还是没有取得突破。在晴好的天气下，苏军第一次成功挡住了德军的重点突破，包括坦克以及俯冲轰炸机近距空中支援，并给敌造成了严重损失。在战斗的第一天，第23装甲师10辆坦克被摧毁，另外50辆坦克受损，同时阵亡了1名装甲团团长、1名营长、2名连长和几名排长。德军的进攻如同在大道上行军，没有做到战术上的出其不意，而苏军已布下了大量的地雷。更雪上加霜的是，第23装甲师对敌军造成的伤害微乎其微，后者只是在夜间退回了第二道防线。

7月1日，第23装甲师再次试图突袭苏军在希罗提诺的据点，但再次被击退，此后他们被迫采取侧翼机动。最终，穆勒战斗群包抄了苏军阵地并成功地在侧翼开火，击毁了4辆T-34坦克，致使苏联坦克旅撤退到几公里外的下一个防御阵地。这一过程在当天剩余时间里不断重复，苏联人迫使第23装甲师进行耗费时间的侧翼机动。到当天结束时，第23装甲师又前进了8公里，但真正的突破发生在他们的左翼，在那里，第八军的步兵席卷了第21集团军的右翼。奇怪的是，在第六集团军的战区，打先锋的是步兵，而装甲部队不得不向步兵请求支援。事实上第八军包抄第21集团军的速度如此之快，以至彼得·E.舒罗夫（Petr E. Shurov）少将的坦克第13军被派去反击第六集团军的步兵师，而不是施图姆停滞不前的装甲部队。舒罗夫被认为是一名优秀的坦克教练员，6周前他还是斯大林格勒坦克训练基地的领导，他率部在切尔尼扬卡（Chernyanka）附近攻击了试图渡过奥斯科尔河（Oskol River）的德国第305和第376步兵师。令人惊讶的是，步兵师的反坦克炮强大到足以击退进攻，干掉数十辆苏联坦克。舒罗夫被炮火击中，身负重伤。德国步兵师可以在没有装甲部队支援的情况下击败苏联坦克军，这一事实充分说明了新编成的苏联坦克部队的脆弱性。在击退坦克第13军之后，第八军于次日抵达旧奥斯科尔（Stary Oskol），并与第四十八装甲军会合。然而，红军最高统帅部已经批准第21和第40集团军逃离正在形成的包围圈，所以这一机动未能歼灭任何苏军重兵集团。

7月3日，苏军在奥利姆河和沃罗涅日之间的抵抗被挫败，被击败的坦克第17军渡过顿河向东撤退。而巴尔克的第11装甲师在第二集团军一些步兵的帮助下，击退了坦克第1和第16军，霍特将其余的装甲部队向东派往沃罗涅日。"大德意志"师于7月4日19时30分成功夺取了一座完整的横跨顿河的桥梁，第24装甲师于次日早晨在顿河占据了2个桥头堡。红军又一次没有留下任何部队来防卫这么一座大城市，第24装甲师于7月6日进入沃罗涅日。伊万·D. 切尔尼亚霍夫斯基少将的坦克第18军及时抵达，在市中心爆发了战斗，但很快坦克第180和第181旅就失去了116辆坦克。[43]在沃罗涅日拍摄的德国影像资料中有许多完整的T–34成队排列，这表明很多坦克手因担心被推进的德军切断退路，放弃了他们的坦克。再一次，德国坦克以奇袭方式占领了俄国一座大城市。然而，德军这次占领沃罗涅日仅仅是为了保护向伏尔加河前进的南方集团军群的左翼，他们无意横跨顿河向东发展，尽管现在在布良斯克方面军和西南方面军中间出现了一个巨大的缺口。

甚至在沃罗涅日沦陷之前，斯大林就向戈利科夫施压，要求其主要的坦克预备队——亚历山大·I. 利久科夫（Aleksandr I. Liziukov）少将的坦克第5集团军进攻向顿河前进的霍特的侧翼。红军最高统帅部迅速从加里宁方面军调来帕维尔·A. 罗特米斯特罗夫少将的坦克第7军，与驻扎在伊力特铁路终点站的利久科夫的坦克第5军合兵一处。事实上，罗特米斯特罗夫的部队是第一个到达进攻发起地的，而安德烈·G. 克拉夫琴科（Andrei G. Kravchenko）少将的坦克第2军和阿列克谢·F. 波波夫（Aleksei F. Popov）少将的坦克第11军进入阵地的速度要慢一些。尽管没有大炮或空中支援，而且9个坦克旅中只有2个做好了进攻准备，利久科夫还是命令于7月6日6时开始反击。因此，苏联坦克集团军在第二次世界大战中发起的第一次攻势并不是精心策划的行动，而是将部队零打碎敲地投入战斗的遭遇战。

第二十四装甲军军长冯·朗格曼（Von Langermann）已在数日前注意到苏联坦克部队的到来，他转移了第9和第11装甲师以保护第四装甲集团军在大波利亚纳（Bolshoy Polyana）附近的左翼。朗格曼也有时间与友邻的第十三军进行协同，后者在苏联坦克部队来袭的方向建立了一道坚固的防线。尽管如此，罗特米斯特罗夫的2个坦克旅还是成功地打退了第11装甲师的掩护部队，并推进了10公里，一直打到科比利亚—斯诺瓦河（Kobylia Snova）后德军防御主阵地前。7月7日，波波夫的一个坦克旅赶到，但第9装甲师介入了战斗并声称击毁61辆坦克，这阻止了罗特米斯特罗夫的前进。直到7月8日，波波夫才让他的其余部队参战，第7和第11军迫使第9和第11装甲师向苏哈亚—韦列伊卡河（Sukhaia Vereika）撤退了6公里。7月9日—10日，双方沿河激战，约有260辆苏军坦克与200辆德军坦克对峙。尽管最初被苏联坦克部队的攻击力量吓了一跳，但德军逐渐占据了上风，因为其空中优势使德军能够无情地以"斯图卡"式俯冲轰炸机空袭苏军。缺乏有效的炮兵支援，苏联坦克军也难以压制隐蔽在高大草丛中的德国反坦克炮。7月12日，第11装甲师发起了一次大反攻，击溃了坦克第2和第7军，这一卓有成效的行动使坦克第5集团军的逆袭以耻辱的方式收场。7月6日—15日，利久科夫的坦克第5集团军伤亡近8000人，341辆坦克被毁，其中包括130辆T-34坦克、58辆KV-1坦克、51辆"玛蒂尔达"Ⅱ型坦克。坦克第5集团军只余27%的坦克在反击战结束后仍可运作，其中一半是T-60轻型坦克。相比之下，第9装甲师自"蓝色"方案开始以来只损失了39辆坦克（2辆Ⅱ号坦克、28辆Ⅲ号坦克、9辆Ⅳ号坦克），并且仍有94辆坦克可以作战。

霍特抵达沃罗涅日就装甲部队而言是一个重大胜利，顿河沿岸的重要地带被其夺取了。虽然没有苏军主力部队被包围歼灭，但苏联的10个坦克军在战斗中被重创，他们拙劣的表现证明，红军还没有能力与德国国防军进行堂堂正正的大规模坦克战。由于苏军作战计划不严谨，即使是苏联最好的坦克指挥员，卡图科夫和罗特米斯特罗夫，他们的表现也非常平庸。因为德军占领了沃罗涅日，红军最高统帅部组建了沃罗涅日方面军，以控制顿河沿岸区域。随着沃罗涅日周边战役的结束，希特勒和陆军总司令部开始实施下一阶段的夏季攻势。为了在斯大林格勒和高加索地区分别夺取目标，南方集团军群被分成2个较小的集群：A集团军群和B集团军群。冯·博克将指挥B集团军群，包括霍特的第四装甲集团军和第二集团军，以及匈牙利第二集团军、罗马尼亚第三集团军和意大利第八集团军；威尔海姆·李斯特（Wilhelm List）元帅指挥A集团军群，其中包括冯·克莱斯特的第一装甲集团军和保卢斯的第六集团军。然而，希特勒希望霍特的第四装甲集团军在攻占沃罗涅日后立即南下，以支援向斯大林格勒前进的第6集团军，但由于坦克第5集团军的反攻，冯·博克不愿放走所有的装甲部队。霍特和冯·博克达成妥协，将第四十八装甲军派往南方，但要让第二十四装甲军与利久科夫的坦克部队再打一周。希特勒对冯·博克的故意拖延越来越恼火，这种拖沓站在战术角度是合理的，但恐怕会打乱德军的战役方案。最后，希特勒于7月15日解除了冯·博克的指挥权，并将第二集团军司令官马克西米利安·冯·魏克斯（Freiherr Maximilian von Weichs）大将提升为B集团军群的司令官。因此，利久科夫的坦克反击产生了意想不到的后果，因为被拖住的第四装甲集团军迟迟未能及时支援对斯大林格勒的进攻，导致德军未能像在沃罗涅日那样，通过奇袭夺取这个城市。

冯·克莱斯特的装甲部队为石油前进，7月9日—9月6日

　　冯·克莱斯特的第一装甲集团军已在顿涅茨河后方待命，与此同时，霍特的装甲部队大败布良斯克方面军和西南方面军。当冯·克莱斯特于7月9日黎明发动进攻时，西南方面军已经乱了套，其左翼在第六集团军第四十装甲军的重击下撤退。冯·克莱斯特派出他的第三和第十四装甲军，以第14、第16和第22装甲师一线排开，对科兹洛夫第3集团军的4个步兵师进行了正面进攻。科兹洛夫只有一个拥有46辆坦克的坦克旅来对抗克莱斯特的330辆坦克，所以苏军撤退了，而非像以前那样死守直至被围歼。第十七集团军于7月11日加入进攻，缓慢地将南方面军推向罗斯托夫。在这一时刻，由于沃罗涅日和亚速海之间的整个苏联战线出现了动摇，希特勒发布"第43号元首令"，对"蓝色"方

案作战计划做出一个判断失当的改动：霍特的装甲部队被转移到A集团军群以攻入高加索地区，而不是支援在斯大林格勒的第六集团军。

6天之内，马肯森的第三装甲军兜了一个巨大的圈子，转向东南，并最终抵达第12和第37集团军的后方。苏联第12集团军被迫放弃伏罗希洛夫格勒（Voroshilovgrad），匆忙撤离以防被包围。来自霍特第四装甲集团军的维利尔第四十八装甲军和冯·克莱斯特的军合兵一处，庞大的钢铁洪流往东南方向滚滚而去，南方面军全线后撤。每个德国摩托化步兵师都得到了自身装甲营的增援，在一次追击行动中证明了其价值："大德意志"师和第16、第29摩托化步兵师赶在装甲师前面，于7月17日在罗斯托夫以东抵达顿河。当这一切发生时，南方面军就通过罗斯托夫退却，只留下第56集团军的一部分来保卫这个城市。装甲兵上将弗里德里希·基希纳的基希纳集群（第五十七装甲军和第四十四山地军）在此之前一直处于观望状态，7月21日，他们前进了30公里，与第13装甲师、党卫军"维京"师和3个步兵师从西面接近罗斯托夫。这次行动也是武装党卫军装甲部队在东线的首次战斗，党卫军少校约翰尼斯–鲁道夫·穆伦坎普（Johannes–Rudolf Mühlenkamp）率领的党卫军第5装甲营率先进入罗斯托夫。同时，马肯森的第三装甲军也从北方向罗斯托夫挺进——4个德国摩托化师封锁了这座城市。3道反坦克壕沟和地雷虽然能减缓，但并不能阻止德军装甲部队入城。隶属于第13装甲师的勃兰登堡渗透部队的1个连，协助占领了城内的要地。7月22日—23日，党卫军"维京"师和第13装甲师一路打进罗斯托夫城西，那里已成了火海，浓烟滚滚。苏军进行了掩护撤退的战斗，使得南方面军剩余坦克部队得以逃过顿河。这是德国装甲部队第一次卷入激烈的城市战，战斗中装甲部队指挥官们害怕苏军狙击手的威胁而不敢将头伸出炮塔。大多数街道都被障碍物堵塞，这严重限制了装甲营的战术机动性。几个抵抗中心，比如苏联内务人民委员部大楼，需要步坦紧密配合才能拿下。一场激战后，大多数苏军后卫部队于7月24日—25日夜间撤过顿河，而在罗斯托夫的清剿一直持续到7月27日。[44]

尽管占领了罗斯托夫，但如果第56集团军炸毁位于巴泰斯克（Bataysk）的顿河干线铁路桥梁，冯·克莱斯特的装甲部队就不能进抵高加索油田。如果没有横跨顿河的铁路桥，南方集团军群将无法深入高加索地区超过数周时间，南方面军也会有时间恢复元气。这座铁路桥不是唯一的障碍，除此之外，还有一条横跨沼泽地带的长堤，之后是另一座桥——一处可谓量身定做的屏障。但是，苏联第56集团军犯了一项可怕的错误，甚至在战争的第二年，这种错误看上去依旧困扰着红军：他们没有意识到须有效防卫或摧毁巴泰斯克的铁路桥。7月24日—25日夜间，一支来自第13装甲师的小型摩托化步兵部队和一些勃兰登堡部队的渗透者乘坐橡皮艇渡过顿河，以奇袭夺取了大桥的防卫要点。尽管大部分德国突击部队被击毙，桥梁也部分受损，但他们仍坚持了足够长的时间，直到第13装甲师的一支部队到达并保护这座桥，为冯·克莱斯特提供了进入高加索地区的入口。在这里，即使是一个单独的T–34坦克营也可能让"蓝色"方案行动提前终结，但南方面军早已将坦克部队从河边撤走。在一场错进错出的战争中，这是一个显而易见的大错。

　　冯·克莱斯特派了2个步兵师过河进入巴泰斯克桥头堡，清剿了城镇和沼泽地，以让他的装甲部队稍作停顿。在罗斯托夫以东，第二十四和第四十装甲军已经建立了4个小桥头堡，浮桥横跨顿河下游，第3装甲师得以大举横渡。罗斯托夫沦陷后，德国情报机构对苏军军力及在高加索地区的部署情况估计得并不清晰。事实上，罗季翁·I. 马利诺夫斯基上将的南方面军只有5个残破不堪的集团军，共11.2万人的军队沿着顿河以南300公里宽的战线展开。马利诺夫斯基知道，红军最高统帅部将派遣大部分预备队去支援沃罗涅日和斯大林格勒的战斗，他在一段时间内或多或少得靠自己了。7月25日，冯·克莱斯特以第四十和第四十八装甲军所部开始向南试探，进入高加索。第3和第23装甲师连同第16摩托化步兵师轻而易举地粉碎了第37集团军薄弱的防御，深入草原，向马内奇河（Manych River）挺进。作为回应，苏联第51集团军于7月28日—29日调遣坦克第135和第155旅猛扑位于马尔季诺夫卡（Martinovka）的第23装甲师的侧翼。结果在一场一边倒的坦克战中，苏军损失了100辆坦克中的77辆（T–34和T–70坦克混编），德军只有3辆损失。大部分交战都是300米内的近战，但布尔迈斯特（Burmeister）战斗群的炮术被证明远优于俄国坦克手。[45]

　　7月28日，马利诺夫斯基明白他的战线崩溃了，他下令第12、第18和第37集团军向南撤退。7月29日，第五十七装甲军从巴泰斯克桥头堡破茧而出，第13装甲师于7月30日占领了萨利斯克（Ssalsk）。冯·克莱斯特的装甲部队转向全面追击模式，第三、第四十和第五十七装甲军都在前面开路。第五十七装甲军在4天内抓获了大约9000名俘虏，虽然看上去并不很多，但仍然是敌方第18集团军一线军力的半数。这几个月以来，德国装甲师第一次以每天20—40公里的速度前进，所遇阻力微不足道。在冯·克莱斯特的坦克手们士气高涨——追击溃败的敌军让他们持续着兴奋、陶醉的美妙感觉。A集团军群分为两部分，冯·克莱斯特的第一装甲集团军向油田前进，第十七集团军转去扫荡库班。尽管冯·克莱斯特的胜利似乎已是近在咫尺，但两个因素的介入却让"闪电战"停了下来。首先，希特勒决定把第四十八装甲军调回霍特麾下以支援对斯大林格勒的进攻，现在斯大林格勒已被确立为重点，而不是高加索地区。陆军总司令部还决定将"大德意志"师——冯·克莱斯特最强大的摩托化步兵师派往勒热夫。第二，冯·克莱斯特一旦远离他的补给基地向顿河以南前进，他的后勤状况就会迅速恶化，燃料短缺的问题将难以解决。7月结束后，马利诺夫斯基南方面军的残余部队并入谢苗·布琼尼元帅的北高加索方面军。布琼尼命令马利诺夫斯基用第12、第37和第51集团军阻止冯·克莱斯特的装甲部队，而其余兵力则在库班努力挡住第十七集团军。

8月初，冯·克莱斯特集结他的3个装甲军共约350辆坦克，形成一个巨大的钢铁楔子向正南挺进到阿尔马维尔（Armavir）。在穿越高加索地区干旱草原前进的过程中，冯·克莱斯特的坦克手遭遇了40摄氏度的高温，这使得补给水同补给燃料一样重要。前进100公里后，第13装甲师于8月3日占领了阿尔马维尔，而第3装甲师于8月5日夺取了斯塔夫罗波尔（Stavropol），迫使马利诺夫斯基的部队继续向格罗兹尼撤退。8月7日，冯·克莱斯特的装甲部队终于接近其第一个目标——迈科普油田，他指挥第13装甲师、党卫军"维京"师和第16摩托化步兵师向这个城市集中。尽管苏军的反坦克炮于8月8日在拉巴河（Laba River）进行了顽强抵抗，并击毁了几辆党卫军"维京"师的坦克，但第12集团军已经没有坦克了，无法阻止第三装甲军。在身着红军制服的勃兰登堡渗透者的协助下，第13装甲师于8月9日攻入迈科普，并在第二天占领了油田。撤退的苏军彻底破坏了泵送设备，放火点燃了油田，这意味着要到一年后德军才能获取原油，不过迈科普油田将于1943年1月被德国放弃。占领迈科普确实让红军在战争期间丧失了6.8%的原油供应——这是一个不容小觑的成就。

8月10日，冯·克莱斯特已使马利诺夫斯基的部队溃逃，第四十装甲军沿着通往格罗兹尼和巴库的铁路干线向东南方向前进，而第三和第五十七装甲军则在迈科普附近扫荡。在这一带，马利诺夫斯基唯一的坦克部队是弗拉基米尔·菲利波夫（Vladimir Filippov）少校的坦克第52旅——一个混编了46辆T–34、T–60、"瓦伦丁"型坦克和"李将军"型坦克的质量低劣的队伍。4500名抛弃坦克逃入高加索的坦克兵——1942年年中红军坦克部队的士气与训练水平之低下令人发指的体现——被送往乌拉尔换装新坦克。[46]而正在此时，德军煮熟的鸭子飞了。威尔海姆·李斯特元帅是希特勒在1942年主要战役指挥官中一个平庸的人选，因为他在装甲战方面的经验有限——仅有短暂的巴尔干战役，而且完全错过了第一年的东线战争。李斯特把一种老派的、第一次世界大战时期的心态带到了对A集团军群的指挥上，当冯·克莱斯特的装甲部队冲向格罗兹尼和巴库，而留下第十七集团军扫荡库班和海岸线时，他对此感到担心。他认为在这些地区的苏联军队对他的右翼构成了威胁，尽管第47和第56集团军残存的战斗力极为有限，且只有15辆轻型坦克。然而，8月12日，李斯特命令冯·克莱斯特将第三装甲军和第五十七装甲军转至西面支援向图阿普谢（Tuapse）的推进，以切断2个苏联集团军的退路并扫荡海岸线。8月12日—18日，党卫军"维京"师、第13装甲师和第16步兵师在这一荒谬的调动中徒耗精力，有限的燃料供应被消耗在次要目标上。李斯特把这批装甲部队送到一条狭窄的山路上，山路很容易堵塞——他们从未能抵达图阿普谢。与此同时，冯·克莱斯特仅带着第3装甲师和第23装甲师一部继续向格罗兹尼前进。尽管国防军在东线有19个装甲师，但用于整个夏季攻势"重点突破"关键目标的却减少至不足2个。李斯特还把A集团军群有限补给的大部分转至他清剿库班和海岸线的努力上，这让冯·克莱斯特的装甲矛头因缺乏燃料而怨声载道。

然而，第23装甲师于8月15日在燃料耗尽前，设法占领了距离格罗兹尼200公里的格奥尔吉耶夫斯克（Georgievsk）。A集团军群在8月18日之前修复了从罗斯托夫到皮亚季戈尔斯克（Pyatigorsk）的铁路线，但这是一条单轨线路，货运处理能力非常有限。得益于冯·克莱斯特部队的追击有所放缓，苏联最高统帅部向高加索地区派遣了增援部队，包括近卫步兵第10军，这使得马利诺夫斯基得以在捷列克河（Terek River）后方建立一条更加坚固的防线。当德军向图阿普谢的推进陷入停滞时，李斯特终于允许第三装甲军重新加入冯·克莱斯特向格罗兹尼前进的行列，但是第13装甲师和第16摩托化步兵师在途中耗尽燃料，失去了机动能力，随即陆军总司令部决定将第16摩托化步兵师转给B集团军群。第三十四山地军本应支援冯·克莱斯特的装甲部队，但李斯特却将其向西调往索契（Sochi），而该城从未被攻下。克莱斯特在8月23日前率领第3、第13和第23装甲师到达捷列克河，却只获得第五十二军的2个步兵师支援。尽管冯·克莱斯特在装甲部队方面较之马利诺夫斯基有3∶1的数量优势，但这位苏军指挥员拥有的步兵数量多很多。到目前为止，马利诺夫斯基已勉强凑齐了3个独立坦克营来补充菲利波夫的坦克第52旅，但他没有T-34坦克。相反，他有大约43辆"瓦伦丁"型坦克、63辆"李将军"型坦克和少量的T-60坦克。由于难以通过高加索地区残留的单轨铁路线将T-34坦克从乌拉尔运来，马利诺夫斯基的部队几乎完全依赖从伊朗送达的通过"租借法案"获得的美国和英国坦克。德国方面，由于高加索地区的战斗强度相对较低，冯·克莱斯特的装甲部队主力尚存，他也开始接收升级后的Ⅲ号L型坦克、Ⅳ号G型坦克。然而，他的燃料供应情况非常糟糕，大部分的空中支援也被调离了。

冯·克莱斯特意识到时间不多了，他决定尝试用现有部队渡过捷列克河。第3装甲师于8月25日成功占领了捷列克河北侧的莫兹多克（Mozdok），但渡过这条宽阔河流的尝试却失败了。8月26日上午，第23装甲师师长埃尔温·马克（Erwin Mack）少将和他的一名营长在沿捷列克河伺探时被苏联迫击炮击中身亡。[47]事实证明，这条河太宽，水太深，水流湍急，无法在炮火下横渡，冯·克莱斯特去路被挡。绝望中，第23装甲掷弹兵旅旅长冯·博登豪森上校被选中率领一个混成装甲战斗群向捷列克河北岸切尔夫连纳亚（Chervlennaya）行进，那里是巴库—阿斯特拉罕（Baku–Astrakhan）铁路线的交汇处。冯·博登豪森于8月31日成功抵达铁路枢组——距离格罗兹尼仅有27公里，短暂掐断了从巴库（仍有490公里之遥）来的苏联铁路交通，但他的队伍规模太小，无法驻守这一开阔的阵地，于是他折返，回到了主力部队。[48]冯·克莱斯特所部已经完全没有燃料，直到9月6日他才再次尝试渡过捷列克河。第13装甲师终于成功过河，但为时已晚，马利诺夫斯基得到增援，已经稳定了下来，他的部队数量占优，又依托良好的工事，德军很难撼动。3天后，希特勒终于解除了李斯特的职务，并亲自指挥A集团军群——这无疑是他在第二次世界大战中做出的最不可思议的决定之一。尽管战斗将继续沿着捷列克河一直打到11月初第一场雪到来之时，但冯·克莱斯特的进攻已是强弩之末，战线陷入停滞状态。

高加索战役被设想为由德军装甲师来决胜的战役，他们穿越平坦的大草原，进行大胆的机动，攻击缺乏足够空中、大炮和坦克支援且组织混乱的敌人。然而，希特勒和陆军总司令部未能为他们的主要行动提供成功所需的资源。冯·克莱斯特的矛尖上只剩下5个燃料匮乏的师，他的先头部队更多是被本方而不是被红军所阻。高加索地区的红军在坦克和大炮上缺乏其他战线上所享有的物力优势。尽管冯·克莱斯特的装甲部队未能夺取高加索地区大量的石油资源，但它们距离阻断苏联三分之二的原油供应确实非常接近了。石油既是红军的战略重心，也是德军的战略重心。如果冯·克莱斯特的坦克能打到格罗兹尼和巴库，那么红军将很难为以后1943年—1944年的多线进攻提供燃料了。

向斯大林格勒挺进，7月16日—8月23日

当冯·魏克斯接手B集团军群时，霍特的第四装甲集团军正在设法从博尔霍夫和沃罗涅日之间的坦克战中脱身，保卢斯的第六集团军开始向东前进，其左翼驻守在顿河上。自"蓝色"方案启动以来，铁木辛哥的部队已经伤亡23.2万人，并且刚刚重组为斯大林格勒方面军。红军最高统帅部允许铁木辛哥向东且战且退，而不是像1941年那样就地死守。为了包围铁木辛哥撤退的部队，霍特和冯·克莱斯特的装甲集团军组成的大铁钳在米列罗沃（Millerovo）合拢，但在他们包围网中几乎没有兜到什么。更麻烦的是，每当德国装甲部队移动100公里或更远时，他们的后勤就会近乎崩溃，临时凑合已成常态。在整个"蓝色"方案行动中，燃料短缺严重削弱了德国装甲部队进行战役层面机动的能力。事实上，仅当第四航空队下属的近300架Ju-52运输机处于可运作状态，并愿意定期向装甲先头部队提供空中补给时，B集团军群才能保持进攻势头。[49]

保卢斯的第六集团军奉命攻向斯大林格勒，但由于希特勒将霍特第四装甲集团军的大部调给A集团军群以支援其向高加索地区挺进，保卢斯在执行此任务时没有装甲重兵集团的协同。此外，希特勒还优先向A集团军群提供补给

和空中支援，这意味着保卢斯的第六集团军没有足够的燃料来同时调动所有的师。保卢斯的第六集团军打不了闪电战，仅能以第八军的2个步兵师为先锋，向斯大林格勒蹒跚而行。当米列罗沃之后德军的追击脚步放缓时，铁木辛哥得以恢复元气，并开始在顿河河曲地区部署第62和第64集团军，以阻挡保卢斯向斯大林格勒的推进。然而，斯大林终于受够了铁木辛哥迟疑、无能的指挥，并于7月21日用瓦西里·N. 戈尔多夫（Vasily N. Gordov）中将取代了他。[50]戈尔多夫发现他有足够的步兵来重建他的战线，但是他缺少坦克，因为布良斯克方面军、西南方面军和南方方面军在6月28日—7月24日之间可能损失了多达2400辆坦克，大约是"蓝色"方案启动时他们拥有的坦克力量的四分之三。7月下旬，红军最高统帅部火速将补充坦克送往斯大林格勒方面军，装备坦克第1和第4集团军，这2个集团军计划在8月初进行全面反攻。

不久之后，在位于乌克兰西部文尼察附近的"狼人"总部内，希特勒开始担心保卢斯向斯大林格勒慢吞吞的进发会给铁木辛哥时间以恢复力量，于是下令将冯·维特斯海姆（von Wietersheim）第十四装甲军的第16装甲师、第3和第60步兵师转给第六集团军以增强实力。他还于7月22日发布了"第45号元首令"，将主要优先任务从高加索地区转移到斯大林格勒，并将霍特的第四装甲集团军调回B集团军群。第十四装甲军将第62和第64集团军的步兵击退至斯大林格勒以西的顿河河曲，但保卢斯继续请求提供更多的装甲支援，并接收了第四十八装甲军的第24装甲师。这意味着他现在有300—350辆坦克。胡贝的第16装甲师在第六集团军前面呈扇形散开，部署成4个战斗群。[51]7月24日，第3和第60摩托化步兵师突破了第62集团军薄弱的掩护力量，并在一天内前进了50公里，接近顿河河畔的卡拉奇（Kalach）。然而，当第十四装甲军靠近顿河时，他们的燃料已经所剩无几了。由于冯·维特斯海姆的挺进，第62集团军的3个师因德军的突破被孤立，戈尔多夫于7月25日从坦克第1集团军中调派特罗菲姆·I. 塔纳什申（Trofim I. Tanaschishin）少将的坦克第13军渡过顿河，以阻止胡贝的装甲部队完成包围。7月26日，胡贝的坦克和塔纳什申的坦克第13军在马诺林附近发生了一场激烈的坦克交火，大约有100辆德军坦克和150辆苏军坦克卷入其中，双方都蒙受了损失。

斯大林也开始关注斯大林格勒，并担心迅速逼近的德国摩托化部队冲向卡拉奇。戈尔多夫的斯大林格勒方面军此时的明智做法是，在顿河后面按兵不动，等待保卢斯开始在卡拉奇附近横渡河流，然后用2个集结的坦克集团军遏制他的"重点突破"。然而，斯大林拒绝等待，命令戈尔多夫让仍在组建中的坦克第1和坦克第4集团军渡过顿河立即发动逆袭，以营救第62集团军的被困部队。这是第二次世界大战期间苏联最轻率的坦克行动之一，参与行动的部队只有6个小时的计划和准备时间，在坦克营和坦克团层面，这意味着顶多只有快速的口头布置。2个集团军的许多坦克都在修理，尚未做好行动准备，尽管如此，它们仍然投入了战斗。

基里尔·S. 莫斯卡连科少将炮兵出身，但自1941年6月以来，他在与德国装甲部队作战方面积累了丰富的经验，现在率领坦克第1集团军于7月27日上午与第十四装甲军交上了火。最初，莫斯卡连科只有塔纳什申的坦克第13军渡过顿河作战，但他试图尽快让格奥尔基·罗京（Georgy S. Rodin）少将的坦克第28军投入战斗。总之，莫斯卡连科的坦克第1集团军拥有7个坦克旅共330辆坦克，其中包括162辆T–34坦克和30辆KV–1坦克，但他无法让几个旅同时参战。7月27日，胡贝第16装甲师的处境艰难，4个分散的战斗群被缠住，寡不敌众，燃料不足。塔纳什申的坦克手设法包围了第16装甲侦察营的维茨勒本（Witzleben）战斗群，但在上布齐诺夫卡（Verkhne–Buzinovka）附近与鲁道夫·齐科纽斯（Rudolf Sieckenius）上校的第2装甲团的一系列遭遇战中损失了约50辆坦克。胡贝向第八航空军请求空中支援，其在塔钦斯卡亚空军基地的第2俯冲轰炸机联队有大约80架Ju–87D型俯冲轰炸机。[52]"斯图卡"式俯冲轰炸机在开阔地捕捉到了塔纳什申的坦克部队，空袭让后者损失了13辆T–34坦克和7辆T–70坦克。罗京的坦克第28军也有一部分渡过了顿河，与第3和第60摩托化步兵师交锋，取得了一些胜利。然而，瓦西里·D. 科柳琴金（Vasily D. Kriuchenkin）少将的坦克第4集团军共7个坦克旅370辆坦克，直到7月28日才开始渡河，这使第十四装甲军躲过一劫。科柳琴金有相当多的坦克在前往顿河的路上出现机械故障掉队，这限制了他向战场投放兵力的能力。由于缺乏配合，苏联第62集团军和第64集团军的8个独立坦克营共200辆坦克，在反攻中没有发挥任何重要作用。7月28日—31日，围绕着上布齐诺夫卡的坦克战继续进行，2个苏联坦克集团军试图突破第十四装甲军，和第62集团军的3个被包围的师建立联系。苏联空军第8集团军好不容易进行了一系列有效的空中支援，包括一个伊尔-2强击航空团，他们设法炸射了一些德军行军纵队。然而，苏联的坦克反攻是急创的，这意味着戈尔多夫无法向2个坦克集团军提供任何重要的火炮支援，摩托化步兵也少得可怜。

第八航空军持续猛烈的对地攻击有助于抵消苏军在坦克上2∶1的数量优势。科柳琴金渐次将亚历山大·A. 沙姆辛（Aleksandr A. Shamshin）少将的坦克第22军、亚伯兰·M. 哈辛（Abram M. Khasin）少将的坦克第23军和尼古拉·M. 布勃诺夫（Nikolai M. Bubnov）上校的重型坦克第133旅（40辆KV-1坦克）从东北方向投入战斗。塔纳什申的坦克第13军设法从南侧打破了困住第62集团军单位的包围圈，并帮助破围行动取得部分成功，而其他苏军坦克则占领了第十四装甲军的指挥部。第六集团军向斯大林格勒的进军确实被戈尔多夫的坦克反攻拖住了一周时间，尽管德军在后勤上的困难也会导致同样的结果。否则如此规模的苏联坦克部队进入开阔的草原地带，德军的攻击轰炸可在1周内让坦克第1和坦克第4集团军变成齑粉。7月31日，第六集团军已经遏制住了苏联的反攻，斯大林格勒方面军1个星期就丢掉了600多辆坦克。苏军在顿河河曲的坦克反击战实际上是1941年杜布诺战役的重演，这是一场没有协同、零零散散的遭遇战，将战术胜利拱手让给了德军。苏军倾向进行急创的、没有周密计划的进攻——通常是由斯大林下令的，这一近乎致命的癖好，被德军不断加以利用。然而，斯大林忽略了自己在灾难性的顿河河曲战役中扮演的角色，并在战后发布了一条声色俱厉的红军最高统帅部命令：

我们的坦克单位和部队因为机械故障蒙受的损失经常大于战斗损失。例如，当我们的坦克、大炮和飞机对敌有明显优势时，斯大林格勒方面军的12个坦克旅仍然在6天的战斗中损失了400辆坦克中的326辆，其中约200辆因机械故障损失。许多坦克被遗弃在战场上。在其他战线也可以看到类似的情况。由于机械故障发生率之高令人难以置信，因此，最高统帅部认为，某些坦克乘员在隐蔽地进行人为破坏，试图夸大微小的机械瑕疵，将坦克留在战场上以逃避战斗。[53]

斯大林终于道出了许多战地指挥员已心知肚明的事情：半吊子的坦克手被填进计划不周的战斗中，他们跟很多炮灰一样，往往会选择个人的生存，而不是完成任务。德军坦克手经常在他们坦克遭受一次或多次非穿透性打击后仍然继续作战，而许多苏军坦克手却会抛弃仍具有战斗力的坦克，徒步返回的集结区。1942年年中拍摄的照片证明缴获的大量的T-34坦克几乎没有或根本没有受到严重毁伤。斯大林已经发布了他的第227号命令"绝不后退一步"，但坦克手显然需要更明确的指导方针。1942年夏天，苏联坦克部队开始区分在战场上"烧毁"的坦克（表示灾难性的毁伤）和那些没有燃烧就被抛弃的坦克。坦克未烧毁就弃车的车组将被送往惩戒部队，以防止其他人有样学样。[54]

当斯大林和红军最高统帅部专注于顿河河曲的坦克交战时，希特勒注意到霍特的第四装甲集团军在渡过顿河后，有向东北席卷，出其不意粉碎斯大林格勒方面军左翼的机会。霍特的兵力相对弱一些，主要突击力量是装甲兵上将维尔纳·肯普夫（Werner Kempf）的第四十八装甲军，拥有第14装甲师和第29摩托化步兵师，不超过100辆作战坦克，但戈尔多夫把他所有可用的坦克集中在他的右翼。费迪南德·海姆（Ferdinand Heim）少将的第14装甲师于8月1日在第51集团军战线取得了重大突破，并在一天内前进40公里，包抄了戈尔多夫的侧翼。在第29摩托化步兵师的支援下，海姆向东北的推进如此之快，以至于戈尔多夫猝不及防，也无法建立新的防线。德国装甲部队于8月2日上午占领科捷利尼科沃（Kotel'nikovo）的铁路终点站，并于8月5日抵达斯大林格勒西南部仅70公里处的阿布加涅罗沃（Abganerovo）。8月6日，这2个摩托化师的先遣部队成功抵达距离斯大林格勒仅60公里的津古塔（Tinguta）站。像往常一样，这样的推进使得后勤难以维系，削弱了肯普夫第四十八装甲军的实力，红军获得了宝贵时间来恢复战斗力，而德军则等待着更多的燃料到达。米哈伊尔·S. 舒米洛夫（Mikhail S. Shumilov）中将的第64集团军团设法以步兵师建立了一条新防线，堵住了通往斯大林格勒的道路，而戈尔多夫则派出了遭到重创的坦克第13军和重型坦克第133旅进行反击。

舒米洛夫于8月9日上午反攻第四十八装甲军。塔纳什申的坦克第13军只能以30辆T-34坦克和4辆T-70坦克投入战斗，但得到了布勃诺夫上校22辆

KV-1坦克的增援。这次反扑不算特别凶狠，却让德军措手不及。一支德军行军纵队在津古塔附近遭到近卫坦克第6旅一些T-34坦克的伏击，尼古拉·P. 安德烈夫（Nikolai P. Andreev）中尉成功地在短时间内连续击毁5辆德军坦克。德军先遣部队在匆忙中撤退了。经过两天小规模的坦克交火，塔纳什申损失了40辆坦克，海姆大致相同，肯普夫能在阿布加涅罗沃周围建立一条稳固的战线，但无力再向斯大林格勒前进了。海姆的第14装甲师减员到只剩下24辆坦克可用。尽管希特勒认为霍特的第四装甲集团军是一支强大的部队，但8月中旬时，它只有3个摩托化师，拥有不到200辆坦克，以及3个德国步兵师和4个罗马尼亚步兵师。

一旦苏军的注意力转移到他们的左翼，保卢斯的第六集团军就能够消灭仍在顿河河曲的第62集团军和坦克第1集团军。8月7日上午，来自北面的胡贝第16装甲师和来自南侧的第24装甲师的钳击很快粉碎了第62集团军的防线，并于当天傍晚在卡拉奇附近取得联系。共有8个苏联步兵师，加上坦克第23和第28军遭受重创的残余部队，被德军包围圈兜住。德军花了5天时间缩小包围圈，到了8月12日，保卢斯声称已经抓获了35000名战俘，缴获了270辆坦克，并且歼灭了包围圈内的所有部队。事实上，大约一半被困的部队逃过了顿河，但丢掉了装备。[55]坦克第1集团军已名存实亡，并于8月17日正式解散。保卢斯于8月15日转向去终结科柳琴金的坦克第4集团军，在第十四装甲军的突袭下，后者最后只剩下45辆坦克。两天之内，科柳琴金的集团军被粉碎，并很快就被取消番号。除了克雷门斯卡雅（Kremenskaya）的桥头堡外，顿河河曲的红军已被消灭。

连续作战6周后，保卢斯的第六集团军已筋疲力尽，他的装甲师也疲惫不堪。尽管如此，为了冲进斯大林格勒，他还得继续让第六集团军越过顿河。8月21日凌晨3时10分，来自第6集团军的4个步兵团在韦尔佳奇（Vertiachii）乘坐第902突击艇分队的冲锋艇横渡顿河，迅速夺取了一座桥头堡，工兵部队在24小时内建造了两座横跨顿河的20吨浮桥。8月22日—23日晚上，胡贝的第16装甲师驶过浮桥，后面跟着第3摩托化步兵师。8月23日凌晨4时30分，胡贝从桥头堡发起进攻，以齐科纽斯战斗群的装甲兵为先导，随后是冯·施特拉赫维茨（von Strachwitz）战斗群——一个由坦克和半履带装甲车组成的宽大的装甲楔子，穿越一个草高达到车辆挡泥板的大草原，向伏尔加河前进。第八航空军竭尽全力，使得胡贝的装甲部队能够轻松打爆苏联第62集团军的防御。猛冲60公里后，第2装甲团第6连的坦克于18时35分进抵斯大林格勒北部的伏尔加河。一位德国军人写道：“从西岸高耸的高地上，可以看到气势磅礴的河流和绵延无尽的亚洲大草原等绝妙的景色。”[56]

尽管第十四装甲军的其他部队也沿着同样的路线逼近，但胡贝的师处于一条狭长通道的尽头，位置非常暴露，苏军包围了他。胡贝将他的师以战斗群的形式部署在环形筑垒阵地中，等待第六集团军的步兵和补给到达。德军成功抵达了斯大林格勒，但并非是夺取其他城市时那种毫不费力的奇袭——在斯大林格勒，不会有唾手可得的胜利。尽管德国装甲部队出现在城外，但是红军最高统帅部还是决定不撤离斯大林格勒拖拉机厂，该厂于8月制造了250辆T–34坦克，占全苏T–34坦克总产量的20%。

奥廖尔北部坦克战，7月5日—8月29日

朱可夫原以为德军主要的夏季攻势是再攻莫斯科，红军最高统帅部估计，最有可能的敌军进攻路线是来自奥廖尔北部的博尔霍夫地区。因此，朱可夫确保大量新生产的坦克被送到这一地区并交由自己掌握。然而，在7月初，当德军不再试图夺取莫斯科，而南方集团军群粉碎了布良斯克方面军和西南方面军时，朱可夫没有让他获得重点补充的西方面军袖手旁观。朱可夫手握6个坦克军，他向斯大林建议，西方面军可以反攻守卫奥廖尔突出部北部的德军第二装甲集团军。7月2日，红军最高统帅部授权朱可夫进行反攻，帮助减轻布良斯克方面军的压力，且也许能将霍特的装甲部队从沃罗涅日引开。进行了极为简单的规划后，朱可夫命令康斯坦丁·K.罗科索夫斯基中将的第16集团军攻击由炮兵上将约阿希姆·利默尔森的第四十七装甲军控制的日兹德拉（Zhizdra）地区，帕维尔·A.别洛夫（Pavel A. Belov）中将的第61集团军进攻德国第五十三军所占的博尔霍夫地区。这2个苏军攻击地带相距90公里，因此无法协同。朱可夫原本希望打一场类似“大纵深战役”的进攻，但他急于在沃罗涅日沦陷之前干点什么，于是选择派出他的2个集团军进行一次后勤准备或部队协调都极不充分的军事行动。

别洛夫于7月5日上午发动了第一次进攻，他动用近卫步兵第12师和坦克第192旅作为攻击德国第112和第296步兵师结合部的主力。超过250门大炮被用来支援进攻，但大多数弹药用在了初始的火力准备中。为达成局部的出其不意，苏军近卫步兵设法在德军控制地带制造了一个纵深3公里的突出部，直到被德军主防御阵地前的地雷和精心布置的炮火所阻。苏军的空中支援没有起到多大作用，而坦克第192旅倒是被本方的空袭误击损失了6辆坦克。[57]当苏军进攻停滞时，德军能迅速派出增援，包括以马丁·布尔（Martin Buhr）上尉的第202突击炮营来加强他们的主防御阵地。尽管未能取得突破，别洛夫还是决定在7月7日下午2时出动他用于扩大战果的坦克部队——德米特里·K. 莫斯托文科（Dmitri K. Mostovenko）少将拥有192辆坦克的坦克第3军。到这个时候，奇袭效果已经丧失，贝洛夫突击集群前方的德军主防御阵地已经被突击炮、88毫米高射炮和加强的反坦克炮打造得几乎坚不可摧。不出所料，莫斯托文科的坦克部队抵达战场就被反坦克火力打得损失惨重，别洛夫的炮兵也不再有足够的弹药来压制敌军的炮火。莫斯托文科的境地给了红军一个重要的教训，即一名战役层级的指挥员在动用部队发展胜利时，必须确保要有足够的火力支援。相反，坦克第3军被德国步兵师无情地阻挡，血流成河，无法前进。尽管别洛夫又继续打了5天，但一无所获。

因多准备了一天，罗科索夫斯基的第16集团军启动攻势时气势很足，以3个步兵师、5个步兵旅和3个坦克旅为第一梯队，瓦西里·G. 布尔科夫（Vasily G. Burkov）少将的坦克第10军拥有152辆坦克，等待着突破后扩张战果。罗科索夫斯基有400门大炮支援进攻，另外空中还有600多个战术支援架次，但由于所在区域地形不利，他选择的攻击地域正面宽达20公里，这与德军的"重点突破战术"正好相反，后者会在关键点投入所有资源。日兹德拉地区树木茂盛、沼泽密布，使得坦克行动困难重重——显然朱可夫在决定进攻时没有考虑地形。7月6日8时开始行动后，罗科索夫斯基的步兵成功前进了3—5公里，冲入第208步兵师的防御阵地，随即遭遇了和别洛夫相同的境况。更糟糕的是，第17和第18装甲师都可以用来增援这个地区的一线德国步兵师。埃里希·哈格尔中士是第39装甲团第6连里一名Ⅳ号坦克驾驶员，他指出他的营在罗科索夫斯基发起进攻前刚刚完成了两天的射击训练，因此全体乘员都训练有素。[58]

科索夫斯基的第一梯队包括坦克第94、第112和第146旅和装备喷火坦克的坦克第519营，共有131辆坦克，而利默尔森决定最初只派出小规模装甲战斗群投入战斗以稳定战线，但保留了一些装甲部队作预备队，以对付苏联坦克兵团。所有装甲师之前都不得不调出1个装甲营去加强参与"蓝色"方案行动的师，第17装甲师中只留下71辆坦克，第18装甲师中只有47辆坦克。哈格尔的第6连投入战斗，但很快失去了11辆Ⅳ号坦克（短身管）坦克中的3辆。哈格尔指出，在他所在区域，苏军坦克方面的优势是4∶1。7月7日，利默尔森派出更多的装甲部队以阻止步兵突破主防御阵地，这导致双方坦克和大炮之间进行了长达9小时的残酷战斗。哈格尔的Ⅳ号坦克被命中3次，1次击中车身2次击中炮塔，但只有1名乘员被崩裂的碎片（装甲碎片）打伤。一些坦克对决在200米距离内打响。哈格尔写道：

> 30辆敌军坦克和1门反坦克炮被摧毁。许多俄军坦克是美制的（M3"李将军"型）。步兵对主防御阵地的进攻仍在继续。整个营都在开火、开火、开火。俄军大炮和坦克直接向我们射击。我们对此无能为力，因为它们离我们有3000米之遥……总之，我们有6辆坦克被击中，但它们没有燃烧，因此可以被回收……晚上8时，我们返回补充燃料，重整武备。今天真是忙！[59]

第17和第18装甲师成功阻止了突破，并在这一过程中击毁了大部分罗科索夫斯基支援步兵的坦克。正如哈格尔指出的，德军坦克损失也很惨重，但由于他们坚守阵地，大多数受损的坦克都可以被回收和维修。尽管未实现突破，7月7日晚，罗科索夫斯基还是决定派遣布尔科夫的坦克第10军投入战斗，但该地区的沼泽严重阻碍了他们的夜间部署。每当靠近前线时，大规模的坦克部队经常在夜间调动以避免被敌人发现，从而获得最大的奇袭效果。因而，一支训练有素的坦克部队会派出一支先头力量去侦察从集结地一直到前线的行军路线，沿途留下交通管制人员，以确保车辆行驶在正确的道路上。然而，1942年年中的红军还没有吸取这些教训，布尔科夫坦克第10军的坦克和车辆在路上跌跌撞撞，陷入了沼泽地。当7月8日天亮时，布尔科夫的坦克仍然在前线后方的小道上成纵队排列，利默尔森要求德国空军对苏军坦克部队主力进行空袭。德军握有日兹德拉地区的绝对制空权，罗科索夫斯基后来写道："此战之前，我从未见过德军在如此小的一个地区投入这么多的飞机，像第16集团军在这次战斗中一样。"[60]布尔科夫的坦克部队被德国空军打得七零八落，他们只能陆陆续续地投入战斗，而不是以一整个军。

7月7日—8日晚，第17装甲师沿着主防御阵地挖掘战壕，将一些坦克隐蔽起来，以保护他们免受苏军炮火的攻击，他们等待着布尔科夫的坦克。哈格尔的IV号坦克击毁了1辆T-34，但被1枚高爆炮弹击中车体，履带和引擎被打坏。尽管如此，哈格尔的IV号坦克依然在坚持战斗直至弹药耗尽，总共打了8个小时。一个由3辆坦克组成的德军坦克排击毁了前来进攻的10辆苏军坦克，总体而言，布尔科夫的军在第一天的战斗中损失了大约50辆坦克。尽管到7月8日，形势已经明摆着，别洛夫和罗科索夫斯基都不会取得任何有意义的胜利，但朱可夫下令继续进攻。7月9日是前一天的重演。哈格尔写道：

> 战斗于12时开始。我们得待在原地不动并开火，直到打光弹药。俄国坦克就在我们前面行驶着，但幸运的是没有看到我们……35辆坦克攻击我们，但它们都被击毁并着起火来。17时我们终于离开了战场，和第4连一起去补给燃料并重整武备，还要进行维修。

经过两天的战斗，哈格尔的IV号坦克仍然具备作战能力，但战斗力下降了。关于"可用坦克"数量的统计数据没有多大意义，因这一类别的坦克实际上已不多。在两天内打掉大约200发炮弹后，75毫米加农炮的后坐系统出了毛病，最终彻底损坏。坦克的无线电也在车体和炮塔遭多次命中后没法使用，驱动装置也是状况不佳。然而，哈格尔的战斗力降格的IV号坦克于7月10日再次投入行动，当时第17装甲师对已进退失据的坦克第10军发起了反击。奥托·布兴（Otto Büsing）中校率领一支来自第29装甲团第2营的战斗群，其中包括哈格尔的第6连：

> 又是同样的进攻。这次是整个装甲营。现在好戏开始了……团长（布

兴）被击中了，弃车逃生。克伦上尉顶上，被击中了，弃车逃生。博尔施上尉接替，又被击中了，再弃车逃生……转向轮挨了一下，我们每向前移动一点就要后退。履带脱落了，我们不得不弃车了。[61]

　　哈格尔与他的乘员步行返回至他们营的集结区——这对于东线的坦克手来说并不罕见——并且承认进攻中"没有一辆Ⅳ号坦克返回"。第39装甲团第2营的人员花了7月11日一整天时间用该营的Sd.Kfz.9 FAMO型半履带牵引车来修理他们被击毁的坦克。令人惊讶的是，第1机修队的机修工在7月12日就修好了6辆Ⅳ号坦克。当时朱可夫的进攻既没有严重削弱第二装甲集团军的战线，也没有打乱德方的预案。尽管第二装甲集团军蒙受了大约5000人的伤亡，但坦克第3和第10军同样在一段时间内失去了战斗力。苏军指挥−控制系统在进攻期间表现糟糕，部队之间缺乏配合。尽管红军英勇无畏，血流成河，但他们还没有学会如何突破德军严密的防线，特别是在有装甲部队和突击炮支援的情况下。

　　尽管朱可夫的日兹德拉—博尔霍夫进攻失败了，但他很快敦促在这一地区组织更多的攻势，以及在突兀的勒热夫突出部对抗德国第九集团军。朱可夫仍有4个完整的坦克军在手，而最高统帅部预备队中彼得·L. 罗曼年科中将的坦克第3集团军就部署在附近。然而，德军注意到，西方面军最近的进攻失利，让中央集团军群不仅获得了在红军恢复之前进行反击、夷平全部或部分苏希尼奇突出部的机会，还分散了朱可夫剩余的坦克部队，使其远离脆弱的勒热夫突出部。尽管把"蓝色"方案放在优先位置，希特勒和陆军总司令部还是批准了一场名为"旋风"的有限攻势，该计划于8月初开始。施密特的第二装甲集团军将与步兵上将海因里希·克洛斯纳（Heinrich Clößner）的第五十三军形成进攻的"重点突破"，后者将动用第11装甲师和第20装甲师，第197、第202突击炮营和4个步兵师。此外，施密特保留了利默尔森的第四十七装甲军所辖的第18装甲师，并获得了约瑟夫·哈佩大将的第四十一装甲军，下辖第9装甲师、第17装甲师和第19装甲师。施密特的师也收到了他们的第一批升级的Ⅲ号J型和Ⅳ号F2型坦克，以尽可能对等地与朱可夫的T−34坦克进行较量。尽管6个装甲师聚集在博尔霍夫以北的一个相当小的地域，但因为"蓝色"方案和斯

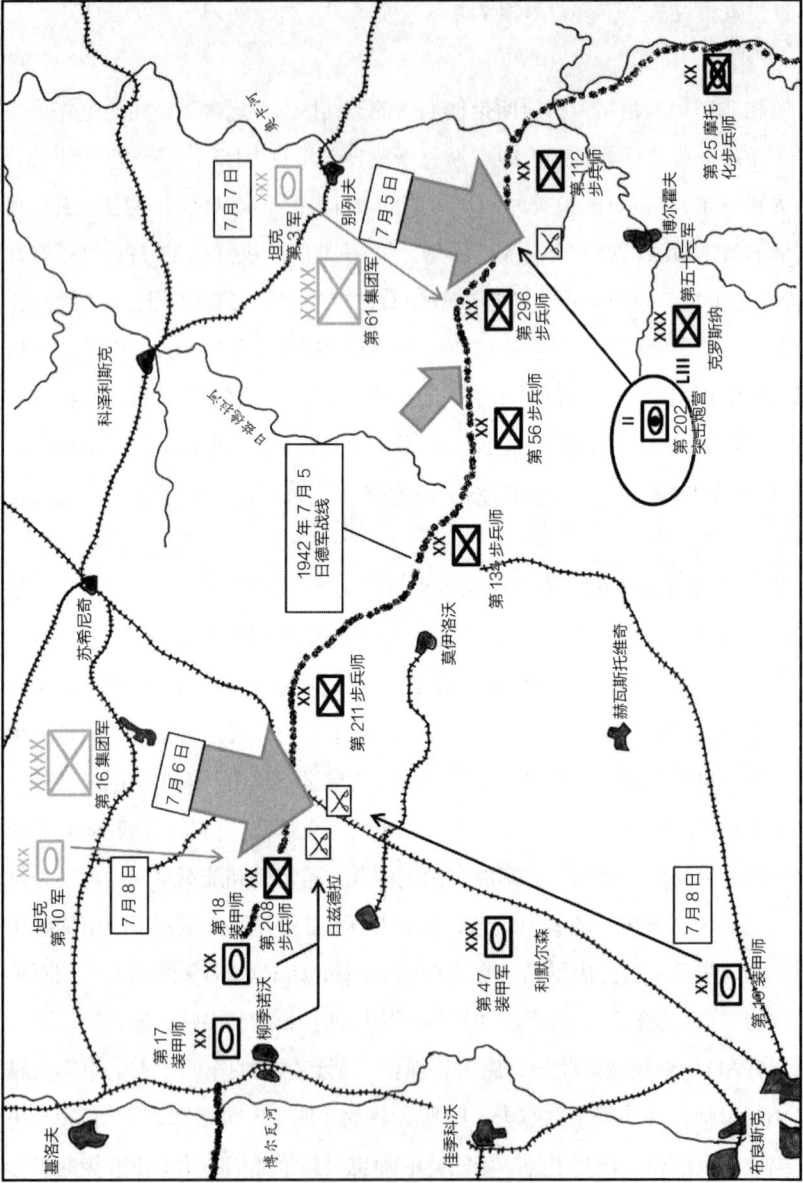

奥廖尔北部毕斯克战, 1942 年 7 月 5 日—12 日

大林格勒战役，"旋风"行动相对不为人所关注。

　　克洛斯纳的第五十三军于8月11日上午攻击了博尔霍夫以北苏联第61集团军的前沿，并取得了初步成功。特别是第11装甲师，在树木繁茂的地形中向中间目标——苏希尼奇前进了25公里。此后，苏军的抵抗迅速增强，在森林中的战斗尤为令人畏惧。德国坦克小心翼翼地行驶在狭窄的林间小路上，这些小路通常被布了雷，并有反坦克伏击掩护。当第二装甲集团军成功地在日兹德拉河上夺取一个小桥头堡时，第16集团军通过调动重建的布尔科夫的坦克第10军和阿列克谢·V. 库尔金（Aleksei V. Kurkin）少将的坦克第9军来遏制德军的前进，阻止了任何进一步向苏希尼奇推进的企图。3个苏联步兵师被分割歼灭，2个苏联坦克军损失了大约200辆坦克，但是"旋风"未能占领关键地域或严重影响到朱可夫的行动自由。相反，德国装甲部队在考虑不周的进攻中蒙受了巨大损失，并分散了本可在其他地方获得更好利用价值的资源。第9装甲师以110辆坦克开战，在"旋风"中损失了44辆坦克。[62]尽管糟糕的地形肯定是"旋风"失败的一个原因，但这是自"蓝色"方案开始以来第二次，德国装甲部队的"重点突破"被苏军冷静坚决的抵抗所阻，这是红军实力不断增强的一个不祥预兆。

　　就在希特勒打算放弃"旋风"的时候，朱可夫做了个出人意料的决定，派遣罗曼年科的坦克第3集团军到博尔霍夫地区，试图折断第二装甲集团军的矛头。罗曼年科的坦克第3集团军从图拉乘火车出发，集结在科泽利斯克（Kozel'sk）附近第二装甲集团军突出部的东侧。朱可夫拼凑出一支21.8万人的部队和700辆坦克，意欲粉碎突出部的德军，苏军坦克的数量优势超过了3∶1。罗曼年科于8月22日上午6时15分发动进攻，派遣第一梯队中的3个步兵师和1个步兵旅，在德军第26和第56步兵师的防御下艰难推进。当步兵在德军的外围防线前进了4—6公里，但没有取得真正突破时，罗曼年科出动坦克第3、第12和第15军投入战斗。然而，红军在运用坦克重兵集团时，又一次由于战前侦察不足遭到挫败。罗曼年科的坦克冲进沼泽地和敌军雷场，屡屡在森林小径上迷路。甚至在前进了12个小时之后，他的坦克还没有遇到敌军，仍在本方步兵战线的后面。德国空军设法夺得并保有了这一地带的局部制空权，使"斯图卡"式俯冲轰炸机和轰炸机能够无情地敲打停滞不前的苏军坦克纵队。

8月23日，罗曼年科终于能将他的一些坦克零打碎敲地投入战斗，但那时克洛斯纳已经调来第11和第20装甲师支援摇摇欲坠的德国步兵。红军几乎没有保障600辆坦克集群的后勤经验，罗曼年科的坦克军也面临着燃料短缺问题，尽管他们楔入德军防线从未超过2—3公里。罗科索夫斯基的第16集团军试图通过进攻德军突出部的西侧来帮助罗曼年科，但这一行动很快被扼杀了。渐渐地，德国装甲师以防御战结合头顶上的空军，将失去机动能力的坦克第3集团军打垮了。到9月初朱可夫终于停止攻势时，进攻的苏联军队已经损失了700辆坦克中的500辆，罗曼年科的坦克第3集团军上报失去了作战能力。随后，双方都转入防御，余下的大部分装甲部队被转移到别处。

尽管1942年7月—8月在博尔霍夫–日兹德拉附近的交锋并不广为人知，但东线德军19个装甲师中的6个和苏联22个坦克军中的5个都被卷入其中，使这些战斗成为1942年规模最大的坦克战之一。双方在这些战役中都没有取得真正的进攻胜利，这主要是受限于地形，德方的空中力量在平衡苏军人力与坦克的数量优势方面发挥了突出作用。同样值得注意的是，朱可夫对坦克重兵集团的运用以及组织进攻方面，并不比当时其他的苏军指挥员更高明。博尔霍夫–日兹德拉攻势对坦克部队的浪费显得十分业余，红军又损失了1000辆坦克，但一无收获。另一方面，在希特勒需要每个装甲营、每个俯冲轰炸机出动架次和每升汽油来支援南方集团军群向高加索地区的前进时，他却将如此多的装甲部队投入次要战场，这违反了集中兵力的原则。

斯大林格勒："重点突破战术"碰壁，8月24日—11月1日

胡贝一到伏尔加河，就发现相对于第十四装甲军的其他部队，他的第16装甲师被孤立了，而且北部和南部都有苏军压过来。冯·维特斯海姆不得不部署第3和第60摩托化步兵师主力，只为与胡贝的师勉强保持联系，后者已没有任何力量来支援对斯大林格勒北郊的进攻。尽管如此，胡贝——常被认为是为东线最具侵略性和最富指挥技艺的装甲师指挥官——于8月24日出动3个战斗群进攻斯大林格勒北郊。胡贝只有大约50辆可运作的坦克，以仅仅2个装甲营、5个摩托化步兵营和1个工兵营向人口稠密的城区推进——力量明显不够。然而，德军在过去曾用同样小规模的装甲部队占领过其他苏联大城市，这似乎值

得一试。从他们出发的地方，就可以看到巨大的拖拉机厂。8月24日拂晓，胡贝将2个战斗群调往斯巴达诺夫卡（Spartanovka）郊区，但斯大林格勒拖拉机厂里立刻冲出了苏军内卫部队步兵和50辆T-34坦克，阻止德国人取得任何进展。尼古拉·费克连科少将组织了一次让德军无法抵挡的坦克反击，并成功占领了克鲁姆本（Krumpen）战斗群的指挥所。胡贝未能拿下斯巴达诺夫卡，到了黄昏，他的师被迫集中到3个环形筑垒阵地上。

斯大林对胡贝冲到伏尔加河一事大发雷霆，命令安德烈·I. 叶廖缅科中将新组建的东南方面军立即发起反攻，粉碎第十四装甲军。红军最高统帅部派遣坦克第2、第4和第16军，以及遭受重创的坦克第23军投入到行动中，总共有600辆坦克，但他们花了2天时间才到达集结地。这批坦克部队包括大约50辆KV-1坦克和250辆T-34坦克，其余由T-60和T-70轻型坦克组成。叶廖缅科明智地计划对第十四装甲军狭窄走廊的两侧进行夹击，但实际用于规划和准备的时间基本不足5—6个小时。斯大林再一次迫使红军派遣其坦克部队做没有协同、零打碎敲的努力，这削弱了他们在局部10∶1的坦克优势。8月26日上午，两支苏联坦克突击群袭击了走廊两侧，但遭遇了掘壕据守的坦克歼击车的猛烈射击。第八航空军袭扰苏军坦克集群，用"斯图卡"式俯冲轰炸机进行不间断的攻击。虽然苏联坦克部队在经过3天的战斗和干扰胡贝的交通线后成功切断了走廊，但他们付出的代价是大约500辆坦克、4个苏联坦克军都失去了战斗力。虽然胡贝的第16装甲师有所伤亡，但设法守住了阵地，而德国空军的空中补给减轻了地面联系暂时中断的麻烦。朱可夫于8月29日以红军最高统帅部代表的身份从莫斯科抵达，他声称叶廖缅科的反攻——他对此赞不绝口——拯救了斯大林格勒。然而，8月30日，冯·维特斯海姆恢复了与胡贝的地面联系，叶廖缅科也输掉了这场走廊之战。保卢斯的第六集团军和霍特的第四十八装甲军随后将苏联军队一步步逐回斯大林格勒。

未能通过奇袭拿下斯大林格勒，保卢斯现在不得不认真策划攻城方案，但直到9月14日他才完成准备。本书并不打算详细描述1942年9月—10月斯大林格勒周边的所有行动，而是想强调如何在城市作战中运用装甲部队。到目前为止，德军在城市中使用坦克的经验非常有限，而且也很不成功。德军的作战原则反对在城市使用大规模装甲部队，但保卢斯决定这么干，因为第六集团军缺

伏尔加河

雷诺克
斯巴诺夫卡
斯大诺夫卡
拖拉机厂

坦克第4集团军

1942年8月26日，坦克第4
集团军发动科特鲁班反击战

科特鲁班

坦克
第4军

第16
装甲师

XX

坦克
第16军

坦克第
99旅

奥尔洛夫卡

坦克
第2军

XX
第3
摩托化
装甲师

第60
摩托化
步兵师

XX

坦克第28军

古门拉克机场

斯大林格勒

坦克
第23军

第62集团军

韦尔佳奇

顿河

1942年8月23日第十四
装甲军的突破

1942年8月23日，胡贝的第16装甲师向伏尔加河进军，8月26日，苏联坦克部队进行反击乏足够的步兵，而希特勒坚持要尽快占领这座城市。保卢斯于9月14日派遣第14、第24装甲师，第29摩托化步兵师和5个步兵师开始对市中心发动第一次进攻，由第243和第245突击炮营进行支援。德国装甲部队在攻城之初就已十分疲惫，冯·豪恩施尔德（Bruno Ritter von Hauenschild）少将的第24装甲师只剩下34辆可运作的坦克。9月4日，冯·豪恩施尔德在斯大林格勒郊外的战斗中身受重伤，由阿诺·冯·伦斯基（Arno von Lenski）少将接替。到保卢斯于9月14日启动攻势时，第24装甲师只剩下22辆可用的坦克和56%的兵员。[63]

　　一旦进入城市，装甲师就不得不以小型的排、连级装甲分遣队，承担支援步兵的角色——这与国防军运用装甲部队的设想大相径庭。德国空军严重破坏了斯大林格勒的大部分地区，街道上到处都是碎石瓦砾，大大限制了德军坦克的机动性。由于敌军狙击手的存在，装甲指挥官被迫在城市中以"顶盖关闭"的模式作战，这显著降低了坦克手的能见度和态势感知能力。苏军的反坦克炮和PTRD反坦克枪小组有机会接近缺乏有效步兵支援的德国装甲车辆。尽管30毫米厚度的附加装甲板短缺，Ⅲ号和Ⅳ号坦克不如Ⅲ号突击炮更适合巷战，但德国步兵指挥官经常尝试使用其充当突击炮。苏军方面，瓦西里·I. 崔可夫中将率领的第62集团军在这座城市死守不退，让德军感到震惊。支援崔可夫的坦克从未超过80辆，而且经常不到40辆。在斯大林格勒，大多数苏联坦克指挥员选择掘壕保护他们坦克，将其整合到步兵战斗阵地中。战壕内只要有一些T-34坦克存在，就能使一个苏联营级阵地几乎坚不可摧。保卢斯的第一次进攻在9月底成功占领了斯大林格勒南部，斯大林格勒拖拉机厂的工人们开着他们刚刚造好的T-34坦克加入战斗。

　　当第六集团军正努力将崔可夫的第62集团军撵出城市时，朱可夫向叶廖缅科施压，要求他对由冯·维特斯海姆的第十四装甲军控制的科特鲁班（Kotluban）周边的德方北部侧翼再发动一次攻势。基里尔·S. 莫斯卡连科少将在其坦克第1集团军被歼灭后无事可做，他获得了一个新的指挥岗位——近卫第 1 集团军司令，最高统帅部将克拉夫琴科的坦克第4军、罗特米斯特罗夫的坦克第7军和遭受重创的坦克第16军调给这一突击部队，为其提供坦克力量。9月中旬，莫斯卡连科已经集结了12.3万人的部队和340辆坦克（包括42辆KV-1坦克和143辆T-34坦克），与科特鲁班附近的第60摩托化步兵师和第76

摩托化步兵师对峙。然而，仅仅做到集中兵力是不够的，叶廖缅科没有采取欺敌手段，因此保卢斯看到打击来临时，集中了他在该地域的反坦克炮和88毫米高射炮。莫斯卡连科于9月18日上午发动进攻，在光天化日之下通过射界良好的平坦地形，德军的反坦克炮和高射炮把苏联坦克轰得溃不成军，第一天就造成了106辆损失。新式的75毫米Pak 40型反坦克炮数量够用，可以在1000米甚至更远的射程内摧毁KV-1坦克或T-34坦克。德国空军还不间断地轰炸近卫第1集团军，苏军虚弱的空中支援注定了这次失利。胡贝的第16装甲师用大约50辆坦克发动了一次凶狠的逆袭，消灭了罗特米斯特罗夫的2个坦克旅，干掉了他93辆坦克中的75辆。胡贝的一个装甲连，第2装甲团第7连只有7辆可作战的坦克，却成功摧毁了罗特米斯特罗夫22辆坦克。莫斯卡连科的近卫第1集团军在进攻中伤亡4.6万人，派出的384辆坦克损失了341辆，其中包括48辆KV-1坦克和173辆T-34坦克。罗特米斯特罗夫的坦克第7军减员到只有18辆坦克可用。战后拍摄的德国新闻纪录片描绘了斯大林格勒北部开阔草原上一片巨大的坦克墓场。这是德军再一次取得代价低廉的战术胜利的标志，归因于朱可夫草率的进攻命令。[64]这并不是说朱可夫无能，他更有自知之明——他在斯大林身边待得太久了，逐渐接受这样了一个事实：他可以指挥胜利，而非运筹帷幄。朱可夫两手空空地回到莫斯科，但他宣称科特鲁班攻势是一场消耗战的胜利。

尽管取得了这样的成功，冯·维特斯海姆还是抱怨他的装甲部队在巷战中被滥用了，保卢斯解除了他的指挥权，以胡贝取而代之。9月27日，保卢斯开始了他的第二次大规模进攻，打算征服斯大林格勒北半部。第16装甲师从北介入攻势，同时第24装甲师从南边推进。这一次，德军的"重点突破战术"动用了4个步兵师，由多达100辆坦克提供掩护。向"街垒"火炮工厂发起进攻后，第24装甲师在2天内前进了6公里——这在斯大林格勒是一项了不起的成就，但其4个装甲掷弹兵营损失惨重。10月初，保卢斯的3个装甲师已近消耗殆尽。10月份，许多装甲兵都失去了坦克，保卢斯命令没了坐骑的装甲兵在斯大林格勒充作步兵，这是他极度不智的体现。第六集团军的后勤状况也非常糟糕，只有有限的燃料、弹药和口粮交到剩余的装甲战斗群手中。然而，10月14日，保卢斯调动第14装甲师和1个步兵师去夺取防守严密的捷尔任斯基拖拉机厂。德军成功地在24小时内占领了该厂，第14装甲师伤亡138人，30辆坦克被击毁。这些坦克许多很快就被修复，不过两天后，第14装甲师被派去进攻"街垒"火炮工厂，结果有17辆坦克被掘壕据守的T-34打瘫。[65]受损的德军坦克不断得到修理，但仅能应付有限的作战行动。一些新补充的坦克确实被送到第六集团军手里，包括24辆装备KwK L/24型榴弹炮的Ⅲ号N型坦克，其对付城内的地堡非常有效。

在斯大林格勒，希特勒和陆军总司令部对保卢斯的能力有所失察，放任他牺牲了国防军的3个最优秀的装甲师，却几乎一无所获。保卢斯对城市内装甲部队的运用愚蠢至极，他忽略了冯·曼施泰因在塞瓦斯托波尔类似情形下取得的经验。保卢斯还把第十四装甲军的大部留在城里或近郊，而他长长的侧翼仅由德国和罗马尼亚的步兵看管。直到11月，保卢斯才安排已被打残的第14装甲师的部分兵力来帮助支撑他军队的左翼，但他拒绝将他的装甲部队调离战线以获得喘息之机并重整军备。

勒热夫绞肉机，7月2日—8月30日

1942年整个冬春，面临着朱可夫的西方面军和科涅夫的加里宁方面军的强大压力，瓦尔特·莫德尔大将的第九集团军一直如履薄冰地坚守在勒热夫突出部。渐渐地，瓦尔特·莫德尔大将占据了上风，开始扫荡他的后方地区，那里充斥着冬季反攻后滞留的苏军空降兵、骑兵和游击队。"汉诺威"行动（包括从第5和第19装甲师派出的战斗群）在5月—6月清除了这些威胁。在这次行动中，莫德尔于5月23日受了重伤，职位由海因里希·冯·维汀霍夫（Heinrich von Vietinghoff）大将暂代。[66]由于"汉诺威"行动，苏联第39集团军共7个步兵师被孤立在突出部西侧，第九集团军制订了一个更为雄心勃勃的计划——"塞德利兹"，以将这根刺从他们身边拔除。中央集团军群调派了第1和第20装甲师来增援这次行动，为冯·维汀霍夫总共提供了4个装甲师。

"塞德利兹"行动于7月2日开始，第1和第2装甲师从奥列尼诺和别雷发起钳形攻势，以合拢并封闭对第39集团军的包围。尽管要跨越的距离很短——总共不到30公里，但是苏联第39集团军的步兵还是死死挡住了德国装甲师的进攻，并阻止了通往西方的狭窄走廊被关闭。2个装甲师的"重点突破"都泡汤了，尽管不可否认的是，2个德国装甲师的装甲力量都很弱，每个装甲师只有

1个装甲营。更糟糕的是，就在走廊外的第41集团军派出了近卫摩托化步兵第2师、坦克第21和第82旅反击德军的装甲矛头。激烈的坦克大战在别雷走廊口持续了几天，苏军坦克手阻止了德军封闭包围圈。德国第5装甲师从勒热夫进攻，也没有取得任何进展，但从东面攻击的第20装甲师发现了一处弱点。步兵第373师扛不住第20装甲师，德国坦克迅速推进，这导致第39集团军防御的全面崩溃。恐慌接踵而至，第1和第2装甲师于7月5日建立联系，完成了对第39集团军的合围。接下来的一周，德军粉碎了包围圈内的苏联各师，抓获至少3万名战俘，消灭了218辆苏军坦克。[67]

当第39集团军在勒热夫突出部西边做垂死挣扎之时，朱可夫在东边集结了大批兵员和坦克，准备收复勒热夫，歼灭第九集团军。科涅夫的加里宁方面军将从北面以第29和第30集团军发起攻势，而朱可夫的西方面军则从东面派遣第20和第31集团军进行攻击。朱可夫还为这次行动确保了足够的空中支援——2个空军集团军，这有助于解释为什么德国空军在博尔霍夫–日兹德拉地区几乎如入无人之境。

7月30日，科涅夫的2个集团军首先开打，只有几个坦克旅承担步兵支援任务。然而，德国步兵在勒热夫北部的工事修得很好，科涅夫自己的步兵尽管一再努力，仍没有取得真正的进展。苏军的炮火准备还受到弹药储备有限和火力协调性差的影响，因此炮兵的支援力度通常会在进攻头几天之后急剧下降。由于无法取得突破，科涅夫把大部分坦克部队留在手中。朱可夫一直等到8月4日，他希望科涅夫引开德军的预备队，让他能派遣第20和第31集团军攻击勒热夫突出部的东北角。两个苏军集团军以大批步兵和火炮，攻向德国第四十六装甲军下属第36摩托化步兵师和第161步兵师控制的波戈列洛耶（Pogoreloe）地域。每个方面军都有1个由3个坦克旅组成的机动集群用于发展胜利，朱可夫以坦克第6和第8军作为方面军层面扩大战果的力量。朱可夫具备那种将压倒性资源投入战斗的天赋，他轻松地将2个一线德国师埋葬在雪崩般的火力下。24小时内，朱可夫的部队在第九集团军的战线上凿开一个30公里宽的口子，纵深距离12—20公里不等。事实上，朱可夫成功地突破了德军坚固的筑垒防线——对红军而言，这是第一次。然而，朱可夫显然没有意识到胜利的规模，他允许第20和第31集团军继续磨磨蹭蹭，没能及时动用其机动集群来发展胜利。事实上，苏军攻势清楚地表明：机动作战的理念仍然没有被红军所有的高层领导完全理解，其中一些人仍然以第一次世界大战时的步调在行动。在一场与时间的赛跑中，冯·维汀霍夫在苏联坦克部队大量出现在战场上之前，从维亚济马的第2和第5装甲师中紧急调动战斗群以阻止第20和第31集团军的推进。到第二天日终时，第20和第31集团军开始投入其机动集群，德国装甲部队已经做好了迎击他们的准备。然而，这2个装甲师只能将大约150—180辆可用的坦克投入战场，而朱可夫向波戈列洛耶地域派遣了600辆坦克，并可以从最高统帅部预备队调用更多的坦克。经过20公里的快速推进后，苏军所有攻击部队的步伐降至龟速，战斗变得更像是一场相互推搡，尽管红军仍然占据上风。

朱可夫对第20和第31集团军无法撵走它们前进道路上2个残缺不全的装甲师，甚至无法扩大突破口感到不满，于是在8月11日开始投入方面军的机动力量。朱可夫让他的副手伊万·V. 加拉宁（Ivan V. Galanin）少将指挥1个由安德烈·L. 盖特曼少将的坦克第6军、米哈伊尔·D. 索洛马廷（Mikhail D. Solomatin）少将的坦克第8军和弗拉基米尔·V. 克柳科夫（Vladimir V. Kriukov）少将的近卫骑兵第2军组成的机动集群。让一位没有任何机械化作战经验、步兵出身的人来领导一个拥有334辆坦克的坦克-骑兵合成机动集群可能不是一个明智的选择，但这并不重要，因为第20和第31集团军打出的突出部太小，缺乏机动的空间。同样，加拉宁的机动集群仅仅是对集团军级机动集群的加强，并支援其继续向西推进。德军的抵抗力量随着越来越多援兵的到来增强了，其中包括第1装甲师的战斗群，而瓦尔特·莫德尔大将返岗接过第九集团军的指挥权。

在8月份的勒热夫战斗中，德军还展示了一种新的反坦克武器——75毫米口径的Pak 41火炮，这是一种先进的锥膛炮，可以发射最远能在1500米距离上打穿T-34和KV-1坦克的41式钨芯穿甲弹。第561坦克歼击车营装备有12门Pak 41火炮，并成功地在祖布佐夫（Zubtsov）附近花费3天时间打停了坦克第6和第8军。尤其让KV-1的坦克手震惊的是，座驾原先的坚不可摧现已不复存在，投入战斗的48辆KV-1坦克中有41辆被击毁。然而，红军的战斗条令规定，除非所有坦克被击毁，坦克单位不能放弃指定的任务，所以坦克部队得打到完全失去战斗力为止。[68]

由于战场进展不如人意，朱可夫祭出了老法子——继续添油。他于8月11日命令第5集团军进攻邻近的、位于勒热夫突出部根部的第三装甲集团军，随后于8月13日出动第33集团军。因为不得不调动一些部队来抗击这些新攻势，中央集团军群有限的装甲预备队受到牵制，莫德尔被迫放弃了一些地方来应对朱可夫的坦克楔子。8月23日，坦克第8军占领卡尔马诺沃（Karmanovo），第31集团军拿下了祖布佐夫，但这是朱可夫攻势的顶点了。他同意攻击持续到9月初，但战况再无明显进展。总而言之，朱可夫在一个月内以巨大的代价前进了32公里，但未能斩断勒热夫突出部，也未能粉碎第九集团军。可以肯定的是，莫德尔的第九集团军在朱可夫的进攻中蒙受了损失——8月份伤亡了32974人，其中8700人死亡或失踪，比同期进攻斯大林格勒的第六集团军的伤亡人数还多出23%。由于中央集团军群在第九集团军完全崩溃之前提供了多达5个装甲师来加强前线防御，第九集团军得以存活，然而这一举动是在浪费装甲力量占据一个没有战略价值的阵地。莫德尔很快意识到，如果没有几个装甲师的长期支持，他就无法据守勒热夫突出部，他建议撤离突出部以节省兵力，但这一想法被希特勒否决。然而，如果希特勒在1942年9月听取了莫德尔的建议，他将会在东线额外获得几个装甲师作为预备队，这在苏联冬季反攻开始时可能会产生决定性的影响。

"虎"式重型坦克现身，1942年8月—12月

第一辆Ⅵ号"虎"式重型坦克于8月在卡塞尔市的亨舍尔工厂完成，并开始装备3个新的独立重装甲营。56吨重的"虎"式I型坦克并非坦克技术的重大突破，因为它的布局与Ⅳ号中型坦克相似，没有倾斜装甲，而且其迈巴赫HL 210 P45型发动机（641马力）仍然是汽油发动机，燃油效率和功率输出较差。"虎"式重型坦克原本是作为一种"突破型"坦克，用于所有"重点突破"的最前线，但它缺乏机动性进行真正的运动战。"虎"式重型坦克的装甲比以前的德国坦克要厚得多，76.2毫米火炮打不穿其正面弧形装甲，但能在500米距离内击穿其侧面。然而，"虎"式重型坦克仍以其超绝的火力赢得了声誉，并让后世的坦克爱好者迷恋不已。88毫米口径的KwK 36 L/56加农炮使"虎"式I型坦克对1000—1200米内的装甲目标具有极高的命中和杀伤率，而第二次世

界大战很少有坦克交战发生在这个距离之外。在对T-34的恐惧中打了一年多的仗后，德军终于拥有了一种可以抵消红军装甲质量方面优势的坦克。不幸的是，本将扭转战局的"虎"式重型坦克的产量少得可怜。

在接收了首批次的"虎"式重型坦克（还有许多技术缺陷，制造商仍在解决）后的几周内，所有3个重装甲营都得到指示，将他们2个坦克连中的1个派到前线去。显然，陆军司令部没有真正考量这3个"虎"I型坦克连的初始作战部署，且这几个连的执行情况也很糟。第502重装甲营第1连于8月—9月乘火车部署到列宁格勒前线，并最终派遣了9辆"虎"式上阵；第501重装甲营于11月携11辆"虎"式被送往突尼斯；第503重装甲营得令在12月底前调20辆"虎"式抵达A集团军群。将40多辆"虎"式部署到3个不同地区，陆军总司令部这一决定使得新式坦克只会产生局部的战术影响，并在具备足够数量之前，过早地向西方盟军和红军暴露了新武器的技术实力——这是一个愚蠢的决定。让坦克部署变得更为麻烦的是，陆军司令部忽略了在连级规模的分遣队中保障一种新型坦克的困难。身为军备部长的艾伯特·施佩尔警告称，将现有的"虎"式坦克分散为小的分遣队横跨不同战线，将使其几乎不可能获得有效的后勤保障，因为Ⅵ号坦克的备件产量很少。迈巴赫只为每10辆"虎"式提供了1台备用变速箱和1台备用发动机，这导致"虎"式在前线的战备率极其低下。[69]

"虎"式的第一次亮相也不顺利。在接收了大部分"虎"式后不久，北方集团军群在9月22日列宁格勒以东的一次支援步兵的行动中派出了第502重装甲营第1连，这个做法并不明智。[70]这一带的地形是沼泽地，植被茂密，没有道路网络，完全不适合运用重型坦克。在这种地形下，苏军坦克和反坦克炮有更好的机会近距离伏击"虎"式，击穿它们厚重的装甲。"虎"式的变速箱也受水土不服的困扰，这些问题在野战条件下尚未得到完善。尽管如此，还是有4辆"虎"式参与了这次进攻，事实证明这是一场惨败，所有4辆"虎"式要么毁于机械故障，要么毁于反坦克火力。3辆受损的"虎"式被修复，但是有1辆不得不被遗弃。在1942年的剩余时间里，第502重装甲营第1连继续在列宁格勒地区服役，但由于地形不利和战备率低，它几乎没有取得什么战果。第503重装甲营的先头部队于12月27日被送往顿河集团军群，但对于"冬季风暴"行动来说，他们到得太迟了。

　　"虎"式的出现即使只有象征性的数量，也确实让红军感到担忧，并促进了苏联坦克部队质量的提升。苏联坦克的设计在1941年6月22日基本冻结，只对T-34坦克进行过微小的改进，而T-34坦克足以应付1941年—1942年的战场。不过，当德军在1942年春天开始采用75毫米口径长身管的KwK 40 L/43火炮时，工农红军汽车装甲坦克总局开始担忧起来了，并认识到当德军装备88毫米口径火炮和厚重装甲的坦克在战场上普及开来时，T-34坦克将处于严重劣势。1942年6月，总局派现在位于下塔吉尔的KhPZ设计团队重新检视战前的T-34M坦克，以便开发改进型的T-34。当第一批"虎"式出现在东线时，T-43坦克的原型已经完成。它使用一个新的更大的三人炮塔，扭杆悬挂，装甲更厚，但依旧使用相同的76.2毫米口径的F-34火炮。[71]试验表明，较重的T-43坦克与当前的T-34/76型坦克相比机动性较差，总局决定推迟生产并继续研发。同样，车里雅宾斯克的SKB-2小组也获得指示，研制一种被命名为"KV-13"的坦克，这是KV-1的改进型。与T-43坦克一样，KV-13坦克仍将使用F-34火炮。[72]尽管也在设想开发更大口径的85mm、100mm和122mm的火炮，但总局目前的主要目的是发展一种"通用坦克"，以融合T-34和KV-1的优点，而不是研制一种全新的坦克。由于对德国Ⅲ号突击炮的实用性印象深刻，工农红军汽车装甲坦克总局同样对为红军开发突击炮和坦克歼击车产生了兴趣。12月底，第一批Su-122将进入少量生产阶段。

"天王星"行动，11月19日—23日

　　9月12日—28日，最高统帅部和苏联最高国防委员会内部就谋划秋季大反攻展开了激烈的探讨。除了朱可夫之外，总参谋长亚历山大·M. 华西列夫斯基上将和他的副手尼古拉·F. 瓦图京中将也主导了这次讨论。朱可夫在斯大林格勒待了两周刚刚返回，他建议对顿河沿岸第六集团军拉长的侧翼发动一次大规模反攻。在科特鲁班的攻势失利后，朱可夫意识到对掘壕据守的德军取得决定性胜利是不可能的，罗马尼亚的第三和第四集团军倒是更有利可图的目标。大家一致认为，苏联的坦克部队在面对罗马尼亚军时能够取胜，而其若对保卢斯的交通线进行一次大纵深进攻，将会让第六集团军面临严重的危机。斯大林批准了这个计划，这一行动将被称为"天王星"行动。然而，朱可夫认为

红军现在已经足够强大，可以同时发动两场大反击，除了"天王星"行动，他还想对勒热夫突出部的第九集团军再发动一次全新的进攻。斯大林同意了朱可夫的提议，这就是"火星"行动。两场反攻都计划在10月的某个时候开始，距离此时还有好几周的准备时间。

当朱可夫专注于"火星"行动时，红军最高统帅部选择让华西列夫斯基来策划和组织"天王星"行动（朱可夫仍然作为总指挥参与其中）。虽然在西方名声不显，但华西列夫斯基是红军在战役层面最优秀的指挥员，堪比冯·曼施泰因，他是一位天才参谋军官。考虑到新战役的重要性，红军最高统帅部需要最好的野战指挥员，因此指派瓦图京指挥西南方面军，罗科索夫斯基负责新的顿河方面军，叶廖缅科则继续领导斯大林格勒方面军。华西列夫斯基打算运用战前大纵深作战理论的基本原则，对斯大林格勒的德国第六集团军实施双重包围。[73]主要行动将由瓦图京的西南方面军发起，罗曼年科的坦克第5集团军从绥拉菲莫维奇（Serafimvich）桥头堡出击，伊万·M. 契斯恰科夫（Ivan M. Chistiakov）中将得到加强的第21集团军后，将从横跨顿河的克列茨卡亚（Kletskaya）桥头堡发起进攻，打击罗马尼亚第三集团军。瓦图京将派遣罗曼年科的坦克第5集团军取正南攻向阿布利夫斯卡亚（Oblivskaya）的铁路线，而第21集团军的机动集群则向东南前进，包围第6集团军的左翼。瓦图京的3个坦克军和几个独立坦克旅共拥有440辆坦克，远少于7月份在顿河河曲战役中投入的数量。华西列夫斯基将"天王星"行动建立在机动性而非数量的基础上——这与之前苏军的反击大不相同。罗科索夫斯基的顿河方面军将用2个集团军助攻，袭击第六集团军的左翼，但坦克第16军只有103辆坦克。苏军反攻的另一半组成部分将在一天后开始，叶廖缅科的斯大林格勒方面军进攻斯大林格勒以南萨帕湖（Lake Sarpa）附近的罗马尼亚第四集团军。华西列夫斯基计划"天王星"行动以快速进攻为标志，一旦罗马尼亚军的防线被攻破，苏联坦克部队预计每天前进30—40公里，在第3天结束时就能完成会师。

红军在"天王星"行动中总共投入了1560辆坦克。除了参与反击的5个坦克军外，"天王星"行动还将首次动用新组建的机械化军。由于坦克军在战斗中表现得相当脆弱，红军最高统帅部想要一个更具持续作战能力的军团。瓦西里·T. 沃尔斯基（Vasiliy T. Volskii）少将的机械化第4军于9月18日成立，拥有9个摩托化步兵营和5个坦克营，共220辆坦克和6000名步兵。虽然机械化军在自行火炮和支援单位方面还存在不足，但这也表明红军正从错误中吸取教训，改进部队结构，以充分发挥其能力。

彼得·杜米特雷斯库（Petre Dumitrescu）将军的罗马尼亚第三集团军是"天王星"行动的主要目标。杜米特雷斯库在其第二、第四和第五军中拥有超过15万罗马尼亚士兵和11000名德国军人，包括7个步兵师和2个骑兵师，沿着顿河守卫138公里宽的战线。罗马尼亚步兵师不得不驻守非常宽的区域——平均宽度20公里，其反坦克能力也非常不足，师一级有12门47毫米反坦克炮，团一级为12门37毫米炮，此外只有非常有限的炮火支援。罗马尼亚步兵装备简陋，且缺乏主动性，抵抗敌方大规模装甲攻击的能力微不足道。德军用罗马尼亚人替代己方步兵守卫阵地，但并不指望他们能独自抵挡苏军的大规模进攻。第六集团军两翼都由罗马尼亚部队守卫，意识到这一危险的陆军总司令部（OKH）命令B集团军群在其后方展开装甲预备队，准备在必要时进行反击。费迪南德·海姆中将的第四十八装甲军部署在罗马尼亚第三集团军后方40—50公里处，其中包括艾伯哈德·罗特（Eberhard Rodt）中将的第22装甲师和罗马尼亚第1装甲师。然而，由于被削减了1个装甲掷弹兵团和工兵营，罗特师的情况很差，其第204装甲团只有40辆坦克可以运作（包括22辆Ⅲ号坦克和11辆Ⅳ号坦克）。罗马尼亚的装甲师已经装备有87辆R–2［即35(t)］轻型坦克，但它最近仍然接收了一大批德国装备，包括11辆Ⅲ号N型坦克和11辆Ⅳ号G型坦克，以及9门50毫米Pak 38火炮和9门75毫米Pak 40反坦克炮。[74]全军的燃料供应非常短缺。因此，海姆的第四十八装甲军虽有150辆坦克，但难以承受大批T–34的攻击。由于德国情报机构未能识别出坦克第5集团军的部署，保卢斯并没有预料到会有一场横跨顿河的敌方大反攻，但是第八和第十一军的指挥官们对苏军在其地域前沿的活动感到非常紧张，保卢斯同意从第14装甲师中派遣伯恩哈德·绍万特（Bernhard Sauvant）少校的战斗群以35辆坦克和一些装甲掷弹兵支援左翼。德国情报机构也没有发现机械化第4军抵达斯大林格勒南部。苏军战役层面的伪装欺骗对"天王星"行动的成果起到了重要作用。

"天王星"行动于11月19日7时20分开始，西南和顿河方面军沿着战线进行了大规模炮击。当时正在下雪，雾很浓，厚厚的积雪覆盖着地面，能见度非

常有限，气温只有 − 19摄氏度。华西列夫斯基喜欢在恶劣的天气下发动进攻，
因为它可以将出其不意的效果保留至最后一刻，并阻止德国空军的干扰。杜米
特雷斯库的步兵部署在战壕中，因此苏军炮兵的弹幕效果一般，但也让德军无
法发现进攻的步兵和坦克，直至后者进入轻武器射程。雷区给苏军带来了一些
麻烦，但是罗曼年科的坦克第5集团军在几个小时内就碾过了罗马尼亚第9和第
14步兵师，在巴利硕伊（Bolshoy）附近撕开一个16公里宽的口子。东边，安
德烈·G. 克拉夫琴科少将的坦克第4军在克列茨卡亚附近冲垮了罗马尼亚第13
步兵师，但损失了143辆坦克中的25辆，这些坦克瘫在了雷区或障碍带。契斯
恰科夫的第21集团军在罗马尼亚军战线上打开了一个10公里宽的突破口，近卫
骑兵第3军涌入这一间隙，第一天就前进了35公里。"天王星"行动开始的6小
时内，米特雷斯库的防线就有两处被打穿，苏军坦克和骑兵大胆地向缺口推
进。这2个地域的许多罗马尼亚军队惊慌失措，要么投降，要么在没有接到命
令的情况下撤退，苏军的突破口得以扩大。

　　海姆的第四十八装甲军在苏军开始进攻的几个小时内就"向炮声前
进"，但只有41辆坦克投入战场，燃料限制了部队，使其无法全员出击。
海姆的替代方案是组建奥波莱（Oppeln）战斗群，并将其派往巴利硕伊。第
四十八装甲军与B集团军群、罗马尼亚第三集团军和第六集团军之间事实上没
有协同，因此海姆把唯一的装甲预备队投入了一个未知的战场。罗马尼亚第1
装甲师没有一起行动，而是向正北挺进，奥波莱战斗群则奔向西北方向。下
午5时，天已经黑了，德军装甲纵队在帕特珊尼（Petshany）附近撞上了瓦西
里·V. 布特科夫（Vasiliy V. Butkov）少将坦克第1军的一群坦克。在纷飞的大
雪和黑暗中，双方进行了一场你死我活的近距离较量，德军未能成为胜利者。

　　11月20日，苏联坦克第5集团军和第21集团军在罗马尼亚第三集团军的战
线上取得了重大突破。巴利硕伊和克列茨卡亚之间，一个巨大的包围圈已在苏
军的装甲钳子下形成，来自拉斯卡尔集群（Group Lascar）的4万罗马尼亚人被
兜在里面。B集团军群告知拉斯卡尔集群要挺住，援军已经在路上了，但是当
罗马尼亚第1装甲师打算和拉斯卡尔集群建立联系时，它很快把自己也送进了
包围圈，只有部分兵力逃脱。第22装甲师试图阻挡布特科夫的坦克第1军，但
其并非是一支有战斗力的合成部队，且失去了大部分坦克。这是第二次世界大

战期间，为数不多的德国装甲部队表现拙劣的战例之一，德军的指挥-控制系统事实上较之苏军的还要糟糕。希特勒对第四十八装甲军的糟糕表现感到愤怒，无视其装备上的不足，下令逮捕海姆，由他的副手汉斯·克拉默（Hans Cramer）少将取而代之。然而，克拉默同样无力阻止敌军突破或避免这2支脆弱的装甲部队覆灭。第14装甲师的绍万特战斗群设法阻止了顿河方面军粉碎第六集团军左翼的努力，但是德军对罗马尼亚第三集团军的支援力度太小，也太迟了。

在斯大林格勒以南，叶廖缅科的斯大林格勒方面军于11月20日上午开始参与"天王星"行动，他们用4900门火炮轰击对方的罗马尼亚第四集团军。在萨帕湖附近的这个地域，罗马尼亚军的分布更为稀疏，每个师的战线平均宽度为20—40公里，这意味着其更像是一个屏障，而不是一条严密的防线。瓦西里·T.沃尔斯基少将的机械化第4军攻击了罗马尼亚第六军，该军在200辆坦克的重压下溃不成军。这一地带对于少数反坦克炮和雷区来说太过宽广，根本阻挡不了苏联坦克，到下午，已有4个罗马尼亚师被击败并粉碎。再往北，塔纳什申的坦克第13军袭击了罗马尼亚第四集团军和德国第四军的结合处，事实证明，这2支部队更具韧性。尽管如此，叶廖缅科还是很快达成彻底的突破，打垮了罗马尼亚人，为进军卡拉奇打下了基础。与瓦图京和契斯恰科夫一样，叶廖缅科派出1个骑兵军进入突破口以加强冲劲，因为骑兵对补给的依赖较少。霍特当时人在第四军，他迅速部署第29摩托化步兵师来抵挡塔纳什申的坦克，从而阻止了第六集团军右翼的完全崩溃。

瓦图京、契斯恰科夫、叶廖缅科都取得了突破，在启动攻势后6小时内就开始深入敌军腹地，这对红军来说是第一次。如果德军能够像以往的战役那样，逐一予以应对，这些突破仍有可能会失败，但华西列夫斯基充当了红军最高统帅部协调员的角色，在协调这一复杂的多个方面军的行动中发挥了关键作用。当步兵部队扫荡罗马尼亚第三和第四集团军时，3支苏联机械化部队在卡拉奇镇集结。对苏军坦克手来说，这是一个令人兴奋的时刻，他们第一次拥有了战役和战术上的主动权，摩拳擦掌志在必得。第22装甲师和罗马尼亚第1装甲师继续与叶廖缅科的坦克第5集团军进行小规模乱战，但他们在两天内几乎损失了所有的坦克，从而被迫向西撤退。

　　与苏军的果断形成鲜明对比的是，第六集团军和B集团军群对危机的发展反应迟缓，直到"天王星"行动的第二天才完全意识到发生了什么。11月19日晚，胡贝的第十四装甲军所有下辖的3个装甲师收到通知，撤出城市战斗，准备向西调动，以支援遭到罗科索夫斯基的顿河方面军攻击的第十一军。保卢斯共有239辆可以运作的坦克，其中包括116辆Ⅲ号J/L/M型坦克和52辆Ⅳ号F2/G型坦克，3个装甲师各有30—55辆坦克，每个摩托化步兵师有20—60辆坦克。第29摩托化步兵师状况最好，有23辆装备长身管50毫米炮的Ⅲ号坦克和18辆装备长身管75毫米炮的Ⅳ号坦克。[75]撇开坦克的数量不谈——其只要部署在恰当的位置便可能带来不同的结果，现有的油料也根本不足以支撑机动作战。第14装甲师的绍万特战斗群继续支援斯大林格勒以西的第十一军，而第16和第24装甲师也向卡拉奇北部的戈卢宾斯卡亚（Golubinskaya）派遣小型战斗群。保卢斯把更多的精力放在让左右两翼避开苏军的进攻锋芒上，而不是认真考虑以现有的装甲部队保护交通生命线，他的所作所为就好像此事与己无关。11月22日，当苏联坦克部队接近卡拉奇时，德军只有后方留守部队在顿河的桥上坚守，第16装甲师在小规模战斗中损失了5辆坦克后，保卢斯将其装甲部队从卡拉奇撤到斯大林格勒附近。然而，绍万特战斗群沿着铁路线退至卡捷林尼卡沃（Kotelnikovo），把第14装甲师的一支核心力量——18辆坦克和1个装甲掷弹兵连从即将完成的包围圈中救了出来。[76]

　　11月23日14时许，克拉夫琴科的坦克第4集团军的先头部队在卡拉奇附近与沃尔斯基的机械化第4军会合，完成了对第六集团军的合围，这并不令人意外。在斯大林格勒包围圈内，被兜住的第六集团军部队包括胡贝的第十四装甲军下辖的第14、第16和第24装甲师，以及第3、第29和第60摩托化步兵师，加上第243和第245突击炮营和3个装备有"貂"Ⅱ型坦克歼击车的坦克歼击车营。斯大林格勒对德国装甲兵来说是一场真正的灾难，25个机械化师中的6个，46个装甲营中的12个被困在包围圈内。

　　随着包围圈的形成，苏联的3个方面军试图通过进一步向南推进来增加保卢斯的第六集团军和潜在援助之间的距离，但是罗曼年科的坦克第5集团军未能渡过奇尔河（Chir River）。B集团军群迅速以罗马尼亚第三集团军的部分残余力量和德军支援单位组建了霍利德集群（Gruppe Hollidt），一起坚守奇尔

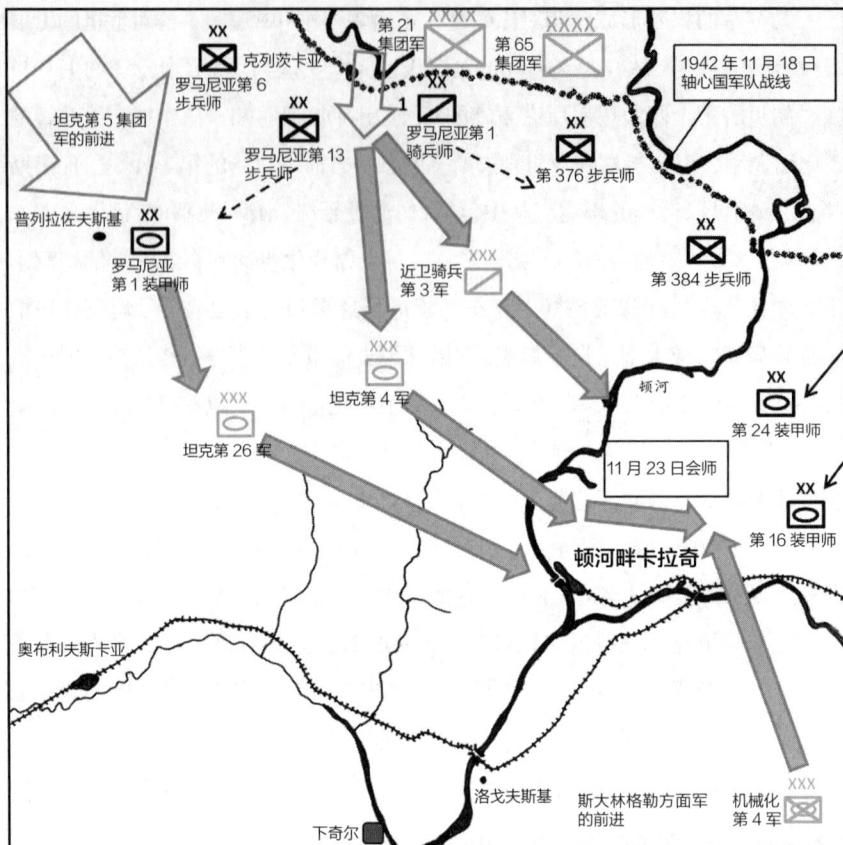

克拉夫琴科的坦克第 4 军前进到卡拉奇，1942 年 11 月 19 日—23 日

河防线。"天王星"行动表明，如果有时间准备像样的进攻，红军坦克部队是可以进行复杂的机动作战的。苏军在斯大林格勒的胜利并非因为在坦克数量上更胜一筹——7月—8月的失败即是证明，而是因为其周密的计划和大胆的战术行动：巧妙地利用欺敌谋略来误导敌人，并在恶劣天气下及时采取行动以剥夺敌军空中支援。"天王星"行动成功的另一个原因是朱可夫——他此时正专注于他自己对付勒热夫突出部的"火星"行动——几乎与此无关。他对下属的无情欺凌、不计代价、漠视伤亡，以及对斯大林不断要求立即取得成果的绝对服从，这些指挥风格可能严重影响了红军在斯大林格勒的表现。

冬季风暴，12月12日—19日

甚至在苏联的装甲铁钳于卡拉奇合拢之前，希特勒就命令列宁格勒前线的埃里希·冯·曼施泰因元帅前往罗斯托夫，并接管新的顿河集团军群。希特勒指示冯·曼施泰因"阻止敌军的进攻，收复我们之前占领的阵地"。冯·曼施泰因不愿和他的参谋们直接飞往罗斯托夫，因此直至11月26日才抵达罗斯托夫，随后顿河集团军群于第二天开始行动。就在那时，他接管了斯大林格勒包围圈内的第六集团军、步兵上将卡尔·霍利德在奇尔河上的被打得七零八落的部队和霍特被粉碎的指挥部，后者设法保住了至关重要的柯特尔尼柯夫（Kotelnikovo）的火车站。在冯·曼施泰因前往罗斯托夫的途中，希特勒命令德国空军开始大规模空运，以维持斯大林格勒包围圈内的第六集团军。11月24日，沃尔夫拉姆·冯·里希特霍芬大将的第四航空队开始了斯大林格勒空运，使用塔钦斯卡亚（Tatsinskaya）和莫洛佐夫斯卡亚（Morozovskaya）机场作为其Ju-52运输机中队的主要作业基地。空运仅能满足第六集团军略多于10%—15%的后勤需求，由于缺乏燃料和弹药，口袋内的装甲力量迅速衰减。11月底，保卢斯的第六集团军基本上削弱成了一支全步兵部队，几乎丧失机动性或自行火炮支援，但仍能坚守。

为了提高冯·曼施泰因新司令部的攻击力，陆军总司令部开始给集团军群抽调装甲师。艾哈德·劳斯少将的第6装甲师刚刚在法国完成换装，"天王星"行动开始时正在前往前线的途中，是第一支到达的增援力量。第6装甲师装备精良，拥有159辆坦克（21辆Ⅱ号坦克、73辆Ⅲ号L/M型坦克、32辆Ⅲ号N型坦克、24辆Ⅳ号G型坦克和9辆指挥坦克以及6辆"貂"Ⅲ号坦克歼击车）。11月27日，劳斯的先头部队抵达柯特尔尼柯夫（Kotelnikovo），但第11装甲团的第一批坦克直到12月3日才抵达，当苏联第51集团军以坦克第65旅和骑兵第81师发起一次袭扰时，他们立即被派去参战。12月5日上午，一场重要的坦克战在柯特尔尼柯夫西北12公里的波列宾（Pokhlebin）村附近打响，来自第11装甲团、第114装甲掷弹兵团第2营（SPW）和反坦克部队的90多辆坦克对抗坦克第65旅的60多辆坦克。T-34坦克先拔头筹，伏击了弗朗茨·巴克（Franz Bäke）少校的战斗群，打瘫了一个连里的4辆Ⅳ号坦克，以及另一个连中的3辆Ⅲ号坦克。德军设法重新集结，在炮兵和坦克歼击车的帮助下击退了苏军的骚扰。尽管约有2000名骑兵在扫荡战中被俘，但波列宾发生的小规模坦克战充分证明，苏联坦克手的水平正在提高。总而言之，德军损失了2辆Ⅲ号坦克、3辆Ⅳ号坦克，还有1辆"貂"Ⅲ号坦克歼击车被毁，受伤坦克超过10辆。而苏军有11辆坦克被毁——对德军来说，这不是一个很有利的交换比。[78]劳斯在他并非十分准确的回忆录中试图粉饰这一结果，声称他的第11装甲团在波列宾以巧妙的双重包围"歼灭"了苏联的骑兵第4军，并打瘫了坦克第65旅的56辆坦克。他通过讲述其部队"不朽的英雄事迹"来美化这一故事，战后，德国人诸如此类的描述有助于创造一个关于德军装甲战争的神话，但一个事实被掩盖了：到1942年底，东线的坦克战已不再是一边倒。[79]

顿河集团军群横向交通线的状况非常糟糕，再加上冬季气候的影响，德军向其增派装甲师的行动受到了严重阻碍。12月5日，赫尔曼·巴尔克装甲兵上将的第11装甲师带着78辆坦克从罗斯拉夫尔（Roslavl）出发，在莫洛佐夫斯卡亚机场附近卸车。11月24日，第23装甲师和位于高加索地区的A集团军群开始向北移动，先是乘火车前往萨利斯克（SSalsk），后因冰雪阻碍自行前往柯特尔尼柯夫。途中，第201装甲团获得了22辆新的Ⅳ号G型坦克，使其装甲力量增加到约62辆坦克。[80]最后，陆军总司令部从奥廖尔调来了第17装甲师，但该单位12月10日仍在途中。曼施泰因将第6和第23装甲师分配给了装甲兵上将弗里德里希·基希纳的第五十七装甲军，将第11和第17装甲师分配给装甲兵上将奥托·冯·克诺贝尔斯多夫的第四十八装甲军。

装甲师集结的同时，冯·曼施泰因和他的参谋们匆忙制订了一份作战计划，以营救保卢斯被困的第六集团军。"冬季风暴"行动的基本思路是霍特指挥的钳形攻势，同时使用第四十八和第五十七装甲军。以往的装甲战经验表明，钳形攻势最有可能保持冲劲，因为"重点突破战术"可以在两支铁钳之间切换，以使敌军进退失据。曼施泰因想利用德军控制的顿河桥头堡，即距离斯大林格勒仅100公里的下齐尔（Nizhniy Chir）作为第四十八装甲军的主要出发点，发起救援行动，第五十七装甲军则从柯特尔尼柯夫发起进攻。然而，这一夹击的思路未能持续太久。瓦图京也认识到了下齐尔的重要性，并命令罗曼年科的坦克第5集团军于12月7日进攻奇尔河的霍利德集群。布特科夫的坦克第1军（减员至52辆坦克），连同近卫骑兵第3军和2个步兵师，攻击了德军在奇尔河的掩护阵地；第336步兵师在苏军坦克的进攻中坚守阵地，但第7空军野战师损失了2个营，布特科夫的坦克部队得以打穿德军的屏障，进抵国营第79农场。冯·曼施泰因被迫派遣第四十八装甲军去恢复战线，而尚在陆续抵达的巴尔克的第11装甲师也在12月8日反击布特科夫的侧翼。根据冯·梅伦廷在《坦克战》（1956）中著名的叙述，巴尔克击毁了53辆苏军坦克，但其没有提及德军的损失。[81]巴尔克的部队确实发现了100名德国后方部队军人的尸体，他们在国营第79农场被俘虏，并被坦克第157旅杀害。巴尔克在对部队发表的一份声明中利用这一事件来鼓动士气，并提醒说，如果他们未能取得胜利，等待他们的将是"国营第79农场那种可怕的命运"。[82]无论如何，巴尔克奋力阻止了罗曼年科的坦克部队越过奇尔河，但瓦图京对霍利德部队施加的压力，最终迫使德国人退出下齐尔，阻止了第四十八装甲军参加"冬季风暴"行动。

由于无法动用第四十八装甲军，冯·曼施泰因被迫将"冬季风暴"调整成由第五十七装甲军独自从柯特尔尼柯夫发起进攻。从那里到斯大林格勒的距离是145公里。尽管希特勒承诺冯·曼施泰因将获得十几个师来进行"冬季风暴"，但直到12月10日，到位的只有劳斯的第6装甲师和第23装甲师的部分兵力。尽管这两支部队总共有200辆坦克，但没有德军步兵师来支援霍特，只有2个罗马尼亚步兵师的残部——这是一个不祥的征兆，预示这次行动注定失败。冯·曼施泰因想等待更多的增援，但此时很明显，德国空军的空运行动失败了，第六集团军的境况变得危急起来。"冬季风暴"是基于这样一个假设：只要霍特的装甲部队接近斯大林格勒，第六集团军就开启突围行动，但到12月初，由于燃料和弹药严重短缺，保卢斯的装甲部队几乎完全瘫痪。因此，冯·曼施泰因于12月12日批准霍特仅以第6装甲师和第23装甲师的一部分开始"冬季风暴"，第17装甲师抵达后加入。

柯特尔尼柯夫以北，尼古拉·I. 特鲁法诺夫（Nikolai I. Trufanov）少将的第51集团军在150公里宽的战线上匆匆布置了封锁阵地，展开了3个步兵师、3个骑兵师和2个坦克旅（拥有77辆坦克），形成一面相当薄弱的屏障。特鲁法诺夫的大部分部队仅有编制数量的一半，还没有建好防御工事。当霍特于12月12日6时30分动用他的2个装甲师进攻时，他们几乎不费吹灰之力就突破了特鲁法诺夫稀疏分散的步兵。劳斯的第6装甲师先是打垮了1个步兵师，然后向西迂回，击败了1个骑兵师，并打瘫了10辆苏军坦克，自身无一损失，随即他勇猛地向阿克塞河（Aksay）前进。[83]在他们的右翼，第23装甲师仅能以伊利格（Illig）战斗群［第201装甲团第3营和第128装甲掷弹兵团第1营（SPW）］发动有限的攻势，但他们实现了目标，并抓捕了250名战俘，缴获了17门大炮。第4航空队设法提供了一些空中支援，这在最初的战斗中帮助了霍特的装甲部队。但当霍特向斯大林格勒前进时，掩护其侧翼的只有不可靠的罗马尼亚人和德国空军部队。叶廖缅科对霍特的快速推进迅速做出反应，命令拥有32辆T-34坦克和38辆T-70坦克的沃尔斯基的机械化第4军占领位于韦尔赫内·库姆什金村（Verkhne Kumski）的封锁阵地，而特鲁法诺夫则将塔纳什申的坦克第13军调到祖托夫（Zutov），以阻止第23装甲师渡过阿克塞河。[84]叶廖缅科还得到了红军最高统帅部的许可，从顿河方面军调来罗季翁·I. 马利诺夫斯基中将的近卫第2集团军，以加强苏军在斯大林格勒附近的防御，但斯大林最初并不愿意，因为这支部队原本是用来缩小斯大林格勒的包围圈的。

12月13日拂晓后不久，瓦尔特·冯·许纳斯多夫（Walther von Hünersdorff）上校率领以第11装甲团第1、第2营，第114装甲掷弹兵团第2营（SPW），6个炮兵连，1个工兵连和1个坦克歼击车连组成的装甲战斗群，在扎利夫斯基（Zalivsky）渡过阿克塞河上一个无人看守的浅滩。许纳斯多夫战斗群头24小时前进了40公里，尽管第6装甲师的一半仍在阿克塞河以南作战。在确保扎利夫斯基桥头堡的安全后，许纳斯多夫又前进了12公里，来到韦尔赫内·库姆什金村。韦尔赫内·库姆什金村是一个不起眼俄罗斯村庄，只有一条街道。根据劳斯不靠谱的回忆录，霍特命令第6装甲师在夺取阿克塞河的桥头堡后停止行动，等待第23装甲师赶上来，但劳斯允许冯·许纳斯多夫向河流以北移动，与苏军坦克预备队交战并歼灭之。冯·许纳斯多夫占领韦尔赫内·库姆什金村后不久，就发现有2个苏联坦克旅从北面和东面穿过开阔的草原向村庄开来。劳斯接着描述了围绕村庄展开的一场奇特的"回旋战斗"，冯·许纳斯多夫以2个装甲营与总共5个苏联旅交战，这些苏军零打碎敲地投入进攻，然后被陆续击败。他声称冯·许纳斯多夫的部队在这次行动中打瘫了135—140辆敌军坦克，但没有提到德军的损失。事实上，冯·许纳斯多夫已闯入韦尔赫内·库姆什金村周边的机械化第4军的集结地，并很快发现他的战斗群差点被一支占据优势的敌军包围。我们不清楚沃尔斯基为何未在村庄里部署兵力，他的指挥-控制系统也不足以组织一次协同攻击来摧毁冯·许纳斯多夫的战斗群，相反，他的每一个旅的进攻都是由其旅长指挥的。塔纳什申的坦克第13军的部分兵力也参加了战斗。第114装甲掷弹兵团第2营（SPW）以及炮兵和工兵们在这个小村庄里迅速组织起防御，冯·许纳斯多夫的2个装甲营在村庄外机动，与苏军旅交战。苏军坦克损失惨重，但一群T-34坦克设法打到村子，在被装甲掷弹兵用新式的空心装药磁性反坦克地雷炸瘫之前，干掉了一些德军火炮。尽管冯·许纳斯多夫成功保住了他的指挥部，但苏联坦克很明显已切断了其交通线，且本方的燃料和弹药几乎消耗殆尽，他被迫在黄昏时分且战且退。冯·许纳斯多夫撤到扎利夫斯基桥头堡，在那里待了3天。与劳斯耸人听闻的叙述相反，12月13日的韦尔赫内·库姆什金村之战是苏军战术和战役上的胜利，因为霍特对斯大林格勒的进攻已中断了关键的三天。由于机械化第4军在当天结束时守住了阵地，许多被打瘫的坦克得以回收和修复。霍特的"重点突破战术"被挡住了，而冯·许纳斯多夫战斗群被迫撤退，损失惨重（至少有30辆坦克被打瘫）。

霍特让他的工兵建造一座横跨河流的浮桥，加强他在阿克塞河上的力量。与此同时，12月14日上午，第23装甲师（第6装甲师的右翼梯队）正在萨莫钦（Ssamochin）与坦克第254旅交锋。由于通信保密状况不佳，无线电讯以明码发送，德军接到了苏军旅接近的警报，并伏击了2个先头连。共有12辆苏军坦克，包括2辆KV-1坦克被冯·海德布雷克（von Heydebreck）战斗群打瘫，冯·海德布雷克战斗群损失了2辆坦克和1辆"貂"Ⅲ。此后，冯·海德布雷克战斗群向前推进，于下午2时30分在克鲁格利亚科夫（Kruglyakov）夺取了阿克塞河上一座完整的铁路桥。苏军对这2个桥头堡的反击从12月14日开始，并持续到第二天，迫使德军装甲掷弹兵掘壕固守。12月15日，第23装甲师打瘫了10辆T-34坦克和2辆T-60坦克，但损失了2门88毫米炮。[85]12月16日，坦克第13军2个连的T-34坦克在被逐退前袭击了克鲁格利亚科夫桥头堡，干掉了2门反坦克炮和3门105毫米榴弹炮，霍特短暂的推进失去了冲劲。增援力量逐渐补入第五十七装甲军——如第228突击炮营，携带42门突击炮抵达，但叶廖缅科的部队也得到了加强。12月16日，劳斯再次试图动用冯·许纳斯多夫战斗群，但机械化第4军及其他苏联步兵单位已在桥头堡以北部组织起纵深防御，重装甲部队无法攻破。劳斯声称，伪装起来的苏联PTRD反坦克枪分队难以消灭，而且，"我们的装甲部队从未感到如此无能为力"。[86]阿克塞河以北，德国装甲部队的第二次进攻失败了。

12月17日，劳斯改变战术，动用佐伦科普夫战斗群和2个下车作战的装甲掷弹兵营，在炮兵和德国空军的支援下扩大扎利夫斯基桥头堡。第23装甲师有能力扩张自己的桥头堡，第17装甲师的先头部队——塞茨（Seitz）战斗群抵达后作为援兵投入进攻。劳斯集中火力和步兵于一点，成功在机械化第4军的战线上凿出一个缺口，瓦解了沃尔斯基的防线。当苏联第51集团军开始向梅施喀瓦河（Myshkova River）败退时，劳斯派遣他的半履带装甲车营以夜间突袭的方式拿下了韦尔赫内·库姆什金村。12月18日的大部分时间里霍特都在扫荡绕过的抵抗阵地，并将其部队调往梅施喀瓦河。至12月18日日终，霍特只余101辆可用的坦克，他剩下的作战力量正在逐渐衰减。12月19日，劳斯孤注一掷，派出许纳斯多夫战斗群进行30公里的最后冲刺，绕过苏军的封锁阵地，成功进抵梅施喀瓦河，并于晚上8时在瓦西里耶夫卡（Vasilyevka）夺取了河上的一座桥梁。关于斯大林格勒和"冬季风暴"的神话屡见不鲜，很多人都说，许纳斯多夫到达的位置距斯大林格勒仅48公里之遥，如果保卢斯当时选择突围，结果可能会有所不同。但这只是幻想罢了。斯大林已于12月15日将马利诺夫斯基的近卫第2集团军交给叶廖缅科，经过200公里陆路行军后，罗特米斯特罗夫的坦克第7军的先头部队与近卫机械化第2军刚刚赶到梅施喀瓦河，并在那里和许纳斯多夫战斗群的侦察兵遭遇。霍特所部缺乏从近卫第2集团军中杀出一条血路的力量，而保卢斯的集团军不具备到达这一地区的机动能力。霍特的两翼几乎都是敞开的，他越靠近斯大林格勒，自己的小突击队就越有可能被席卷合围。实际上，"冬季风暴"行动在第二天就失败了，但德军直到他们的"重点突破战术"停顿在梅施喀瓦河上才意识到这一点。

冯·曼施泰因知道霍特的装甲部队再也没有机会到达斯大林格勒了，但他命令霍特让许纳斯多夫战斗群驻守瓦西里耶夫卡桥头堡3天，同时他竭力忽悠保卢斯发动一场未经批准的被称为"霹雳"的突围行动。然而，保卢斯拒绝违抗希特勒的命令，随着时间的推移，马利诺夫斯基的坦克部队开始集结起来对付许纳斯多夫战斗群。更糟糕的是，苏军的新攻势"小土星"行动迫使冯·曼施泰因下令霍特上交他最强大的部队，即第6装甲师，以支援顿河集团军群行将崩溃的左翼。"冬季风暴"结束了。在一份措辞尖刻的备忘录中，希特勒下令第五十七装甲军"不惜一切代价"驻守阿克塞河上的桥头堡，这让第17、第23装甲师在12月20日—25日苏军的猛烈反击中遭到重创。直到12月26日晚上，霍特才获准从阿克塞河撤退，在罗特米斯特罗夫的坦克第7军的追击下，第五十七装甲军沿着铁路线迅速后撤。苏军的数量优势现在很明显，大量的T−34四处出没，威胁着撤退的德军。到12月29日抵达柯特尔尼柯夫时，第23装甲师已减员至只有5辆坦克可用了。

"火星"行动，11月25日—12月20日

当红军在10月份准备"天王星"行动时，朱可夫确保了他自己计划的"火星"行动，即在勒热夫突出部对莫德尔的第九集团军的进攻，能在增援和补给方面得到优先考虑。参与这次行动的2个方面军——西方面军和加里宁方面军——接收了新成立的机械化第1、第3军以及首批炮兵师中的1个。朱可夫总共为"火星"行动派出了2352辆坦克和37个步兵师，与之相对，华西列夫斯基为"天王星"行动投入了1560辆坦克和34个步兵师。[87]朱可夫的基本方案是对勒热夫突出部进行双重合围，马克西姆·A.普卡耶夫（Maksim A. Purkaev）上将的加里宁方面军以第22、第41集团军进攻突出部的西侧，而伊万·S.科涅夫的西方面军以第20集团军攻打突出部的东侧。加里宁方面军的第39集团军也将实施助攻，袭击突出部的北侧。朱可夫相信一旦德军控制的突出部同时遭遇3个方向的攻击，第九集团军就会像纸糊的房子般轰然倒塌。随后，西方面军和加里宁方面军将放出他们的坦克部队——2个机械化军和2个坦克军，会师并合围莫德尔遭受重创的残部，彻底击败敌人。朱可夫认为，"火星"行动将导致德国中央集团军群的解体。

然而，朱可夫在策划"火星"行动时并不专业。在10月份的集结阶段，他几乎没有实施欺骗与伪装，这让莫德尔的情报参谋不但准确地估计出苏军即将发动大规模进攻，还预判出哪些地域将面临威胁。莫德尔在勒热夫突出部真正表现出了防御战术上的天赋，他亲自视察了每个地区，并确保前线部队已在敌军可能

接近的道路上规划好交战区域，布置了反坦克地雷、人员杀伤地雷以及掩护火力。莫德尔还部署了第5和第9装甲师共180辆坦克，作为机动预备队支援突出部东侧装甲兵上将尤尔根·冯·阿尔尼姆的第三十九装甲军，以第1装甲师支援突出部西侧装甲兵上将约瑟夫·哈佩的第四十一装甲军。尽管莫德尔的每个装甲师均只有1个装甲营，且步兵师也只有编制一半的兵力，但他的部队防御工事很坚固，而且有260门大炮支援。与斯大林格勒附近的罗马尼亚第三、第四集团军不同，莫德尔期待着朱可夫的进攻，并做好了充分的准备，枕戈待旦。

"火星"行动于11月25日上午开始，围绕勒热夫突出部，苏军同时开战，进攻规模惊人。朱可夫和科涅夫都强调规模，但这在莫德尔的防御前没有效果。得到重点加强的第20集团军集结了53个炮兵团，试图在冯·阿尔尼姆的防线上炸出一个缺口，但雾与雪大大降低了苏军初始炮火准备的准确性（这是朱可夫计划不周的另一个例证，"天王星"行动也在有雾有雪的条件下开始，但瓦图京确保他的炮手预先进行了试射），因此开启地面进攻的3个步兵师被击退，损失了50%的兵力。朱可夫无视这些伤亡，吩咐科涅夫在同一地域继续攻击，这正合莫德尔的心意。莫德尔依靠他的炮兵来粉碎苏军步兵的大规模进攻，使得他的坦克歼击车能够打掉没有支援的T-34和KV-1坦克。

由第5装甲师第14装甲掷弹兵团第2营库尔特·施蒂贝尔（Kurt Stieber）少校指挥的格里吉亚金诺据点（Stützpunkt Grediakino），是第20集团军无法逾越的障碍。汉斯-西格弗里德·罗特基希（Hans-Siegfried Rothkirch）中尉的第31装甲团第2连，装备有7辆各型坦克（1辆短身管的75毫米Ⅲ号N型坦克、2辆短身管的50毫米Ⅲ号坦克、3辆长身管的50毫米Ⅲ号坦克、1辆短身管的75毫米Ⅳ号坦克）和2辆"貂"坦克歼击车，被调到格里吉亚金诺来支援防守。苏军持续不断的炮击迫使罗特基希的坦克大部分时间都没法露头，但他们仍因近失弹而一再受损，装甲兵们被迫在车内待了数天，没有食物、燃料和弹药补给。然而，每当苏军坦克第25和第93旅的坦克进攻该据点时，罗特基希的装甲部队就会出现，并干掉足够多的敌军坦克以打退攻势。近卫步兵第42师成功包围了格里吉亚金诺据点，但德国空军空投了补给，1辆Ⅱ号坦克单车在苏军防线上杀出一条血路，带来了大批被帽穿甲弹弹药。7天的时间里，罗特基希的连以损失2辆坦克和1辆"貂"Ⅱ型坦克歼击车为代价，击毁了16辆苏联坦克（8辆

T–34、2辆KV–1、2辆T–60、1辆"李将军"型坦克和3辆BT坦克）。所有的德军坦克都屡遭火炮和PTRD反坦克枪命中而受损，但仍坚持战斗。最后，莫德尔意识到施蒂贝尔战斗群已不具备防守能力，于是组织突围，并于12月1日凌晨3时取得成功。罗特基希的第31装甲团第2连回到了德军战线。[88]

科涅夫的步兵最终在格里吉亚金诺以南冯·阿尼姆的防线上撕开了一个小口子，朱可夫敦促科涅夫将安德烈·L. 盖特曼少将的坦克第6军和近卫骑兵第2军作为机动集群投入突破口。尽管科涅夫的机动集群成功向西推进12公里，并给德军带来一场危机，但他们很快就发现自己陷入了一个狭长的突出地带。像往常一样，德国空军出现了，并无情地打击了科涅夫挤成一团的机动集群。在调动第5和第9装甲师反击科涅夫的突出部之前，冯·阿尼姆熟练地组织弹性防御，但11月27日，第9装甲师的霍赫鲍姆（Hochbaum）战斗群在阿里斯托沃（Aristovo）的逆袭一开始没能得手，坦克第6军18辆坦克被打瘫，但第33装甲团也损失了8辆坦克。[89]11月29日，冯·阿尼姆终于成功组织了一次反击，孤立了科涅夫的机动集群，并在12月4日前逐渐将其歼灭。

在突出部西侧，普卡耶夫的加里宁方面军以第22和第41集团军在两个地域进攻哈佩的第四十一装甲军。第41集团军在别雷（Belyi）以南打垮了德军第2空军野战师并取得重大突破，随即将哈伊尔·D. 索洛马廷少将的机械化第1军和步兵第6军投入突破口。这些部队向东推进了35公里，最后被瓦尔特·克吕格尔中将第1装甲师的冯·梅登（von Meden）战斗群（1个装甲营和3个摩托化步兵营）挡在纳查河（Nacha River）前。索洛马廷用215辆坦克发动进攻，但他很快就把自己的军分散开来，派遣1个旅攻向别雷，后者由克吕格尔第1装甲师的其余部队把守，再以3个旅对抗冯·梅登，他的后备旅则作侧翼机动。索洛马廷未能集中兵力于一点，就像德军的"重点突破战术"一样，其突破成果被浪费了。索洛马廷的机械化部队最终渡过纳查河，开始将冯·梅登战斗群劈成两半，但直到12月1日第12装甲师的先头部队赶来增援之前，卡尔–弗里德里希·冯·梅登上校都没让索洛马廷终结他四面楚歌的战斗群——尽管最后只余2辆Ⅲ号坦克可用。

第22集团军在别雷以北的卢切萨（Luchesa）山谷也取得了突破，其以米哈伊尔·E. 卡图科夫少将的机械化第3军的232辆坦克与第86步兵师交战。随着两翼的溃败，哈佩的第四十一装甲军已到了崩溃的边缘。第39集团军在勒热夫突出部北部亦获得了进展，给莫德尔增加了新的麻烦。为牵制第39集团军，莫德尔留下了"大德意志"师的部分兵力——于8月从B集团军群调来，但派出2个战斗群，包括"大德意志"师装甲营的坦克去阻止卡图科夫。对卡图科夫的坦克来说，卢切萨河谷是很不适宜进行机动的区域，因为它是一片沼泽，林木茂盛，只有一条小径。11月27日，卡图科夫已前进了12公里，几乎要摧毁哈佩的右翼，但来自"大德意志"师的科勒（Kohler）战斗群已陆续抵达。11月29日，坦克第49旅与科勒战斗群展开了一场激烈的坦克战，T-34和KV-1坦克成功碾压了1个连的50毫米Pak 38反坦克炮，但是1个连的88毫米高射炮的到来挡住了卡图科夫的坦克。11月30日，卡图科夫大约一半的坦克已被打瘫，他未能冲出卢切萨河谷，但是"大德意志"师的装甲营也基本垮了。[90]

面对敌军围绕其部队同时实施的突破，莫德尔行动迅速——不像斯大林格勒的保卢斯——在集结装甲预备队进行反击的同时，动用局部的后备力量来支援最受威胁的地区。作为一名战场指挥官，莫德尔始终表现出具备"把握脉搏"或现代用语中的"态势感知"的能力。他先是和冯·阿尔尼姆一起，粉碎了科涅夫的机动集群，然后调转方向去应对哈佩崩溃的战线。莫德尔意识到，精疲力竭的第1装甲师无法独力阻止苏军2个齐装满员的机械化军，因此，他与中央集团军群司令官京特·冯·克鲁格元帅启动事前规划好的应急预案，临时接收了第12、第19和第20装甲师，这些师拥有195辆不同型号的坦克。虽然第12装甲师已收到17辆Ⅲ号J/L/M型坦克和18辆Ⅳ号F2/G型坦克，但其他2个装甲师仍然装备着过时的38(t)坦克和短身管的Ⅲ号和Ⅳ号坦克，这意味着他们在面对苏联坦克部队时作用有限。[91]当这些单位在路上时，哈佩的部队在别雷进行了艰苦卓绝的防御，阻止了苏军2个机械化军会师。12月初，苏军大多数的攻势已经趋于停滞，无法攻克德军的防御支撑点。12月1日，第19和第20装甲师相互配合，以大约120辆坦克发动进攻，分割了索洛马廷的机械化第1军和步兵第6军，并在一周内将其消灭。整个12月，朱可夫一直要求他的部下继续进攻，但这只导致疲惫的部队被消耗殆尽。12月20日，很明显，"火星"行动失败了。

"火星"行动使西方面军和加里宁方面军在4周内损失了大约33.5万人，

包括机械化第1、第3军和坦克第5、第6军，6个苏联精锐的军被摧毁或打残。参与"火星"行动的苏联坦克部队大约损失了85%，德军声称打瘫1852辆坦克。[92]战术层面，朱可夫的部队表现出的步坦协同能力很糟，以致无法攻克德军的据点。莫德尔运用空中补给来防止孤立的"据点"（Stützpunkte）耗尽资源，当配备了磁性反坦克地雷和更好的反坦克炮时，掘壕固守的德国步兵可以让KV-1和T-34坦克陷入困境。尽管科涅夫和普卡耶夫拥有大量的步兵、坦克和火炮，但他们始终未能将之协同运用，这表明，那些声称红军的胜利是"必然"的历史学家，他们割裂了苏联的工业产出与战场的现实。当把"火星"行动和"天王星"行动放在一起看时，其最深刻的教训是红军不能简单地依靠规模来获取胜利，因为德国守军都赢得了交换比——铁木辛哥、科涅夫和朱可夫蛮干的方式会让红军自我毁灭。为了取胜，红军需要在坦克战的战役层面上运用诡计、欺骗和机动手段，在战术上要掌握有效的步坦协同方法。

莫德尔的部队在"火星"行动中损失惨重，但没有德军单位被歼灭或失去战斗力。然而，尽管莫德尔的作战指挥和防御策略都很高明，但他的部队之所以能获胜，只是因为中央集团军群动用了6个装甲师帮忙守住勒热夫突出部，这占东线现有全部装甲部队的三分之一。即使在打败了朱可夫的进攻后，莫德尔依旧需要30个德国师来驻守勒热夫突出部，而随着第六集团军在斯大林格勒的溃败，这已让德军无法承受。获胜后，莫德尔建议第九集团军撤离勒热夫突出部，以便腾出部队到其他地方作战，希特勒很不情愿地开始认真考虑这一意见，但直到1943年2月才予以批准。

大纵深作战，12月16日—30日

甚至在实施"天王星"行动之前，红军最高统帅部代表亚历山大·M. 华西列夫斯基上将就为苏军冬季反攻的下一阶段制订方案，最初规划被称为"土星"行动。在苏军总参谋部中，华西列夫斯基规划方案的技艺是最出色的，他是特里安达菲洛夫（Triandafillov）、图哈切夫斯基（Tukhachevsky）和伊谢尔松（Isserson）战前定义的大纵深作战理论的学生，对1936年的工农红军野战条令笃信不疑。他相信，通过适当的规划，1942年的红军能够进行战前理论所设想的那种大纵深作战，一旦成功，下一次攻势可能会导致德军整个顿河集团军群的解体与覆灭。华西列夫斯基设想了一个两阶段的攻势，以尼古拉·瓦图京中将的西南方面军的近卫第1和近卫第3集团军摧毁意大利第八集团军，而罗曼连科的坦克第5集团军在第一阶段击败霍利德集群，随后在第二阶段以近卫第2集团军向罗斯托夫扩张战果。"土星"行动比之前苏军的任何攻势都要雄心勃勃得多，其预计推进距离远达250公里。瓦图京的主力将是瓦西里·I. 库兹涅佐夫（Vasiliy I. Kuznetsov）中将的近卫第1集团军，有4个坦克军（坦克第17、第18、第24、第25军）和533辆坦克（320辆T-34、161辆T-70、52辆T-60），以及8个步兵师。德米特里·D. 列柳申科（Dmitri D. Lelyushenko）中将的近卫第3集团军拥有7个步兵师、近卫机械化第1军和1个坦克旅，共234辆坦克。[93]在选定的攻击地域，瓦图京的部队将在坦克上有10∶1的优势，炮兵上有7∶1的优势。

由于"冬季风暴"行动，华西列夫斯基不得不投入他扩张战果的力量——马利诺夫斯基的近卫第2集团军去阻止霍特的坦克，而罗曼年科在奇尔河上对阵第四十八装甲军表现欠佳，使得其对华西列夫斯基的新攻势帮助有限。因此，12月13日，瓦西列夫斯基不得不缩减战役规模，重新命名这一行动为"小土星"行动，但其意图仍然是消灭顿河集团军群左翼伊塔洛·加里巴尔迪（Italo Gariboldi）将军的意大利第八集团军，然后将强大的坦克力量投向顿河集团军群的交通线和斯大林格勒空运所涉及的机场。终极目标是罗斯托夫，这将致使在高加索地区的A集团军群被孤立。

"天王星"行动给德国人敲响了警钟，而冯·曼施泰因意识到了加里巴尔迪的第八集团军的脆弱性，但除了派第298步兵师、第201突击炮营和一些88毫米高射炮来加强意控区域外，他几乎没有其他资源可以调配。加里巴尔迪的第八集团军的装甲支援力量非常有限，只有第67"神枪手"（Bersaglieri）装甲营，拥有58辆装备20毫米炮的L6/40型轻型坦克，还有亚历山大骑兵团（Reggimento Cavallegeri Alessandria）第8自行火炮大队，拥有19辆装备47毫米炮的47/32型自行火炮。[94]面对T-34，没有一辆意大利装甲战车有获胜机会，而意大利主要的反坦克火炮，47毫米反坦克炮对苏联坦克也没有效果。为了弥补意大利装甲部队的不足，冯·曼施泰因将汉斯·特洛格（Hans Tröger）上校的第27装甲师的部分兵力作为加里巴尔迪的即时机动预备队，但这支部队仅有1个装甲营（65辆坦克）、2个装甲掷弹兵营、1个反坦克歼击车营和2个炮兵营。特洛格的坦克包括7种不同的型号，但只有10辆Ⅲ号L/M型和5辆Ⅳ号G型坦克真正有能力阻止苏联坦克。

12月16日8时，库兹涅佐夫的近卫第1集团军开始对阿谢特廖夫卡（Osetrovka）桥头堡附近的意大利第二和第三十五军进行90分钟的大规模炮火准备。库兹涅佐夫以2个近卫步兵军进攻意大利拉文纳步兵师和德军第298步兵师一部，在其右侧，第6集团军的步兵渡过冰封的顿河实施助攻。然而，德意军的防守颇为稳固，苏联步兵在小土星行动的第一天未能取得突破，只楔入了1—2公里，进展有限。德国的反坦克地雷炸瘫了27辆苏联坦克，直至工兵在障碍带上清出通道，苏军坦克支援才开始真正发挥作用。在第一天的下午，特洛格的第27装甲师甚至以20辆坦克进行了一次小规模反击，阻止了苏军攻势进一步发展。列柳申科的近卫第3集团军在第一天也主要用步兵进攻，但结局同样是裹足不前。第22装甲师残部的反击迫使列柳申科的攻击部队撤回顿河。

"小土星"行动的第一天表明，在障碍带的保护下，依托坚固工事的步兵在阻止步兵进攻时与第一次世界大战期间一样有效。

因进展甚微，感到不满的瓦图京命令库兹涅佐夫和列柳申科将手下的坦克部队投入战斗。12月17日，库兹涅佐夫命令帕维尔·P. 波卢博亚罗夫（Pavel P. Poluboiarov）少将的坦克第17军、鲍里斯·S. 巴哈罗夫（Boris S. Bakharov）少将的坦克第18军和彼得·R. 帕夫洛夫（Petr R. Pavlov）少将的坦克第25军充当步兵支援角色，终于在"小土星"开始后大约36小时，突破了意大利第二军的战线。与德国人将意大利人描绘成替罪羊的说辞相反，科塞里亚（Cosseria）和拉文纳（Ravenna）师出人意料地进行了坚决的抵抗，迫使瓦图京在最终取得突破之前，动用了4个坦克军中的3个。然而，虽然顽强，但意军防御纵深太浅，一旦苏联坦克取得突破，就没有什么可以阻止他们了。12月17日晚些时候，瓦图京指示瓦西里·M. 巴达诺夫（Vasily M. Badanov）少将的坦克第24军，要他们准备次日的任务，开始扩张战果。在近卫第3集团军战区，列柳申科出动了伊万·N. 鲁西亚诺夫（Ivan N. Russiyanov）的近卫机械化第1军，其在被挡住之前取得了一些进展。

"小土星"行动中最大胆的一幕始于12月18日凌晨2时，巴达诺夫的坦克第24军穿过被粉碎的拉文纳师和科塞里亚师之间可供渗透的走廊，开始向南推进。帕夫洛夫的坦克第25军已经通过意军战线上的缺口，走在了巴达诺夫的前面，并独立于巴达诺夫的军行动。瓦图京命令这两个军对塔钦斯卡亚机场和莫洛佐夫斯卡亚机场进行一次深远突击，而机场距离在顿河的出发点有240公里之遥。截至当时，将一支庞大的坦克部队远远地投放至敌后，这在战争史上尚未有过先例。然而，瓦图京的参谋人员在后勤方面的准备，不足以支撑这种规模和距离的袭击，这使得在进抵目标之前，战斗力的削减出乎预料。尽管有运输机可以调用，但瓦图京的参谋人员甚至都没有考虑过对装甲矛头进行空中补给——德国人自"巴巴罗萨"行动开始以来经常这么干。巴达诺夫和帕夫洛夫的军都依靠他们自己的车辆携带物资，也就是2个基数的燃料和弹药以及5天的口粮。

红军没有规划这种大纵深作战的实际经验，只期望部队能以每天50公里的速度稳步前进。然而，为了节省燃料并收拢队伍，巴达诺夫不得不以每天25公里的速度行进。当在机动作战中耗尽燃料时，德国装甲部队经常要求德国空军进行空中补给，但红军和苏联空军无法采用类似的手段。瓦图京希望2个军能在4天内达成各自的目标，但他们无法按照他的时间表行事——克劳塞维茨称之为"阻力"，苏军需要在计划中考虑到这一点。即使是T-34，也很难在积雪1米深的野外行军超过200公里，而载着额外燃料和弹药的GAZ-AA型卡车，以及摩托化步兵旅在半路上就落后了。乘员在他们的坦克和卡车里被冻僵了，需要经常停下来，而且每年的这个时候，白天只有8个半小时。简而言之，在"小土星"草率的规划过程中，苏联忽略了地形、天气和敌军可能的抵抗，也没有努力在突袭部队行进途中向他们提供有关目标的最新情报。伊谢尔松战前颇有预见性地测算过，扩张战果的机械化部队在经过为期3天的大纵深作战后，会因消耗和敌军的应对变得脆弱，但这一观点被忽视了。

巴达诺夫与帕夫诺夫的部队也发现自己迅速冲出了瓦图京的指挥和控制范围。1941年—1942年间，苏联坦克部队一直受到无线电设备不足的困扰，但在大纵深作战中，这一状况变得尤为严重。每个坦克军只有1台安装在GAZ-AAA卡车上的RSB-F型高频发射机，在行进中与上级部门最大通讯距离为30公里。为了达到160公里的最大传输距离，卡车必须停下来，并安装长鞭状天线。因此，巴达诺夫和帕夫诺夫只能在夜间处于静止状态时与瓦图京通信，当接近目标时就完全联系不上了。尽管有这么多后勤问题，巴达诺夫和帕夫诺夫的军仍在雪地里奋力前行，直趋目标；而近卫第1和第3集团军则穿过意大利第八集团军的残部，向南挺进。

冯·曼施泰因手头没有什么东西可以阻止瓦图京的进攻，顿河以南发生了什么，他只能靠猜测。凑巧的是，一支生力军，第306步兵师正从比利时启程，前往加入顿河集团军群，冯·曼施泰因派出其部分兵力去保护斯大林格勒空运机场。当德国空军侦察发现苏联坦克南下冲向塔钦斯卡亚和莫洛佐夫斯卡亚机场时，第306步兵师得令沿着贝斯特拉亚河（Bystraya River）草创封锁阵地。12月23日早上，帕夫洛夫的坦克第25军在米柳京斯卡亚（Milyutinskaya）与第306步兵师的1个团相遇。德军的1个装备了几门75毫米口径Pak 40型反坦克炮的反坦克炮排首开纪录，打瘫了帕夫洛夫9辆坦克。[96]帕夫洛夫没有选择绕过据点，而是动用他的整个军消灭挡住他去路的德国步兵。德军步兵团无法对抗100辆苏联坦克，有1个营损失惨重。但这是一场得不偿失的胜利，因为帕夫洛夫在围绕该村的一天的战斗中消耗了大量的燃料储备。陷入困境的德国步兵召唤第2俯冲轰炸机联队第1大队的"斯图卡"式俯冲轰炸机，猛烈空袭了帕夫洛夫暴露的坦克和卡车。帕夫洛夫的坦克军最后25辆可用坦克继续缓慢向前，但在距莫洛佐夫斯卡亚机场16公里的地方耗尽了燃料。

12月23日17时，巴达诺夫的坦克手在位于斯科瑟尔斯卡亚（Skosyrskaya）的贝斯特拉亚河大桥上遇到了猛烈阻击。海涅曼（Heinemann）战斗群由200名德国空军通讯部队和6门88毫米高射炮组成，在斯捷潘·K. 内斯特罗夫（Stepan K. Nesterov）上校的坦克第130旅过桥时与之交上了火。内斯特罗夫的坦克手成功打掉了88毫米高射炮中的5门，并将德国人赶出城镇，但许多车辆受损，燃料也快见底了。巴达诺夫做出了一个大胆的决定，带着2个坦克旅前往塔钦斯卡亚，而把剩下的部队留在斯科瑟尔斯卡亚。12月24日黎明时分，巴达诺夫所部大约60辆坦克接近了被大雾笼罩的塔钦斯卡亚机场。德国空军没为这个至关重要的空军基地组织地面防御，这里有170架运输机，仓库里装满了运往斯大林格勒的物资——德国人被打了个措手不及。坦克第54和第130旅对机场进行了向心突击，造成了恐慌；Ju–52型运输机在一片混乱中纷纷起飞，有124架成功脱逃获救，但巴达诺夫的突袭摧毁了46架运输机。塔钦斯卡亚机场的丢失对斯大林格勒的第六集团军的影响是灾难性的，这使空运事实上停止了。巴达诺夫向瓦图京报告说，他已经占领了塔钦斯卡亚机场，且还剩58辆坦克（39辆T-34和19辆T-70），但柴油只有0.2个基数，每辆T-34只有76.2毫米口径炮弹24—40发。[97]

塔钦斯卡亚机场被占在顿河集团军群内引起了震动。冯·曼施泰因匆匆下令劳斯的第6装甲师和巴尔克的第11装甲师一起向西运动，粉碎苏联的坦克突袭部队。第11装甲师的先锋在塔钦斯卡亚以东的巴博夫尼亚（Babovnya）撞上了巴达诺夫坦克第130旅，7辆苏军和5辆德军坦克在小规模交火中被打瘫。一名乌克兰籍坦克军官被俘，他在审讯时交代了在塔钦斯卡亚巴达诺夫所部的规模和部署情况。[98]2个德国装甲师在塔钦斯卡亚集结，包围了巴达诺夫燃料匮乏的部队。巴达诺夫请求瓦图京提供支持，瓦图京告诉他坚持住，援兵已在路上。12月26日，德国人用坦克发起试探性进攻，收紧了巴达诺夫周围的绞索，而"斯图卡"俯冲轰炸机则猛烈空袭了动弹不得的苏军。到12月27日，巴达诺夫被第6和第11装甲师包围，很明显，最后的总攻迫在眉睫。12月28日凌晨2时，在未得到批准的情况下，巴达诺夫率11辆坦克、30辆卡车和927名军人突围，并得以渗过第6装甲师的防线溜走，抵达近卫第1集团军控制的地带。突袭成功地让斯大林格勒的空运中断了几天，给德国空军的运输机机队造成重大损失，但代价是坦克第24和第25军损失惨重。

瓦图京于12月30日叫停了"小土星"行动。他成功地粉碎了意大利第八集团军并迫使霍利德集团军级集群放弃了奇尔河防线，但未能进抵罗斯托夫或让德军彻底崩溃。参与行动的所有苏联坦克单位均损失惨重、境况惨淡，在两周的大纵深作战后，只有10%—20%的坦克尚可运作。[99]顿河集团军群幸存了下来——只能说是捡了一条命——主要是由于苏军后勤跟不上了。

1942年末东线的装甲力量

1942年，红军损失坦克超过15000辆，其中包括1200辆KV-1、6600辆T-34和7200辆T-60/70。[100]在1942年交付的10500辆租借坦克（3000辆英制，7500辆美制）中也约有一半损失了。[101]1942年，苏联工业部门制造了24231辆坦克，包括12535辆T-34和2426辆KV-1。1942年苏联坦克的总损失为总产量的62%——这少于德国，损失率表明红军能够承受巨大的物资损失。但是，苏德坦克损失的总交换比为7∶1，红军较之德军装甲部队在任何方面都无优势可言。在这样的损失率下，红军对租借坦克的依赖之大，远远超过了它愿意承认的程度，直到1943年中期，红军才获得足够的装备让其最好的部队全部换上T-34。

谈及战役，红军在1942年发动了11次大规模进攻，动用了多个坦克军或坦克集团军，但只有"天王星"和"小土星"行动被认为是成功的。尽管装备精良，但是坦克第1、第3、第4和第5集团军在战斗中都表现不佳，其中有2个集团军被解散。坦克集团军不是作为合成部队组建的，在自行火炮和支援装备方面比较薄弱，这导致了他们在对抗装甲师时的失败。在1942年，有几个坦克军被歼灭，更多的坦克军一度失去战斗力。然而，到1942年末，红军拥有足够多的坦克重兵集团，被重创的部队可以编入最高统帅部预备队重建，同时用生力军取代他们。相比之下，德国国防军只是偶尔从法国的训练基地接收1个重建的装甲师，其装甲师一直留在前线，直至精疲力竭。德国国防军在1942年进行了6次重大的装甲攻势，其中"旋风"行动和"冬季风暴"行动失败了。

1942年，国防军在东线损失了大约2480辆坦克，其中包括293辆Ⅱ号、429辆38(t)、1261辆Ⅲ号和389辆Ⅳ坦克。在此期间，德军在北非又损失了563辆坦克，约占1942年德军坦克总损失的18.5%。尽管俄罗斯历史学家不怎么看重英国1941年—1942年在击败德国国防军上的贡献，但德国装甲部队在北非的战损超出平均比例，隆美尔的德意志非洲军（DAK）成了坦克的黑洞，若用于东线可以取得更好的效果。总而言之，德国在1942年制造了4168辆坦克，其中损失了73%，具体到主要型号，则是Ⅲ号损失了63%，Ⅳ号损失了48%。德国坦克生产在整个1942年保持平稳，增长微不足道，但到1942年底，在比例上，突击炮的产量增加到近四分之一。对突击炮越来越高的重视程度，加上生产转向新型"虎"式坦克，使装甲部队日益承担起防御角色，强调火力和防护超过了战术机动性。另一项重要的生产决策是希特勒于1942年6月颁布的法令，由于钨原料短缺，穿甲弹将不再使用钨，现有的库存必须上交；就在德国工业部门生产出更好的坦克炮时，他们也失去了将之效力最大化的原材料。1943年，德国装甲部队和自行火炮将日益依赖于更大口径的火炮以增加初速，从而导致坦克和反坦克火炮变得更重、机动性更差。

在生产新型坦克的过程中，德国工业部门最终在1942年末将两种型号的主战坦克标准化，使得1943年的产量大幅增加。Ⅲ号L/M型仅对装甲防护和涉水能力进行了微小改进，但是，Ⅳ号G型将正面装甲防护增加到80毫米，并很快获得了改进的75毫米口径KwK 40 L/48型加农炮。同样，于1942年12月开始量产的Ⅲ号G型突击炮一样配备了L/48型火炮，其后的正面防护也达到80毫米。虽然Ⅲ号L/M型对T-34威胁不大，但是火炮升级的Ⅳ号G型和Ⅲ号突击炮G型意味着俄国人将会为停止改进T-34以增加产量的政策在战场上付出更高的代价。尽管T-34在战术和战役层面的机动性仍好于任何德国坦克，但它的火力优势已不复存在，装甲防护水平愈发显得不足。到1942年底，德国坦克手知道他们开始接收的坦克，较之对手已在一定程度上占据上风。

1942年结束时，德军在东线有19个装甲师，但有3个师被包围，并将于1943年1月下旬被歼灭。失去这3个装甲师，加上在斯大林格勒包围圈中3个装甲掷弹兵师的损失，对德军来说是一场史无前例的灾难。相对装备损失——这已足够糟糕了——更严重的是训练有素的兵员的折损。虽然一些装甲部队的核心干部——包括胡贝在内，飞离了包围圈，或者因为回籍休假根本就不在包围圈里，但是基层军官与经验丰富的坦克手是没法弥补的。身经百战的第16装甲师设法挽救了4000名兵员，但剩下的9000人回不来了。[102]德国国防军发现，国内的后备营训练替补人员补充正常战斗损失造成的空缺已经够难了，它也无法简单地复制经验丰富的连长、排长和士官。因此，在斯大林格勒战役之后，装甲兵的质量——这是德国装甲部队1941年—1942年赢得战术成功的决定性因素——已经持续下滑。尽管这样，德军仍然在东线仍有超过1500辆可用的坦克和突击炮——这比他们在1941年12月面临的境况要好得多，而且装甲师较之苏联坦克军，在战术层面仍具备优势。

注释

1. Veterans of the 3rd Panzer Division, *Armored Bear: The German 3rd Panzer Division in World War II, Volume I* (Mechanichsburg, PA: Stackpole Books, 2012), p. 299.

2. Erhard Raus, *Panzer Operations* (Cambridge, MA: Da Capo Press, 2003), p. 95.

3. Hasso von Manteuffel, *The 7th Panzer Division: An Illustrated History of Rommel's ‚Ghost Division' 1938‐1945* (Atglen, PA: Schiffer Military History, 2000), p. 101.

4. Werner Haupt, *Die 8.Panzer‐Division im 2.Weltkrieg* (Eggolsheim: Podzun‐Pallas Verlag, 1987),p. 205.

5. Gustav W. Schrodek, *Die 11.Panzer‐Division: Gespenster‐Division 1940‐1945* (Eggolsheim:Dörfler Verlag GmbH, 2004), p. 306.

6. O.Qu., Anlagenband 3 z. KTB. Versorgungslagenmeldungen, Apr 1‐Oct 31, 1942, Panzerarmee1, NAM (National Archives Microfilm), series T‐313, Roll 44.

7. Thomas L. Jentz, *Panzertruppen,* Vol. 1 (Atglen, PA: Schiffer Publishing Ltd, 1996),p. 252.

8. Grigory F. Krivosheev, *Soviet Casualties and Combat Losses in the Twentieth Century* (London:Greenhill Books, 1997), p. 252.

9. Simon Sebag Montefiore, *Stalin: the Court of the Red Tsar* (New York: Vintage Books, 2005),p. 407.

10. Alexander Poliakov, *White Mammoths: The Dramatic Story of Russian Tanks in Action* (New York:E. P. Dutton, 1943), pp. 71‐2.

11. Alexander Poliakov, *White Mammoths: The Dramatic Story of Russian Tanks in Action* (New York:E. P. Dutton, 1943), pp. 95‐6.

12. Jason D. Mark, *Besieged: the Epic Battle for Cholm* (Pymble, Australia: Leaping Horseman Books,2011), pp. 181 and 205‐6.

13. Robert A. Forczyk, *Demyansk 1942‐43: The Frozen Fortress* (Oxford: Osprey Publishing, 2012),pp. 71‐3.

14. Grigory F. Krivosheev, *Soviet Casualties and Combat Losses in the Twentieth Century* (London:Greenhill Books, 1997), pp. 96‐7.

15. Charles C. Sharp, *School of Battle: Soviet Tank Corps and Tank Brigades, January 1942 to 1945,*Volume II (Published by George F. Nafziger, 1995), p. 1.

16. Jason D. Mark, *Besieged: the Epic Battle for Cholm* (Pymble, Australia: Leaping Horseman Books,2011), p. 73.

17. U.S. Army, *Effects of Cold on Military Equipment,*http://www.wainwright.army.mil.

18. Thomas L. Jentz, *Germany's Panther Tank: The Quest for Combat Supremacy* (Atglen, PA: Schiffer Military History, 1995), pp. 11‐18.

19. Erich von Manstein, *Lost Victories* (Novato, CA: Presidio Press, 1986), p. 228.

20. Ia, Kriegstagebuch 1 u. 2, Krim, 29 January - 5 July 1942, 28. Jäger–Division, NAM (National Archives Microfilm), series T–315, Roll 834.

21. David M. Glantz, ' Prelude to German Operation Blau: Military Operations on Germany's Eastern Front, April–June 1942' , *Journal of Slavic Military Studies,* Volume 20, No. 2, (April - June 2007), pp. 181 - 4.

22. David M. Glantz, *Kharkov 1942* (Chatham, UK: Ian Allen, 1998), p. 78.

23. Ia, KTB, 294. Infanterie–Division, 1 April - 31 July 1942, NAM (National Archives Microfilm),Series T–315, Roll 1941.

24. Veit Scherzer, *113.Infanterie–Division: Kiew–Charkow–Stalingrad* (Jena: Scherzers Militaer–Verlag,2007), pp. 193 - 5.

25. Ia, Kriegstagebuch, January - December 1942, IIIArmeekorps (mot.), NAM (National Archives Microfilm), series T–314, Roll 194.

26. Qu., Anlagen z. KTB. Information and reports on the supply situation, and supply statistics on thecampaign in the Izyum, Kharkov, and Kastornoye areas. Mar 22 - Dec 31, 1942,VIIIArmeekorps,NAM (National Archives Microfilm), series T–314, Roll 385.

27. Gefechtsbericht der 62. Infanterie–Division über die kämpfe südl. Charkow in der Zeit vom12. - 25.5.42, Ia, 62. Infanterie–Division, NAM (National Archives Microfilm), series T–315,Roll 1034.

28. O.Qu., Anlagenband 3 z. KTB. Versorgungslagenmeldungen, Apr 1 - Oct 31, 1942, Panzerarmee1, NAM (National Archives Microfilm), series T–313, Roll 44.

29. Gefechtsbericht der 3. Panzer–Division (Kampfgruppe Breith) uber die Abwehrschlachtnordostw. Charkow 12.5 - 22.5.42, 3. Panzer–Division, NAM (National Archives Microfilm),series T–315, Roll 144.

30. Auszugsweiser Gefechtsbericht der 23. Panzer–Division für der einsatz während der schlacht um Charkow an der Nordfront vom 12.5 - 22.5.42 an der Südfront vom 23.5 - 29.5.42,23. Panzer–Division, NAM (National Archives Microfilm), series T–315, Roll 791.

31. Ia, Kriegstagebuch, January - December 1942, IIIArmeekorps (mot.), NAM (National Archives Microfilm), series T–314, Roll 194.

32. Ia, Zahlenmeldungen, Teil 1. Losses of personnel and ammunition, April 3 - September 15, 1942,11. Armee, NAM (National Archives Microfilm), T–312, Roll 420.

33. O.Qu., Anlagenband B z. KTB. Versorgungskarten, Panzerarmee 1, NAM (National Archives Microfilm), series T–313, Roll 26.

34. Marek Kruk and Radoslaw Szewczyk, *9. Panzer–Division 1940 - 1943* (Poland: STRATUS, 2011),p. 75.

35. Arthur G. Volz, ' A Soviet Estimate of German Tank Production' , *Journal of Slavic Military Studies,*Volume 21, No. 3, (July 2008), pp. 588 - 90.

36. Hugh Trevor–Roper (ed.), *Hitler's War Directives 1939 - 1945* (London: Birlinn Ltd,

2004), p. 178.

37. Dr. Peter W. Becker, ' The Role of Synthetic Fuel in World War II Germany' , *Air University Review*, July‑August 1981.

38. Operation *Blau* was redesignated as Operation *Braunschweig*, effective 30 June 1942. However,I will continue to use the original designation to avoid confusion.

39. Mikhail E. Katukov, *Na Ostrieglavnogoudara [At the Point of the Main Attack]* (Moscow: Voenizdat,1974), chapter 9.

40. Hans‑Joachim Jung, *Panzer Soldiers for ' God, Honor and Fatherland' The History of Panzerregiment Grossdeutschland* (Winnipeg: J. J. Fedorowicz Publishing, 2000), p. 20.

41. Artem Drabkin &Oleg Sheremet, *T-34 in Action* (Barnsley, UK: Pen & Sword Ltd, 2006), p. 113.

42. Ernst Rebentisch, *The Combat History of the 23rd Panzer Division in World War II* (Mechanicsburg,PA: Stackpole Books, 20012), p. 113.

43. David M. Glantz, *To the Gates of Stalingrad* (Lawrence, KS: University Press of Kansas, 2009),p. 154.

44. Ewald Klapdor, *Viking Panzers: the German 5th SS Tank Regiment in the East in World War II*(Mechanicsburg, PA: Stackpole Books, 2011), pp. 11‑17.

45. Ernst Rebentisch, *The Combat History of the 23rd Panzer Division in World War II* (Mechanicsburg,PA: Stackpole Books, 20012), pp. 122‑3.

46. David M. Glantz, *To the Gates of Stalingrad: Soviet‑German Combat Operations, April‑August 1942*(Lawrence, KS: Kansas University Press, 2009), p. 423.

47. Ernst Rebentisch, *The Combat History of the 23rd Panzer Division in World War II* (Mechanicsburg,PA: Stackpole Books, 20012), p. 166.

48. Ernst Rebentisch, *The Combat History of the 23rd Panzer Division in World War II* (Mechanicsburg,PA: Stackpole Books, 20012), p. 175.

49. Christer Bergstrom, *Stalingrad, The Air Battle: 1942 through January 1943* (Hersham, UK: Ian Allen Publishing Ltd, 2007), p. 62.

50. 奇怪的是，1945年戈尔多夫被授予"苏联英雄"称号，但随后在1947年因叛国罪被捕，并于1950年遭处决。原因是他批评了斯大林在战争中的指挥。

51. Wolfgang Werthen, *Geschichte der 16. Panzer-Division 1939‑1945* (Bad Nauheim, Germany:Podzun-Pallas-Verlag, 1958), pp. 99‑103.

52. Christer Bergstrom, *Stalingrad, The Air Battle: 1942 through January 1943* (Hersham, UK: Ian Allen Publishing Ltd, 2007), pp. 60‑3.

53. Stavka Directive No. 156595, dated 1930 hours 10 August 1942.

54. Artem Drabkin &Oleg Sheremet, *T-34 in Action* (Barnsley, UK: Pen & Sword Ltd, 2006), p. 53.

55. David M. Glantz, *To the Gates of Stalingrad: Soviet-German Combat Operations,*

April - August 1942(Lawrence, KS: Kansas University Press, 2009), pp. 301 - 2.

56. Gunter Schmitz, *Die 16. Panzer Division 1938 - 1945* (Eggolsheim: Do ¨ rfler Verlag GmbH, 2004),p. 105.

57. David M. Glantz, *Forgotten Battles of the German Soviet War 1941 - 1945, Volume III* (12 May - 18 November 1942) (Self-published, 1999), p. 105.

58. David Garden and Kenneth Andrew (ed.), *The War Diaries of a Panzer Soldier* (Atglen, PA: Schiffer Military History, 2010), p. 90.

59. David Garden and Kenneth Andrew (ed.), *The War Diaries of a Panzer Soldier* (Atglen, PA: Schiffer Military History, 2010), p. 91.

60. Konstantin K. Rokossovsky, 'Soldatskiidolg' ['A Soldier's Duty'], *Voenno-istoricheskiizhurnal[Military Historical Journal],* No. 2 (February 1990), p.52, and No. 7 (July 1991), pp. 4 - 5.

61. David Garden and Kenneth Andrew (ed.), *The War Diaries of a Panzer Soldier* (Atglen, PA: Schiffer Military History, 2010), p. 92.

62. Marek Kruk and Radoslaw Szewczyk, *9. Panzer-Division 1940 - 1943* (Poland: STRATUS, 2011),pp. 91 - 7.

63. Jason D. Mark, *Death of the Leaping Horseman: 24. Panzer-Division in Stalingrad, 12th August - 20th November 1942* (Sydney: Leaping Horseman Books, 2003), p. 157.

64. David M. Glantz and Jonathan M. House, *Armageddon in Stalingrad: September-November 1942*(Lawrence, KS: University Press of Kansas, 2009), pp. 168 - 82.

65. Jason D. Mark, *Island of Fire: The Battle for the Barrikady Gun Factory in Stalingrad, November1942 - February 1943* (Sydney: Leaping Horseman Books, 2006), pp. 4 - 6.

66. Walter Gorlitz, *Strategie der Defensive Model* (Munich: Limes Verlag, 1982), p. 121.

67. Anton Detlev von Plato, *Die Geschichte Der 5. Panzerdivision 1938 bis 1945* (Regensburg: Walhallaund Praetoria verlag, 1978), p. 230.

68. Artem Drabkin &Oleg Sheremet, *T-34 in Action* (Barnsley, UK: Pen & Sword Ltd, 2006), p. 51.

69. Lukas Friedli, *Repairing the Panzers: German Tank Maintenance in World War 2, Volume 2*(Monroe, NY: Panzerwrecks, 2011), p. 151.

70. Wolfgang Schneider, *Tigers in Combat, Volume 1* (Mechanichsburg, PA: Stackpole Books, 2004),p. 73.

71. Matthew Hughes and Chris Mann, *The T-34 Russian Battle Tank* (Osceola, WI: MBI Publishing Co., 1999), p. 88.

72. Tim Bean and Will Fowler, *Russian Tanks of World War II* (St. Paul, MN'MBI Publishing Co.,20030, pp. 137 - 8.

73. Sergei M. Shtemenko, *The Soviet General Staff at War 1941 - 1945* (Hololulu, Hawaii: University Press of the Pacific, 2001), pp. 123 - 6.

74. George F. Nafziger, *Rumanian Order of Battle World War II* (Self-published, 1995), p. 10.

75. Thomas L. Jentz, *Panzertruppen,* Vol. II (Atglen, PA: Schiffer Publishing Ltd, 1996), p. 24.

76. R.W. Byrd, *Once I Had a Comrade: Karl Roth and the Combat History of the 36th Panzer Regiment1939‐45* (Solihull, UK: Helion& Company, 2006), pp. 94‐7.

77. Fritz Morzik, *German Air Force Airlift Operations* (Honolulu: University Press of the Pacific,2002), pp. 179‐200.

78. Thomas L. Jentz, *Panzertruppen,* Vol. II (Atglen, PA: Schiffer Publishing Ltd, 1996), pp. 26‐8.

79. Erhard Raus, *Panzer Operations* (Cambridge, MA: Da Capo Press, 2003), pp. 150‐2.

80. Ernst Rebentisch, *The Combat History of the 23rd Panzer Division in World War II* (Mechanicsburg,PA: Stackpole Books, 20012), p. 205.

81. Friedrich W. von Mellenthin, *Panzer Battles* (New York: Ballantine Books, 1971), pp. 211‐14.

82. Gustav W. Schrodek, *Die 11. Panzer-Division: Gespenster-Division 1940‐1945* (Eggolsheim:Dörfler Verlag GmbH, 2004), p. 377.

83. Erhard Raus, *Panzer Operations* (Cambridge, MA: Da Capo Press, 2003), pp. 156‐61.

84. John Erickson, *The Road to Berlin* (London: Cassell, 2003), p. 12.

85. Ernst Rebentisch, *The Combat History of the 23rd Panzer Division in World War II* (Mechanicsburg,PA: Stackpole Books, 20012), pp. 207‐8.

86. Erhard Raus, *Panzer Operations* (Cambridge, MA: Da Capo Press, 2003), p. 176.

87. David M. Glantz, *Zhukov's Greatest Defeat: The Red Army's Epic Disaster in Operation Mars, 1942*(Lawrence, KS: The University Press of Kansas, 1999), pp. 373‐7.

88. Thomas L. Jentz, *Panzertruppen,* Vol. II (Atglen, PA: Schiffer Publishing Ltd, 1996), pp. 21‐6.

89. David M. Glantz, *Zhukov's Greatest Defeat: The Red Army's Epic Disaster in Operation Mars, 1942*(Lawrence, KS: The University Press of Kansas, 1999), p. 100.

90. Hans-Joachim Jung, *Panzer Soldiers for 'God, Honor and Fatherland' The History of Panzerregiment Grossdeutschland* (Winnipeg: J.J. Fedorowicz Publishing, 2000), p. 38.

91. Thomas L. Jentz, *Panzertruppen,* Vol. II (Atglen, PA: Schiffer Publishing Ltd, 1996), p. 24.

92. David M. Glantz, *Zhukov's Greatest Defeat: The Red Army's Epic Disaster in Operation Mars, 1942*(Lawrence, KS: University Press of Kansas, 1999), p. 304.

93. Aleksei Isaev *et al., Tankovyi Udar: Sovietskietanki v boiakh 1942‐1943 [Tank Attack: Soviet Tanksin Battle, 1942‐1943]* (Moscow: EKSMO, 2007), pp. 78‐88.

94. C. De. Franceschi and M. Mantovani, *Le Operazionidelle Unita Italiane al Fronte Russo*

1941 - 43(Rome: Stato Maggiore dell' Esercito, Ufficiotorico, 2000), pp. 189 and 617.

95. Richard W. Harrison, *Architect of Soviet Victory in World War II: The Life and Theories of G.S.Isserson* (Jefferson, NC: Mc Farland& Company, Publishers, 2010), p. 146.

96. Ia, KTB 4, 306. Infanterie–Division, 20 November 1942 - 1 January 1943, NAM (National Archives Microfilm), Series T–315, Roll 2028.

97. Vasily M. Badanov, *'Glubokiitankovyi reid'* ['Deep Tank Raid'] in A.M. Samsonov (ed.) *Stalingradskayaepopeya* (Moscow: Nauka Publishers, 1968), pp. 625 - 40.

98. Ic, Tatigkeitsbericht init Kartenanlagen z. KTB 6, 1 November - 31 December 1942, 11. Panzer–Division, NAM (National Archives Microfilm), Series T–315, Roll 596.

99. David M. Glantz, *From the Don to the Dnepr: Soviet Offensive Operations December 1942 - August1943* (London: Frank Cass Publisgers, 1991), p. 74.

100. Grigory F. Krivosheev, *Soviet Casualties and Combat Losses in the Twentieth Century* (London:Greenhill Books, 1997), p. 253.

101. W. K. Hancock and Margaret M. Gowing, *The British War Economy,* History of the Second World War, United Kingdom Civil Series (London: HMSO, 1949), p. 363.

102. Gunter Schmitz, *Die 16. Panzer Division 1938 - 1945* (Eggolsheim: Dörfler Verlag GmbH, 2004),p. 123.

本篇结语

从1939年9月到1941年11月，德军运用多兵种协同战术——包括装甲兵、炮兵、空军和其他兵种——在主攻方向或关键节点上形成优势的策略从未受到挫败。即便是1941年11月在莫斯科城下的失利，也是由于后勤方面的不足以及天时地利等因素，而不是作战理论和方法出了问题。从各方面来讲，"台风"行动都是不合情理的。陆军司令部一厢情愿的想法令国防军陷入一种不可能取胜的局面。但是，一旦到1942年春天，在天气和后勤有所改善的情况下，国防军再次证明自己可以运用多兵种协同作战，在预设地点突破苏军的防线并发动包围。在1941年—1942年的大部分时间里，苏军坦克部队在战役规模上的运用都是低效的，这抵消了他们的数量优势。虽然德国由于经济上的弱点被认为不利于打一场旷日持久的消耗战，但德军装甲部队仍然有能力实施成功的进攻战，一直到"冬季风暴"行动没能打破斯大林格勒对第六集团军的包围圈为止。尽管在1942年5月—7月，个别装甲师偶尔没有完成任务，但在"冬季风暴"行动前，由装甲部队打头阵的主攻方向一般能够突破或绕过苏军的线性防御阵地。就战役层次而言，德军在东线的失利是因为他们的装甲兵-空军协同作战丧失了突破苏军防线的能力。相反，红军则获得了运用坦克军突破德军防御的能力。

德国装甲部队中，法西斯对战争的态度明显地体现在对铁十字勋章的崇拜和用"虎"或"豹"等名字来命名坦克上——这有助于纳粹的神话延续至今。虽然德国人擅长用符号学来鼓舞东线的士气，但其装甲部队高级将领对战斗力背后的工业基础却毫不在意。1941年7月希特勒减少了弹药的生产，1942年钨芯穿甲弹停产，如果他们在意，就会意识到在这样的决策之下德军是无法和红军一较高下的。相反，红军秉持的马列主义对战争的态度，表现在对一切国家资源的总动员上，他们承认生产战线和前方战线同等重要。苏军的坦克没有花哨的名字，只有数字。终于，无论是在糟糕的1941年，还是在1942年—1943年苏联工业终于能够拿出赶走令人憎恨的侵略者的办法时，红军冷静、注重物质的思维方式都被证明要更有价值。

1941年—1942年间，红军坦克在完成步兵支援的任务上表现出越来越强的能力，但在运用装甲部队进行独立的大纵深作战上却异乎寻常的低效。即便红军的坦克军和坦克集团军在数量上具有明显的优势，他们也没有能力真正深入德军的防线。在哈尔科夫、勒热夫、布良斯克和列宁格勒，苏军坦克的进攻都未能攻破德军的防线，反而遭到了惨重的损失。直到"天王星"行动为红军提供了一个机会，让装甲部队与较弱的罗马尼亚军队交手，他们才表现出进行大纵深作战的能力。因此，不考虑其他的战略要素，东线装甲战在1942年11月前是德国占有优势，在此之后便不可逆转地向红军占优转变。

虽然从理论上说，红军可以打赢一场对德国的消耗战，但并不等于说红军可以打赢一场在消耗上与德国不对等的战争。在这场战争中，红军与德军在人员坦克上的伤亡比达到7∶1甚至更高。一系列代价高昂的失败，如在哈尔科夫、克里米亚和顿河河曲，使红军最好的装甲部队瘫痪了好几个月，让德军打到了伏尔加河和高加索。红军这种一边倒的损失，其核心问题在于斯大林自上而下强加的那种外行和自我毁灭的决策。铁木辛哥、布琼尼、科涅夫甚至是朱可夫这样的将领经常会放弃军事常识，不断地屈就斯大林的要求，发动鲁莽而不成熟的进攻。没有后勤保障，因而无法维系装甲作战；缺乏训练，因而部队在战斗中表现低劣、一触即溃——这就是1941年—1942年红军装甲作战失利的根本原因。

红军想要夺取胜利，就要重新学习军事指挥艺术和多兵种协同作战，还要培养一支在战术上足够聪明的中级和基层指挥员队伍，但这些直到战争爆发18个月以后才开始实行。如果红军不吸取教训，就只能保住不败，而不能争取胜利。到1942年11月，红军中发生了一些微妙的变化，数月来的军事灾难终于使斯大林减少了对作战的干扰，并允许华西列夫斯基、瓦图京和罗科索夫斯基等专业而冷静的将领准备适当的进攻，如"天王星"和"小土星"行动。不过，苏军坦克兵在战役层次上的运用仍然是冲动的，朱可夫和其他将领一再犯下同样的错误，在完成真正的突破前过早地投入用于扩大战果的装甲部队。在整个战争期间，双方都在努力解决装甲部队的后勤问题，但都没有真正拥有维持长时间机动作战的能力。就像1941年末德军没能保持装甲先头部队的攻势因而导致"巴巴罗萨"行动的失败那样，1942年的苏军也没能维持他们坦克军的攻势，使得"小土星"行动没有对德国顿河集团军群造成致命的打击。

附录

装甲战斗序列和坦克情况，
1941 年—1942 年

装甲部队战斗序列，1941年6月22日

德国

北方集团军群（威尔海姆·冯·里布元帅）

第4装甲集群（埃里希·霍普纳大将）

第四十一摩托化军（格奥尔格-汉斯·莱因哈特装甲兵上将）

第1装甲师（弗里德里希·基希讷中将）

第6装甲师（威尔海姆·冯·托马装甲兵上将）

第36摩托化步兵师（奥托-恩斯特·奥滕巴赫尔中将）

第五十六摩托化军（埃里希·冯·曼施泰因步兵上将）

第8装甲师（埃里希·布兰登贝格装甲兵上将）

第3摩托化步兵师（库尔特·雅恩中将）

集团军预备队

党卫军"髑髅"师（提奥多尔·艾克少将）[1]

中央集团军群（费多尔·冯·博克元帅）

第2装甲集群（海因茨·古德里安大将）

第二十四摩托化军（里尔·盖尔·冯·施韦彭格男爵装甲兵上将）

第3装甲师（瓦尔特·莫德尔中将）

第4装甲师（维利伯尔德·冯·朗格曼·翁德·埃伦坎普男爵中将）

第10摩托化步兵师（腓特烈-威尔海姆·冯·洛佩尔中将）

第四十六军（海因里希·冯·威汀霍夫-希尔大将）

第10装甲师（费迪南德·沙尔装甲兵上将）

党卫军"帝国"师（保罗·豪塞尔中将）[2]

"大德意志"摩托化步兵团（威尔海姆-亨诺德·冯·施托克豪森上校）

第四十七军（约阿希姆·利默尔森炮兵上将）

第17装甲师（汉斯-约根·冯·阿尼姆中将）

第18装甲师（瓦尔特·内林中将）

第29摩托化步兵师（瓦尔特·冯·博尔滕斯特恩少将）

第3装甲集群（赫尔曼·霍特大将）

第三十九摩托化军（鲁道夫·施密特装甲兵上将）

第7装甲师（汉斯·冯·丰克男爵装甲兵上将）

第20装甲师（霍斯特·斯坦普夫装甲兵上将）

第14摩托化步兵师（弗里德里希·福斯特中将）

第20摩托化步兵师（汉斯·佐恩中将）

第五十七摩托化军（阿道夫·库恩岑装甲兵上将）

第12装甲师（约瑟夫·哈佩大将）

第19装甲师（奥托·冯·克诺贝尔斯多夫中将）

第18摩托化步兵师（弗里德里希·赫勒林少将）

南方集团军群（格尔德·冯·伦德施泰特元帅）

第1装甲集群（埃瓦尔德·冯·克莱斯特大将）

第十四摩托化军（古斯塔夫·安东·冯·维特斯海姆步兵上将）

第9装甲师（阿尔弗雷德·冯·胡比基中将）

党卫军"维京"师（费利克斯·斯坦纳少将）

第三摩托化军（埃伯哈德·冯·马肯森大将）

第13装甲师（瓦尔特·杜维特中将）

第14装甲师（弗里德里希·库恩装甲兵上将）

第四十八摩托化军（沃尔纳·肯普夫装甲兵上将）

第11装甲师（路德维克·克吕维尔装甲兵上将）

第16装甲师（汉斯-"瓦伦丁"·胡贝大将）

集团军预备队

党卫军"警卫旗队"摩托化师（约瑟夫·迪特里希上将）

第16摩托化步兵师（希格弗里德·亨里奇中将）

第25摩托化步兵师（海因里希·克罗斯纳中将）

附注：还有11个突击炮营参加了"巴巴罗萨"行动，2个营在北方集团军群，6个营在中央集团军群，还有4个营在南方集团军群。

增援部队

9月：

第2装甲师（鲁道夫·凡伊尔中将）[194辆坦克]

第5装甲师（古斯塔夫·费恩装甲兵上将）[186辆坦克]

12月：

第203装甲团（黑罗·布罗伊辛上校）[142辆坦克]

苏联

北方面军（马基恩·M. 波波夫中将）

第14集团军（瓦列里安·A. 弗罗洛夫中将）

坦克第1师（维克多·I. 巴拉诺夫少将）

第23集团军（彼得·S. 普申尼科夫中将）[3]

机械化第10军（伊凡·G. 拉扎列夫少将）[4]

坦克第21师（列奥尼德·V. 布宁上校）

坦克第24师（马卡里奥·I. 切斯诺科夫上校）

摩托化步兵第198师（弗拉基米尔·V. 克留科夫少将）

配属于方面军

机械化第1军（米哈伊尔·L. 切尼亚夫斯基少将）

坦克第3师（康斯坦丁·Y. 安德烈夫上校）

摩托化步兵第163师（伊凡·M. 库兹涅佐夫少将）

西北方面军（费奥多尔·I. 库兹涅佐夫上将）

第8集团军（彼得·P. 索本尼科夫中将）

机械化第12军（尼古拉·M. 谢斯托帕洛夫少将）[5]

坦克第23师（提莫菲·S. 奥伦科上校）[6]

坦克第28师（伊凡·D. 切尔尼亚霍夫斯基上校）

机械化第202师（弗拉基米尔·K. 戈尔巴乔夫上校）

第11集团军（瓦西里·I. 莫洛佐夫中将）

机械化第3军（阿列克谢·V. 库尔金少将）

坦克第2师（叶戈尔·N.索扬金少将）[7]

坦克第5师（费奥多尔·F.费奥多罗夫上校）

机械化第84师（彼得·I.福缅科少将）

西方面军（季米特里·G.巴甫洛夫上将）[8]

第3集团军（瓦西里·I.库兹涅佐夫中将）

机械化第11军（季米特里·K.莫斯特凡科少将）

坦克第29师（尼古拉·P.斯塔德涅夫上校）[9]

坦克第33师（米哈伊尔·F.帕诺夫上校）

摩托化步兵第204师（阿列克谢·M.皮洛夫上校）[10]

第4集团军（亚历山大·A.科罗布科夫少将）[11]

机械化第14军（斯捷潘·I.欧柏林少将）[12]

坦克第22师（瓦西里·P.普加诺夫少将）[13]

坦克第30师（谢苗·I.博格达诺夫上校）

摩托化步兵第205师（菲利普·F.库德尤洛夫上校）[14]

第10集团军（康斯坦丁·D.戈卢别夫中将）

机械化第6军（米哈伊尔·G.哈茨基列维奇少将）[15]

坦克第4师（安德烈·G.波塔图鲁晓夫少将）[16]

坦克第7师（谢苗·V.波兹洛夫少将）[17]

摩托化步兵第29师（易卜拉欣·P.比克扎诺夫少将）[18]

机械化第13军（彼得·N.阿赫利乌锡少将）[19]

坦克第25师（尼古拉·M.尼基弗洛夫上校）[20]

坦克第31师（谢尔盖·A.卡里霍维奇上校）

摩托化步兵第208师（弗拉基米尔·I.尼基博洛维奇上校）

配属于方面军

机械化第17军（米哈伊尔·P.彼得洛夫少将）[21]

坦克第27师（阿列克谢·O.阿克曼诺夫上校）

坦克第36师（谢尔盖·Z.米洛什尼科夫上校）[22]

摩托化步兵第209师（阿列克谢·I.穆拉维约夫上校）[23]

机械化第20军（安德烈·G.尼吉丁少将）[24]

坦克第26师（维克多·T.奥布霍夫少将）

坦克第38师（谢尔盖·I.卡斯普廷上校）[25]

摩托化步兵第210师（费奥凡·A.帕克霍缅科少将）

西南方面军（米哈伊尔·P. 基尔波诺斯中将）[26]

第5集团军（米哈伊尔·I. 波塔波夫中将）

机械化第9军（康斯坦丁·K. 罗科索夫斯基少将）

坦克第20师（米哈伊尔·E. 卡图科夫上校）

坦克第35师（尼古拉·A. 诺维科夫少将）

摩托化步兵第131师（尼古拉·V. 加里宁上校）

机械化第22军（谢苗·M. 康德鲁谢夫少将）[27]

坦克第19师（库兹马·A. 谢苗琴科少将）[28]

坦克第41师（彼得·P. 帕夫洛夫上校）

机械化第215师（帕夫林·A. 巴拉巴诺夫上校）[29]

第6集团军（伊凡·N. 穆兹琴科中将）[30]

机械化第4军（安德烈·A. 弗拉索夫少将）

坦克第8师（彼得·S. 福琴科夫上校）[31]

坦克第32师（埃菲姆·G. 普希金上校）

摩托化第81师（彼得·M. 瓦里帕耶夫上校）[32]

机械化第15军（伊格纳蒂·I. 卡尔佩佐少将）[33]

坦克第10师（谢尔盖·I. 奥古尔佐夫少将）[34]

坦克第37师（费奥多尔·G. 阿尼库什金上校）

摩托化第212师（谢尔盖·V. 巴拉诺夫少将）[35]

第12集团军（帕维尔·G. 庞德林少将）[36]

机械化第16军（亚历山大·G. 索科洛夫少将）[37]

坦克第15师（瓦西里·I. 波洛兹科夫上校）

坦克第39师（尼古拉·V. 斯塔科夫上校）

摩托化第240师（伊凡·V. 戈别科上校）

第26集团军（费奥多尔·Y. 康斯滕科中将）

机械化第8军（季米特里·I. 里亚贝舍夫中将）

坦克第12师（季莫菲·A. 米沙宁少将）[38]

坦克第34师（伊凡·V. 瓦西列夫上校）

摩托化第7师（亚历山大·G. 格拉西莫夫上校）

配属于方面军

机械化第19军（尼古拉·V. 费克伦科少将）

坦克第40师（米哈伊尔·V. 希罗博科夫上校）

坦克第43师（伊凡·V. 齐宾上校）

摩托化步兵第213师（瓦西里·M. 奥斯明斯基上校）[39]

机械化第24军（弗拉基米尔·I. 奇斯特亚科夫少将）[40]

　　坦克第45师（米哈伊尔·D. 索洛马丁上校）

　　坦克第49师（康斯坦丁·F. 什韦索夫上校）

　　摩托化第216师（阿索特·S. 萨尔基扬上校）[41]

南方面军（伊凡·秋列涅夫大将）

第9集团军（雅科夫·T. 切列维琴科上将）

机械化第2军（尤里·V. 诺沃塞尔斯基中将）

　　坦克第11师（格里高利·库兹明上校）

　　坦克第16师（米哈伊尔·I. 明德罗上校）[42]

　　摩托化第15师（尼古拉·N. 别洛夫上校）[43]

机械化第18军（彼得·V. 沃罗赫少将）

　　坦克第44师（瓦西里·P. 克里莫夫上校）[44]

　　坦克第47师（尼古拉·F. 米哈伊洛夫上校）

　　摩托化第218师（阿列克谢·P. 沙拉金上校）

总预备队

机械化第5军（伊利亚·P. 阿列克塞科少将）[45]

　　坦克第13师（费奥尔多·U. 格拉切夫上校）[46]

　　坦克第17师（伊凡·P. 柯察金上校）

　　摩托化第109师（尼古拉·P. 克拉斯诺列茨基上校）[47]

机械化第7军（瓦西里·I. 维诺格拉多夫少将）

　　坦克第14师（伊凡·D. 瓦西里上校）

　　坦克第18师（费奥多尔·T. 雷米佐夫少将）

　　摩托化第1师（雅科夫·G. 克雷泽上校）

机械化第21军（季米特里·D. 列柳申科少将）

　　坦克第42师（尼古拉·I. 沃伊科夫上校）

　　坦克第46师（瓦西里·A. 科普佐夫上校）[48]

　　摩托化第185师（彼得·L. 鲁丘克少将）

机械化第23军（米哈伊尔·A. 米斯尼科夫少将）[49]

　　坦克第48师（迪米特里·Y. 雅科夫列夫上校）

　　坦克第51师/坦克第110师（彼得·G. 切尔诺夫上校）

　　摩托化第220师（尼基弗·G. 霍鲁琴科少将）

机械化第25军（谢苗·M. 克劳沃辛少将）

　　坦克第50师（鲍里斯·S. 巴哈诺夫上校）

坦克第55师（瓦西里·M. 巴达诺夫上校）

摩托化第219师（帕维尔·P. 科尔宗少将）

增援部队

6月：

坦克第57师（324辆T-26），来自外贝加尔军区

7月：

机械化第69师/坦克第107师（皮奥尔·I. 多姆拉切夫上校）（200辆BT/T-26），来自远东军区

坦克第59师/坦克第108师（谢尔盖·伊万诺夫上校），来自远东

机械化第82师/坦克第111师（伊凡·V. 舍夫尼科夫少将），来自外贝加尔军区

机械化第26军（尼古拉·I. 基利琴科少将）（184辆轻型坦克），来自北高加索军区

坦克第52师/坦克第101师（格里高利·M. 米哈伊洛夫上校）

坦克第56师/坦克第102师（伊凡·D. 伊利奥诺夫上校）[50]

摩托化第103师（格里高利·T. 季莫费耶夫少将）

坦克第109师（谢苗·P. 切尔诺贝上校）

来自外高加索的机械化第27军的部队（1941年7月15日重新整编）

坦克第9师/坦克第109师（瓦西里·G. 布尔科夫上校）（208辆轻型坦克）[51]

坦克第53师/坦克第105师（阿列克谢·S. 别罗格拉佐夫上校）

摩托化第221师/坦克第106师（戈什·M. 罗滕贝格上校）

8月：

坦克第1和第7旅

9月：

坦克第2、第13、第15、第16、第29、第121、第123、第124、第126、第127、第128、第129、第142、第143、第147、第148、第150旅

10月：

坦克第4、第8、第9、第11、第17、第18、第19、第20、第21、第22、第23、第24、第25、第26、第27、第28、第32旅；

坦克第60师（阿列克谢·F. 波波夫少将），来自远东（179辆坦克）

11月：

坦克第31、第33、第35、第36、第37、第38、第48、第145、第146旅

坦克第58师（亚历山大·A. 科利亚罗夫少将），来自远东（200辆轻型坦克）[52]

坦克第112师（安德烈·L. 格特曼上校），来自远东（210辆T-26）

12月：

坦克第6、第54、第68、第69、第70、第71旅

注释

1.1941年7月8日负伤。

2.1941年10月15日负伤。

3.1941年12月13日阵亡。

4.1941年7月被逮捕。

5.1941年6月28日被俘。

6.1941年10月14日死亡。

7.1941年6月26日阵亡。

8.1941年7月22日被处决。

9.1941年7月21日阵亡。

10.1941年9月19日失踪。

11.1941年7月22日被处决。

12.1941年10月被处决。

13.1941年6月24日阵亡。

14.1941年6月30日阵亡。

15.1941年6月25日阵亡。

16.1941年7月6日被俘。

17.1941年9月28日阵亡。

18.1941年7月25日被俘。

19.1941年7月28日阵亡。

20.1941年6月失踪。

21.1941年9月10日死亡。

22.1941年8月失踪。

23.1941年7月失踪。

24.1941年6月负伤。

25.1941年9月29日被俘。

26.1941年9月20日阵亡。

27.1941年6月24日阵亡。

28.1941年7月负伤。

29.1941年9月9日死亡。

30.1941年8月6日被俘。

31.1941年8月失踪。

32.1941年6月失踪。

33.1941年6月26日负伤。

34.1941年8月被俘。

35.1941年被俘。

36.1941年8月被俘。

37.1941年8月被俘。

38.6月29日阵亡。

39.1941年8月被俘。

40.1941年7月负伤，8月死亡。

41.1941年7月失踪。

42.1941年8月3日阵亡。

43.1941年9月8日阵亡。

44.1941年7月被俘。

45.1941年8月3日死亡。

46.1941年7月14日阵亡。

47.1941年6月27日负伤。

48.1941年7月负伤。

49.1941年7月负伤。

50.1941年10月阵亡。

51.1941年7月负伤。

52.1941年11月20日自杀。

东线使用的坦克，1941

德国坦克

	Ⅱ号 F 型	Ⅲ号 F 型	Ⅲ号 G/H 型	Ⅳ号 F1 型	Pz.35(t)	Pz.38(t)
投产	1941年3月	1939年9月	1940年4月	1941年4月	1937年	1939年
重量（吨）	9.5	19.5	19.5	22.3	10.5	9.8
乘员	3	5	5	5	4	4
引擎	迈巴赫 HL62TR140	迈巴赫 HL120TR300	迈巴赫 HL120TR300	迈巴赫 HL120TR300	斯柯达T11/0	布拉格TYP TNHPS/Ⅱ
马力	140	300	300	300	120	123
悬架	板簧	扭力杆	扭力杆	板簧	板簧	板簧
最大速度（公里/小时）	40（公路）	40（公路）	40（公路）	40（公路）	34（公路）	42（公路）15（越野）
燃油类型	汽油	汽油	汽油	汽油	汽油	汽油
载油量（升）	170	320	320	470	153	220
最大行程（公里）	190（公路）	165（公路）	165（公路）	200（公路）	190（公路）115（越野）	200（公路）100（越野）
最大涉水深度（米）	0.92	0.80	0.80	1.00	0.8	0.9
履带宽（厘米）	30	36	36	40	29.3	29.3
主炮	20毫米 KwK 30 L/55	37毫米 KwK 35/36	50毫米 KwK 38 L/42	75毫米 KwK 37 L/24	37毫米 KwK 34(t)	37毫米 KwK 38(t)
炮弹	穿甲弹、高爆弹	高爆弹、被帽风帽穿甲弹	59发高爆弹、36发被帽风帽穿甲弹	被帽穿甲弹、高爆弹	被帽风帽穿甲弹	尖头钨芯穿甲弹、被帽风帽穿甲弹、高爆弹
载弹数	180	120	95—98	80	90	90
前装甲厚度（毫米）	30—35	30	30	50	25	25
侧装甲厚度（毫米）	14	30	30	30	16	15
无线电	Fu 5	Fu 5	Fu 5	Fu 5	Fu 5	Fu 5

苏联坦克

	T-26	BT-7M	T-28	T-34/76	KV-1
投产	1937	1938	1934	1941	1941
重量（吨）	9.6	14.6	32.0	28.0	45.0
乘员	3	3	6	4	5
引擎	GAZ T-26	V-2	M-17T	V-2-34	V-2-K
马力	91	500	500	500	600
悬挂	板簧	克里斯蒂	盘簧	克里斯蒂，盘簧	扭力杆
最大速度 （公里/小时）	31（公路） 19（越野）	62 50	40 20	54 25	35 17
燃油类型	汽油	柴油	汽油	柴油	柴油
载油量（升）	290	823	650	540	600
最大行程 （公里）	240（公路） 140（越野）	700 600	220 140	300 210	250 180
最大涉水深度 （米）	0.76	1.2	0.8	1.12	1.5
履带宽	26	26	26	48	65
主炮	45毫米 20K,mod. 1932/38	45毫米 20K,mod. 1932/38	76.2毫米 KT-28	76.2毫米 F-34	76.2毫米 ZIS-5
炮弹	穿甲弹、高爆 破片弹	穿甲弹、高爆 破片弹	穿甲弹、高爆 破片穿甲弹	高爆穿甲弹、高 爆破片弹	高爆穿甲 弹、高爆破 片弹
载弹数	122	40	70	77	114
前装甲厚度 （毫米）	15	22—30	20—30	45—52	75—90
侧装甲厚度 （毫米）	15	13	20	45—52	75—90
无线电	71-TK-3	71-TK-3	71-TK-3	71-TK-3	71-TK-3

坦克生产情况，1941年

德国坦克

型号 ＼ 月份	轻型坦克		中型坦克		其他		总计
	II号	III号	IV号	Pz.38(t)	Pz.Bef	III号突击炮	
1月	0	88	31	45	16	36	216
2月	0	108	26	50	20	30	234
3月	7	92	28	53	24	30	234
4月	15	124	36	49	22	47	293
5月	12	143	29	78	14	48	324
6月	15	133	38	65	5	56	312
7月	21	127	38	65	13	34	298
8月	25	179	44	64	0	50	362
9月	25	178	46	76	2	38	365
10月	38	164	51	53	0	71	377
11月	40	206	52	50	0	46	394
12月	35	171	61	50	16	46	379
总计	233	1713	480	698	132	532	3788

生产中心

　　马格德堡（克虏伯-格鲁森股份公司：IV号坦克）；普劳恩（沃格兰机械制造股份公司：IV号坦克）；柏林［阿尔凯特和戴姆勒-奔驰股份公司：III号坦克（阿尔凯特是莱茵金属-博尔希格公司的子公司）］；卡塞尔（亨舍尔父子股份公司、魏格曼车厢工厂股份公司：III号坦克）；纽伦堡（奥格斯-纽伦堡机械制造股份公司：III号坦克）；汉诺威（下萨克森汉诺威机械制造股份有限公司：III号坦克）；不伦瑞克（农业和工业机械股份公司：III号坦克）；布雷斯劳［车辆和发动机结构股份有限公司：II号坦克）；皮尔森（伯米施-梅里舍机械制造股份公司：38(t)］

坦克引擎

　　腓特烈港（迈巴赫引擎股份有限公司：迈巴赫HL 120 TRM）；柏林（北德意志引擎公司）

主炮

　　杜塞尔多夫（莱茵金属-博尔希格股份公司：50毫米口径KwK 38 L/42，75毫米口径KwK 37 L/24

新的坦克型号

Ⅲ号J型坦克，安装50毫米口径KwK 39 L/60长管火炮，1941年12月首次投产（共生产40辆）

苏联坦克

月份 型号	轻型坦克			中型坦克	重型坦克	总计
	T-60	T-50	T-26	T-34	KV-1/KV-2	
1月	0	0	0	168	46	214
2月	0	0	69	113	44	226
3月	0	0	0	179	62	241
4月	0	0	0	223	66	289
5月	0	0	0	191	11/59	261
6月	0	0	0	256	40/40	336
7月	0	15	24	302	177	518
8月	0	35	23	421	207	686
9月	20	0	0	398	108	526
10月	120	0	0	185	91	396
11月	600	0	0	253	156	1009
12月	648	10	0	327	190	1175
总计	1388	60	116	3016	1198/99	5877

生产中心

列宁格勒（生产KV-1至1941年10月，7-8月生产T-50）；车里雅宾斯克（1941年7月起生产KV-1）；哈尔科夫（生产T-34至1941年10月）；斯大林格勒（T-34、T-60）；高尔基（1941年9月起生产T-34，T-60）；下塔吉尔（1941年12月起生产T-34）；莫斯科/科洛姆纳（T-60）

坦克引擎

V-2柴油发动机（哈尔科夫第75厂）

主炮

76.2毫米口径F-34火炮（高尔基第92厂）

新的坦克型号

T-34/76 1941型，安装76.2毫米口径F-34火炮，1941年2月投产

T-50轻型坦克，安装45毫米口径 M1938火炮，1941年7月投产

T-60轻型坦克，安装20毫米TNSh L/107加农炮，1941年9月投产

装甲部队战斗序列，1942年7月1日

德国

北方集团军群（格奥尔格·冯·屈希勒元帅）

第十六集团军（恩斯特·布彻元帅）

第三十九装甲军（汉斯·欧根·冯·阿尼姆装甲兵上将）

第8装甲师（埃里希·布兰登贝格装甲兵上将）

集团军直属：第203装甲团

第十八集团军（格奥尔格·林德曼大将）

第二十八军（赫尔伯特·洛克炮兵上将）

第12装甲师（瓦尔特·威塞尔中将）

中央集团军群（京特·冯·克卢格元帅）

第二装甲集团军（鲁道夫·施密特大将）

第三十五军（鲁道夫·坎普夫炮兵上将）

第4装甲师（海因里希·埃贝巴赫中将）

第四十七装甲军（约阿希姆·利默尔森炮兵上将）

第17装甲师（鲁道夫–爱德华·利希特少将）

第18装甲师（卡尔·冯·薛根男爵中将）

第四集团军（哥特哈德·海因里希大将）

第五十六装甲军（费迪南德·沙尔装甲兵上将）

第19装甲师（古斯塔夫·施密特中将）

第九集团军（瓦尔特·莫德尔大将）

第二十三军（阿尔布雷赫特·舒伯特步兵上将）

第1装甲师（瓦尔特·克鲁格中将）

第5装甲师（古斯塔夫·费恩装甲兵上将）

第四十六装甲军（汉斯·佐恩步兵上将）

第20装甲师（瓦尔特·杜维特中将）

集团军直属：第2装甲师（汉斯·卡尔·冯·埃塞贝克中将）

南方集团军群（费奥多尔·冯·博克元帅）

第一装甲集团军（埃瓦尔德·冯·克莱斯特大将）

第三装甲军（里尔·盖尔·冯·施韦彭格男爵装甲兵上将）

第16装甲师（汉斯–"瓦伦丁"·胡贝装甲兵上将）

第22装甲师（威尔海姆·冯·阿佩尔·奥夫斯特隆中将）

第十四装甲军（古斯塔夫·冯·维特斯海姆步兵上将）

第14装甲师（费迪南德·海姆中将）

第60摩托化步兵师

第四装甲集团军（赫尔曼·霍特大将）

第二十四装甲军（威尔海姆·冯·朗格曼·翁德·艾伦坎普男爵装甲兵上将）[1]

第9装甲师（约翰内斯·贝斯勒中将）

第11装甲师（赫尔曼·鲍尔克装甲兵上将）

第3摩托化步兵师（赫尔穆特·施勒默尔少将）

第四十八装甲军（鲁道夫·凡伊尔装甲兵上将）

第24装甲师（布鲁诺·冯·豪恩斯希尔德中将）

第16摩托化步兵师（希格弗里德·亨里奇中将）

"大德意志"摩托化步兵师（瓦尔特·霍恩莱恩中将）

第六集团军（弗里德里希·保卢斯装甲兵上将）

第四十装甲军（格奥尔格·施图姆骑兵上将）

第3装甲师（赫尔曼·布赖特中将）

第23装甲师（汉斯·冯·博伊内堡-伦斯费尔德男爵中将）[2]

第29摩托化步兵师（马克斯·弗雷梅赖少将）

接受集团军群指挥

第五十七装甲军（弗里德里希·基希讷装甲兵上将）

第13装甲师（特劳戈特·赫尔装甲兵上将）

党卫军"维京"师（费利克斯·斯坦纳中将）

增援部队

9月：

第502重型坦克营第1连（34辆"虎"式坦克）

10月：

第27装甲师（赫尔穆特·马沙利克上校）（50辆坦克）

11月：

第200突击炮营

第6装甲师（埃尔哈德·劳斯少将）（159辆坦克）

12月：

第138坦克营（38辆坦克，集团军直属单位）

第502重型坦克营第2连（18辆"虎"式坦克）

第503重型坦克营（51辆"虎"式坦克）

备注：1942年5—6月，第6、第7、第10装甲师从苏联调往驻法国的D集团军群。

苏联

列宁格勒方面军（列奥尼德·A. 戈沃罗夫中将）

第23集团军（亚历山大·I. 切列帕诺夫少将）

坦克第152旅

第55集团军（弗拉基米尔·P. 斯维里多夫少将）

坦克第220旅

方面军直属

坦克第1旅和2个独立坦克营

沃尔霍夫方面军（基里尔·A. 梅列茨科夫将军）

第54集团军（亚历山大·V. 苏霍姆林少将）

坦克第16、第98、第122、第124旅

第59集团军（伊凡·T. 科洛夫尼科夫少将）

近卫坦克第7旅，坦克第29旅

方面军直属

5个独立坦克营

西北方面军（帕维尔·A. 库罗希金上将）

第11集团军（瓦西里·I. 莫洛佐夫中将）

坦克第69旅

第53集团军（亚历山大·S. 西诺芬托夫少将）

第33、第60、第177坦克旅

方面军直属

坦克第83旅和12个独立坦克营

加里宁方面军（伊凡·S. 科涅夫上将）

突击第3集团军（马克西姆·A. 普卡耶夫中将）

坦克第104、第184旅和2个独立坦克营

突击第4集团军（弗拉基米尔·V. 库拉索夫中将）

 坦克第78旅和2个独立坦克营

第22集团军（瓦西里·A. 伊什凯维奇中将）

 坦克第82旅

第30集团军（季米特里·D. 莱柳申科中将）

 坦克第28、第143旅

第31集团军（维塔利·S. 波列诺夫少将）

 坦克第92、第101旅

第41集团军（内务人民委员会格尔曼·F. 塔拉索夫少将）

 坦克第21旅

第58集团军（阿里克谢·I. 齐金少将）

 坦克第35、第81旅

方面军直属

 坦克第7军（帕维尔·A. 罗特米斯特罗夫少将）

  近卫坦克第3旅，坦克第62、第87旅（215辆坦克）

 坦克第71旅和2个独立坦克营

西方面军（格奥尔基·K. 朱可夫将军）

第5集团军（伊凡·I. 费迪宁斯基少将）

 坦克第20旅和1个独立坦克营

第10集团军（瓦西里·S. 波波夫中将）

 坦克第32旅

第16集团军（伊凡·K. 巴格拉米扬中将）

 坦克第94、第112、第146旅和1个独立坦克营

第20集团军（马克斯·A. 赖特中将）

 坦克第17、第120、第188旅

第33集团军（米哈伊尔·S. 霍金中将）

 坦克第145旅和1个独立坦克营

第43集团军（康斯坦丁·D. 戈卢别夫中将）

 坦克第18旅

第49集团军（伊凡·G. 扎哈金中将）

 坦克第34旅和1个独立坦克营

第50集团军（伊凡·V. 波耳丁中将）

 坦克第11、第108旅

第61集团军（帕维尔·A. 别洛夫中将）

　　坦克第3军（季米特里·K. 莫斯托文科少将）

　　　　坦克第50、第51、第103旅（192辆坦克）

　　坦克第68、第192旅

方面军直属

　　坦克第5军（库兹马·A. 谢缅申科少将）

　　　　坦克第24、第41、第70旅

　　坦克第6军（安德烈·L. 格特曼少将）

　　　　坦克第22、第100、第200旅（169辆坦克）

　　坦克第8军（米哈伊尔·D. 索洛马丁少将）

　　　　坦克第25、第31、第93旅（165辆坦克）

　　坦克第9军（阿列克谢·V. 库尔金少将）

　　　　坦克第23、第95、第187旅

　　坦克第10军（瓦西里·G. 布尔科夫少将）

　　　　坦克第178、第183、第186旅（152辆坦克）

　　近卫坦克第6旅，坦克第2旅

布良斯克方面军（菲利普·I. 戈利科夫中将）

　　第3集团军（帕维尔·P. 库佐恩中将）

　　坦克第79、第150旅

　　第13集团军（尼古拉·P. 普霍夫中将）

　　坦克第129旅

　　第40集团军（马基安·M. 波波夫中将）

　　坦克第14、第170旅

　　第48集团军（格里高利·A. 卡留津少将）

　　坦克第80、第202旅

　　坦克第5集团军（亚历山大·I. 利齐乌科夫少将）[3]

　　　　坦克第2军（安德烈·G. 克拉夫琴科少将）

　　　　　　坦克第26、第27、第148旅（183辆坦克）

　　　　坦克第11军（阿列克谢·F. 波波夫少将）

　　　　　　坦克第53、第59、第160旅（191辆坦克）

　　　　坦克第19旅（65辆坦克）

　　方面军直属

　　　　坦克第1军（米哈伊尔·E. 卡图科夫少将）

近卫坦克第1旅，坦克第49、第89旅

坦克第4军（瓦西里·A.米舒林少将）

坦克第45、第47、第102旅（179辆坦克）

坦克第16军（米哈伊尔·I.帕维尔金少将）

坦克第107、第109、第164旅（181辆坦克）

坦克第17军（伊凡·P.柯察金少将）

坦克第66、第67、第174旅（145辆坦克）

坦克第24军（瓦西里·M.巴达诺夫少将）

近卫坦克第4旅，坦克第54、第130旅（141辆坦克）

坦克第115、第116、第118、第157、第201旅

西南方面军（谢苗·K.铁木辛哥元帅）

第9集团军（费奥凡·A.帕尔霍缅科少将）

坦克第12旅和2个独立坦克营

第21集团军（阿列克谢·I.丹尼洛夫少将）

坦克第13军（彼得·E.舒洛夫少将）[4]

坦克第85、第167旅（163辆坦克）

坦克第10旅（38辆坦克）

第28集团军（瓦西里·D.克里奇金少将）

坦克第23军（艾布拉姆·M.哈辛少将）

近卫坦克第6旅，坦克第91、第114旅（128辆坦克）

坦克第65、第90旅（87辆坦克）

第38集团军（基里尔·S.莫斯卡连科少将）

坦克第22军（亚历山大·A.沙姆辛少将）

坦克第3、第13、第36旅（49辆坦克）

坦克第133、第156、第159、第168旅和1个独立坦克营（94辆坦克）

方面军直属

坦克第14军（尼古拉·N.拉德克维奇少将）

坦克第138、第139旅

坦克第57、第58、第84、第88、第158、第176旅和2个独立坦克营

南方面军（罗季恩·Y.马利诺夫斯基中将）

第37集团军（彼得·M.科兹洛夫少将）

坦克第121旅（46辆坦克）

第56集团军（亚历山大·I. 雷佐夫少将）

坦克第63旅（55辆坦克）

方面军直属

近卫坦克第5旅，坦克第15、第140旅和2个独立坦克营

北高加索方面军（谢苗·M. 布琼尼元帅）

第51集团军（尼古拉·I. 特鲁凡诺夫少将）

坦克第40旅

方面军直属

坦克第136、第137旅和2个独立坦克营

最高统帅部总预备队

坦克第3集团军（彼得·L. 罗曼年科中将）

坦克第12军（谢苗·I. 巴格达诺夫少将）

坦克第30、第97、第106旅

坦克第15军（瓦西里·A. 科普佐夫少将）

坦克第96、第105、第113旅

坦克第179旅

坦克第18军（伊凡·D. 切尔纳霍夫斯基少将）

坦克第110、第180、第181旅（181辆坦克）

坦克第2、第99、第166旅

莫斯科军区

坦克第27军[5]（费奥多尔·T. 雷米佐夫少将）

坦克第135、第155、第189旅

坦克第117、第119、第134、第153、第154、第161、第163、第169、第193、第196旅和26个独立坦克营

斯大林格勒军区

坦克第6、第39、第55、第56、第173、第183、第191旅

增援部队

7月：

坦克第1集团军（基里尔·S. 莫斯卡连科少将），下辖坦克第13、第28军，坦克第

158旅

    坦克第25军（彼得·P.巴甫洛夫少将）

    坦克第111、第162、第175旅

    坦克第26军（阿列克谢·G.罗丁少将）

    坦克第28军（格奥尔基·S.罗丁少将）

8月：

    坦克第4集团军（瓦西里·D.克里奇金少将），下辖坦克第22、第23军，坦克第
133旅

12月：

    坦克第19军（S.A.弗什科维奇上校）

    坦克第20军（季米特里·M.格里森科上校）

注释

1.1942年10月3日阵亡。

2.1942年7月20日被解除指挥权，8月复职。12月27日负伤。

3.1942年7月23日阵亡。

4.1942年7月2日因伤致死。

5.1942年9月改编为第一机械化军。

坦克的生产情况，1942

德国

月份 ＼ 型号	轻型坦克		中型坦克		重型坦克	其他	总计
	Ⅱ号坦克	Ⅲ号坦克	Ⅳ号坦克	Pz.38(t)	Ⅵ号坦克	Ⅲ号突击炮	
1月	29	159	59	59	0	45	351
2月	42	216	58	61	0	45	422
3月	50	244	8	28	0	3	333
4月	37	246	80	0	0	36	399
5月	56	246	85	21	0	79	487
6月	42	228	72	21	1	70	434
7月	20	231	88	26	0	60	425
8月	0	231	84	0	8	80	403
9月	0	217	93	0	3	70	383
10月	0	188	99	0	10	84	381
11月	0	178	113	0	21	100	412
12月	0	221	155	0	34	120	530
总计	276	2605	994	216	77	792	4960

坦克发动机

腓特烈港（迈巴赫引擎股份有限公司：迈巴赫 HL 120 TRM和迈巴赫HL210）；柏林（北德意志引擎公司）

新的坦克型号

Ⅲ L型坦克，安装50毫米口径KwK 39 L/60火炮，1942年6月投产，其改进型M型坦克1942年10月投产

Ⅲ号N型坦克，安装75毫米口径KwK 37 L/42榴弹炮，1942年6月投产

Ⅳ号F2型坦克，安装75毫米口径KwK 40 L/43火炮，1942年4月投产

Ⅳ号G型坦克，安装75毫米口径KwK 40 L/48火炮，1942年6月投产

Ⅵ号"虎"式坦克，安装88毫米口径KwK 36 L/56火炮，1942年8月投产

苏联

月份 型号	轻型坦克		中型坦克	重型坦克	总计
	T-60	T-70	T-34/76	KV-1	
1月	600	0	464	216	1280
2月	600	0	521	262	1383
3月	600	200	715	250	1765
4月	600	300	744	260	1904
5月	500	400	993	325	2218
6月	500	500	973	287	2260
7月	400	500	1263	132	2295
8月	300	500	1235	104	2139
9月	300	600	1264	174	2338
10月	77	600	1499	166	2342
11月	0	627	1291	125	2043
12月	0	710	1568	125	2403
总计	4477	4883	12535	2426	24321

生产中心

车里雅宾斯克工厂（KV-1）；斯大林格勒工厂（T-34）；第112厂，高尔基（T-34）；第183厂，下塔吉尔（T-34）；第174厂，鄂木斯克（T-34）；高尔基工厂（T-60，T-70）；第38厂，基洛夫（T-60，T-70）；第37厂，斯维尔德洛夫斯克（T-60，T-70）

坦克发动机

V-2柴油发动机，车里雅宾斯克工厂

新的坦克型号

T-34/76 1942型，1942年1月投产

T-70，安装45毫米口径20K 1938型 L/46 火炮，1942年3月投产

红色压路机
1943 年—1945 年

· 下篇 ·

第四章

1943年双方的装甲力量

战斗力的前提

这是关于第二次世界大战东线装甲作战研究《东线坦克战1941—1945》的下篇。上篇"重点突破战术,1941年—1942年"写的是德国拥有战争主动权的最初两年。本篇则包括了战争的后半期,即红军在斯大林格勒战役后取得主动权,一直打到柏林的这段时间。这套书不打算把每一次装甲作战都记成流水账,这需要很大的篇幅,我更想找到导致装甲战斗或战役最终结果的原因所在。我没有把注意力集中在那些人尽皆知的传统战役上,因为那里有着太多先入为主的观念,而许多重要的行动却被完全忽视了。一个很好的例子:1943年7月,著名的库尔斯克会战打响,几周之后,德军在米乌斯河发动了反攻,但这次反攻近乎默默无闻。

这项研究工作的基础是双方战争机器效率的高下对比。在第一卷中,我概述了德国在战争第一阶段的装甲战是如何成功的,这是因为他们在训练和多兵种联合作战的效率上占有优势。1940年的国防军,其规模是与德国有限的资源相适应的,但在1941年—1942年,情况却不是这样了。为了发起"巴巴罗萨"这样大规模的行动,第三帝国不得不从西欧征用数千辆缴获的车辆以及相应的燃料库存。但这些都只是一次性的。希特勒的闪电战大军就是要在因自己的内部问题迫使战争中止之前取得胜利。当"巴巴罗萨"计划失败后,德国人并没有做好持久战的准备——和苏联不同,因此效率变得十分低下。坦克产量少、后备兵员有限、后勤供应不足以及各军兵种之间的矛盾等问题开始浮现出来，在战争爆发半年之后成为严重的问题。此后，随着战争的持续，德军在东线军事行动，尤其是他们作为战役理论核心的装甲战，其效率变得每况愈下。

与此相反，红军由于斯大林主义者的清洗和临战前的迅速扩充，起初的作战效率很低，但到了1942年底，他们已经能够站稳脚跟。由于战前工业发展的"五年计划"，苏联和红军对持久战做了充分的准备。到本卷开头的1943年1月，德国机械化部队的战斗力已经开始走下坡路，红军的坦克部队终于做好了大规模进攻的准备。虽然之前有许多关于东线的著作认为，是这场或那场战役决定了战争结局，例如斯摩棱斯克、斯大林格勒或是库尔斯克，但本书是将德国装甲部队的衰落和苏联坦克部队的崛起视为一个整体进程，而不是一个孤立事件。并且，这一进程是由一系列工业决策和战场决策共同推动的。

德国在东线的装甲单位

1943年初，德国陆军和武装党卫军共有5种主要的装甲单位：

· 装甲师，机动协同作战的矛头，包括1个装甲团（内含1—2个装甲营，应有152辆坦克），2个摩托化步兵团（共4个营，其中一个营装备有轻型半履带装甲车），1个摩托化炮兵团（含3个炮兵营，共24门105毫米榴弹炮和12门160毫米榴弹炮），1个侦察营，1个反坦克营（14辆"貂"式坦克歼击车），1个摩托化工兵营以及一些通信和支援部队。

· 装甲掷弹兵师，为装甲师提供更多的步兵支援，只有1个坦克营或突击炮营，但步兵营有6个。

· 独立重装甲营，用于军级作战的突破单位。按照最初于1942年8月制定的"D编制"，每营含2个坦克连，每连有9辆"虎"式坦克和10辆Ⅲ号坦克。1943年被"E编制"取代，下辖3个连，每连有14辆"虎"式坦克。[1]

· 突击炮营，为步兵提供直接支援。每营由3个连组成，共计有Ⅲ号突击炮22辆，42型突击榴弹炮9辆。

· 坦克歼击车营，为宽大正面提供反坦克支援。早期的歼击车营通常含3个连，配备27辆"貂"式坦克歼击车。1943年出台了新编制，重坦克歼击车营由45辆"黄蜂"坦克歼击车组成。

1943年1月1日，德国在东线部署了21个装甲师和6个装甲掷弹兵师[①]，共有41个装甲营。此外，还有2个独立重装甲营，合计40辆"虎"式和40辆Ⅳ号坦克，再加上一些临时的连级坦克分遣队。理论上说，总共应该有3200辆坦克。然而，经过前6个月的激战消耗，德军装甲师的装备和兵力都大大减少了。从表面来看，根据托马斯·J. 詹茨提供的数字，新年伊始，德军在东线总共拥有1475辆可用的坦克，约占其总编制的46%，另外还有1328辆坦克在等待维修，这意味着报废（德文术语Totalaus Falle）的坦克总数仅占12%。[2]

但是，这些数字都被夸大了，并未反映出德国装甲部队在东线的悲惨状况。只有2个装甲师，即新投入的第7装甲师和原有的第9装甲师拥有100辆以上的坦克，剩下大部分师都已消耗殆尽，仅有30—40辆坦克，不到编制的25%。一些受到重大损失的师，如第3、第4、第8、第13装甲师，都只剩下十几辆坦克还能作战。此外，有3个装甲师（第14、第16、第24师）和3个装甲掷弹兵师（第3、第29、第60师）——总共12个装甲营和第六集团军一起陷入斯大林格勒的包围之中。尽管被围的师还有94辆能用的坦克和31辆突击炮，但燃料均已告罄，这些装备也已处在崩溃边缘。[3]因此，在前线真正能够用于作战的德国坦克可能还不足800辆，与1941年6月入侵苏联时的光景迥异。到1943年，德军已无力再实施大规模的机械化作战。

1943年初，德国使用的坦克主要是安装50毫米口径KwK 39 L/60长身管火炮的Ⅲ号L型、Ⅲ号M型坦克和配备75毫米口径KwK 40 L/43长身管火炮的Ⅳ号G型坦克。在条件有利时，这两种中型坦克都能在典型的交战距离击败它们的主要对手——苏联的T–34中型坦克，尽管Ⅲ号坦克的一个缺点是装甲防护水平欠佳。与T–34先进的倾斜装甲不同，德国中型坦克只能通过附加装甲板的方法来加强防护，从而增加了自重。Ⅲ号和Ⅳ号坦克在机动性上明显落后于T–34，它们使用的都是迈巴赫HL 120 TRM汽油发动机，至多只能产生300马力的动力，而苏联坦克强大的V–2柴油发动机产生的功率高达500马力。无论是Ⅲ号坦克的扭杆悬

---

① 原注：1942年末，武装党卫军已经重新编定了他们的摩托化步兵师，每师至少配属一个装甲营，称为"装甲掷弹兵师"。但陆军迟至1943年中期才重新命名了他们的摩托化步兵师。为避免混乱，我在这里使用了"装甲掷弹兵师"这一统称。如果特别提到某个1943年中期之前的陆军师，仍会使用"摩托化步兵师"一词。

架还是Ⅳ号坦克的钢板弹簧悬架，都无法和T–34的克里斯蒂悬架在越野地形上一较高下。此外，德国最新的两种中型坦克仅占前线总兵力的42%，约300辆，还有近三分之一的坦克是安装50毫米或75毫米短管火炮的老式Ⅲ型和Ⅳ号坦克，完全不是T–34的对手，它们还在服役只是因为新式坦克供不应求。剩下的20%则是Ⅱ型和捷克造38(t)轻型坦克，在前线已经没有用武之地。因此，德军在东线的装甲力量实际上是建立在数量极少的新式中型坦克上的。"虎"式重型坦克的数量太少，最新的"豹"式中型坦克1月份才刚刚开始生产，它们要影响东线装甲力量的天平还须等上好几个月。

除了装甲师，德国在苏联境内还有22个突击炮营和7个坦克歼击车营。理论上应有900辆安装了反坦克武器的装甲车辆，但其中有7个营被围困在斯大林格勒，其余的则减员至30%—50%，德军一共只剩下约250辆突击炮和坦克歼击车。而且，它们虽然增强了德国步兵的反坦克能力，却并不适合1940年以来德国机械化理论所青睐的那种快速机动作战。

苏联发动的两次强大的反攻——勒热夫的"火星"战役和斯大林格勒的"天王星"战役——致使德军将他们的装甲力量集中在东线的两个方向：一是防御勒热夫突出部的第九集团军（5个装甲师、1个装甲掷弹兵师、3个突击炮营），二是顿河集团军群（6个装甲师、2个装甲掷弹兵师、3个突击炮营）。1942年11月至12月，瓦尔特·莫德尔将军的第九集团军成功击退了苏军试图切断勒热夫突出部的"火星"行动，但几乎用上了中央集团军群所有的坦克。新年到来之时，负责抵御苏军向罗斯托夫推进、保护A集团军群从高加索撤退的埃里希·冯·曼施泰因元帅的顿河集团军群仍然身陷危机。曼施泰因在整个1943年都拥有绝对优先的补充权，因此其余大部分德军都没有装甲后备力量，尤其是在以列宁格勒为中心的北方战线和以奥廖尔为中心的中央战线。名义上德军在东线还有4个装甲集团军，但几乎都只剩下了空壳，没有一个还拥有100辆以上可用的坦克。

1942年7月至12月，东线的德国装甲部队因为彻底报废[1]失去了1256辆坦克，同时补充1365辆坦克，因此德国坦克的数量在1942年还略有增加。实际

---

① 原注：此处为德语"Totalausfalle"，意为Total loss，即无法修理的。

上，当苏联在1942年11月发动冬季反攻时，德国的坦克数量比7月实施"蓝色方案"时还多了40%。不过，东线装甲部队只得到了1942年7月—12月生产的坦克总数的67%，由于北非战事吃紧，最后3个月，这一比例实际下降到只有60%。[4]其余33%—40%的坦克被派去其他战场或保留下来用于新单位的培训，没有送往东线。东线的装甲师仅仅得到了维持编制的补充，没有真正的后备力量。按照普遍的经验原则，一支机械化的军队应该拥有超过编制10%的主要武器储备——比如坦克——这被为称为"作战浮动储备"，以作战时备件补充损失。没有备件储存，意味着德国装甲师的兵力水平不能在前线的自然消耗下保持编制。然而，如果德国的战区后勤充实有力，这种方法可能就足够了。

陆军司令部下辖的坦克预备队位于西里西亚的萨根。从德国制造商那儿接收的新坦克一般通过铁路运抵萨根，然后被送往东线部队，或者暂时留在维也纳的仓库。补充新坦克的次序由陆军司令部决定，但其逻辑往往令人难以理解，例如把"虎"式坦克派往列宁格勒地区，那里的地形显然不适合使用重型坦克。补充的坦克以10—20辆为一组，派往特定的装甲师。这种补充方法平均分配了资源，让作战单位足以继续战斗，不过没有一支部队能够完全恢复力量。

此外，德国战区后勤供应的缺陷极大地削弱了德国在东线的装甲力量，而从后勤角度来说，整个东线战争都是不切实际的。1941年—1942年的进攻使德国装甲师远离本土和东欧的后勤保障基地，极大地增加了车辆野战维修和库房保养的难度。例如，在高加索地区，A集团军群只能依靠一条单轨铁路来为第一装甲集团军运送给养，完全无法满足其燃料和备件补充的需要。在勒热夫，连接维亚兹马的主要铁路线一直没有换成标准轨距，因此每天只能开行两趟补给列车，第九集团军被迫在这样的条件下抵抗朱可夫的"火星"攻势。

和英美、苏联标准化生产的坦克相比，德国坦克配件缺乏标准化是一个特别不利的问题。当部队缺乏足够的配件来修理受损的车辆时，他们通常会采用"自我蚕食"的方法（也称为"有限替换"，即从一辆或几辆受损的坦克上拆下零件来修理另一辆坦克），但这种方法会导致为了获取零件而拆散坦克。通常情况下，重度使用的坦克每3至6个月就应在后方维修，特别是悬挂系统和发动机。野战维修可以让坦克再开上几周或数月，但这些小毛病终将发展成在战场上无法解决的大问题，如燃油系统的破裂。一些坦克曾多次被打瘫，某些类型的战斗损伤可以在战场上修复，但只有依靠后方维修才能完全恢复战斗状态。将一辆损坏的坦克送回德国进行基地级别维修意味着它可能要消失好几个星期，而与此同时，部队就少了一辆坦克。因此，捉襟见肘的德军装甲部队倾向于在前线保留大量的非作战坦克，希望通过"自我蚕食"和各种战场上的修修补补来维持一定数量的可用坦克。例如坦克炮塔的旋转电机损坏而又没有备用电机可用时，乘员就采用手动旋转的办法——尽管这会让他们在交战时冒更大的风险。在"降格模式"中行驶的坦克会变得十分脆弱，当冬天来临时，这些"降格"的坦克往往最先瘫痪。

支援装甲部队的德军后勤基础设施也十分脆弱，一旦遇到部队长距离撤退、冰雪使道路翻浆或是苏联游击队袭扰时就会失效。这一弱点在1942年末苏军突破B集团军群在顿河的防线时尤为明显，德军的供应基地超负荷运转，经常由于运输工具不足而不得不放弃。缺乏运输工具——火车、长途卡车和运输机——被证明是1942年—1943年冬季几乎令德军装甲力量崩溃的致命弱点。东线的德国战区后勤基本上没有回旋余地，即便是一点轻微的干扰也会延缓和暂停向前线运送关键的备件、弹药和燃料的进程。

古德里安的拯救？

1943年2月28日，希特勒任命海因茨·古德里安将军为装甲兵总监。古德里安自1941年12月被解职后，一直在"军官预备役"赋闲，现在希特勒需要他的组织天赋来为东线精疲力竭的装甲部队恢复元气。古德里安要求自己能对所有装甲单位都拥有广泛的权力，包括武装党卫军和空军。然而他在和突击炮部队的官僚斗争中失利，没能实现掌控突击炮的愿望，坦克歼击车部队也保持了相当大的自主权。很快，古德里安就起草了一份关于如何振兴装甲师的冗长备忘录，并于1943年3月9日提交给元首。

古德里安的备忘录要点如下：

1943年的任务是让一定数量的装甲师完全恢复战斗力，使之能够实现有限目标的攻击任务。装甲师只有当坦克数量与其他武器和车辆数量保持在一个正确的比例时才能发挥最高的战斗效率。德国装甲师的编制应包含4个装甲营，共约400辆坦克……不幸的是，目前可以说没有一个装甲师能达到这一标准。今明两年战斗的胜败，将取决于我们对战斗力的重建程度。而这一关键在于毫不拖延，不迁就任何特殊利益，实现完全恢复装甲师战斗力的目标。[5]

希特勒赞同古德里安的许多看法，尊重他的技术专长，却没有在部门内外的官僚斗争中支持他。虽然古德里安在组织改革和训练方面取得了一些有限的成就，但重建东线装甲师的任务进展得十分缓慢。最重要的是，古德里安提出的关于建立一支由陆军司令部掌握的装甲战略预备队的建议完全没有实行。还应该指出的是，在很多方面，古德里安执着于过时的、以坦克为重点的装甲师理念，一个有100辆坦克的营太笨重了。而且在1943年，给一个装甲师装备400辆中型坦克既不切实际，也没有必要。相比之下，1943年末，即使是一个齐装满员的苏联坦克军，也只辖3个坦克旅共200辆T-34中型坦克。

西线的装甲部署

第三帝国有四分之三的装甲力量部署在东线，只有少量的机动部队部署在西线。由于陆军司令部没有战略预备队——这一点与红军不同，它能用来应付紧急情况的装甲后备力量要么是正在西线重建的精疲力竭的老部队，要么是还在训练、缺乏经验的新部队。德军没有齐装满员、做好战斗准备的装甲单位坐镇预备队——他们所有的家当都已经上了前线。在德国本土，位于明斯特的装甲部队第一学校和温斯多夫的第二学校有一批经验丰富的军官和军士，以及用于训练的坦克，组建作战部队时本不应该从这里抽水，但这一规则在1943年末也被打破了。每个装甲师原本还保留了一个在本土军区用于训练替补人员的补充装甲营，但到了战争后期，这些单位也会作为应急作战单位上阵。

1942年年底以前，希特勒都可以不在西欧部署装甲师，因为盟军入侵的可能性微乎其微。整个1942年，法国都是一个后方训练区，东线被打残的装甲部队可以在这里休整约6个月，然后重返战场。在休整期间，这些部队不需要保持战斗力以随时待命，因此其车辆被送去仓库保养，人员则轮流休假。相对于强化训练或海岸防卫任务，在法国休整的装甲兵对葡萄酒、女人和晒太阳更感兴趣。然而，当1942年8月英军在迪耶普发动突袭后，情况开始有所变化。

在这次战斗中，有不到一个营的"丘吉尔"坦克登陆。尽管这次失败代价高昂，但迪耶普的突袭表明，盟军很有可能在不远的将来发动更大规模的两栖装甲登陆。1942年11月，盟军在北非的"火炬"行动更是增加了这种危机感，希特勒不得不派遣至少几个装甲师去保护大西洋和地中海沿岸。1942年12月，第1装甲师从勒热夫撤回，先被派往法国，1943年5月又被派往希腊海岸驻守5个月。整个1943年，盟军登陆的威胁都在不断增加，于是希特勒下令在西欧建立装甲预备队以防不测。

为了执行希特勒的命令，1943年7月至8月，后备军简单收罗了几个装甲补充营和其他一些训练单位，将他们拼凑成3个后备装甲师：第155、第179后备装甲师驻法国，第233后备装甲师驻丹麦。这些师将继续训练替补人员，但也肩负防备盟军登陆的责任。尽管第155师有60辆老旧的Ⅲ号和Ⅳ号坦克，但这些后备师都没有很强的作战能力，还把东线用于训练的宝贵资源抽走了。[6]

除了后备装甲师，1942年，陆军司令部还着手想要组建2个新的装甲师。但这项工作不受重视，进度非常缓慢。在比利时，德军建立了第26装甲师，它是以第23步兵师和第202装甲团残部为基础组建的，直到1943年中期才完成装备和训练。出于对盟军在挪威登陆的偏执恐惧，希特勒在奥斯陆建立了第25装甲师，它由几支当地驻军和一个装备了缴获的法国坦克的装甲营拼凑而成。1943年中期以前，其不过相当于一个旅级作战单位。直至1943年9月，第25装甲师才接近满员，并转移到法国。在斯大林格勒，第14、第16和第24装甲师尚未覆灭，希特勒就已经下令陆军司令部拨出资源重建这些师，到1943年春，这一方案让更多的人员和装备离开了东线。古德里安强烈反对组建这些新装甲师，因为这剥夺了他恢复东线装甲师元气的资源，但他的意见被否决了。[7]

北非：增援失利

俄罗斯历史学家总是试图淡化西方盟国在击败德国中所起的作用——特别是英美在北非的战役，并且批评盟军迟迟没有开辟第二战场以分散德国的资源。事实上，北非这一次要战场吸引了大量的德国增援部队，使其无法派往苏联。德国有限的装甲补充陷入了这个泥潭，而东线的需求还要比这个大得多。埃尔温·隆美尔元帅的德国非洲军拥有第15和第21装甲师，1942年11月，非洲军在阿拉曼被英军击败，1943年1月完全败退到利比亚。随着盟军在摩洛哥和阿尔及利亚登陆，轴心国在北非的根基已岌岌可危。隆美尔建议将麾下老兵撤回欧洲大陆，在那里他们可以重新装备，并为西欧提供强大的机动后备力量。

　　然而，希特勒做了一项愚蠢的战略决定，不仅拒绝从非洲撤退，还向非洲派去了强大的装甲增援部队，包括经过整编的第10装甲师和新组建的第501重装甲营。它们被运往突尼斯，增援隆美尔败退下来的部队。虽然这一决定将已不可避免的败局推迟了5个月，但希特勒在东线装甲师已经残破不堪时，还向北非派去300多辆坦克（包括31辆"虎"式坦克），这是一个巨大的错误。如果这些部队被派往东线，那么1943年2月曼施泰因在哈尔科夫发起"反手一击"行动的力量将可增加几乎一倍。古德里安反对将这些装甲力量分散到北非，尤其是"虎"式坦克，但他的意见未被采纳。1943年5月，所有这些被派往北非的增援部队都灰飞烟灭，德国损失了3个装甲师和1个装甲掷弹兵师，恢复这些损失还得占用新的资源。和斯大林格勒一样，德国在北非损失了100%的装备，只有少量的装甲部队人员被空运撤离。

装甲力量分散到党卫军和空军

　　当陆军装甲部队在苏联用着过时的武器浴血拼杀时，党卫军领袖埃里克·希姆莱正在游说希特勒给他大量的人员和装备，并将武装党卫军3个师变成装甲掷弹兵师。此前，武装党卫军各师已作为摩托化步兵单位参战，每个师都配备一个连的突击炮，在装甲战方面经验有限。1942年，党卫军"维京"师获得了一个在高加索地区作战的装甲营。希姆莱不希望他的部队仅仅用来支援陆军，他想把他的师打造成能够独立作战的机动部队。1942年—1943年冬，党卫军 "警卫旗队"师、"帝国"师和"髑髅"师在法国换装成为装甲掷弹兵师，各自接收了1个装甲团，下辖2个齐装满员的营，当时一半的陆军装甲师都还只有1个兵力不足的装甲营。希姆莱确保他的部队得到了最好的装备，6个党卫军装甲营共得到317辆坦克，包括最新型的Ⅲ号和Ⅳ号坦克。希姆莱甚至给这3个师各配备了1个重装甲连，每连有10辆"虎"式坦克。1943年初换装完成后，这3个师编成武装党卫军第一装甲军，准备调回东线前线。

　　毫无疑问，党卫军第一装甲军是一支强大的打击力量，但投入大量精力来组建它，对恢复陆军装甲师的元气非常不利，德国人不过是拆东墙补西墙而已。此外必须指出的是，在1943年初，陆军在多兵种联合作战方面的经验远远胜过党卫军军官，后者在指挥装甲重兵集团方面毫无经验，只会在有需要的时候临时从陆军征调军官。例如，第29装甲团指挥官赫伯特·瓦尔上校就被调去接管党卫军"帝国"师的新装甲团。古德里安反对在组建党卫军装甲部队上浪费资源，然而，希特勒醉心于打造装甲"御林军"，甚至允许希姆莱再组建3个党卫军装甲掷弹兵师，这3个师加上前面3个师很快就升格为党卫军装甲师。再过一年，希姆莱还将向希特勒建议成立"党卫军装甲集团军"。希特勒的妥协纵容了党卫军和陆军抢夺资源，使得陆军装甲师沦为"二等公民"。

为了不落后于希姆莱，戈林也在游说让德国空军的"赫尔曼·戈林"师升级为装甲师。到1942年末，这个计划终于实现，该师向突尼斯派出了一个团级战斗群。这支部队很快就被消灭，但余部又在意大利重整旗鼓。和武装党卫军一样，戈林的新师配备了下辖2个营的装甲团，并且只接收最新的坦克。戈林没有拿到"虎"式坦克，不过组建了自己的突击炮营。由于德国空军几乎没有军官或部队有装甲作战方面的经验，戈林利用他的影响力，迫使陆军把一批经验丰富的装甲部队人员调入新单位。为了应付党卫军和空军，德国必须安排资源来组建8个新的装甲营，总共420余辆坦克和突击炮。戈林和希姆莱一样，1个师满足不了他的胃口，他很快就会要求建立更多的师——所有这些都损害了在前线的陆军装甲师的利益。1943年3月，古德里安访问了"赫尔曼·戈林"师，发现德国空军的这个师竟然纠集了34000名士兵，他大为恼火。后来古德里安写道："即便是在1943年，这群人中的大多数还在荷兰过着愉快的生活，而我们得不到补充，这是无法容忍的。"[8]然而，对于党卫军和空军从重振陆军装甲师的计划中挪用资源的行为，古德里安完全无能为力。

德军的战术和理论变革

1940年至1942年间行之有效的德国机动作战理论，其基础是一支由坦克、机械化步兵、摩托化工兵、自行火炮以及其他单位组成的合成部队，并得到德国空军有力的近距空中支援。在作战方面，德军倾向于在最有利的条件下——即在晴朗天气下集中全部兵力主动发起进攻。应当动用德国装甲兵打击敌人的薄弱环节——暴露脆弱的侧翼或是像阿登这样守卫薄弱的地段——以便在关键地点建立起压倒性的战力。只要集中优势兵力于一个点，德军就能取得决定性的突破，机械化部队将会涌向敌人的后方，包围敌人的主力，而后的问题不过是解决这些瓮中之鳖。

虽然德国人在1941年的"巴巴罗萨"行动，1942年的"腓特烈""猎鸨"和"蓝色"行动中都达到了这一标准，但到了1943年，德国人被迫开始违背自己的理论，在各兵种未能协调作战、没有慎重选择突破重点的情况下贸然发动进攻。1942年12月，在挽救斯大林格勒的"冬季风暴"作战中，霍特的装甲部队几乎没有得到过步兵和空军的支援。从那时起直至战争结束，苏军的攻势便总会迫使德军在冬季进行大规模装甲作战——通常是为了拯救被包围的部队，而且总是在兵力不足的情况下仓促进攻。到1943年2月中旬，曼施泰因只能用他那些只有十几辆坦克的装甲师来进行反攻。这种情况在1943年的大部分时间里，会变得越来越普遍。即使在冬季和不太有利的情况下也必须进行机动作战，这导致了德军对理论的修订。

"运动战"理论中最重要的修改，和德国空军不再必定提供近距离支援有关。虽然空军偶尔仍会集中大量的Ju-87"斯图卡"和其他轰炸机——就像1943年中期的"堡垒"行动那样，但大多数救援行动只能得到少量的空中支援。空军的支援能力下降，意味着机动部队需要更强的火力才能突破坚固的防御。在战争开始时，德国装甲师依靠速度而不是火力和装甲来完成任务，只要德国空军还在，即使面对偶尔出现的T-34或KV-1，Ⅱ号、Ⅲ号或Ⅳ号坦克也能应付。实际上，组成装甲师先头部队的常常是师直属侦察营和摩托车营，装备装甲车和摩托车。然而，到1942年末，苏联防御能力的提高意味着德国的薄皮坦克和摩托车部队再也不能像过去那样轻易地突破敌人的战线了。因此，由于近距离空中支援的不足和苏联防御的改进，德国的战术从强调速度和机动性转变为基于冲击力和火力。

鉴于这一趋势，1943年1月，装甲师的编制进行了调整，大致是将所有侦察营和摩托车营合并为一个装甲侦察营，这一调整持续了1943年的大部分时间。装甲侦察营是一支强大的作战力量，定编有122辆半履带车和18辆装甲车，这使它有能力进行"威力侦察"，而不仅仅是充当侦察兵。随着这一编制的实行，德国装甲师和装甲掷弹兵师的侦察营成为事实上的机动部队，并经常作为机动部队使用。德国的战术理论也被修改，常常赋予这一"多面手"部队各种任务，包括前卫、后卫甚至是反攻。

德国作战理论的另一项重大修改是更加强调区域防御、分散作战和局部反攻。虽然德国理论倾向于让步兵师维持一条主要防线，把装甲师保留在后方，但到1943年1月时，这已经变得不可能。那时，A、B集团军群的大多数装甲师都被迫在前线各守一段，陆军几乎没有机动预备队。当苏军在另一段战线发起突击时，防守该地的步兵指挥官会要求最近的装甲师做出反应，派出一支战斗群进行反攻。这么做不可避免的结果就是，防御中的装甲师被分成数个小的战斗群，以援救承受巨大压力的各个步兵部队，因此其无法形成合力，被零打碎敲成古德里安在1939年—1940年间深为不满的"碎片"状态。德国装甲部队不再正确地作为一支独立的机动力量去使用，而是越来越多地被用来加强防御中的步兵单位或进行连级规模的反击。

当然，到1943年，基于东线两年来战斗的经验，德国的坦克和装甲车辆也得到了迅速的发展。几次和先进的苏联T–34和KV–1坦克的痛苦遭遇使德国人对现有的坦克失去了信心，开始寻求技术解决方案以确保装甲优势。1941年7月以及10月，陆军司令部派出的装甲委员会明确了对新式中型坦克的需求，德国最终于1942年开始研制"豹"式坦克。[9]1943年初，Ⅴ号"豹"式坦克即将开始量产，预计可尽快为每个装甲师重新装备一个装甲营。虽然Ⅴ号坦克较早期的德国坦克型号，火力更为强大，但它有着44吨的自重，现有的在战地架设的桥梁都无法承载其重量，它只是一种名义上的中型坦克。"豹"式也是一台油老虎，和Ⅲ号坦克相比，它行驶100公里需要其两倍的油料。与重达54吨的"虎"式坦克一样，它在战场上也很难修复。总之，转而依赖像"豹"式和"虎"式这样重装甲、强火力的坦克意味着德国之前的机动战术变得不切实际——这些坦克无法在一天之内越野100公里，作战只能依赖打击力而不是机动性。

大量无炮塔的突击炮和薄装甲的"貂"系列坦克歼击车加入编制，也使德国人修改了其装甲作战理论。在东线战斗的前两年，德国中型坦克——通常火力不如T–34坦克——已经学会了机动到近距位置，寻找侧翼射击的机会。在种种因素之下，这类进攻性战术通常会成功并最终占领苏联的阵地。到了1943年，虽然坦克仍可能攻占敌人的阵地，但突击炮和坦克歼击车不行，它们更适合防御作战。敌人隐蔽的反坦克炮是现实的威胁，因为从一台像Ⅲ号突击炮这样的车辆中是很难发现它们的。相反，德国人越来越喜欢远距离的对峙，这样他们的突击炮和坦克歼击车就不会受到敌人反坦克炮和步兵伏击的威胁，但这大大削弱了德国装甲作战的震慑效果。

德国的坦克训练

　　在第二次世界大战的头几年，德国的装甲部队保持了很高的训练水平，这给他们带来了相对于对手巨大的战术优势。然而，随着1941年—1942年伤亡人数的增加，德国的训练体系已经跟不上损失的步伐，这一优势开始逐渐减弱。例如，在1942年高加索战役期间，克莱斯特的第一装甲集团军下属的3个装甲师（第3、第13、第23装甲师）每月各伤亡600—1200人，其中150—300人死亡。[10]从1942年7月至10月的4个月中，第3装甲师共有3000人伤亡，包括600人死亡或失踪。1942年全年，第23装甲师共伤亡6569人，2079人死亡或失踪，16.8%的损失在第201装甲团（包括331人死亡或失踪）。[11]虽然装甲部队的损失要比装甲掷弹兵轻得多，但军官和军士的比例在伤亡的坦克乘员中更高。减员不仅来自敌对行动，除了漫长的冬季造成的冻伤外，斑疹伤寒等疾病也对德国装甲部队造成了重大损失——第35装甲团中仅一个连就病死了12人[12]。伤员中有大约三分之二会回到自己的部队，因此虽然减员数量随作战节奏而浮动，但平均下来东线各装甲师每年需要补充大约400—500名坦克乘员，才能保持一个装甲团960人的编制水平。

　　东线装甲师的补充兵员来自其本土军区的附属装甲补充营，例如第23装甲师从第5军区（斯图加特）的第7装甲补充营接收兵员。从理论上讲，这样的补充单位每年大约可以培训1000名新入伍的士兵——远远高于东线的损失速度，但军官和军士要少得多。然而，并不是所有的新兵都接受了基础训练（有些被分配到了其他部门），甚至在通过了基本训练的人中，也不是所有人都会去补充战斗减员。阿明·博特格尔高级上等兵和一群坦克乘员战友在一个补充营里待了两年，负责把坦克运送到铁路车站，还在萨根的坦克仓库干过活，最后才上了前线。[13]到战争中期，陆军已经有了一条长长的后勤补给线，补充兵员被分配到无数其他的训练和非战斗任务中。当12个装甲营在斯大林格勒被歼灭后，数以千计的新兵用来重建这些单位，而东线的其他部队则得不到补充。因此，东线的装甲部队通常只能得到刚好满足编制的坦克乘员补充，低级军官和军士则人数不足。

德国装甲补充营使用Ⅰ型和Ⅱ型这样过时的坦克来进行驾驶训练，让新兵熟悉坦克，但在进行机动和炮术训练的时候，会使用逐步淘汰下来的短身管Ⅲ号和Ⅳ号坦克。德国人极为重视培养熟练的坦克驾驶员，而苏联人则不太重视。在初级基础训练时，新手可以拿到10吨以下坦克的驾驶许可，但还需另外4周的训练方可获得10吨以上坦克的驾驶执照[14]。经验表明，一名优秀的坦克驾驶员在穿越战场时必须具备良好的态势感知能力，懂得运用掩护与隐蔽来躲过敌人的观察，并保持坦克朝向有威胁的方向。一个好的驾驶员也有能力做出自己的战术路径选择，不需要别人一直告诉他怎样做；相反，苏联的坦克驾驶员往往希望有人准确地告诉他们何时该往何地前进。然而，和前几年相比，德国在1943年时用于驾驶训练的时间和油料都大大减少，特别是由于急于把"虎"式坦克派往前线，"虎"式驾驶员在帕德博恩受训不足，导致前线事故频发[15]。

1943年，陆军被迫引入"简化训练法"，把装甲乘员的训练时间从16周缩短到12周[16]，这样可以把补充的速度加快三分之一。新的训练法把重点放在射击和战斗演练上，让车组在尽可能拟真的环境下做好战斗准备。所有课堂培训都被缩减到最低限度，新兵的大部分时间都在野战环境下度过，通过行进和操练灌输的旧式普鲁士军事纪律都被废弃了。基本训练结束之后，最有前途的新兵将会被送去接受军士长训练，为期4—6周；而炮手则被送往诸如普特罗斯靶场进行高级炮术训练。德国的炮术训练非常先进，首先是要训练炮手校准主炮瞄准基线，即先在炮口中心固定十字线，装填手透过打开的后炮膛，把炮管对准一个约800—1200米远的靶标，然后炮手调整他的主瞄具视野的仰角和偏转旋钮，使得瞄准具与炮管同步，接着进行3—5发的归零射击。归零射击能确定校靶的精确性，完成对炮手主瞄具的修正。如果归零做得好，车组就可以保证炮手在800—1200米的正常战斗范围内击中目标的概率有25%至30%。有无校靶和将瞄准具归零是德国坦克和苏联的主要不同之处，这让德军有着更高的命中率。校靶和归零过程需要小范围良好的组织和领导，并且在长途行军或通过崎岖地形后就要立刻重做。但如果是在雨中赶了一夜路，德国部队很可能就无暇再做这样的事。但正是这些细节，完全改变了战场态势。

1945年，苏联坦克部队惊讶地发现，德国坦克靶场还进行过移动和弹出式靶标的射击训练[17]。德国坦克炮术训练包括一系列的项目，如用穿甲弹射击坦克大小的正面静止目标和斜向运动目标，用高爆弹消灭反坦克炮，用机枪来对付步兵。虽然训练可用的弹药数量有限，口径也往往和实战中使用的弹药不同，但在1943年，坦克车组还是可以在训练中打掉相当于一个基数的弹药。鉴于在俄国的艰辛体验，德军也强调在低能见度和夜间条件下的坦克炮术训练，让车组能够适应战斗并不总是在最佳条件下进行的现实。

1943年，大多数的低级军官都曾是士兵或军士，他们从装甲兵第一或第二学校毕业后能够得到候补任命。"候补军官"一词似乎代表着稚嫩和训练不足，在战场上难堪大任，但是，德国的候补军官绝不是"90天奇迹"①，他们之前都有过战斗经验，通常是在坦克上，也有来自其他部门的。例如20岁的候补少尉奥托·卡里乌斯，他在"巴巴罗萨"行动的头几周是一名坦克装填手，1941年8月晋升为下士，1942年获得候补任命。1943年1月时，他当上了第502重装甲营的一名排长，此时他已具有丰富的经验，即将证明自己是战场上的领导者。

1942年末"虎"式坦克的服役和1943年初"豹"式坦克的服役，迫使德国人对坦克训练方案进行重大调整。即使是经验丰富的车组和工程师也需要在新车辆上进行系统的训练，因为新坦克与现有的Ⅲ号和Ⅳ号中型坦克有很大的区别。德军在帕德博恩成立了一支番号为"第500装甲补充营"的特殊部队，专门用于训练所有"虎"式坦克车组和工程师，每批可以训练24个车组。到1943年，前线对于"虎"式的需求是如此之大，以至于大多数车组仅用4—6周就完成了训练，然而这还无法满足需求。1943年3月，埃朗根成立了一个"豹"式坦克训练班，纽伦堡的制造商曼恩公司就近提供技术支持。"豹"式车组在格拉芬沃尔进行机动和射击训练，但和"虎"式一样，这一训练也是仓促完成的，许多重要的训练科目——比如如何在战场上修复一辆45或54吨重的坦克——几乎没有花什么时间。德军打算在每个装甲师里都配备一个"豹"式

---

① 译注：美国俚语，用来嘲讽从候补军官学校经过3个月学习毕业的人。

坦克营，因此一直催促车组尽快完成训练，但这些训练不到位的学员很快就给战斗带来不小的问题。此外，党卫军和空军的装甲部队都没有自己的训练机构，只是一直在借用陆军的机构，这些都严重妨碍了"豹"式坦克的入役。[18]

燃料和备件短缺造成的影响

1943年，燃料和备件短缺严重削弱了德国装甲师的战备水准。第三帝国在和苏联开战时完全没有做好燃料储备，1941年的"巴巴罗萨"行动几乎消耗了其一半的储备。尽管德国为提高合成燃料产量做出了巨大努力，但在1942年间，12个月中仍有7个月的燃油消耗量超过了产量。到当年年底，德国车用汽油储备降到313000吨，不到3个月的使用量。1943年，除去民用消费，德国每月生产约136000吨车用汽油，消耗约120000吨，战略储备略有增加。此外，德国每月还生产柴油约47500吨。[19]因此，德国的战争机器只能勉强维持运营，几乎没有为不可预料的损失（如盟军的轰炸）留下任何余地。德国再无可能发动像"巴巴罗萨"或"蓝色"计划那样大规模的行动，新的目标只能以数周时间而非数月来计划。

德国的燃油后勤系统是以消耗额度（Verbrauchssatz，简称V.S.）来衡量的，1个V.S.是指一个单位所有车辆行进100公里所需要的燃油量。德军理论认为，一个装甲师在开始进攻之前，至少需要准备4个V.S.的燃油。1个V.S.的燃油量因作战单位车辆编成的不同会有很大的差异。1941年—1942年的德国坦克比起1943年—1945年的重型坦克和自行火炮要经济得多。1941年，装甲师1个V.S.的燃油约为150000升，即150立方米或111吨。1辆Ⅲ号或Ⅳ号坦克行进100公里需要340—360升燃油，而"豹"式需要720升，"虎"式需要711升。同样，给装甲师装备更多履带式车辆，如自行火炮和SPW半履带车辆，使作战所需燃油量增加了近一倍。更多的装备和更重的装甲导致更多的燃油消耗量，这在某种程度上成了装甲部队的恶性循环。

为了保有一点战略燃料储备，在德国和西欧训练的装甲部队只能分得少量的燃料。在Ⅰ号坦克上进行的基本驾驶训练几乎不受影响，因为这类过时的轻型坦克比较省油，但转移到"豹"式和"虎"式坦克时就出现了问题。为了给前线节省燃料，新驾驶员在这些油老虎上得不到多少训练时间，这意味着许多"豹"式驾驶员没有足够的越野经验。派往法国训练的部队震惊地发现那里根本没有可供训练的燃料和弹药储存。1943年4月，装备了"黄蜂"坦克歼击车的第560重装甲营被派往法国进行训练，但未能接收到燃料，每个连只收到10发88毫米口径炮弹。驾驶员在这里没有进行任何训练，炮手只熟悉了下射击。不久，该部队就被派往东线。

燃料供应的另一个复杂之处在于如何将燃料送至在苏联的前沿阵地，这是一个艰巨的过程，恶劣的天气、游击队的活动以及苏军对铁路枢纽和燃料库的空袭无处不在。东线的第一个冬天来临时，德国国营铁路公司的机车有80%因气候严寒发生机械故障，每天的供应量减少到需求量的三分之一。在1942年的战役期间，由于第聂伯河上的桥梁被毁，德国人被迫沿一条迂回的路线开行列车，为南方集团军群运送补给。这种情况直到1943年才有所改善，因为德军不再继续占领大片土地，而且大部分铁路线路可以重新测量，这样火车就可以更靠近前线，有助于缓解运输问题。尽管如此，由于占领区苏联铁路网的薄弱，吞吐量难以达到德国人的需求，运送燃料和备件的火车往往依然无法准时和全数抵达。除了运输上的困难，陆军司令部还要考虑主攻方向的问题，通常南方集团军群拥有补给优先权，而分配给中央和北方集团军群的燃油、弹药和备件则要少得多。

东线德国装甲师经常受到坦克备件短缺问题的困扰，轮式车辆也是如此。1943年初，有1000多辆坦克在等待修理。造成这种现象的根本原因是备件缺乏标准化，德军试图操作来自多个制造商和国家的装备——这在1941年的战争中是个严重的问题。不过，到了1943年，几乎所有的捷克造38(t)坦克和法国造汽车都没有了，运抵前线的Ⅲ号和Ⅳ号坦克配件基本够用。只要疲惫的维修单位不忙于撤退，许多坏掉的坦克就可以得到修理。但是，"虎"式和"豹"式坦克的服役又使情况变得复杂起来。首先陆军军械部只为这两种新坦克订购了很少的备件，他们把更多精力放在了制造新坦克上。重装甲营中，每10辆"虎"式坦克只有1台备用发动机和1台备用变速箱[20]。1943年中期，"豹"式的备件情况也相当紧张，燃料泵等部件的故障比预想的更为频繁。按理说，在没有备足配件的情况下，新武器最好不要立即投入使用，但在希特勒的压力之下，陆军司令部不得不把这两种坦克贸然送上战场。"虎"式和"豹"式使用和Ⅲ号、Ⅳ号坦克完全不同的车轮和履带，发动机、变速箱和武器也都不一样，因此，其几乎不可能使用现有的任何配件。总而言之，1943年，受备件不足这一危机影响最大的是新型坦克，其出勤率比预想的要低，而经受过考验的Ⅳ号坦克则能得到较为稳定的后勤保障。

德国的坦克生产

经过三年松松垮垮的运转，在认识到斯大林格勒败局已定后，第三帝国终于开始认真提高坦克产量。在斯大林格勒战役之前，1942年9月，希特勒曾下令，接下来的两年要把坦克和突击炮的产量在每月380—400辆的基础上提高2倍，这仍是一种相当从容的步调。然而，当第六集团军在斯大林格勒陷入重围并救援失败之后，希特勒和他的核心圈子越来越清楚德国面临着一场真正的危机，他们需要迅速恢复在东线的元气，并为可能开辟的西线战场做好准备。

1943年1月22日—23日，希特勒会见了帝国装备部长阿尔伯特·施佩尔，1942年能力略逊的弗里茨·托特身亡后，施佩尔接替了这个职务。希特勒给他的命令是在1944年底前将装甲战车的生产数量增加5倍，施佩尔仓促制订了所谓的"阿道夫·希特勒装甲计划"，要求装甲车辆月产数在1944年初达到1100台，到1944年底达到2000台。但在1943年1月，德国工厂仍然只生产了248辆坦克，包括35辆"虎"式和163辆Ⅳ号中型坦克，再加上130辆突击炮和140辆坦克歼击车，总共建造了518辆各式装甲车辆。相比之下，1月份苏联工厂生产了1433辆坦克，包括1030辆T-34，外加57辆自行火炮。德国主要的中型坦克Ⅳ号G型坦克，正在制造的数量只有其主要对手T-34的六分之一。这种产量上的差距严重影响了东线德国装甲师，他们在战斗时总处于巨大的数量劣势之中。

施佩尔并非没有才能，但正如经济史学家亚当·图兹所指出的那样，他那些被高度吹捧的"生产奇迹"只是被部分夸大的昙花一现[21]。决定德国坦克产量的两个因素是劳动力和钢铁的供应，它们都受制于帝国的战时资源。施佩尔虽暂时能为"阿道夫·希特勒装甲计划"弄到更多的钢材，但正如图兹所说，这仍然只占德国武器生产所需钢材的15%，每月分配给弹药和飞机的份额仍然是最多的。施佩尔还可以从被占领的国家中得到强迫劳动力。1941年，在德国整个坦克生产线及其分包商那里劳动的员工不到5万人，到1943年末，这一数字增加到16万人，三分之一的新工人是缺乏技能和积极性的外国劳工。[22]

此外，德国的工业重心不断在飞机、弹药、坦克、潜艇、"大西洋壁垒"以及其他像V-2火箭这样的时髦项目之间切换，使得其产量很难保持稳定。铜和橡胶的短缺也让坦克产量的提高变得困难。德国所需的大部分铜依靠进口，其中又有一大部分用于弹药生产，而每一辆IV号坦克都需要195公斤的铜。[23]同样，坦克车轮也需要橡胶，到1943年，德国工厂不得不开始生产一种新型车轮，它的橡胶用量减少了一半，虽然可以使用，但噪音很大，磨损也更快[24]。

施佩尔在集中德国军事工业和提高装甲车辆生产方面得到了希特勒的全力支持。1942年晚些时候，他很快做出停止III号坦克生产的决定，转而让埃克特公司全力生产III号突击炮。1943年初，施佩尔的组织改革初见成效，坦克和突击炮产量开始缓慢增长。但IV号坦克的月产量到3月份才突破200辆大关，10月份才突破300辆。古德里安和施佩尔密切合作，努力提高德国的坦克产量，他们都意识到，缩小和苏联产量差距的唯一办法就是专注于生产一两种成熟的坦克型号。古德里安更是想把IV号坦克的月产量提高到400辆，并延缓"豹"式的服役，直到其完成彻底的测试并改正所有技术缺陷，但他的建议未被采纳。

希特勒尊重古德里安，却不能容忍他轻率的建议。另一方面，费迪南德·波尔舍博士在1936年研制的"大众"汽车却颇合希特勒心意——尽管那个项目的成功仅有宣传意义[25]。波尔舍不仅加入了纳粹党，也加入了党卫军，希特勒认为他是一名"伟大的德意志工程师"。战争伊始，波尔舍就想方设法要在军事上做点贡献——如此便可以留在希特勒的核心圈子里，为此他谋得了"装甲和牵引车辆委员会常务委员"一职，负责管理坦克的生产，但是他干得很失败。接下来，波尔舍又决定尝试设计坦克，但他根本没有装甲车辆的设计经验。波尔舍不是从战斗经验和前线的需要出发，而是根据自己的想象完成了坦克的概念设计。事实上他对巨型坦克极为痴迷，这与德军的运动战理论并不契合——他对此一无所知。诚然，波尔舍是一个糟糕的坦克设计师，但他又是一个成功的阿谀奉承者，能够说服希特勒优先考虑他那些荒谬的项目。

按1943年总产量计算，德国的三大坦克制造商是在奥地利圣瓦伦丁的尼伯龙根工厂、在萨克森州普劳恩的沃马格公司和在马格德堡的克虏伯-格鲁森工厂。这三个工厂雇用了大约9000名工人，1943年总共生产了德国52%的坦克。不过，最大的装甲车辆制造商是柏林的阿尔凯特公司，该公司拥有3500

名工人，在1943年制造了2000多辆突击炮。总共有7家德国公司，约2.5万名员工为国防军生产了几乎所有的坦克、突击炮和坦克歼击车。虽然缺乏熟练工人——特别是焊工和电气工成为德国扩大坦克生产的一个瓶颈，但德国工业获得原材料的渠道要比苏联工业部门多得多。由于1941年—1942年德国的占领，苏联失去了半数以上的重要资源，如铝、铁矿石和煤炭。德国人甚至可以从尼科波尔和克里沃罗格缴获的矿场里获得锰，这是德国制造坦克装甲的原料。[26]到了1943年，德国的钢铁产量和苏联之比达到了4∶1。但不同之处在于，德国同时还在建造潜艇、半履带车和各种不同的装备，但苏联没有。不过德国坦克工厂还是在1942年—1943年间输给了苏联的工厂，他们应该为德国装甲师的失败负很大责任。为什么德国的坦克生产会被苏联完全超过？

德国坦克生产效率低下的一个典型例子是奥地利的尼伯龙根工厂，它是1939年—1941年间完全新建的，耗资6570万马克，计划在1942年每月生产150辆Ⅳ号坦克。然而，就在1942年1月该工厂初步具备生产能力时，陆军司令部决定将长期搁置的重型坦克计划复活。尼伯龙根工厂被要求和波尔舍合作开发生产他的VK 4501(P)"虎"式的原型车，而亨舍尔公司则建立了自己的VK 4501(H)项目。尽管波尔舍的设计存在很多技术问题，但纳粹的等级制度让它比Ⅳ号坦克拥有更高的优先权。尼伯龙根工厂两个最大的车间被用于波尔舍博士的项目。此时施佩尔在装备部的副手卡尔·奥托·绍尔介入，他也是个狂热的纳粹分子，要求波尔舍和亨舍尔在希特勒生日1942年4月20日前完成"虎"式的竞标原型。尼伯龙根工厂满足了这一随心所欲的时间表并初步组装出一辆VK 4501(P)原型车，但代价是当年的前5个月每月只生产了2—8辆Ⅳ号坦克。更糟糕的是，施佩尔认为这辆原型车在技术上是不成熟的，因而将其终止，把"虎"式的生产合同给了亨舍尔公司。不过，波尔舍仍然是希特勒的红人，他拿到了一个安慰奖，尼伯龙根工厂将生产90台VK 4501(P)的车体，波尔舍要将其改装为一型尚未完成设计的"费迪南德"重型坦克歼击车。1942年11月，当尼伯龙根工厂把Ⅳ号坦克的月产量提高至32辆时，工人们接到通知，现在"费迪南德"坦克歼击车拥有最高优先权，其装配必须在1943年4月之前完成。用来装配Ⅳ号坦克的第7车间有一半交给了波尔舍和他的"费迪南德"项目。因此，由于波尔舍和绍尔在纳粹党中的关系，尼伯龙根工厂在1942年只生产了

186辆Ⅳ号坦克，而不是原计划的1800辆。"费迪南德"项目阻碍了Ⅳ号坦克产量的大幅度提升，直到1943年6月，Ⅳ号H型坦克的月产量才提高到120辆。尼伯龙根工厂还负责给Ⅳ号坦克生产备用车轮，1943年6月前，这项生产也大受影响。[27]斯大林绝不会容忍战时生产这样严重的中断，但在第三帝国，这是司空见惯的事情。

尼伯龙根工厂的问题不是独一无二的。除了失败的VK 4501(P)原型车，波尔舍还想制造一种超重型坦克，他做了一个木制模型，于1943年5月1日向希特勒、古德里安和其他政要进行展示。波尔舍设想的坦克有188吨重，安装新的128毫米口径反坦克炮。古德里安认为这个想法实在荒谬，但希特勒喜欢并授权生产了150辆，命名为"'鼠'式"。克虏伯和阿尔凯特公司都得提供生产厂房和技术人员，以协助波尔舍完成这一愚蠢的任务，去建造世界上最大的坦克。为了不在超重型坦克领域落后，亨舍尔公司于1943年6月也开始研制自己的140吨坦克，配备128毫米口径火炮。希特勒对128毫米口径火炮的试射印象深刻，下令将其安装到"虎"式和"豹"式的衍生型号上——实际上75毫米口径的KwK 42型火炮和88毫米口径的KwK 36型火炮已经足以击毁苏联坦克。在库尔斯克战役后，尼伯龙根工厂正在为了增加Ⅳ号坦克的产量努力，希特勒这一异想天开的命令意味着它必须再投入资源去研制和生产一种新的重型坦克歼击车，即后来的"猎虎"。1943年至1944年间，波尔舍不切实际的设计与希特勒对"巨无霸"武器的热爱所产生的连锁反应，给了德国坦克工业以沉重打击，大量资源从成熟的生产线转向了疯狂的实验。

似乎是来自波尔舍的骚扰还不够，即便在斯大林格勒战役之后，大多数德国坦克工厂的运行能力仍然远远低于产能。亨舍尔公司是唯一一个制造"虎"式坦克的制造商，其位于卡塞尔的工厂一直把三分之二的车间用来生产机车而非坦克；曼恩公司在纽伦堡的工厂号称将全力生产新的"豹"式坦克，但实际上还在继续生产卡车，因为它们被认为是"公司在战后经济中生存的关键"。施佩尔的副手绍尔一直想要关闭卡车生产线，以扩大"豹"式的产能，但公司的管理层对其置之不理。[28]进入1943年后，德国的制造业还是没有转向大规模的坦克生产。许多商人担心希特勒会一时兴起变更装备制造的优先权——就像他在1941年"巴巴罗萨"行动之初所决定的那样。政权一再向他们保证1942年胜利即将来临，他们不愿再投入资本发展过剩的军事工业。到战争中期，由于劳动力严重短缺，大多数坦克工厂开工不足，施佩尔曾惊讶于主要的几个工厂竟然还没有实行轮班制。[29]亨舍尔公司是1942年末第一个实行两班各12个小时轮班制的公司，到1943年初，施佩尔强迫其他公司效仿。然而，迅速推行额外班次的唯一方法是增加对包括战俘在内的外籍强制劳工的依赖，这进一步降低了工厂的效率。

阻碍1943年坦克产量大幅增长的另一个因素是坦克设计的过度精细和陆军装备部检验员评估时的吹毛求疵。几十年来，许多资料都认为，"虎"式坦克需要300000个工时才能完成，大约是"豹"式的两倍，有的资料称"豹"需要55000个工时，也有权威的资料认为仅需2000工时[30]。这些数字都太过片面，因为德国各工厂的"豹"式生产率差别很大，没有固定的标准。到1944年，曼恩工厂雇用了4483名员工直接从事坦克的制造装配，每月总共花费大约160万个工时在这一任务上。鉴于1944年曼恩工厂"豹"式的月产量达到了140—155辆的最高值，"豹"式后期型号的生产至少需要约10400—11500个工时。[31]当然，由于早期的"豹"式D型存在更多的技术问题，后期型号的生产能够花费较少的时间，但这同样也适用于T–34或任何其他坦克。1942年后，德国坦克变得更为复杂，生产一辆所耗费的精力足够生产几辆T–34。在斯大林格勒战役之后，陆军装备部驻尼伯龙根工厂的检验员还在为"未抛光的焊缝"和"不标准的涂装"等美学上的原因拒绝接收坦克。这些荒谬的事情直到1943年库尔斯克战役后才有所改观，施佩尔通过简化流程、降低标准来促使工厂加快生产，使得1944年的产量大幅提高。尽管如此，根据曼恩公司的数据，在施佩尔提高生产效率之后，"豹"式所需的劳动量仍然是T–34的三倍。

盟军的战略轰炸也对德国坦克的生产造成一定影响，不过在1943年，阿尔凯特是唯一一家受到严重破坏的工厂。8月，曼恩工厂受到两次轰炸，"豹"式的产量暂时减少。[32]10月，皇家空军轰炸了卡塞尔的亨舍尔工厂，"虎"式坦克的生产也受到一定干扰。[33]11月，皇家空军对柏林的一次大轰炸使得阿尔凯特在博斯希城区的工厂大部被毁，严重影响了Ⅲ号突击炮的生产约6周。12月，希特勒做出反应，仓促决定终止克虏伯–格鲁森股份公司Ⅳ号坦克的生产，转而用Ⅳ号坦克的车身制造Ⅳ号坦克歼击车。古德里安反对这一决定，他认为阿尔凯特公司很快就能恢复Ⅲ号突击炮的生产，而且希特勒已经同意利用"豹"式的车身制造一种新的坦克歼击车（"猎豹"式），配备88毫米口径的Pak 43反坦克炮，此时削减坦克的产量去增加另一个突击炮品种是没有意义的，但他的意见又一次被置之不理。

1943年皇家空军对鲁尔的轰炸也造成了"零件危机"，零件运抵的延误使得主厂装甲车辆的生产也延误了[34]。例如，在尼伯龙根工厂组装的Ⅳ号坦克，要从马格德堡运来炮塔，从杜塞尔多夫运来火炮，从腓特烈港运来发动机，以及从各个地方运来其他零件。盟军的轰炸进一步破坏了德国中部的铁路枢纽，造成国内运输的延误。由于没有关键零部件的库存，坦克的主要组装车间越来越容易受到运输中断的影响。盟军的轰炸还带来了进一步的间接破坏，包括原料的运输问题，以及无数为坦克制造独特部件的小供应商。

红军的坦克力量

1943年，红军有6种不同的坦克单位，在东线执行各类任务：

·坦克集团军，用于进行大规模的运动战。虽然红军在1942年成立了5个坦克集团军，但当年8月惨败后，坦克第1和第4集团军都被解散了。1943年初，坦克第2、第3、第5集团军仍在战斗。坦克集团军下辖2个坦克军和1个机械化军，共有约500辆坦克，但仍然属于临时编成的单位。

·坦克军（下辖3个坦克旅和1个机械化步兵旅），既可以单独作战，也可以作为规模更大的坦克集团军的一部分。按照10月斯大林第325号命令，苏联坦克军的主要目标是消灭敌人的步兵，而不是和敌人的装甲单位作战。其标准编制是下辖6个坦克营共159辆坦克（96辆T-34、63辆T-70），以及6个机械化步兵营、1个摩托车营共3200名步兵，但炮火支援仅为1个近卫迫击炮营，配备8座BM-13多管火箭炮，这是一个严重的缺陷。

·机械化步兵军（由3个机械化步兵旅和1个坦克旅或坦克团组成），主要作为前线指挥官的突破和追击部队。满员的机械化军下辖5个坦克团共170—200辆坦克，以及9个营近6000名摩托化步兵。机械化军不像坦克军那样缺少炮火支援，它有3个轻型炮兵营（每营12门76.2毫米口径火炮）和其他迫击炮。然而，机械化军严重缺乏卡车来装载步兵，很多步兵只能搭载坦克。到1944年底，大批根据《租借法案》运抵的卡车将缓解这一短缺问题,并大大提高苏联机械化军的机动性[35]。

·坦克旅(由2个坦克营和1个机械化步兵营组成),是苏军机动作战的基本单位。在1943年大部分时间里,1个坦克旅的编制为32辆T-34中型坦克和21辆T-70轻型坦克(或其他一些租借来的坦克)。中型坦克营通常由大尉或少校指挥,下辖2个坦克连,每连10辆T-34坦克,另有1辆由指挥官乘坐。在后勤方面,坦克营下辖1个27人的补给排,编制为13辆卡车(包括3辆弹药车和2辆燃油车)[36]。旅的侦察能力比较薄弱(1个有3辆装甲车的侦察排),也没有炮火支援单位——它不是一个多兵种合成单位,而是一个以坦克为主的单位。因此,苏军的坦克旅最好是作为一支大部队中的组成部分来使用,但他们也可以单独用于支援步兵。到1943年,越来越多的坦克旅被并入大兵团,以最大限度地提升冲击能力。

·坦克团,是独立的部队,用于突破或增援步兵,经常会装备重型坦克。1943年1月,1个坦克团由32辆T-34坦克和7辆T-70坦克组成,或者由21辆KV系列的重型坦克组成。与坦克旅不同,坦克团没有配属机械化步兵,下辖数个坦克连而非坦克营。[37]大多数KV系列坦克都被分配给了新组建的近卫重型坦克团。

·独立坦克营(OTB),通常是负责支援步兵的独立单位。营的编制没有固定,最多可包括5辆KV系列坦克,11辆T-34或通过租借外援的坦克,以及20辆轻型坦克。少数营配备了喷火坦克或缴获的德国坦克。一个齐装满员的营的坦克数量为36辆,但只有少数长期在前线作战的单位是这样,大部分营只有10—20辆坦克,有些减少到只有几辆。[38]到1943年,这些营被逐渐裁汰,因为它们大多是1941年临时应急的产物。

1943年1月1日,红军共有坦克军20个,机械化军11个,坦克旅120个,坦克团91个,独立坦克营68个。根据克里沃谢耶夫的数据,当时红军共有20600辆坦克,其中7600辆是中型坦克(T-34或M3"格兰特"),2000辆是KV系列重型坦克,其余的11000辆是轻型坦克T-60、T-70或租借来的"玛蒂尔达""瓦伦丁""李将军"和"斯图亚特"坦克。[39]1942年末,一小批美式M4A2"谢尔曼"坦克经由波斯走廊运抵苏联,但没有立即用于作战。在1942年12月的战斗中大伤元气的部队,如坦克第24、第25军,还能用的坦克只剩下一点,不过大部分苏联坦克部队都还有半数以上的坦克可用。与德国人不同,红军并没有让大量装甲部队驻扎到安静的战线上。1943年,苏联在远东部署了大约2500辆坦克（大多是过时的T-26和BT-7轻型坦克），在土耳其和伊朗边境部署了几百辆坦克。最高统帅部后备部队有2个坦克军、4个坦克旅、3个坦克团和3个坦克营，共计约700辆坦克。此外莫斯科、伏尔加和外贝加尔军区有2000余辆坦克。这样苏军就余下约14000辆坦克在前线，可能有7000—8000辆可以作战。和德军约1000辆能够作战的坦克和突击炮相比，苏军有着7∶1的优势，远远超过了教科书中进攻成功所必需的3∶1的条件。

不过，红军的坦克部队只有约30%配置在大规模的坦克或机械化军中，剩下的仍被部署在适合支援步兵的更小的单位中。负责编制改革的国防人民委员会正在逐步采取措施改变这种不平衡状况，他们裁汰了许多坦克营，把更多的旅合并到军级单位中，但这要到1944年才能完全实现。保留大量的小型坦克单位，使苏军很难在前线集结起一支决定性的打击力量，并在旷日持久的消耗战中维持这支力量。坦克旅和其他更小的单位在一场战斗中就可以被消耗完，这常常使苏军的进攻节奏在关键时刻中断。

1943年初，苏联坦克部队的主力是T-34/76中型坦克，它拥有出色的V-2柴油发动机、倾斜装甲和相当不错的76.2毫米口径F-34型火炮。虽然在1941年—1942年，T-34给人留下了深刻印象，但国防人民委员会只想让它达到最大产量，并不关心完善其设计，因此在战争头两年里它几乎没有得到什么改进。它的基本弹药配置通常是75发OF-350高爆破片弹和25发BR-350A破甲弹，这表明T-34/76主要用于攻击软目标，而不是别的坦克。1942年，它升级了新的六角形炮塔，装甲变厚了一些，但火力上没有变化。乘员，特别是车长的人机工程学并不理想。没有像德国坦克那样的车长观察塔，严重削弱了T-34车长掌握战场态势的能力。1943年，T-34进行了一次真正的升级，拥有了更多更好的战术无线电。斯大林没有意识到电子工业的价值，所以在战前的"五年计划"中，它没有得到优先发展。苏联无法为每辆坦克都装上无线电，在1941年—1942年，只有排长以上的坦克才配备无线电。此外，1941年国防人民委员会没能向东疏散电子设备工厂，因此苏联国产的坦克无线电设备数量在1942年急剧下降。然而，到1943年，英国开始向苏联大量供应无线电元件，苏联为T-34安装了改良的9R型无线电，1943年年底，大多数的苏联坦克都配备了无线电或至少一个接听器[40]。旅级以上单位的通信在1943年则始终存在问题，因为旅指挥所只配备了2台发射范围仅为8公里的12-RP无线电台[41]。

红军的另外两型坦克，KV-1重型坦克和T-70轻型坦克，对坦克战整体能力的提升几乎没有什么影响。从战争一开始，KV-1重型坦克就因传动装置的问题不能持续机动，无法胜任其作为突破坦克的角色——因为它跟不上其他坦克。1942年12月，为了提高机动性，红军推出了KV-1s坦克，比以前的型号轻5吨，越野速度从13公里/小时提高到24公里/小时，但代价是其装甲防护减少了30%。因此，KV-1s只是稍微快了一点，却比以往脆弱得多。国防人民委员会认识到KV-1在技术上已经走进死胡同，因此决定把它们编成独立重型坦克团使用，一旦有了更好的方案就立即停产。在大多数苏军坦克部队中都能见到T-70轻型坦克的身影，它们仅仅用来填补数量缺口，直至有更多的中型坦克可用。国防人民委员会知道T-70甚至打不过德国的III号坦克，但别无选择。T-70在装甲和火力上的欠缺是以庞大的数量来弥补的。

与德军不同，红军没有大量配备半履带车辆，这对坦克编队内机械化步兵的机动性产生了不利影响，削弱了他们在泥泞和雪地中的后勤保障能力。红军没有类似于德军Sd. Kfz. 250/251型装甲运兵车这样的装备，少量的美式M2或M5半履带车通常用作指挥车或炮兵牵引车，没有用来搭载步兵。而大量的步兵仍是坐在坦克上，作战时十分不利。20世纪30年代中期，苏联研制了ZIS-22型（以ZIS-5型卡车为基础）和GAZ-60型半履带车，但在德国入侵前只制造了1100辆，大部分在战争头一年就损失掉了。1942年，ZIS-42型半履带车开始量产，但这种车辆在雪地和泥泞中的机动性很差。因此，红军的履带支援车无论在数量和质量上都不及德军，这是一个重要的但常常被忽视的缺陷。

红军的战术和理论变革

1942年10月16日，斯大林发布第325号命令，其中概述了红军在战斗中使用坦克的一系列问题。最重要的问题是坦克与步兵、炮兵、工兵和航空兵之间缺乏协同，无法进行像德国装甲部队那样的多兵种联合作战。第二个重大问题是坦克指挥官不能进行适当侦察或利用地形，因此苏联坦克往往"在战场上游荡"，不知道敌人在哪里，也看不到像雷场之类的障碍。最后，旅以上的苏联坦克指挥官经常在后方固定指挥所对其部队进行指挥和控制，因为部队几乎没有无线电。指挥官通常发布一项严格的作战命令，计划非常简单——一般就是正面攻击，并期望下辖的各营和旅能够不折不扣完成任务。这种僵化的苏联战术风格与德国的理论截然相反，后者靠的是前线指挥和通过无线电协调的灵活作战。在这种死板的指挥之下，苏联坦克部队经常被数量较少的德国装甲部队击败。虽然斯大林对苏军装甲作战的不足做了相当准确的评价，但他没有承认自己要对许多问题负责，他常常逼迫指挥官过早发动进攻，剥夺了他们与其他单位协调或进行必要侦察的时间[42]。

从第325号命令开始，红军开始从错误中吸取教训，并逐渐缩小和对手的差距。命令强调了进攻过程中精心准备炮火和步坦密切协同的重要性。苏联坦克不再像1941年—1942年那样和德国坦克纠缠，而是集中精力消灭敌人的步兵，让炮兵和反坦克手去对付德军坦克。命令还强调了要认真侦察地形，以实施奇袭和欺敌，攻敌不备。当然，签发命令对斯大林来说只是一件很平常的事情，但这一标准成为步入1943年的红军坦克手的理论指南。

1943年，红军最重要的战术和条令变化就是模仿德军的突击炮开始使用自行火炮（Su）。他们把可靠性很高的76.2毫米口径ZIS-3反坦克炮装到T-70加长的底盘上，命名为Su-76并大量生产。而Su-122就是把122毫米口径榴弹炮装到T-34的底盘上，为机械化步兵提供真正的直瞄火力支援。总体而言，自行火炮团的设立反映了红军内部想将大部分支援步兵的任务交给这些装甲车辆而不是坦克的愿望。虽然在1943年早期，Su系列自行火炮还存在一些技术问题，延缓了建立自行火炮团的进度，但坦克已经慢慢开始从掩护步兵的任务中松绑，更多地投入到进攻性机动作战中，那些用于支援步兵的坦克越来越多地被部署到新的独立坦克团中。

1942年，红军建立了坦克集团军和坦克军，但这一新设的队伍只有一大群坦克集结，其他的支援兵种严重不足。这种情况在1943年开始改变，因为红军在1941年—1942年以巨大的代价从德国人那里学到了作战经验，并按照斯大林第325号命令，努力建设能使自身平衡的诸兵种合成力量。1943年1月，国防人民委员会采取措施强化坦克军，并增加了一个拥有36门120毫米迫击炮的迫击炮团和一个配备8辆Su-76和8辆Su-122的自行火炮团。此外，为了提高坦克军的持续作战力，他们又增加了33辆T-34和7辆T-70作为预备队；增加这些相当于一个营的坦克将使红军坦克在库尔斯克这样的消耗战中占有优势。1943年2月，坦克军的工兵分队从连级单位升级为营级单位。3月，通信兵也同样扩编，红军还增加了一个配备16门37毫米炮的防空团。4月份，国防人民委员会决定在坦克军内扩编反坦克部队，以应对德军装甲实力的提升，特别是"虎"式坦克。每个坦克军都成立了一个反坦克团，包括45毫米、57毫米和76.2毫米口径火炮共20门，还有一个独立的反坦克营，拥有12门85毫米口径牵引式52-K高射炮。使用这种炮对抗德国重型坦克的决定，将大大增强苏军在库尔斯克的防御能力。

虽然一些红军将领认识到如果能在第325号命令的战术规定上更进一步，规模更大、装备更好的坦克和机械化兵团实际上有能力执行与战前的大纵深战斗（Глубокий Бой）理论相似的任务，但失败的风险让他们倾向于保守行事，而不是迅速改变理论。值得说明的是，第325号命令实际上只涉及战术上的突破作战，而对战役层次上的艺术说得很少。红军的主要将领如格奥尔吉·朱可夫和华西列夫斯基，认识到红军需要改进战役的指挥艺术，而不能仅仅依靠数量。人海战术在1941年—1942年的反攻中很少获胜，红军里最聪明的人都知道，光靠数量不足以打败像德国国防军这样老练的对手。在战役层面实现理论转变的第一步是要更多采用梯次进攻和防御的方法。德国人喜欢在战役一开始就押上全部家当，而红军将领们却开始懂得在紧要关头投入有生力量的重要性，如此才可以保持作战的势头。在此之前，苏军进攻时倾向于把全部或大部分装甲部队投入前线——就像1942年5月在哈尔科夫那样，结果造成了巨大的伤亡和进攻能力的迅速丧失。在很短的时间内，德军就证明了他们可以打败苏联的数量优势，但是梯次进攻使红军能够长期保持进攻的势头，逐渐耗尽德军的防御能力，梯队的运用能让苏军指挥员充分发挥他们在人数上的优势。梯次作战对于防御作战来说也是一样的，比如在库尔斯克。

苏联装甲战理论的另一个微妙变化是，人们日益认识到，必须更加重视后勤的"推进"，即为前方快速移动的坦克部队提供燃油和弹药补给，以维持其前进的速度，而不是坐等后方梯队的到来。1942年11月以前，红军撤退的时间要远多于进攻的时间，但他们能够依靠附近的铁路进行补给。然而，正是由于对前方后勤不够重视，红军在第一次实施大纵深作战，即1942年12月对塔钦斯卡亚的突袭中功亏一篑。坦克第24军成功占领了这一重要的德军机场，但西南方面军却无法为失去机动能力的部队提供后勤补给，后者被两个德国装甲师包围，几乎全军覆没。要弥补这一缺陷，苏军就必须为苏联装甲单位提供更多的卡车、无线电和支援部队，并大大改进参谋人员杂乱无章的作业方式。远距离后勤保障能力的加强，以及参谋人员作业水平的提高，使后勤物资能够出现在最需要的时刻和地点，是红军大规模向西推进的基本要求。这一改进绝非轻而易举。

红军的坦克训练

在战争的头两年，红军急切地想要训练出尽可能多的坦克乘员，因此建立了过多的训练单位。战前，红军已经开办了一些坦克训练学校来训练军官。到1943年，这样的学校还有10所，在高尔基、喀山和乌里扬诺夫斯克各有2所，在萨拉托夫有3所。每所学校可以在半年训练出大约500名车长。此外，红军机械化和摩托化军事学院还为营团级干部开设了高级课程，学院起初被疏散到塔什干，1943年回迁到莫斯科。大多数坦克训练部队就驻扎在生产坦克的工厂附近，便于新车组训练。工厂周围成立了一批坦克和车辆训练中心，负责管理和监督下辖的坦克教导团或教导营。教导营按坦克类型分类（重型、中型和轻型），并有单独的单位训练从美国或英国租借而来的坦克。车里雅宾斯克的训练中心是最大的一个，下辖各单位在半年中可以训练出2500多名乘员。一个典型的教导营大约有1190名学生和171名管理人员，而一个教导团有多达4000名受训人员。

在战争初期，国防人民委员会曾从坦克学校突击抽调受过训练的干部上前线，这极大地影响了1942年的训练质量。不过，1943年1月3日，国防人民委员会发布了第003号命令，将各个独立的教导营合并为教导旅，训练变得更加合理，水平得以提升。有作战经验的干部——通常是负了伤的——被派去充实训练学校。但1943年大部分时间里，苏联的坦克训练仍然很成问题。T–34教导营仍在使用过时的T–26和BT–7轻型坦克，乘员的学习大多依靠死记硬背，毕业的驾驶员和炮手对坦克的熟悉程度不高。在学校里几乎没有拟真的野战训练，只有驾驶坦克排成简单的线列移动。1941年1月到4月，在库尔干坦克训练学校受训的帕夫洛夫·V. 布留霍夫中尉称训练非常"简单"，"他们只教我们一些基本知识——发动引擎然后往前开。我们也进行战术练习，但都是靠步行移动来模拟坦克的移动"。苏联的坦克排排长甚至都没有学过如何看地图，当红军开始西进时，这就成了一个大麻烦。[43]新兵们被分到只训练单一技能（如驾驶员、炮手和装填手）的教导营，他们不像德国坦克手那样接受过多种任务的交叉训练。

在普通越野地形上的驾驶和机动训练是最基础的，而炮术训练在整个战争期间也很不够。国防人民委员会在坦克的生产上是如此的不遗余力，而在乘员的训练上又是如此的漫不经心，这着实令人惊讶。射击训练尤其缺乏，这使德国坦克占据了很大的优势。布留霍夫说，他从库尔干坦克学校毕业后，被派往一个后备坦克团，在那里他们"得到1辆坦克，开了50公里去一个坦克靶场，打了3发主炮和1个弹鼓的机枪子弹，然后这辆坦克就可以正式上前线了"。[44]按苏联的规定，车长和炮手要在发现敌人后10秒内开始炮击，10秒在战场上已是一段漫长的时间，而德国的标准是5秒。在战斗中，德国人常常注意到苏联坦克射击的速度极为缓慢——他们接受的训练就是这样。苏联坦克也从未学习过预瞄移动目标或使用轴线校准技术，坦克的光学瞄准镜和炮身没有进行校准，这大大降低了主炮的精度。鉴于此，苏联坦克还能命中如此多的德国坦克，确实令人相当吃惊。唯一值得欣慰的是，1943年—1944年，随着越来越多的坦克在第一次战斗中幸存，老兵们逐渐掌握了本应在训练中学会的技能。1944年，苏联为近卫坦克单位建立了几个坦克训练中心，开始进行更为深入的射击和机动训练，但对比德国坦克仍然相差甚远。

然而，每年能够训练出数以万计的半吊子坦克手，已是苏联战时最伟大的奇迹之一，这有助于解释为什么红军逐渐占据上风。但这是一种极为浪费人力的办法，如果红军能够建设一个像普特罗斯这样的现代化靶场，或是一个像格拉芬沃尔那样的机动训练场，苏联坦克的损失就会大大减少，德国人则会遭受更大的损失。实际上，对高质量训练的忽视是红军的一种自我伤害，整个战争期间这一问题一直没有得到解决。苏联共产党用一道道工业大生产的命令来维持战争，而前线那些"小齿轮"的命运则无足轻重。

苏联的坦克生产和《租借法案》

起初，斯大林任命维亚切斯拉夫·马雷舍夫为坦克工业人民委员，他是一位在"五年计划"中发展重工业方面具有丰富经验的工程师，在1941年的工业撤离以及车里雅宾斯克、下塔吉尔坦克工厂的建设中创造了奇迹。然而，马雷舍夫更多的是一个工业经理人，在装甲车辆的设计方面没有直接的经验。1942年7月，斯大林决定让列宁格勒基洛夫工厂的前厂长艾萨克·M.萨尔兹曼代替马雷舍夫成为坦克工业人民委员。萨尔兹曼对坦克的了解当然要更多一些，但他卷入了苏联3个主要的坦克设计局之间的竞争，而他偏向于基洛夫设计局的方案。在萨尔兹曼的任期内，T-34的月产量在1942年12月达到了最高点1568辆。然而，他谨遵国防人民委员会的指示，不对坦克做任何可能降低产量的改进，在新型坦克的研制上也是如此。最终，萨尔兹曼眼睁睁地看着苏联坦克工业陷入某种惰性和停滞状态，无法与德国坦克技术的进步匹敌，尽管他也是被限制的。

经过马雷舍夫和萨尔兹曼的努力，苏联工厂扩大了坦克生产，其产量也赶超德国。自动焊接技术的应用加快了装配线工序，苏军努力减配不断压缩工时，制造一辆T-34从1942年初的5300—9000个小时减少到1943年1月的3700—7200个小时。[45]下塔吉尔工厂（后改名为斯大林乌拉尔坦克工厂，即183厂）在坦克生产中效率最高，几乎一半的T-34都产自这里。然而，刻意压缩工时使坦克质量严重下降，尽管苏联劳工官员对统计数字很满意。1942年末开始铸造的新炮塔常常受到裂缝的困扰，在下塔吉尔和斯维尔德洛夫斯克生产的车身也是如此。即便是一直以来很可靠的V-2柴油发动机也不那么可靠了，1942年的试验表明，该发动机的平均故障间隔为200—300公里，而不是设计的1000公里[46]。因此，在1943年初的战役中，苏联坦克在机械性能上往往不太靠谱，特别是对不了解预防性维护的车组而言。

必须指出的是，苏联在坦克产量上一直对德国保持领先，这是因为苏联只有一条战线需要担心，而其坦克工厂亦未遭到轰炸。苏联不用将钢铁转移给海军，而德国在1942年—1944年间花费了大量工业资源来建造潜艇。此外，在1941年—1942年，苏联为了提高坦克产量，不得不让生产卡车的主要工厂GAZ转而生产轻型坦克。因此，苏联的卡车产量明显低于德国，这一差距仅能通过租借来弥补，装甲半履带车情况更糟，而这对于在快速装甲部队中的步兵至关重要。苏联从未研制出类似于德国SPW的车辆，完全依靠少量的美制M2半履带车和M3A1侦察车装备几个机械化近卫步兵单位。1943年，苏联没有一支步兵部队完成全面机械化，且不得不用搭载方式，即每个旅中至少有一个营的步兵"骑"在坦克上。因此，虽然德国机械化部队在坦克数量上不及红军，但在1944年中期之前，德军在机动性方面仍保持着明显的优势。直到1944年后期，这种平衡才开始倒向苏联。

装甲半履带车和卡车的产量对比，1943年—1944年

类型	德国		苏联		租借法案	
	1943	**1944**	**1943**	**1944**	**1943**	**1944**
装甲半履带车（SPW）	7153	9486	0	0	c.1330	c.1770
卡车	94963	75474	41600	57400	80900	122100

1943年—1944年间，租借法案也在持续为红军坦克力量提供重要的支援。1943年，苏联又收到了来自西方盟国的2995辆坦克，其中2102辆来自英国（1776辆"瓦伦丁"、179辆"丘吉尔"和147辆"玛蒂尔达"），893辆来自美国（469辆M4A2"谢尔曼"、260辆M3/M5"斯图尔特"和164辆M3"李将军"）。[47]此外，苏联还得到了41辆M31，这是一种以"李将军"式坦克为基础改装的装甲回收车，之前他们没有类似的装备。虽然苏联经常抱怨租借坦克的质量，但"谢尔曼"和"瓦伦丁"都被证明是可靠的，且一直服役到战争结束。

尽管苏联的战车产量超过了德国，但很少有人知道这一数字在1942年末到1943年初已经达到极限，任何新设计的引进，如T-34/85和IS-2，都对生产产生了重大影响。国防人民委员会虽然一直在考虑升级T-34，并用一种新的重型坦克来取代KV-1，却不愿意在这上面浪费资源，特别是此时德国人仍在斯大林格勒垂死挣扎。委员会给萨尔兹曼的折中方案是Su计划，即用一种武器更好的车辆来代替T-70轻型坦克。萨尔兹曼让原OKMO（"实验设计机械部"）设计局的谢苗·亚历山德洛维奇·金兹伯格来设计Su-76自行火炮，尼古拉·德米特里耶维奇·雅科夫列夫上将的总军械局为这种新战车提供了76.2毫米口径的ZIS-3反坦克炮。Su-76使用加长的T-70底盘，金兹伯格为ZIS-3火炮加上了一个轻型装甲外壳。1942年12月，原型车问世，萨尔兹曼在没有经过充分试验的情况下批准进行少量生产。第一辆Su-76在1942年最后几天下线。1943年1月，一批Su-76被运往沃尔霍夫方面军，但结果一塌糊涂。两台GAZ-202卡车引擎足以驱动T-70轻型坦克，但额外增加的一吨重量太重了，Su-76难以驾驶，传动装置也不合格。动力不足的一个明显标志就是很多车辆都抛锚了。萨尔兹曼和金兹伯格试图解决Su–76的设计问题，但这导致生产在1943年4月中止。

　　和希特勒不同，斯大林不能容忍项目的失败。1943年6月7日，也就是金兹伯格开始研制Su–76的6个月后，斯大林颁布了第3530号国防委员会令，指出：

　　国防委员会认为，由坦克工业人民委员会金兹伯格同志设计，并经1942年12月2日国防委员会第2559号令接受的 Su–76自行火炮质量不合格。坦克工业人民委员会（萨尔兹曼同志）和红军总军械局（雅科夫列夫同志）在Su–76开始生产之前没有进行尽职调查。1943年4月14日，国防委员会第3184号令确认了坦克工业人民委员会（萨尔兹曼同志）和红军总军械局（雅科夫列夫同志）提出的修改意见，但并未看到明显的改善，也没有将Su–76质量提高到令人满意的水平，这表明坦克工业人民委员会和红军总军械局的试验是糟糕的。

　　国防委员会下令：

　　Su–76自行火炮在38厂的生产必须立即停止，坦克工业人民委员会萨尔兹曼同志必须认清这一错误。免去设计者金兹伯格同志在坦克工业人民委员会的工作，不得再参与坦克工业人民委员会的项目，他将被交由国防人民委员会，在预备役中安排次要工作。坦克工业人民委员会（萨尔兹曼同志）和红军总军械局（雅科夫列夫同志）必须对本部门在Su–76试验中草率从事的工作人员进行处分。

　　金兹伯格被解除职务，派往前线担任坦克第32旅副旅长，2个月后阵亡。萨尔兹曼被迫辞职，但被重新起用为车里雅宾斯克的厂长。马雷舍夫重回坦克工业人民委员会的领导岗位，直到战争结束。首先，马雷舍夫解决了 Su–76的问题，并重新命名为Su–76M。尽管设计上还有些毛病，但他纠正了主要的缺陷，确保其大量生产。接下来，他开始游说斯大林和国防人民委员会，要求生产加大主炮口径的T–34以及一种新的重型坦克。Su–76项目清楚地说明了苏联坦克工业面临着微观管理的巨大压力，犯错的工程师和项目负责人无法保住其饭碗。斯大林的严厉态度是残酷的，但在苏联的工业体系中能达到预期的效果。

注释

1. Christopher W. Wilbeck, *Sledgehammers: Strengths and Flaws of Tiger Tank Battalions in World War II* (Bedford, PA: the Aberjona Press, 2004), pp. 18‑23.

2. Thomas L. Jentz, *Panzertruppen: The Complete Guide to the Creation & Combat Employment of Germany's Tank Force, 1943‑1945, Volume II* (Atglen, PA: Schiffer Military History, 1996), pp. 43.

3. Manfred Kehrig, *Stalingrad: Analyse und Dokumentation einer Schlacht* (Stuttgart: Deutsche Verlag–Anstalt, 1974), pp. 670.

4. Jentz, pp. 49.

5. Heinz Guderian, *Panzer Leader* (New York: Ballantine Books, Inc., 1968), pp. 234.

6. Samuel W. Mitcham Jr., *Hitler's Legions: The German Army Order of Battle, World War II* (New York:Stein & Day Publishers, 1985), pp. 387.

7. Guderian, pp. 237.

8. Guderian, pp. 239.

9. Meldung der Sonderkommission des OKH, 27 June 1941, NAM (National Archives Microfilm), series T–315, Roll 744, frame 729.

10. IIa, IIb, Tatigkeitsbericht Verlustliste, Apr 1 – Oct 31, 1942, PzAOK 1, NAM (National archives Microfilm), series T–313, Roll 36.

11. Ernst Rebentisch, *The Combat History of the 23rd Panzer DIvision in World War II* (Mechanischsburg, PA: Stackpole Books, 2012), pp. 496‑500.

12. Hans Schäufler, *Knights Cross Panzers: The German 35th Panzer Regiment in WWII* (Mechanichsburg, PA: Stackpole Books, 2010), pp. 203.

13. Armin Bottger, *To the Gates of Hell: The Memoir of a Panzer Crewman* (Barnsley, UK: Frontline Books, 2013).

14. Bottger.

15. Jentz, pp. 34.

16. Wolfgang Schneider, *Panzer Tactics: German Small–Unit Armour Tactics in World War II* (Mechanicsburg, PA: Stackpole Books, 2005), pp. 326.

17. Artem Drabkin and Oleg Sheremet, *T–34 in Action* (Barnsley, UK: Pen & Sword, 2006), pp. 128.

18. Otto Carius, *Tigers in the Mud* (Mechanicsburg, PA: Stackpole Books, 1992), pp. 3‑20

19. *The United States Strategic Bombing Survey: The Effects of Strategic Bombing on the German War Economy* (Washington, DC: U.S. Government Printing Office, 1945), Tables 14, 15.

20. Lukas Friedli, *Repairing the Panzers: German Tank Maintenance in World War 2, Volume 2* (Monroe, NY: Panzerwrecks, 2011), pp. 151.

21. Adam Tooze, *The Wages of Destruction: The Making and Breaking of the Nazi Economy*

(New York: Penguin Books, 2006), pp. 552－589.

22. Tooze, pp. 569.

23. Walter J. Spielberger, *Panzer Iv and its Variants* (Atglen, PA: Schiffer Military History, 1993), pp. 60.

24. Spielberger, pp. 80.

25. Tooze, pp. 152－154.

26. Steven J. Zaloga, *Panther vs. Sherman: Battle of the Bulge 1944* (Oxford: Osprey Publishing, 2008), pp. 13.

27. Michael Winninger, *OKH Toy Factory: The Nibelungenwerke, Tank Production in St. Valentin* (Andelfingen, Switzerland: History Facts, 2013), pp. 184－205.

28. Roddy Mac Dougall and Darren Neely, *Nürnberg's Panzer Factory* (Monroe, NY: Panzerwrecks, 2011),pp. 53.

29. Albert Speer, *Inside the Third Reich* (New York: Simon & Schuster, 1970), pp. 217.

30. Walter J. Spielberger, *Panther and its Variants* (Atglen, PA: Schiffer Military History, 1993), pp. 244.

31. Spielberger, *Panther and its Variants* pp. 244 and Thomas L. Jentz, *Germany's Panther Tank: The Quest for Combat Supremacy* (Atglen, PA: Schiffer Military History, 1995), pp. 89.

32. Spielberger*, Panther and its Variants* pp. 106.

33. Tooze, pp. 602.

34. Tooze, pp. 598.

35. Charles C. Sharp, *Soviet Order of Battle World War II*, Vol. III (Published by George F. Nafziger, 1995), pp. 4.

36. Charles C. Sharp, *Soviet Armour Tactics in World War II* (Published by George F. Nafziger, 1999), pp. 100－101.

37. David M. Glantz, *Colossus Reborn: The Red Army at War, 1941－1943* (Lawrence, KS: Un Iversity Press of Kansas, 2005), pp. 224.

38. Glantz, pp. 223.

39. G. F. Krlvosheev, *Soviet Casualties and Combat Losses in the Twentieth Century* (Mechanicsburg, PA: Stackpole Books, 1997), pp. 252

40. Drabkin, pp. 40.

41. Valeriy Zamulin, *Demolishing the Myth: The Tank Battle at Prokhorovka, Kursk, July 1943: An Operational Narrat Ive* (Solihull, UK: Helion & Company Ltd., 2011), pp. 83

42. Charles C. Sharp, *Soviet Armour Tactics in World War II* (Published by George F. Nafziger, 1999), pp. 73－77.

43. Drabkin, pp. 80.

44. Drabkin, pp. 129.

45. Mark Harrison, *Accounting for War: Soviet Production, Employment and the Defence*

Burden, 1940 - 45 (Cambridge: Cambridge University Press, 2002), pp. 226. Also, A. Yu. Yermolov, *Gosudarstvennoe upravienie voennoy promyshlennostyu v 1940-e gody: Tankovaya promyshlennost* (Saint Petersburg: Aleteyya, 2012), pp. 188.

46. Sergey Ustyantsev and Dmitri Kolmakov, *Boevye mashiny uravagonzvoda tank T-34* (Media-Print,2005), pp. 86.

47. Mikhail Kolomiets and Ilya Moshchanskiy, *Tanki Lend-liza 1941 - 1945* (Moscow: Eksprint, 2000).

第五章

1943 年的坦克战

从高加索撤退，1943年1月1日—2月2日

　　1942年10月，德国A集团军群试图夺取高加索油田的"雪绒花"行动达到了最高潮，当时他们只占领了迈科普附近被破坏的油田。1942年7月，埃瓦尔德·冯·克莱斯特大将下辖的第一装甲集团军进入高加索时，拥有600多辆坦克和突击炮，最初能突破装备很差的苏联北高加索方面军的防线。但苏联很快以第9集团军沿捷列克河筑起一道坚固的防线，使克莱斯特停下了追击的步伐。虽然克莱斯特于9月2日的突击成功打过了捷列克河，但由于燃料短缺问题和苏联援军抵达，他的装甲部队被迫在距格罗兹尼油田85公里的地方停下。11月初，克莱斯特为前进做了最后一次绝望的努力，但第13装甲师在奥尔忠尼启则附近陷入包围，几乎被歼灭。[1]此后，第一装甲集团军沿近200公里宽的前线布置阵地防御，第三装甲军在西面，第五十二军的3个步兵师在中央，第四十装甲军在东面。A集团军群高加索侧翼和B集团军群的顿河侧翼之间是卡尔梅克草原，由一些小部队防守。克莱斯特被提拔执掌整个A集团军群，埃贝哈德·冯·马肯森骑兵上将接管第一装甲集团军。

　　来自内务人民委员会的伊万·A. 马斯连尼科夫少将负责指挥北高加索方面军的北翼兵团，包括第3、第37和第44集团军。马斯连尼科夫一看到克莱斯特转向守势，立即开始摸索德军防线上的弱点。对德国人来说，最危险的是由希格弗里德·亨里奇装甲兵上将指挥的第四十装甲军防守的捷列克河以北地

1943年1月1日德国装甲师和苏联坦克／机械化军的部署情况。大多数主要的装甲部队部署在罗斯托夫—斯大林格勒轴心和勒热夫突出部周围 [1]

---

① 译注：黑色方块为德军装甲师，GD为"大德意志"师，W为"维京"师；灰色方块为苏联坦克或机械化军，TC为坦克军，MC为机械化军，GTC/GMC为近卫坦克/机械化军。

区。在这里，弗朗茨·韦斯特霍芬少将的第3装甲师防守着一道30公里宽的防线，从捷列克河上的斯托德列夫斯卡亚一直到卡尔梅克草原上的阿加·巴蒂尔（Aga-batyr）。[2]韦斯特霍芬的左翼是费尔米特种军，一个临时拼凑的旅级单位，指挥官是德国空军上将赫尔姆斯·费尔米，掩护着第一装甲集团军开放的北方侧翼。根据德国的理论，装甲师是用来进攻的，不是用来进行旷日持久的防御的，但克莱斯特别无选择。苏军在斯大林格勒发起的进攻威胁到B集团军群之后，形势变得更加糟糕。1942年11月21日，陆军司令部命令克莱斯特将他最强大的部队——第23装甲师划归顿河集团军群以参加"冬季风暴"战役，去解救被围困在斯大林格勒的第六集团军。[3]12月中旬，党卫军装甲掷弹兵"维京"师也被划归顿河集团军群，使得第一装甲集团军在数量上远远不及马斯连尼科夫的北翼部队。

从1942年12月上旬开始，瓦西里·A.霍缅科少将的第44集团军开始以步兵和坦克对第3装甲师的整条战线组织常规攻击。霍缅科也来自内务人民委员会，实战经验有限，并且他只有几支坦克小分队。但苏军不屈不挠的进攻开始削弱德军的防御。在为期3周的激烈的防御战中，第3装甲师第6装甲团失去了1名营长和2名经验丰富的连长，配备有SPW半履带车的第3装甲掷弹兵团第1营营长也被打死。1942年12月，第一装甲集团军的伤亡人数超过5000人，霍缅科的第44集团军也在进攻中付出了沉重代价，包括8037人被俘，68辆坦克被毁，但其作战能力实际上在提高。希特勒不喜欢放弃土地，因为他相信德军可以在1943年重启他的高加索攻势。不过他最终同意了克莱斯特撤出第四十装甲军最为暴露的阵地，建立一条更为平直的战线。

到1942年12月底，韦斯特霍芬的第3装甲师情况已经非常不妙。由于备件短缺，该师只剩下大约30辆能作战的坦克，装甲半履带车的数量也差不多，磨损的履带和引擎是无法更换的。敌人的不断炮击毁坏了坦克负重轮上的橡胶外套，行驶时经常发生碰撞，导致履带插销弯曲或断裂。由于没有负重轮和履带插销的备件运来，即便是可以作战的坦克也只能带伤运行，性能大大降低。第6装甲团起初有3个装甲营，但现在他们被迫把所有坦克都合并到"斯托克曼"装甲营中，第3营剩余的乘员被编入步兵队伍。弹药供应非常短缺，无线电电池也不够，德国人只能限制战术无线电的使用。不过最缺乏的还是燃油，由于陆军司令部优先为埃里希·冯·曼施泰因元帅的顿河集团军群提供燃油，11月底，A集团军群得知他们暂时拿不到更多的燃油。供应变得非常紧张，以至于第3装甲师的后勤人员只能完全依靠俄国马车来接济前线。[4]因此，第3装甲师无法进行机动防御作战，只能把战斗力分散到营连级的据点里。到圣诞节时，就算希特勒也明白第一装甲集团军不能再留在那里，必须撤退，否则将被消耗殆尽。12月30日，希特勒下令，自1943年1月2日起，将第一装甲集团军后撤100公里，至皮亚季戈尔斯克—库马河一线。

苏联方面，最高统帅部想延续在斯大林格勒取得的成功，把A集团军群困在高加索地区。南方面军和西南方面军即将开始对顿河集团军群发动进攻，目标是攻占罗斯托夫，切断克莱斯特的交通线。北翼兵团负责逼退克莱斯特的第一装甲集团军，把他们赶向罗斯托夫聚而歼之。与此同时，只有一个坦克旅和几个独立坦克营的滨海军队集群将对图阿普谢（Tuapse）和新罗西斯克（Novorossiysk）附近的第十七集团军发动进攻，目标是扫清库班。最高统帅部希望能够在高加索造成"第二个斯大林格勒"，将A集团军群大部孤立并消灭。然而，德国人已经意识到了这种危险，绝不愿意束手就擒。

为了实现最高统帅部的宏大设想，马斯连尼科夫准备发动更大规模的进攻来打击第四十装甲军的左翼。霍缅科的第9集团军获得了近卫骑兵第4和第5军以及坦克的加强。到目前为止，马斯连尼科夫还只是把坦克分散成连级规模来使用，北高加索方面军中也没有坦克军。然而，要击溃德国人的防线并取得决定性的突破，苏军显然必须在某一时刻把手头的坦克部队集中起来。为了给第44集团军提供一支坦克突击队，格奥尔吉·P. 洛巴诺夫少将把来自5个单位的坦克组成一个混合坦克群，共106辆坦克（其中46辆T-34、18辆"瓦伦丁"、6辆M3"李将军"和36辆T-60/70）和24辆BA64装甲汽车，但没有配属步兵和炮兵。马斯连尼科夫准备向第3装甲师在阿加·巴蒂尔的营地以北进攻——那里由"霍夫曼"战斗群（第3装甲掷弹兵营第2连）驻守，而后再击溃"冯·容舒尔茨"哥萨克团（由德国人指挥，高加索人组成的志愿军）。步兵第9军将首先发起攻击，随后洛巴诺夫的坦克将冲入缺口。

1943年元旦的黎明，浓雾笼罩着大地，小雪落在冻硬的地面上，气温刚好在冰点以上。第44集团军准时开始炮火准备，虽然雾中精度大大下降，但炮火的猛烈程度足以摧毁工事。9时，洛巴诺夫的坦克群随着步兵第9军开始前进。哥萨克骑兵撤退了，德军第3装甲师的侧翼有被包抄的危险。下午，斯托克曼少校带领他营里的20辆坦克向北开进，进行了几次小规模战斗，试图阻挡洛巴诺夫的坦克。德国坦克在浓雾中时隐时现，在苏联突破走廊的侧翼准确射击。洛巴诺夫的坦克群在进攻的第一天就损失了17辆坦克，但进展还算不错。韦斯特霍芬感到他的侧翼已经不保，于是自作主张，下令提前24小时开始撤退。斯托克曼的装甲部队奉令拖住敌人——尽管那时他的燃料已经快用完了，其余的部队则向西退到库马河。接下来的3天中，斯托克曼设法拖住了洛巴诺夫的坦克群和近卫骑兵第5军，第3装甲师的大部都溜走了，许多无法行动的车辆被毁。1月3日，斯托克曼被迫在皮耶夫（Piev）附近打了一场大规模的坦克战，洛巴诺夫在那里投入了他的T-34坦克。同一天，苏联第9、第37集团军也开始进攻第一装甲集团军的阵地，德军加快撤退。最终，霍缅科的第44集团军把追击行动搞砸了，其坦克和骑兵失去了与第四十装甲军的接触，使其安然撤退到库马河。

为了给苏军的追击战注入新的力量，马斯连尼科夫组建了第二个坦克群，由弗拉基米尔·I.菲利波夫中校带领。菲利波夫坦克群由123辆坦克（包括31辆T-34型坦克）组成，来自第9集团军和方面军7个不同番号的部队。在第9集团军渡过捷列克河后，1月7日，菲利波夫坦克群被直接派往普罗赫拉德内至格奥尔吉耶夫斯克的公路，以夺取矿水城。在这里，德国第50步兵师正排着整齐的队伍撤退，他们误以为渡过库马河以后就会变得安全，却没想到河流已经上冻，对敌坦克而言并非重大障碍。1月8日清晨，菲利波夫坦克群从雾中冒出，袭击了驻守在格奥尔吉耶夫斯克以东20公里科马雅克村（Kommayak）的第122掷弹兵团第1营和第2营。在4个小时的战斗中，苏联坦克歼灭了2个连的德国步兵，击毙第122团第1营营长，在德军新防线的中央造成一个缺口。次日早晨，菲利波夫试图扩大这一缺口，但他没有步兵和炮兵的支持。马肯森从第13装甲师派出哈克战斗群和坦克歼击车去封堵这一缺口，1月9日上午发生了一场激烈的坦克战斗，红军坦克第140旅被击败，损失12辆M3"李将军"和2辆"瓦伦丁"坦克。

尽管如此，1月10日，马斯连尼科夫的第9和第44集团军大队人马开始渡过冰封的库马河，因为德国的防线不过由一系列支撑点串联而成，其间到处是空隙。洛巴诺夫和菲利波夫的2个坦克群，以及骑兵和几个步兵旅都已经过了河，意欲摧毁德军薄弱的主防线。第13装甲师的情形甚至比第3装甲师还要糟糕，它只是在矿水城前面短暂地抵挡了一下苏联坦克就向阿尔马维尔撤退。韦斯特霍芬的第3装甲师继续抵挡洛巴诺夫坦克群，在1月11日又打了一仗，然后继续向西撤退。克莱斯特现在意识到，苏联南方面军正想掐断他经由罗斯托夫的撤退路线，于是他向阿尔马维尔撤退，但离撤出整个高加索地区还有很长的路要走。克莱斯特向希特勒保证会将第一装甲集团军撤往库班，在高加索保留一座桥头堡，希特勒这才勉强同意了撤退。但他仍然拒绝了曼施泰因和克莱斯特关于把第一装甲集团军的一部分用于协助顿河集团军防守罗斯托夫的请求。

一旦第一装甲集团军从库马河撤退，马斯连尼科夫的装甲骑兵追击部队又会和德军失去接触。苏联坦克群由于缺少支援部队而没有加入追击，它们只能依靠第9和第44集团军的补给，而集团军还远远落在后面，只有驰骋在卡尔梅克草原上的红军骑兵才能保持对第一装甲集团军的压力。不过，对于撤退的德国人来说，真正的困难并不是苏联的坦克和骑兵，而是道路结冰和燃料不足。撤退过程中，有数百辆卡车和载重车辆因没有燃料被炸毁，第一装甲集团军只能采取无情的节约方式，即放弃一部分车辆来维持其他车辆正常开动，Sd.Kfz.9坦克回收车也拖走了许多残废的坦克[5]。当党卫军"维京"师最后一批撤退的坦克开过巴泰斯克的顿河大桥时，他们带走了冻僵的同伴尸体：

> 我们沿着输油管道撤到巴泰斯克。那些死去的同志是和我们一起去罗斯托夫的，我们再也不能安葬他们了。一辆坦克里躺着布赫中尉，就在弗吕格的后面，他是第2连的连长，在坦克上被打中，当场送命。很快他就冻僵了，没法把他从坦克里拉出来。但我们不想扔下他，只能先弄断他的胳膊，再把他搬出来。[6]

克莱斯特稳步后退，只偶尔和苏联坦克交战或停下来修理车辆。1月22日，希特勒终于同意让第一装甲集团军一部撤退到罗斯托夫。两天后，他再次同意让全军撤至罗斯托夫，改而让第十七集团军撤退到库班桥头堡。虽然这一决定姗姗来迟，却能够让第一装甲集团军在此时协助巩固顿巴斯地区摇摇欲坠的德军防线，而不是孤零零地待在库班。2月7日至8日夜晚，德国第16摩托化步兵师的最后一辆坦克开过巴泰斯克的顿河浮桥，进入罗斯托夫，随后工兵将浮桥炸毁。克莱斯特在极其不利的条件下成功地完成了长达610公里的艰难的冬季撤退，挽救了15多万名士兵。虽然1943年1月第一装甲集团军仅有1455人伤亡（包括398人死亡或失踪），但它实际上已经丧失了战斗力。集团军在撤退时扔掉了大约600辆汽车，其在到达罗斯托夫时，剩下的坦克不到40辆。因此，克莱斯特的撤退对德国人来说只是一场道义上的胜利，实质上的胜利归于苏联人。

苏军的临时坦克集群不负所望，在面对德国步兵时战果很好，但只要德军坦克出现在战场上，情况就截然不同。在为期一个月的追击战中，洛巴诺夫坦克群损失了70辆坦克（包括31辆T-34、15辆M3"李将军"、10辆"瓦伦丁"和14辆轻型坦克），471人伤亡；菲利波夫坦克群折损了30辆坦克，又因机械故障损失了29辆。这两个坦克群都完成了任务，在德军撤离高加索后解散，回到各自部队继续执行支援步兵的任务。最高统帅部实现了收复除库班外整个高加索的目标，并令德国第一装甲集团军大部失去战斗力。

斯大林格勒的落幕，1943年1月1日—2月2日

1942年12月19日，"冬季风暴"行动失败。弗里德里希·保卢斯将军明白被围困在斯大林格勒的第六集团军结局已经注定。虽然他还有201000名士兵，但他们维持作战能力所需的食物、燃料和弹药，仅靠德国空军的运输连标准的三分之一都无法达到。第六集团军在饥寒交迫中缓慢走向死亡，士气也逐渐低落。但令人惊讶的是，在1月初，保卢斯的装甲部队仍有94辆能作战的坦克和31辆突击炮，虽然其中有些车辆遭受过破坏。由于空军没有运来备件，坦克和突击炮只能通过拆卸损坏的车辆才能维持运转。这种权宜之计保证了一些坦克的战斗力，但越来越多的坦克被拆成废品。燃料供应非常短缺，但在1942年12月30日，第六集团军仍可以发放6立方米（30000升）的汽油，这足以为其装甲车辆提供有限的机动性。[7]弹药也供不应求，如果从废弃的装甲车辆上搜集弹药，剩下的坦克和突击炮仍可获得30—40发炮弹。然而，当红军开始攻占

一个又一个机场后，空军每天的补给量便下降到微乎其微的水平，第六集团军不得不更多依靠手头300多门反坦克炮和88毫米高炮。它们不需要燃料，但炮弹一样紧缺。

1943年1月1日，第六集团军占领的阵地东西长53公里，南北宽35公里。除了斯大林格勒市区外，第六集团军大部分部队都部署在平坦、无树的原野上，无遮无掩。昼间气温徘徊在15—20华氏度（－9.4—－6.7摄氏度）之间，夜间气温降到了0华氏度（－17.8摄氏度）以下，步兵和坦克乘员遭受大批冻伤，厚厚的积雪也限制了在这个"口袋"中的活动。"口袋"中最重要的地点是皮托尼克机场和古门拉克机场，这两座机场位于"口袋"的中央。尽管顿河集团军群已从斯大林格勒全线撤退，但保卢斯仍维持着第六集团军的部署，仿佛援军仍在途中。装甲兵上将汉斯-瓦伦丁·胡贝的第十四装甲军控制着向西南方向突出的脆弱的马林诺夫卡。胡贝把他的2个摩托化步兵师连同46辆坦克放在突出部中。[8]保卢斯把第14装甲师留作预备队，支援防守"口袋"西部的第八军。第六集团军其余的装甲部队则和卡尔·斯特雷克尔步兵上将的第十一军一道部署在"口袋"的北面，自9月以来，苏军一直在进攻这里的科特鲁班地区。保卢斯重新组织了他的防御，深沟长堑，坐待宿命的降临。

最高统帅部把消灭第六集团军的荣誉任务交给了康斯坦丁·K. 罗科索夫斯基上将指挥的顿河方面军，而对付曼施泰因顿河集团军群的任务则留给南方和西南方面军。罗科索夫斯基麾下的部队是个大杂烩，有7个不同番号的集团军，下辖35个步兵师和13个步兵旅，共计281000名士兵。在斯大林格勒鏖战数月之后，这些步兵已经筋疲力尽，大部分部队只剩下40%—60%的人。同样的，顿河方面军的坦克实力也不强。因为大部分可用的坦克部队在11月份用于支援对罗马尼亚人的侧翼攻击，接着又在12月又参加了对德国援军的阻击战，罗科索夫斯基麾下只有4个坦克旅、4个坦克团和1个独立坦克营，共计100辆坦克，分散在7个集团军中。此外，顿河方面军的后勤状况仅仅比被围困的对手好那么一点，步兵和坦克手都只能依靠最低限度口粮生存。因此，顿河方面军并不占有绝对的数量优势，为了消灭保卢斯的军队，他们必须进行一场旷日持久的消耗战。

红军的炮兵司令尼古拉·N. 沃罗诺夫元帅作为最高统帅部代表来到顿河

方面军，帮助起草定于1943年1月10日开始的"指环"作战计划。为了加强顿河方面军的实力，沃罗诺夫带来了30000名新兵以及大量的炮兵作为增援部队。炮兵第11师划归顿河方面军，罗科索夫斯基手中增加了300多门大炮、重迫击炮和16门多管火箭炮。此外，最高统帅部还派出10个近卫坦克突破团共110辆KV-1S重型坦克和21辆租借来的"丘吉尔"坦克参加"指环"战役。不过，沃罗诺夫把"指环"作战的重任交给了炮兵，步兵和坦克只有在德军防御被彻底摧毁后才发起进攻。顿河方面军把主攻方向选在"口袋"的西侧，攻击部队为第21、第24和第65集团军，而第57和第65集团军还会在"口袋"南侧发起协同攻击。沃罗诺夫满怀信心，认为"指环"作战在4天内就能击垮敌人，但他显然大大低估了第六集团军剩余的战斗力，也没有为罗科索夫斯基提供足以迅速取胜的力量。

在"指环"酝酿的同时，1月1日至5日，顿河方面军仅仅进行了一些侦察和突袭活动。但在1月6日，他们开始对"口袋"的北部和西部发动一系列牵制性进攻。1月7日，第65集团军以2个师在"口袋"西侧对德军第44步兵师进行攻击，他们成功突破防线，并杀伤大量对手。德国第八军以24辆坦克和一些突击炮反击，试图遏制苏军的突破，但他们暴露在了苏军的炮火下，装甲部队不仅未能恢复以前的阵地，还白白消耗了燃料和弹药。防御的一个主要原则是不要过早消耗自己的预备队，保卢斯却在苏军尚未发起总攻时，就派出了相当一部分配置在"口袋"西侧的装甲部队，这主要是因为第六集团军总是想以少量兵力控制尽可能多的地盘。此时唯一合乎逻辑的办法是收缩自己的防线范围，但在这场败仗的节骨眼上，希特勒连小小的战术调整都无法容忍。

1943年1月10日8时5分（当地时间），"指环"行动以长达55分钟的大规模炮火准备拉开序幕。虽然有些云，但能见度仍相当好，苏联炮兵重创了德军前线阵地。在"口袋"西侧第65集团军负责的地区，沃罗诺夫在12公里宽的进攻正面集中了500门火炮和450门火箭炮——这是迄今为止苏联炮兵集结密度最高的一次。炮火准备结束后，苏联空军第16集团军的强击机就开始扫射和轰炸德军的后方据点。9时左右，第65集团军的5个步兵师，在坦克第91旅及6个坦克团（共计111辆坦克）的支援下，向德军第44步兵师仍在燃烧的阵地挺进，每辆坦克后甲板上都坐了一个班的步兵。罗科索夫斯基手里一半以上的装甲兵力都在第65集团军，包括约60—70辆KV-1S重型坦克与近卫坦克第10团的21辆"丘吉尔"（MK-Ⅳ）坦克。英制"丘吉尔"坦克比KV-1要慢一些，但装甲防护稍好。在第65集团军侧翼，第21、第24集团军共计5个步兵师和27辆坦克发动了规模较小的助攻，目的是阻止德军从其他地方抽调部队增援第44师。显然，红军正在学习如何集中战力于关键地段。

尽管第44师的前沿阵地被很快突破，4个步兵营溃不成军，但剩下的突击炮和反坦克炮依然给进攻的苏联坦克部队造成了可怕的伤亡。[9]在战术层面，红军的步坦协同仍然相当粗陋。德军第46坦克歼击营有1个排，使用的是3门苏制76.2毫米口径 PaK 36(r) 反坦克炮，他们在被歼灭前竟然击毁了许多KV-1S重型坦克。[10]其他地区苏军的进展均顺利，在南面，第57集团军打垮了罗马尼亚第20步兵师，导致德国第四军向后收缩，丢弃了26门珍贵的反坦克炮[11]。在马林诺夫卡（Marinovka）突出部，德军第3摩托化步兵师第103装甲营第1连连长鲁道夫·哈恩上尉在数门88毫米高射炮的支援下，几乎把第21集团军的18辆坦克全部击毁。然而，到进攻的第二天结束时，第十四装甲军的第3、第29摩托化步兵师已经在突出部中变得更为暴露，哈恩的装甲连被孤立。在苏军发动进攻的两天之内，胡贝的军共计损失了46辆坦克中的30辆，18门反坦克炮中的11门。[12]在西北面，第24集团军的进攻迫使斯特雷克的第十一军在科特鲁班投入第177突击炮营的最后4辆突击炮。这4辆突击炮摧毁了4辆苏军坦克，其中的2辆Ⅲ号突击炮被直接命中击毁，第三辆也被打得不能移动。第六集团军再次用剩余的装甲车辆和反坦克炮阻止了苏军前进的步伐，但这只是在苟延残喘罢了。由于德军的激烈抵抗，顿河方面军在"指环"行动的头三天里伤亡了26000人，264辆坦克损失了135辆。[13]KV-1S重型坦克的表现尤为糟糕，近四分之三瘫痪，这是一次令人失望的首战。不过，"口袋"阵地的西面几乎被砸烂，第四、第八军和第十四装甲军残部被迫向斯大林格勒方向撤退。虽然在"指环"行动初期，苏军坦克的损失很大，但德国人也损失了60多辆坦克和突击炮。

到1月15日，第六集团军已经退缩到离斯大林格勒更近的地方，但仍然被迫防守皮托尼克和古门拉克两个机场。由于胡贝的第十四装甲军经过5天战斗已经力竭，保卢斯无力死守机场。几乎所有的德国坦克和突击炮都被打坏或因无油而趴窝，只有第243突击炮营还有2辆Ⅲ号突击炮在保卫皮托尼克机场，第245突击炮营还有几辆突击炮在保卫古门拉克。1月13日，第103装甲营的哈恩上尉[1]在战斗中身负重伤，但幸运的是，1月15日他被空运了出去，那些还能走路的乘员都被编入步兵。在5天的战斗中，第六集团军伤亡了将近三分之一，剩下不到20000名能够作战的士兵来保卫日益缩小的阵地。罗科索夫斯基曾希望把德国人的"口袋"分割成几个易于消灭的小块，但第65集团军从西面发动的攻击和第57集团军在南面的进攻只是把第六集团军赶往更靠近斯大林格勒的地方而已。罗科索夫斯基也只有大约100辆能作战的坦克，他把装甲部队分成小队，协助步兵摧毁各种德军据点。有些地方苏联步兵只带2—3辆坦克推进，但由于饥饿、冻伤和弹药将尽，德国的防御能力急剧下降。德国反坦克炮继续在摧毁苏联坦克，但打的已是最后几发炮弹。

1月16日，第51集团军的步兵占领了皮托尼克机场。此后，罗科索夫斯基转而采用更谨慎的战术，依靠他的优势炮兵来解决问题，因此战斗的节奏开始放缓。顿河方面军剩下的110辆坦克成为次要角色，德国装甲部队则基本退出战斗。1月18日至21日，罗科索夫斯基暂停进攻，以组织他的炮兵补充新兵到各部队。他明白自己可以承担得起这种奢侈，而保卢斯已经无法弥补任何损失。德国空军的补给已经减少到每天只有可怜的86吨，士兵们濒临饿死，最后几辆德国坦克也因无油而瘫痪。1月22日上午，罗科索夫斯基重新开始进攻，次日，古门拉克机场落入苏军之手，迫使德国空军每天只能象征性的空投。之后，顿河方面军慢慢地耗完了第六集团军，1月31日，保卢斯投降，在斯大林格勒的最后一支德军于2月2日投降。

斯大林格勒是德国装甲部队的一次大溃败，有3个装甲师、3个摩托化步兵师总共12个装甲营和4个突击炮营从陆军序列中撤销番号。损失数百辆坦克和突击炮固然对德军打击惨重，但它们尚可补充更换，而损失5000多名经验丰富的乘员才真正令人痛心。被空运出来的都是一些受伤的乘员，如哈恩和海金特·格拉夫·施特拉赫维茨上校等人，第36装甲团第2营营长威利·朗凯特少

---

[1] 原注：哈恩康复后成为重建的第103装甲营营长，参加了意大利战役。值得一提的是，他在战争中幸免于难，却于1945年德国投降后次日在美国战俘营被枪决。

校是为数不多的几位从"口袋"里飞走的没有受伤的人，他将在重建第36装甲团时发挥重要作用。希特勒还亲自干预救出了几名高级军官，如胡贝上将和4名摩托化步兵师的指挥官。但是希特勒却没有下令救出那三个装甲师的师长：第14装甲师师长拉特曼和第24装甲师师长伦斯基都进了苏联的俘虏营，后来和反纳粹德国军官联盟合作；第16装甲师师长古特尔·安格恩于1943年2月2日自杀身亡。

霍特在马内奇河的防守，1943年1月1日—1月31日

1943年1月初，埃里希·冯·曼施泰因元帅指挥的顿河集团军群正处在撤退的过程中，几乎无法维持一条连续的防线。曼施泰因手下最强大的部队是赫尔曼·霍特大将指挥的第四装甲集团军，由第五十七装甲军、德国空军野战师一部和罗马尼亚第四集团军残部组成。第五十七装甲军由弗里德里希·基希纳装甲兵上将指挥，下辖第17、第23装甲师，第16摩托化步兵师，以及第203突击炮营，再加上刚刚从捷列克河前线赶来的党卫军装甲掷弹兵"维京"师，基希纳全军共有不到100辆坦克和突击炮可以运作。在放弃救援斯大林格勒后，12月中下旬，霍特的装甲部队沿着季霍列茨克和斯大林格勒之间的铁路线向马内奇河撤退了100多公里，一路紧追不舍的是安德烈·I.叶廖缅科上将指挥的南方面军。曼施泰因手下另一支主要部队是霍利德集群，由奥托·冯·克诺贝尔斯多夫装甲兵上将指挥的第四十八装甲军，以及第十七、第二十九军和米斯的军组成。步兵上将卡尔·阿道夫·霍利特摇摇欲坠的司令部下辖第6、第11和第22装甲师，共有约90辆坦克和突击炮可以一战，另外还有4个步兵师和2个空军野战师的部分兵力。霍利德的整个部队正在从奇尔河撤退，追击他的是由尼古拉·F.瓦图京上将指挥的西南方面军。

曼施泰因的处境十分不妙，但他即将得到可观的增援，重建的第7装甲师（有156辆坦克）正从法国赶来，第502重装甲营第2连和第503重装甲营第1、第2连（共计29辆"虎"式和35辆Ⅲ号N型坦克）也已经抵达。按照德国的作战理论，把所有这些增援投入到一个方向会产生最大的效果，但曼施泰因陷入了两难境地，因为霍特和霍利德都面临困难。于是他决定把增援部队一分为二，"虎"式坦克交给霍特，第7装甲师划归霍利德。

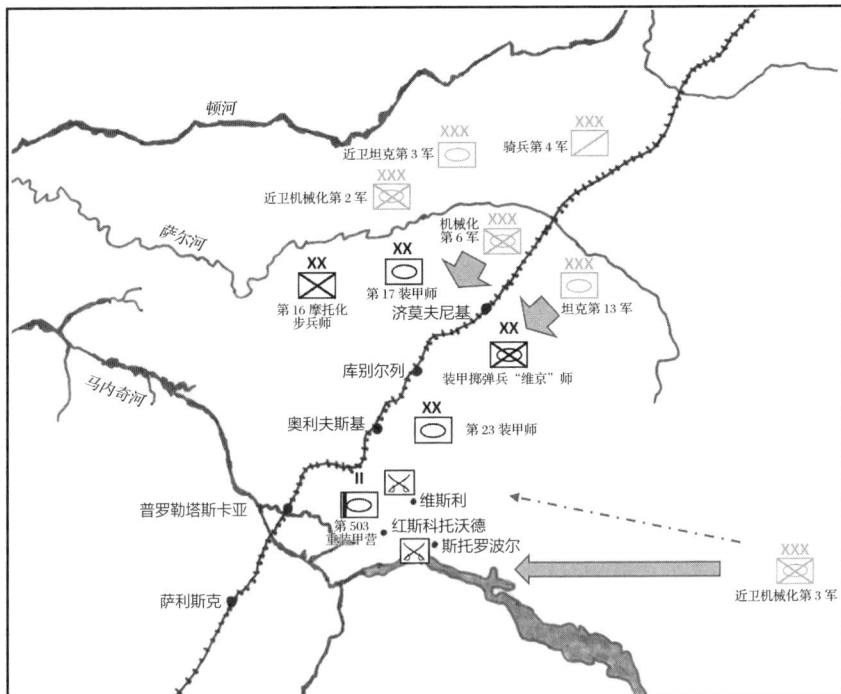

第五十七装甲军在马内奇河以北，1943年1月5日—11日

1943年元旦，第一辆"虎"式坦克在马内奇河以北的普罗勒塔斯卡亚火车站卸车。此时，基希纳的第五十七装甲军以第17、第23装甲师和第16摩托化步兵师一部在东北方向75公里靠近济莫夫尼基的地方建立了一道薄弱的防线，第四装甲集团军的后勤部门在济莫夫尼基建立了一个补给站。虽然连接济莫夫尼基的铁路线还不是很安全，但给基希纳部队运送补充坦克和车辆的军列仍然往那里开。从A集团军群调来的党卫军"维京"师也是在普罗勒塔斯卡亚下的车，装甲掷弹兵"韦斯特兰"团的一个摩托化营沿着公路直奔济莫夫尼基，其余部队则落在后面。基希纳的部队散得很开，由于罗马尼亚第四集团军的溃散，东面侧翼较为暴露。令人惊讶的是，当1月1日晨苏联坦克突然出现时，济莫夫尼基竟然只有一些后勤部队。

此时叶廖缅科兵锋直指普罗勒塔斯卡亚，麾下是罗季翁·Ia. 马利诺夫斯基中将指挥的强大的近卫第2集团军和尼古拉·I. 特鲁凡诺夫少将指挥的第51集团军，共计有2个坦克军和3个机械化军。尽管自1942年11月19日开始的"天王星"战役以来，叶廖缅科的坦克消耗很大，但他似乎仍有300—400辆坦克能作战。冲在最前面的是特罗菲姆·I. 塔纳什申少将指挥的坦克第13军，他是一名经验丰富的坦克兵指挥员，自20世纪30年代以来一直指挥坦克部队。当意识到霍特的防线存在空隙时，他决定立即对济莫夫尼基发动突袭。早上8时30分，6辆坦克和1个营的摩托化步兵冲入该镇的东北角，把德国人打了个措手不及。在一片恐慌中，参谋人员把这几辆坦克当成了叶廖缅科的先头部队，下令销毁所有囤积在火车站的物资和装备，包括47000件冬装和刚刚运到的坦克，连所有等待维修的车辆也全都付之一炬。[14]实际上苏军的这次进攻只是一次袭扰，党卫军装甲掷弹兵"韦斯特兰"团及时赶到，击退了塔纳什申的突袭部队，使整个城镇免于落入敌手。党卫军迅速就地建立起一条完整坚固的防线，但他们的坦克还落在后面，而第17装甲师要负责防守他们的西面侧翼直到萨尔河。应该指出，德国装甲部队被迫把坦克分散开来防守一大片地区的这一行为，令其失去了数量上的优势，违反了他们一贯的集中兵力的原则。

叶廖缅科花了好几天才把两个集团军集结完毕，但在1月3日，他又派出近卫机械化第2军和近卫坦克第3军去攻击第17装甲师，而机械化第6军则去增援塔纳什申攻击济莫夫尼基，阿列克谢·P. 沙拉金少将的近卫机械化第3军包抄"维京"师的东部侧翼，迫使其延长战线。第17装甲师虽然击毁了17辆苏联坦克，但基希纳却要被迫防守自己的左右两翼以免被包围。党卫军装甲掷弹兵"日耳曼尼亚"团一部也赶到了济莫夫尼基，"维京"师在那里一直坚守到1月7日，但两翼不断增大的压力迫使基希纳把防线向南后撤25公里至库别尔列（Kuberle）。党卫军少校约翰尼斯-鲁道夫·穆伦坎普率领的第5装甲营终于赶到库别尔列，但他们刚刚抵达，"维京"师就收到一份报告，称苏联步兵在奥列夫斯基切断了他们背后的铁路。尽管第23装甲师负责防御通往普罗勒塔斯卡亚的铁路以东地区，但他们分散得太开，没有发现沙拉金指挥的近卫机械化第3军已经有一个营溜到了"维京"师的背后。当苏联步兵于1月8日上午摸进奥利夫斯基时，那里只有一些德国的后勤部队，并且很快就逃走了，苏军占领了半座城镇。穆伦坎普接到命令，立即返回奥利夫斯基消灭苏联的突袭部队。

但当他们赶到时，当地的一支工兵部队已经赶走了苏联人，党卫军的坦克只得再开回库别尔列——这一来回折腾让人和坦克都筋疲力尽。在夜晚结冰的道路上，装甲部队只能保持每小时3—4公里的速度，这意味着穆伦坎普这一趟来回花了24个小时。

与此同时，沙拉金的近卫机械化第3军沿着马内奇河北岸西进，目标是普罗勒塔斯卡亚。这支部队只打了两个星期的仗，几乎齐装满员，只是没有足够的卡车来运载这9个营的步兵。尽管雨雪交加，但德国空军侦察机还是在普罗勒塔斯卡亚以东40公里处发现了沙拉金的部队，并向刚刚接管第23装甲师的尼古拉斯·冯·福尔曼少将发出警报。这个装甲师的装备很差，第201装甲团只有19辆坦克，第128装甲掷弹兵团只有4辆装甲半履带车。[15]该师还严重缺少步兵，不得不把多余的坦克乘员编成2个临时步兵连，弹药和燃料也所剩无几。福尔曼知道自己本钱太少，无法抵挡强大的苏联机械化军，所以他选择了以攻为守。第503重装甲营的2个连都配属给福尔曼的师。另一个连，即第502重装甲营第2连，则往北派去库别尔列承担第17装甲师的后卫。[16]

1月5日，巴克曼战斗群（第201装甲团）和波斯特战斗群（第503重装甲营的17辆"虎"式、20辆Ⅲ号坦克）向东发起试探性的进攻，在斯托罗波尔村遇到沙拉金部队前锋的激烈抵抗。[17]翌日，福尔曼按照计划向斯托罗波尔的苏军机械化旅发动进攻，"虎"式坦克负责正面攻击，巴克曼战斗群负责包抄村镇。德国空军派来一队"斯图卡"支援，但"虎"式得到的炮兵和步兵支援很少。斯托罗波尔村的战斗值得重视，因为它是"虎"式坦克在东线的第一次正式战斗，也是德军第一次遇上红军新型机械化军的防御。在暴风雪的间隙，"虎"式坦克以几个楔形编队越过平原向村镇前进，后面跟着稀稀拉拉的临时编成的步兵。苏联在斯托罗波尔村的机械化旅有大约20—25辆坦克支援，还有1个营的76.2毫米口径加农炮和12门45毫米口径反坦克炮。加农炮击毁了1辆Ⅲ号坦克，并给德国步兵以沉重打击，但无法阻止"虎"式的前进。相反，"虎"式坦克击毁了13辆苏联坦克和几门火炮。不过，迫使苏军撤退的原因主要还是巴克曼战斗群的Ⅲ号和Ⅳ号坦克包抄了他们的侧翼。次日，巴克曼继续向东追击败退的苏军旅。但是到1月8日，他的补给几乎用完了，第201装甲团每辆坦克只剩下3—4发穿甲弹、300发机枪子弹和大约140升燃料——仅仅够他们开回普罗勒塔斯卡亚。[18]

当福尔曼击退沙拉金的一个旅时，苏军其他部队正冲向第23装甲师位于维斯利村（Veselyy）的心脏地带。由于巴克曼的装甲部队不在身边，福尔曼的司令部几乎被捣毁，沙拉金的步兵和坦克意欲分割第五十七装甲军的防线。福尔曼下令立即向维斯利发动反击，包括波斯特战斗群的"虎"式坦克和筋疲力尽的巴克曼战斗群。1月9日9时30分，德军开始反击，11辆"虎"式和12辆Ⅲ号N型坦克步履蹒跚地穿过开阔的草原，朝维斯利方向前进。实际上，"虎"式坦克在雪地上开行的速度仅为每小时10公里，只比一战时英国的"马克"V型坦克快一点点。沙拉金在占领维斯利村后的24小时之内，给这里的机械化旅增援了坦克、火炮和反坦克炮，给德国人来了一场热烈欢迎。第一次德军进攻被击退了，跟进的德国步兵受到重大伤亡。福尔曼不屈不挠，组织了第二次和第三次攻击，但仍一无所获。"虎"式坦克在6个小时的战斗中消灭了8辆T-34，但有2辆被76.2毫米火炮击毁，其余都身负重伤。此外，还有2辆Ⅲ号坦克被击毁，7辆受损。[19]有一辆"虎"式被76.2毫米口径炮弹命中11次，被57毫米口径炮弹命中14次，虽然炮塔未被击穿，但坦克却成了一堆残骸。巴克曼的部队也损失惨重，只剩下7辆坦克还能作战。[20]德军在维斯利的反击是一场损失惨重的失败，第23装甲师和第503营几乎都丧失战斗力。沙拉金的机械化部队在防御战中获得了令人瞩目的胜利，最高统帅部也看到了这一点。

福尔曼不甘心这样失败，当补充的坦克运抵萨利斯克时，他把这些新坦克和最后2辆"虎"式编成了一支新的装甲突击部队——冯·温宁战斗群。1月11日，温宁战斗群在维斯利以西消灭了1个苏军炮兵营大部，但与此同时，沙拉金的部队向南进攻，在红斯科托沃德（Krasnyy Skotovod）击败了第23装甲师的半履带装甲车营。温宁战斗群转而南下，第二天在红斯科托沃德对苏联机械化旅发动了一次大规模的反击。尽管得到了第23装甲师整个炮兵团和2架"斯图卡"的支援，但反击仍然未能得手。苏军机械化旅守住了村镇，显然基希纳的第五十七装甲军已无法在马内奇河北岸继续立足。接下来的几天里，装甲部队、突击炮和残存的步兵进行了一场撤至普罗勒塔斯卡亚的迟滞作战。支援第17装甲师的第502重装甲营第2连打瘫了11辆苏联坦克，但自己也只剩3辆能作战的"虎"式。1月14日，第17装甲师撤至马内奇河南岸，16日，第23装甲师也过了河。撤退期间，第五十七装甲军毁掉了数百辆无法修理或无油可用的车辆。在冬季严寒天气下撤退是危险的，穆伦坎普的党卫军第5装甲营有3辆Ⅲ号坦克从路上滑进沟里，不得不被遗弃[21]。当基希纳军剩余的部队渡过1公里宽的马内奇河之后，"维京"师和最后2辆能作战的"虎"式奉命留在普罗勒塔斯卡亚的桥头堡部署环形筑垒阵地，坚守尽可能长的时间。

很快，沙拉金的近卫机械化第3军在来自第28集团军的其他步兵和炮兵的支援下，对党卫军"维京"师发起攻击。此外，马利诺夫斯基的近卫第2集团军转而向西，威胁要在第16摩托化步兵师防守的地段渡过马内奇河，该师只剩下一些Ⅲ号坦克。党卫军穆伦坎普的营成功击退了几次苏联步兵对普罗勒塔斯卡亚的试探性进攻，但他只剩下10辆坦克能用，苏军的炮火正在逐步摧毁这座小镇[22]。"维京"师一直坚守到1月19日黄昏，给第五十七装甲军和第一装甲集团军向罗斯托夫撤退争取了充裕的时间。随后，党卫军切断通信线路，炸毁了马内奇河上的桥梁，加入了向罗斯托夫撤退的队伍。虽然沙拉金的近卫机械化第3军在追击霍特的撤退时表现神勇，现在又有了近卫机械化第4军的协助，但马利诺夫斯基正将装甲部队沿马内奇河北岸向西调动，打算寻找一个合适的渡河地点来切断敌军向罗斯托夫的退路。马利诺夫斯基组成了一个坦克集群，包括卡普·V.斯维里多夫少将的近卫机械化第2军、帕维尔·A.罗特米斯特罗夫中将的近卫坦克第3军、谢尔盖·I.波格丹诺夫少将的近卫机械化第5军，他命令他们在靠近马内奇河与顿河交汇处的马内奇斯卡亚渡河，然后直扑40公里外的巴泰斯克。如果罗特米斯特罗夫的装甲部队拿下巴泰斯克的顿河大桥，A集团军群从高加索逃跑的主要路线就被切断了。尽管在穿越草原后燃料和弹药短缺，但罗特米斯特罗夫还是让他最得力的下属之一伊万·A.沃夫琴科上校率领近卫坦克第3旅打头阵，于1月22日至23日在马内奇斯卡亚过河。由于罗特米斯特罗夫的推进威胁到第四装甲集团军的后方，霍特遂调动第17装甲师负责守卫他们的逃生路线，并请求曼施泰因暂时从赫尔曼·巴尔克中将的第11装甲师中抽调一部到顿河南面抵挡这一威胁。

在1月24日与沃夫琴科的旅发生了一些小冲突后，1月25日，第11装甲师攻向马内奇斯卡亚桥头堡。通过巧妙的佯攻，巴尔克击败了沃夫琴科，打瘫20辆苏联坦克。[23]罗特米斯特罗夫在回忆录中表示，沃夫琴科的旅遭到了120—

150辆敌军坦克和3—4个步兵团的攻击，但巴尔克实际上只有30—40辆坦克和2个摩托化步兵营。他还声称沃夫琴科的旅打瘫了20辆德军坦克，但承认"我们在人员和装备上遭受了重大损失"，并请求马利诺夫斯基能够允许他们在此处转入防守。[24]马利诺夫斯基同意了这一请求，他也不知道其实德军在这里没有多少力量。因此，巴尔克的装甲战斗群阻击了苏联近卫第2集团军差不多一周时间，保持了走廊的畅通，让霍特得以向罗斯托夫且战且退。残存的德国坦克不时掉头给追击者造成一些损失，但当霍特于1月31日到达罗斯托夫郊外时，他的"装甲集团军"只剩下不到50辆能够作战的坦克和突击炮。

霍特长达1个月的迟滞作战将A集团军群从高加索拯救出来，但自身却付出了高昂的代价（近4000人伤亡）。在这一地区加入战斗的"虎"式坦克只让霍特取得了暂时的战术优势，虽然3个连的"虎"式坦克击毁了至少39辆苏联坦克，但这29辆"虎"式在2周后也只剩下5辆还能作战。相比之下，像巴尔克的第11装甲师，只装备了少量的III号和IV号中型坦克，却以机动迟滞打退了数量多得多的苏军机械化追击部队，对于东线德国陆军来说，这显然更具费效比。在另一方，沙拉金的近卫机械化第3军在进攻、防御和追击方面的表现堪称典范——这表明苏联机械化战争的实践水平正在稳步提高。不过，红军显然还没有掌握运动战中维持后勤供给的艺术，突击部队往往在最艰苦的时刻耗尽燃油和弹药。即便是精锐的近卫机械化军也还在使用马车进行运输，在机械化旅中至少有一半步兵坐在坦克顶上充当"坦克骑兵"，这一切都是缺乏卡车的缘故。

顿河集团军群的危机：霍利德集群，1943年1月1日—2月14日

当霍特在努力迟滞叶廖缅科切断A集团军群退路时，霍利德集群正在保护通往罗斯托夫的东部通道，防御瓦图京指挥的西南方面军。罗斯托夫是德军在南俄全部战线的核心，曼施泰因顿河集团军群和克莱斯特A集团军群的后勤动脉贯穿整座城市。在整个12月，霍利德集群的主要任务是保卫莫洛佐夫斯卡亚（Morozovskaya）和塔钦斯卡亚（Tatsinskaya）的两座机场，德国空军从这两个机场起飞，向斯大林格勒包围圈中的第六集团军运送给养。然而，1942年12月24日，在瓦图京的"小土星"攻势开始后，塔钦斯卡亚机场遭到苏联机械化

部队突袭，空运中断，霍利德的任务开始动摇[25]。尽管塔钦斯卡亚又被夺了回来，但它和莫洛佐夫斯卡亚都离前线太近了，于是德国空军将空运基地迁往萨利斯克（Salsk）。到1月初，霍利德集群在巨大的压力下从奇尔河逐步撤退到顿涅茨克河。

霍利德的左翼，是另一个临时建立的弗雷特-皮科军级集群，由炮兵上将马克西米利安·弗雷特-皮科指挥。他试图以一个完整的从比利时赶来的第304步兵师、意大利"拉文纳"师一部和一些防空部队来防守顿河到米列罗沃一线。在米列罗沃，克莱辛指挥的德国第3山地师的6000人被苏联近卫第1集团军的坦克第17、第18军团团围住。克莱辛依赖空军运送补给，以2个炮兵营为支撑建立了环形筑垒阵地。苏联坦克部队做了一个不甚明智的决定，在近卫步兵第6军到达前围而不攻。弗雷特-皮科的情况比霍利德还要糟糕，但苏军在米列罗沃附近犹豫了关键的3周时间，使他得以拼凑起一道防线。12月，陆军司令部从国内两支装甲补充部队中编成了一个独立的单位——第138装甲营，该营配备30辆全新的Ⅳ号G型坦克和8辆Ⅲ号L/M型坦克，由铁路东运。1月4日，第138装甲营抵达卡缅卡并迅速部署，它即将成为两支苏联坦克军的劲敌。突然出现在这里的装甲有生力量对德军士气来说是一针强心剂，势必会减缓近卫第1集团军的推进速度。

虽然希特勒反对不必要的撤退，但曼施泰因认识到，向顿涅茨克和罗斯托夫撤退将会缩短德国的补给线，通过铁路将增援部队投入战斗会变得越来越容易，而瓦图京的补给线则会延长到临界点，并随着西进变得越来越糟。尽管如此，曼施泰因的顿河集团军群在中心和侧翼都承受着巨大的压力，一道错误的命令就可能导致灾难性的包围。霍利德集群已成疲敝之师，能够不让自己被瓦图京击溃的唯一资本就是几个消耗殆尽的装甲师和一个独立装甲营。

1月初，霍利德集群沿塔姆比亚河（Taymbiya）建立起一条不连续的防线。由克诺贝尔斯多夫的第四十八装甲军防守北边，迪特里希·冯·肖尔蒂茨少将指挥的第十七军在中央，米斯的军防守沿顿河部署的右翼。德军缺乏训练有素的步兵，于是派了2个空军野战师前往中央阵地。高射炮部队也被安排到前线，在作战时使用20毫米、37毫米和88毫米火炮进行直瞄射击。少数残存的罗马尼亚部队也在前线，但他们的战斗力微乎其微。霍利德的3个装甲师是一个大杂烩：埃哈德·劳斯少将的第6装甲师只剩下约40辆坦克，包括4—5辆装备75毫米长身管火炮的Ⅳ号坦克，但他们仍斗志昂扬，霍利德将其作为第四十八装甲军的核心。埃伯哈德·罗德特上校的第22装甲师配属于第十七军，在"天王星"战役中遭到重创，曼施泰因称之为"只余一堆残骸"，到1月，该师已经缩小为一个团级战斗群，只有10余辆坦克。[26]霍利德把仍有战斗力的巴尔克第11装甲师作为预备队，以防范苏军的突破。该师尚有32辆坦克，包括3辆配备75毫米长身管火炮的Ⅳ号坦克。[27]值得一提的是，装备50毫米长身管火炮的Ⅲ号坦克仍然是德军冬季作战的主力，在这些关键战役中，参战的Ⅳ号坦克数量只是象征性的。

在"小土星"战役中获胜后，瓦图京的西南方面军拥有很多选择，因为敌军到处都是弱点。为了对付霍利德集群，瓦图京集结了马尔基安·M.波波夫中将的坦克第5集团军和德米特里·列柳申科中将的近卫第3集团军。瓦西里·I.库兹涅佐夫少将的近卫第1集团军则被派去进攻弗雷特–皮科军级集群。瓦图京是红军最优秀的战地指挥员之一，但他此次试图同时实施两处重要作战的举动，却使苏联的指挥系统和后勤保障都陷入十分紧张的境地。此外，瓦图京的大多数机械化部队经过6周的持续战斗后状况普遍比较糟糕，能够作战的坦克还不到其总数的一半，1942年12月17日—28日突袭塔钦斯卡亚和莫洛佐夫斯卡亚机场的两支坦克军——巴达诺夫的坦克第24军和波波夫的坦克第25军都已成了空架子。最高统帅部没有按惯例把他们撤回大本营预备队补充，而是命令他们留在列柳申科的近卫第3集团军，和同样被打残的近卫机械化第1军合兵一处。巴达诺夫因未经批准从塔钦斯卡亚撤退激怒了斯大林，被派去指挥这些残军。巴达诺夫在回忆录中指出，这3个军只剩下50辆坦克，步兵和卡车都很少。[28]因此，瓦图京最得力的战地指挥员列柳申科只得到了很少的坦克用于支援近卫第3集团军的进攻。波波夫的坦克第5集团军有坦克和机械化军各1个，还有近200辆坦克，本来他应该是瓦图京的前锋。但自奇尔河战斗以来，该军的表现一直令人失望。问题的很大一部分出在波波夫自己身上，他时常酗酒，而且经常玩忽职守。最后，他因战败被解职，不过在这样一支以惩处军官之迅速而著称的军队里，波波夫被容忍的时间太长了。即便在清醒的时候，他也不该指挥一支坦克集团军，他的思维方式就像伯纳德·蒙哥马利一样，是线性的、固定的。波波夫乐于利用优势把霍利德集群逐步逼退，而不愿采取任何大胆的行动。前不久第24和第25军穿插作战的结局可能也让波波夫不敢尝试挺进纵深，尽管霍利德的右翼防御实际上非常薄弱。

要在战争特别是运动战中取得决定性的胜利，必须愿意承担风险，但也得有经验——再加上运气——来判断风险是否会变成无法承受的危险。1941年—1942年，德国装甲兵指挥官发现了其中的奥妙并为他们所用。而在斯大林格勒战役之后，骄傲的瓦图京自信他也能完成这一壮举，但他的实力和下属并不足以完成任务。

霍利德集群的主阵地邻近莫洛佐夫斯卡亚机场，扼守着通往斯大林格勒的铁路主线，由第22装甲师残部和空军第7、第8野战师防守。瓦图京试图采用钳形攻势来拔掉这一据点，他命令巴达诺夫临时编成的坦克集群在北面进攻，米哈伊尔·D.鲍里索夫少将的骑兵第8军连同波波夫的装甲部队在东面进攻。鉴于防御力量并不是很强，波波夫的坦克第5集团军应当彻底打垮这两个经验不足的德国空军野战师，但它只做到将其逼退，而第22装甲师于1月4日放弃了莫洛佐夫斯卡亚。在莫洛佐夫斯卡亚南面，叶廖缅科派出近卫第2集团军下属的近卫步兵第1军，渡过顿河向霍利德在齐姆良斯克附近的右翼发动进攻。霍利德不得不派出巴尔克的第11装甲师，以防自己的右翼崩溃。与此同时，列柳申科的近卫第3集团军正逐渐压倒第四十八装甲军，埃菲姆·G.普希金少将的坦克第23军经过方面军预备队重新整编，也加入到攻势中，并威胁到霍利德的左翼。因此曼施泰因决定把新到的第7装甲师投入到克诺贝尔斯多夫的防区。

1月5日，汉斯·弗赖赫尔·冯·芬克中将指挥的第7装甲师在卡缅斯克附近卸车，共有91辆Ⅲ号L/M型坦克、14辆Ⅲ号N型坦克、18辆Ⅳ号G型坦克和一个连的"貂"式Ⅲ号坦克歼击车连，除了这个满员的第25装甲团外，芬克的师还带来了4个全新的装甲掷弹兵营，其中1个营配备了装甲半履带车。卸车后不到2天，第7装甲师的先头部队就向东开拔，迎战普希金的坦克第23军，该军正从消耗殆尽的第6装甲师左翼碾过。正如那句谚语，"骑兵来的正是时候"，在风雪交加的大草原上，芬克经验丰富的装甲部队阻止了苏联坦克前进的步伐，列柳申科近卫第3集团军的进攻戛然而止。不过，霍利德已把手头所有能用的装甲部队都投入战场以维持自己的左右两翼，只留下残破的第22师居中策应。1月15日，在阻击瓦图京的攻势一周后，霍利德终于得到批准可以将部队撤退到顿涅茨克河后方。1月16日—1月17日夜，全军在河的西岸建立起了一条更为紧凑和稳固的防线。

与此同时，曼施泰因命令克莱辛战斗群从米沃罗夫撤退。令人吃惊的是，这个德国山地师竟然成功摆脱了苏联坦克第18军，回到伏罗希洛夫格勒（今卢甘斯克）附近的己方防线。1月18日，弗雷特–皮科军级集群也挤进顿河后方的防线，负责保护霍利德集群的左翼。

没有想到的是，霍利德集群和弗雷特–皮科军级集群竟然阻止了瓦图京对顿涅茨克的进攻，并坚守这条防线直到2月9日。在弗雷特–皮科军级集群的防区，瓦图京想方设法地在顿涅茨克河对岸夺取了一个桥头堡，只是没过多久，他就在与霍利德的对抗中受阻，被迫转攻为守。1月底，苏军的进攻压力大大减轻，霍利德用他的6个残破的步兵师就足以守住顿涅茨克地区，第6装甲师甚至还能进行短暂的撤退和休整。到1月30日，劳斯这个师的坦克数量已经恢复到64辆。同样，波波夫的坦克第5集团军也被拉回去休整，为战场上的短暂停顿创造了条件。

然而，瓦图京已经料定曼施泰因拿不出更多的预备队，从而决心把进攻方向转移到曼施泰因软弱的左翼，即顿涅茨克北部的旧别利斯克（Starobelsk）附近地区。1月29日，西南方面军发起了代号"飞跃"的作战行动，目的是横渡顿涅茨克河，而后向南直插顿河集团军群后方。这是一个非常大胆的计划，但瓦图京未能做到对霍利德集群的持续牵制，让其得以把第7装甲师调来应对左翼的危局。紧接着，曼施泰因就把霍特的第四装甲集团军余部拉回来加强霍利德集群，并迅速把马肯森的第一装甲集团军向西北方向转移，以阻击"飞跃"行动。随着西面的情况越来越严峻，2月9日，霍利德终于获准从顿涅茨克河撤退。2月13日—2月14日，罗斯托夫被放弃。随后霍利德集群撤至米乌斯河，在那里为度过剩下的冬天建设坚固的防御。

1943年1月霍利德集群和弗雷特–皮科军级集群的迟滞作战，极大地稳定了德军在斯大林格勒惨败后的南方防线，避免了第四装甲集团军和A集团军群在顿河以南被合围。正如曼施泰因在回忆录中所指出的那样，"如果不是我们的装甲师一次又一次在正确的时刻出现在关键的地点"，霍利德集群的防线

"根本无法维持下去"。[29]尽管如此，德军付出的代价也不小，1月份霍利德集群共计伤亡14909人，其中4808人死亡或失踪。第6、第11装甲师共损失了89辆坦克（报废），并接收92辆补充坦克。这些补充的坦克中至少有9辆不是新式的，而是经过修理的旧式Ⅲ号、Ⅳ号短身管型号。在苏联方面，瓦图京让波波夫的坦克第5集团军待在前线的时间太长，把装甲预备力量都消耗完了，以至于其攻势在攻占罗斯托夫或切断A集团军群退路前就停顿了下来。不过，曼施泰因选择放弃罗斯托夫，转移装甲部队去挽救行将崩溃的左翼的举动，算是给了瓦图京一个安慰奖。

匈牙利第二集团军的覆灭，1943年1月12日—1月29日

在瓦图京发起"飞跃"行动击败顿河集团军群之前，最高统帅部就想对沃罗涅日地区的B集团军群以致命一击，以便打开通往哈尔科夫的大门。如果顿巴斯和哈尔科夫都能在冬季结束前获得解放，德军对乌克兰东部的控制就会大大减弱。按照"天王星"战役中击溃罗马尼亚人的套路，最高统帅部决定尽全力对付匈牙利第二集团军和意大利第八集团军余部。

古斯塔夫·亚尼将军指挥的匈牙利第二集团军在沃罗涅日以南的顿河沿岸占据了一个186公里宽的地区。他麾下有第三、第四和第七军，共8个轻步兵师。尽管波尔科夫尼克·菲利普·I.戈里科夫将军的沃罗涅日方面军已在顿河对面匈牙利防区内的乌列夫（Uryv）夺取了一个桥头堡，但匈牙利军队已经占领这一地区5个月，工事相当完备。在开阔的地形下，匈牙利的步兵师对抗苏联坦克部队将明显处于劣势，因为他们仍然装备着37毫米和47毫米口径的反坦克炮，而且他们的师属炮兵也已经过时。不过，B集团军群司令马克西米利安·冯·魏克斯大将认为，如果给予一定的支持，匈牙利第二集团军可以坚持住。他派了2个空军高射炮营前往关键的乌列夫地区支援匈牙利第四军。魏克斯还将克雷默特种军部作为亚尼的后备部队，但由德国人指挥。克雷默的部队包括2个德国步兵师和匈牙利第1装甲师。匈牙利第二集团军总共得到了大约100辆轴心国坦克和40辆突击炮的支援，其单位如下：

· 匈牙利第1装甲师，由费伦克·霍尔瓦特准将指挥，下辖配备了2个营的第30装甲团，共计有50—60辆38(t)轻型坦克以及至多20辆装有75毫米短身管

老式Ⅳ号坦克。此外，霍尔瓦特的师还有1个"多尔第"轻型坦克连、1个"恰巴"装甲汽车连以及1个可用于反坦克作战的"猎迷"自行高炮营。按照1943年东线的标准，这个师是相当脆弱的，但它确实配属了摩托化的炮兵、步兵、工兵和高炮，对整体作战能力有所提升。

·第700装甲群，于1942年秋组建，来自第14装甲师1个装甲营的人员和第22装甲师的3个装甲连，拥有共计27辆较为老旧的38(t)轻型坦克[30]。

·第190突击炮营，由格哈德·皮茨少校指挥，隶属于克莱默战斗群。

·第242突击炮营，于1942年11月在德国新建，其中的1个连被派往突尼斯，另外2个连隶属于B集团军群。1月12日，当苏军开始进攻时，这2个连才刚刚在奥斯特罗戈日斯克（Ostrogozhsk）卸车，就立刻被派去支援匈牙利第四军。

在匈牙利第二集团军的南面，意大利第八集团军余部继续沿顿河占据一片区域。下辖3个师的意大利"阿尔卑斯"军依然相对完好，除此之外集团军还有1个师。但第八集团军没有成建制的装甲部队，炮兵和反坦克部队都可以忽略不计。魏克斯让马丁·温德尔炮兵上将的第二十四装甲军保护意大利人的右翼，尽管这个军只有1个残破的第27装甲师（该师甚至从未齐装满员过，现在只有8辆能作战的Ⅲ号和Ⅳ号中型坦克以及1个多兵种混编的团级战斗群）和1个德国步兵师。此外，部署在意大利防区的还有第19装甲师和第201、第209突击炮营共有30—40辆坦克和50余辆突击炮。坎捷米罗夫卡（Kantemirovka）和旧别利斯克（Starobelsk）之间的地区是最危险的，因为大批红军就集结在这里的顿河对岸，而意大利第八集团军和弗雷特–皮科军级集群的结合处又存在大量间隙。

在这样的情况下，B集团军群需要对戈利科夫指挥的沃罗涅日方面军的作战意图有清晰的认识，但在1942年—1943年冬，德国的情报工作却做得相当糟糕。事实上，在匈牙利第二军对岸的是基里尔·S.莫斯卡连科中将的第40集团军，他得到了4个坦克旅和炮兵第10师的加强。莫斯卡连科是一名经验丰富的指挥员。1942年7月—8月，他曾指挥过坦克第1集团军，现在他又得到了大量久经沙场的步兵和炮兵支援。更为重要的是，帕维尔·S.雷巴尔科中将指挥的坦克第3集团军已从大本营预备队划归戈利科夫的方面军，并于1月初乘火车从图拉出发，到达了坎捷米罗夫卡。苏联的军事伪装做得非常出色，B集团军群根本没有察觉到有一个苏联坦克集团军来到了这里，待到发现时为时已晚。令人惊讶的是，雷巴尔科在战争头两年里都没有上过战场，1941年—1942年，他是喀山坦克学校的教员，但他很聪明，学得很快。和其他苏军指挥员不同，雷巴尔科是一位非常喜欢亲力亲为的将领，他自学了驾驶T–34坦克，并在前线部队待过很长时间[31]。他的集团军装备尚未完善，只有第12、第15两个坦克军，总共493辆坦克，其中有122辆因机械故障无法使用。为了弥补这一不足，谢尔盖·V.索科洛夫少将的骑兵第7军也配属给雷巴尔科的集团军。苏军为进攻而做的后勤准备非常仓促，这让雷巴尔科很难去打一场时间较长的战役。

1月初，格奥尔基·K.朱可夫大将和亚历山大·M.华西列夫斯基上将[①]从莫斯科最高统帅部来到戈利科夫这里，以"帮助"他制订即将开始的进攻计划。这一计划相当复杂，苏军将从3个突击方向粉碎匈牙利和意大利军队[32]。戈利科夫的北突击集群是莫斯卡连科的第40集团军，他们将从乌列夫桥头堡发起攻击；南突击集群是雷巴尔科的坦克集团军，他们负责攻击魏克斯薄弱的右翼；另一个突击集群则是佩特·M.济科夫少将指挥的第18军，将在匈牙利人的右翼渡过顿河。1月12日，莫斯卡连科以坦克第86旅支援2个步兵师从乌列夫桥头堡发起预备性进攻，成功向前推进5公里并重创了匈牙利第7轻步兵师一个团。在夺取了得以展开兵力的足够空间之后，次日清晨，莫斯卡连科的第40集团军进行了大规模的炮火准备，以4个步兵师和更多的坦克向匈牙利第7师进攻。短短几个小时，匈牙利师就崩溃了，莫斯卡连科在匈牙利第四军的防线上撕开了一个口子。德国人唯一的反应是姗姗来迟的第700装甲群，他们想阻止苏军的突破，但被坦克第150旅以凌厉的攻势击败。38(t)轻型坦克无法与T–34匹敌，在损失14辆坦克后，德军向北撤退。莫斯卡连科开始向桥头堡派出他的第二梯次部队，包括安德烈–克拉夫琴科少将的坦克第4军以及近卫步兵第25师。到1月14日，莫斯卡连科已经占据一个大得多的桥头堡阵地，匈牙利的中央防线摇摇欲坠。再往东，济科夫少将的第18军在猛烈的炮击后渡过顿河，在

---

① 原注：1943年1月18日，朱可夫晋升为苏联元帅，华西列夫斯基晋升为大将。

休奇耶（Shchuchye）附近攻击匈牙利第七军。守在这里的匈牙利第12轻步兵师在傍晚前崩溃，但克雷默特种军部派出了2个德军步兵团来堵塞突破口。

1月14日清晨，当莫斯卡连科越过顿河时，雷巴尔科的坦克第3集团军已经以炮兵第8师的大规模炮火准备拉开进攻序幕。瓦西里·A.科普佐夫少将指挥的坦克第15军往西北方向钻入浓雾中，在日利诺（Zhilino）附近攻击了德国第二十四装甲军。德国人没有料到这里会出现苏联坦克，因此守在这里的只有元首护卫营和武装党卫军费格莱因战斗群^①。科普佐夫是一名经验丰富的坦克部队指挥员，指挥过营、旅和师级的坦克单位，对指挥这种战斗得心应手，他的坦克穿插进德军防线，迅速击溃或包围了那些小部队。德军第387步兵师是这一地区唯一顽强抵抗的部队，但苏军坦克依然势如破竹，越过了他们的右翼。德国步兵意识到苏军坦克已经到了他们身后，因此立即开始撤退。科普佐夫的坦克在第一天前进了20公里，占领了在日利诺的第二十四装甲军司令部，温德尔将军阵亡，司令部的68名参谋人员被俘，随后在小镇广场上被处决。尽管下着大雪，科普佐夫仍继续北上，坦克第12军和骑兵第7军掩护着他的侧翼。

1月15日，魏克斯终于对苏军的进攻做出反应，命令克雷默派出更多的德国部队和匈牙利第1装甲师支援正在溃退的第七军。当戈里科夫的部队大规模渡过顿河，苏联坦克开始攻击他们薄弱的防御工事时，匈牙利人的士气很快就瓦解了。匈牙利装甲师对济科夫步兵第18军在休奇耶的桥头堡发动了几次激烈的反扑，但损失惨重。克雷默的第26步兵师依靠苦战赢得了宝贵的时间，但挡不住渡过顿河的苏军摧枯拉朽般的攻势，只得往奥斯特罗戈日斯克方向且战且退。1月16日，就地反攻显然已经失败，匈牙利军队的中央和右翼正处于崩溃边缘。克雷默没有派2个突击炮营去支援匈牙利人，而是将其留在身边，它们打瘫了7辆苏军坦克。克雷默的撤退让意大利"阿尔卑斯"军更为暴露。在南面，雷巴尔科的装甲部队扫清了德国第二十四装甲军的残余，随后便向罗索希前进，以切断意大利军队的退路。唯一还握在轴心国手里的就只有德国第七军（隶属于第二集团军）驻扎的沃罗涅日，匈牙利第三军残部同样在那里加强防

---

① 原注：前者是一个营级的摩托化步兵单位，用于保卫希特勒的前方司令部，但此时已被派往东线作战，隶属于"大德意志"师。费格莱因旅也是摩托化步兵。两者都没有多少火炮和反坦克武器。

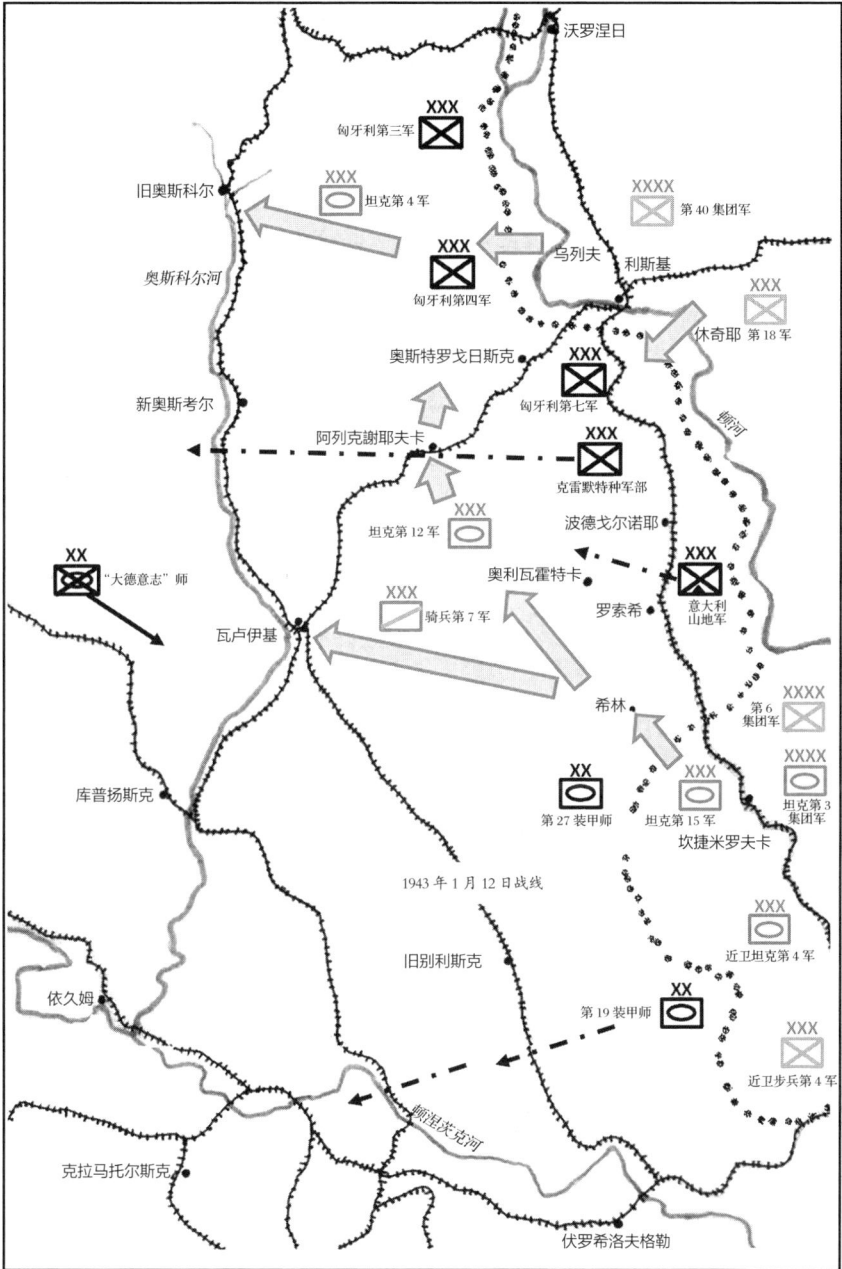

沃罗涅日

匈牙利第三军

旧奥斯科尔

坦克第4军

奥斯科尔河

乌列夫　利斯基

第40集团军

匈牙利第四军

休奇耶　第18军

奥斯特罗戈日斯克

新奥斯考尔

匈牙利第七军

顿河

阿列克谢耶夫卡

克雷默特种军部

坦克第12军

波德戈尔诺耶

"大德意志"师

奥利瓦霍特卡

瓦卢伊基

骑兵第7军

罗索希

意大利山地军

希林

第6集团军

库普扬斯克

第27装甲师

坦克第15军

坦克第3集团军

坎捷米罗夫卡

1943年1月12日战线

近卫坦克第4军

旧别利斯克

依久姆

第19装甲师

顿涅茨克河

近卫步兵第4军

克拉马托尔斯克

伏罗希洛夫格勒

奥斯特罗戈日斯克－罗索希战役，1943年1月13日—1月31日

守。莫斯卡连科将克拉夫琴科的坦克第4军转向，以威胁第二集团军的左翼，并防范魏克斯从这一方向发起的任何反击。

1月16日—1月17日，B集团军群的防线已经被撕裂，这一地区的所有轴心国军队都在退却。克雷默特种军部一度在奥斯特罗戈日斯克被包围，依靠着2个突击炮营才杀出一条血路。这2个营伤亡惨重，不得不遣回德国重建。1月17日，科普佐夫的坦克第15军与第40集团军先头部队在阿列克谢耶夫卡会师，切断了意大利"阿尔卑斯"军以及数千名德国、匈牙利士兵的退路。苏联坦克第12军的一个营冲进罗索希，出其不意咬住了意大利人，但两辆德军"貂"式Ⅲ号突击炮及时赶到，击毁了好几辆苏军坦克，迫使其后撤。尽管如此，雷巴尔科的坦克第3集团军业已关闭意大利人撤退的大门，此后他的注意力转向西面瓦卢伊基的铁路枢纽，并派出索科洛夫的骑兵第7军去占领那里。与此同时，希特勒命令魏克斯坚守下去——他承诺援军已在路上。而B集团军群则命令意大利"阿尔卑斯"军在顿河沿岸阵地上坚守，但意大利人已经认识到雷巴尔科的攻势让他们陷入了孤立，于是不理睬这些荒谬的命令，开始冒雪向西行军。

1月18日—27日的战役进程是轴心国的撤退和苏联不慌不忙的追击。克雷默特种军部和匈牙利的残兵败将退到奥斯科尔河，在那里抵挡了苏联第40集团军一阵。希特勒确实把"大德意志"师从中央集团军群调到了奥斯科尔河加强防线，但这不过是杯水车薪。令人吃惊的是，1月29日前，意大利"阿尔卑斯"军竟然溃围而出，但其3个师都被打垮，伤亡超过30000人。在南面，第二十四装甲军的崩溃迫使轴心国放弃旧别利斯克，撤至顿涅茨克河对岸。这支不幸的部队在1月20日—21日间又损失了2名指挥官[1]，该军减少到只有约2500人，第27装甲师和第385步兵师随后都被解散。匈牙利总计有100000人伤亡，而意大利的伤亡约为30000到40000人。雷巴尔科的部队与第40集团军携手赢得了一场重大的胜利，打得意大利第八集团军和匈牙利第二集团军都失去战斗力，并在B集团军群的前线造成了一个宽约190公里的缺口。魏克斯无法堵住

---

[1] 原注：1943年1月20日，阿尔诺·贾尔中将在部队被包围后自杀。1月21日，卡尔·艾布尔步兵上将在撤退时阵亡。

所有的缺口，只能在奥斯科尔河上的防线略作抵挡。

　　由于如此迅速地推进，雷巴尔科的坦克第3集团军筋疲力尽，其先头旅甚至面临着燃油和弹药紧缺的窘境，不过它已然取得光辉的胜利——所有敢于和苏军对抗的德国装甲部队，无一不被歼灭、击溃或被迫放弃徒劳的战斗，B集团军群几乎就和没有装甲部队一样。即便为期2周的奥斯特罗戈日斯克–罗索希攻势今天并不为人所熟知，但它仍然清楚地表明：1942年11月的"天王星"行动的出现绝非偶然，红军正在学习如何有效地进行多兵种合成作战。他们可以熟练地运用欺敌谋略以达成战役突然性，也能集中发扬火力以及灵活机动地造成突破点。然而，这次行动也暴露出苏联依然没有解决运动战中后勤补给方面存在的问题，雷巴尔科的坦克集团军由于物资短缺无法长时间保持战斗力。

中央集团军群在勒热夫和大卢基的撤退，1943年1月1日—3月1日

　　1943年1月—2月，有关东线的大部分历史记述都集中在苏军对顿河集团军群的进攻以及德军在哈尔科夫的反攻上，东线的其余部分几乎都被忽略了。事实上，苏联在1942年—1943年冬季对德军发动的是全面进攻，德国中央和北方集团军群都受到了沉重打击。1943年1月，德军伤亡人数的半数以上来自北方和中央战线，而非南方。[①]实际上，如果其他地区没有什么大的动静，曼施泰因和魏克斯就可以从那里得到更多的增援。尽管朱可夫在1942年11月—12月发起的"火星"战役以失败告终，但在1943年1月，西方面军和加里宁方面军始终保持着对勒热夫突出部的压力。坚守在那里的是瓦尔特·莫德尔大将的第九集团军，中央集团军群不得不把5个装甲师和3个突击炮营钉在那里，只有"大德意志"师转而援救南方。最终，莫德尔说服了希特勒，令其相信不值得以如此大的代价扼守勒热夫突出部，这些兵力用于南方战场将更为有利。2月6日，希特勒批准莫德尔放弃勒热夫突出部，但行动迟至3月1日方才开始。因此，在整个冬季战役中，中央集团军群主要的坦克和突击炮

---

　　① 原注：1943年1月，东线德军报告82110人伤亡。其中，中央集团军群伤亡17183人（21%），北方集团军群伤亡29023人（35%）。虽然第六集团军在斯大林格勒的部分伤亡人数到2月才得到报告，但1943年1月中央和北方集团军群共有12000人阵亡和失踪，表明那里同样发生了激烈的战斗。

部队仍然留在勒热夫地区。

　　另一个关键地点是与北方集团军群相接的大卢基地区。1942年11月27日，库兹马·N. 加利茨基少将率领加里宁方面军的突击第3集团军包围了该市，兜住了德国第83步兵师的8000名官兵和其他一些单位。这座城市戒备森严，德国空军可以暂时为这支小部队提供空中补给，但显然需要进行一次救援行动。埃里希·布兰登贝格尔中将的第8装甲师只有32辆坦克，大部分是老旧的38(t)轻型坦克，但它被编入了奇瓦尔瑞战斗群参加救援行动①。霍斯特·克拉夫特上尉的第185突击炮营也参加了行动，作为试验，该营的一个连配备了装有105毫米口径榴弹炮的StuH 42型突击炮[33]。然而，1942年11月下旬和12月中旬的两次仓促救援都失败了，并且损失惨重——失去了全部的StuH 42型突击炮和大部分38(t)坦克。加利茨基突击第3集团军的装甲部队在数量和质量上都具有明显优势，有伊万·P. 柯察金少将的机械化第2军、配备KV-1重型坦克的近卫坦克第13团，以及另外2个坦克旅和5个坦克团。柯察金是一名熟练的坦克指挥员，他的部队里配备了100多辆T-34坦克和70辆T-70轻型坦克——光是他自己的实力就远超布兰登贝格尔的那点破烂家当。因此德军救援的失败完全在意料之中。加利茨基的步兵和炮兵开始持续削弱困守大卢基的德军，不过，苏军坦克在试图冲进城里时却付出了惨重的代价，德军的反坦克炮在城市的废墟中得以大显身手。

　　1943年新年来临之际，大卢基已经被围困了5周，几乎被夷为平地。很明显，守军已经撑不了多久。冯·奇瓦尔瑞决心再努力一次，并得到了一些补充力量，包括第15装甲团第1营的37辆坦克（包括28辆Ⅲ号L/M型和3辆Ⅳ号G型坦克）。这个营属于第11装甲师，原本准备返回德国，在格拉芬沃尔接收新的"豹"式坦克，但为了拯救大卢基守军，该营又被派往中央集团军群。1月4日，奇瓦尔瑞发起了"托提拉"行动，一直打到距离该市只有9—10公里的地方，但在苏军的顽强阻击前终于停了下来。德国装甲排长格哈德·布莱姆高级军士脱颖而出，在战斗中击毁了8辆苏联坦克。在过去两年的战斗中，已经有

---

① 原注：步兵上将库尔特·冯·奇瓦尔瑞，第五十九军军长，负责整个救援行动。第20摩托化步兵师也参加了行动，但该师没有坦克。

很多老练的德国装甲兵军士和他一样取得了40辆以上的战绩。尽管如此，救援行动还是失败了，加利茨基的部队占领了该市的东半部。

1月9日，第5猎兵营营长京特·特里比凯特少校想要进行最后一次绝望的努力，只盼望能接触到大卢基城中的守军。他打算让他的猎兵坐在坦克或装甲半履带车上，全速冲过苏联防线，抵达防御要塞。尽管这看上去毫无胜算，但奇瓦尔瑞不忍放弃守军，因此批准了这一行动。中午，特里比凯特集结了第15装甲团第1营的9辆坦克，外加8辆装甲半履带车、1辆装有20毫米高炮的Sd.Kfz.10/4半履带车，隐蔽在靠近前沿的树林中。所有的车辆都涂成了白色，与雪地融为一体。一部分步兵坐在坦克上，一部分坐在装甲车里。13时30分，特里比凯特下令坦克排成楔形高速穿过雪原，半履带车紧随其后。由于事先没有炮火准备，苏军也被打蒙了——这不是标准的德军装甲战术。当苏军反应过来并开始回击时，特里比凯特战斗群的大多数已经冲过了外围阵地，只有少数装甲车被反坦克炮击毁。不到一个小时，这支装甲部队就抵达了城区要塞，守军欢欣鼓舞。然而，把他们救出来是不可能的。一门苏军的76.2毫米口径ZIS-3反坦克炮击中了一辆尾随的Ⅲ号坦克，它正在开进要塞的大门。于是，所有的装甲车辆都被堵在要塞的院场上。苏军炮兵随后猛轰要塞，把德军坦克和装甲车变为一堆废铁。特里比凯特和幸存的战友加入了守军的行列。绝望之中，德军在1月15日—16日夜晚突围，但只有不到200人回到己方阵地。[34]

东线历史研究对1943年初中央集团军群与西方面军以及加里宁方面军的战斗始终没有给予多少关注，但这些战斗的确与其他战线的装甲力量投入程度有所关联，对即将到来的夏季战役也有影响。举一个明显的例子，3月1日莫德尔的第九集团军开始"水牛"行动，组织撤离勒热夫突出部。整个撤退行动耗时3周，德军前线缩短了300多公里。"水牛"行动使3个装甲师得以转移部署到其他地方，无论是进攻还是防守，都为希特勒提供了一支相当可观的战役预备队。

列宁格勒解围："火花"战役，1943年1月12日—3月19日

在整条战线的北部，最主要的战斗就是列宁格勒的围城。从1941年9月开始，北方集团军群的第十八集团军就包围了这座城市。列昂尼德·A.戈沃罗夫中将指挥的列宁格勒方面军不再忍饥挨饿，恢复了部分战斗力。在城外，基

里尔·A. 梅列茨科夫将军的沃尔霍夫方面军1942年两次试图突破德国的包围圈，但均以失败告终。双方争夺的主要地段是涅瓦河以东的锡尼亚维诺走廊，这是一个遍布沼泽和密林的地区，大小为15千米×15千米，没有公路。虽然苏联两个方面军相隔不到14公里，但德国的第二十六军在锡尼亚维诺走廊构筑了大量工事，这一地形易守难攻。希特勒下定决心不让红军解列宁格勒之围，为了加强德军在锡尼亚维诺走廊的防御，他下令第一批运到东线的"虎"式坦克前往这一地区。1942年9月，第502重装甲营第1连运抵目的地，这个连的坦克最先介入战斗。1943年1月初，这个连——拥有6辆"虎"式坦克和16辆Ⅲ号坦克——是第二十六军主要的战役预备队。[35]此外，驻扎在锡尼亚维诺走廊还有第226突击炮营。

梅列茨科夫关于"火花"行动的设想和之前的类似：沃尔霍夫方面军的突击第2集团军将从东面进攻锡尼亚维诺走廊，同时列宁格勒方面军的第67集团军将横渡涅瓦河并进攻走廊的西面，如果攻击得手，两个方面军将在走廊的某个地点会师，并开辟一条道路通往被包围的列宁格勒。这次战役的主攻方向是东面的突击第2集团军，它将集中5个步兵师和大批炮兵进行攻击。尽管突击第2集团军下辖的4个坦克旅、1个近卫坦克团和4个独立坦克营有217辆坦克（包括83辆T-34坦克和大约20辆KV-1坦克），但因沼泽地形限制，集团军只能把坦克分成连级单位来使用。第67集团军将派出3个坦克旅和2个独立坦克营共222辆坦克。红军总共有439辆坦克参与进攻，而他们的德国对手只有不超过50辆坦克和突击炮。[36]

1943年1月12日7时，"火花"行动开始，苏军对涅瓦河东岸的德军阵地进行了长达2小时20分钟的炮火准备。戈沃罗夫的列宁格勒方面军炮兵集结密度为每公里144门火炮和迫击炮，一共打掉了3个基数的弹药——这是迄今为止东线最猛烈的炮火准备。气温降到了-9华氏度（-22.8摄氏度），尽管炮火打碎了冰块，但涅瓦河仍然牢牢地封冻着。大约11时50分，第67集团军的4个步兵师试图越过500米宽的冰封河面，但德军的防御体系仍然完整，并以重大伤亡为代价打退了两次师级规模的冲锋。另2个师在弗拉迪斯拉夫·V. 赫鲁斯蒂斯基中校坦克第61旅的61辆T-60轻型坦克和28辆BA-10装甲车的支援下，占领了马里诺附近的一个小桥头堡，并开始向东推进。T-60不是一种特别好的坦克，但在这里的地形上，它比只能在路面上行驶的"虎"式坦克要有用，因为它可以穿过冰冻的沼泽，不会陷入泥潭。黄昏时分，赫鲁斯蒂斯基的T-60已经深入德军阵地4公里，德军步兵师的侧翼受到了被包围的威胁。苏联工兵很快在马里诺附近建起渡口，其东侧是陡峭的河岸，有25辆T-34中型坦克在黄昏前通过渡口，这是列宁格勒方面军第一次有那么多坦克渡过涅瓦河。在东面，突击第2集团军进行了更大规模的炮火准备，以4个步兵师和少量坦克发动了进攻，但只取得了有限的进展。

德国第二十六军认为苏联第67集团军渡过涅瓦河是主要的威胁，于是对此做出反应，在1月13日16时15分派出大部分装甲部队去支援第96步兵师的反击。博多·冯·格德泰尔中尉指挥4辆"虎"式坦克和8辆Ⅲ号坦克，前往戈罗多克支援第284掷弹兵团，向苏军步兵第268师发起进攻。"虎"式坦克都涂上了白色的伪装，但其噪音很远就能听到。苏联步兵没有料到这里会出现德军坦克，更不用说是"虎"式了，许多人立即撤离，导致这个苏军师后退了2公里。戈沃罗夫向这一地区派出了坦克第152旅的约20辆T-34辆坦克来支援他的步兵，这就引发了一场近距离的坦克战。格德泰尔的"虎"式表现出色，击毁了12辆T-34，但有六七辆Ⅲ号坦克被击毁，车组有17人阵亡。此外，第96师的步兵营也被消耗殆尽，"虎"式只剩下少量的步兵支援。次日，格德泰尔在继续顽抗时阵亡，第502重装甲营第1连在不断的炮火轰击下被打垮。

与此同时，赫鲁斯蒂斯基的T-60坦克和第67集团军的步兵继续向东，穿过"虎"式坦克无法穿越的地形，朝着与缓慢推进的突击第2集团军会合的方向前进。1月16日，德国第二十六军指挥官做了一个违反军事逻辑的决定，命令一个有5辆"虎"式坦克、4辆Ⅲ号坦克和5辆Ⅲ号突击炮的胡纳战斗群转移到什利谢利堡（Shlissel'burg），此时苏军从锡尼亚维诺走廊两侧挥来的钳子就快要合拢了。德国人很想守住一个代号"WS-5"的居住点，这个点位于走廊中央一个关键的小径交叉口上。两天里，胡纳战斗群挡住了一轮又一轮进攻，但由于他们只能待在公路上，而周围的地形又非常有利于步兵的渗透，胡纳战斗群逐渐陷入孤立并被分割。1月18日，苏军终于攻占了WS-5，2个方面军的部队于9时30分会师。赫鲁斯蒂斯基的T-60坦克大开杀戒，尽管它的20毫米口径加农炮在坦克对坦克的战斗中毫无用处，但在摧毁WS-5的木质建筑方面非常高效。WS-5的失守使胡纳战斗群的8000名官兵陷入包围，他们决心在全军覆没前向南突围。

胡纳战斗群以坦克打头阵，沿着一条小路向南前进，穿过一片泥淖和灌木林区。苏军反坦克炮早就埋伏在此处，他们击溃了几乎无法离开道路的德军装甲部队，4辆Ⅲ号坦克被击毁，甚至有1辆"虎"式也被76.2毫米火炮击毁。德军试图冲过伏击圈，但"虎"式一次又一次被命中，一辆接一辆报废。2辆"虎"式被车组自行炸毁，另1辆在燃烧，最后1辆意外冲出小路，但陷进泥潭沼泽之中。德国人试图拉回或销毁这辆坦克，但苏军炮火将他们驱离。赫鲁希提斯基的5辆T-60坦克设法用缆绳钩住这只被遗弃的老虎，将它从泥沼中拉了出来——这是第一辆被完整俘获的"虎"式。虽然德军5辆"虎"式坦克全部损毁，但胡纳战斗群的大多数人都成功向南突围。到1月18日天黑，"火花"行动达成了打开通往列宁格勒陆上通道的主要目标，围城正式结束。

对双方在前线的士兵来说十分不幸的是，朱可夫元帅认为"火花"行动未能达成全胜，命令列宁格勒和沃尔霍夫两个方面军继续战斗，直到攻占锡尼亚维诺周围的高地为止。结果，双方又进行了10天的激烈战斗，伤亡惨重，但德军守住了阵地。第502重装甲营第1连击毁了敌人55辆坦克，在阻止苏军攻占锡尼亚维诺高地上发挥了重要作用，但1辆"虎"式在战斗中被摧毁，还有12辆Ⅲ号坦克也被击毁。1月31日，双方都筋疲力尽，战斗结束。这个连只剩下1辆Ⅲ号坦克和2辆无法运作的"虎"式。[37]苏军的坦克部队损失也很大，400辆坦克中有200辆被击毁或无法作战。整体而言，这场战役令德国人大失所望，他们损失了大部分装甲部队，第502重装甲营第1连失去了战斗力。此外，苏联人将对俘获的"虎"式进行深入研究，国防委员会最终决定提升T-34的火力，并研发一种新的重型坦克。红军虽然取得了胜利，但其对坦克部队的表现并不满意。1943年1月27日，列宁格勒方面军对第67集团军进行了严厉的批评：

第67集团军的作战经验表明，坦克部队的使用存在重大缺陷，导致了其毫无意义的严重损失。多兵种合成作战的指挥人员过早让坦克加入战斗，没有花必要的时间进行战役准备、侦察和协调，也没有派出工兵来为坦克开路。各步兵师和团指挥员未能在战场上和坦克一致行动……坦克在没有足够炮火支援的情况下冲向敌人的防御工事，和炮兵之间通常没有无线电联系。[38]

　　朱可夫和北方集团军群还没完，他一直在策划一个代号"北极星"的行动，作为"火花"战役的后续篇章。他的宏伟计划是由谢苗·铁木辛哥元帅的西北方面军击溃杰米扬斯克突出部的德军，然后和列宁格勒、沃尔霍夫方面军联合作战，包围并击溃在他们之间的北方集团军群右翼。1943年1月底，西北方面军组建了新的坦克第1集团军，由苏军最有经验的坦克高级指挥员米哈伊尔·E. 卡图科夫中将指挥，下辖机械化第3军、坦克第6军和其他一些单位共计631辆坦克。[39]朱可夫想在德军后方投下一支大规模的空降兵，然后让卡图科夫的坦克突破敌人的防线与他们会合，以此撕开北方集团军群的防线。但和往常一样，朱可夫的宏伟蓝图常常是红军无法完成的，而且也没有预判敌人的行动。早在1月初，铁木辛哥的突击第1集团军就对杰米扬斯克突出部发起了一次笨拙的大规模进攻，在6周内损失了423辆坦克，但未能实现突破。攻势渐止后，朱可夫命令梅列茨科夫的沃尔霍夫方面军向托斯诺发起有力的协同进攻，以阻止北方集团军群向杰米扬斯克调集预备队。北方集团军群预料到了这次进攻，2月7日，他们把接收到3辆新"虎"式坦克的第502重装甲营第1连调到克拉斯尼博尔（Krasny Bor）地区。

　　该连上火车3天后，苏联第55集团军在克拉斯尼博尔对西班牙"蓝色"师发动了一次大规模进攻。在大规模的炮火袭击后，苏军近卫步兵第63师向西班牙师阵地中央冲去，他们得到近卫坦克第31团21辆KV-1坦克的支援。虽然西班牙人击毁了4辆KV-1，但他们的中央阵地还是在2个小时内被攻破了，当天克拉斯尼博尔失守。这是苏联的一次重大胜利，西班牙师受到了重创，但苏军没有考虑到阵地的易手通常会招致德军的反击。隶属党卫军"警察"师一个战斗群的第502重装甲营第1连（有3辆"虎"式和3辆Ⅲ号坦克）在海因里希·迈耶少尉指挥下奉命阻击苏军的突破。克拉斯尼博尔和米什基诺地区与锡尼亚维诺不同，那里地面坚固平坦，树木稀少，重型坦克有用武之地。2月11日，迈耶少尉的"虎"式坦克袭击了苏军的左翼，打瘫32辆坦克，次日他们又打瘫10辆。折损严重的苏联第55集团军停下攻势以补充坦克，接着于2月17日再次攻击米什基诺。迈耶少尉的"虎"式坦克居高临下，在几分钟内不慌不忙地收拾掉10辆KV-1坦克。德国的坦克歼击车也参与到屠杀中来，因为他们刚刚接收了一大批高爆反坦克炮弹。党卫军尼德兰师一个荷兰坦克歼击车连，装备75毫米Pak 97/38反坦克炮，击退了苏联坦克第124旅的进攻，打瘫19辆坦克。

自"火花"行动以后，红军在冬季剩余的时间里一直向北方集团军群进攻，但毫无成效。朱可夫把坦克第1集团军交给铁木辛哥的西北方面军，准备用来对杰米扬斯克发起另一场进攻。杰米扬斯克是一个沼泽地，完全不适合使用坦克。但在2月17日，德军开始撤离这一地区，到3月初全部撤走。铁木辛哥完全没有料到这一行动，未能在敌人撤退时加以打击。最高统帅部决定把卡图科夫的坦克第1集团军转隶沃罗涅日方面军。由于别无选择，朱可夫向梅列茨科夫施压，要求他在冬季结束前对锡尼亚维诺发动最后一次攻势——这是一次完全徒劳的努力。

3月19日，苏联第8和第55集团军发起进攻，希望能够占领姆加的铁路枢纽。第502重装甲营第1连（现有4辆"虎"式和3辆Ⅲ号坦克）拼命阻击第55集团军向克拉斯尼博尔的推进。经过3天的激烈战斗后，"虎"式坦克打瘫了40辆苏军坦克，苏军的攻势被迫停了下来。虽然"虎"式坦克的88毫米火炮在射界良好的条件下是致命的，但在这里的地形上，它的重量和机动性却是一个沉重的负担。"虎"式坦克总是陷在松软的土壤中，经常需要大修。相比之下，尽管T-34坦克在这里也受到了一定的限制，但轻型的T-60和T-70坦克却游刃有余。虽然列宁格勒地区远非理想的坦克作战地区，但1942年—1943年冬季的行动表明，轻型坦克仍然可以在通常被认为是"禁区"的地形上作战。

"飞跃"行动，1943年1月29日—2月18日

瓦图京指挥的西南方面军在"小土星"战役和进军顿涅茨克结束后仍处在休整状态，最高统帅部给他下达命令，要求其计划一项后续行动，击溃顿河集团军群并解放顿巴斯地区。瓦图京的大部分单位兵力都不到编制的一半，补给线也跟不上前沿部队。尽管如此，他仍然自信有足够实力给予曼施泰因决定性的一击。瓦图京的计划非常大胆，先使用第6集团军和近卫第1集团军突破伏罗希洛夫格勒西北面的德军防线，这道防线由德国步兵师把守，较为薄弱，然

后转向南方占领顿涅茨克河上的一个渡口。一旦他们渡过顿涅茨克河，由波波夫率领的坦克集群将向南突进夺取亚速海海滨的马里乌波尔，从而切断顿河集团军群的退路。这是一种深受战前"大纵深作战"理论影响的运动战，该理论中装甲部队的穿插距离可达200公里。到目前为止，第二次世界大战只进行过一次大纵深作战的尝试，那就是1942年12月底坦克集群对塔钦斯卡亚和莫洛佐夫斯卡亚机场进行的袭击，结果胜负参半。

波波夫的快速集群由坦克第3、第10、第18军和近卫坦克第4军组成，总共只有212辆坦克，所有这些部队的坦克和兵员都只剩编制的三分之一。例如，帕维尔·P.波卢博亚罗夫少将的近卫坦克第4军只用40辆坦克就打响了"飞跃"战役。[40]瓦图京把坦克第5集团军的大部分装备都集中到波波夫这个集群中，剩下的3个步兵师编成了一个没有坦克的"坦克军"。他把手中的坦克重新编组，让编余的坦克第5集团军仍然留在下顿涅茨克与霍利德集群对峙——主要是为了迷惑曼施泰因。尽管如此，波波夫的机动集群仍然是一支临时队伍，缺少进行长时间机动作战的后勤支援单位。瓦图京预计，在一次突击中他们要前进270公里，而在"天王星"和"小土星"行动中，强大的苏军坦克部队也只能在一次突击中推进100—120公里，差不多就是T-34坦克装满一次油料能够越野的距离。波波夫也并非率领坦克部队大胆深入德军后方的人选，尽管手握多得多的资源，他也没有击败霍利德集群的能力。

除兵力不足和将领有问题外，对于"飞跃"行动来说最大的威胁仍然是西南方面军糟糕的后勤供应，运输依然主要仰赖于来自顿河的遥远铁路。简而言之，红军现在依然缺乏支撑机械化大纵深作战的基础设施。瓦图京非常缺乏卡车，因此他无法建立前线后勤仓库来支援进攻。即便有卡车，其也很难在积雪厚达一米的道路上行驶。由ZIS-5卡车改造而来的ZIS-42半履带车数量有限，且它们没有前轮驱动，在雪地和泥泞中的机动性严重下降。苏联空军在运输上也帮不上什么忙——这和德国空军的Ju-52运输机形成鲜明对比，后者在同种情境下出力很大。支援西南方面军的空军第17集团军只有一个运输机团，共20架Li-2运输机（在美制DC-3基础上改造而成）。它们更多的是用来充当夜间轰炸机，而不是为前方的坦克运输燃料。因此，波波夫的坦克驶向顿涅茨克河外白雪皑皑的原野后，很长时间都得不到补给。

尽管存在一些问题，瓦图京仍然认为，有沃罗涅日方面军在北翼发起的"星辰"战役的配合，"飞跃"行动是可以获得胜利的。事实上，苏军的计划存在着斯大林格勒战役后的狂妄自大和法国式蒙混过关的侥幸心理。德军可能的反击都被忽视了，不问地形、天气、后勤和敌情，这样的计划只会招致灾难。

1月29日上午，费奥多尔·M.哈里托诺夫中将的第6集团军以4个步兵师在右翼发起进攻，瓦西里·I.库兹涅佐夫少将的近卫第1集团军以3个步兵师在左翼进攻。在这条100公里宽的战线上，曼施泰因部署了"兰茨"集团军级支队，下辖第298、第320步兵师和第19装甲师，它们只有少量的坦克。德军在这一地区无法和敌军抗衡，所以选择了且战且退，这打乱了瓦图京的时间表。他用步兵师进行追击，只派出近卫坦克第4军支援步兵，这样可以让他的装甲部队多休整几天。尽管遭到重创，德军的那2个步兵师仍成功在伊久姆和兹米耶夫渡过顿涅茨克河。第19装甲师在顿涅茨克河中部的克列缅纳亚构筑了坚固阵地，顽强抵抗了2天才撤过河。因此，库兹涅佐夫近卫第1集团军的近卫步兵第4军直到2月1日才开始渡河。近卫步兵第6军在坦克第18军的支援下，在东面较远的利西昌斯克渡过了顿涅茨克河，并向第19装甲师发动了一次佯攻。与此同时，哈里托诺夫的第6集团军缓慢地向西前进，虽只遇到了轻微抵抗，但其直到2月5日才攻占伊久姆，到2月10日才到达兹米耶夫。

不祥的是，就在"飞跃"和"星辰"战役开始后，苏军侦察兵就发现党卫军装甲军的先头部队已经到达北顿涅茨克的哈尔科夫附近。更为严重的是，曼施泰因已经成功地以在国际象棋中称为"王车易位"的方式把第一装甲集团军从他右翼的罗斯托夫地区运送至左边的斯拉夫扬斯克地区。就在近卫步兵第4军向西北方向渡过顿涅茨克河的时候，芬克第7装甲师的35辆坦克首先到达斯拉夫扬斯克。赫尔曼·布赖特中将的第三装甲军总部也已设在阿特木斯克，为尚在途中的第3和第11装甲师选定了阵地。瓦图京一直等到库兹涅佐夫的3个步兵师渡过顿涅茨克河中端并建立了稳固的桥头堡后，才开始动用波波夫的坦克。波卢博亚罗夫的近卫坦克第4军（37辆坦克）在2月1日率先渡河。就在近卫步兵第4军继续肃清斯拉维扬斯克的同时，近卫坦克第4军继续前进，打算占领克拉马托尔斯克。然而，当近卫步兵第4军的先头部队来到斯拉夫扬斯克城外时，德军第7装甲掷弹兵团和炮兵部队早已在城内严阵以待。

2月2日上午，库兹涅佐夫对斯拉夫扬斯克的德国守军发起了精心策划的进攻，但手边只有步兵第195师。这个师的进攻被芬克的装甲掷弹兵击退，2月3日，第7装甲师以坦克反击，把苏联步兵赶出了城郊。库兹涅佐夫认为只要再给他一点人马，就可以把第7装甲师赶出斯拉夫扬斯克，所以他请求波波夫的坦克第3军和近卫第1集团军的近卫步兵第57军前来增援。波卢博亚罗夫的近卫坦克第4军在克拉马托尔斯克固守，但是没有发挥什么积极作用。2月5日，芬克的第7装甲师几乎被包围在斯拉夫扬斯克，形势对顿河集团军群来说似乎很严峻，因为"兰茨"集团军级支队和布赖特的第三装甲军之间有着巨大的空档，似乎没有什么力量可以阻挡苏联第6集团军或波波夫的坦克部队向西以及向南方向前进，切断曼施泰因的后勤线路。然而，就像1815年滑铁卢战役中的乌古蒙城堡一样[①]，瓦图京、库兹涅佐夫和波波夫在关键时刻忽略了真正的目标，转而被斯拉夫扬斯克完全吸引。瓦图京没有选择绕过斯拉夫扬斯克，而是决定把波波夫的大部分坦克部队投入到攻占这座城市的消耗战中。

波波夫用3个坦克军和近卫步兵第4军分3个方向进攻斯拉夫扬斯克的德国第7装甲师的环形筑垒阵地，几乎将其包围。战斗持续了一个多星期，但该市并未陷落。布赖特的坦克数量较少，步兵和炮兵也不多，似乎无法和近卫第1集团军以及波波夫的坦克部队相抗，不过还有一个关键，即后勤补给——瓦图京的前线部队已经耗尽燃料和弹药，无法进行一场旷日持久的战斗，而德军的后勤状况要好些，布赖特的装甲部队紧靠着一条己方的铁路线。同时，2月3日—11日，布赖特把第3装甲师派往斯拉夫扬斯克以东和坦克第10军交战。拥有16辆坦克的第11装甲师也从罗斯托夫出发，被派去克拉马托尔斯克对付近卫坦克第4军，但他们遭到伏击，损失10辆装甲半履带车和许多反坦克炮[41]。波波夫派坦克第3军去克拉马托尔斯克增援波卢博亚罗夫，暂时挡住了德军的反攻。但是，当德军第333步兵师和部分炮兵上来以后，这两个苏联坦克军就遭受巨大的损失。缺乏后勤支援的坦克在持续的防御中往往表现不佳，在城区里

[①] 译注：在滑铁卢战役中，法军为占领乌古蒙城堡这个次要目标投入了过多的兵力，浪费了时间，这被认为是滑铁卢战役法军败北的重要因素之一。

更是如此。"飞跃"行动进行到现在，波波夫的坦克没有用于在大纵深作战中扩大战果，也没有集中在一个目标上，而是把4个坦克军分散在克拉马托尔斯克、斯拉夫扬斯克和利西昌斯克之间，半数坦克部队实际上已转入防守。

相比之下，德国装甲师虽然兵力几近枯竭，但相互配合得很好。许多德国的Ⅲ号、Ⅳ号坦克和Ⅲ号突击炮都加装了冬季加宽履带以提高在雪地上的机动性。在东线的第二个冬天，德国坦克的适应程度比上一个冬季要好得多，第一个冬季时几乎所有的坦克都瘫痪了。但是严寒天气仍然会造成很多麻烦，尤其是在日常维护方面。润滑油在接近0华氏度（-17.8摄氏度）的时候已经变成了固体，没有润滑的负重轮和轴承很快就会磨坏。虽然在冬季战役中战备率很低，但到1943年初，德军装甲师已经学会了在最恶劣条件下仍然保持一部分坦克正常开动。事实上，1943年德国装甲师对冬季天气的适应让曼施泰因慢慢恢复了主动权。此外，由于装甲师是一个多兵种合成作战单位——不同于苏联坦克部队，他们可以用自行高炮、坦克歼击车和工兵来弥补缺乏坦克的不足。

出乎意料的是，苏军在"飞跃"行动中取得的最大战果是由步兵而非坦克取得的。当波波夫的装甲部队和近卫第1集团军还在和德国第三装甲军纠缠时，近卫步兵第4军的几个师开始向西南方向的第聂伯河进军。2月11日，近卫步兵第35师占领了重要的铁路枢纽洛佐瓦亚，打开了通向第聂伯河的大门。第6集团军步兵也来到了距哈尔科夫35公里的兹米耶夫附近。这时，瓦图京感觉到取得决定性的胜利是有可能的，他需要把波波夫的坦克力量从克拉马托尔斯克—斯拉夫扬斯克一线毫无意义的纠缠中抽调出来。他命令库兹涅佐夫将进攻方向西移，暂时放过斯拉夫扬斯克。绕开敌人的装甲部队是有危险的，因为它在侧翼留下了威胁，但瓦图京被最高统帅部的乐观鼓舞，认为顿河集团军群正在向西退却，斯拉夫扬斯克的绝望坚守只是在掩护撤退罢了。[42]

德国第一装甲集团军认为，波波夫的机动集群无法绕过其在克拉马托尔斯克以南敞开的左翼，因为那里峡谷多且积雪厚，坦克无法通过。[43]但苏联的坦克部队不这么想，2月10日—11日的深夜，波卢博亚罗夫的近卫坦克第4军从克拉马托尔斯克出动，绕过德军第11装甲师的左翼，大胆地在夜间积雪的荒原上前进了85公里。第二天上午9时，他的坦克占领了红军村

（Krasnoarmeyskoye）的铁路枢纽，切断顿河集团军群①的主交通线。虽然还有一条向南经扎波罗热（Zaporozhe）通往马里乌波尔（Mariupol，今日丹诺夫）的路线，但丢失红军村后，弹药和燃油无法及时运抵，曼施泰因的部队受到严重威胁。瓦图京为了巩固这一胜利，向波卢博亚罗夫派去了近卫坦克第9旅和滑雪部队增援，并告诉他坚持住，以近卫坦克第4军作为阻击力量。曼施泰因立即做出反应，命令第三和第四十装甲军发动反击，击退波波夫的包抄。刚从高加索赶来的党卫军装甲掷弹兵"维京"师被派去消灭近卫坦克第4军，而第7、第11装甲师仍在斯拉夫扬斯克附近追赶苏联坦克第10军。一开始，德军的反攻由于积雪难行和缺少支援收效甚微，波卢博亚罗夫部署了反坦克炮和高炮直瞄射击来阻击德军。2月12日，"维京"师的一个战斗群冲进了红军村，随后这场战斗演变为长达一周的消耗战，而非原先计划的高速机动作战⁴⁴。2月15日，霍利德集群被迫放弃伏罗希洛夫格勒，开始向米乌斯河撤退，两天后，斯拉夫扬斯克也被放弃了。但是，德军沿顿涅茨克河的防守打乱了瓦图京"飞跃"行动的时间表。

2月17日，顽强的近卫步兵第35师占领了巴甫洛格勒，距第聂伯河仅55公里之遥。接着，瓦图京把他最后的预备队，彼得·P.帕夫洛夫少将的坦克第25军以及近卫骑兵第1军投入前线，以加强第6集团军向第聂伯河的攻势。2月18日，帕夫洛夫的坦克占领谢内尔尼科沃（Sinel'nikovo），离第聂伯河只有32公里。显然，一场重大胜利眼看着将要取得，但瓦图京没有意识到他的攻势已经到达顶点。德国人的优势正在慢慢积累，而波波夫的4个坦克军几乎都失去了机动能力，燃料、食物和弹药都很少，已经无力进攻。

"星辰"行动，1943年2月1日—16日

1月底，最高统帅部给戈利科夫的沃罗涅日方面军下令，让他们在渡过奥斯科尔河后准备后续向哈尔科夫的进攻。戈利科夫的方面军经过数周的激战已疲惫不堪，但下辖的雷巴尔科坦克第3集团军仍相对完整，最高统帅部指望他

---

① 原注：1943年2月13日，顿河集团军群改名为南方集团军群，B集团军群解散，在库班的A集团军群仍然保留司令部。

们能在春天道路翻浆之前完成一项重要任务。朱可夫元帅亲自参加了这一名为"星辰"的作战计划制订过程，自说自话地认定戈利科夫的方面军有能力同时攻占库尔斯克和别尔哥罗德。因此，在"星辰"行动中，最高统帅部一开始就没有集中力量进攻哈尔科夫，而是迫使戈利科夫向多个目标发起多路进攻。雷巴尔科的坦克第3集团军和米哈伊尔·I.卡扎科夫中将的第69集团军预计将在5天内推进200至250公里，包围哈尔科夫——这是一个非常艰巨的任务。和瓦图京的"飞跃"行动一样，戈利科夫在发起进攻前的后勤状况很差，他的部队实在太累了，战斗力不强，而且没有立即可用的预备队。

他的对手B集团军群沿奥斯科尔河西岸建立了一条薄弱的防线，以封堵匈牙利第二集团军崩溃后形成的缺口。"兰茨"集团军级支队以2个步兵师防守从东南方向通往哈尔科夫的道路，还强化了库普扬斯克的防御。另一个临时单位克雷默特种战斗群①以"大德意志"师保护通往哈尔科夫的北方通道，以第168步兵师防守别尔哥罗德。在勒热夫激战后，"大德意志"师已经消耗殆尽，但这支精锐部队还有1个不满员的装甲营，共14辆能作战的坦克（包括3辆Ⅲ号坦克，6辆Ⅳ号坦克）和几辆突击炮。[45]北面的库尔斯克由受到重创的第二集团军防守，以抵抗戈利科夫其他部队的进攻。然而，B集团军群在哈尔科夫以东并没有形成一条连续的防线，在各个固守阵地之间存在很大的间隙。填补间隙的德军非常薄弱，不可能持续地抵抗苏军的进攻，顶多只能拖延一下时间。

就在"星辰"战役开始前，武装党卫军上将保罗·豪塞尔指挥的装甲军②先头部队已从西面运抵哈尔科夫。这支强大的部队由党卫军装甲掷弹兵"警卫旗队"师、"帝国"师和"髑髅"师组成。除"髑髅"师是因在杰米扬斯克损失太大而重新组建的外，另2个武装党卫军师1942年的大部分时间都在法国度过，他们得到了充分休息，齐装满员，装备了德国最精良的武器。这个党卫军装甲军官兵总数超过50000人，下辖6个装甲营共317辆坦克（包括28辆"虎"式、95辆Ⅳ号G型、162辆Ⅲ号L型、10辆Ⅲ号J型和22辆Ⅱ号F型坦克）、3个

---

① 原注：2月12日，该临时战斗群改由埃哈德·劳斯中将指挥，因此更名为劳斯特种战斗群。
② 原注：这个编队成立于1942年7月，起初作为一个党卫军装甲战斗群。1943年2月—3月第三次哈尔科夫战役期间，它被命名为"党卫军装甲军"，1943年6月，又被重新命名为党卫军第二装甲军并一直沿用至大战结束。

突击炮营共63辆Ⅲ号F/8型突击炮、3个坦克歼击车营共45辆"貂"式坦克歼击车。此外，每个师都配备了75毫米Pak 40反坦克炮和88毫米高射炮，大大提高了反坦克能力。然而，这支有数百辆各型装甲车辆的庞大队伍需要近2个周的时间才能沿铁路陆续抵达，并且集结还需要时间。希特勒坚决不让这支党卫军装甲军零碎地投入战场，而是将其置于陆军司令部的直接指挥之下，直到准备就绪。然而，魏克斯提出了一个理由，那就是最早到的武装党卫军部队需要保护好他们在哈尔科夫的集结地，B集团军群已经没有其他部队可以完成这一任务。陆军司令部只得认可这一点，B集团军群则对此大加利用，立即派遣"帝国"师装甲掷弹兵"德意志"团和1个侦察加强营跨过顿涅茨克河前出到大布尔卢克（Velikiy Burluk）附近，其余的党卫军装甲军则在哈尔科夫等候集结。到1月31日下午，"德意志"团已有2个营前进到顿涅茨克河以东很远的地方布防。

2月1日，雷巴尔科的坦克第3集团军渡过奥斯科尔河，拉开了"星辰"战役的序幕。他的坦克第12和第15军有165辆坦克，但2月2日，雷巴尔科只用了4个步兵师和谢尔盖·V. 索科洛夫少将的近卫骑兵第6军来进攻敌人的阻击阵地，没有过早投入他的坦克力量。雷巴尔科十分明智地决定绕开德军在库普扬斯克的据点，直奔佩切尼吉（Pechenegi），准备在那里渡过顿涅茨克河。雷巴尔科的右翼是卡扎科夫的步兵，左翼是西南方面军第6集团军。德军第298步兵师面临被雷巴尔科的坦克第3集团军包围，被迫放弃库普扬斯克的局面——这再次证明装甲部队最好是绕开敌人的要塞，而不是正面强攻。该师一路向顿涅茨克河撤退，沿途遭到雷巴尔科的坦克追击，扔掉了大部分的火炮。然而，雷巴尔科的先头部队很快遇上了党卫军"帝国"师的阻击部队。他判断党卫军装甲军的主力随时都会赶到顿涅茨克河的渡河点，于是决定在2月3日把坦克部队提前投入战斗。虽然他的2个坦克军向顿涅茨克河推进的速度很快，但党卫军"德意志"团在大布尔卢克的抵抗很顽强，雷巴尔科的步兵无法前进，只能从瓦西里·A. 科普佐夫少将的坦克第15军里抽出一个旅来对付这根难啃的硬骨头。虽然党卫军最后放弃了大布尔卢克，但他们保持了一个突出部，迟滞了雷巴尔科坦克第3集团军和卡扎科夫第69集团军的攻势。"大德意志"师也进行了非常顽强的抵抗，让第69集团军的攻势推迟了关键的几天。

尽管如此，2月4日，科普佐夫的坦克第15军还是到达了佩切尼吉，他们吃惊地发现，党卫军装甲掷弹兵"警卫旗队"师已经守在了北顿涅茨克河对面的高地上。"警卫旗队"师驻守在这里的部队并不多，但有海因里希·迈耶少校的侦察营和一些坦克歼击车及突击炮。德国人把88毫米高射炮架在高地上，在6000米的距离向科普佐夫的坦克射击，成功击毁9辆坦克。之后，科普佐夫把他的坦克开进峡谷隐蔽起来，派出步兵前进。[46]

2月4日—6日，雷巴尔科的步兵三次试图渡过这条宽不足50米的河流，但每次都被德军的猛烈炮火击退。迈耶等党卫军基层军官也不甘心在这里死守，他渡过顿涅茨克河袭击了一支苏军部队，打死打伤约250人，然后返回己方河岸[47]。同样，"帝国"师也进行了积极的防御，党卫军装甲掷弹兵"元首"团和第2装甲团第1营刚抵达前线，他们就于2月5日清晨向雷巴尔科坦克第3集团军的右翼发动了一次强有力的反击。[48]德国空军甚至还出动了几批"斯图卡"来支援这次反攻。黎明刚过，"元首"团的1个战斗群和至少2个坦克连就向南进攻在大布尔卢克附近的苏军近卫步兵第48师，打了对方一个措手不及，成功推进10公里之多。雷巴尔科不得不调来坦克第179旅以应付敌人这一反击，这让他无法集中精力强渡顿涅茨克河。党卫军的另一个战斗群在第2装甲团第2营的支援下，向东朝奥利霍瓦特卡村（Olkhovatka）推进。恩斯特·巴克曼下士参加了这次战斗，他是一辆Ⅲ号坦克的车长。由于"帝国"师缺乏装甲作战经验，在接敌之前未作侦察，过于自信的党卫军坦克径直冲向该镇，撞上了敌人严阵以待的反坦克火网，结果损失惨重，有13—14辆坦克被击毁。巴克曼的坦克是最后冲进村子的3辆坦克之一，他们遭遇了近距离的战斗：

坦克向村子全速前进。"小心！莫洛托夫鸡尾酒①！"装满汽油的瓶子在坦克的前部炸裂了，燃烧着的汽油四处流淌……车长看到了炮口上的闪光，认出屋角后面有一门反坦克炮。敌人的炮长也发现了30米之遥的坦克，正把反坦克炮转过来准备开火。巴克曼能看到黑洞洞的炮口正朝他转来，还隔着10米左

---

① 译注：一般指苏军土制燃烧弹，是装满混合燃料的燃烧瓶。

右。"冲过去碾那门炮！"发动机发出轰鸣声。说时迟那时快，当坦克冲向大炮并将其推倒时，炮声也响了！但迟了2秒，炮弹打在坦克下面的土地上，没有效果。[49]

占领村庄之后，巴克曼的坦克被派回集结区，护送救援车辆前来拖回受伤的坦克，直到日落之后才得以返回。巴克曼的坦克在黑夜中行进，穿过厚厚的积雪，能见度很差，结果打滑后被困住动弹不得。第二天日出时分，两辆FAMO半履带救援车发现了巴克曼的坦克，但这时苏联步兵也摸了上来，他们带着一门76.2毫米反坦克炮，准备消灭这辆不能开动的坦克。苏军炮手相当出色，先是报销了一辆FAMO半履带车，然后猛烈射击巴克曼的坦克，他不得不弃车而逃。

雷巴尔科苦于无法渡过北顿涅茨克河，2月7日，他派索科洛夫的近卫骑兵第6军在坦克第201旅的支援下，前往位于顿涅茨克河下游的安德烈耶夫卡渡河，第6集团军已经在那里建立了一个桥头堡。雷巴尔科准备让他们向南横扫，切断通往哈尔科夫的主要铁路线。但这支骑兵部队的突袭被德军发现了，"帝国"师派出一个战斗群将他们赶了回去。雷巴尔科的坦克第3集团军无计可施，拿下哈尔科夫的时间表也随之作废。他开始准备强渡顿涅茨克河，并指望戈利科夫的其他几个集团军能有更大的进展。在北面，卡扎科夫的第69集团军正在缓慢地逼退"大德意志"师，而找到撕裂德军北顿涅茨克河防线办法的是进攻别尔哥罗德的莫斯卡连科第40集团军。尽管莫斯卡连科手上的坦克不多，但他使用得很巧妙——把坦克第116和第192旅组成了一个小型机动打击单位。德军克雷默特种军部用来守卫别尔哥罗德的只有第168步兵师，莫斯卡连科的坦克部队很轻松就绕到了他们后面。克雷默对苏军坦克在别尔哥罗德附近突然出现大为震惊，命令"大德意志"师派出侦察营、2个摩托化步兵营以及5辆Ⅳ号坦克、2辆Ⅲ号突击炮增援别尔哥罗德地区，但为时已晚。2月7日至8日夜，莫斯卡连科的部队冲进别尔哥罗德，威胁要从北方包围整个哈尔科夫前线的德军。

德军在丢失别尔哥罗德的同时，卡扎科夫的第69集团军还在继续向"大德意志"师和"帝国"师施压。2月8日，"帝国"师又一次向大布尔卢克附近的苏军发起进攻，但他们仍然没有做好充分的战前侦察，8辆坦克被敌人击毁。"帝国"师首次投入几辆新到的"虎"式坦克，但连长罗尔夫·格雷德尔上尉在战斗开始时阵亡。2月9日，"大德意志"师和"帝国"师都被迫退过顿涅茨克河。

直到2月10日，"大德意志"师一直保卫着通往哈尔科夫北面的道路，而"帝国"师和"警卫旗队"师则扼守着哈尔科夫东面的道路。豪塞尔的装甲军仍然没有集结完毕，"髑髅"师尚未抵达。2月9日至10日夜，雷巴尔科的坦克第3集团军开始小心翼翼地渡河，先用步兵占领了几个小桥头堡。10日上午，科普佐夫的坦克第15军渡河占领了佩切尼吉，米特罗凡·I.津科维奇少将的坦克第12军占领了丘古耶夫（Chuguyev）。德军在河岸一带的抵抗不强，因为"警卫旗队"师主力已经退到更靠近哈尔科夫市区的外围。按照"星辰"战役的最初设想，雷巴尔科的坦克第3集团军将以运动战包围哈尔科夫，而不是正面强攻，但这一计划被改变了。2月11日，雷巴尔科的这2个坦克军在4个步兵师的协同下开始直接向西进攻哈尔科夫。战线缓慢向前推进，但苏军坦克不断被德军坦克歼击车和Ⅲ号突击炮击毁——这不是一个坦克集团军应有的作战方式。"帝国"师在哈尔科夫东面的罗根（Rogan）建立了一个强固的据点，如果没有大量的炮火准备，这是很难攻破的，但雷巴尔科只有少量的空中和炮兵支援。

与此同时，索科洛夫的近卫骑兵第6军继续试图在哈尔科夫以南进攻，豪塞尔决定发动一次强大的反击，以消除对方对他后方通道的威胁。他组织了一支"掩护战斗群"来阻挡雷巴尔科，一支"迪特里希攻击战斗群"来实施反击。该战斗群由"警卫旗队"师师长赛普·迪特里希中将指挥，下辖3个次级战斗群：迈耶战斗群，包括"警卫旗队"师侦察营和马克斯·温舍少校的第1装甲团第1营；库姆战斗群，由装甲掷弹兵"元首"团的2个营和第1装甲团第2营的2个连组成；威特战斗群，由"警卫旗队"师的1个营、1个突击炮营再加上工兵和炮兵组成。此外，"警卫旗队"师还把它的5辆"虎"式坦克投入进攻。[50]这是一支非常庞大的部队，涵盖了豪塞尔现有装甲力量的一半和大部分步兵、炮兵，而留在哈尔科夫防守的力量则相对不足。豪塞尔认为，他可以在几天内击溃索科洛夫，在雷巴尔科突破罗根的防线之前，他的部队就能返回哈尔科夫。为了在战争中取得决定性的战果，人们必定要接受风险，但须以冷静的分析为基础，而当时德国人没有做到这一点。他们对苏联的骑兵不屑一顾，因为这些骑兵之前甚至从未配备过重武器。但是，索科洛夫的近卫骑兵第6军装备很好，雷巴尔科把它作为一支机动力量来使用，除了3个骑兵师，还有伊万·T. 阿费诺根诺维奇上校率领的坦克第201旅（有25—30辆"玛蒂尔达"和"瓦伦丁"坦克）、1个火箭炮营、1个装备76.2毫米口径火炮的反坦克团以及1个装备45毫米口径火炮的反坦克营。

　　2月11日8时，迪特里希攻击战斗群从梅列法（Merefa）火车站附近的集结地出发，向南进攻索科洛夫的近卫骑兵第6军。德国人的计划雄心勃勃，由迈耶战斗群和威特战斗群对索科洛夫的东西两翼进行围攻，库姆战斗群则处于中央。很快，德国人就发现，离开公路越野行进是不可能的，因为积雪有两米厚。坦克如果开上去，雪就会紧紧地堆积在车体和履带前面，直至坦克原地打滑。"虎"式坦克完全没有用武之地，还有一辆因在梅列法附近起火被丢弃[51]。德国的进攻部队被困在公路上，虽然他们得到了第77攻击机联队的Ju-87 "斯图卡"轰炸机的支援，但无法进行良好的机动作战。在中央，马丁·格罗斯少校带着第1装甲团第2营向伯基（Birky）发起了不明智的正面攻击，这个城镇由苏军反坦克炮兵严密防守，德军坦克损失惨重。除了这一挫折，由于降雪，两翼的攻势也比预期要慢得多，先头部队很快耗尽了燃油。反攻第二天结束时，德军的钳子还没有在索科洛夫周围合上。苏军后卫部队巧妙地防守着许多村庄，令德军深感头痛。此外，苏军骑兵不受积雪的影响，很容易从步履蹒跚的德军装甲部队的间隙溜走。索科洛夫很早就察觉到德军的钳形攻势，但他并未退却，而是就地在哈尔科夫以南50公里的奥霍切（Okhoche）等几座城镇设防。他意识到，自己把党卫军装甲部队拖在这里越久，莫斯卡连科和雷巴尔科拿下哈尔科夫就会越容易。

　　2月14日，德军的钳形攻势终于在奥霍切附近合拢。温舍的第1装甲团第1营和1个营的党卫军装甲掷弹兵狂妄地穿过一片开阔地攻击村镇，由于事先未做充分侦察，他们遭遇了苏军坦克、反坦克炮和迫击炮冰雹似的猛轰。1个步兵连几乎被歼灭，温舍扔下许多坦克撤退。[52]索科洛夫巧妙地部署了他的反坦克炮，并把阿费诺根诺维奇旅的约25辆坦克藏匿在建筑物内部或侧面。当天和德国人的战斗结束后，他命令部队向南撤退以免被包围。德国人在奥霍切找到5辆废弃的坦克（可能是"玛蒂尔达"），但苏军的其他装甲部队却和骑兵一起逃走了。17时30分，迪特里希攻击战斗群接到命令，由于哈尔科夫吃紧，其需要暂停目前的攻势，返回梅列法。虽然索科洛夫的近卫骑兵第6军牺牲巨大，但它并未被围歼，甚至吸引了豪塞尔的大批部队，使其削弱对哈尔科夫的防御，从而支援了莫斯卡连科的第40集团军从西北面包围哈尔科夫。[53]

当迪特里希攻击战斗群从哈尔科夫向南推进时，莫斯卡连科的第40集团军正在碾压"兰茨"集团军级支队，迫使"大德意志"师不断后撤以避免侧翼暴露。到2月12日，莫斯卡连科的4个步兵师即将横扫哈尔科夫的后方，他随后又将安德烈·G.克拉夫琴科少将的近卫坦克第5军[①]投入战斗，令己方攻势更为凌厉。在有生力量近卫步兵第25师的协同下，克拉夫琴科的坦克击溃了"兰茨"集团军级支队的阻击部队，把劳斯特种战斗群一劈为二，并于2月13日夜抵达哈尔科夫北郊。此外，之前为防范雷巴尔科从东面攻来而编成的"掩护战斗群"接连遭到沉重打击，被迫于2月12日放弃罗根阵地。[54]苏军的钳形攻势正在合拢，在哈尔科夫的德军只有东南方向一条狭窄的退路。一时间，豪塞尔的党卫军装甲部队陷入艰难困境。

2月14日，莫斯卡连科让步兵跟着克拉夫琴科推进到哈尔科夫北面。同一天，希特勒命令曼施泰因同时指挥党卫军装甲军和"兰茨"集团军级支队。"髑髅"师先头部队此时刚刚抵达哈尔科夫，但坦克重武器还在路上。曼施泰因知道该师目前对于保卫哈尔科夫发挥不了什么作用，便命令他们在哈尔科夫以西的波尔塔瓦集结。

希特勒下令不惜一切代价守住哈尔科夫，但豪塞尔认为这行不通。他的2个师都在忙着阻挡雷巴尔科坦克第3集团军的不停进攻，"大德意志"师也在抵抗苏军第69集团军的攻势，已经找不到部队来阻挡莫斯卡连科进入哈尔科夫。当苏军威胁要完全切断这座城市的对外联系时，豪塞尔于2月14日晚请求准许弃城。曼施泰因和兰茨都拒绝了这一请求，但豪塞尔不打算在这里等死，

---

① 原注：1943年2月7日，坦克第4军改编为近卫坦克第5军。

16时45分，他命令手下的2个师和"大德意志"师撤离哈尔科夫。18时，曼施泰因命令豪塞尔停止后撤，但豪塞尔拒绝执行。2月15日，党卫军各部队脱离战斗，穿过哈尔科夫，由梅列法向西南方向撤退。苏军只是对哈尔科夫进行了炮击，并没有采取其他措施来阻挠德军的退却。德军最后撤离的后卫部队是"大德意志"师中由奥托-恩斯特·雷默少校指挥的掷弹兵团第1营（装备有SPW装甲半履带车）和彼得·弗朗茨上尉指挥的突击炮营[①]。2月16日，雷巴尔科的坦克和克拉夫琴科的坦克在市中心会师，哈尔科夫解放。

　　沃罗涅日方面军的这些部队在哈尔科夫拥堵的街道上逗留了几天。2月18日上午，雷巴尔科派科普佐夫的坦克第15军向西发起试探性的进攻，其遭遇了"大德意志"师的阻击，包括T-34在内的大约20辆坦克击溃了2个德军步兵连，打瘫2辆坦克。与此同时，津科维奇的坦克第12军向梅列法的第320步兵师发起进攻，占领了该镇。2月19日至20日，指挥德军这2个师的劳斯特种战斗群拼命阻止雷巴尔科袭击党卫军装甲军的后路。此时党卫军装甲军已转向东南集结，准备反攻。豪塞尔不得不把党卫军"图勒"装甲掷弹兵团和"髑髅"突击炮营调去增援摇摇欲坠的劳斯战斗群。但在2月19日，雷巴尔科再次发起攻击，"大德意志"师和"图勒"团被迫后撤。

"反手一击"，1943年2月19日—3月16日

　　哈尔科夫的丢失，对曼施泰因来说并不是什么坏事，因为党卫军装甲军甩掉了守城的包袱，至少腾出了部分机动力量，可以用在能给红军造成最大麻烦的地方。虽然"帝国"师和"警卫旗队"师在哈尔科夫保卫战中遭到了重大损失——至少60—70辆坦克被毁，但生力军"髑髅"师正在波尔塔瓦卸车，德军实力大为增强。2月18日至19日夜，党卫军装甲军被配属给霍特的第四装甲集团军，该集团军此前已西移，将与马肯森的第一装甲集团军一同实施曼施泰因的反击计划。苏联方面，瓦图京和戈利科夫的部队物资都已消耗殆尽，而且远离补给线，但他们仍在前进。雷巴尔科的坦克第3集团军在哈尔科夫附近损

---

① 原注：奥托-恩斯特·雷默后来因破坏了针对希特勒的"7·20"事件而声名狼藉。

失了约60辆坦克，只有不到100辆还能作战，协同作战的步兵师只剩下三至五成的兵力。雷巴尔科希望坦克部队可以休整3天，但戈利科夫不予批准，要他继续向西进攻劳斯特种战斗群。波波夫的坦克集群情况也不好，但瓦图京投入了他最后的预备队——近卫坦克第1军和近卫骑兵第1军以重振这一坦克集群的力量。2月19日，帕夫洛夫的坦克第25军所属的坦克第111旅攻占了斯拉沃格勒（Slavograd），此处距扎波罗热仅36公里。不过，唯一能取得重大进展的是以步兵为主的第40和第69集团军，他们正在向西推进，在他们面前的"肯普夫"集团军级支队（前身即"兰茨"集团军级支队）和劳斯特种战斗群抵抗都很微弱。于是，苏军在德国南方集团军群和中央集团军群之间形成了一个突出部。

曼施泰因非常精明，他意识到对手的战线已经拉得太长，自己有机会重新拿到主动权。他还认为，波波夫集群是主要的威胁，应首先消除。另外，他必须把自己某些最精锐的部队留下来用于防御，如"大德意志"师和"警卫旗队"师，否则他的左翼将会崩溃。作为反击行动的序幕，2月19日晚，曼施泰因命令从法国乘火车赶来的第15步兵师就在谢内尔尼科沃郊外下车，在3辆"貂"式坦克歼击车的支援下，他们悄悄摸进镇里，完全把帕夫洛夫的坦克第25军打了个措手不及。苏军的大部分坦克因为没油无法开动，因此其面对德军的突袭时毫无招架之力，只能扔下城镇和大量的装备撤退。

同一天，在红军村的党卫军"维京"师几乎将波卢博亚罗夫没有行动能力的近卫坦克第4军歼灭，波卢博亚罗夫和一些弃车的乘员步行逃走了。后来该军得到重建，波卢博亚罗夫将继续担任司令员直至大战结束。次日，第11装甲师从康斯坦丁诺夫卡（Konstantinovka）向西推进，渡过了据说是不可逾越的克里沃伊托列茨河①（Krivoi Torpetz），而第7装甲师则从红军村北上。这一钳形攻势将会把波波夫无法行动的坦克第10军和刚刚从另一翼调来的坦克第18军合围起来。虽然哥特哈德·海因里希大将指挥的第四十装甲军因积雪和兵力有限，未能完全封闭包围圈，但到了2月21日至22日夜，波波夫的3个坦克军几乎已经被歼灭，只有数千名军人逃出。鉴于坦克数量有限，且不愿和被围的苏

---

① 译注：克里沃伊托列茨河，位于北顿涅茨盆地，是卡津尼托列茨河的右支流，全长88公里，以水流湍急著称。

军作困兽之斗，第一装甲集团军主要依赖远程火力，用大炮和88毫米高射炮从远处消灭苏军的坦克和车辆。而苏军则试图把T-34隐藏在村庄里，由步兵来保护，逼迫德军进入村镇交战。但是，苏联坦克军依然崩溃得太过迅速，究其原因，除缺少燃油、食物和弹药之外，还因为他们没有得到炮兵的支援。配属坦克军的火箭炮营早已损失掉，能用来保卫阵地的只有少量76.2毫米口径野战炮和82毫米口径迫击炮。到2月24日，第一装甲集团军已将波波夫集群肃清，由于没有坦克和车辆，波波夫的车组乘员们只得步行穿过雪原向顿涅茨克河撤退。

2月20日，霍特命令"帝国"师和"髑髅"师开始攻击克拉斯诺格勒以南苏联第6集团军的侧翼。"帝国"师只有41辆能作战的坦克（33辆Ⅲ号、7辆Ⅳ号、1辆"虎"式坦克）和15辆Ⅲ号突击炮，但"髑髅"师几乎满员，拥有约100辆坦克和20辆突击炮。"警卫旗队"师拥有72辆能作战的坦克（10辆Ⅲ号、45辆Ⅳ号、12辆Ⅱ号、6辆"虎"式坦克）和22辆Ⅲ号突击炮，他们被派去支援劳斯特种作战群，这个作战群此时正在苦苦抵挡雷巴尔科从哈尔科夫向西发动的进攻。德军的攻势于5时开始，一排排坦克和车辆在白色浓雾中谨慎地前进。起初，党卫军装甲军遇到了第6集团军2个步兵师的阻击，但对方几乎没有坦克。中午天气转晴，Ju-87"斯图卡"轰炸机可以提供近距离的空中支援，这大大有助于德军摧毁苏军在城镇的阵地。"帝国"师还有一些新式的"黄蜂"式105毫米自行榴弹炮，可以为其提供有力的机动火力支援。"帝国"师只有1辆"虎"式参加进攻，但它获得了很大的战果，在最初的两天消灭了11门反坦克炮和4辆T-34。2月21日至22日，这辆"虎"式坦克率先向巴甫洛格勒发动进攻，但终被坦克第25军消灭。由于完全未能预料到德军会发动反攻，瓦图京没有下令让这些部队转入防御，他们全都被打了个措手不及。

苏军有4个步兵师被包围在巴甫洛格勒以南，德军需要花上不少精力来扫荡。配属于第四十八装甲军的第6和第17装甲师抵达巴甫洛格勒南部，协助党卫军消灭了一个又一个孤立的苏军单位。苏军偶尔会有一些T-34坦克和反坦克炮发起抵抗，给德军造成部分车辆损失，但德军凭借机动性和火力优势牢牢占据了上风。

虽然击退苏军离第聂伯河较近的先头部队相对容易，但苏军的第6集团军利用亚历山大·V.库库什金少将的近卫坦克第1军和近卫步兵第48师在洛佐瓦亚建立起了一条连贯的防线。霍特的计划是由"帝国"师向洛佐瓦亚进行正面攻击，"髑髅"师进行包抄以孤立该城。作为行动的一部分，2月24日至25日夜，党卫军第3装甲团第2营派出1个连向洛佐瓦亚以西进行联络。这是一支纯粹的坦克编队，没有步兵和炮兵的支援，更糟糕的是，坦克缺乏弹药和燃料。在没有进行适当侦察的情况下，夜间在敌对地区移动坦克是非常鲁莽的。没过多久，弗里茨·比尔迈尔上士的第6连就迷路了，但他们仍在坚持前进。就在黎明之前，他们误打误撞进了库库什金的一群T-34坦克中，于是一场短暂而激烈的战斗爆发，双方各有死伤。在脱离战斗之后，比尔迈尔的连又遭到苏军骑兵的袭击，当时他们正在坦克外面进行修理，有几个人被杀，还有几个被抓走了[55]。

　　这次战术失败后，2月25日，"帝国"师又在一个愚蠢的事件中损失了3辆"虎"式中的1辆，这种事在乘员中并不少见。乘员们往往以他们的坐骑为荣，喜欢在外人面前大加吹嘘。就像许多缺乏经验的装甲指挥官一样，弗里德里希·赫泽上尉担任"虎"式坦克连连长（第2装甲团第8连）只有一个星期，他和一些德国空军军官打赌，称他那54吨重的坦克可以穿过一条冰冻的河。显然，赫泽没有注意到前一天冰层开始解冻变薄。坦克在冰面上移动了一小段距离之后，冰层破裂，坦克沉了下去，水面淹到了炮塔的顶端。打捞这辆坦克花了3天时间，其电力系统已经损坏，不得不送回卡塞尔修理。这件令人尴尬的事情一直传到希特勒耳边，当然他一点也不会觉得好笑。①

　　曼施泰因第一阶段的反攻在2月26日至27日的洛佐瓦亚战役中达到高潮。由于"帝国"师只剩下19辆能作战的坦克，它只能严重依赖大炮、突击炮和"斯图卡"轰炸机来削弱苏军的防御。库库什金的坦克在城镇内隐蔽得很好，且在大量反坦克炮的支援下，进行了一场艰苦的战斗，他甚至还用他的T-34进行回击，但很快就被击毁6辆。2月27日，德军占领洛佐瓦亚，彻底斩断了瓦图京的进攻矛头。瓦图京接受了失败，命令幸存部队向顿涅茨克河撤退。马肯森的第一装甲集团军也对苏联近卫第1集团军紧追不舍，收复了在"飞跃"战役中大部分失地。

---

　　① 原注：赫泽没有因为这一失误被解除指挥权，但一个月后，他悄悄地改任其他职务。1945年1月至5月，他在最后的战役中指挥装备了"虎王"坦克的党卫军第503重装甲营。

　　尽管戈利科夫的沃罗涅日方面军还在以第40和第69集团军向"肯普夫"集团军级支队发动进攻，但最高统帅部已经明白瓦图京的西南方面军受到了重大挫折。戈利科夫借此机会暂时转入防御，让他筋疲力尽的部队能够稍事喘息。但2月28日，最高统帅部命令他从哈尔科夫派出雷巴尔科的坦克第3集团军向南出发，阻止霍特的装甲部队接近哈尔科夫。由于苏军不了解党卫军的部署情况，后勤保障不佳，又缺乏空中支援，这个决定是愚蠢的。雷巴尔科的2个坦克军仅剩下60辆坦克，其中还包括至少5辆"玛蒂尔达"和20—30辆T-70轻型坦克，而最高统帅部却未及时进行补充。1943年2月至3月间，最高统帅部没有把新坦克源源不断地送上前线，这也暴露了以往在关于东线的宏观论述中经常被忽视的一点，那就是虽然苏联的坦克生产速度超过德国，但这一数量优势并不总能在正确的时间和地点上发挥出来。此时，最高统帅部手里并没有什么有力的预备队，只能将卡图科夫的坦克第1集团军从西北方面军调来充实沃罗涅日方面军，但这得花上好几个星期。

　　正当最高统帅部和方面军司令员仍在犹豫该如何应付瓦图京失利后的局面时，曼施泰因在苏军援军尚未抵达前迅速重新部署了进攻哈尔科夫的部队。戈利科夫转入防御的决定让劳斯得以把"大德意志"师从前线撤下来休息几天，而该师装甲团第2营也凑巧于2月17日至26日从德国赶到波尔塔瓦，带来一大批令人鼓舞的补充力量（共计95辆坦克，包括9辆"虎"式坦克、10辆Ⅲ号坦克、42辆Ⅳ号坦克、28辆Ⅲ号喷火坦克和6辆指挥坦克）。海金特·格拉夫·施特拉赫维茨上校已从斯大林格勒战役的伤势中康复，被授予"大德意志"师新的装甲团指挥权。

　　3月1日，雷巴尔科的2个坦克军向南直奔党卫军装甲军，在克拉斯诺格勒（Krasnograd）以东撞上了对方的先头部队。在一场被称为"克吉奇夫卡大锅"（Kegichevka Kessel）的残酷交锋中，坦克第12和第15军迅速被"警卫旗队"师和"帝国"师包围，3月3日，其作为作战单位已不存在了，4个苏联步兵师也部分被歼。津科维奇带着坦克第12军残部突围，但科普佐夫阵亡。雷巴尔科属下大部分军人逃向北方，在那里重新组织起来，他们得到24辆修理过的坦克，勉强凑成一个旅。

　　由于雷巴尔科的坦克第3集团军基本退出战斗，曼施泰因准备开始实施第二阶段的反攻。党卫军装甲军的全部3个师都集中在梅列法的西南方，他们将首次并肩作战。"警卫旗队"师实力最强，有74辆能作战的坦克和16辆Ⅲ号突击炮；"髑髅"师有64辆坦克和16辆Ⅲ号突击炮；"帝国"师最为疲乏，只剩下8辆能作战的Ⅲ号坦克。总之，豪塞尔的党卫军装甲军将以总计不到200辆坦克和突击炮的武装力量向哈尔科夫继续前进。霍特还投入了第四十八装甲军和"大德意志"师来协助进攻，这是从"冬季风暴"战役中吸取的一个重要教训，即至少需要2个装甲军才能把攻势保持下去。

3月5日，"警卫旗队"师率先向哈尔科夫推进，"肯普夫"集团军级支队向苏联第69集团军发动协同进攻，以阻止他们抽调部队增援受到威胁的地区。"警卫旗队"师的4辆"虎"式坦克担任突击力量冲在最前面，带领全师向姆扎河边的瓦尔基进攻。3月6日晨，马克斯·温舍少校的第1装甲团第2营以2个连发动了一次进攻，2辆"虎"式坦克和海因里希·迈耶的侦察营协助，目标是瓦尔基南面10公里的斯尼日基夫（Snizhiv，又名Sneschkov Kut）。营副官描述了从前进到接敌的过程：

我们仍有18辆坦克，2辆"虎"式坦克跟在后面，步兵（迈耶的人）低着头躲在炮塔后面。炮弹！停止前进！在一片缓坡上面，突然有火光从一条长长的阵线上涌出来，这似乎是一个完善的反坦克阵地。指挥官（温舍）向两个连下令："快！加速往前冲！"往左边看，贝克的坦克被打中了，车组人员正从里面爬出来……我们的坦克用迅猛的炮火对山丘进行压制。领头的坦克距离敌人仍有800米远。在我们左右，2辆坦克正在燃烧，进攻已到了最为危险的阶段……我们又前进了150米，我看到指挥官的坦克向右朝一座谷仓开去，想找一些掩蔽……短短一秒之内，我感到周围有一片轰鸣声。现在可以看得很清楚，来自山丘的火光以令人恐惧的频率闪耀着。向谷仓的前进显然进入了他们的盲区，我们抵达了山丘，指挥官的坦克在我前面100米……我能看到在200—300米远有几座房屋，反坦克炮的火光从第一座房子里闪现，然后炮弹落在我们右边。在火光之中，我向驾驶员大喊："后退！"几秒后，第二发炮弹打了过来。我大喊道："撤离！"于是我们就逃到了坦克外面的雪地，耳机线还挂在脖子上。我们被爆炸的热浪严重灼伤，本能地把脸埋进积雪中。[56]

这名副官躲在起火的坦克旁边，发现有1辆T-34藏在房子后面，此时有1辆"虎"式坦克加入了战斗：

就在离我们80米远的地方，1辆"虎"式正在爬坡……它刚刚爬上山丘，就发生了巨大的爆炸，火焰和碎片一直飞溅到我们四周。我们抬起头来看它，发现在"虎"式的炮塔上有一个一米见方的豁口。此时我们看到它的88毫米炮管正在移动，像手指一样指向了目标。炮管里涌出一股火焰，半座房子被炸飞了，我们清楚地看到1辆敌人的坦克在燃烧，炮塔已经被掀掉……在整个小镇的边缘，有20余辆T-34从它们的藏身之处冒了出来。[57]

很快，其他同伴赶来支援"虎"式，击毁了8辆T-34，剩下的转身逃走了。清扫战场时，部队发现这里至少有56门反坦克炮，这表明苏军的防御能力正在逐步提高，传统的装甲进攻代价越来越高昂。尽管"警卫旗队"师没有遇到太大困难就渡过了姆扎河，但有1辆"虎"式掉入冰层，几天之内将无法使用。

3月7日，"警卫旗队"师接近了由近卫步兵第49师重兵设防的瓦尔基城，他们不得不先进行一系列小规模战斗，以扫荡城外村庄。在一次行动中，突击炮营进攻巴尔奇村（Balki）的一个反坦克据点，一名Ⅲ号突击炮的乘员描述了在炮火中因为履带"掉链子"而身陷险境的情形：

只有位于集体农庄的指挥所还有一些最微弱的抵抗，显然那里有一个苏军政委在压阵。第234号突击炮向那里开去，用各种武器开火。它直接碾过反坦克炮，蜿蜒穿过冒着烟的农场，四周都是苏军士兵的尸体。突然，它陷在一米多深的雪中，积雪把履带从驱动轮上顶脱了。驾驶员急忙倒车，想把还挂在托带轮上的履带重新绕上去。结果却适得其反，履带从驱动轮上完全脱落，黏糊糊的积雪卡在托带轮和负重轮之间，持续把履带往外挤。苏联人觉察到了，一门反坦克炮开始射击，在城镇废墟的保护下，步兵分小队冲上来。我们的人还可以用高爆弹和车载机枪自卫，但弹药消耗也很快。再说这些武器只能提供正面火力，一旦敌军冲到它们的死角，情况就危险了。无线电设备出了故障，无法呼叫支援。更要命的是，在拼命往前冲的时候，没人注意到自己的营没有跟上来。现在唯一的解决办法就是，大家从突击炮里跳出来，想办法回到自己的营里。[58]

这个Ⅲ号突击炮车组最后跑回了自己的单位，没过多久，又把这辆不能动弹的突击炮拖回己方集结地。一个训练有素的车组可以用数秒钟就安装好牵引绳，但他们还需要卸下主减速器——这需要打开后甲板，如果不这样做，在牵引时车辆的变速箱就很有可能损坏。

党卫军装甲军突破了苏军在哈尔科夫以南的防御阵地后转而西进。此时，克诺贝尔斯多夫的第四十八装甲军以第6、第11两个装甲师向哈尔科夫以东挺进，以图合围该城。霍特希望围困哈尔科夫，避免把机械化部队投入巷战，但豪塞尔及其部下却急于进攻，欲雪昔日弃城之耻。3月10日至14日，豪塞尔的党卫军装甲军攻入哈尔科夫，以激烈的巷战逐步压倒了苏军缺乏配合的抵抗。3月14日，哈尔科夫落入德军之手。戈利科夫的沃罗涅日方面军支离破碎，仓皇撤退，雷巴尔科的坦克第3集团军已经基本被歼灭。

拿下哈尔科夫后，曼施泰因开始他的第三阶段作战，向北推进到别尔哥罗德。春季来临，冰雪开始消融，道路越来越泥泞，曼施泰因想在天气和苏军的抵抗终结他的攻势前尽可能多地攻下一些地方。"大德意志"师取得的战果最大，他们向卡扎科夫疲惫的第69集团军发起了一场师级规模的"闪击战"，并将其击溃。3月13日，"大德意志"师占领了别尔哥罗德东面的鲍里索夫卡。戈利科夫把不满员的克拉夫琴科近卫坦克第5军以及近卫坦克第3军调来抵挡"大德意志"师的攻势。最高统帅部甚至还把巴达诺夫的近卫坦克第2军（前身是坦克第24军）划归戈利科夫指挥，该军之前在塔钦斯卡亚突袭战中几乎全部损失，虽经过重建，却未能完全做好战斗准备。在3月13日至18日的一系列战斗中，格拉夫·施特拉赫维茨指挥的训练有素的德国坦克手将这些缺乏经验的苏军坦克单位摧毁，这甚至让人联想起"巴巴罗萨"行动时的快乐时光，只是烂泥有点败兴。"大德意志"师装甲团宣布这几天一共击毁了128辆苏军坦克。在一次行动中，敌人甚至直接弃坦克而逃，"大德意志"师缴获了15辆完好无损的T-34坦克。尽管施特拉赫维茨的坦克在数量上处于1∶3甚至更低的劣势，他们还是完全打垮了对手，和党卫军不同，他们更懂得进行适当的战场侦察来减少自己的损失。在3月14日至15日晚，"大德意志"师侦察到苏军即将实施装甲反击，于是施特拉赫维茨把他的坦克埋伏在鲍里索夫卡附近。一名德军装甲排排长记述道：

> 在向各车长简要说明火力分配情况后，（施特拉赫维茨）下令保持无线电静默，没有排长的命令不得开火。关键时刻到来了。离在不到1000米远的地方，敌军坦克的柴油发动机突然轰鸣着发动起来。这绝不仅仅是三五辆坦克的声音，肯定还有更多。
>
> 1943年3月15日拂晓，发动机的轰鸣声越来越近了。车长们在公路上认出了第一辆T-34的轮廓，炮手们紧张地注视着瞄具，但在晨雾中还看不清目标。当第一辆T-34出现在瞄具中时，他们屏住呼吸，轻声换气。装填手一直紧张地蹲在炮管边，手里抱着一枚炮弹，双腿间还夹着2枚，按秒数着数……视界内已能看到5辆T-34了，可以清楚地看到它们碾过雪地和泥泞。现在已经可以看到7辆了，它们的侧面对炮手来说实在是太诱人了。
>
> T-34似乎有些狐疑，把炮塔转向左右。我们已经和它们处于平行的位置，态势极佳。每个炮手都明白自己要攻击哪辆坦克。前面2辆归左翼攻击，后面的归右翼攻击……一时间，周围陷入爆发之前的死寂。终于，命令下达了："所有坦克……瞄准……开火！"一声巨响传来。几秒钟之内，我们接连看到4条、8条、12条绿色的曳光弹弹道，耳边还夹杂着简短的无线电讯息。然后火力逐渐平息，只剩几声零星的炮响。敌人坦克的侧面喷出巨大的火焰和烟雾，最后一辆T-34试图掉头逃跑，但陷入泥沼。乘员们像猫一样从炮塔中四散奔逃，都被我们的机枪打倒。我们的坦克驾驶员互相挥手欢庆胜利。[59]

3月18日，党卫军装甲军从哈尔科夫向北突击，当晚占领了别尔哥罗德。接下来的几天，党卫军和"大德意志"师肃清了这一地区残余的苏军。但曼施泰因的进攻终因春季融雪和对手不断加强防御而告终。3月23日至24日，卡图科夫的坦克第1集团军赶到别尔哥罗德以北，一起行动的还有最高统帅部总预备队调来的2个新集团军，他们稳住了防线，直至3个月后的库尔斯克会战。曼施泰因的"反手一击"行动被认为是战役指挥的杰作，但从中也可以看到，德军机械化进攻战的特点正在发生变化，许多传统的优势正在逐渐丧失。虽然德军的装甲集群在战术技巧上仍然远超对手，但红军的反坦克防御相比1941年—1942年已经强大许多，坦克部队也获得了改进。曼施泰因成功地击败了东线红军20个坦克军中的8个，暂时夺回了战场的主动权，为南方集团军群赢得了宝贵的喘息之机。

罗科索夫斯基的进攻，1943年2月25日—3月28日

虽然东线1943年初的军事行动大多发生在南方，但苏联最高统帅部仍然盼望对京特·冯·克卢格元帅指挥的中央集团军群施加压力以牵制他们，同时在德军面临困难时收复国土。随着1月底"飞跃"和"星辰"计划的实施，最高统帅部准备为布良斯克方面军制订一项计划，目标是击溃鲁道夫·施密特大将指挥的第二装甲集团军在奥廖尔以北的阵地，歼灭瓦尔特·魏斯步兵上将指挥的第二集团军，如此就可以击溃中央集团军群的右翼，支援戈利科夫沃罗涅日方面军的前进。不仅如此，最高统帅部还计划斯大林格勒战役一旦结束，就把罗科索夫斯基的5个集团军用铁路重新部署，组成一个新的中央方面军，支援布良斯克方面军的攻势。考虑到罗科索夫斯基的集团军群没有足够的坦克来完成突破，最高统帅部把总预备队中阿列克谢·G.罗金中将的坦克第2集团军划归罗科索夫斯基指挥，一起划过去的还有新组建的第70集团军。一旦罗科索夫斯基占领奥廖尔，最高统帅部将再投入西方面军来扩大攻势。朱可夫乐观地认为，瓦图京、戈利科夫和罗科索夫斯基共同发起的进攻将使德国人无法形成新的防线，只能退到第聂伯河。

击溃德国中央集团军群右翼的时机似乎已经成熟。在第二集团军和第二装甲集团军之间位于奥廖尔西南140公里的谢夫斯克附近，有一个防守非常薄弱的地带。正在迅速形成的奥廖尔突出部正面有第四十六装甲军的第12、第18和第20装甲师坚守，但防守第二装甲集团军最右翼的部队只有约阿希姆·利默尔森装甲兵上将指挥的第四十七装甲军第137和第707两个步兵师。第707步兵师战斗力很弱，是用来对付游击队的，他们只有一个炮兵营，没有师属反坦克单位。已受重创的第二集团军没有资源阻止敌人向西发起的协同攻势。埃里希·施奈德少将的第4装甲师被派去防守库尔斯克，但它的装甲实力已经下降到一个连

再加上几辆突击炮的水平。和1941年—1942年冬季一样，第4装甲师几乎没有装甲掷弹兵，只能从没有坦克的乘员中临时编出一支步兵队伍。苏联最高统帅部的计划是让布良斯克方面军攻打奥廖尔突出部正面，牵制第四十六装甲军，然后罗金的坦克第2集团军以及第70集团军击溃利默尔森的第四十七装甲军，包围奥廖尔，向布良斯克进发。

由于最高统帅部急于在春天翻浆和德军加固防御前发动攻势，罗科索夫斯基只有6天时间来计划进攻。由于交通困难，他的部队从斯大林格勒运到沃罗涅日的时间延迟了，铁路维修非常艰难，只有一条单轨铁路可供新的中央方面军使用。因此，最高统帅部决定把罗科索夫斯基的攻势推迟到2月底，而已经到位的布良斯克方面军和沃罗涅日方面军部队则按时发起进攻。这一做法让德国人措手不及。尼古拉·P. 普霍夫中将的第13集团军（布良斯克方面军）向施密特的第二装甲集团军进攻，2月12日占领了重镇法捷日；伊万·D. 切尔尼亚霍夫斯基中将的第60集团军（沃罗涅日方面军）把施奈德的第4装甲师赶出了库尔斯克。[60]在库尔斯克的交战中，第4装甲师损失了许多有经验的装甲部队基层军官和军士长，他们都是作为步兵参加战斗的。到2月中旬，德国第二装甲集团军和第二集团军之间形成了宽达60公里的间隙，这些小规模的战斗为罗科索夫斯基的主力攻势创造了良好的条件。普霍夫的前进速度尤其迅猛，他不停地向德国第四十六装甲军发动进攻，并于2月23日占领小阿尔汉格尔斯克，把德军预备队吸引至这一地区。

运输困难严重拖延了中央方面军的部署。2月25日，罗科索夫斯基被迫以一部分到位的兵力发动进攻。他们在战前只做了最低水平的准备，而天气又在行动开始前转而下雨。起初，罗科索夫斯基以第65集团军的3个步兵师为右翼，以罗金的坦克第2集团军2个步兵师为左翼，向利默尔森的第四十七装甲军进攻。罗金的坦克第11、第16军以及弗拉基米尔·V. 克鲁科夫少将的近卫骑兵第2军的4个师保留作为第二梯队。利默尔森的2个师挡不住苏军5个师的进攻，因此他一面运用迟滞战术，一面请求增援。第707步兵师稍稍后退了一点，占领了德米特里耶夫–利戈夫斯基（Dmitriyev–L'govsk）并布防，这座城镇位于遍布沼泽的斯瓦帕河后方，将被证明是一块很难啃的骨头。罗科索夫斯基决定把罗金的坦克第2集团军拆开使用，让坦克第11军和克鲁科夫的近卫骑兵第2军向西直插德军2个集团军之间的裂隙，阿列克谢·G.马斯洛夫少将的坦克第16军则协同向北进攻奥廖尔突出部。罗科索夫斯基没有把他的坦克部队集中起来，而是将其分散用于两条轴线上。[61]

第707步兵师牢牢坚守在德米特里耶夫–利戈夫斯基，直到第78步兵师赶到，迟滞苏军的进攻。巴托夫的第65集团军为胜利所鼓舞，又得到了戈尔曼·F.塔拉索夫少将的第70集团军增援，这2个步兵集团军合力打退了德军第四十六装甲军，成功牵制了德军3个装甲师。不过，第二装甲集团军在奥廖尔以南的防线并未被突破，西方面军向第二装甲集团军在奥廖尔以北发起的阵地进攻，也没有得手。因此，最高统帅部以钳形攻势一举压碎奥廖尔突出部的设想落了空。此外，坦克第16军作为一个步兵支援单位正陷于一场阵地战中，没有被作为扩张战果的力量使用。于是，这场攻势能取得多少战果就取决于罗金向西往杰斯纳河的进攻打得如何。

3月1日，罗金以坦克第11军、近卫骑兵第2军和4个步兵旅西进，他的先头部队和杰斯纳河之间几乎没有敌军。重镇谢夫斯克仅仅由1个德军步兵营把守，很快被苏军坦克和骑兵赶走了。3个完整的匈军单位——第102、第105和第108轻步兵师——被部署在通往杰斯纳河的道路上，但这些部队的训练和装备只适合在森林中对付游击队，挡不住一个坦克集团军。罗金的部队如入无人之境，但由于雨天道路泥泞，后勤跟不上，进展并不快。3月4日，伊万·G.拉扎列夫少将的坦克第11军从倒霉的匈牙利第108轻步兵师手中夺取了重要的交通枢纽中布达（Seredina Buda）。3月7日，克鲁科夫的骑兵冲到了诺夫哥罗德–谢韦尔斯基（Novgorod–Seversk）附近的杰斯纳河。不过，曼施泰因击败了瓦图京的西南方面军，雷巴尔科的坦克第3集团军被歼灭，最高统帅部决定让罗科索夫斯基见好就收。原先拨给罗科索夫斯基用于进攻的物资也被转运给戈利科夫指挥的摇摇欲坠的沃罗涅日方面军。最高统帅部把罗金的进攻方向从西面改到北面，转了一个90度的大弯，不再试图深入到布良斯克，而是只尽可能地夺取奥廖尔突出部的一些地方，以削减罗科索夫斯基的进攻规模。

在莫斯科新方针的指导下，拉扎列夫的坦克第11军向北撤退，克鲁科夫的近卫骑兵第2军则沿杰斯纳河布防。克卢格的中央集团军群对苏军的攻势做出反应，他调了2个步兵师去阻击苏军第65和第70集团军在奥廖尔以南的进攻，派遣第4装甲师去迎击罗金的坦克第2集团军。埃里希·施奈德少将的第4装甲师得到5辆新式Ⅳ号G型坦克、27辆"貂"Ⅱ型坦克歼击车和一些突击炮的增援，被派往诺夫哥罗德—谢韦尔斯基，那里第二集团军在杰斯纳河对岸还据守着一些很小的桥头堡。[62] 3月8日，拉扎列夫的坦克军刚离开这个地区，施奈德的装甲师就发动了进攻，席卷克鲁科夫已经分散的骑兵军。苏军控制的村庄一个接一个防御先遭炮火削弱，然后又被坦克和步兵猛攻，施奈德本人乘一辆Sd.Kfz.251装甲指挥车亲抵前线。到3月中旬，德国第二集团军又投入超过2个步兵师的兵力参加反击，克鲁科夫的骑兵军被迫撤退，使得罗金的坦克第2集团军有被包围的危险。3月19日，第4装甲师向东推进97公里，重新占领了谢夫斯克。尽管在反攻中施奈德的装甲师只俘虏了420人，但克鲁科夫的近卫骑兵第2军一部被分割孤立，躲进了布良斯克以南杰斯纳河沿岸的森林里[63]。谢夫斯克的失守使罗科索夫斯基被迫停止了断断续续的攻势，他既无法打破德军在奥廖尔南面的防御，又挡不住德军一个装甲师的反攻。

显然，在罗科索夫斯基发动的这场攻势中，罗金的坦克第2集团军表现是拙劣的。经过3个星期的战斗，他的2个坦克军只推进不到45公里，没有占领一个重要目标，也没有歼灭任何德军部队。苏军在这一地区有着巨大的装甲优势，而德军只有一些三流部队，如第707步兵师和匈牙利轻步兵师，这是值得注意的。数量上的优势并没有帮助罗科索夫斯基获得胜利。尽管罗金的坦克第2集团军经历了这次战斗后实力尚属完整，但他没有完成任何一个坦克集团军应当完成的任务。

苏军在库班的攻势，1943年4月4日—6月7日

1943年2月，当德军第十七集团军退入库班桥头堡后，伊万·I. 马斯连尼科夫上将指挥的北高加索方面军立刻开始计划一项攻势，要把德军从高加索的最后一个立足点驱逐出去。马斯连尼科夫想在新罗西斯克以南进行一次两栖登陆作战来迅速瓦解德军的防御，但这支8000人的登陆部队被围困在日后以"小地"①闻名的小桥头堡里，战斗变成了一场长达7个月的消耗战。3月时，

---

① 译注：未来的苏共中央总书记勃列日涅夫是这一两栖登陆战的参与者，1978年，他出版了以此为背景的文学作品《小地》，大获好评，但其实是他人捉刀代笔之作。

第十七集团军已经建立起一条非常稳固的防线，被称为"蓝色防线"，扼守通往库班的各条道路。防线的核心部分是克雷姆斯卡亚（Krymskaya）地区，由恩斯特·鲁普中将的第97猎兵师负责。作为机动预备队的是威尔海姆·克里佐利少将的第13装甲师和阿尔弗雷德·穆勒上尉的第191突击炮营（有21辆Ⅲ号突击炮），负责反击苏军对"蓝色防线"的突破。德军还有第249营突击炮营的2个连为鲁普的步兵提供火力支援，邻近的第5空军野战师也有一个自己的突击炮营。鲁普的阵地位于一条溪流的后方，德国工兵在前沿布设了地雷和障碍物，十分坚固。并且，由于曼施泰因的反击达到顶点后，东线相对平静，德国空军可以把大批飞机转移到克里米亚半岛，支援第十七集团军的库班桥头阵地。苏联空军也做了同样的调动，向那里调集了空军第4、第5集团军近千架飞机。[64]

安德烈·A.格列奇科中将的第56集团军受命突破鲁普的防线，占领克雷姆斯卡亚，然后向西推进，与马莱亚泽姆利亚桥头堡的红海军陆战队会合。格列奇科有5个步兵师可用于突破，但坦克和大炮不多。他没有大型坦克集群，总共150—200辆坦克分散在3个坦克旅（坦克第63、第92和第151旅）、1个坦克团（第257团）和6个独立坦克营之中，而且坦克的型号也是五花八门。坦克第151旅装备的全是克莱斯特从捷列克河撤退时扔下的德国坦克。格列奇科的坦克中还有很大一部分是根据《租借法案》获得的M3"李将军"式坦克和MKⅢ"瓦伦丁"坦克，T–34的数量很少。坦克第63旅接收了12辆M4A2"谢尔曼"中型坦克，是红军在东线战场上第一批使用这种新型美制坦克的部队之一。[65]

4月4日9时，第56集团军开始进攻鲁普的阵地，但未能突破主阵地。马斯连尼科夫暂停进攻，准备让第9和第37集团军在"蓝色防线"的其他地带发动协同进攻以帮助格列奇科突防，为此他还派出了更多的坦克、大炮和飞机支援。4月14日，格列奇科投入3个步兵师发动进攻，每个师以1个独立坦克营打头阵，成功地在德军阵地上突入3公里。克里佐利的第13装甲师立刻派出布鲁克斯战斗群来封堵缺口，但没有成功。因此，鲁普被迫放弃前沿阵地，退入二线阵地。4月16日，格列奇科的坦克和步兵迅速推进，想要占领那些被德军放弃的阵地，此时，鲁普的一个突击炮连在"斯图卡"的支援下发动了一场猛烈的反攻。苏军有48辆坦克被击毁，攻势停了下来。[66]

库班战役中，德国空军集中精力提高了其低下的反坦克能力。他们把37

毫米机炮装上了Ju-87"斯图卡"和Hs-129 B-3型飞机。汉斯–乌尔里希·鲁德尔上尉得到了一些Ju-87G原型机，被派往库班验证对苏军坦克的打击能力。 Ju-87G有2门37毫米机炮，每门有6发碳化钨芯穿甲弹，炮口初速为1170米/秒，可以击穿38毫米厚的装甲，而T-34的后部装甲仅有16—20毫米厚。尽管鲁德尔驾驶的Ju-87G在第一次战斗时就被高射炮击落，但他很快成为这种摧毁T-34新方法的坚定拥护者[67]。在他的认可之下，1943年6月，Ju-87G开始少量生产，在"堡垒"行动中将小规模投入使用。

4月24日至5月4日，格列奇科继续进攻鲁普的阵地，在一天内投入了60辆坦克和大量飞机。德国第四航空队全力争夺克雷姆斯卡亚上空的制空权，给苏联空军第4集团军造成很大损失，但德军仍然无法阻止苏军飞机不断的轰炸和低空攻击。最后，鲁普被迫放弃克雷姆斯卡亚，把防线撤至该城以西。这条新防线依然十分难啃，马斯连尼科夫不得不暂停攻击，补充第56集团军，以图发动一次更大规模的进攻。最高统帅部对马斯连尼科夫感到失望，决定用1942年未能成功守住塞瓦斯托波尔的伊万·E.彼得罗夫将军替换他。最高统帅部还调来装备Su-76和Su-122的第1448、第1449自行火炮团以加强突破力量。彼得罗夫决心把攻击重点北移，第37集团军主攻德军第101猎兵师，而格列奇科则对鲁普进行牵制。5月26日，彼得罗夫指挥的方面军开始了长达100分钟的炮火准备，然而，苏军步兵还是无法突破"蓝色防线"。苏军坦克（T-34、M3"李将军"式和"瓦伦丁"的混编队伍）投入战斗后被困在德军的雷区无法机动，然后被敌军的突击炮、反坦克炮和鲁德尔的"斯图卡"一一摧毁。德军声称在苏军发动新攻势的头一天就摧毁了100辆坦克，这一数字可能有所夸大，因为许多因触雷而不能动弹的苏联坦克后来又被回收了。从积极的一面看，苏军这次进攻的空中掩护令人印象深刻，他们采用了一种新的战术，让伊尔-2"斯图莫维克"飞机在己方的突击队前面扔烟雾弹，以降低德军防御火力的效能。诚然，苏军的空地协同能力正在改善。

为避免"蓝色防线"被突破，克里佐利的第13装甲师派出了波斯特战斗群（第4装甲团的2个不满员的装甲连共12辆Ⅳ号坦克, 以及穆勒的突击炮）和加沙战斗群（第66装甲掷弹兵团第1营，只有一个连的装甲半履带车和一些炮兵）来反击苏军的进攻。[68]花了几天工夫, 苏军的攻势逐渐停止, "蓝色防线"将继续维持三个半月。但鲁普没能活着看到这一切，5月31日，他在苏联空军对他的指挥所发动的空袭中阵亡。到6月初，彼得罗夫的攻势已经停止，只有局部的进攻，为的是保持对德国第十七集团军的压力，使其不能抽调兵力去增援南方集团军群。克里佐利的第13装甲师要在库班一直待到1943年8月底，2个突击炮营一直留在那里直到9月第17集团军撤离塔曼半岛。虽然德国人可以在库班打赢这场防御战，但这些部队如果转由曼施泰因指挥将会更有用武之地。

对红军来说，库班为他们提供了一个学习如何攻坚和多兵种合成作战的有用的舞台。在库班，坦克的使用仅限于旅级规模的支援步兵进攻，并且由于德国的密集防御而遭受了重大损失，但苏联坦克部队在与炮兵和近距离空中支援协同等方面吸取了重要的经验教训，其在没有足够火力支援的情况下发动攻击的日子已行将结束。

为决战作准备，1943年4月—6月

1943年3月底，双方都已筋疲力尽，无法实施进一步的持续进攻，直到枯竭的航空和坦克部队恢复元气。从1943年1月到3月，德军损失了2152辆坦克（有许多是因无法开动而在斯大林格勒或撤退时被丢弃的）。在曼施泰因"反手一击"行动结束后剩下的1500辆坦克中，只有53%还能作战。[69]红军坦克也蒙受了巨大的损失，从1月到3月总计损失了5023辆坦克。[70]不管怎样，接下去的3个月是一个平静的时期，双方都在利用这一时间段补充力量，以期下一阶段能够一显身手。

双方的装甲部队和坦克是如何利用这为期3个月的不寻常的"平静"期的？双方的坦克尽可能地撤离前线，以便进行维修和休息，但他们仍处于炮火骚扰和偶尔空袭的范围内。一般情况下，装甲部队被散开，一个连驻扎在一个村庄内或附近作为休整区。抵达后对坦克加以伪装，兵员在进行基本维修后就可以休息。在可行的情况下，磨损的履带节和负重轮将得到更换，空气过滤器也会清洗。第17装甲师第39装甲团第2营的埃里希·哈格尔中士留下了一本详细的战争日记，记录了间歇期的各类活动。普通士兵一旦停止作战，注意力就会马上依次转移到饮酒、女人和休息上。哈格尔写道，4月25日，"给养送到，我们喝得烂醉，不然什么也干不了"。部队驻扎在村外田野的帐篷里，有

足够的"停机时间"在草原上踢足球或去附近的小溪游泳。后来,哈格尔和他的战友们在哈尔科夫又得到一些休息和娱乐的时间,都花在了追逐女人和酒吧狂欢上。在此期间,一些士兵准备回家休假,而哈格尔则被安排接受驾驶训练(获得一级驾照)和无线电操作训练[71]。令人意外的是,相对而言,德国人几乎没怎么进行大规模的训练,只是在各营、连进行了训练。5月18日至30日是雨季,给训练造成了很大的不便。而苏联的坦克手几乎没有什么时间休息和娱乐,他们的旅级政工干部在大部分空闲时间里都在进行实地授课。

当前线的坦克兵们各自寻求消遣时,双方的高层领导人正在计划于1943年夏天采取一次重大行动。希特勒甚至在曼施泰因夺回哈尔科夫和别尔哥罗德之前就已经给陆军司令部下令,要他们策划一次新的夏季攻势。3月13日,他让陆军司令部给中央和南方集团军群下令,要求其准备在4月底春季泥泞结束后,发动一次钳形攻势,消灭库尔斯克突出部。[72]理论上看,库尔斯克突出部是一个容易拿下的诱人目标,并且拿下此处后还可以重振斯大林格勒惨败后德军低落的士气。冯·曼施泰因极力主张对库尔斯克突出部发动大规模进攻,并敦促司令部采纳这一方案。希特勒也拒绝在东线其他地方发动有限攻势的建议,他认为那些都不是决定性的,最后,希特勒决定把库尔斯克战役作为1943年夏季的主要目标。4月11日,陆军司令部草拟了一份对库尔斯克发动双重包围的作战计划,代号"堡垒"计划。4天后,希特勒发布作战命令,他希望"一旦天气允许"就发动进攻,并且要把"最好的部队、最好的武器、最好的指挥官和海量的弹药……用于重点突破"。显然,希特勒打算在库尔斯克复制1941年—1942年的战术,并希望取得与前几次闪击战相同的成果。

为了发动像"堡垒"行动那样大规模的进攻,装甲师需要补充新的装备和人员。尤其是豪塞尔的党卫军装甲军,在曼施泰因的反攻中损失了超过11000人,装甲车辆只剩下三分之一还能作战。①库尔斯克地区的其他4个德国装甲军的情况要糟得多。如前所述,希特勒指派海因茨·古德里安大将为装甲兵总监,并赋予他一项艰巨的任务——在东线重建那些精疲力竭的装甲部队,

---

① 原注:1943年6月,豪塞尔的党卫军装甲军改编为党卫军第二装甲军。

为"堡垒"行动做准备。古德里安既要引进新的战车型号("豹""费迪南德""黄蜂""灰熊"),同时还要确保现有型号的坦克能够源源不断供应前线。古德里安更倾向于尽可能生产更多的Ⅳ号坦克,因为他觉得"豹"式尚未做好战斗准备,"虎"式坦克数量太少,只有象征意义。最新型号的Ⅳ号H型坦克在5月底刚刚投产,其装备的75毫米KwK 40 L/48火炮大大优于T-34的76.2毫米口径F-34火炮,前者可在2000米外击穿T-34的装甲,而F-34火炮只能在500米内穿透Ⅳ号H型坦克的80毫米厚正面装甲。不过,虽然H型采用了比T-34 1943型更薄的侧面装甲,它在机动性和燃油经济性上仍然处于劣势。

在仅仅3个月的时间里,古德里安与陆军司令部合作,为东线德军补充了近900辆坦克和400辆突击炮。到7月1日前,全军已有总计2398辆坦克和1086辆突击炮(包括862辆装备了75毫米火炮的Ⅳ号坦克)。古德里安确保每个师都能分到一些新的Ⅳ号坦克,以提高整个装甲部队的实力,而不仅仅是少数精英部队。如此多的Ⅳ号G型和H型坦克加入战斗,极大地振奋了艰难困苦中的装甲部队。正如第4装甲师的一个上等兵所言:"一旦接收了有长身管火炮的Ⅳ号坦克,坦克战的黄金时代就开始了。"[73]许多坦克并不是全新的,而是在漫长的间歇期由营级或团级工场维修过。这一间歇期对德军最大的好处就是大量的备件被运来,新的履带、发动机和变速箱使许多无法开动的坦克焕发生机。[74]3月中旬,集团军级维修工场开始为Ⅲ号和Ⅳ号坦克安装侧面裙板,以保护坦克免受苏军反坦克枪和破甲弹攻击,尽管这两者的威胁并不大。

当希特勒谈到在"堡垒"行动中使用"最好的武器"时,其实他特别想用的是"虎"式和"豹"式坦克。希特勒被这两种坦克迷住了,决定要等到两种坦克都有足够数量的时候,"堡垒"行动才开始。4月1日,整个东线只有41辆"虎"式,到7月1日时已增加至153辆,其中117辆用于"堡垒"作战(其余的被用于列宁格勒)。同样值得注意的是,德军虽然在3个月的间歇期总共生产了156辆"虎"式,但只有113辆交付和使用,其余的被留下用于组建新的重装甲营。此外,"虎"式的分配不像Ⅲ号或Ⅳ号中型坦克那样平均。曼施泰因的南方集团军群得到90辆,而莫德尔的第九集团军只得到第505重装甲营的27辆"虎"式坦克。作为补偿,莫德尔得到了第656重型坦克歼击车团共90辆"费迪南德"坦克歼击车。

当然，所有人都在等待新的"豹"式中型坦克，但其直到6月结束依然不见踪影，它们在哪里？在1月11日提交了3种设计原型后，"豹"式D型开始在纽伦堡的MAN工厂、柏林的戴姆勒–奔驰工厂和汉诺威的MNH工厂进行少量生产。"堡垒"行动的准备工作刚刚开始，希特勒就下令在5月12日前至少要有250辆"豹"式做好战斗准备，然而此时，生产的第一辆原型车尚在格拉芬沃尔进行测试，德军发现其设计上有很多严重缺陷——主要的问题在于希特勒在1942年决定将"豹"式的装甲提高到80毫米厚，坦克的重量由此从36吨提高到了45吨。MAN公司并没有为45吨重的车辆设计变速箱和主减速器，急于投产让他们无暇纠正这一缺陷。早期生产的型号行动迟缓，驱动轮上的齿牙会被扯脱。由于主减速器输出动力不足，"豹"式坦克无法倒车。尽管如此，有2个营——第51和第52装甲营——还是开始在格拉芬沃尔附近的埃朗根进行换装①。2月22日，施佩尔来到格拉芬沃尔观看第51装甲营的坦克机动训练，当13辆"豹"式中有6辆发生机械故障时，他惊呆了。德国坦克手很快注意到"豹"式坦克的炮塔和燃油泵有大毛病，以及引擎很容易过热起火。施佩尔认为这款设计拙劣的坦克需要回炉进行重新设计。当年4月，首批生产的250辆D型"豹"式被送回MAN工厂返工。施佩尔的决定挽救了"豹"式项目，但那2个在埃朗根的营很长一段时间都没有"豹"式可用于训练。在"堡垒"行动之前，这2个装甲营最多只用"豹"式坦克进行了排级的集体培训，大部分车组尚未精通操作就被送往东线，当时也没有像著名的"豹"式手册那样的训练教材。由于希特勒和陆军司令部要求"豹"式尽快上前线，技术改造进行得很匆忙，车组的训练也没有完成。当"豹"式坦克于6月宣布改造完成时，古德里安对其进行了检查，发现"履带悬挂和传动系统不可靠，光学瞄准具也不令人满意"[75]。6月16日，古德里安报告希特勒，称"豹"式还未完成战斗准备，但施佩尔的助手卡尔·奥托·索尔并不接受他对故障的技术分析。许多改进建议将在下一版本的"豹"式上实现，但这要等到"堡垒"行动很久以后。与此同时，陆军被问题重重的"豹"式D型弄得焦头烂额。6月下旬，那2个营在埃

---

①　原注：第51装甲营由第33装甲团第2营（第9装甲师）组建而来，第52装甲营由第15装甲团第1营（第11装甲师）组建而来。

朗根装车，向东行驶1个周的时间，在"堡垒"行动开始的前一天到达了鲍里索夫卡附近。不幸的是，就在从车站向集结地开进的一小段路上，就有十分之一的坦克抛锚，其中有2辆烧毁。更糟糕的是，本应指挥第512装甲营的经验丰富的卡尔·冯·西弗斯少校在出发前病倒了，德军不得不临阵换将。

起初，陆军司令部打算给中央和南方集团军群各1个"豹"式坦克营，但最后这2个营都给了曼施泰因。事实上，新补充的装甲车辆和人员大部分都给了曼施泰因的南方集团集群。莫德尔的6个装甲师没有一个师下辖超过一个装甲营的，而曼施泰因有5个师下辖2个装甲营①。莫德尔的第九集团军里，只有第2和第4装甲师恢复到接近满员的兵力。即便经过3个月的间歇期，仍有许多坦克在等待备件无法开动。东线德军坦克的总体战备率为89%，这意味着有11%即466辆坦克，在经历了没有战斗的数月之后仍无法运作。[76]

除新的坦克和坦克歼击车外，还有78辆"胡蜂"式自行火炮（105毫米口径）和54辆"熊蜂"式自行火炮（150毫米口径）被送往装甲师炮兵团。德军在装甲部队中发展自行火炮将大大提高战术火力支援，"胡蜂"和"熊蜂"都将在库尔斯克首次亮相。不过，只有3个党卫军装甲师和"大德意志"师按编制各拿到了12辆"胡蜂"和6辆"熊蜂"。[77]在第九集团军，只有第2和第4装甲师得到了这些新的榴弹炮。机动作战必不可少的履带和轮式车辆也是如此。15个参加"堡垒"行动的机械化师总共有超过1100辆SPW半履带车来运载他们的装甲掷弹兵，但三分之二属于曼施泰因的部队，莫德尔的6个装甲师各有1个完整配备了SPW半履带车的营，另3个师只有1个连或1个也没有。在1943年1月至3月的撤退中，德军丢弃了大量的卡车和半履带车，这样的损失一时很难弥补。虽然出现具有高机动性的东线履带式牵引车（Raupenschlepper Ost）是件好事，不过一些装甲师仍在使用潘耶马②和马车来运送补给。例如第18装甲师，只有编制数68%的机动车辆，因此德军只能拨给他们1900匹马来填补这一缺口。东线德军正在开始去摩托化。

---

① 原注：1943年5月1日，党卫军装甲军派出6个装甲营中的2个（"警卫旗队"师第1装甲团第1营和"帝国"师第2装甲团第1营）返回德国接受"豹"式坦克的换装。

② 译注："Panje"，潘耶马，是波兰、乌克兰地区的一种体型较小的耐寒马种。

参加"堡垒"行动的德军装甲力量分配

	装甲师和装甲掷弹兵师	装甲营	突击炮营	"虎"式坦克	"豹"式坦克	IV号坦克（长炮管）	III号坦克（长炮管）	"费迪南德"坦克歼击车	突击炮	坦克和突击炮总计
莫德尔（中央集团军群）	6	6	7	27	0	274	82	90	228	747
曼施泰因（南方集团军群）	9	14	7	90	204	358	339	0	266	1508
总计	15	20	14	117	204	632	421	90	494	2255

　　曼施泰因打算用霍特的第四装甲集团军（主要是党卫军第二装甲军和第四十八装甲军）和"肯普夫"集团军级支队（主要是第三装甲军）来实施"堡垒"作战中由他负责的部分，他们已经部署在别尔哥罗德附近。曼施泰因的基本设想是用3个巨大的装甲楔形在强大炮火和空中支援下击穿沃罗涅日方面军，它更像是1916年的凡尔登，而非1940年—1941年的闪击战。为了防止红军袭击米乌斯河一线以分散他对"堡垒"行动的注意力，他决定让马肯森的第一装甲集团军以第24和第四十装甲军防守那一地区，但马肯森必须能在必要时抽出一个装甲军来支援霍特。克卢格刚刚在2、3月间击退罗科索夫斯基的攻势，很难把第二装甲集团军和第二集团军连接成一条新的防线，也没有部队可以对库尔斯克发动大规模进攻。因此，陆军司令部让刚刚从勒热夫突出部撤离的莫德尔的第九集团军前往奥廖尔突出部的南方，准备担任"堡垒"行动北面的那只"钳子"。莫德尔很快意识到用他筋疲力尽的部队来突破罗科索夫斯基的中央方面军有多么困难，他只有一个相对完整的装甲军——利默尔森的第四十七装甲军。于是，莫德尔决定依靠大量的步兵和突击炮来突破罗科索夫斯基的阵地，而把大部分装甲部队用作预备队。由此可见，曼施泰因和莫德尔实施"堡垒"行动所采用的战术截然不同，前者依靠装甲部队，后者则主要用装甲兵支援步兵。

　　"堡垒"行动是德军一年以来的首次主动进攻，但两个集团军群都无法做到像1941年—1942年那样集中后勤资源来进行一次旷日持久的进攻作战。根据陆军司令部的"堡垒"方案，第九集团军和霍特的第四装甲军都应该有足够的补给来持续18天的战斗。然而，直到7月4日，莫德尔的第九集团军燃料不足所需数量的20%，弹药不到40%。第四装甲集团军仅仅是略好一些，大多数装甲部队有2—3个基数的弹药和5个消耗额度的燃料，可以应付1个星期的战斗。此后，两个集团军群每次都只能以几个机动师来实施作战。

正当德国人在为进攻做准备时，红军也在紧锣密鼓地准备在库尔斯克给对手一个热烈欢迎。4月初，罗科索夫斯基有罗金的坦克第2集团军大约200辆坦克和其他一些坦克旅，但全部装甲兵力不超过300—400辆坦克。尽管大本营预备队曾派了几个坦克军来抵挡曼施泰因向别尔哥罗德推进，但瓦图京大将指挥的沃罗涅日方面军①情况更为糟糕，只有几百辆能作战的坦克。卡图科夫的坦克第1集团军在间歇期抵达，这一地域因此增强了500辆坦克。起初，斯大林想等天气好转后就恢复进攻，以解放别尔哥罗德和哈尔科夫，但最高统帅部吸取曼施泰因"反手一击"的教训，建议谨慎行事。朱可夫和华西列夫斯基对斯大林说，德国人很可能对库尔斯克突出部发动钳形攻势，最好的办法是先在突出部内建立一条极为强大的反坦克防线，待到击溃德军的装甲师后再对中央和南方集团军群实施大规模反攻。在瑞士的露西情报组和盟军提供的情报证实了最高统帅部对德军将要在1943年夏发起进攻的判断。这一次，斯大林被说服了，下令沃罗涅日和中央方面军环绕库尔斯克突出部建立一条坚不可摧的防线，一支庞大的战役预备将集结在附近，一旦德军的进攻被击败，就会立即发动反攻。

在战斗间歇期，红军在德军最有可能进攻的地区埋设了503663枚反坦克地雷和439348枚反步兵地雷，并为步兵挖掘了三重战壕。[78]红军在敌人装甲部队必经之路上埋设的地雷超过每公里1600枚，这在战争中是第一次。[79]红军还花时间来训练近卫步兵部队抵抗坦克的攻击，他们在演习中让T-34坦克模拟敌人接近或越过部署着步兵的战壕，这样步兵在战斗中面对德军坦克时就不会惊慌失措。此外，步兵们还进行了步坦协同的实弹训练。[80]1943年4月，根据国防人民委员第0063号令，苏军重新建立了反坦克旅，每旅配备20门45毫米和40门76.2毫米反坦克炮，比1941年—1942年间的规模更大，为红军提供了强

---

① 原注：3月28日，戈利科夫被斯大林解职，瓦图京接过了沃罗涅日方面军的指挥权。

大的反坦克火力。[81]反坦克炮手也接受了训练，等到敌人坦克非常接近后再开炮，以提高首轮命中率和直瞄毁伤效果。在库尔斯克突出部部署的反坦克火力要求确保所有的障碍带都能被火力覆盖，无论德军坦克移动到哪里，都会遭到隐蔽在侧翼的反坦克火力打击。

　　红军在间歇期进行的另一项重要的组织架构变更是把坦克集团军中非摩托化单位排除，使得坦克部队的性质趋同。从1942年到现在，苏联坦克集团军通常下辖步兵师，无法跟上坦克部队的进攻步伐。第一支新型的坦克部队是近卫坦克第5集团军，成立于1943年2月底。[82]最高统帅部试图把坦克集团军建设成为强大的机动兵团，能够充分扩大前沿力量已经取得的战果。

　　最高统帅部将在库尔斯克地区动用数量空前的坦克部队，共5个坦克集团军（下辖12个坦克军和4个机械化军共计3474辆坦克），此外还有6个独立的坦克军作为方面军预备队——2个归罗科索夫斯基的中央方面军，4个划归瓦图京的沃罗涅日方面军。负责防御库尔斯克突出部的各集团军还得到了总共8个坦克旅和22个独立坦克团支援。从4月到6月，一列列满载坦克的火车涌入库尔斯克，充实了几乎耗尽的前线坦克部队。此外，有7个自行火炮团被运往库尔斯克，其中3个装备了新的Su-152自行火炮。7月，罗科索夫斯基的中央方面军共有1451辆坦克和115辆自行火炮，其中罗金的坦克第2集团军共有447辆。瓦图京的沃罗涅日方面军有1613辆坦克和54辆自行火炮，其中卡图科夫的坦克第1集团军共有587辆。这2个必须抵抗"堡垒"进攻的苏联方面军总共拥有3064辆坦克和158辆自行火炮。这些坦克包括728辆轻型坦克（占总数的23%）和375辆从《租借法案》得到的坦克（占12%）。不过，这一总数——为许多关于库尔斯克战役的历史书籍所采用——是具有欺骗性的。在库尔斯克地区的10个诸兵种合成集团军里，有3个没有积极参与战斗（第38、第60和第65集团军），还有3个只是部分参与了防御作战（第40、第48和第70集团军）。这意味着，在库尔斯克战役的防御阶段，至少有15%的装甲部队没有参加战斗。令人吃惊的是，瓦图京和罗科索夫斯基在库尔斯克突出部正面留下了329辆坦克来防御德国第二集团军，但该集团军并未参与"堡垒"行动，并且所部仅有一个突击炮营。这表明苏联的方面军司令们并没有"节约"装甲资源，这一点和对手完全不同。

库尔斯克会战时苏军坦克的部署情况

番号	坦克总数	KV-1	T-34	T-60/T-70	M4A2 "谢尔曼"	M3 "格兰特"	M3 "斯图尔特"	"玛蒂尔达"、"瓦伦丁"	"丘吉尔"
中央方面军	1451	75	851	135/239	38	85	9	19	0
沃罗涅日方面军	1613	23	1012	46/308	0	65	68	49	42
草原方面军	1099	0	711	0/367	0	0	0	0	21
总计	4163	98	2574	181/914	38	150	77	68	63

最后，大本营预备队开始在库尔斯克以东集结力量，准备实施预期的反攻。这支预备队起初由帕维尔·A. 罗特米斯特罗夫中将的近卫坦克第5集团军、近卫第5集团军和空军第5集团军组成，但"堡垒"战役一开始这支队伍就得到了加强。罗特米斯特罗夫被认为是红军最优秀的坦克兵高级将领之一，他领导着5个军和800多辆坦克，在投入战场时将会取得决定性的战果。在库尔斯克会战开始前，近卫坦克第5集团军和近卫第5集团军一直由最高统帅部直接指挥，会战开始后，最高统帅部组建了草原方面军，将这些部队划归该方面军，由伊万·科涅夫上将指挥。

在防御作战中，罗科索夫斯基和瓦图京还将使用169辆自行火炮，包括36辆Su-152、71辆Su-122、29辆Su-76和33辆Su-76i。部署在库尔斯克的Su-76数量有限，其中的Su-76i还是用缴获的德国Ⅲ号坦克的底盘改装的，这表明红军的自行火炮和德军的突击炮有着同样的问题。所有4种自行火炮都基于不同的底盘，没有标准化可言。自行火炮也没有现成的战术理论，而是介于步兵支援、反坦克和实施突破等多种角色之间。在这方面，红军仍处于摸索阶段。

到了战争的这一时点，虽然苏联的坦克生产已开足马力，战斗损失在间歇期也很小，但值得注意的是苏军的坦克旅仍然不得不装备大量的T-60和T-70轻型坦克，甚至在精锐的近卫部队中也是如此。在库尔斯克的苏军坦克旅中至少有20%—30%的轻型坦克，而T-60明显已经过时，T-70也不如德国的中型坦克。T-34/76坦克是苏军在库尔斯克的主战坦克，战役开始时共有1863

辆，但使用时仍然捉襟见肘。KV-1坦克在库尔斯克是可有可无的，中央方面军和沃罗涅日方面军一共只有98辆——还不如美制M3的"格兰特"和"李将军"式多。一般来说，租借而来的坦克只用于步兵支援任务，但近卫坦克第2和第5军各有21辆英制"丘吉尔"坦克被当作重型坦克使用。总之，考虑到实际部署的情况，德军将用大约2300辆坦克和突击炮攻击大约2700辆苏军坦克和自行火炮。

在库尔斯克会战的防御阶段，红军在坦克数量上有一点小小的优势，但瓦图京和罗科索夫斯基对"反手一击"战役中遇到的敌人——重型坦克感到担忧。虽然苏军并不知道"虎"式的机械可靠性问题，但他们意识到，其88毫米火炮和厚实的装甲使得T-34在正面对抗中处于明显劣势。在莫斯科负责制定红军坦克战模式的工农红军汽车装甲坦克总局寄希望于新式的Su-152能用其152毫米口径榴弹炮对付"虎"式的装甲，但Su-152的设计初衷是为了摧毁敌军的防御工事，且在此之前从未进行过反坦克测试，也从来没上过战场。此外，Su-152的数量太少，不足以应付敌人越来越多的重型坦克。因此，红军决定为中央方面军和沃罗涅日方面军的每个坦克军装备一个营的12门85毫米口径M1939牵引式高射炮，用于执行反坦克任务。苏军用在列宁格勒缴获的"虎"式进行了测试，测试表明85毫米高射炮可以在1000米内击穿其厚实的正面装甲，击穿侧面装甲的距离更远。然而，85毫米高射炮在战场上很难隐蔽和移动，因此这仅是一个权宜之计，只待红军装备一种炮管口径大于76.2毫米的坦克。为了提高T-34在防御时的生存能力，苏联工兵为坦克挖掘了战斗阵位，以便坦克开火时可以把车体隐藏起来。

除了装甲部队，红军还尽可能运用其他"战力倍增器"来消灭德军的诸兵

苏军在库尔斯克防御作战中自行火炮的部署情况

番号	自行火炮总数	Su-152	Su-122	Su-76	Su-76i
中央方面军	104	24	47	0	33
沃罗涅日方面军	54	12	24	18	0
草原方面军	70	12	36	22	0
总计	228	48	107	40	33

种合成战斗群。罗科索夫斯基和瓦图京在间歇期没有闲着，而是要求部队建立3道坚固的阵地，敷设数万枚地雷。步兵接受了反坦克特别训练，在近距离也可以和坦克一战。精锐的近卫军步兵被部署在德军预计要攻击的地方，确保让坚强的部队控制关键地形。另外，为了大大削弱德军多兵种进攻的威力，苏军还采取了三大措施：首先，每个方面军都有一支庞大的反坦克预备队来加强其营、团和师级反坦克阵地实力，7个方面军直属反坦克旅都各有40门76.2毫米口径ZIS-3反坦克炮，可以迅速重新部署至受到德国装甲威胁的区域；第二，最高统帅部估计德军装甲部队至少能够突破第一道防线，因此其作战理论上的一个创新之举就是建立机动布障部队，即装备了卡车的工兵，可以在敌人装甲部队的前方布设新的雷区；第三，最高统帅部授权方面军可以呼叫炮兵军支援防御作战，这使炮火支援上升到一个前所未有的水平。与1941年—1942年的闪击战不同，德国装甲部队无论闯到哪里，都会遇到地雷、反坦克火力和大炮的惩罚。

"堡垒"行动：北方战线，1943年7月5日—7月10日

第九集团军的司令瓦尔特·莫德尔大将其实并不看好"堡垒"行动，因为他通过空中侦察对罗科索夫斯基的中央方面军加固防线的举动有所觉察。于是，莫德尔把这个消息告诉希特勒，亲自劝说他不要发动进攻。莫德尔认为德军应当保持守势，建立强大的机动后备力量，以粉碎苏联的任何进攻。但希特勒不愿放弃这场战斗，莫德尔只得服从，不过他在计划作战时格外小心，特别留意保存装甲部队的实力。他至多有800辆坦克和突击炮可以投入进攻，但他明白一次突破的代价是巨大的。不同于曼施泰因的装甲突击，莫德尔打算更多地依靠他的步兵师、炮兵和空中支援来攻破苏军的防御，只有看到一个可以被利用的缺口时，他才会投入装甲部队。此外，莫德尔还知道，在2月—3月的行动后，苏军布良斯克方面军和西方面军正在继续策划进攻奥廖尔突出部，因此他更要尽可能地保存装甲部队以应付这些突发状况。对莫德尔来说，守住奥廖尔比攻占库尔斯克更重要。

在莫德尔第九集团军对面，罗科索夫斯基将尼古拉·P. 普霍夫中将指挥的精锐的第13集团军部署在波内里（Ponyri），他预计德国人会在那里进攻。普霍夫的集团军防守着一片宽22公里的阵地，其中4个步兵师防守第一线，2个师

控制着第二道防线，6个师在第三道防线。苏军的防御体系是围绕着坚固设防的步兵营据点建设的，这些据点被地雷包围，且有反坦克炮支援。这一防御体系是全方位的，一旦据点被包围，它就可以充当"防波堤"的角色。在支援步兵方面，普霍夫有178辆坦克和49辆自行火炮，大部分都被保留在第二和第三道防线。集团军最好的装甲部队是坦克第129旅，有49辆坦克（包括10辆KV–1和21辆T–34）以及近卫坦克第27和第30团，共有44辆KV–1s重型坦克。在总体支援上，罗金的坦克第2集团军（下辖坦克第3、第16军和近卫坦克第11旅）在战区前沿以南25公里待命，他共有305辆T–34s和142辆轻型坦克。罗科索夫斯基还有坦克第9和第19军，共有232辆T–34s和148辆其他坦克，归方面军直接指挥。

7月4日至5日夜间，莫德尔的军队开始了进攻的最后准备工作，派出工兵小组从苏军雷区中清理出数条通道，其中一队遭到苏军的伏击，一名俘虏在审讯中供认，"堡垒"行动将在黎明时分开始。朱可夫当时在罗科索夫斯基的指挥所，要求罗科索夫斯基抢先发动炮击，打乱德军的攻势。不过，这场炮轰对德军前线部队的影响有限。德军的炮火准备从4时25分开始，一直持续到5时45分。莫德尔首先在两翼发动助攻，左翼是第二十三军的3个步兵师，右翼是第四十六装甲军的3个步兵师。虽然有3个突击炮营支援，但这些攻势只前进了几公里就被苏军的抵抗阻止，未能达成目的。

莫德尔的主攻方向是中央，动用约瑟夫·哈佩装甲兵上将的第四十一装甲军和约希姆·利默尔森装甲兵上将的第四十七装甲军。哈佩的部队沿小阿尔汉格尔斯克车站附近的奥廖尔–库尔斯克铁路，向普霍夫的步兵第29和第15军之间的结合部进攻。德军中校恩斯特·冯·荣根费尔德男爵的第656重型坦克歼击车团被拆分开，每个营各支援第86步兵师的一个团，而第216突击坦克营则跟进进行总体支援。每个"费迪南德"坦克歼击车营前面都有一个BIV清障车连开路，从敌人的雷区里清理出一条道路[1]。德国人在研制扫雷坦克方面

---

① 原注：Funklenk（Fkl）是无线电控制的拆除车组，一个小组通常由一辆Ⅲ号控制坦克和几辆BIV车组成，BIV车通常由一名驾驶员开到雷区边缘，然后通过无线电命令引爆，用超压爆炸引爆附近的地雷。据估计，至少需要4辆BIV才能在雷区中清理出100米长的通道来。不过，Fkl有一个很大的缺陷，即无法标记已清理的通道。

没有付出多少精力，不像英国人在1942年10月就部署了"玛蒂尔达"打击式扫雷坦克（"蝎子"），红军在1942年夏天就首次使用了PT-34型滚筒式扫雷坦克，相反，德军临时把用来炸毁掩体的车辆拿来凑数，效果可想而知。第九集团军在战前也没有组织扫雷车、坦克和步兵进行协同进攻演练——这是一个重大的疏忽。6时左右，清障车接近苏军阵地，遭到猛烈炮击，7辆被击毁。德军工兵原计划清理出3条通道，结果只清理出1条狭窄的通道。守在这里的苏军步兵第410团有大量的炮兵和反坦克火力支援，向这条通道猛烈开火，使得德军工兵无法扩大这条通道。令人吃惊的是，德军并未施放烟雾来掩护突击部队。第177突击炮营的"费迪南德"坦克歼击车和Ⅲ号突击炮一直在为工兵提供火力支援，但无法压制敌人的防御火力。

眼看德军的主要攻势濒临失败，"费迪南德"坦克歼击车被命令穿过清理出来的通道，冲向敌人的阵地。"费迪南德"是被设计来做远程反坦克之用的，不是用来突击的。它的正面装甲有200毫米厚，能够承受76.2毫米口径炮弹的打击，但它的履带对地雷没有特别的防护，70吨的车辆移动得非常缓慢。在严实的战斗室内，德军乘员看着燃烧的草原和爆炸，很难辨别出被扫清的通路，所以许多车辆压上了地雷。有些履带被炸坏，停了下来，但居然有一辆"费迪南德"在压爆了5枚地雷后仍能前进。许多"费迪南德"的电池被地雷炸坏，第九集团军无法为其进行更换。光进攻第一天就有30辆"费迪南德"被炸坏电池，抛锚了好几天。[83]最终，一些"费迪南德"和Ⅲ号突击炮冲过了通道，开始用直瞄射击清理苏军的防御火力点。苏军步兵第15军的司令员投入了他的坦克支援力量，包括34辆KV-1重型坦克、21辆T-34、18辆轻型坦克和16辆Su-122。

哈佩还责成卡尔·威尔海姆·冯·施利本少将的第18装甲师和第292步兵师清理铁路线以西的区域。施利本的师兵力严重不足，只有72辆坦克，大部分是老式的坦克或安装了75毫米短身管火炮的Ⅲ号N型坦克，师里的装甲掷弹兵在行动开始时只有22辆SPW装甲半履带车。由于缺乏火力和机动性，哈佩没有把第18装甲师作为突击力量，而是将其投入战场来扫荡绕过的苏军据点。经过几个小时的战斗，在夜幕降临前，哈佩的装甲军终于向前推进了大约4公里，但并没有完全肃清这一地区的敌人第一道防线。

在哈佩的右翼，利默尔森的军以第6步兵师进攻苏军步兵第15师，支援他们的是伯恩哈德·索旺少校指挥的第505重装甲营的"虎"式坦克。在这里，BIV清障车也很难清理出进攻通道，索旺的31辆"虎"式中有6辆在开战后几分钟就被地雷炸坏了。集团军和各师之间的结合部通常是比较薄弱的地区，如果没有进行很好的协调作战，很容易被敌人打开缺口。普霍夫的左翼由步兵第15师第47团防守，该团被德军的炮火准备打乱，失去了与师指挥所的所有通信。德军第6步兵师在这一地区形成了突破，两小时后，利默尔森派莫蒂默·冯·凯塞尔少将的第20装甲师前往扩大突破口[①]。凯塞尔派出了一个由唯一的SPW半履带车连和一些中型坦克组成的战斗群冲过了突破口，然后躲进敌人阵地的死角，设法穿过一道缝隙，迂回了步兵第47团某营级支撑点。在索旺的"虎"式坦克以及步兵和炮兵的协同下，德军装甲部队发起了一次快速突击，成功地突破了这里的阵地。步兵第15师的前沿阵地崩溃了，一个营奉命死守，但陷于包围之中，另一个营仓皇撤退。索旺在扫荡时保持了头脑冷静，利用敌人防御中的混乱，带着他的"虎"式坦克和第20装甲师的2个小战斗群继续向南推进。他成功地突破了苏军步兵第15师第二道防线部分地区，苏军在索博罗夫卡镇（Soborovka）附近的一个反坦克阵地被打了个猝不及防。苏军投入坦克第237团的T-34来阻挡进一步的攻势。这时，索旺的燃油和弹药不足，决定暂停进攻。但是他今天战果不错，前进了8公里，是第九集团军在"堡垒"行动第一天突破距离最远的部队。

莫德尔得知第20装甲师进攻得手，准备于次日增派第2和第9装甲师协助进攻苏军第二道防线。在"堡垒"行动的首日，第九集团军承受了高达7223人的惨重伤亡，特别是步兵和工兵。虽然普霍夫的第一道防线已经被严重削弱，但并未崩溃。普霍夫已经投入手头半数以上的坦克部队以抵挡德军的攻势，但效果有限。罗科索夫斯基对普霍夫第一道防线出现突破口感到沮丧，在朱可夫的高压之下，他决定用罗金的坦克第2集团军和独立的坦克第19军发动一次大规模反击，以夺回之前丢失的阵地。罗科索夫斯基的这一仓促决定严重违背了当初的作战计划（朱可夫对此并未提出反对），坦克集团军应当

---

① 原注：让凯塞尔在这样一场关键战役中指挥装甲师是一个奇怪的决定，因为从1939年到1942年，他一直担任陆军人事部主任，并没有什么指挥经验。尽管如此，到1944年底他还在指挥一个装甲军。

在地雷和反坦克火力大大削弱德国装甲师之后再投入战斗，但现在还没到那个时机——德军重型装甲部队仍在驰骋，此时开始一场大型的坦克战斗正中对手下怀。

"堡垒"行动第二天的黎明时分，德军开始缓慢地恢复进攻，此时第2装甲师仍在集结区准备出发。突然，25架苏军的A-20轰炸机对集结区进行了低空轰炸，造成了伤亡和破坏。尽管第六航空队在北线赢得了战场制空权，但苏联空军仍能在低空进行烦人的突袭。与此同时，罗科索夫斯基的坦克向北移动，意图与德军装甲部队在普霍夫第二道防线附近交战。罗金的两个军不得不在黎明前的黑暗中实施一次"向前越线换防"，即便对于最训练有素的部队来说，这也是一个烦琐而容易出错的动作。它需要坦克兵和前沿阵地步兵指挥员充分协调，建立穿越其防御阵地的一条或几条通道，加以标记或张贴指南，然后排成长长的纵队，尽可能安静地通过，这时就是敌军炮火一个极好的靶子。在库尔斯克，还要特别注意不要在黑夜中开进友军的雷场。运气好的话，像坦克军这样大型的装甲兵团，其作战单位可以在几个小时内完成纵队行进，但这并不是红军坦克部队的强项。苏军原先设想将会有3个坦克军在黎明时分对德军发动打击，但最后只有瓦西里·E. 格里戈利耶夫少将的坦克第16军在10时以前设法完成了向前越线换防，然后向北推进到博布里克村（Bobrik）。他只能和他的坦克第107和第164旅保持联系，这群大约90辆的苏军坦克在没有步兵和炮兵支援，也没有进行任何侦察的情况下向前爬行——它们只是一群铁块。

在博布里克村附近，索旺少校的"虎"式坦克部队已经吃完一顿悠闲的早餐，虎视眈眈，等待着继续进攻的命令。索旺是陆军最有经验的基层装甲部队指挥官之一，1939年在波兰担任连长，1942年任营长，是第14装甲师在斯大林格勒的少数幸存者之一。眼下，索旺在最佳的战术位置配置了完美的杀戮机器。他的人发现了接近的苏军坦克，有足够的时间用穿甲弹猛轰并从容选择目标。尼古拉·M. 特里亚科夫上校是坦克兵出身，率领坦克第107旅冲在前面。"虎"式坦克在1200米距离上开始射击，88毫米炮弹落入苏军领头的坦克连中。虽然苏军坦克手可以清楚地看到"虎"式，但在这个距离上还击完全无效。特里亚科夫很难指挥他的旅，几分钟内就被打得七零八落，最后剩下一些幸存者设法仓皇撤退。

不到15分钟，特里亚科夫的旅损失了46辆坦克，而索旺的"虎"式无一伤亡。尼古拉·V.柯比洛夫中校指挥的第164旅尾随特里亚科夫，目睹他的旅被摧毁，于是选择回避"虎"式坦克，却撞上了德军第2装甲师的一个战斗群。这次苏军坦克情况稍好一些，柯比洛夫损失了23辆坦克后撤退，击毁10辆德军坦克。格里戈耶夫的坦克第16军已经血流成河，其余的坦克部队还没有做好进攻准备，罗金说服罗科索夫斯基放弃反攻，恢复到纯粹的防御状态。

　　莫德尔并不急于进攻，他决定把第9装甲师投入到哈佩的方向，并命令侧翼的两个军继续实施有限的进攻。然后，他等待第六航空队夺取这一地区的制空权。第六航空队的确不负众望，前两天苏军在北线蒙受了可怕的损失：191架飞机。而德军只损失36架。待到敌人的轰炸机被清除干净后，莫德尔在中午时分开始进攻普霍夫的第二道防线。"堡垒"行动第二天，德军没有真正的突破重点，第2装甲师和索旺的"虎"式坦克向奥尔霍瓦卡（Ol'khovatka）发动短促突击，第9装甲师向诺瓦河谷（Snova River）挺进。哈佩的第四十一装甲军在波内里以北扫荡苏军步兵第81师的残部，剩余的"费迪南德"式坦克歼击车和第18装甲师予以支援。尼古拉·V.彼得鲁申上校的坦克第129旅（有40余辆坦克）试图支援苏军步兵，但被"费迪南德"的88毫米长身管火炮驱逐。不过，有一些Su-152设法进入了良好的射击阵位，与"费迪南德"交战，至少有1辆"费迪南德"在800米外被击中侧面受损。尽管如此，瓦尔特·席勒中将指挥的第9装甲师依然从西北方向逼近过来，德军在他们的增援下继续前进，黄昏时分抵达波内里郊外。普霍夫的第一道防线完全崩溃，他把步兵第307师和彼得鲁申的坦克第129旅余部转移进波内里，任命来自内务人民委员会的米哈伊尔·A.恩辛少将负责防守该城。

　　利默尔森的第四十七装甲军以沃尔拉特·吕贝中将的第2装甲师打头阵，向奥尔霍瓦卡前进。他们发现，在这里防守第二道防线的是近卫步兵第6师，该师得到了火炮和反坦克火力的有力支持。德军坦克误入雷区，至少有12辆"虎"式坦克触雷。德军在陷于障碍地带时遭到了苏军的猛烈炮击，76.2毫米口径炮弹呼啸着砸向德军无法移动的车辆。吕贝的装甲部队设法突破了近卫步兵第6师的一些薄弱地带，但随后又直接撞上了近卫步兵第70和第75师的阵地。苏军的机动布障分队在接近的德军坦克面前布上了新的地雷，而德军对此一无所知。临近傍晚，伊万·D. 瓦西列夫少将的坦克第19军突然对利默尔森的右翼发动了反击，但负责保卫这里的第20装甲师击毁了30辆T–34坦克。这一天对莫德尔来说是令人失望的——伤亡更大，却没有取得任何突破。他的装甲兵部队充其量推进了2—4公里，但苏军的抵抗显然越来越顽强。虽然对完全突破并与曼施泰因会师不抱多大希望，但莫德尔还是决定在次日把他剩余的装甲部队——第4和第12装甲师都投入战斗。

7月7日，莫德尔决定把他的全部进攻力量用在奥尔霍瓦卡和波内里地区，而其他战线基本转入防御。6时30分，哈佩的第四十一装甲军派出第292步兵师在"费迪南德"和突击炮的支援下从北面进攻波内里，第18装甲师则从西面进攻。恩辛的防御坚如磐石，在300多门火炮的支援下，他们击退了德军4次进攻。直到第五次进攻，德军才在11时取得一点进展，进入波内里的边缘。但这一天剩下的时间又被斯大林格勒式的巷战消磨殆尽，一无所获。席勒的第9装甲师也没有取得什么像样的战果，他们向西南方向前进了3公里，试图从侧翼包围波内里，但闯进了地雷阵，苏军坦克第43团（有30辆T–34）和反坦克第1旅扼守的阵地如铜墙铁壁一般。席勒损失了9辆坦克，又有30辆坦克因机械故障瘫痪。整支德国装甲军无法攻占一座仅有1个步兵师防守的城镇，这一事实表明，德军的资源已经日渐枯竭。

而利默尔森那边，在7月7日早上开始行动之前，苏军的A–20轰炸机再次空袭第2装甲师的集结地区，摧毁5辆Ⅳ号坦克。捱过空袭之后，吕贝组建了伯迈斯特战斗群（下辖索旺的"虎"式坦克、第3装甲团、第304装甲掷弹兵团，以及一些自行火炮和坦克歼击车），命令他们占领奥尔霍瓦卡，而第20装甲师则负责保护第四十七装甲军延伸的右翼。阿诺德·伯迈斯特上校是东线最有经验的装甲团长之一，通常德军指挥官在接受任务后就有很大的战术自由裁量权，他决定，在进攻奥尔霍瓦卡之前，必须先拿下苏军占领的萨莫杜罗夫卡村（Samodurovka），因为苏军正在那里用远程反坦克炮狙击他的战斗群。他强大的装甲部队轻松赶走了守在那里的苏军步兵第140师一部，还消灭了一个连的T–34。但伯迈斯特没有步兵能留下驻守这里，于是他们离开该村，转向东进攻奥尔霍瓦卡。通常情况下，在保持警惕的敌军正面作平行移动是一种最糟糕的战术选择，因为会使自己的侧翼暴露在敌军火力下。苏军近卫步兵第75师在奥尔霍瓦卡以北建立了防御阵地，有格里戈耶夫的坦克第16军和2个85毫米口径反坦克炮营掩护，阵地前面布设了大量地雷。每当伯迈斯特把自己的侧翼暴露出来，苏军便会用重炮和85毫米口径穿甲弹向他的装甲方阵猛轰。索旺少校的一辆"虎"式坦克侧面被一枚85毫米炮弹击穿，遭击毁，其余的部队也受到重创，第304装甲掷弹兵团团长威尔海姆·冯·戈恩上校阵亡。伯迈斯特没有从一个糟糕的战术环境中退出，而是选择和掘壕据守的苏军坦克进行远程炮战一决高下，一直杀到天黑。T-34只有炮塔露出地面，为了能够打中它，"虎"式坦克必须接近到500米的范围内，但它们受到了地雷的阻隔。[84]在德军第2装甲师和苏军坦克第16军的这场较量中，双方各出动了不到100辆坦克，阿列克谢·F. 桑科夫斯基少校率领由Su-152组成的自行火炮第1541团也参加了战斗。桑科夫斯基声称他击毁了多辆"虎"式和"费迪南德"（没有部署在这里），但那很可能只是Ⅳ号坦克。苏联坦克手常常把安装了防护侧甲的Ⅳ号坦克误认为是重型坦克，苏联宣传机构更是把桑科夫斯基吹成了"动物猎手"。事实上，是地雷、85毫米口径反坦克炮和重炮击退了伯迈斯特。黄昏时分，伯迈斯特未能完成任务，黯然撤退。

莫德尔明白，严重的损失和供应不足将使攻势很快衰竭，但7月8日，他还想再对奥尔霍瓦卡和波内里做一次努力。这一次，新投入的迪特里希·冯·绍肯中将的第4装甲师将作为利默尔森的先头部队。黎明时分，绍肯的师必须重新夺回萨莫杜罗夫卡村——该村在夜间又被苏军占领了。在完成这一任务后，绍肯向乔普洛耶（Teploye）进攻，寄希望于这里不像奥尔霍瓦卡那样重兵设防。的确，这里由西伯利亚步兵第140师防守，反坦克第3旅和菲德尔·P. 瓦塞茨卡亚上校的坦克第19军坦克第719旅负责掩护。索旺少校带着最后3辆"虎"式坦克冲在最前面，成功击溃1个苏军步兵营，占领了该镇的一部分，但随后被一堵火墙挡住。瓦塞茨卡亚的T-34躲在挖好的阵位里，德军坦克很难击中它们，于是又一场远程对射展开，至少有3辆Ⅳ号坦克和4辆T-34被击毁。绍肯呼叫"斯图卡"进行支援，它们轰炸了苏军在山头的阵地，但苏军没有后退。第4装甲师步履蹒跚的进攻没有获得战果。此时，伯迈斯特战斗群再次向奥尔霍瓦卡进攻，但同样被地雷、反坦克炮、重炮和躲在阵位里的T-34所阻。莫德尔的进攻已经到达了顶点，不可能再前进一步，第九集团军不会再有穿过库尔斯克的胜利游行了。

　　7月8日至10日，哈佩继续在波内里和恩辛的部队搏杀，并以巨大的代价占领了该镇的一半。4辆"费迪南德"在城内的巷战中被摧毁，这不是它们应当作战的地方。波内里打成了一场旷日持久、对德军毫无意义的消耗战，哈佩的军已经筋疲力尽，而罗科索夫斯基则顺利完成了在反攻之前把第九集团军拖垮的目标。莫德尔也看到了这一点，于7月10日下令停止进攻。他没有征得陆军司令部和希特勒的同意，因为他的确无法继续承担"堡垒"计划的这部分任务了。当陆军司令部建议他改变进攻方向时，他置之不理。在6天的攻势中，德军北面的这只"钳子"只前进了15公里，没有占领任何重要目标，也没有消灭苏军的有生力量。第九集团军共有22201人伤亡，其中4691人阵亡或失踪。这是自两年前"巴巴罗萨"行动以来德军损失最多的一周。莫德尔的4个步兵师都失去了战斗力，但他的确保住了一支可观的装甲预备力量，在北线作战的6个装甲师只损失了29辆坦克，其中包括索旺的3辆"虎"式坦克。第505重装甲营第3连到最后几天才抵达战场，这意味着在莫德尔叫停进攻时索旺的营仍有26辆可运作的"虎"式。此外，第九集团军还损失了19辆"费迪南德"和17辆突击炮。许多车辆被地雷和火炮击伤，但几天之内都修复了。总计下来，莫德尔的第九集团军有71辆各型装甲车辆被击毁，有308辆被击伤，但他手头至少还保留着500辆装甲车辆来应付即将到来的风暴。

　　罗科索夫斯基的防御十分稳固，几乎没有后退，但未能给莫德尔的装甲部队造成致命的损失。战后，苏联历史学家编造了波内里和奥尔霍瓦卡之间长达4天的坦克大战的故事，声称在这场战斗中摧毁了数百辆德国坦克，但这只是为了掩盖苏军的劣势。库尔斯克北方战线几乎没有大规模的装甲战斗，基本都是营、团和旅级规模的战斗。罗科索夫斯基的中央方面军有33897人伤亡，和莫德尔的第九集团军一样，前线步兵的伤亡最为惨重。苏军在北线的装甲损失数字还不完全确切，但应有200辆左右被击毁，100至200辆被击伤。罗金的坦克第2集团军损失了46%的坦克，但很快就恢复了战斗力。从莫德尔失败的攻势中可以看到，双方都没能严重削弱对方的装甲后备力量，这对随后发生的事件产生了相当大的影响。[85]

"堡垒"行动：南方战线，1943年7月5日—7月16日

曼施泰因曾想过在"反手一击"获胜后直接进攻库尔斯克突出部，但由于春季多雨，希特勒又要等待"豹"式中型坦克登场和更多的"虎"式坦克到来，此事一再拖延。人们常说，如果德军提早发动进攻，"堡垒"行动很可能会成功，但这种见解忽视了天气、后勤状况和霍特第四装甲集团军的虚弱状态。显然，红军比德军更好地利用了4月至6月间的间歇期，强化了库尔斯克突出部的防御，并为后续行动准备了一支强大的机动预备队。苏联对于"堡垒"计划的情报工作做得非常出色，部分原因是来自盟军"超级机密"[①]截获的信息。相比之下，德国人知晓苏军在库尔斯克的防御准备的途径，主要是通过长期的照相侦察，但他们并不知道苏军大本营预备队在后方的大量集结。曼施泰因打算用他的装甲铁拳冲破苏军的防御系统，这种傲慢实际上源于对敌人力量的无知。

在策划"堡垒"行动的过程中，曼施泰因从一开始就表现出对细节的某种漫不经心，这个行为给整个战役造成了诸多困扰。他没有像莫德尔那样了解苏军雷区的深度，也没有对工兵进行任何特别准备。霍特的第四装甲集团军没有装备"歌利亚"或BIV清障车，也没有其他扫雷装备。曼施泰因的计划很简单：霍特的第四装甲集团军下辖奥托·冯·克诺贝尔斯多夫上将的第四十八装甲军（包括第3、第11装甲师和"大德意志"师）和豪塞尔的党卫军第二装甲军（包括"警卫旗队"师、"帝国"师和"髑髅"师），负责实施主攻；肯普夫战斗群下辖赫尔曼·布赖特装甲兵上将的第三装甲军（包括第6、第7和第19装甲师）和埃哈德·劳斯大将的第十一军（包括2个步兵师和第905突击炮营），负责协同攻击。曼施泰因以为，这群拥有1500辆各型装甲车辆的军队，在第四航空队的支援下可以击溃任何防线。然而，他首先违反了统一指挥的原则，把2个装甲军给霍特，1个给肯普夫，而理论上，这3个军应该集中给一个集团军司令指挥。因此，布赖特的第三装甲军对于其主要任务——保护党卫军

---

① 译注："超级机密"是指在二战期间，英国曾动员一批数学家与密码专家成功破解了纳粹德国的通讯密码，并获取了极为重要的战略情报。

原注："金枪鱼"（TUNNY）是"超级机密"的一个子项目，参与拦截德军作战命令副本。4月关于"堡垒"行动的预备命令和后来实际的作战计划都是通过潜伏在布莱奇利公园（第二次世界大战时英国的密码破译中心）的苏联间谍约翰·凯恩克罗斯转交给苏联的。

第二装甲军的右翼贡献甚微，他实际上打了一场孤立且毫无意义的战斗。曼斯坦因也没有确保他的部下已在行动前制订详细的战术计划，这一缺陷将很快在第三和第四十八装甲军的战区显现出来。最后，曼施泰因在"堡垒"行动中的战线拉得太长，没有保持一支战役预备队，只有瓦尔特·内林装甲兵上将的第二十四装甲军，不仅离战场很远，兵力也不足。战后，曼施泰因声称内林的军可以对"堡垒"行动的结果产生重大影响，但是，这个军的3个机械化师里一共只有171辆坦克，而且他们还是第一装甲集团军唯一的后备机动力量，抽走这支部队将严重削弱南方集团军群的右翼。

面对霍特的第四装甲集团军，瓦图京将他的沃罗涅日方面军进行了大纵深部署。伊万·M. 奇斯佳科夫中将的近卫第6集团军以两个军在前、一个军在后，在60公里宽的战线上建立了梯次防御，其中近卫步兵第22军迎击第四十八装甲军，近卫步兵第23军对付党卫军第二装甲军。在战术预备队中，奇斯佳科夫有坦克第96旅（46辆T–34和5辆T–70），还有独立坦克230和第245团（34辆M3"格兰特"和44辆M3"斯图亚特"）。更重要的是，奇斯佳科夫有反坦克第27和第28旅作为总体支援，此外还有10个独立的反坦克团配属于各步兵师，这样整个近卫第6集团军共有573门反坦克炮。[86]不过，相比北线普霍夫第13集团军，这里的埋雷密度只有其一半，而且瓦图京和罗科索夫斯基不同，没有部署个把炮兵军来加强主防线，因此奇斯佳科夫的阵地相比莫德尔在北线遇到的要薄弱一些。

在奇斯佳科夫的近卫第6集团军后面，瓦图京以第69集团军的5个师、近卫步兵第35军和米哈伊尔·E. 卡图科夫中将的坦克第1集团军组成第三道防线，坦克第1集团军由坦克第6、第31军和机械化第3军组成，共有587辆坦克，其中484辆是T–34——1943年中期，很少见到中型坦克在红军中占比这么高。瓦图京还保留了近卫坦克第2和第5军（共有410辆坦克）作为方面军预备队。他的意图是利用卡图科夫的集团军以及那两支直属坦克军来对德军突破口进行局部反击，而不进行大规模机动。米哈伊尔·S. 舒米洛夫中将的近卫第7集团军则派出近卫步兵第25军以前二后一的阵型阻击"肯普夫"集团军级支队，他们将得到2个坦克团共33辆T–34和22辆KV–1的支援。

7月1日，让德军等待已久的"豹"式坦克终于开始陆续运抵鲍里索夫卡附近的火车站，最后一列火车直到"堡垒"行动开始的前一天才抵达。除了一大堆技术隐患，霍特几乎未作任何努力来确保这2个"豹"式坦克营能得到正确的指挥并与第四装甲集团军的整体行动契合。第10装甲旅是6月27日在柏林成立的，旅长是卡尔·德克尔上校，但其指挥部直到7月3日才出发去东线[①]。这个错误是1943年德国装甲部队效率下滑的又一明证。意识到这个问题之后，曾在格拉芬沃尔负责训练"豹"式车组的梅纳德·冯·劳切特少校临时组建了第39装甲团，来指挥抵达鲍里索夫卡的这些坦克。他们被划归"大德意志"师，师部给了劳切特1辆无线电指挥车和足够的资源来组建一个小型战术指挥所，只是所有这些都发生在"堡垒"行动的前一夜，这意味着协调工作和战术指令流程被简化了。三分之一的"豹"式车组毫无战斗经验，又被要求配合陌生的部队作战，战术指令都不清楚。更糟糕的是，德军在火车站没有时间去校准主炮（经过长时间的颠簸，瞄具和炮手的视线一定会有视差）或把无线电调整到合适的频率。他们在离开火车站，沿道路前往35公里外邻近托马罗夫卡（Tomarovka）的集结地时，"豹"式坦克开始一辆接一辆抛锚。204辆"豹"式坦克只有166辆抵达了集结地[87]，其中还有2辆坦克因发动机起火完全烧毁[②]。

　　"豹"式坦克还在向前线开进，霍特的第四装甲集团军却已经开始了"堡垒"行动。7月4日14时50分，第四航空队的"斯图卡"向近卫第6集团军的前沿阵地发起大规模空袭，随后第四十八装甲军的炮兵开始炮击。紧接着，2个装甲军的步兵都进行了积极的反侦察试探性进攻，击溃了苏军阵地外围的部队。大部分战斗是营级规模的侦察，主要是拔除苏军的炮兵观察哨和排雷。坦克没有参与行动，但突击炮和侦察车辆有所前进。不同于克诺贝尔斯多夫的日间行动，豪塞尔的党卫军第二装甲军直到黄昏后才开始反侦察作战。霍特的部队占领了几座村庄和山头，但从雷场中清理道路的困难和惨重的伤亡令他们大为震惊，苏军的前哨阵地和地雷也没有被清除干净。[88]

　　与"堡垒"行动的北线不同，曼施泰因在南线的钳形攻势在大量文献中

---

① 原注：德克尔和他的旅部直到7月11日才到达前线，这时可供指挥的"豹"式已经所剩无几。

② 原注：发动机起火是由于过热引起的，原因是在发动机舱内安装了一个橡胶内衬，以便在涉水时保持机舱干燥。但这个内衬也影响了散热，一些"豹"式坦克因此而损坏。

都有详细记述，我不打算用日复一日的陈词滥调来评判库尔斯克会战中最为人熟知的一面，这项工作已经由乔治·M.尼佩的《鲜血、钢铁和神话》（2011年）和瓦西里·扎穆林的《打破神话》两书完成，这两部作品都描写了库尔斯克会战南线每日的细节。相反，我打算把对"堡垒"行动的讨论集中在三个主题上：（1）曼施泰因的装甲部队是如何突破苏军障碍地带的；（2）"豹"式坦克在初次作战中的拙劣表现；（3）罗特米斯特罗夫是怎样搞砸在普罗霍洛夫卡（Prokhorovka）的反攻的。我还想避免早先研究中过于简单化的倾向，这些分析倾向于只根据双方坦克的数量来对"堡垒"行动做出评估，对其他因素考虑很少。

经过45分钟的炮火准备，霍特的攻势在当地时间5时开始。在左翼，克诺贝尔斯多夫的第四十八装甲军以第3装甲师、"大德意志"师和第11装甲师齐头并进。"豹"式坦克装甲营一直在集结区等到9时才开始前进。在苏军的阵地前沿仍有大量地雷没有清除，这极大妨碍了德军突击部队的前进。弗朗茨·韦斯特霍芬中将的第3装甲师在事前计划好的坦克支援没有到位的情况下，以4个装甲掷弹兵营向苏军近卫步兵第210团的阵地发动进攻。扫清前哨之后，德军这几个营却被一片深深的泥沼阻挡了近5个小时。德军工兵一开始铺设通道，苏军的炮兵就会向他们猛轰，给他们造成巨大伤亡。14时，通道终于铺好，步兵和第6装甲团第2营的坦克一起蜂拥而过，攻占了科洛维诺村（Korovino），但第394装甲掷弹兵团团长京特·帕佩上校受了重伤。苏联坦克进行了一次小规模反攻，被德国坦克击退。韦斯特霍芬的师已经击溃了苏军这个一线步兵团，总共推进大约5公里。

在第四十八装甲军的中央是瓦尔特·霍恩莱因中将的"大德意志"师，他们发动了一场非常草率的进攻。和第3装甲师一样，地雷打乱了该师的进攻计划。格拉夫·施特拉赫维茨上校的装甲团没有及时赶到支援步兵的进攻。第3装甲燧发枪兵团单独攻击，损失惨重，团长埃里希·卡斯尼茨上校伤重致死[89]。在清除完地雷后，施特拉赫维茨向前追赶步兵，以"虎"式坦克打头阵，2个装甲营紧随其后。他的目标是切尔卡斯科耶村（Cherkasskoye），由苏军近卫步兵第196团和2支反坦克炮部队把守。之前炮火准备引发的大火令能见度大为降低。出发仅仅30分钟后，施特拉赫维茨就吃了一惊，他遇上了一大片洪水区，这是80米宽的别列佐夫（Berezovyi）峡谷。苏联人把带刺的铁丝网和地雷放置在峡谷的敌方一侧，最近的暴雨把峡谷变成了一个泥浆盆，横亘在德军进攻矛头前方约3公里处。虽然卡斯尼茨的一些步兵下车涉水而过，但在工兵铺设好渡口前，车辆无法通过这里。

令人难以理解的是，施特拉赫维茨和"大德意志"师的其他高级军官为"堡垒"行动准备了3个月之久，竟对这一重大障碍一无所知。在战斗中，再有经验的军官也会因为疲劳而犯下严重的错误，但这里的情况并非如此，施特拉赫维茨和"大德意志"师的高级军官在间歇期得到了充分的休息。德国人撰写的回忆录有一个常见主题，就是每当发生一些令人费解的错误时——比如1941年的"台风"战役、1943年的别列佐夫峡谷和1944年救援科尔松包围圈，德国坦克都会把失败归咎于苏联的烂泥，也就是一些他们无法控制的因素，这是胡说八道。"大德意志"师没有精心策划这次进攻，而是把它当成了一次训练。除了这个错误，施特拉赫维茨还尝试派几辆坦克涉水，但它们全都陷进积水中，一直淹没到挡泥板。此外，他让其余的坦克聚集在峡谷南面，招致苏军大炮和反坦克炮火的猛烈轰击，最糟糕的是伊尔–2强击机直接飞到他们头顶，扔下的炸弹把装甲团第2营营长格拉夫·索尔马中校炸成重伤[1]。施特拉赫维茨至少有20辆坦克（也许还有5辆突击炮）被地雷炸瘫、陷在泥中或被敌人炮火击毁，最后他决定撤退，改在西面1500米处穿过峡谷。[90]

错上加错的是，施特拉赫维茨没有把这一障碍通知劳切特的第39装甲团。劳切特花了几个钟头在集结区准备作战，然后在8时15分开始前进，又有4辆"豹"式在出发前引擎起火。劳切特把2个营排成两排前进，海因里希·迈耶上尉的第51营在前，格哈德·特伯少校的第52营在后。当迈耶的"豹"式坦克到达峡谷边时，"大德意志"师一些不能动弹的坦克还在那里，工兵试图用木头铺设一条通道。经过几分钟的混乱，迈耶企图带着2个先头连穿越峡谷，结果许多"豹"式陷入泥潭。另一个连想从旁边绕过去，但撞上了雷区，连长的坦克瘫痪。苏军轰击了无法行动的"豹"式坦克，德军完全陷于混乱之中。"豹"

---

① 原注：索尔马是施特拉赫维茨的妹夫，他被炸弹碎片击伤后不治身亡。

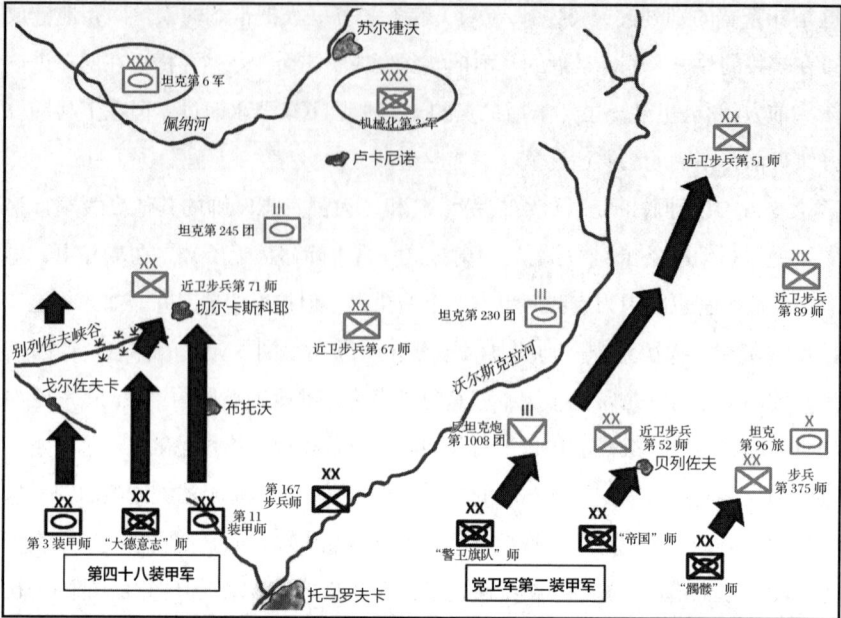

霍特第四装甲集团军在"堡垒"行动首日的推进，1943 年 7 月 5 日

式坦克还暴露了一个严重的技术缺陷，它的主减速器驱动力太小，无法在滑坡上倒车，一些坦克只能原地打转，有的坦克拼命加油想要逃离这个屠场，直到把驱动轮上的齿牙打落。劳切特最后得到消息，施特拉赫维茨已经在西面找到一个穿过峡谷的地方，但此时已有25辆"豹"式坦克瘫痪。毫无疑问，在二战中所有主战武器的登场首秀中，"豹"式坦克在库尔斯克可谓最糟糕的。

　　"大德意志"师花了几个小时在别列佐夫峡谷上架设桥梁，苏军无死角的炮火给他们造成了重大损失，并且德国工兵是靠人工来清除地雷的——霍特所有的师都是这样，这既缓慢又危险。直到16时，施特拉赫维茨才带着30辆"豹"式、15辆Ⅳ号坦克和奥托·雷默少校指挥的装甲掷弹兵团第1营（装备SPW装甲半履带车）穿过峡谷，向切尔卡斯科耶村发起进攻。"豹"式坦克80毫米厚的倾斜式正面装甲可以轻松扛住苏军45毫米和76.2毫米口径反坦克炮的射击，雷默的装甲掷弹兵杀进该村，占领了一部分地盘。但苏军步兵死守着该村的另一部分，直到天黑才撤退。附近的反坦克炮第1837团用85毫米口径高炮向"豹"式坦克开火，给德军造成了很大的威胁。马特维耶·K.雅科波诺夫中校指挥的坦克第245团也赶来掩护撤退的步兵，他们共有27辆M3"格兰特"和12辆M3"斯图亚特"坦克。劳切特的"豹"式坦克击毁了6辆雅科波诺夫的美制坦克，但这一天"大德意志"师的进攻已达顶点。这个陆军装备最好的师以巨大的代价推进7公里，但只削弱了苏军近卫步兵第22军的第一道防线，没有突破它。地雷给该师造成了很大损失，12辆"虎"式坦克有9辆被炸瘫。事实上，"大德意志"师发动的攻势像极了1941年—1942年红军坦克经常发动的那种计划不周、执行不力的进攻。

与"大德意志"师的糟糕表现形成鲜明对比的是约翰·米克尔少将指挥的第11装甲师，他们战前对地形和任务进行了彻底分析，并要求工兵做好更多的支援准备。尽管该师第15装甲团至少有8辆坦克因地雷而瘫痪，但其余坦克有效掩护了步兵和工兵对布托沃村（Butovo）的进攻，一个喷火坦克连还焚烧了苏军阵地。不过，他们至少两次在开阔地遭到伊尔–2的扫射和轰炸，损失很大。第15装甲团协助"大德意志"师占领切尔卡斯科耶村，与雅科波诺夫的坦克第245团战斗，并声称打瘫10辆苏军坦克。进攻第一天结束，第11装甲师已经前进7公里，严重削弱了近卫步兵第67师把守的第一道防线。毫无疑问，近卫步兵第22军的2个师损耗都很大，残部正向佩纳河边近卫步兵第90师防守的第二道防线撤退。瓦图京把一个完整的坦克第27旅给了奇斯佳科夫的近卫第6集团军。7月5日至6日夜，机动布障分队又在克诺贝尔斯多夫的装甲部队前进道路上埋设了更多地雷。瓦图京还提醒卡图科夫的坦克第1集团军准备在佩纳河（Pena）附近打一场大仗。

豪塞尔的党卫军第二装甲军让"警卫旗队"师和"帝国"师进攻在贝列佐夫村附近的苏军近卫步兵第52师近卫第151、第155团。豪塞尔的不同之处在于他选择以工兵和装甲掷弹兵团为主来进攻苏军的第一道防线，而将"虎"式坦克和突击炮作为辅助。苏军的地雷和反坦克壕给德军造成了相当大的麻烦，迫使其装甲车辆停止前进，直到工兵将它们手工清除。党卫军中尉米歇尔·魏特曼的坦克是被地雷炸坏的2辆"虎"式之一。伊万·K.科滕科中校的反坦克第1008团在通往贝科夫卡（Bykovka）的路上部署了24门76.2毫米ZIS–3反坦克炮，给"警卫旗队"师的突破造成了相当大的麻烦。该师突击炮营有8辆Ⅲ号突击炮被打瘫，营长身负重伤。另有一辆"虎"式坦克绕过了科滕科一门伪装好的火炮，但从后方被击中，遭到摧毁。尽管如此，武装党卫军的强大火力和战斗精神最终占了上风，科滕科的反坦克炮一门门被击毁，损失达到四分之三，近卫步兵第52师的这2个部署在一线的团被击溃。①接着德国突击部队占领该师炮兵阵地和指挥所，苏军防线完全被打乱了。震惊于第一道防线迅速失守，德米特里·A.谢尔巴科夫上校的坦克第230团决心拖住德国人前进的步伐，好让近卫步兵第52师的残余部队能够退到第二道防线。他的团装备的是M3"格兰特"和"斯图亚特"等坦克，让这些过时的坦克去和"虎"式作战无异于自杀。在短短30分钟内，该团几乎被歼灭。[91]进攻的第一天，豪塞尔并没有投入多少坦克，但"警卫旗队"师仍然突破苏军近卫步兵第52师的防线深达12公里，直到撞上近卫步兵第51师防守的第二道防线才停下来，瓦图京调来了反坦克第28旅进行阻击。"警卫旗队"师战果十分出色，伤亡仅636人。[92]"帝国"师则较为逊色，只前进了6—8公里。在豪塞尔的右翼，"髑髅"师攻占了苏军步兵第375师的第一道防线，但有5辆"虎"式触雷瘫痪，3辆Ⅲ号突击炮被击毁。在越过布满地雷的反坦克壕后，"髑髅"师遇到了维克多·G.列别捷夫上校②的坦克第96旅和自行火炮第1440团的Su-122和Su-76，双方发生了连、排规模的战斗。到7月5日，"髑髅"师前进了5公里。总而言之，党卫军第二装甲军有44辆坦克和突击炮被地雷炸瘫，包括35辆"虎"式坦克中的10辆；人员伤亡1081人，包括214人死亡或失踪[93]，工兵的伤亡尤为惨重。苏军近卫第6集团军丢失第一道防线的速度比预计的更快，主要原因似乎是豪塞尔得到了大量近距离空中支援，苏军认为这比德军装甲部队造成的伤亡更大。

　　按照原计划，布赖特的第三装甲军负责保护豪塞尔的右翼，他们必须要渡过顿涅茨克河，才能接近舒米洛夫近卫第7集团军近卫步兵第25师把守的第一道防线。"肯普夫"集团军级支队在顿涅茨克河上占领了一个小桥头堡米哈伊洛夫卡（Michailovka）和一座桥梁，就在别尔哥罗德的南面。和霍特的第

---

① 原注：科滕科在此战中幸免于难，后来他推荐了一名牺牲的连长获得"苏联英雄"称号。
② 原注：列别捷夫是一名经验非常丰富的坦克部队军官，曾参加过1940年苏芬战争、1941年卢加河战斗、1942年沃罗涅日战斗和1943年初的奥斯特罗戈日斯克-罗索希战役。他是1943年—1945年带领苏军坦克向西挺进的新一代军官中的一员。

四装甲集团军不同，由于面前有一条河，肯普夫没办法进行反侦察作战，只能选择在"堡垒"行动开始的前一天晚上进行反炮兵压制。不幸的是，这种做法在进攻前就将大部分的弹药储备消耗掉了。黎明时分，第6、第7、第19装甲师开始渡河，步兵在前面开路。一支如此庞大的装甲部队想在警惕的敌人面前悄无声息地渡过河是完全不可能的，这一情况和1944年7月"古德伍德"战役时英国第8军强渡奥恩河有些相似。舒米洛夫的炮兵观测员立刻发现了德军渡河的地点，用火箭炮和高爆弹猛轰河对岸，摧毁了米哈伊洛夫卡的桥梁和其他一些临时浮桥。失去了桥梁，桥头堡对布赖特来说就没有意义了，在这一地区的攻势自然停了下来。布赖特把第503重装甲营拆散，分给每个装甲师1个连——他没有遵循古德里安集中使用这一关键力量的建议。令人惊讶的是，布赖特竟然没有想过怎么把这种58吨重的家伙开过顿涅茨克河，因为他们的浮桥载重只有24吨。因此，行动开始第一天的大部分时间，"虎"式坦克都在无所事事地坐等工兵建造一座载重能达到60吨的桥。直到10时30分，也就是"堡垒"行动开始5个小时之后，德国坦克才开始渡过顿涅茨河。

　　第19装甲师在渡河时陷入一片混乱，但就算在渡过河以后，情况也没有好转——工兵不得不在光天化日下冒着敌人的炮火手工清除地雷。拼命想要冲过雷区的德军有数百人被苏军炮弹炸死炸伤。第503重装甲营第2连好不容易开始向前推进，先是误入友军的雷区，有2辆"虎"式坦克被炸坏，然后压到了未被清理干净的敌人的地雷，又有许多坦克瘫痪。这一天，该连的14辆"虎"式坦克中有13辆失去行动能力。第7装甲师也遭到敌人炮兵的猛轰，第25装甲团第2营营长阵亡。最后，第7和第19装甲师前进了3—6公里，但第6装甲师的装甲部队直到当天很晚的时候才渡过河去。布赖特的第三装甲军从一开始就远远落后于计划表，很难理解为什么肯普夫和曼施泰因都没有考虑到这一地区地形的影响。事实上，"堡垒"行动中有许多计划都是在对地形和敌人完全不加考虑的情况下制订的。

　　霍特的第四装甲集团军和肯普夫的部队击垮了瓦图京的第一道防线，向他的第二道防线压了过去，但苏军的抵抗比预想的要顽强得多。豪塞尔的党卫军第二装甲军战果最著，到进攻的第三天已经前进28公里。为防止德军以闪击的方式突破第二道防线，瓦图京被迫提前动用预备队，下令卡图科夫的坦克第

1集团军以坦克第6军、机械化第3军在佩纳河协助阻击德国第四十八装甲军，卡图科夫承担的是支援步兵的角色——这样使用一整个坦克集团军是不正常的，卡图科夫对此并不乐意，他希望能够把装甲部队集中使用，而不是分开去支援各个步兵师，但他必须服从命令。瓦图京和他的部下对"豹"式坦克的登场感到吃惊——苏联情报机构对此一无所知。同样，他们对霍特第四装甲集团军有如此之多的"虎"式坦克也深感出乎意料。[94]

7月6日，克诺贝尔斯多夫的第四十八装甲军冲至佩纳河沿岸近卫第6集团军的第二道防线。他们惊讶地发现，那里陡峭的河岸和沼泽地形都是坦克无法通过的。[95]卡图科夫的坦克和近卫第6集团军剩下的步兵就在对岸，随时准备向渡河之敌开火。用现代术语来说，这种对地形的无知称得上是战场情报准备工作的失败。第四十八装甲军无法横渡佩纳河，只好向东面的杜布罗瓦（Dubrova）进攻，试图绕过佩纳河去保护党卫军第二装甲军的侧翼。为应对德军的这一行动，卡图科夫把谢尔盖·M.克里沃申少将的机械化第3军部署到杜布罗瓦附近，卡在霍特的2个装甲军之间，并让安德烈·L.格特曼少将的坦克第6军防守佩纳河东端。克里沃申是红军中最有经验的坦克兵军官，但过去的两年他一直在工农红军汽车装甲坦克总局负责训练工作。有趣的是，当卡图科夫来到克里沃申在杜布瓦罗的指挥所时，发现克里沃申还把把妻子带在身边。[96]不管怎么说，7月7日，当德军第四十八装甲军冲向杜布罗瓦时，它将和克里沃申的机械化第3军正面交锋。

豪塞尔的党卫军第二装甲军在7月6日也获得了很好的战果，继续向东北进军。正如瓦西里·扎穆林所指出的那样："7月6日的突破令人印象尤为深刻，仅仅8个小时，党卫军各师已经突破敌人精心准备了几个月的防御阵地深达20公里。"[97]斯大林对此大为震惊，因而在7月6日晚同意了瓦图京的请求，从草原方面军调来罗特米斯特罗夫的近卫第5集团军协助实施一次对霍特装甲部队的大规模反攻。他还把草原方面军的坦克第10军交给了卡图科夫坦克第1集团军。为了阻止豪塞尔的攻势，瓦图京发动的反攻将动用安德列·G.克拉夫琴科中将的近卫坦克第5军、阿列克谢·S.布尔杰伊内上校的近卫坦克第2军，再加上新到的坦克第2军（阿列克谢·F.波波夫少将）和坦克第10军（瓦西里·G.布尔科夫少将），攻击方向是豪塞尔突破口的东面侧翼。然而，这一计划执行起来非常困难，瓦图京只有8个小时可以用来准备，并且有2个坦克军刚刚才抵达这一地区。[98]苏军的进攻不是同时发起的，而是从清晨开始到下午的逐次反击。万幸的是，布尔科夫的坦克第10军在进攻德军突出部时，"警卫旗队"师和"帝国"师的装甲部队正好都转向西去援助第四十八装甲军了，令29公里宽的东面侧翼变得不堪一击。然而，大约在9时20分，苏军先头旅遇上2辆负伤的"虎"式坦克，它们是被留下来监视通往普罗霍罗夫的路口的。尽管党卫军下士弗朗茨·施托德格尔的"虎"式被地雷炸伤得几乎不能开动，但开炮却没问题，在一天的时间里他轻松地收拾掉22辆苏军坦克[99]。尽管施托德格尔的"虎"式坦克打光了弹药，"警卫旗队"师其他的装甲部队也没有赶来进行阻击，但布尔科夫的进攻仍然失败了。

7月8日，苏军的反击主要集中在"帝国"师延长的侧翼上。"帝国"师暂时转移到这里防御，以装甲掷弹兵团和12辆Ⅲ号突击炮固守，而其余的装甲部队则继续西进。克拉夫琴科的近卫坦克第5军是唯一一支进行了炮火准备并且有伊尔-2强击机协同进攻的部队，其取得了最大的成功。大约11时30分，T-34坦克攻占了德军"德意志"装甲掷弹兵团的一些阵地。但是，克拉夫琴科没有得到其他军的支援，他们还没来得及做好进攻准备。德军坦克歼击车消灭了一些苏军坦克，德军炮兵又将苏军坦克和步兵隔离开来。在两次进攻都被打退后，克拉夫琴科损失了31辆坦克，不得不后撤以重整旗鼓。[100]近卫坦克第5军的军官伤亡极为严重，2名团长阵亡，1名受伤，四分之三以上的营长或死或伤。波波夫的坦克第2军到13时才开始进攻，没有得到炮兵的支援。他们不仅对敌人的部署一无所知，还冲进了己方雷区，造成了人员伤亡。波波夫的进攻以2个旅打头阵，第3个旅在后支援。因为事先准备不充分，进攻很快变得支离破碎，一个旅一部迷路，另一个旅朝友军开火。波波夫无力且缺乏协同的进攻被"帝国"师轻而易举击退。布尔杰伊内的近卫坦克第2军是最不幸的，他们被德国空军第1攻击机联队发现并遭受大批飞机攻击，该联队装备了Hs-129"坦克开罐器"。Hs-129B-1装备了30毫米MK 103火炮，发射高速的碳化钨芯穿甲弹，可以击穿T-34薄弱的顶部装甲。Hs-129的低空攻击给近卫坦克第2军造成了惨重的损失，50辆坦克被击毁，而自己只损失了2架飞机。[101]这是装甲战中一个具有历史意义的时刻，飞机第一次单枪匹马摧毁了一整支坦克部队。不过，后来布尔杰伊内的一些坦克还是冲到了"髑髅"师的阵前，并获得了一次了不起的胜利。党卫军第3装甲团团长欧根·昆茨曼为了确定苏军坦克出现的位置，决定驾驶他的指挥坦克亲自进行侦察，结果却陷入一个反坦克伏击圈。昆茨曼的坦克被两次命中，他本人阵亡。[102]

瓦图京应对7月8日苏军的反攻失利负责，这一失败使苏军浪费了一个击倒党卫军第二装甲军的良机。另一方面，虽然豪塞尔的部队躲过了这次苏军对其薄弱的东面侧翼的打击，但这一威胁始终存在，他应该花更多的力气来保护侧翼而不是向库尔斯克挺进。此外，"警卫旗队"师和"帝国"师的许多装甲部队被转而派去协助第四十八装甲军进攻卡图科夫的坦克第1集团军，却毫无成效。为了保护他们的侧翼，装甲军被迫把越来越多的力量从突击方向分散出去。霍特也没有给豪塞尔任何增援，步兵的短缺比损失坦克更不利于进攻。因此，各党卫军装甲师都只有一部分还能继续前进，而大部分都已经转入了战术防御。霍特的确派出了2个步兵师——第167和第168师——去协防豪塞尔的侧翼，但他们都彻底失败了。面对苏军坦克重兵集团，德国步兵根本无法前进和守住任何地方。

尽管如此，曼施泰因全军仍在缓慢前进，但豪塞尔需要把他的进攻方向改到北面，而不是东北方向的普罗霍罗夫卡。苏军的地雷和反坦克炮使豪塞尔的部队每前进一公里就变弱一点。7月9日，"帝国"师损失了18辆坦克，前进3公里。虽然大部分被打坏的坦克都能修复，但能作战的坦克数量却迅速减少。[103]斯大林和最高统帅部越来越担心瓦图京是否能够挡住曼施泰因。最高统帅部已经指示罗特米斯特罗夫的近卫坦克第5集团军和草原方面军的其他部队向普罗霍罗夫卡集结。7月7日上午，罗特米斯特罗夫的坦克开始西移，3天内前进了350—400公里，随后开始休整准备参战。行军中有227辆坦克和自行火炮因故障掉队，约占总数的31.5%，但其中101辆在2天之内就修好了。[104]罗特米斯特罗夫的坦克集团军可以进行如此远距离的行军，证明红军的机动性已经有了惊人的进步，装甲车辆的机械性能良好。相比之下，德军的"豹"式和"虎"式的机动性和可靠性要低得多，如果要跑得又远又快，一定会出现严重的故障。

7月10日，"髑髅"师的装甲掷弹兵付出374人伤亡的代价，设法在普肖尔河（Psel）对岸克柳奇村（Kliuchi）附近建立了一个小桥头堡。[105]这条河只有30

米宽，但是河岸遍布沼泽，所以需要架设一座载重60吨的浮桥才能让"虎"式坦克过河。一旦"髑髅"师的坦克开进桥头堡，豪塞尔希望能够以此为跳板向北前进，从侧翼包围在普罗霍罗夫卡的苏军。然而，党卫军第二装甲军在距离普罗霍罗夫卡仅8公里的地方停了下来，因为它的右翼暴露了。布赖特的第三装甲军进展缓慢，拖了党卫军的后腿，两军之间的巨大空隙使德军无法专心实施"堡垒"行动。霍特和肯普夫还发现他们没有步兵来驻守已经夺取的地盘，只能让数量有限的装甲掷弹兵去保护侧翼，而非支援向库尔斯克的进攻。到7月11日，德军由于伤亡和苏军的抵抗，前进速度已经很慢，但苏联最高统帅部越来越担心没有力量能够挡住德国坦克的步伐，于是决定把罗特米斯特罗夫的近卫第5集团军从草原方面军拉过来粉粹豪塞尔的装甲军，阻止德军再向前进。

与此同时，第四十八装甲军的"豹"式坦克在进攻杜布罗瓦时并未获得多少成果。"堡垒"行动的第二天，劳切特的204辆"豹"式坦克就只剩70辆还能作战了，而且第39装甲团还迷了路。施特拉赫维茨当天10时左右撤出切尔卡斯科耶，没有给"豹"式坦克群任何战术指示。劳切特显然没有接到把进攻方向从北面佩纳河转向东面杜布罗瓦的命令，所以他还在继续前进，希望能找到施特拉赫维茨的战斗群。克里沃申的机械化第3军已经把坦克第14和第16团的T-34部署到了阿列克谢耶夫卡（Alekseyevka）附近，苏军坦克都躲在挖好的阵位里，前面是反坦克壕和雷区，还有步兵和反坦克炮支援。施特拉赫维茨的坦克在开阔的草原上行进，意外地掉进反坦克壕里，并遭到猛烈的炮击。此时，劳切特决定"向枪炮声密集的方向前进"，但他对战局一无所知。他让格哈德·特伯少校的第52装甲营领头，先头连排成楔形阵型，团里的其余坦克排成两列纵队跟进。由于没有任何侦察或工兵支援，"豹"式坦克直接冲进了雷区并遭到猛烈炮击。特伯是一名经验丰富的军官，却没能在这片屠场上及时做出反应，令苏军坦克第14团的T-34得以在1000—1200米的距离上从侧翼向"豹"式射击。"豹"式的车身侧装甲只有40毫米厚，炮塔侧装甲的厚度也只有45毫米，在这一距离上不足以抵挡苏军76.2毫米口径BR-350A高爆穿甲弹（它可以穿透60毫米的装甲）。几辆"豹"式被摧毁，特伯对部队失去了控制，第8连连长埃尔德曼·加布里埃尔中尉接手指挥，命令"豹"式向躲在阵位里的T-34开火。当"豹"式的75毫米KwK 42 L/70长身管火炮射出39/42型高速穿甲弹时，苏军坦克被其造成的破坏惊呆了，决定退出战斗。在"豹"式第一次真正参与的坦克战中，其至少有19辆被击毁或瘫痪，但只给对手造成少量的杀伤。劳切特最后终于赶上了施特拉赫维茨的部队。特伯少校被解除指挥权[①]，接替者是格奥尔格·鲍蒙克上尉，他也是一名经验丰富的装甲兵军官。

7月7日，施特拉赫维茨继续对杜布罗瓦发动进攻，但在锡尔采沃（Syrtsevo）附近又捅了一个马蜂窝——苏军坦克第16团的20辆T-34和反坦克炮躲在雷区后面的阵位里，显然进攻之前德军没有进行侦察或工兵开路。这表明德军缺乏多个兵种间的协同，施特拉赫维茨正好撞上了布设在穿越峡谷的路口上的雷区。更多的"豹"式坦克被地雷炸瘫，然后遭到来自侧翼的射击。加布里埃尔中尉的坦克也被击中：

> 我的坦克被一枚反坦克炮弹打得很惨，炮弹穿透了左侧的弹药室，立即引起了爆炸……我用严重烧伤的手撕下冒烟的耳机和麦克风，手指甲已经脱落了。这时，炮手从下面爬了上来，但我不得不推着他的脑袋让我能从炮塔里爬出来。这一切都发生得很快……在我后面，炮手仍然可以自己逃生。他被烧伤了，但主要是脸上。[106]

最终，劳切特和鲍蒙克组织其余的"豹"式进行火力压制，掘壕据守的T-34要么被长身管的75毫米火炮击毁，要么撤退。施特拉赫维茨声称他的战斗群摧毁了62辆敌军坦克——这个数字可能是夸大的，而"豹"式坦克则被打瘫了27辆。第52装甲营的瓦尔特·拉恩后来说："我们觉得那是失败的一天，很久以后，我们提到杜布罗瓦都称之为'"豹"式的坟墓'。"7月8日，第四十八装甲军再次大举进攻杜布罗瓦，试图沿通往奥博扬（Oboyan）的公路前进，但在沃尔霍普耶（Verkhopen'ye）附近与米哈伊尔·T.莱昂诺夫上校的坦克第112旅以及尼古拉·V.莫尔古诺夫上校的坦克第200旅爆发了激烈的坦克

---

① 原注：特伯之前在1942年—1943年指挥过第116装甲营，尽管在"堡垒"行动中因失误而被解职，到1944年的突出部战役中，他还将指挥第16装甲团第1营，也是一个"豹"式坦克营。

混战，这2个旅都来自格特曼的坦克第6军。此时能作战的"豹"式坦克只剩下10—20辆，靠着彼得·弗朗茨少校指挥的"大德意志"师突击炮营的Ⅲ号突击炮，德方才赢得了战术胜利。格特曼的坦克第6军损失50辆坦克，他们稍稍后撤，得到了1个新的步兵师和反坦克第29旅的支援（坦克也得到了补充），其目的是要封锁奥博扬河。[107]在7月9日至11日的战斗中，第四十八装甲军只取得了微小的进展，剩下的"豹"式坦克和格特曼的坦克第6军进行了一系列连、排规模的交战，但没有取得突破，又有13辆"豹"式坦克被击毁，苏军损失了约50辆坦克，剩下的"豹"式都因机械故障而趴窝。施特拉赫维茨上校自己也是受害者，7月10日他被主炮后座力击成重伤。[①]

　　7月12日，劳切特的第39装甲团开始撤离前线进行休整。7月14日，"豹"式坦克进行了最后一次防御战斗，在沃尔霍普耶附近阻击苏军坦克第86旅。"豹"式摧毁了28辆T-34型坦克，但自己又损失6辆。在10天的战斗中，原204辆"豹"式中有37辆被摧毁，148辆损坏或正在维修。与Ⅲ号和Ⅳ号坦克不同，修理场很难修复受损的"豹"式，因为它们的备用发动机、负重轮和燃油泵都非常短缺。后来，劳切特声称"豹"式在"堡垒"行动期间摧毁263辆敌方坦克，但实际数量可能只有其一半。与所有其他型号的德国坦克相比，"豹"式的表现不佳。古德里安是对的，"豹"还没有准备好战斗。7月10日，古德里安视察第四十八装甲军，检查了"豹"式坦克。在战役后的报告中，他强调，在投入战斗之前，必须对车组进行更多有效的训练。

　　7月10日至11日，由于战损和缺乏后续部队，德军在南线的进攻显然已经临近顶点。第四十八装甲军看来已不太可能打到奥博扬。布赖特的进攻也不顺利，损失很大。一开始他的计划是协助掩护党卫军第二装甲军的侧翼，但现在他自身难保，还要德国空军从主要的普罗霍罗夫卡进攻方向上抽调兵力去支援他。尽管豪塞尔的党卫军仍然可以前进，但霍特希望豪塞尔拨1个师来帮助布赖特进攻，这明显违反了一句格言，即"不应为失败添砖加瓦"。比起让豪塞尔分散兵力去帮助布赖特，霍特更应当让克诺贝尔斯多夫和布赖特去增援豪塞

---

　　① 原注：在狭小的坦克炮塔内，乘员出错并不少见，特别是在紧张和疲劳的时候。炮塔内经常会有意外伤害，而且一般都很严重，显然施特拉赫维茨的手臂和肩膀都被压碎了。

尔，以坚持一个有可能获得重大胜利的方向。豪塞尔拒绝了这一命令，就像他5个月前无视曼施泰因不得放弃哈尔科夫的命令一样。

7月11日5时，豪塞尔继续向普罗霍罗夫卡推进，担任进攻的是"警卫旗队"师的派普战斗群，但雨天使他无法获得有效的近距离空中支援。瓦图京火速调集近卫空降第9师去防守普罗霍罗夫卡的最后防线，支援该师的有来自坦克第2军的一些坦克和反坦克单位。党卫军上尉海因茨·克林的4辆"虎"式坦克打头，很快在普罗霍罗夫卡西南5公里处遇到了雷区和反坦克壕，且得到了反坦克炮和火炮掩护。正当工兵试图从雷区中清理出一条道路来时，波波夫坦克第2军有一个排的T-34突然从掩体中出现，发动了一场反击。独立重型坦克第15团的12辆"丘吉尔"坦克也加入反击，从侧翼袭击德军。[108]有一个122毫米口径榴弹炮连对德军的纵队进行了直射。克林的"虎"式开火掩护工兵，但自己被多次命中，他和副手受了重伤，把指挥权交给了米歇尔·魏特曼少尉。虽然"虎"式坦克击毁了大量敌军坦克和反坦克炮，但工兵花了2个多小时才清理完障碍。一突破障碍，派普的装甲掷弹兵就和苏军短兵相接，扫清了战壕。但这天剩下的时间都用来阻击苏军的反攻，因此"警卫旗队"师的这支先头部队停留在了普罗霍罗夫卡外围500米远的地方。[109]"髑髅"师在普肖尔河对岸的桥头堡也打得不顺，因为工兵直到7月11日下午才在河上建成一座大型浮桥。然而当该师的坦克开进桥头堡时，却受到苏军炮兵和坦克的猛烈攻击。事实上，让一个机械化师冒着敌人持续不断的炮火从浮桥上渡河是相当莽撞的。战斗进行到此时，霍特打算让第三装甲军和党卫军第二装甲军连成一片，然后占领普罗霍罗夫卡车站，但他明白仍有大量的扫荡工作要做。由于莫德尔在北方的攻势已经破产，南线作战的合理目标应该是继续歼灭苏军的装甲后备力量，而不是进一步延长自己脆弱的侧翼。霍特和豪塞尔都有情报表明瓦图京还有其他装甲预备队，但德军情报部门没有注意到罗特米斯特罗夫的近卫坦克第5集团军的到来①。

---

① 原注：乔治·尼佩和瓦西里·扎穆林都认为霍特知道近卫坦克第5集团军正在接近，或者至少知道苏军正在策划一项重大的反击。或许事实如此，但1943年7月11日的东线形势图上并没有标明这一点。在普罗霍罗夫卡的德军战报中出现了普遍的恐慌，其对苏军竟然发动了如此大规模的装甲进攻感到极为惊讶。

　　豪塞尔的党卫军第二装甲军已经打出一个宽约4公里的狭窄的突出部。"警卫旗队"师在突出部顶端的普罗霍罗夫卡车站，"髑髅"师占据了左翼的普肖尔河谷。由于普肖尔河和其他的大小峡谷，这里的地形十分局促，难以展开大量的装甲部队。随着近卫第6集团军接近崩溃，瓦图京投入了第69集团军的步兵去加强方面军第三道也是最后一道防线。尽管苏军损失很大，尤其是步兵和反坦克炮，但瓦图京和华西列夫斯基元帅（他当时在场）认为，一旦预备队草原方面军投入战斗，战局将转为大大有利于红军。于是瓦图京在华西列夫斯基同意下，于7月10日决定对豪塞尔的党卫军第二装甲军发动大反击，发起进攻的不但有罗特米斯特罗夫的近卫坦克第5集团军，还有卡图科夫的坦克第1集团军和新编近卫第5集团军一部。虽然有大批步兵支援，但瓦图京还是认为这是一次以坦克为主的反击，毕竟有800多辆坦克用来对付一个目标。然而，"魔鬼藏在细节之中"，瓦图京太急于击败豪塞尔，计划制订得非常草率，没有认真准备诸兵种合成作战，在炮兵火力和近距离空中支援方面也没提出什么方案，而罗特米斯罗夫的坦克在进攻开始时只有1.5个弹药基数和1.5个燃油基数[110]。换句话说，罗特米斯特罗夫的精锐坦克部队将被投入到一场像1941年—1942年间多次发生过的计划不周、半途而废的进攻中去。瓦图京和华西列夫斯基是红军最优秀的职业军官，他们知道这样是不行的，但问题在于，在关键问题的决策上，他们往往只是橡皮图章。尼基塔·赫鲁晓夫作为沃罗涅日方面军的高级政委①进入了决策圈，他意识到豪塞尔的继续推进很可能会突破瓦图京的第三道防线，此后将如入无人之境，这是不能接受的。几个月前，朱可夫和华西列夫斯基曾告诉斯大林，沃罗涅日方面军能够挡住德军装甲部队，赫鲁晓夫准备不惜一切代价达到这一目标。由于对现代战争的复杂性缺乏了解，赫鲁晓夫只敦促了近卫坦克第5集团军尽快出动，细节被扔给职业军人。

　　后来，瓦图京决定将坦克第2军和近卫坦克第2军也划归近卫坦克第5集团军——这两个军正在与敌人接触。两个军的并入只徒增了参谋人员的负担。[111]罗特米斯特罗夫直到7月11日18时才发出进攻命令，这使各军及其下属部队几

---

　　① 译注：他的职务是方面军军事委员会委员。

乎没有时间制订和发布自己的战术指令。5个小时后，坦克进入离前线不到2公里的攻击阵地。罗特米斯特罗夫在几乎完全不了解敌人的部署、地形和雷区的情况下制订了进攻计划。大本营预备队提供了大量的火炮来支援他的攻击，包括203毫米榴弹炮和2个BM-13火箭炮团，但通讯不畅和缺少观察哨使得炮击的效果大打折扣。大约在8时30分，苏军对普罗霍罗夫卡西南方向的"警卫旗队"师阵地进行了15分钟近乎无效的炮火准备。苏军的空中支援几乎没有，但豪塞尔立即呼叫了德国空军。德军第一次空袭目标是待命中的苏军重型坦克第36团（装备"丘吉尔"），他们打伤了团长伊万·S.米特罗申科上校。[112]那天上午，在普罗霍罗夫卡以西，并未如世人所熟知的那样，两支庞大的坦克重兵集团打响了传奇般的"史上最大的坦克战"。以东线标准来说，参战的坦克数量算不上十分罕见。罗特米斯特罗夫以坦克第18和第29军同时向"警卫旗队"师发起主攻，两军共有6个坦克旅339辆坦克。坦克第2军和近卫坦克第2军投入了6个残缺的旅向"帝国"师发起进攻，共有190辆坦克。近卫机械化第5军派出了2个机械化旅共66辆坦克参战，自行火炮第1446团还有20辆自行火炮。罗特米斯特罗夫进攻总兵力达到612辆坦克和30辆自行火炮。[113]

　　在德军一方，"警卫旗队"师在普罗霍罗夫卡西南部署了6个装甲掷弹兵营和马丁·格罗斯少校的党卫军第1装甲团第2营（约40辆Ⅳ号和5辆Ⅲ号坦克），该团第13连（4辆"虎"式坦克）则部署在战线后方。党卫军坦克歼击车第1营至少部署了1个排共5辆"貂"式坦克歼击车直接支援装甲掷弹兵。"警卫旗队"师与其炮兵部队通讯十分顺畅，在朝向普罗霍罗夫卡的开阔地带建立了强大的反坦克防御系统。大约8时30分，苏军开始地面进攻，博伊斯·S.巴哈罗夫少将的坦克第18军和伊万·F.基里琴科少将的坦克第29军并肩越过狭窄的前线。两军在进攻第一梯队部署了4个坦克旅（步兵都坐在坦克上），第二梯队部署了1个坦克旅和1个机械化旅，还有1个坦克旅作为第三梯队。7月12日的这2支部队占了罗特米斯特罗夫攻击力量的一半以上，共350辆坦克和自行火炮。苏军坦克必须要穿越1500米长的开阔地，但由于沟壑纵横以及战场上弥漫着的浓重烟雾，德国人只能隐约看到有大量坦克在前进。第6装甲连连长鲁道夫·冯·里宾特洛甫中尉距离苏军坦克最近，当装甲掷弹兵开始打出紫色的烟雾弹时，他明白敌人的坦克来了。[114]

　　罗特米斯特罗夫的坦克来得很快，令德军措手不及，但装甲掷弹兵运用所有的反坦克武器开火并呼叫炮兵支援（尽管向移动的车辆进行间接瞄准射击非常困难）。当苏军冲过里宾特洛甫的阵地时，里宾特洛甫的7辆Ⅳ号坦克打瘫了苏军坦克第170旅的一些坦克，不过自己也损失4辆。苏军坦克在行进中开火，尽管准确度很低，但在200米内还是可以打中几炮。党卫军少校约阿希姆·派普的装甲掷弹兵被迫用磁性空心装药手雷进行近距离战斗，因为苏军的坦克和步兵几乎已经碾过他们的头顶。只用了短短30分钟，苏军坦克就突破了"警卫旗队"师的外围阵地，有些坦克甚至冲到德军的榴弹炮兵阵地。然而，罗特米斯特罗夫的进攻却突然变成了悲剧，原因在于他们遇上了前几天被自己人放弃的反坦克壕。显然苏军坦克手对此一无所知，德军的报告称一些T-34全速冲进了沟里。苏军4个坦克旅在壕沟的另一边开阔地停下，因为他们没有工兵援助。格罗斯的33辆坦克、里宾特洛甫剩下的3辆Ⅳ号坦克外加那4辆"虎"式对进退两难的苏军坦克发起反击。在800米距离上，他们粉碎了前面2个旅，宣称击毁60辆坦克。苏军的坦克第170和第181旅试图绕到格罗斯的部队侧翼，但遭到了4辆"虎"式坦克的射击，并被有条不紊地逐个消灭。[115]与此同时，基里琴科的坦克第29军一部攻击了阿尔伯特·弗雷中尉的党卫军第2装甲掷弹兵团，他们位于斯托罗热沃耶（Storozhevoye）的树林中。弗雷得到党卫军中士库尔特·萨姆特赖特指挥的5辆"貂"式坦克歼击车援助，共打瘫正在逼近的苏军坦克第25旅24辆坦克。到9时，罗特米斯特罗夫的第一梯队已遭重创。不过第二梯队在9时20分继续进攻，机械化第53旅突破最深，越过了反坦克壕，但在此过程中伤亡1100人。不久，第三梯队又在午后发起进攻，但很轻易就被击退了。

　　再往南面一点，"帝国"师负责一道较长的战线，宽约13公里。党卫军第2装甲团没有能作战的"虎"式了，但它的一个装甲营有18辆Ⅳ号坦克、34辆Ⅲ号坦克和一些缴获的T-34。坦克第2军和近卫坦克第2军直到11时40分至12时才发起攻击，那时罗特米斯特罗夫在主攻方向上已经失败了。这2个军发起了几次坦克冲锋，折损不多，但也没有突破德军防线。下午晚些时候下起了雷暴雨，2个坦克军都停止了进攻。罗特米斯特罗夫的4个坦克军共有359辆坦克和自行火炮被打瘫（后来修好了其中的152辆）。基里琴科的坦克第29军损失最严重，199辆装甲车辆被击毁153辆。罗特米斯特罗夫的人员损失为3563人（内有1500多人死亡或失踪），其中包括2个旅长。[116]德军损失不大，"警卫旗队"师伤亡374人，约10—12辆Ⅳ号坦克和1辆"虎"式坦克被击毁。[117]"帝国"师有211人伤亡，显然没有坦克损失[118]。

　　普罗霍罗夫卡战役有两个重要的后续。第一个是，即便在罗特米斯特罗夫的坦克正在进攻之时，"髑髅"师让它的2个装甲营（共54辆Ⅲ号、30辆Ⅳ号和10辆"虎"式坦克）渡过普肖尔河浮桥，向北攻击苏军近卫步兵第95师的阵地。隐蔽的反坦克炮给党卫军少校格奥尔格·博赫曼德第3装甲团的这2个营带来重大伤亡，但他们突破了苏军阵地，成功向北前进。然而，博赫曼接下来遇到了大麻烦，近卫步兵第33军集中了200门火箭炮和几个榴弹炮团对着装甲矛头进行轰击，给随同行进的SPW装甲半履带车和轮式车辆造成巨大损失。到17时30分，博赫曼的装甲部队成功前进了5—6公里，这是德军在"堡垒"行动中取得的最为深入的进展，然后他决定停止前进。尼佩认为，博赫曼有45辆坦克被打瘫或受损，包括全部10辆"虎"式坦克，"髑髅"师死伤316人。"虎"式坦克连连长阵亡。有趣的是，泽特林的统计数字认为，"髑髅"师在7月12日只有一辆Ⅲ号坦克被打坏，这明显与实际参战者的报告不符。[119]除了自身的损失外，德军还因为前面出现了新来的近卫坦克第24旅和近卫机械化第10旅而沮丧。这2个旅来自机械化第5军，有100多辆坦克。此时博赫曼的装甲部队弹药和燃料不足，步兵和炮兵支援有限，无法和另一支敌人的强大生力军作战。于是博赫曼停下来过夜。

　　另一个重要后继是布赖特的第三装甲军在普罗霍罗夫卡与党卫军第二装甲军迟来的会合。布赖特的军在试图连结豪塞尔的右翼时遭受了重大伤亡。到7月11日，第三装甲军只有大约105—110辆坦克还能作战，其中大约有31辆是Ⅳ号坦克，还有十几辆"虎"式坦克。7月11日—12日晚上，第6装甲师展开一次孤注一掷的行动，弗朗茨·贝克少校[①]的第11装甲团第2营（约20辆坦克）

---

　　① 原注：弗朗茨·贝克（1898—1978）在战前是一名牙医和后备军官，在装甲部队中迅速成长。在波兰，他担任35(t)坦克排排长，1940年在法国任连长，1942年任营长。1942至1943年间的"冬季风暴"行动、第三次哈尔科夫战役和"堡垒"战役中，他指挥第11装甲团第2营。1943年11月，他被提升为候补中校，指挥第11装甲团。

和第114装甲掷弹兵团第2营的SPW装甲半履带车发动了夜袭，他们用两辆缴获的T-34开在纵队最前面进行伪装。贝克的坦克竟然开到了北顿涅茨克河在勒扎夫威茨（Rzhavets）的桥梁附近，苏军一直没有认出他们来。在直瞄距离的一场混战中，苏军一个连的T-34被打瘫，贝克的坦克和装甲掷弹兵占领这座受损的大桥，在北顿涅茨克河对岸建立一个桥头堡。[120]清晨，布赖特其余的装甲部队向西渡河，意欲分割包围3个苏军步兵师并与"帝国"师会合。然而，他们忘了告诉德国空军勒扎夫威茨已经被占领。指挥所被自己的He-111轰炸，第6装甲师师长受伤，第114装甲掷弹兵团团长被炸死。[121]此外，第11装甲团上校团长赫尔曼·冯·奥伯伦·布罗尼科夫斯基受伤，4个营长或死或伤。[122]尽管7月13日至14日，贝克率领装甲部队大举北上，但为时已晚，希特勒已经决定取消"堡垒"计划。

7月13日上午，希特勒在东普鲁士的"狼穴"召见曼施泰因和克卢格讨论"堡垒"行动的问题。克卢格说莫德尔的第九集团军正在全力准备抵挡苏军的反攻，不能再进攻了。曼施泰因则更为乐观，称"库尔斯克突出部的南线已经胜利在望，敌人几乎投入了全部的战略预备队，已经受到了沉重的打击，现在停止行动就等于放弃胜利"。[123]希特勒紧张而忧郁，因为危机时刻不断出现。希特勒不顾曼施泰因对胜利的预言，表示7月10日盟军在西西里的登陆危及了意大利，需要从东线抽调一些部队去防止那里的局势恶化。实际上，正如古德里安预言的那样，希特勒对于"堡垒"行动中巨大的损失和不大的战果感到疑虑，因此不愿把更多的资源投入到里面。最终，他下令终止"堡垒"行动，但允许曼施泰因继续打完在普罗霍罗夫卡的局部战斗。

7月13日，罗特米斯特罗夫的近卫坦克第5集团军仍然处于守势，并击退了"警卫旗队"师向普罗霍罗夫卡发起的有限的攻势。"警卫旗队"师伤亡326人，但一无所获。在普肖尔河北面，机械化第5军和近卫第5集团军向博赫曼发动了一次反击，巨大的压力迫使他退回桥头堡。不过，7月13日至14日的主要行动还是党卫军第二装甲军和第三装甲军试图围歼苏军步兵第48军的努力。丢失勒扎夫威茨使这个军变得脆弱，贝克带领第三装甲军剩下的坦克向苏军近卫步兵第81师发起猛攻，"帝国"师则攻打这个小突出部的另一侧。尽管苏军坦克第2军和近卫坦克第2军对德军包围步兵第48军的钳形攻势进行了抵抗，但没有成功，瓦图京命令步兵第48军撤退。7月15日5时左右，党卫军第二装甲军和第三装甲军终于在沙霍沃村（Shakhovo）建立了联系，但步兵第48军在钳子合上的那一刻从突出部溜走了。

库尔斯克战役的意义

库尔斯克是一个极具争议性的战役。战斗结束后，华西列夫斯基元帅写了一份报告，试图隐瞒近卫坦克第5集团军失利的真相，但斯大林很快就发现了问题并大为震怒。起初，斯大林想审讯罗特米斯特罗夫并处决他，但华西列夫斯基让他最终平息下来。斯大林转而让政治局委员乔治·M. 马伦科夫组织一个委员会，以确定近卫坦克第5集团军反击失利的原因。马伦科夫的报告是保密的，但它的结论是，近卫坦克第5集团军的攻击是一个典型的反面教材。[124]罗特米斯特罗夫被允许继续指挥近卫第5集团军到1944年中期，后来他明升暗降，被派去从事各种高级文职工作。

20世纪60年代，库尔斯克在西方并不出名。最初，流行的古德里安和弗里德里希·威尔海姆·冯·梅林津回忆录把库尔斯克描述为决定性的失败，但这种观点受到了曼施泰因回忆录的挑战，曼施泰因抱怨希特勒终止"堡垒"行动的决定"放弃了到手的胜利"。保罗·卡雷尔①在1964年—1970年写成的著名著作中附和了曼施泰因的看法，认为曼施泰因处于一场伟大胜利的前夜，是希特勒抽掉了他脚下的凳子，这一结论塑造了库尔斯克早期的历史学形象。卡雷尔的作品也创造了一个参与"堡垒"行动的武装党卫军的英雄神话，直到今天仍然有着很高的可信度。库尔斯克的苏联版本首次出现是在1958年的多卷本《伟大的卫国战争史》和20世纪60年代罗特米斯特罗夫那本并不准确的回忆录中。这些用来洗白的作品是为了掩盖红军在战斗中不成比例的损失和赫鲁晓夫（时任苏共中央第一书记）在近卫第5集团军灾难性的进攻中扮演的角色。苏方的说法把普罗霍罗夫卡之战神化，称之为"历史上最伟大的坦克战"，格里戈

---

① 原注：卡雷尔，即党卫军中校保罗·卡尔·施密特，第三帝国外交部的新闻发言人，也是非常成功的《信号》杂志创办人。他是第三帝国宣传机器的干将，但战后没有被起诉，他改名为"保罗·卡雷尔"。他的书很有趣，而且文笔很好，但同时也继承了德国战时的宣传路线，即苏联人之所以获胜，只是因为数量多。

里伊·科尔图诺夫则声称"德国人在一天之内损失了350多辆坦克和1万多名官兵"[1]。苏联历史学家认为库尔斯克决定了东线战争的结果，"德国人流尽了鲜血"，永远失去主动权。[125]这一版本和卡雷尔的版本融合在一起，对通俗著作和学术著作都产生了影响。到20世纪90年代中期，就连经验丰富的作家如艾伯特·西顿，约翰·埃里克森和戴维·格兰茨，也接受了这些对库尔斯克战役的描述，认为这是历史事实。1995年，格兰茨关于东线的单卷本——划时代的《巨人的碰撞》仍然认为德军在普罗霍罗夫卡损失了320辆坦克和突击炮。[126]就在此时，发生了两件事，使得之前大部分关于库尔斯克的历史著作都沦为空谈：一是党卫军第二装甲军的记录可供查阅了；二是苏联解体后公开了部分苏联时期的档案。

　　泽特林、尼佩、格兰茨和扎穆林基于这些新史料写出的书给予库尔斯克更为真实的解读，但偏见仍然存在。泽特林采用一种唯物主义的方法，根据更为丰富——但并不完整的数据，对这场战役进行了大量的统计分析。他用核销的坦克数字来说明德国装甲部队在库尔斯克并未被打残，仍然保有继续前进的能力，如果希特勒允许内林的第二十四装甲军增援霍特的话更是如此。不过，泽特林的数字有些地方有虚，他假设没有被完全摧毁的坦克对德国人仍然有用，因为它们可以被修复，但实际上，被地雷和反坦克炮一再损伤的坦克会越来越"降格"，其战斗价值会变得微乎其微。他也没有正确看待德军的大量减员：到7月13日，曼施泰因的装甲师已经有大批军官伤亡，包括3个装甲团团长和许多营、连长，军官的伤亡对部队的士气和执行力都产生了负面的影响。"虎"式坦克部队受到的打击尤为严重，第503重装甲营40%的官兵伤亡，党卫军独立"虎"式坦克连损失了多名连长。人员损失对装甲部队的打击是最严重的，经验丰富的指挥官、炮手和驾驶员很难由后备人员或半吊子新兵顶替。泽特林的错误在于，虽然德国坦克的核销数字与苏联的损失相比很低，但修过的坦克和残余的车组在战斗效率上与刚开始进攻时是没法相提并论的。

　　1996年，业余历史学家乔治·尼佩的著作《在乌克兰的决断》采用了一

---

① 原注：有趣的是，苏联解体后，科尔图诺夫承认，他夸大了德国的损失，并参与了官方对库尔斯克苏军损失的洗白。

些来自德国记录的新数据，却落入附和曼施泰因的陷阱中，认为"堡垒"行动是一场"失去的胜利"。尼佩没有参考任何苏联记录，却认为罗特米斯特罗夫在普罗霍罗夫卡损失了600—650辆坦克，德军在这一地区占有坦克的数量优势，是否投入内林的第二十四装甲军成了决定性的因素。[127]1999年，戴维·M.格兰茨根据苏德双方的记录，写出了所见到的最好的关于库尔斯克的单卷本历史，但他未能分析7月8日和12日苏军大规模装甲反击失败的原因，也没有解释为什么党卫军第二装甲军能够如此迅速地突破瓦图京的防线。2011年，尼佩重新回到争论中，出版了《鲜血、钢铁和神话》，把焦点集中到党卫军第二装甲军身上。尽管他还是没有采用苏联的数据，但详细补充了武装党卫军的作战情况，并得出结论，认为参加普罗霍罗夫卡战斗的坦克数量远远少于之前所认为的，尤其是德军方面。的确，现在已经很清楚，参加1943年7月12日战斗的德军坦克不超过210辆，苏军不超过642辆，在数量上不及1941年在斯摩棱斯克附近和1942年在沃罗涅日发生的一些坦克交战。尼佩还推翻了自己之前的观点，认为攻占普罗霍罗夫卡不会对战局产生什么影响，是否投入第二十四装甲军也不是决定性因素。最后，瓦西里·扎穆林独创的《打破神话》（2011）披露了苏方关于这场战役的一系列珍贵记录，提供了更为切实的解释。

虽然霍特的第四装甲军给罗特米斯特罗夫的近卫坦克第5集团军造成了严重的损失，但苏军的地雷、反坦克武器、大炮和空袭实际上却在消耗德军协同作战的各个兵种——这正符合苏军最高统帅部的设想。虽然霍特可以用剩下的坦克拼凑出一支突击力量，但装甲掷弹兵和工兵的损失令他进一步的推进面临重重困难。截至7月15日，曼施泰因的部队已有28000人伤亡，其中5600人死亡或失踪。[128]南方集团军群投入"堡垒"行动的3个装甲军总共还剩下340辆坦克（包括134辆Ⅳ号和33辆"虎"式）和156辆突击炮可以作战（差不多是行动开始时的三分之一）。根据泽特林的说法，南方集团军群只损失了119辆坦克和10辆突击炮，但这同时意味着有超过800辆装甲车辆正在维修。[129]虽然库尔斯克算不上是德国装甲部队的"死亡之旅"，但许多德国装甲部队，如布赖特所辖的全部3个装甲师以及"豹"式坦克旅，都因损失惨重而失去战斗力。事实上，曼施泰因剩余的装甲战斗力有一半集中在豪塞尔的党卫军第二装甲军，另外2个装甲军已经没有进攻能力了。7月12日，在普罗霍罗夫卡的战斗之后，党卫军第二装甲军还可以向北长驱直入的说法在许多层面上都是荒谬的，首先是那些消耗德国装甲部队的因素——地雷、反坦克炮和大炮以及缺少步兵掩护侧翼——仍然存在，苏联空军也完好无损，经常在开阔地带给予德军装甲部队损伤。

"堡垒"战役并不像苏联历史学家多年来描绘的那样，是德国装甲部队的"死亡之旅"，其与这一描述差得很远。不过，它也不像曼施泰因所宣称的那样是"失去的胜利"，因为苏军当时已经可以比德军更快地补充自己的损失。应当说，"堡垒"战役是德军传统诸兵种合成作战方式的终点，这种方式是以机械化机动部队和近距离空中支援一体化为基础的。在库尔斯克之后，德国人仍然拥有大量的坦克和突击炮，但是辅助部队、空中支援和有经验的军官越来越少，德军步兵师战斗力逐渐低下，这使得装甲部队越来越难以占领或夺回阵地。

德国人在库尔斯克吸取了错误的教训，认为这是一场坦克对射的竞赛，火力上压倒对方的一方胜利。"虎"式坦克在"堡垒"行动期间表现优秀，给敌人造成了不成比例的巨大损失，自身又扛住了大量敌军火力。在"堡垒"行动期间，117辆"虎"式坦克只有11辆被摧毁，尽管它们的战备率很低，每次作战行动都只有几辆"虎"式参加。德国人越来越相信长炮管的75毫米和88毫米火炮，转而放弃机动能力。"堡垒"行动期间，Ⅲ号坦克一般只留作充数，Ⅳ号坦克被认为是二流。希特勒和陆军司令部相信"豹"式最终会平衡苏军的数量优势，尽管其表现不佳。建造新的重型坦克，如正在研发的68吨重的"虎王"坦克，而非生产更好的中型坦克，被认为是对付苏军坦克数量优势的出路。事实上，库尔斯克之后，国防军已经对生产更多更好的30吨级的坦克失去兴趣，幻想依靠少量的超级重型坦克扭转失败的战局。

苏军在库尔斯克的损失较难确定，但沃罗涅日和草原方面军在抵御曼施泰因的进攻时伤亡大约148000人，损失1600—1900辆坦克和自行火炮。不过，草原方面军不断把新的预备队投入战斗，即便希特勒已经取消行动，瓦图京手里仍然有1500—1900辆可以作战的坦克和自行火炮。对阵"豹"式和"虎"式时的痛苦经历激励了装甲车辆总局研发T-34的新型号和新的重型坦克，并在6个月内催生出T-34/85型和IS-2坦克。不过，红军始终把中型坦克作为战场主力，只有在德军重型坦克出现时，为了平衡战局，己方的重型坦克才会登场。

和德国国防军相反，库尔斯克战役使红军认识到装甲战并非坦克的独角戏，他们学会了利用反坦克武器和火炮来弥补自己在坦克战术方面的短板。库尔斯克的失利让红军明白发动仓促和草率的进攻会使结果适得其反，他们开始以更有条理的方式组织战斗。随着时间的推移，苏军在诸兵种合成作战方面的进步证明比德军坦克火力的进步更具有决定意义。

库尔斯克战役很少有人考虑的一个方面是它并不像是一场决战。双方的资源都被过度使用，但都没有实现自己希望的目标。在苏联方面，红军希望德军来攻击自己的雷区和反坦克炮阵地，却不愿承担任何德军突破的风险。每当德军装甲部队要突破苏军防线时，苏军指挥员就用手头大部分能用的装甲部队进行反击，导致最后和德军突击集群进行正面交战。然而，红军若想在库尔斯克取得决定性的成功，指挥员就应当让德军的突击矛头扎进防御的纵深地带，以制造其脆弱的侧面。从"堡垒"行动的可用兵力来看，德军的钳形攻势无法只凭手头有限的师推进到库尔斯克并建立可靠的防线。如果能冲到库尔斯克，曼施泰因还需要增加十几个师来掩护两翼。若缺少这些部队，德军的突击越深入，其侧翼就拉得越长，也越脆弱。如果斯大林赋予罗科索夫斯基和瓦图京更多的灵活性，允许他们放弃某些地区，那么苏军对德军伸长的突出部发动的坦克反击将更有效，更可能包围和歼灭某些前来进攻的装甲师。

在德国方面，由于缺乏行动的灵活性，"堡垒"行动甚至在开始之前就失去了取得决定性战果的机会。德国人非常清楚，苏联人已经知道了他们要在哪里进攻，正在部署强大的部队来进行防御。既没有出其不意，也没有有利的兵力对比，"堡垒"行动被限定为正面进攻。然而，德国人可以用显而易见的钳形攻势作为掩饰，把大部苏军固定在其防御位置，而把真正的进攻方向转移到库尔斯克突出部的正面。如果莫德尔和曼施泰因能让部分装甲力量转而进攻相对弱小的苏军第38和第60集团军，同时对苏方预期的地点进行有力的佯攻，他们很可能会形成战役上的突然性和压倒性的局部优势。来自突出部正面的威胁使苏军来不及做出任何反应，况且苏军的战役预备队部署得并不好，无法迅速响应这一威胁。库尔斯克突出部正面阵地的地雷和反坦克炮要少得多，德军有可能迅速实现突破，比突破三道防线付出的代价更少，曼施泰因还可以通过缩小库尔斯克突出部的规模来缩短他的战线。如果采用"避实击虚"这一1941年—1942年装甲部队青睐的战术，德军很可能在1943年夏天取得一场或数场漂亮的胜利。然而，德军的僵化导致"堡垒"计划垮台，指挥官们没有发挥机动性，而是选择使用蛮力。

"库图佐夫"行动，1943年7月12日—8月18日

罗科索夫斯基一意识到莫德尔已经停止进攻，就向最高统帅部报告。最高统帅部要求中央、布良斯克和西方面军尽快发动事先计划好的反攻，即"库图佐夫"行动。这一行动从春季就开始详细策划，打算从三个方向进攻并击溃奥廖尔突出部的德军。[130]在间歇期，最高统帅部在西方面军和布良斯克方面军处部署了大量战争资源以进行战役准备。雷巴尔科的近卫坦克第3集团军和巴达诺夫的近卫坦克第4集团军被安排在战斗打响后加强攻势。然而，"库图佐夫"行动取得成功的两个重要前提条件没有得到满足：一是莫德尔的装甲后备部队本应在普霍夫设下的屠场上被碾碎，但事实并非如此；二是苏联空军应当夺取奥廖尔上空的制空权，但此时尚未实现。此外，苏军的3个方面军应该同时发起进攻，但罗科索夫斯基的中央方面军还需要几天恢复元气。因此，"库图佐夫"战役的实施并不协调，这让莫德尔得以集中力量来逐个应对威胁。

在莫德尔停止进攻的次日，西方面军和布良斯克方面军就开始在奥廖尔突出部的北面和东面对德国第二装甲集团军进行积极的侦察。该集团军以第三十五、第五十三和第五十五军的12个步兵师防御着一道250公里宽的阵线，唯一可以动用的机动力量是第5装甲师和第25装甲掷弹兵师，两者都不满员。尽管第二装甲集团军占据这条防线的大部分地域已经一年多了，地雷和战壕等工事较为完备，但他们几乎没有得到任何补充，优先权给了准备"堡垒"行动作战的第九集团军。因此，在奥廖尔突出部北面的德军阵地相当薄弱。

在"库图佐夫"行动开始前的最后一刻，德国人观察到即将发生的事情，莫德尔开始将反坦克力量向第二装甲集团军转移，包括一些剩下的"斐迪南德"和新的"黄蜂"坦克歼击车。第三十五军军长洛塔尔·伦杜利克步兵上将在突出部东面建立起一个尤为强大的反坦克阵地。尽管马尔基安·M.波波夫上将在"飞跃"行动中表现平平，但他被任命为布良斯克方面军的司令员，负责指挥"库图佐夫"行动的主攻方向。然而，他在制订计划和组织部队方面投入的精力一如既往的不足。7月12日3时30分，布良斯克方面军和西方面军开始进

攻，8个炮兵师进行了长达150分钟的大规模炮击。[131]德军阵地遭受了前所未有的打击，这是苏军首次尝试新型的进攻方式，令之前的所有进攻都相形见绌。

在炮火延伸之后，苏军突击部队开始前进，波波夫派出第3和第63集团军的7个师进攻伦杜利克的2个师，在冲劲耗尽之前楔入德军防线5公里。德军第六航空队击落50架苏军飞机，把负责掩护波波夫的苏联空军第15集团军赶走了。第二天依然如此，德国空军的FW-190战斗机击落近50架苏联空军第15集团军的伊尔-2强击机，使波波夫失去了近距离空中支援。[132]波波夫没有受到这一损失的影响，决定投入装甲部队以扯开一个突破口，他派出了300多辆坦克，包括3个团的KV-1重型坦克。在1939年—1940年，KV-1本被设计为一种用来突破的坦克，这里本该是它可以一展身手的那种正面进攻。但现在是1943年，KV-1只能沦为一个巨大而缓慢的靶子。伦杜利克在阿克汉格尔斯考耶村（Arkhangel'skoye）附近建立了一个高效的反坦克阵地，部署坦克歼击车第521连的9辆"黄蜂"88毫米自行火炮，以及一些新的75毫米Pak 41牵引式反坦克炮[①]，发射PzGr 41钨芯穿甲弹。雅科夫·F.迪利格奇中校的坦克第114团在光天化日下穿越开阔地，这些KV-1坦克大部分在离德军防线很远的地方就被击毁，进攻失败了。库尔斯克战役是KV-1重型坦克的绝唱，后来它就被淘汰，取代它的是一种新的重型坦克。尽管如此，波波夫还是让米哈伊尔·F.帕诺夫少将的近卫坦克第1军来增援第3集团军的进攻，原本这个军是用来突破后扩大战果的，它在付出巨大的代价后取得了一些进展。

伦杜利克投入他的预备队第36摩托化步兵师来迟滞帕诺夫的近卫坦克第1军，莫德尔也答应把第2和第8装甲师派往这一地区。不过，莫德尔在别的地方也有麻烦。瓦西里·D.索科洛夫斯基的西方面军派出伊万·巴格拉米扬上将指挥的近卫第11集团军进攻德军第五十三军在乌里扬诺夫（Ulyanovo）附近的阵地。在这个地区，红军占有很大优势，巴格拉米扬集结了6个步兵师和几个近卫坦克旅，在炮兵第8军的支援下，进攻德军一个孤零零的师——第293步兵师。这个师先是被重炮猛轰，又遭到苏联空军第1集团军的轰炸。第六航空队把全

---

① 原注：Pak 41是德国最优秀的牵引式反坦克炮，1942年4月投产，但只生产了150门。它采用锥形膛原理设计，炮口初速可达1125米/秒。其发射的钨芯炮弹可以在2000米开外击穿KV-1坦克厚厚的正面装甲。

部资源都用在了抵御波波夫的布良斯克方面军上，因此无力在这里阻止苏军飞机夺取制空权。当巴格拉米扬的步兵在坦克的支援下开始冲锋时，德军第293步兵师崩溃了，苏军迅速前进。德国人只有唯一一次机会来阻止巴格拉米扬的突破，恩斯特·费肯施泰特少将的第5装甲师（有100辆坦克）的集结地域就在30公里外。第五十三军立即要求费肯施泰特增援危如累卵的乌里扬诺夫地区，但他花了很长时间来收拢部队，然后选择向苏军突击方向的右侧前进，而非迎面阻击。费肯施泰特的无能之举是因为缺乏装甲指挥的经验，他是一名职业参谋军官，由于没有更好的人选才被推上师长的位子。到1943年，德国装甲部队不再由古德里安或隆美尔这样的指挥官领导，他们的位置被费肯施泰特这样平庸的人取代。由于费肯施泰特没有立即反击巴格拉米扬的突破，近卫第11集团军在"库图佐夫"行动的第一天就前进了超过10公里。对德军来说祸不单行的是，布良斯克方面军的第61集团军在博尔霍夫以北单独发起进攻，并成功地渡过奥卡河，在第二装甲集团军的前线制造了另一个小缺口。不久以后，苏军坦克第20军就进入这个桥头堡。

　　莫德尔开始从"堡垒"行动的战场上重新调动装甲部队，以阻止布良斯克方面军和西方面军的进攻。但直到7月14日，希特勒才把奥廖尔战场的最高指挥权交给莫德尔。莫德尔认为费肯斯泰特的第5装甲师能够迟滞近卫第11集团军，因此决定集中力量首先击败波波夫的布良斯克方面军。他把剩余的26辆"费迪南德"全部交给伦杜利克的第三十五军，要求空军所有飞机都支援这一地区，此外他还派遣第12装甲师去阻击进攻的苏军第61集团军。第653坦克歼击车营的"费迪南德"被部署到一个位置极佳的阵地上，当波波夫的装甲部队在7月14日发起进攻时，"费迪南德"的88毫米长身管火炮在远距离击毁22辆敌军坦克[133]。波波夫的进攻几乎停顿下来。

　　但是，费肯施泰特没能挡住近卫第11集团军的突破。7月13日，巴格拉米扬的突击部队在乌里扬诺夫附近第五十三军的阵地上撕开一个很大的缺口。巴格拉米扬认为他已经实现了战术突破（即敌人的阵地被撕开，但我军尚未深入），于是他把用来扩大纵深的力量——瓦西里·V.布特科夫少将的坦克第1军和米哈伊尔·G.萨赫诺少将的坦克第5军投入到突破口。这一大群苏联坦克向南推进，绕过无用的德军第5装甲师，沿途消灭德军的后方部队。德军唯一得以免于彻底失败的是这一突破发生在森林茂密的偏远地区，道路只有林间小径。地形延缓了巴格拉米扬的突破，让莫德尔回过神来，派出第12、第18和第20装甲师向乌里扬诺夫前进。7月14日，施利本的第20装甲师遭遇了苏军坦克，但他选择机动迟滞，而不是立刻发起反击。和费肯施泰特一样，施利本也不是隆美尔。德国空军起初也帮不上什么忙，第六航空队正在和苏联空军3个集团军纠缠，无法处处保持制空权，燃料短缺也妨碍了德国空军在这一关键时刻的行动。当他们开始阻击巴格拉米扬时，来自苏联空军第1集团军的战斗机击落了5架Bf-110战斗机和15架轰炸机——这和国防军在俄国所习惯的那种战争大相径庭。[134]

似乎莫德尔还不够忙。7月15日晨，罗科索夫斯基的中央方面军加入"库图佐夫"行动，进攻第九集团军所在的位于乔普洛耶附近的突出部。索旺少校的"虎"式坦克在高地占据了绝佳的射击位置，成为苏军坦克第16和第19军的巨大障碍。在7月15日至17日的战斗中，索旺的16—20辆"虎"式坦克打瘫了54辆苏联坦克，自己只损失2辆。[135]虽说如此，但莫德尔即便是把他的装甲师沿着越来越小的奥廖尔突出部摆成一个圈，也不能无限期抵挡苏军3个方面军的进攻。于是，7月16日，莫德尔决定把第九集团军撤回到"堡垒"行动开始前的地方，只将第4装甲师和索旺的"虎"式坦克留下来抵挡罗科索夫斯基，其他的所有装甲部队则都前去对付波波夫和巴格拉米扬。莫德尔派哈佩去指挥抵御巴格拉米扬，第六航空队也得到增援——包括汉斯·乌尔里希·鲁德尔的第2攻击机联队第3大队和埃里希·哈特曼上尉的第52战斗机联队第3大队。[136]哈佩让第18和第20装甲师阻击萨赫诺的坦克第5军，第六航空队则试图从苏联空军第1集团军手中夺取制空权，但没有成功。德国空军在奥廖尔上空被击落的数量迅速增加，第六航空队无法给莫德尔提供实施一次成功的反击必需的空中支援。鲁德尔被击落（但他幸免于难），埃里希·哈特曼的精英战斗机大队也疲于应付拥有数量优势的苏联空军第1集团军。[137]巴格拉米扬继续推进，但朱可夫暂时拒绝了他增派援军的请求，并要求他向东面的博尔霍夫前进，别去向南切断奥廖尔突出部。朱可夫知道莫德尔仍然掌握着强大的机动预备队，因此显然非常担心投入大量坦克部队却扑个空。他决定控制巴格拉米扬的节奏，用正统的、经过精心组织的方式实施"库图佐夫"战役，而非实施大胆的运动战。7个月前，朱可夫刚在勒热夫突出部吃了莫德尔的亏，因此决定现在还是以稳妥为主——这使得后者的2个集团军得以摆脱被包围的命运。

过去，苏联做不到令3个方面军同时进攻一支德国军队，但现在红军的作战效率已经提高到可以协调一致行动的程度，德国人在四面八方遭受打击。苏联炮兵尤占优势，德国的每一处前线阵地都被逐渐削弱。面对日益恶化的局面，莫德尔选择用坦克发动破坏性进攻，以打乱苏军攻势。7月17日，德军第2、第8装甲师对帕诺夫的近卫坦克第1军发动猛烈的反击，打瘫了25辆坦克。但是，伦杜利克的第三十五军逐渐被波波夫的第3和第63集团军的步兵和炮兵消耗，最后被迫撤向奥廖尔。莫德尔授权伦杜利克在必要的时候进行战术退却，不必报告希特勒和陆军司令部。7月19日，朱可夫终于同意让新组建的雷巴尔科近卫坦克第3集团军加入波波夫的方面军作战，此时伦杜利克为了缩短战线已经撤退，苏军坦克部队扑了个空。

7月20日，哈佩稳定了北面的形势，并使巴格拉米扬的攻势几乎停顿。陆军司令部把几个步兵师调去重新堵上第五十三军之前的缺口，莫德尔成功把"大德意志"师从曼施泰因手里要了过来。巴格拉米扬的近卫第11集团军补给线已经拉得太长，但波波夫的布良斯克方面军后勤供应情况仍然良好，因为他们附近有2个运转良好的火车站，波波夫准备用雷巴尔科的近卫坦克第3集团军来突破伦杜利克日益薄弱的防线。但是波波夫并没有集中使用坦克，而是错误地命令雷巴尔科把装甲部队一分为二：坦克第15军和机械化第2军向西北方向切断奥特拉达（Otrada）的铁路线；坦克第12军向西南方向击溃伦杜利克的1个步兵师。分兵导致苏军能够夺回土地，把德军的防线向奥廖尔方向压缩，但近卫坦克第3集团军没有包围或歼灭任何德军部队。相反，德军还以第12装甲师阻挡了雷巴尔科的近卫坦克第3集团军进入奥廖尔。在北面，哈佩在博尔霍夫周围部署了坚固的防御力量，西方面军没有发挥机动性来绕过哈佩的装甲部队，而是选择了为了这座并不重要的城镇打一场长时间的阵地战。在将近一周的时间里，莫德尔的部队几乎顶住了苏联3个方面军的进攻，但付出的代价很大。"费迪南"坦克歼击车被证明是一种优秀的防御性武器，但由于机械故障和缺乏备件，现在几乎都无法运作。[138]

直到7月26日，苏军才重新获得进展。雷巴尔科的近卫坦克第3集团军向南转移，支援第63集团军向德军第三十五军和第四十六装甲军的结合部进攻。

雷巴尔科的装甲部队无法实现突破，但当罗科索夫斯基把他的部队也投入这里，德军便逐渐顶不住了。德军的反坦克火力打垮了雷巴尔科的装甲部队，在为期一周的战斗中，打瘫其669辆坦克。在北面，朱可夫终于派出巴达诺夫的近卫坦克第4集团军和克鲁科夫的近卫骑兵第2军加强西方面军的攻势，但所获不大。"大德意志"师及时赶到，阻止了克鲁科夫的骑兵切断奥廖尔—布良斯克之间的铁路线。近卫坦克第4集团军只是迫使哈佩放弃了博尔霍夫。[139]莫德尔已经竭尽全力把不可避免的事情拖到最后，在给敌人造成了最大杀伤的同时，也保存了自己的实力。7月31日，他向希特勒请求放弃奥廖尔，撤至哈根防线，这一请求得到了批准。和曼施泰因不同，莫德尔已经制订好一个应急计划，并沿杰斯纳河精心布置了一条后方防线。

第12装甲师在奥廖尔执行后卫任务，推迟了苏军进入该市的时间，并确保奥卡河上所有桥梁都被炸毁。8月4日夜晚，第12装甲师撤离奥廖尔，苏军第63集团军于次日晨开进该市。巴达诺夫的近卫坦克第4集团军和罗金的坦克第2集团军在莫德尔撤退到哈根防线时进行了追击，但莫德尔使用装甲师作为机动后卫部队，成功击退了苏军的骚扰。在这些任务中，德军坦克把主炮转向后方，隐蔽起来，一旦看到苏军先头坦克出现就将其击毁，然后退至下一个位置，周而复始。这种战术让苏军付出了高昂的代价，几个先头旅从此战战兢兢。8月18日，莫德尔的第九集团军和第二装甲集团军残部退到哈根防线。苏军最高统帅部宣布削平了奥廖尔突出部，"库图佐夫"行动结束。在38天的作战中，莫德尔的部队伤亡高达88000人，四倍于"堡垒"行动，其中27000人阵亡或失踪。其麾下的全部8个装甲师都蒙受了很大的损失，包括229辆坦克和坦克歼击车。从"堡垒"到"库图佐夫"，德国中央集团军群损失了三分之一的装甲力量。

虽然"库图佐夫"行动是红军的一次胜利，但在战术层面上，这是一次令人沮丧和代价高昂的战斗。3个方面军总共伤亡429890人，损失了2586辆坦克，即便按照红军的标准也是巨大的损失。此外，3个坦克集团军的表现都不尽如人意，因为他们习惯于打阵地战而不是进行机动作战。苏联坦克部队没能做到突破和包围德军，而是把德军部队推向了下一个迟滞阵地。在重重压力之下，德国坦克手依旧斗志满满，他们伏击苏军的先头营，然后退至下一个阵地。苏军在"库图佐夫"行动中的胜利主要是因为他们有炮兵和空中支援，再加上大量的步兵，而不是因为他们的坦克。因此，"库图佐夫"行动对红军的主要教训之一就是需要更加高效地运用坦克部队，去赢得决定性的而非局部的胜利。苏联的胜利不是靠数量优势，而是靠着顽强不懈的意志。对于德国人来说，"库图佐夫"行动是德军将要面对的局势的不祥先兆。

米乌斯河战役，1943年7月17日—8月2日

曼施泰因为了实施"堡垒"行动，把增援和补充的优先权给了霍特和肯普夫，从而牺牲了他麾下的另外2个集团军——艾伯哈德·冯·马肯森大将的第一装甲集团军和卡尔·阿道夫·霍利德步兵上将的第六集团军。尽管曼施泰因充分预料到苏联的西南方面军和南方面军随时可以对顿涅茨克河或米乌斯河发动一次强大攻势，但他还是相信第一装甲集团军和第六集团军可以挡住苏联人，因此冒着风险把装甲部队主力调去进攻沃罗涅日方面军。苏联方面，最高统帅部指示这2个方面军集结部队等待时机。和捉襟见肘的德军不同，苏军准备了3个机械化军、1个坦克军和20支各类坦克部队共计1300辆坦克来支援这2个次要的方面军。

霍利德的第六集团军以3个军共9个步兵师沿米乌斯河一线布防。第六集团军自3月初重建以来，没有在这里受到过重大打击，但苏军炮兵仍然每月给他们造成1000—2000人伤亡，因此，霍利德的步兵师兵力远低于编制。此外，米乌斯河只是一个小的障碍，平均宽度约50米，水不太深，第六集团军在西岸掘堑固守，辅以地雷和铁丝网等障碍物。德军的主要防线是以一系列驻守连级或营级部队的据点连成的。在反坦克火力上，霍利德有第203和243突击炮营，共40—50门Ⅲ号突击炮。德军通常的防御战理论是固守主防线以迟滞敌人的前进，再发动快速反击来粉碎任何突破。但是，霍利德手头唯一可用的机动后备力量只有格哈德·格拉夫·冯·什未林中将的第16装甲掷弹兵师，共58辆坦克（包括37辆Ⅲ号和11辆Ⅳ号坦克）。

费奥多尔·I.托尔布欣上将指挥的南方面军准备在德米特里夫卡（Dmytrivka）和古比雪沃（Kuybyshevo）之间横渡米乌斯河，突破由德国第十七军把守的霍利德防线的中央。托尔布欣在这里集结了近卫第2集团军和突击第5集团军，准备以卡普·V.斯维里多夫中将的近卫机械化第2军和特罗菲

姆·I.塔纳什申少将的近卫机械化第4军来扩大突破口。为了欺骗曼施泰因，马利诺夫斯基的西南方面军将以近卫第1和第3集团军对霍利德沿顿涅茨克河的左翼发动牵制性进攻。7月17日晨，在短促而猛烈的炮火准备后，托尔布欣下令进攻。第44集团军对南面的德国第二十九军实施助攻，而主攻方向选在德国第十七军第294、第306步兵师的阵地上，并投入7个步兵师。苏联空军第8集团军完全掌握了制空权，提供了有效的近距离空中支援，苏军步兵从河上蜂拥而过。2个德国师都受到苏军炮兵的严重打击，第一天伤亡2100人。苏军迅速在米乌斯河对岸建立起一个纵深4公里的桥头堡，之后德军的反击使苏军进攻的节奏放慢。第44集团军的辅助性攻势也占领了一个小桥头堡。

霍利德意识到，在托尔布欣的机械化军渡河、第十七军彻底崩溃之前，他需要立即发动反击。他一面向曼施泰因和陆军司令部求援，一面决定立刻投入什未林的第16装甲掷弹兵师。曼施泰因已经把内林的第二十四装甲军一部调去对付马利诺夫斯基在伊久姆附近的牵制性进攻，但他还是派出第23装甲师去增援霍利德。希特勒命令曼施泰因把党卫军第二装甲军的2个师和第3装甲师派去拔除苏军在米乌斯河的桥头堡，但这些部队还需要时间从别尔哥罗德地区脱身。

7月18日上午，什未林的师试图进攻苏军桥头堡左侧，但很快遇上了已经过河的斯维里多夫近卫机械化第2军，苏军猛烈的反坦克火力和大炮驱散了德军的进攻。什未林在损失了20辆坦克后撤退。德军的反击一退却，突击第5集团军就继续前进，占领了斯捷帕诺夫卡（Stepanovka）和马林诺夫卡两座城镇。到第二天结束时，苏军在米乌斯河的桥头堡已经扩大到30公里深，45公里宽。得知什未林战败的消息后，霍利德要求尼古拉斯·冯·福尔曼的第23装甲师迅速前进，于7月19日再次反击桥头堡。7月18日晚，下辖第201装甲团第1营、1个"貂"式坦克歼击车连和1个侦察连的桑德尔战斗群先行出发，开始长达170公里的夜间行军，师其余部队跟在后面。令人惊讶的是福尔曼的师竟然做到了在7月19日晨7时开始进攻斯捷帕诺夫卡，但他们很快就遇到了强大的反坦克防御火力，还有苏联近卫机械化第2和第4军的坦克。第16装甲掷弹兵师在还能作战的20辆坦克的配合下发起了进攻。尽管进行了炮火准备，"斯图卡"也飞来支援，但向斯捷帕诺夫卡的两次进攻都失败了。第201装甲团第1营损失了11辆坦克，4名连长各有死伤。第23装甲师共有369人伤亡，其中112人死亡和失踪。福尔曼声称他的师打瘫了14辆敌方坦克和20门反坦克炮，但苏军防线几乎没有动摇。[140]这次进攻失败后，第16装甲掷弹兵师和第23装甲师于7月20日至29日间协助第十七军转入防守。7月20日至21日，托尔布欣的步兵和装甲部队对德军环绕桥头堡的阵地发动进攻，甚至取得了一点进展，但无法破茧而出。7月22日下午，托尔布欣命令塔纳什申的近卫机械化第4军向斯捷帕诺夫卡西南方向的德军第16装甲掷弹兵师防区进攻。塔纳什申以一个140辆坦克组成的堂堂之阵推进，而德军什未林部仅余几辆坦克和第236突击炮营的突击炮。德国空军的88毫米高射炮连又一次挽救了局面，把塔纳什申的大部分坦克摧毁在什未林的阵地前——近卫机械化第4军的进攻溃散了。[141]

在近卫机械化第4军的突破失利后，米乌斯河的战事暂时平静下来，托尔布欣准备重整旗鼓再次进攻。内林的第二十四装甲军到达这一地区，第16装甲掷弹兵师和第23装甲师以及附属的突击炮营都归其指挥。内林把剩下的33辆坦克和47辆突击炮集中起来协助防守主要防线，这条防线上的步兵已经严重不足。此时，豪塞尔的党卫军第二装甲军和第3装甲师正从铁路运来这里，准备倾巢而出发动反击。希特勒决定把"警卫旗队"师调往意大利，因此豪塞尔只剩下"帝国"师和"髑髅"师。这些部队直到7月27日至29日间才抵达霍利德第六集团军的防区。在那里，霍利德准备实施针对苏军桥头堡的大规模反击，行动代号"罗兰"。

霍利德的计划基本上是对苏军桥头堡环而攻之，由"髑髅"师、"帝国"师和第3装甲师对斯捷帕诺夫卡周围的山头进行主攻。豪塞尔的2个师共有119辆可以作战的坦克（包括约15辆"虎"式）和30辆突击炮，在"警卫旗队"师开赴意大利前，它的装甲车辆被留了下来，即便如此，豪塞尔全军的实力依旧缺编30%。[142]弗朗茨·韦斯特霍芬中将的第3装甲师在"堡垒"行动中损失了一半装甲部队，此时可以投入作战的只有37辆坦克，大部分是Ⅲ号坦克；内林的2个师将从西南方向进攻，总共有55辆坦克、28辆突击炮和17辆"貂"式坦克歼击车；第十七军和第二十九军也将各派1个步兵师和少量突击炮在侧翼协同攻击；第六集团军总共派出5个机械化师共300辆各型装甲车辆对米乌斯河的苏军桥头堡发动进攻。然而，这些师无法像以往那样，得到空军的配合。德国空军在"堡垒"行动中遭受巨大的损失，耗尽了有限的燃料储备。

第八航空队损失300架飞机，其中包括50多架Ju-87"斯图卡"，因此无法提供近距离空中支援。在"堡垒"行动中，"斯图卡"中队损失了8名最好的飞行员，都是骑士铁十字勋章的获得者。[143]

托尔布欣的2个机械化军在冲出桥头堡的努力中损失了相当多的坦克，但每个军可能仍有40—50辆坦克，一些补充的坦克也到达了。更重要的是，近卫第2集团军近卫步兵第1军已经彻底加强了斯捷帕诺夫卡镇的防御，他们布设了一个密集的三层雷区，并由多个反坦克炮阵地进行火力覆盖。此外，苏联空军第8集团军还能为守军提供战斗机掩护和近距离空中支援。

"罗兰"行动于7月30日8时10分开始。显然，豪塞尔的攻击部队只有最低限度的炮兵支援，没有空中掩护。"髑髅"师是进攻的主力，68辆坦克排成两列纵队，沿山脊线向斯捷帕诺夫卡以东的213.9高地前进。该师师长党卫军少将赫尔曼·普里斯把10辆"虎"式坦克放在最前面，这被证明是一个错误。出发后走了约1公里，"虎"式坦克意外进入一个密集的雷区，7辆坦克的履带被炸断，无法再行动。苏军76.3毫米的ZIS-3火炮从侧翼猛烈开火，山脊线上的德军坦克完全暴露在天际线下，成了绝佳的靶子[①]。塔纳什申剩下的T-34都躲进了挖好的阵位里，只有炮塔露在外面，大部分ZIS-3反坦克炮也隐藏得很好。苏军步兵使用PTRD反坦克枪到处开火，德军坦克车长不敢露头观察——这样就很难发现敌人的反坦克炮。不能动弹的"虎"式坦克被反复命中，很快就失去了战斗力（因无法回收，后有2辆被车组自毁）。"髑髅"师的其他坦克和突击炮也遭到打击，尽管师属工兵努力清理雷区，但"髑髅"师的进攻还是被打退了。该师的师属炮兵又试图集中火力压制苏军防御，但也没有成功，因为难以准确定位。"帝国"师同样没有获得很大进展，他们在斯捷帕诺夫卡以西遇到了雷区和反坦克炮，有25辆坦克被打瘫。给豪塞尔雪上加霜的是苏军的伊尔-2强击机，它们多次突击德军的进攻编队，而且没有受到德国空军的干扰。到下午三时左右，"帝国"师的装甲掷弹兵杀到斯捷帕诺夫卡郊区，但是

---

① 原注：让自己成为天际线的一部分是没有经验或粗心的坦克手常犯的错误，即在日升或日落的背景下，让车辆在高地上行驶，从而使轮廓清晰地暴露出来。通常，坦克需要沿着"军用山脊"（低于实际山顶10米左右的地方）行驶以避免这一危险的错误。

不能再进一步。同样，韦斯特霍芬的第3装甲师损失了37辆坦克中的18辆，但所获甚少。令人吃惊的是，豪塞尔的党卫军第二装甲军在行动的第一天就损失了119辆坦克中的73辆，外加12辆突击炮，812人伤亡——比"堡垒"行动第一天的损失要大得多。[144]

要是内林的第二十四装甲军没有在斯捷帕诺夫卡西南的助攻取得一定进展，霍利德的反攻可能就要在苏军的地雷和反坦克炮面前撞墙了。福尔曼的第23装甲师于8时10分派出舍格战斗群发起进攻。这个战斗群的组成显示了德国装甲部队在"堡垒"行动后的日暮穷途——他们分别来自彼得·舍格少校的第23装甲侦察营、罗伯特·艾尔伯上尉的第201装甲团第1营、第126装甲掷弹兵团第2营和第128补充营。尽管不像豪塞尔的党卫军那样拥有"虎"式坦克，但舍格和艾尔伯都是久经战阵的候补军官，知道应当如何利用手头有限的兵力。艾尔伯避开高地，让坦克穿过低洼的稀疏林地，设法夺取了索里夫卡（Saurivka，1943年时也叫Saur-Mogilsky）。苏军的地雷和反坦克炮在这一地段同样给德国人制造了麻烦，但步兵第315师的防御却不像其他地段构筑得那样好。在突破外围阵地后，艾尔伯的坦克大胆地穿越平原，攻占了苏军步兵第315师主阵地身后的加拉尼村（Garany）。10时，第16装甲掷弹兵师加入进攻，派出的桑德尔战斗群（第116装甲侦察营和第111步兵师的第50掷弹兵团第3营）与艾尔伯的坦克在11时45分取得了联系。仅仅5个营的德军包围了步兵第315师，在"罗兰"行动的第一天就俘虏3000人，动摇了苏军米乌斯河桥头堡的左翼。[145]

7月30日至31日夜间，"骷髅"师的工兵排除了大约2000枚地雷，在外围雷场清理出一条狭窄的通道，但工兵伤亡惨重。在进攻的第二天，豪塞尔的党卫军第二装甲军先进行了45分钟的炮火准备，由一批"斯图卡"提供近距离空中支援，然后在9时15分开始攻击，但他们的地面进攻要弱得多。"骷髅"师只用15辆坦克（包括2辆"虎"式）进攻苏联防守坚固的阵地，在遭受惨重的损失后被击退，2辆"虎"式坦克都被反坦克炮击毁。[146]罗尔夫·斯特纳下士是"骷髅"师一辆坦克的车长，他回忆道：

在我们面前的是俄国人的阵地，我们把他们赶了出去，攻占了一些敌人的战壕。我向前开动，被一发反坦克炮弹击中，接着又被击中一发。坦克起火了，除了逃出去别无选择。我的炮手和装填手很快就爬了出来，我有几处小的烧伤。我听到了另外2名战友的声音，那是驾驶员和无线电员，他们没有及时爬出来，在起火的坦克中被烧死了。坦克的前装甲肯定是被击穿了，我们只得步行后撤。[147]

　　3时30分，就在"帝国"师准备重新开始扫荡斯捷帕诺夫卡前，他们遭到了苏军从南面发起的大规模反击。苏军步兵在70辆坦克的支援下一波又一波地向该镇汇聚，其攻势之凶狠令德军大为震惊。"帝国"师的装甲掷弹兵们拼命守住了城镇一角，但坦克被迫退却。白天，苏军对这座城镇发动了14次进攻。装甲掷弹兵"元首"团守住了阵地，但200多人伤亡。苏军的伤亡要严重得多，还被"帝国"师俘虏1400人。下午，大雨让战斗暂时停止，党卫军第二装甲军显然没有获得任何进展。到这一天结束时，党卫军总共只剩下38辆坦克（2辆"虎"式、15辆Ⅲ号、21辆Ⅳ号坦克）和34辆突击炮。内林的第二十四装甲军在这一天的战绩仍然比党卫军要好，他们前一天制造了一个小型包围圈，当天的战斗从歼灭陷入包围圈的苏军开始，有4个苏军步兵师被歼灭，缴获52门反坦克炮。在战斗中，第23装甲师击毁了1辆Su-152自行火炮，他们首次对这种新武器进行了仔细的检测。不过第23装甲师只剩下15辆坦克和1辆突击炮了，第16装甲掷弹兵师也只有12辆坦克和22辆突击炮。[148]

　　当曼施泰因得知在"罗兰"行动中坦克损失的数量时，他深感愤怒，亲自飞到霍利德在斯大林诺（今顿涅茨克克）的司令部。仅仅两天之内，霍里德的部队就损失了105辆坦克，其中24辆报废，却几乎没有取得任何进展。曼施泰因想在党卫军第二装甲军彻底失去战斗力前暂停行动，但豪塞尔认为他可以完成任务。实际上，党卫军是纳粹宣传的精英部队，在米乌斯河的失利会让他们无颜争取第三帝国更多的资源。希姆莱正在建立更多的武装党卫军机械化师，他无法接受豪塞尔的党卫军第二装甲军在1个月内两次未能完成任务。豪塞尔曾两次违抗曼施泰因的命令，可能曼施泰因对他并无好感，但同意让他再打几天。在头两天的战斗中，武装党卫军为其粗糙的战术付出了巨大代价，曼施泰因要求他们采用更有条理的打法。

　　8月1日，霍利德孤注一掷，集中所有能用的炮兵，交给豪塞尔指挥。此时，德军已大致摸清了苏军炮兵和反坦克炮的位置，因此黎明前开始的炮火准备较为有效。进攻开始前，德军施放了浓厚的烟雾来掩护己方步兵和坦克，苏军防御火力不能充分发挥作用。激烈的战斗后，"帝国"师终于攻占了斯捷帕诺夫卡，它的坦克继续东进，消灭了几支挡在"髑髅"师前面的苏军反坦克部队。16时，苏军防线中央阵地几乎崩溃。然而，托尔布欣的数千名步兵发动了最后一次疯狂的反击。在豪塞尔疲惫不堪的部队巩固阵地之前，几乎将其击溃。罗尔夫·斯特纳下士这次在另一辆坦克中为守住213.9高地而战：

　　　　我们开足马力向敌人的反坦克炮阵地冲去……我压倒了一门反坦克炮，金属在我们的履带下嘎吱作响。我们停了下来，炮塔上的（同轴）机枪扫射每一个可以移动的目标。我看到有3辆T-34向我们的左面移动。"炮塔！11时方向，距离400米，39型穿甲弹，坦克！"炮手喊道，"准备，开火！"炮弹击中了第一辆T-34的炮塔下方，炮塔舱口打开了，但是没有人跳出来，只有白色的烟雾涌出。炮弹装填完毕，第二辆T-34被炸成碎片。第三发炮弹击中并打穿了第三辆T-34的发动机，它着火了，一根黑色的烟柱高高升起。[149]

　　在南面，第二十四装甲军取得了重大突破，并向米乌斯河推进。晚上，苏军的防线崩溃，残余的部队开始向米乌斯河对岸撤退。8月2日，霍利德的部队冲到河边，粉碎了桥头堡的最后顽抗。托尔布欣的部队吃了大败仗，有17895人被俘，但近卫机械化第2和第4军的残部逃过了河。虽然德军在米乌斯河的战斗中取得胜利，但他们付出了极大的代价。在17天的战斗中，第六集团军共有21369人伤亡。豪塞尔的党卫军第二装甲军几乎被耗尽："髑髅"师在4天的攻击中伤亡1458人，仅剩下23辆能作战的坦克；"帝国"师有近1000人伤亡，剩22辆坦克[150]。虽然许多损坏的坦克会及时得到修复，但装甲掷弹兵和工兵的减员特别严重，很难得到补充。第3和第23装甲师的消耗也非常大，第16装甲掷弹兵师在米乌斯河桥头堡战役（7月17日—7月31日）遭到重创，死伤3957人。托尔布欣在米乌斯河上的桥头堡虽然没有坚持多长时间，却成功让曼施泰因在"堡垒"行动后分散了装甲力量，并大大削弱了他最为强大的党卫军第二装甲军。

"鲁缅采夫"行动，1943年8月3日—8月23日

"堡垒"行动失败后，曼施泰因相信苏联最终会发动一场大规模的进攻夺回哈尔科夫，因为这一直是他们的目标。一旦霍特和肯普夫的部队撤回他们在行动前的战线，这种可能性将会大大增加。不过，曼施泰因认为，瓦图京的沃罗涅日方面军在库尔斯克会战后至少需要1个月甚至更多的时间来进行休整。他尤其高估了瓦图京的2个坦克集团军遭受的损失，也低估了苏联战地工厂修复受损坦克的能力。事实上，瓦图京只用2周时间就完成了休整，做好了进攻准备，即最高统帅部指示的"鲁缅采夫"行动[①]。

在"堡垒"行动结束后的2个星期内，由于曼施泰因向米乌斯河派去了党卫军第二装甲军和克诺贝尔斯多夫第四十八装甲军的第3装甲师以实施"罗兰"行动，哈尔科夫–别尔格罗德地区的力量平衡发生了急剧变化。苏联第38集团军在苏梅（Sumy）附近实施的欺骗行动让曼施泰因以为瓦图京想要进攻霍特的第四装甲集团军和第二集团军之间的结合部，因而他将第7装甲师和第11装甲师一部西移到该地区[151]。此外，"大德意志"师被派去增援莫德尔的第九集团军，第39装甲团解散。7月底，霍特的第四装甲集团军只剩下了一个空壳，只有古斯塔夫·施密特中将的第19装甲师和卡尔·冯·西弗斯少校的第52装甲营作为预备队驻扎在托马罗夫卡（Tomarovka）附近。施密特的第19装甲师有49辆坦克和突击炮，其中包括大约20辆Ⅳ号坦克，而西弗斯只有27辆能作战的"豹"式坦克。"肯普夫"集团军级支队唯一的装甲机动部队是威尔海姆·克里斯奥利上校的第6装甲师，有28辆坦克（大部分是Ⅲ号坦克）。克莱门斯–海因里希·格拉夫·冯·卡格内克上尉的第503重装甲营大部撤往哈尔科夫休息，有6辆"虎"式坦克被留下协助第十一军守卫别尔哥罗德。只有少量"虎"式坦克留在这一关键地区又一次证明了泽特林用报废数字来统计库尔斯克战果的缺点。尽管7月间第503重装甲营的45辆"虎"式坦克只报废了7辆，但在苏军发起反攻前，他们有32辆坦克还在修理中。同样在修理的还有

---

① 原注：得名于彼得·A.鲁缅采夫–扎杜奈斯基（1725—1796），叶卡捷琳娜大帝时期的将军。苏联最高统帅部用叶卡捷琳娜大帝和拿破仑战争时期的英雄作为大型战役的代号，例如"鲁缅采夫""库图佐夫""苏沃洛夫"和"巴格拉季昂"等。有趣的是，共产主义者十分善于采用以前被辱骂的贵族名字来为军事行动增光添彩，类似于奥威尔的"双重思想"。

106辆"豹"式坦克。国防军不仅没有补充到足够的新的"豹"式坦克，就连修好旧的都有很大困难。1943年8月，霍特和肯普夫在哈尔科夫-别尔哥罗德地区总共只能拼凑出200辆坦克和突击炮。

7月24日，瓦图京开始为"鲁缅采夫"行动做准备，最高统帅部为夏季反攻已谋划了几个月。朱可夫作为最高统帅部的代表，负责协调沃罗涅日方面军、草原方面军和西南方面军的作战。尽管斯大林要求立即开始进行反攻，朱可夫还是成功地说服他再给瓦图京10天时间以完成准备工作。虽说进行了补充，但沃罗涅日方面军大多数步兵部队的兵力还是只有编制的60%，并不足以支撑一场长时间的战役。"鲁缅采夫"行动准备仓促，不过还是比苏联之前的进攻计划和组织要好得多，最高统帅部也提供了大量的资源。有3个炮兵师被调到沃罗涅日方面军，坦克部队得到了足够的补充。卡图科夫的坦克第1集团军（下辖坦克第6军、坦克第31军和机械化第3军）和罗特米斯特罗夫的近卫坦克第5集团军（下辖坦克第18军、坦克第29军和近卫机械化第5军）几乎满员，但至少有三分之一的士兵是第一次上战场，正如坦克第6军军长安德烈·L.格特曼所说：

> 当然，我们的兵员和装备并不完全配套，缺少炮兵和一些小型武器，我们的坦克旅只有40—45辆坦克，大部分是刚刚修好的。但这是一支相当可观的力量，我们正在等候命令，将敌人打垮。[152]

"鲁缅采夫"行动计划较为简单直接。瓦图京在别尔格罗德西北部署了近卫第5和第6集团军，他们将在德国第五十二军2个步兵师防守的阵地上打开一个缺口。一旦得手，瓦图京就动用方面军级的机动力量坦克第1集团军和近卫坦克第5集团军扩大战果，从西面包围哈尔科夫。每个诸兵种合成集团军也都有1个独立的坦克军作为集团军级的机动力量，这揭开了红军坦克战的新篇章。战役的中间目标是霍特的司令部，就在哈尔科夫西北56公里的博戈杜霍夫（Bogodukhov）铁路枢纽附近。沃罗涅日方面军的其他3个集团军将发动协同攻击，以扩大突破口，而科涅夫的草原方面军将使用第53和第69集团军的步兵向别尔哥罗德发起进攻。朱可夫相信，红军可以在哈尔科夫附近将霍特的第四装甲集团军围歼。"鲁缅采夫"行动不是像普罗霍罗夫卡那样仓促发动的反攻，而是一次精心策划的行动，红军想把他们迄今为止学到的关于合成作战的一切加以综合运用。

8月3日5时，沃罗涅日方面军开始在攻击地区进行长达170分钟的炮火准备，其密度要比德国人之前遇到的大得多，德国第五十二军的前哨阵地都被摧毁了。炮击还在进行时，苏联工兵就向前推进，开始在德军布设的雷场中清出通道。瓦图京为他的两支主力突击部队——近卫第5和第6集团军提供了1个特别的工兵旅以清除障碍。7时50分，瓦图京的地面攻击开始。第5集团军以近卫步兵第32和第33军向德国第167与第332步兵师之间的结合部发起进攻。每个突击军都有3个步兵师，1个坦克旅外加自行火炮用于近距离支援，还有1个工兵营用于清除地雷——所有迹象都表明红军正在学习如何更为有效地发动进攻。在突击地带的各部队相互配合，所向无敌，近卫第5集团军迅速突破了德国第五十二军的第一道防线，并击溃第167步兵师。进攻发起仅3个小时后，瓦图京就把坦克第1集团军和近卫坦克第5集团军的先头部队都投入战斗，试图加速德军在这一地区的崩溃。每个坦克集团军都有一个加强坦克旅打头阵，作为前卫在主力前方很远处行动。在卡图科夫的坦克第1集团军中担任前卫的是尼古拉·维克多罗维奇·莫尔古诺夫上校的坦克第200旅，隶属于坦克第6军。到傍晚时分，瓦图京的装甲部队已经成功深入霍特的防线14公里。总而言之，其他的协同攻击也进行得很顺利，尽管朱可夫在达成突破之前，强迫指挥员们过早投入他们的战术装甲预备队。

霍特待在位于博戈杜霍夫的司令部里，"鲁缅采夫"行动之初，他完全没有办法控制局面。苏军坦克第1集团军和近卫坦克第5集团军的1000辆坦克正齐头并进，霍特命令施密特的第19装甲师和配属给他的"豹"式坦克在苏军突破口以西的托马罗夫卡建立一个支撑点，但第五十二军阵地上的缺口越来越大，已经无法关闭。第911突击炮营和克里斯奥利的第6装甲师试图加以封堵，但事实证明这纯属徒劳。于是，装甲部队转而进行机动迟滞作战，即一系列反向的遭遇战。通常情况下德国人会把1个排的Ⅳ号中型坦克隐蔽起来，炮口转向后方，苏军坦克出现时，他们就把最前面的几辆坦克击毁，随后立即开往下一个阵地，周而复始。这种伏击战术能让车组的战绩直线上升，却没有重大损失的风险。不过，当车组疲惫不堪、心不在焉的时候，这种战术会让他们感到

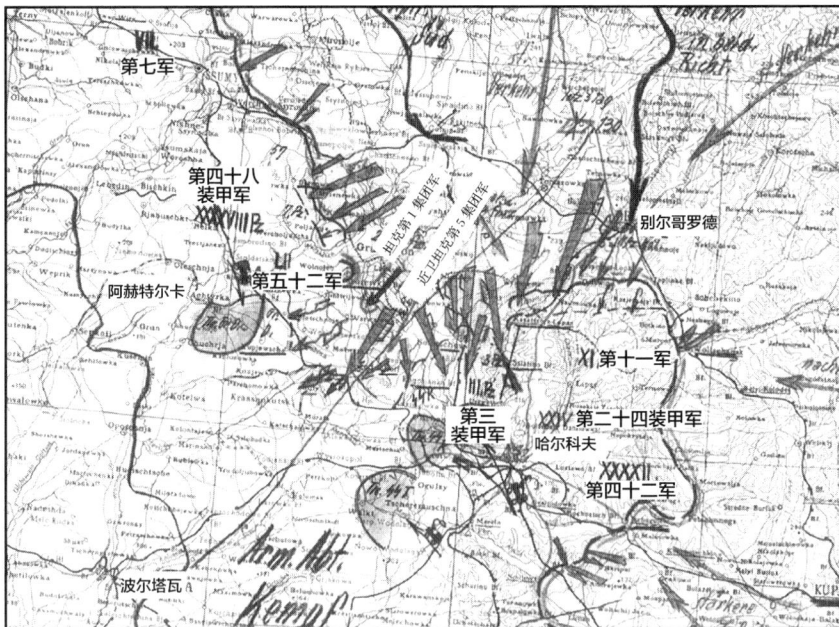

"鲁缅采夫"行动：坦克第1集团军和近卫坦克第5集团军的突破，1943年8月8日

十分费劲。有时，追击的苏联坦克可能会从一个意想不到的方向逼近。

　　霍特命令第五十二军余部在托马罗夫卡构筑环形筑垒阵地，但卡图科夫的坦克第1集团军大部都从这里绕了过去，夺取该镇的任务落在第6集团军的步兵和克拉夫琴科的近卫坦克第5军（即集团军级的机动部队）身上。罗特米斯特罗夫的近卫坦克第5集团军落后于卡图科夫，德国第6装甲师进行的机动迟滞作战，使它的前进速度更为缓慢。与此同时，第53和第69集团军清除了别尔哥罗德以北的德军防御阵地，逼近该市。为包围这座城市，罗特米斯特罗夫命令博伊斯·M.斯科沃特佐夫少将的近卫机械化第5军击破克里斯奥利在别尔哥罗德以西的屏障。8月5日，艾哈德·劳斯装甲兵上将的第十一军几乎就要被围困在别尔哥罗德，他被迫撤离该市。

　　卡尔·冯·西弗斯少校是一名训练有素的前骑兵军官，指挥剩余的"豹"式坦克部署在托马罗夫卡城外的阻击阵地上。他因病没有参加"堡垒"行动，但现在，他能够在更为有利的形势下率领"豹"式坦克进入战斗。8月4日，莫尔古诺夫指挥的坦克第200旅的T-34试图从侧翼包围该镇，西弗斯的"豹"式远距离向他们开火，打瘫了7辆坦克。在防御战中，"豹"式75毫米长身管火炮完全压倒了对手。然而，到8月5日，托马罗夫卡仍然逐渐陷入包围。西弗斯的"豹"式坦克和施密特的第19装甲师不得不放弃该镇，向西南方向沿沃斯特拉河谷撤退。在撤离之前，德国工兵在当地修理场炸毁了72辆损坏的"豹"式坦克，希特勒下令不准有任何完整的"豹"式坦克落入苏军之手。数千名德军排着长长的纵队向西撤退，全靠"豹"式坦克用它们的远程大炮阻挡身后的追击者。8月5日到9日，西弗斯的战斗群离开大部队，突破苏军的障碍，且战且退，后撤了100公里。有一次，克拉夫琴科近卫坦克第5军的1个连挡住了德军的去路，但西弗斯的"豹"式坦克打瘫了8辆T-34，把其余的坦克都赶跑了。当在公路上行军的"豹"式耗尽燃料时，西弗斯用无线电呼叫德国空军进行空投，最后，战斗群于8月9日在阿赫特尔卡（Akhtyrka）附近与"大德意志"师取得联系。在5天的战斗中，"豹"式坦克击毁了40辆T-34，自身没有战斗损失，但有16辆坦克在撤退中因机械故障而趴窝，只剩下9辆"豹"式坦克尚能作战。[153]

施密特的第19装甲师和第五十二军在撤退中则没有这么好运，他们没有像西弗斯的"豹"式坦克那样的火力，不得不一面与苏联第27集团军作战，一面分出精力对付近卫第5集团军，苏军给他们造成了严重杀伤。8月7日，施密特的司令部遭到伏击，他和参谋人员在鲍里索夫卡附近自杀身亡。[154]第19装甲师余部撤退至阿赫特尔卡，他们已经完全失去战斗力，甚至无法参加保卫这里的战斗。第255步兵师几乎被歼灭，番号随之取消。第332步兵师在德军东线形势图上消失了，幸存者被送往后方进行重编。德国人的报告总喜欢强调"鲁缅采夫"行动中苏军坦克的损失，却忽略了南方集团军群的步兵一次次遭到重创的事实。

苏军突破的规模显而易见，曼施泰因要求中央集团军群立即归还"大德意志"师，并将第7和第11装甲师从平静的苏梅地区调去增援受到重创的第五十二军。他还设法从中央集团军群那里调来第18装甲师，并将其配属于布赖特的第三装甲军，他打算用这个军填补霍特第四装甲集团军和"肯普夫"集团军级支队之间日益扩大的裂隙。然而在这些部队到达时，卡图科夫和罗特米斯特罗夫的装甲部队已经造成了50公里宽的纵深突破，克拉夫琴科的近卫坦克第

5军冲在最前面。德国装甲部队刚下火车就要上战场，而此时他们对敌人的兵力和部署也知之甚少。事实上，在"鲁缅采夫"行动期间，苏军给的压力是不断增加的，因为瓦图京有意将他的部队梯次投入战斗，不断有新的部队参战以保持攻势，德军连喘息之机也没有。

8月6日上午，近卫坦克第5集团军坦克第18军[①]进入泽洛齐夫镇，其遇上的抵抗微不足道。当天晚些时候，安德烈·L. 格特曼少将指挥的坦克第1集团军坦克第6军打进了博戈杜霍夫。德军在这里存放着700吨燃油，这对布赖特的第三装甲军来说是一个重大损失。在首批进入博戈杜霍夫的T–34中，有一辆的车长是伊万·M. 伊夫琴科中尉，战前他就生活在这里。当伊夫琴科在街道上行驶时，他的妻子认出了他，带着小儿子跑出了房子。西方人常常忘记这场战争对于红军来说是解放战争，战争的结果关系到军人的切身利益[155]。失去这两座城镇使德军通往哈尔科夫的道路受到威胁。然而，当卡图科夫和罗特米斯特罗夫开始向梅尔拉河以南推进时，又与霍特第四装甲集团军的第一批援军主力不期而遇。坦克第18军在泽洛齐夫镇以南遇上了德国第3装甲师，谢苗·M. 克里沃申少将指挥的机械化第3军遇上了党卫军中将瓦尔特·克鲁格指挥的"帝国"师先头部队（侦察营、2个装甲掷弹兵营和20辆突击炮），两面的遭遇战对苏军坦克部队都不太有利，整个坦克军需要重新部署以准备迅速转入进攻。罗特米斯特罗夫派斯科沃特佐夫的近卫机械化第5军增援坦克第18军，并于8月7日至8日对德国第3装甲师发动了几次攻击。第3装甲师被迫放弃一些阵地，但罗特米斯特罗夫的这两个军也遭到重创。卡图科夫派出了德米特里·Kh. 契尔年科少将的坦克第31军去增援克里沃申，两个军合力在8月7日至8日击退了"帝国"师。双方都没有太多的步兵或炮兵支援，事态逐渐演变成一系列连级和营级规模的战斗。霍特在这个地区没有步兵，他被迫使用他宝贵的机械化部队作为阻击部队，这不是装甲师应该使用的方式。在另一方，由于瓦图京需要动用近卫第6集团军和第27军的大量兵力来对付鲍里索夫卡和格赖沃龙（Grayvoron）的德军据点，卡图科夫在向纵深突破的关键时刻缺少步兵支援。

---

① 原注：在普罗霍罗夫卡之战后，博伊斯·S. 巴哈罗夫少将被解职，他是因这场败仗被解职的为数不多的几个指挥员之一。此后，坦克第18军由他的副手指挥了一段时间。

8月8日至9日夜，卡图科夫的坦克第1集团军和格特曼的坦克第6军的主力到达梅尔奇克河，通往哈尔科夫的东西向铁路干线进入他们的攻击范围。在布赖特的第三装甲军与集结在阿赫特尔卡附近的第五十二军、第四十八装甲军余部之间的大缺口里，几乎没有任何德国部队。党卫军少将赫尔曼·普里斯的"髑髅"师先头部队正在急速前往梅尔奇克河建立防御阵地。8月9日，莫尔古诺夫的坦克第200旅进攻穆拉法（Murafa）镇，他轻易得手并过了河，却在对岸遭遇了巡逻的"髑髅"师侦察营。米哈伊尔·T. 莱昂诺夫上校的坦克第112旅试图占领亚历山大夫卡（Oleksandrivka）的另一个渡口，却遇上党卫军装甲掷弹兵第3团的2个营，被打了个措手不及。莱昂诺夫对该镇的初次攻击以失败告终。

当卡图科夫和罗特米斯特罗夫艰难地向南推进准备包围哈尔科夫时，第27和第40集团军在3个坦克军（坦克第2、第10军和近卫坦克第4军）的支援下向西推进，以扩大沃罗涅日方面军的突破口。第五十二军和第四十八装甲军以"大德意志"师、第7和第11装甲师在阿赫特尔卡和特罗斯佳涅茨（Trostyanets）之间建立了一道薄弱的防线，阻止前进的苏军切断霍特第四装甲集团军和第二集团军之间的联系。8月9日上午，第40集团军的机动部队，即瓦西里·M. 阿列克谢耶夫少将指挥的坦克第10军，对特罗斯佳涅茨的铁路枢纽构成了威胁。"大德意志"师的大部分装甲部队还在路上，但该师第13装甲团的4辆"虎"式坦克和第51装甲营①第4连的7辆"豹"式坦克组成了一个小型的战斗群，前去阻击阿列克谢耶夫的坦克。表面上看，这个小战斗群的实力应该还不错，但它没有支援部队，对敌人的部署也不清楚。在去特罗斯佳涅茨的路上，1辆"豹"式坦克的引擎起火并烧毁。在接近城镇的地方，该战斗群遭遇了无数藏在树林中的反坦克炮和T-34。"豹"式坦克的75毫米长身管火炮杀伤了一些敌人，但当他们轻率地冲入镇里后，就陷入了短兵相接的困境。在这里，阿列克谢耶夫的坦克部队是一支多兵种作战的队伍，步兵、反坦克炮和坦克相互配合，而德国人只有坦克，很明显处于不利地位。德军的2辆"虎"式和5辆"豹"式坦克被打瘫并遗弃，其余3辆坦克急忙撤退。[156]

---

① 原注：在"堡垒"行动之后，第51装甲营被派往布良斯克进行休整，准备接收96辆新出厂的"豹"式坦克。该营隶属于"大德意志"师。

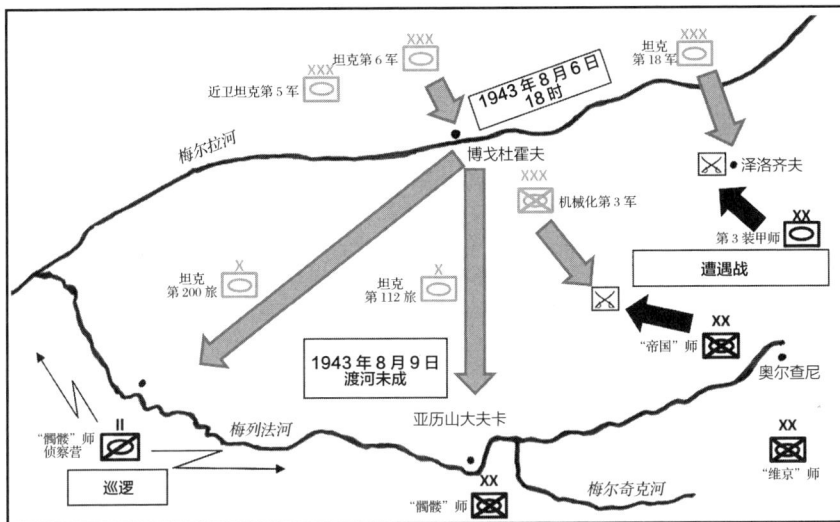

博戈杜霍夫之战，"髑髅"师与坦克第1集团军，1943年8月13日—16日

　　8月10日，帕维尔·P. 波卢博亚罗夫少将的近卫机械化第4军有2个旅想抢在"大德意志"到达之前冲进阿赫特尔卡，但就在他们抵达该镇之前，德军第51装甲营其余的"豹"式坦克刚在这里下火车。一些"豹"式坦克在阿赫特尔卡郊外遇到了波卢博亚罗夫的坦克并将其打退，但战前缺乏准备让德国人付出了高昂的代价，他们击毁了16辆T–34，自己损失了11辆，这一交换比并不合算。波卢博亚罗夫在这次挫败后打算包围阿赫特尔卡，因为该镇的南面没有德军防守，有一个很大的缺口。克拉夫琴科的近卫坦克第5军向这个缺口发起攻击，几乎没有遇到什么抵抗。

　　与此同时，罗特米斯特罗夫和卡图科夫继续对布赖特第三装甲军施加压力，8月10日，他们设法在"帝国"师和第3装甲师之间打入一道装甲楔子。德军2个师的反攻暂时恢复了局面，并给苏联坦克第18和第29军造成了重大损失，但第3装甲师几乎失去战斗力。装甲掷弹兵在据守城镇静态据点中的损失尤其令人痛心，一旦装甲师失去大部分步兵，就无法维持一道连贯的战线。虽然苏军坦克的损失很大，但这2个军能够持续得到配备了新坦克及乘员的连队，足以保持正常运转。此外，卡图科夫和罗特米斯特罗夫的部队通常也能在战斗之后控制战场，他们被打瘫的坦克回收和修复的可能性提高了。不过，沃罗涅日方面军真正的问题并不是坦克短缺，而是缺少轮式车辆，导致炮兵和补给难以及时推进支援坦克部队。

8月11日，尽管"髑髅"师的装甲掷弹兵拼命抵抗，卡图科夫还是奋力渡过了梅尔奇克河。然后，他将坦克第6军和机械化第3军的先头部队向南调动直指科维亚吉（Kovyagi），这是波尔塔瓦—哈尔科夫铁路线上的一个车站。格特曼的坦克手连同一些配属的工兵分队，成功地炸毁了几段铁轨。[157]普里斯命令埃德温·梅德里斯的党卫军第3装甲团第1营向刚刚到达这里的弗拉基米尔·M. 戈雷洛夫上校的近卫坦克第1旅发动反攻，这又是一场激烈的遭遇战，结局对于"髑髅"师来说非常糟糕，1名连长阵亡，另外2名身负重伤。[158]不过，梅德里斯在对付坦克第22旅时运气要好一些，这个旅打到最后只剩7辆坦克，旅长阿历克谢·A. 拉普捷夫少校阵亡。[159]"髑髅"师在这场反击中总共击毁了18辆苏军坦克。但是，亚历山大·F. 布尔达上校的坦克第49旅和坦克第17团成功地从"髑髅"师侦察营的防线中溜了过去，一些坦克沿铁路线向西朝十月村（Vysokopol'ye）开进。布尔达是红军中最有经验的坦克部队指挥员之一，他并不害怕深入敌后，虽然"髑髅"师的进攻使布尔达的旅和卡图科夫坦克第1集团军的其他先头部队陷入孤立状态。

8月7日至11日，布赖特的第三装甲军大大减缓了苏联坦克第1集团军和近卫坦克第5集团军的前进速度，但并没有让他们停下脚步。霍特迫切希望能把战线稳定下来，他一直在用空间换时间，一面调集更多援军，但时间也所剩无几。他想以第三装甲军和第四十八装甲军共同发动一次钳形攻势，但后者在几天之内无法完成准备，因此他决定让布赖特的部队单独发起行动。霍特手里有一张王牌，那就是新到的"维京"师，由党卫军少将赫伯特·奥托·吉尔指挥，这样布赖特手里就有了3个武装党卫军师。

从8月12日开始，罗特米斯特罗夫的近卫第5集团军继续对泽洛齐夫-奥尔查尼地区展开进攻，"维京"师因此难以完成部署。当天早上，霍特发起反击，尽管他的几个师还没有完全准备好。霍特共有130辆坦克和23辆突击炮可以使用："髑髅"师有36辆坦克，包括3辆"虎"式坦克；"帝国"师有48辆坦克，包括3辆虎式坦克；"维京"师有33辆坦克；第503重装甲营有13辆"虎"

式坦克。卡图科夫的坦克第1集团军有268辆坦克，近卫坦克第5集团军还有115辆坦克可以作战，瓦图京在坦克数量上占有2.4：1的优势。[160]"骷髅"师在梅尔奇克河以南击溃了卡图科夫的部队，并重新夺回十月村，但他们付出了高昂的代价。领头的6辆"虎"式坦克遇到了一个非常强大的反坦克防御阵地，1辆"虎"式被打瘫（可能被一发85毫米口径反坦克炮弹命中），另有4辆被击伤，"骷髅"师的"虎"式坦克连有7名乘员阵亡。[161]可能由于燃料耗尽，不少苏联坦克被打瘫或遗弃，但许多坦克手撤到了河边。下午，卡图科夫派出的增援部队吃惊地发现，"骷髅"师已经进至河边并封锁了渡口。"帝国"师的进攻加剧了卡图科夫的麻烦，9时30分左右，他们袭击了在加夫利什（Gavrishi）附近的克里沃申机械化第3军，威胁要分割坦克第1集团军和近卫坦克第5集团军。罗特米斯特罗夫从坦克第29军中派出1个旅来阻击德军的装甲攻势，导致了一场大规模坦克战。双方的战绩平分秋色，"帝国"师有20辆坦克被打残，坦克第29军也受到重创。霍特得到德国空军的近距离支援，但瓦图京同样也让近卫第6集团军的2个步兵师前进以加强罗特米斯特罗夫脆弱的右翼。

8月13日，"骷髅"师冒险把几乎所有兵力放到了梅尔奇克河以北，只在南岸留下侦察营进行掩护。德军坦克、步兵和炮兵协同进攻，将克里沃申的机械化第3军打得晕头转向，并击溃了卡图科夫的左翼。格特曼的坦克第6军得到来自近卫步兵第23军的近卫步兵第52和第90师增援，向梅尔奇克河以南发动了新的攻势。"骷髅"师的侦察营无法抵挡，格特曼的部队重新占领十月村，与前一天被孤立在这里的布尔达旅合兵一处。8月14日和15日，战斗继续进行，"骷髅"师和"帝国"师再次出击，击溃了坦克第6军的侧翼，于8月16日又夺回了十月村。布赖特认为这次进攻消灭了卡图科夫的先头部队以及那2个增援的步兵师一部。

然而，几乎所有可用的德国装甲部队都被用于阻击苏联坦克第1集团军和近卫坦克第5集团军，只剩下2个突击炮营可以协助劳斯的第十一军阻止科涅夫向哈尔科夫挺进。8月14日，科涅夫的4个集团军从北面和东面逼近哈尔科夫。肯普夫不想被困在这里，他犯了一个错误，公开抱怨希特勒死守哈尔科夫的命令。曼施泰因不愿容忍又一名指挥官未经批准就撤退——这将严重影响他的权威，于是在8月14日解除了肯普夫的指挥权。接替他的是步兵上将奥托·沃勒尔，部队番号也改为第八集团军。

就在第三装甲军和坦克第1集团军以及近卫坦克第5集团军交战之际，"大德意志"师的装甲部队却因为铁路运输的困难，未能及时赶到阿赫特尔卡。在向苏梅的铁路运输中有4辆"虎"式坦克和1个装甲营的维修设施丢失。[162]该师的第3装甲团不得不行军110公里前往在阿赫特尔卡附近的集结地，许多"虎"式坦克都出现了机械故障。"大德意志"师没有进行配合良好的多兵种协同作战，而是匆忙拼凑了一个冯·纳茨默战斗群，包括第1和第3装甲营（有16辆"虎"式坦克、大约15辆III号和IV号坦克、海因里希·迈耶上尉指挥的第51装甲营的15辆"豹"式坦克、师属侦察营和1个营的自行火炮），缺少工兵和步兵支援是一个严重的缺陷。行动在8月15日6时30分开始，因此这个战斗群没有足够的时间来谋划其进攻或进行维修。冯·纳茨默战斗群以"虎"式坦克为先导，目标是在阿赫特尔卡的南面打击卡图科夫的侧翼。克拉夫琴科的近卫坦克第5军已经越过科捷利瓦（Kotelva），它的侧翼似乎毫无防备，但事实并非如此。

8月15日6时30分，冯·纳茨默战斗群以"虎"式坦克带头，向南推进。在接近格伦镇（Grun）时，最前面的那辆"虎"式坦克触雷，营里其余坦克遭到敌人藏在树林里的反坦克炮、Su-122自行火炮和榴弹炮的攻击。为了占领该镇，德军坦克不得不穿越两处被敌军火力覆盖的深谷。他们让一个"虎"式坦克连穿越峡谷进攻，另一个连提供远距离火力支援。尽管已处在炮兵营的射程之中，德军却没有发射烟雾来进行掩护。一旦"虎"式坦克开上这个屠宰场，苏联人将会用手中所有的武器向他们射击。第10连连长雷内·冯·维尔博伊斯的坦克炮塔被6发122毫米口径炮弹命中，另一枚炮弹穿透了60毫米厚的侧面装甲，维尔博伊斯受了重伤，他的"虎"式也基本上毁了。尚不清楚Su-122是否发射了新的BP-460A高爆破甲弹，可能击穿侧面装甲的是这种炮弹，但击中炮塔的应该是榴弹。不管怎样，在经受严重损失后，剩下的"虎"式坦克冲进镇里，消灭了那些Su-122。

尽管面对地雷和密集的反坦克炮，"大德意志"师还是突破了步兵第166师的阵地，在5个小时内前进了12公里，即将分割孤立科捷利瓦附近的2个苏联坦克军。然而，朱可夫和瓦图京迅速从第27集团军和近卫第6集团军中抽调部队组成了一支援军，向"大德意志"师和阿赫特尔卡附近的德国军队发起猛烈的进攻。第47集团军的2个步兵军在维克多·T. 奥布霍夫少将指挥的近卫机械化第3军掩护下，击溃了阿赫特尔卡以北的德国第57步兵师，迫使第四十八装甲军将部分兵力从反攻中调回。虽然"髑髅"师和"大德意志"师之间已经建立了脆弱的联系，但第四十八装甲军没有足够的力量把这2个孤立的苏联坦克军消灭。"豹"式坦克群在战斗中连续受到重创，迈耶在8月19日阵亡，他的大多数坦克都在短短几天内被击毁。

在博戈杜霍夫以南的坦克混战一直进行到8月18日，坦克第1集团军和近卫坦克第5集团军已经受到重创，消耗殆尽，而布赖特的第三装甲军情况也很糟糕，有超过35辆坦克失去战斗力或被摧毁，包括19辆"虎"式中的5辆。这2个苏联集团军在博戈杜霍夫以南损失数百辆坦克，坦克第31军军长德米特里·契尔年科少将在8月18日的战斗中阵亡。虽然3个武装党卫军师还有一些战斗力，但第3装甲师只剩下10辆坦克，第6装甲师只剩4辆。哈尔科夫以西全部德国装甲部队加起来不到100辆坦克和突击炮，在哈尔科夫市区，第228和第905突击炮营共有22辆突击炮用来守卫这座城市。由于罗特米斯特罗夫的近卫坦克第5集团军没能包围哈尔科夫，科涅夫被迫向这座城市发动代价高昂的正面强攻，让他的部队和劳斯的德国第十一军都蒙受了巨大损耗。

"鲁缅采夫"行动的最后一次战斗发生在柳博京（Lyubotin）附近从西面出入哈尔科夫的道路上。根据朱可夫的命令，8月20日，瓦图京把罗特米斯特罗夫损兵折将的近卫坦克第5集团军的指挥权转给科涅夫，以对这座城市发起最后一击。在很短的时间内，罗特米斯特罗夫补充了叶戈洛夫的坦克第18军和斯科沃特佐夫的近卫机械化第5军，让他们支援第53集团军，在8月21日向柳博京发起攻击。之所以选中这里，是因为这里是劳斯的第十一军左翼，防守较为薄弱，但事实证明小小的乌德河给苏军造成的麻烦比德国步兵更大。罗特米斯特罗夫的坦克想涉水而过，却陷入泥沼之中。科涅夫派出的工兵花费半天时间，才在乌德河上建造了一座浮桥，让罗特米斯特罗夫的2个军得以过河。夜间，"帝国"师的主力向东移动，封锁罗特米斯特罗夫的桥头堡。碰巧第一批武装党卫军的"豹"式坦克抵达前线，出人意料地加入防御，他们是党卫军上尉汉斯·魏斯指挥的党卫军装甲第2团第1营的2个连，有42辆"豹"式D型坦克。8月22日5时，苏联第53集团军进行了大规模的炮火准备，罗特米斯特罗夫的2个军共111辆坦克开始进攻。这场坦克战持续3个小时，"豹"式坦克击毁了罗特米斯特罗夫大约一半的坦克，但有一些坦克和步兵冲进了哈尔科夫西郊的科罗季。虽然罗特米斯特罗夫几乎将近卫坦克第5集团军耗尽也没能实现突破，但那天晚上，曼施泰因终于批准沃勒尔撤离该市。8月23日11时，科涅夫的部队开进哈尔科夫，解放了这座城市。

"鲁缅采夫"行动夺取了别尔哥罗德和哈尔科夫，有效地打乱了霍特的战线。不过即便以红军自己的标准来看，其付出的代价也是巨大的。瓦图京的沃罗涅日方面军和科涅夫的草原方面军共有255000多人伤亡（包括71611人死亡和失踪），损失1700辆坦克。由于红军控制了战场，这些坦克中有相当一部分将得到回收和修理。霍特和肯普夫的部队有超过32000人伤亡，包括约8000人死亡，4000人被俘。德军的装甲部队损失比苏军要小得多——一共大约250辆坦克和50辆突击炮，但对德军来说已经很多了。实际上，在"鲁缅采夫"战役之后，曼施泰因的所有装甲师基本都失去了战斗力，德军能够作战的坦克数量从7月5日时的2287辆下降到8月20日时的926辆。[163]此外，由于在"鲁缅采夫"战役中放弃阵地，德军装甲兵损失了数百辆被击伤无法及时回收的坦克。对"豹"式和"虎"式来说尤其如此，它们都需要多辆修理车才能拖动。

还必须指出的是，正当南方集团军群在哈尔科夫周围进行一场旷日持久的装甲消耗战时，希特勒却决定把4个装甲师（第1、第24、第26装甲师以及"赫尔曼·戈林"师）和5个装甲掷弹兵师（第3、第15、第29、第90装甲掷弹兵师以及"警卫旗队"师），共计572辆坦克和184辆突击炮，调往意大利去抵御英美盟军的登陆。[164]如果希特勒选择放弃意大利南部，而把这些部队留给曼施泰因，那么南方集团军群很有可能让"鲁缅采夫"行动停顿下来。

"鲁缅采夫"战役包含了一系列艰苦却没有决定性意义的坦克战，因为双方的装甲部队在战斗效率上已经接近平等。德国人通常在战术上占有很小的优势，但由于基层军官损失过多，这一优势受到削弱。博戈杜霍夫周围的战斗是最后几次由党卫军3个师共同发动的进攻之一，虽然他们杀伤了大量敌人，表现出坚韧无情的精神，但并没有完成击溃苏军坦克第1集团军或近卫坦克第5集团军的任务。这一次，德军打不出"反手一击"了。红军在短短几天内就突破了德军防御阵地并深入50至60公里，这令曼施泰因措手不及。然而，他们未能投入更多的力量来巩固这一胜利，同时还试图攻克每一个德国人固守的据点而不是绕过它们，这使得主要突击方向上的力量减少得太快。就指挥-控制而言，罗特米斯特罗夫对近卫坦克第5集团军的调遣十分笨拙，在普罗霍罗夫卡蒙羞之后，他作为前线指挥员的日子已经屈指可数。卡图科夫的部队在战术上被打败，但其在战斗中表现出了极大的勇气，即便陷入孤立无援的境地，也没有像以前那样只会躲进树林。

"苏沃洛夫"行动：进攻斯摩棱斯克，1943年8月7日—10月2日

　　除了"库图佐夫"和"鲁缅采夫"行动，苏联最高统帅部还打算在挫败"堡垒"行动后向斯摩棱斯克发动一次大规模夏季攻势。7月中旬，瓦西里·D. 索科洛夫斯基将军的西方面军已经把近卫第11集团军和大部分装甲部队贡献给了"库图佐夫"行动，但最高统帅部还想让这个方面军的其余部队去对付德国中央集团军群防线的中央地带。安德烈·I. 叶廖缅科上将的加里宁方面军也将加入向斯摩棱斯克的攻势之中。斯大林对攻占斯摩棱斯克非常感兴趣，他用俄国最伟大的将领之一——苏沃洛夫的名字作为行动代号，彰显出这项任务的重要性。因为朱可夫和华西列夫斯基正在协调"库图佐夫"和"鲁缅采夫"战役，这个行动便由炮兵元帅尼古拉·N. 沃罗诺夫作为最高统帅部代表前往协调。

　　索科洛夫斯基的2个坦克军都去参加了"库图佐夫"战役，唯一剩下的机械化大部队就是米哈伊尔·V. 沃尔霍夫中将的机械化第5军，但他也有5个坦克旅和4个坦克团可用于"苏沃洛夫"行动。索科洛夫斯基的不少部队经过之前的战斗减员很多，于是他在7月间接收了298辆新坦克来补充他的坦克部队。叶廖缅科派出实力大大加强的第39集团军参加"苏沃洛夫"行动，这一集团军下辖3个坦克单位，因此他只接收了70辆新坦克。西方面军总共出动了约1280辆坦克和45辆自行火炮，加里宁方面军出动了110辆坦克。这2个方面军仍在使用大量租借来的坦克（"玛蒂尔达"和"瓦伦丁"）以及较老旧的坦克（如T-60）。为了清除敌人布设的障碍，西方面军接收了4个工兵旅，加里宁方面军接收了2个。后勤是"苏沃洛夫"战役准备中唯一严重不足的地方，虽然苏

联为坦克和火炮准备了3—5个弹药基数，但燃料只准备了1.5个基数，这对于突击行动来说显然不够。[165]过去18个月，西方面军一直在打阵地战，似乎还没有做好转入机动作战的准备。

在德国方面，京特·冯·克卢格元帅的中央集团军群在装甲力量方面非常薄弱，但在纵深防御方面有着充分的准备。戈特哈德·海因里希大将的第四集团军是"苏沃洛夫"行动打击的主要目标，自1941年"台风"战役失利后，他们就一直据守在亚尔采沃（Yartsevo）至斯帕斯-杰缅斯克（Spas-Demensk）之间的阵地。海因里希的部队修筑了好几层野战工事，防御纵深达到12—15公里，包括反坦克壕、地雷、带刺铁丝网和加固的木制掩体。德军有足够的时间和充分的资源来修筑深沟高垒，除非最猛烈的炮火轰炸，不然很难消灭藏身于此的士兵。布设的障碍层层叠叠并有火力覆盖。这里的地形也易守难攻，茂密的森林和沼泽河流令坦克难以穿越。虽然谈不上坚不可摧，但海因里希的防御是令人畏惧的。中央集团军群真正的问题是缺乏预备队。海因里希的第四集团军下辖12个步兵师，但兵力都不足，大部分补充兵都给了曼施泰因的部队；克卢格把所有的装甲师都给了莫德尔的第九集团军，他手里唯一的机动预备队就是维尔纳·冯·埃德曼斯多夫中将的第18装甲掷弹兵师，只有3000来人和几辆突击炮，缺乏足够的装备来抵御苏军的任何突破。[166]克卢格还有一些突击炮部队，他给了海因里希3个突击炮营共约60辆Ⅲ号突击炮。

索科洛夫斯基决定把主要的攻击方向放在德国第四集团军所在的叶利尼亚（Yelnya）—斯帕斯-杰缅斯克地区，防守这里的德军是第九军第268步兵师和第十二军第252、第342师，阵地宽约16公里。进攻这里的是苏联第5集团军（维塔利·S.波列诺夫中将）、近卫第10集团军（库兹马·P.特鲁布尼科夫中将）、第33集团军（瓦西里·N.戈尔多夫中将）的17个步兵师和300余辆坦克。叶夫根尼·P.祖拉列夫中将的第68集团军作为预备队，可用6个步兵师和100辆坦克支援主攻方向。这次进攻将依靠火力和工兵突破德军的防御，然后将沃尔霍夫的机械化第5军投入向纵深发展。攻击的直接目标是罗斯拉夫尔（Roslavl），占领这里就可以瓦解海因里希的右翼。索科洛夫斯基还打算在亚尔采沃以北沿斯摩棱斯克—维亚兹马公路发动一场协同进攻，这里由德军第三十九装甲军第113步兵师和第二十七军第52步兵师防守。负责进攻的是西方面军的第31集团军和加里宁方面军的第39集团军，共有14个步兵师和160辆坦克。一旦这里有突破，一个由2个机械化旅和1个坦克旅组成的机动集群将向斯摩棱斯克推进。

　　进攻开始的4天前，斯大林亲临西方面军检查准备情况，这给索科洛夫斯基带来了相当大的压力。似乎已经万事俱备，斯大林对即将到手的胜利感到十分满意。与苏军发动的其他攻势不同，索科洛夫斯基没有实施欺敌和佯动，海因里希明白攻击迫在眉睫，于是加强了受到威胁的地区。8月7日6时30分，"苏沃洛夫"行动开始，大规模炮火准备进行了110分钟，炮兵第5和第8军也加入其中。沃罗诺夫在索科洛夫斯基负责方向每公里集中了175门大炮和迫击炮，在叶廖缅科的方向每公里集中了100门，虽然他尽了最大努力投入炮兵部队，但进攻的正面仍然过宽，略微摊薄了杀伤力[167]。空军第1集团军也在首日出动了1200架次轰炸德军的炮兵阵地。然而，海因里希的阵地没有受到多大破坏，苏联的突击部队一前进，就立刻遇上了麻烦。德军的迫击炮，机枪和反坦克炮依然完好无损，给进攻者造成巨大的伤亡。到下午早些时候，一些苏联坦克和步兵确实已经深入德国防线4公里，但他们往往孤立无援。奥列格·洛西克上校的坦克第119团负责支援近卫步兵第65师，他成功地在防御阵地的外围开辟出一条通道，伊万·S.波沃罗兹纽克中尉指挥尖刀坦克连消灭了德军1个步兵排和几门反坦克炮。波沃罗兹纽克很有经验，是红军中成长起来的新一代坦克指挥员。他第一次参加战斗是在1941年9月，职务是坦克排排长，此后曾三次负伤。他和他的营为突破德军的防线苦战3天，但最后坐骑被德军的坦克歼击车击毁，本人阵亡，后追授"苏联英雄"称号。

　　为了加强攻势，索科洛夫斯基在行动开始后6个小时就把祖拉列夫第68集团军投入战斗，但这仅仅是给德军提供更多靶子。在北面，第31和第39集团军向亚尔采沃附近的德国第三十九装甲军发起进攻，但前两天只推进2公里不到。尽管没有取得突破，第31集团军仍然试图将一个临时机动集群投入战斗。该集群由维克多·F.科托夫中校的近卫坦克第42旅（22辆T-34、7辆KV-1、4辆T-70和18辆T-60）、1个摩托化团和1个反坦克炮单位组成。[168]德军第113步兵师是以斯大林格勒战役幸存军官为基干重建的，这里部署了27门重型反坦克炮，并且幸运地是，他们还装备了新型的RSO牵引车。德军的反坦克阵地击毁了科托夫35辆坦克。[169]克卢格迅速对苏军的攻势做出反应，派第2装甲师的一个战斗群和第36摩托化步兵师增援斯帕斯-杰缅斯克，派第18装甲掷弹兵师增援亚尔采沃。海因里希把这些部队连同第270、第667突击炮营投入反攻，多次击退了苏军的突击部队。

尽管"苏沃洛夫"行动没有取得多大进展，索科洛夫斯基还是命令近卫第10集团军将沃尔霍夫的机械化第5军投入战斗。8月12日，沃尔霍夫的军顶着德国空军的猛烈空袭向前线行军130公里，准备参加8月13日早晨的战斗。德米特里·F. 罗扎中尉指挥机械化第5军坦克第233旅的一个"玛蒂尔达"坦克连，他回忆说，由于租借而来的坦克突然出现在战场，红军中竟然发生了友军交火的事件。当时，他所在的旅向德军阵地发动了一次进攻，然后返回自己的出发阵地，进入苏军炮兵部队的视野：

3辆领头的"玛蒂尔达"从一座小山丘后出现，径直穿过田野。一分钟后，我们被眼前的景象吓了一跳：有炮口的火光闪烁，2辆坦克在起火燃烧，炮弹是直射过来的。我们连的3个人向炮兵部队奔去，当他们朝那里跑的时候，炮兵已经在进行第二轮射击。第三辆"玛蒂尔达"也瘫痪了，履带奔拉着，炮弹击毁了它的悬架。科尼亚泽夫连用高爆炮弹进行回击，2门炮变成一堆废铁，炮兵都被炸死了。[170]

因为苏联炮兵对"玛蒂尔达"坦克不熟悉，以为它们是德国坦克，结果罗扎的旅在这次事件中损失了1个排的坦克。虽然如此，机械化第5军加入战斗还是为近卫第10集团军的进攻注入了动力，斯帕斯-杰缅斯克在当天得到解放。不过，海因里希防御阵地的削弱并不是因为苏军投入了更多的坦克，而是因为苏军对德军步兵的不懈炮击。8月7日至21日，德国第四集团军有28000多人伤亡，7239人死亡或失踪。西方面军在占领斯帕斯-杰缅斯克后，继续缓慢蚕食德军的防御阵地，直到8月21日暂时停止，以为筋疲力尽的部队补充给养和新兵。在8月7日—21日共14天的激烈战斗中，西方面军只推进了35—40公里，大致相当于霍特在"堡垒"战役期间所取得的战果。

此时，最高统帅部意识到，西方面军不可能一蹴而就地夺取斯摩棱斯克，因此他们决定把"苏沃洛夫"行动分解成多个阶段，把德军的防御分割成易于消灭的几块。下一个合适的目标是位于德国第四集团军防线中央的叶利尼亚。尽管叶利尼亚遍布森林和沼泽，索科洛夫斯基还是要求并且得到了更多的装甲支援。阿列克谢·S.布尔杰伊内上校的近卫坦克第2军从沃罗涅日方面军调来增援索科洛夫斯基。经过一周的休整，8月28日上午，西方面军继续实施"苏沃洛夫"行动，炮火准备长达90分钟，空军第1集团军进行了空袭。苏军的炮兵战术有了进步，德军的前沿工事遭到严重破坏。在25公里宽的进攻正面，第10、第21、第33集团军在首日突破6公里，次日又扩大到12公里。此时，布尔杰伊内的近卫坦克第2军投入战斗，他的坦克一天推进了30公里。8月30日，遭到重创的德军被迫放弃叶利尼亚。索科洛夫斯基继续前进，直抵第聂伯河，然后在9月7日暂停进攻，再次进行为期1个周的休整。

　　8月11日，希特勒勉强同意建立"黑豹"防线，这是一道绵延在第聂伯河之后，一直延伸到波罗的海的防线，德军指望它能成为抵挡红军西进的堡垒。不过，所谓"黑豹"防线此时还仅限于宣传，在中央集团军群所在的地区，工兵才刚刚在斯摩棱斯克以西的莫吉廖夫、奥尔沙和维捷布斯克等城市挖掘工事。克卢格还要为"黑豹"防线的真正动工争取时间，因此他采取了一些措施来加强海因里希的第四集团军。他命令莫德尔尽快让第九集团军中的第505重装甲营增援第四集团军，但最后该营直到9月17日才赶到。在这些"虎"式坦克到来之前，索科洛夫斯基恢复了进攻。在突破了第四集团军的外围阵地后，最高统帅部想让索科洛夫斯基拿下主要的目标——斯摩棱斯克和罗斯拉夫尔。9月14日，加里宁方面军首先开始进攻；9月15日，西方面军也开始了进攻。这一次，苏军突击部队进展更大，显然德国第四集团军再也无法挡住苏军的大规模攻势。9月15日，亚尔采沃被苏军占领；9月17日，杜霍夫希纳失守；同一天，布良斯克方面军从莫德尔的第九集团军手中夺回布良斯克。到9月19日，中央集团军群的中央已经被攻破，第四集团军正在撤退。克卢格命令海因里希退到"黑豹"防线，尽管这条防线的构筑才刚刚开始。9月25日，西方面军第5集团军攻入斯摩棱斯克，当天晚些时候，罗斯拉夫尔也得到解放。只是由于西方面军部队消耗严重，且没有大规模的机动力量进行纵深突破，中央集团军群才能够在1943年免于崩溃，撤退到维捷布斯克、奥尔沙和莫吉廖夫附近的所谓

"黑豹"防线，这道防线在1943年—1944年的冬季得以大大加强。

"苏沃洛夫"行动完成了解放斯摩棱斯克的目标，把德国中央集团军群击退了150公里。索科洛夫斯基的西方面军主要将装甲部队用于支援步兵，只有2支较大规模的坦克部队可用于扩张战果。然而，红军在"苏沃洛夫"行动中损失了863辆坦克，约占参战总数的63%。[171]虽然苏军突破中央集团军群防线的进展缓慢且代价高昂，但收获了许多宝贵的经验教训，这些经验将会改善1944年战役中步坦炮协同作战的水平。德军方面，克卢格和海因里希只有有限的装甲部队可用，他们一般用于发动小规模但有力的局部反攻，以图恢复第4集团军不断恶化的主防线。可问题是，即便收复了阵地，能守住它的德军步兵也越来越少了。

向第聂伯河前进，1943年8月24日—11月6日

德军丢失哈尔科夫后，苏军在从亚速海到苏梅地区的各条战线上发动了一系列进攻，德军已对稳定战线不抱任何幻想。两个周以来，曼施泰因一直在用他那些筋疲力尽的部队竭力防守，但他对红军能够迅速补充部队并毫不间断持续进攻的能力深感惊讶。尤里·M. 波利亚诺夫斯基少尉是近卫机械化第5军近卫坦克第24旅的坦克排长，一名位于突击部队尖刀位置的基层指挥员。他的第一辆T–34在哈尔科夫被打瘫，本人幸存，并在该市解放后几天就得到了一辆新坦克。近卫坦克第24旅一得到新的坦克和车组补充，就立即向南进发：

> 9月2日黎明，我们的3辆坦克被派去执行一项武装侦察任务——名为侦察，实际是要冒生命危险的。德军开了火，我们进行还击……我必须看一下潜望镜，再弯腰看主炮瞄具。就在我盯着瞄具时，我们被击中了，一发炮弹击穿了我头顶的炮塔。它没有直接打中我，但有几块铁片打到了我的头上。钢盔被打裂，我头部负伤，倒在盖着防水布的弹药上。接着，坦克开始起火燃烧，因为发动机又被击中了。过了很久，我才发现装填手的脑袋被打碎了……[172]

瓦图京和科涅夫继续从哈尔科夫向西面和南面推进，目标是攻占德军在波尔塔瓦的补给基地。西南方面军在顿巴斯向德国第一装甲集团军发起进攻，

南方面军则继续在米乌斯河对付德国第六集团军。7月17日—27日，马利诺夫斯基的西南方面军已经在伊久姆南面8公里的北顿涅茨克河对岸夺取了一个小桥头堡。8月16日，近卫第6、第8、第12集团军开始从桥头堡出击。马肯森的第一装甲集团军部署了第16、第23装甲师和第203、第282突击炮营来封锁桥头堡。马利诺夫斯基一开始派出了6个步兵师和3个坦克旅来打破德军的封锁，后来又投入了近卫机械化第1军和坦克第23军，但苏军强大的步坦协同攻击也只能把德军的封锁线击退几公里。8月17日—23日，福尔曼的第23装甲师声称击毁302辆敌军坦克，但自身伤亡1817人（包括482人阵亡和失踪）。严重的是，第一装甲集团军的步兵已经快耗尽了，福尔曼被迫从其他部队借用步兵来补充他的装甲掷弹兵。[173]

尽管德军挡住了马利诺夫斯基的攻势，但霍利德的第六集团军在防御托尔布欣第二次强渡米乌斯河时遇到了很大的困难。在武装党卫军离开哈尔科夫以后，霍利德缺少部队来建立稳固的防线，也没有预备队可以防范敌人的突破。8月19日，近卫第2集团军在德国第十七军和第二十四军的结合部附近强渡米乌斯河，并迅速占领了阵地。霍利德手里只有赫尔穆特·冯·德·奇瓦尔瑞中将的第13装甲师这一支预备队。他们是陆陆续续赶来的，而且为时已晚，无法防止前线被突破。到8月22日，特罗菲姆·I.塔纳什申少将的近卫机械化第4军成功过河并向西推进，而德军却无法封锁缺口。曼施泰因试图把他有限的装甲部队拼凑起来防止战线崩溃，但几乎所有地区都在告急。为了减少斯大林诺面临的威胁，他派出了第9和第17装甲师，但他们同样来得太晚，来不及挽救局面。苏联近卫第2集团军近卫步兵第13军在斯大林诺以东完全撕开了德军的主防线，然后与近卫机械化第2、第4军和近卫骑兵第4军一起实施了一次经典的纵深突破。8月29日，苏军的装甲兵和骑兵向南进发，在塔甘罗格包围德国炮兵上将埃里希·布兰登贝格的第二十九军（由第13装甲师，第17、第111、第336步兵师，第15空降师和第243突击炮营组成）。次日，苏军坦克抵达亚速海，包围了这支德军。仅仅是因为奇瓦尔瑞的第13装甲师反应及时，带头突出包围圈，第二十九军才得以幸免。经过一天的战斗，第二十九军冲出了塔甘罗格包围圈，和第六集团军其余部队会合。但是布兰登贝格的第二十九军在突围中损失了大量兵力和装备，霍利德再无力恢复战线。

　　尽管曼施泰因能够阻挡瓦图京和科涅夫部队前进，但他没有留下有实力的预备队来挽救第六集团军的崩溃，局面很快失控。9月2日，为了收缩防线，霍利德把第三十军撤回，让第17装甲师防守斯大林诺，但托尔布欣增大了进攻强度，在整个第六集团军的正面发动进攻。几天之内，第二十九军和第三军都被迫放弃许多地区，防线在9月6日崩溃。斯拉夫扬斯克和克拉马托尔斯克被苏联近卫第1集团军解放，第一装甲集团军的防线被撕开一个大口子。更糟糕的是，托尔布欣的部队在伊久姆附近和马利诺夫斯基的桥头堡取得联系，后者得以迅速扩展。为了防止斯大林诺丢失，曼施泰因决定派遣一个新到的"豹"式坦克营，即弗里茨·费希纳少校的第23装甲团第2营去挽救危局。他们乘火车陆续抵达，并设法在斯大林诺守了几天，但"豹"式坦克又一次遇到了严重的机械故障，两天之内有一半的坦克无法作战。[174]尽管"豹"式坦克加入了战斗，斯大林诺还是在9月8日被解放。

　　9月初，曼施泰因恳求希特勒批准向第聂伯河撤退，元首却仍旧相信南方集团军群会像以前那样挡住苏联的进攻，然而事实却是托尔布欣在斯大林诺以北的克拉斯诺米斯克（Krasnoarmiis'k）取得重大突破——伊万·N.卢西亚诺夫中将的近卫机械化第1军和埃菲姆·G.普希金中将的坦克第23军正向第聂伯罗彼得罗夫斯克附近的第聂伯河迅速前进，他们如入无人之境。9月8日，这2个军的先头部队接近巴甫洛格勒，距第聂伯河不到40公里。曼施泰因命令马肯森和霍利德做最后一次努力，分割包围托尔布欣的前锋部队，用钳形攻势封堵面前的缺口。福尔曼的第23装甲师和第16装甲掷弹兵师（隶属于第四十装甲军）奉命向南攻击卢西亚诺夫暴露的侧翼，费希纳剩余的"豹"式坦克（最初96辆中的30辆）和一些步兵、炮兵组成一个战斗群，攻击普希金的侧翼。9月9日上午，福尔曼的师开始反击，猛攻斯洛维扬卡（Slov'yanka）的苏军步兵第266师。托尔布欣曾催促步兵部队赶来守住突破口，但他们来不及完成建立起牢固的防御。福尔曼的装甲部队击溃了这个孤立无援的步兵师，然后开始向南推进。费希纳战斗群花了很长时间准备，直到9月11日才开始进攻，但他们突破了坦克第23军的侧翼。9月12日，费希纳的"豹"式坦克和第16装甲掷弹兵师取得联系，分割包围了在巴甫洛格勒附近的苏军近卫机械化第1军和坦克第23军。费希纳在主要道路上设置了一个阻击阵地，只由3辆"豹"式坦克和1个工兵排驻守，这一事实说明了德军兵力的匮乏程度。有8辆试图接近的苏军坦克被击毁。霍利德和马肯森用钳形攻势成功封闭了战线上的缺口，并让托尔布欣的先头部队遭遇了重大的战术失利，但结果却是徒劳。

尽管封堵缺口获得了成功，但第六集团军此时已明显处于崩溃边缘。费希纳的营只剩下5辆还能作战的"豹"式坦克，第9、第13、第17和第23装甲师只比战斗群大不了多少。霍利德没有办法吃掉被分割孤立的那2个苏联的机械化军，托尔布欣的其他部队很快就会冲开封锁线。同时，霍特的形势也不妙，沃罗涅日方面军在第二集团军和第四装甲集团军之间的罗姆内（Romny）打进了一个楔子，霍特的左翼正在瓦解。曼施泰因再次求见希特勒，指出要么让南方集团军群撤至第聂伯河以避免崩溃，要么让陆军司令部立即派12个师来增援。希特勒始终不愿意放弃土地，但他能提供的援军很少。于是，9月8日，他让第十七集团军放弃库班，前去增援第六集团军。然而，激烈的战斗又进行了一星期，希特勒意识到第六集团军很可能遭围歼，这才改变了主意。从"堡垒"行动开始到斯大林诺解放的10周中，南方集团军群遭受了185000多人的伤亡，其中包括51000人死亡或失踪——第三帝国根本无法及时弥补这些损失。9月15日，在希特勒的勉强同意之下，曼施泰因终于命令他的4个集团军向下第聂伯河后方的"黑豹"防线以及位于梅利托波尔的"沃坦"防线撤退。尽管梅利托波尔在第聂伯河的东面，但这座城市需要坚守，因为它扼守着通往克里米亚的道路，这是希特勒想要控制的地方。他认为"黑豹—沃坦"防线应该坚不可摧，尽管他在4周前才刚刚批准建造，现在根本还没有动工。

撤退是痛苦的，更糟糕的是敌人还在穷追不舍。许多损坏和待修的德国坦克不得不炸毁，包括费希纳的20辆崭新的"豹"式坦克。[175]9月份共损失了80辆"豹"式，主要是由于机械故障，车组不得不弃车。[176]在撤退期间，一些德国军队的纪律开始动摇，一些部队狂饮即将放弃的仓库中的酒，还有一些部队不知去向。曼施泰因的军队必须撤退150公里甚至更远，然后跨过6座桥梁中的1座，才能退到第聂伯河的后方。德国步兵师依靠马和马车来牵引火炮和运送补给，这意味着他们跑不过装备T-34的苏联快速坦克单位。这种机动性的差异使得大多数德国装甲师不得不担任后卫任务，以便为行动缓慢的部队后撤赢得时间。曼施泰因还明白他需要尽快派一些部队前往第聂伯河的主要渡河点——基辅、卡涅夫（Kanev）、切尔卡瑟、克列缅丘格、第聂伯罗彼得罗夫斯克和扎波罗热，防止苏军以奇袭抢占这些要点。因此，曼施泰因陷入两难：到底是用他的装甲部队掩护步兵撤退，还是去保护这些渡河点？曼施泰因决定让第3和第四十八装甲军的4个装甲师（第3、第6、第7、第11装甲师）和4个装甲掷弹兵师（"维京"师、"帝国"师、"骷髅"师和"大德意志"师）在波尔塔瓦实施迟滞作战，为动作缓慢的部队争取撤退的时间，不过，第19装甲师奉命直趋基辅，然后分散开来守卫第聂伯河对岸。霍特奉命向基辅、卡涅夫和切尔卡瑟撤退，而后迅速展开，守卫各渡河点。沃勒尔的第八集团军将前往克列缅丘格，但要协助在波尔塔瓦的迟滞作战。马肯森的第一装甲集团军将直奔第聂伯罗彼得罗夫斯克和扎波罗热，而霍利德的第六集团军将撤往梅利托波尔。当撤退行动开始时，天空下起了大雨，德国人的动作变得更加缓慢。

苏联最高统帅部一直在等着曼施泰因向第聂伯河撤退，空中侦察刚发现德军有撤退的迹象，斯大林就直接向方面军下达向第聂伯河前进的命令。5个方面军的200万名士兵及2000辆坦克涌向第聂伯河。瓦图京负责向基辅和第聂伯河河曲前进，经过部分补充后的雷巴尔科近卫坦克第3集团军（下辖近卫机械化第7军，机械化第9军，近卫坦克第6、第7军和坦克第91旅）划归他指挥，他们将作为从罗姆内向第聂伯河前进中的机动兵团。尽管雷巴尔科的坦克只有编制的一半，还有一个机械化旅没有卡车，但它仍然是一支拥有300多辆坦克的强大部队。卡图科夫的坦克第1集团军和罗特米斯特罗夫的近卫坦克第5集团军在经历数周的激烈战斗后暂时撤往后方补充，使得雷巴尔科实力只有一半的坦克集团军成为目前唯一可用的大规模机械化部队。科涅夫负责向克列缅丘格前进，马利诺夫斯基负责第聂伯罗彼得罗夫斯克，托尔布欣前往梅利托波尔。虽然所有这些方面军都获得了总预备队的补充，但经过数周激战，前线的弹药和燃油储备都很少，红军进行数天快速机动作战的能力大打折扣。[177]后勤人员一样无法向前线运送大批物资，因为卡车短缺，铁路已被撤退的德军破坏。在工兵部队方面，向第聂伯河推进的方面军共有5个舟桥旅和3个重型舟桥团，但问题在于，由于德国人实施"焦土策略"，红军很难把这些笨重的工程部队运送到需要的地方，数量不足的燃油也主要供应给作战部队了。[178]

最高统帅部认识到强渡第聂伯河的困难，于是着手准备组建几个空降旅配合进攻。瓦图京得到了一个临时编成的空降军（下辖近卫空降第1、第3、第5旅），有1万名空降兵。9月19日至20日夜，雷巴尔科的近卫坦克第3集团军开始向第聂伯河前进，由特罗菲姆·F. 马利克中校率领的近卫坦克第56旅担任先头部队。最高统帅部认为德军会在每个渡河点精心防守（事实证明这是错误的），因此雷巴尔科奉命前往第聂伯河河曲，这是第聂伯河在基辅以南，卡涅夫附近形成的一个大拐弯。游击队曾报告说这一地区没有德军，最高统帅部希望雷巴尔科能在德军赶到前从这里"跳"过河。

内林的第二十四装甲军带着第10装甲掷弹兵师、第239突击炮营和3个步兵师的残部向卡涅夫撤退。他并不知道的是，雷巴尔科的装甲部队已经启程在后面追赶，不过他也没有拖延任何时间。9月20日，汉斯·克尔纳上校的第19装甲师在基辅渡过第聂伯河，这是曼施泰因第一批控制第聂伯河西岸的装甲部队。克尔纳在他的师尚未在基辅集结时，就派出侦察营到第聂伯河河曲去探寻有无苏军过河。与此同时，9月20日至22日，第三和第四十八装甲军在波尔塔瓦附近对科涅夫的部队进行了一场痛苦而徒劳的迟滞作战，然后于9月23日放弃这座城市。

雷巴尔科的坦克部队迅猛疾进，一天就前进了165公里。9月21日晚，他的先头部队抵达第聂伯河河曲，就在离河岸不远的地方，坦克的燃油耗尽。坦克第6军军长米特罗凡·I. 津科维奇少将疯狂地用无线电呼叫，要求紧急补给20—30吨柴油。[179]一些搭乘马利克旅坦克的步兵继续步行前往河岸。9月22日黎明，一个95人的冲锋枪连用几条小船在卡涅夫以北的赫里霍里夫卡（Grigorovka）过河。这支小部队很快就达到营级规模。此后不久，基里尔·S. 莫斯卡连科上将的第40集团军第309步兵师也有少量步兵在往西25公里处的勒日希夫（Rzhyshchiv）过了河。这些由近卫坦克第3集团军和第40集团军首批渡河的部队形成的互不相连的桥头堡统称为布克林（Bukrin）桥头堡。布克林地区树木茂密，与世隔绝。该地区没有德国军队，但赫尔穆特·冯·莫尔特克骑兵上尉率领的第19装甲侦察营被派往这里巡察，此时已在途中。雷巴尔科的部队首先渡过第聂伯河，但除非他能迅速让坦克和大炮过河，否则小小的布克林桥头堡很快就会被德国人摧毁。在赫里霍里夫卡的第聂伯河有600—800米宽，8米深，没有浮桥或渡船，坦克是无法通过的，红军还需要几天的时间才能做好准备。

德国人在大约24小时后才意识到，苏军已经在布克林的第聂伯河岸上取得了立足点。不过，9月23日下午，莫尔特克的侦察刚证实这一切，克尔纳就派出一个加强的战斗群（2个装甲掷弹兵营、1个炮兵营、1个坦克连、一些坦克歼击车和工兵）进行反击。内林的第二十四装甲军仍在卡涅夫渡河，也接到命令派出第57装甲师的一个战斗群前往卡涅夫。9月23日至24日晚，雷巴尔科和莫斯卡连科组织了一次"集体渡河"，数千名士兵乘坐木筏和渔船前往对岸，或干脆游泳。9月24日，莫斯卡连科和雷巴尔科在第聂伯河西岸已经集结足够的部队，桥头堡纵深扩大到3至4公里，并击退了莫尔特克的侦察营。津科维奇少将决定亲自带着他的步兵进入桥头堡（对于一个坦克军的指挥员来说，这是一个奇怪的决定），但他在德国空军的一次空袭中受了致命伤[180]。

当天苏军的主要行动是在夜晚进行的。瓦图京决定派遣空降兵增援和扩大桥头堡，但空降行动一开始就十分混乱。首先是由于天气和后勤问题造成了24小时的延误，然后是运输机不足，瓦图京无法把全部3个旅都投入战场，否则会继续耽误行动，因此他决定只派出2个旅，最后时刻的变动导致了混乱。9月24日19时30分，苏军运输机开始在布克林桥头堡西南空投近卫空降第3和第5旅。空降散得太开，4575名伞兵中的大多数都没有落到空降区，而是落到德军第73装甲掷弹兵团的头上。说来也巧，这支部队刚刚抵达战区。漫天都是白色的降落伞，装甲掷弹兵进行了一整天的战斗，用自动武器和轻型高射炮向伞兵开火，在24小时内击毙和俘虏901名伞兵。空投行动没能如愿加强布克林桥头堡。[181]

内林想要尽快组织对布克林桥头堡的反击，但他只有第19和第57装甲师的一部分，他觉得这不足以攻克敌人的阵地。事实上，苏军渡过第聂伯河时没有携带多少重武器，也没有坦克，因此阵地相当脆弱。但是，德国人并不确定桥头堡里到底有多少苏军，内林决定等待进一步的增援。曼施泰因从第7装甲师和第20装甲掷弹兵师中派出战斗群增援内林，但这样一来，反击就推迟到了9月29日。苏军很好地利用了这段时间，步兵挖掘了深深的战壕，并在9月26日开始用少数浮桥运送坦克和大炮过河。当天结束时，雷巴尔科在西岸已有14辆坦克和18门120毫米迫击炮，莫斯卡连科一天就运送了17辆坦克、27门76.2毫米口径炮和51门45毫米反坦克炮过河。[182]

就在德军发起反击之前，克诺贝尔斯多夫的第四十八装甲军接过了卡涅夫–布克林地区所有德军部队的指挥权，这不是一件好事，因为所有的反击准备都是由内林的部下完成的。9月29日至30日，德军的反击造成苏军2800多人伤亡，夺回了一些地区，但在遭遇埋伏的反坦克炮和坦克时被打了个措手不及。德军第八航空队成功炸毁了苏军的一座浮桥，但其很快就得以重建。更糟糕的是，德军发现苏联人把19个步兵师的部队塞进了布克林桥头堡。[183]因此，克诺贝尔斯多夫决定转入防御，改用炮兵轰击桥头堡，以保存自己的实力。

与此同时，第三装甲军在切尔卡瑟有条不紊地渡过了第聂伯河，"维京"师于9月27日登上西岸。然而，由于桥梁拥堵，在克列缅丘格的第十一军和第四十八装甲军的情况要混乱得多。所幸苏联空军没有轰炸这些待渡的德国部队，否则就是一场大屠杀。不过，在这些德国部队全部渡河之前，科涅夫的追击部队就设法占领了克列缅丘格以南第聂伯河对岸的一些小渡河点——9月25日—26日晚在乌斯彭卡（Uspenka），9月27日—28日在德里伊夫卡（Deriyivka）。沃勒尔的第八集团军没有时间在第聂伯河后方建立一条连续的战线，而这里的防御尤为薄弱，只有第106师的残余部队在附近，对于苏联近卫第7集团军扩大桥头堡的举动几乎无能为力。更糟糕的是，科涅夫的桥头堡靠近沃勒尔第八集团军和马肯森第一装甲集团军的结合部，当德国人把党卫军骑兵师和来自第23装甲师、"大德意志"师的战斗群派到这里的时候，苏军早就做好了向西南方向突击的准备。德军因严重缺乏步兵而无法在苏军桥头堡周围建立防御阵地，部队指挥官开始把后方勤杂人员和参谋人员拉去补充步兵单位，这使得国防军的战斗效率明显降低。

马肯森的第一装甲集团军在第聂伯罗彼得罗夫斯克设法较为有序地过了河，但他奉命把第四十装甲军留在扎波罗热的第聂伯河东岸的一个桥头堡，以保护第聂伯河大坝。这座大坝为该地区的德国军事工业提供了重要的水和电，包括在第聂伯罗彼得罗夫斯克和尼科波尔的坦克修理厂。此外，希特勒不想完全放弃第聂伯河以东的土地，还梦想在将来重新发动进攻，再次征服顿巴斯，为此马肯森被迫在第聂伯河东岸留下第一装甲集团军的6个师，包括第9装甲师大部，他们很可能在那里被马利诺夫斯基的近卫第3和第8集团军歼灭。为加强第四十装甲军的反坦克能力，德国人拼凑出一个临时的战斗群，由格奥尔格·鲍姆克少校指挥，下辖第656重型坦克歼击车团、第216突击炮营的剩余部队，共有12辆修理过的"费迪南德"坦克歼击车和13辆突击炮。格哈德·威林少校的第506重装甲营共有45辆新的"虎"式坦克，也从德国赶来，以图加强扎波罗热桥头堡。鲍姆克的"费迪南德"和威林的"虎"式坦克在3周内击退苏军对桥头堡的多次冲击。马利诺夫斯基命令坦克第23军和近卫机械化第1军夷平桥头堡。10月10日，鲍姆克的"费迪南德"击退一次苏军的大规模装甲进攻，据他声称有48辆敌方坦克被摧毁。尽管"费迪南德"和"虎"式坦克作为防御性武器的表现十分出色，苏军炮兵还是逐渐摧毁了德军的步兵阵地。10月15日，第一装甲集团军被迫撤出扎波罗热桥头堡。[184]威林在桥头堡战斗中损失了7辆"虎"式坦克，剩下的坦克也大多数受了伤，原先的45辆坦克只剩下7辆还能作战。

霍利德的第六集团军（现归属于A集团军群）被迫防守梅利托波尔，德军希望其能够保护通往克里米亚的铁路。9月20日，霍利德的部队到达所谓的"沃坦"防线，发现那里根本就没有什么防御工事后大吃一惊，包括装甲部队在内的所有人都接到命令，立刻开始挖掘战壕。埃里希·哈格尔下士是一名Ⅳ号坦克乘员，归属于第17装甲师第39装甲团第2营。他每天白天要防范苏军的袭扰，夜晚还要挖战壕。由于经常下雨，天气已经变冷了，哈格尔写道："我们看上就像猪一样。"[185]德军前线将士的士气越来越低落。托尔布欣的部队很快进抵梅利托波尔附近，9月26日，突击第5集团军和第44集团军开始大规模进攻德国第六集团军左翼。守在这里的是疲惫的第四军，下辖2个空军野战师。托尔布欣投入了坦克第11、第20军，近卫机械化第4军以及大量的步兵和炮兵向德国第四军进攻。为了阻止苏军的突破，霍利德让第17装甲师火速增援。在5天的激战中，德军声称摧毁了181辆敌方坦克。

德国陆军司令部向霍利德派出增援部队，包括给第13装甲师派去第2装甲团第1营，这个营首次装备了"豹"式A型坦克。A型坦克对之前的D型坦克进行了一些小改进，和D型已不是一回事，但可靠性同样存在问题。10月10日，新的"豹"式坦克投入战斗，对苏联坦克第20军和近卫机械化第4军的突破口进行反击，这就是"啤酒节坦克战"。和以前一样，"豹"式坦克强大的火力给对手的T-34造成了严重的损失——德国人声称打瘫了60辆坦克，但也有许多"豹"式因机械故障而退出战斗。虽然苏军损失惨重，但他们可以回收受损的坦克，并在整个10月间不断地向德国第六集团军发起进攻。10月23日，霍利德被迫放弃梅利托波尔，托尔布欣大举进攻，第六集团军向第聂伯河仓皇撤退。德军有2个军向尼科波尔撤退，而第四十四军（贝克尔集群）则带着第13装甲师、"豹"式坦克营和2个步兵师向赫尔松撤退。"豹"式坦克在撤退中发挥了重要作用，牵制了机械化第4军的坦克力量，阻止苏军切断贝克尔集群的退路。虽然贝克尔集群顺利地在赫尔松渡河，但第2装甲团第1营的"豹"式坦克已经所剩无几。第四和第二十九军则没那么幸运，因为希特勒命令他们留在第聂伯河东岸桥头堡保卫尼科波尔附近的锰矿[①]，他们也就没有过河。尼科波尔桥头堡之战持续了近100天。

在北面，9月30日，第四装甲集团军最后撤出基辅的桥头堡，并击退了瓦图京部队在基辅以北渡河的几次尝试。10月5日，苏军第38集团军在基辅以北25公里的柳捷日（Lyutezh）夺取了一个小桥头堡，一周之内有3个步兵师增援那里。曼施泰因认为基辅以北的沼泽地带不适合装甲部队作战，因此对柳捷日桥头堡并不重视。他命令第十三军用2个步兵师封锁桥头堡，指示霍特把第7和第8装甲师部署到附近作为机动预备队，以防万一。10月初，曼施泰因要集中精力摧毁布克林桥头堡，并控制科涅夫在克列缅丘格以南的扩张。苏联最高统帅部同样决心要将这些战术上的成功转化为取得重大胜利的跳板，因此命令科涅夫和瓦图京在集结了足够兵力后立即强渡第聂伯河。

瓦图京调来一个炮兵师增援布克林桥头堡，10月24日，他采取了一项重大行动来突破德国第四十八装甲军的围困。苏军在两翼渡河以协助冲出桥头堡，但只取得了一点小进展，德军顶上了"帝国"师和第11装甲师以加强防御。经过非常激烈的战斗，苏军的攻势冷清下来，德军声称打瘫了140辆敌军坦克。10月底，瓦图京意识到德军在布克林的防御力量太强，让桥头堡中的部队转入守势。10月20日，最高统帅部决定重新命名各方面军：瓦图京的沃罗涅日方面军改为乌克兰第1方面军，科涅夫的草原方面军改为乌克兰第2方面军，马利诺夫斯基的西南方面军改为乌克兰第3方面军，托尔布欣的南方面军改为

---

① 原注：在坦克装甲钢板中添加锰和钼可以加强其硬度。没有这些矿石，德国装甲更容易被穿甲弹击毁。其中两个主要的锰矿位于第聂伯河北岸和西岸的马尔加涅茨（Marganets）和奥尔忠尼启则（Ordzhonikidze）。

乌克兰第4方面军。

当瓦图京的部队受阻时，科涅夫在克列缅丘格和第聂伯彼得罗夫斯克之间的桥头堡却取得了最大的进展。从1943年10月1日的德国东线形势图上，可以看到曼施泰因成功地在第聂伯河后方建立了一条连续的防线，为数不多的几个苏联小桥头堡在德国装甲师的包围下非常脆弱。然而为了建立这条连续的防线，曼施泰因不得不将那些精疲力竭的装甲部队分散在一条长达800公里宽的战线上——他手头唯一的预备队就是下一批从法国或德国乘火车而来的部队。在乌斯彭卡–德里伊夫卡地区（不久以后被称为米舒林罗格桥头堡），第一装甲集团军第五十二军的2个步兵师得到了第23装甲师和"大德意志"师的支援。尽管在拉斯登堡的希特勒看来这已经足够了，但"大德意志"师实际上只有15辆能作战的坦克（包括5辆"虎"式坦克），第23装甲师只有7辆坦克、9辆SPW装甲半履带车和1100名步兵。[186]更糟糕的是，有许多卡车在撤退中损失掉了，装甲部队不得不从邻近的步兵单位借用马匹和马车来进行补给。战斗损伤、装备老旧和机械缺陷几乎使曼施泰因所有装甲部队的战斗力降到最低。剩下的装甲部队还要去分散支援虚弱的步兵，这就进一步削弱了自己的战斗力。德军只要想在任何地区部署多于1个装甲排的坦克，就得从其他地方抽走装甲支援兵力。苏军很快注意到了德军这一新的弱点，开始攻击那些被抽走装甲兵力的地区。10月2日科涅夫的步兵扩张他们的桥头堡，占领了米舒林罗格。德军第23装甲师用两天的时间组织了一次反击，参加的部队只有一个工兵连、一些坦克和SPW装甲半履带车。此时，科涅夫已经在米舒林罗格桥头堡东面的波罗达伊夫卡（Borodaivka）附近架起了一座桥梁，让坦克开过去。除此之外，10月3日，罗特米斯特洛夫的近卫坦克第5集团军向科涅夫报到，他们在后方进行了为期3周的休整。为躲避德国空军的侦察，罗特米斯特罗夫让坦克部队在夜间向第聂伯河行进了200公里。

通过战场维修人员的卓绝努力，第23装甲师在10月7日前修好了15辆坦克，包括一些费希纳的"豹"式坦克。[187]第五十七装甲军军长弗里德里希·基希纳装甲兵上将决定让第23装甲师和"大德意志"师联手在安诺夫卡（Annovka）和波罗达伊夫卡发起反攻，威胁苏军的架桥地区。10月8日，费希纳的"豹"式坦克在安诺夫卡袭击苏军步兵，击毁3辆T–34和11门反坦克炮，自己没有损失。然而，10月9日，"大德意志"师的进攻组织不佳，5辆"虎"式坦克在没有步兵密切配合的情况下就向波罗达伊夫卡进攻。这一次，"虎"式坦克强大的主炮和厚重的装甲并没有挽救它们，所有5辆坦克都被隐蔽的反坦克炮和步兵反坦克小组包围并在近距离击毁。至少2名乘员被俘，其余的人都被击毙，德军一共损失了25名"虎"式坦克乘员。[188]这场灾难后，德军的反击势头有所削弱，这给了科涅夫喘息之机，使其得以在10月14日—15日夜晚将罗特米斯特罗夫近卫坦克第5集团军的先头部队开进米舒林罗格桥头堡。

10月15日上午，苏联第37集团军和近卫第7集团军在大规模炮火准备之后，用4个空降师和3个步兵师进攻米舒林罗格桥头堡以南德军封锁薄弱的地区。罗特米斯特罗夫只能在进攻第一天下午派出机械化第7军和坦克第18军一部参战。[189]福尔曼的第23装甲师让消耗殆尽的第128装甲掷弹兵团和师属工兵防御这里，但他们很快就被苏军雪崩一般的步兵和坦克淹没。福尔曼投入他剩下的8辆坦克，但它们遇上了Su–152自行火炮和排成一列的反坦克炮，3辆Ⅳ号坦克损失，其余5辆退走。福尔曼的另一个装甲掷弹兵团面临被苏军坦克部队包围的局面，因此整个第23装甲师都后撤了。在这一开场的小规模战斗中，尽管罗特米斯特罗夫有7辆T-34被击毁，但德国坦克乘员注意到苏军坦克已经学会利用射击死角进行机动以减少反坦克火力的伤害。[190]红军在战斗中成长。

10月16日，罗特米斯特罗夫带着坦克第18军其余的部队和坦克第29军渡过第聂伯河，加强了进攻，很快就迫使德军第23装甲师撤退，并在德军战线上造成了10公里宽的缺口。一个苏联坦克旅冲进缺口，击溃了第23装甲师的高射炮营，然后继续向"大德意志"师师部进攻。虽然福尔曼集中了3辆"豹"式和3辆Ⅳ号坦克在缺口进行机动防御，但它们在面对罗特米斯特罗夫的大量坦克时几乎无能为力。进攻第三天，罗特米斯特罗夫的装甲部队取得明显的突破，直指福尔曼在波普尔纳斯特（Popel'naste）的师部和后勤部队。德国人声称击毁了罗特米斯特罗夫的大批坦克，不过事实却是苏联坦克在德军后方扫荡，向德军后勤单位开火。第23装甲师和"大德意志"师都被迫扔掉了许多在修理场的坦克，两个师总共只剩下12—15辆坦克还能作战。罗特米斯特罗夫毫不放松，在夜间继续前进，不让德军站稳脚跟。很快，基希纳的第五十七装甲军司令部就受到苏联坦克的威胁，不得不逃走，这在关键时刻造成德军指挥的失灵，于是恐慌开始蔓延，德军的后勤单位在没有得到命令的情况下向后溃退——这和1940年5月的法国军队没有什么两样。第一装甲集团军的情况越来越糟，因为罗特米斯特罗夫的装甲铁拳正在迅速向南挥去。对于罗特米斯特罗夫的坦克手来说，在他们的生涯中很少有开着坦克追击溃逃的敌人那样令人激动的经历，这也是对普罗霍罗夫卡之战一个惬意的报复。

福尔曼的第23装甲师试图在派特科哈特（P'yatykhatky）火车站设防，但没有成功。10月18日20时30分，苏军坦克占领了这个几乎无人防御的小镇。在火车站，乘坐T-34而来的步兵发现在平板列车上有10辆崭新的"虎"式坦克，这是准备送交"大德意志"师的。[191]他们还发现了一列满载德军伤员的车厢，然后毫不客气地用手榴弹和轻武器把这些伤员都处决了。此时在尚未易手的城镇南面，一支有着3000多辆汽车的庞大德军队伍正在撤离，T-34发现了他们，用高爆弹向他们射击，引起了一场大恐慌。[192]福尔曼的第23装甲师基本覆灭，只剩下10辆坦克，第126装甲掷弹兵团还剩30人，第129装甲掷弹兵团还剩29人。在切断了德国第一装甲集团军和第八集团军的联系之后，科涅夫面临一个选择，是向西推进到基罗沃格勒（Kirovograd）席卷第八集团军右翼，还是向南打到克里沃罗格（Krivoi Rog）以尝试切断第一装甲集团军的后路。他选择把部队一分为二，斯沃佐夫的近卫机械化第5军和第53集团军向基罗沃格勒挺进，而坦克第18军和坦克第29军则冲向克里沃罗格，以同时达成两个目标。德军确实被苏军的装甲突破打蒙了，一路上苏军遇到的抵抗都是零星的。10月22日，近卫机械化第5军抵达了英胡列斯河边的新斯塔罗杜布（Novo Starodub）；10月27日，罗特米斯特罗夫的近卫坦克第5集团军到达克里沃罗格郊外。马肯森的第一装甲集团军面临被包围的危险，他于10月25日放弃第聂伯彼得罗夫斯克。于是马利诺夫斯基的乌克兰第3方面军的3个集团军从第聂伯河上蜂拥而过。

德国人一次又一次地证明自己善于从战术挫折中恢复，就像苏联一次又一次地表明其后勤很难保障装甲部队的大纵深突破一样。幸运的是，当德军从西方得到强大的装甲增援时，罗特米斯特罗夫前线坦克旅的燃料供应却在逐渐减少。德国第14和第24装甲师都在2月的斯大林格勒被歼灭，8个月后，他们又重新出现在东线战场。这些部队是德军首批缩水的装甲师，每师装备49辆Ⅳ

号坦克和44辆Ⅲ号突击炮，主要用于执行机动防御作战。曼施泰因命令这2个装甲师在基罗沃格勒集结。威林少校的第506重装甲营被派往扎波罗热保卫克里沃罗格。第11装甲师和"髑髅"师也前往支援这一地区。希格弗里德·亨里奇装甲兵上将的第四十装甲军负责指挥这些部队，并开始计划一次反击来分割包围罗特米斯特罗夫的先头部队。然而，就在反攻开始前一周，亨里奇被送去预备役，第四十装甲军被移交给从芬兰飞来的费迪南德·舍尔纳山地兵上将。这是希特勒干涉前线指挥的一个令人吃惊的例子。舍尔纳不仅没有机械化作战的经验，而且也没有在俄国重点战区的作战经验。但希特勒选择舍尔纳并非随意，他之所以被选中，是因为他那狂热的指挥风格和对纳粹政权的忠诚。当危机来临时，希特勒选人的标准是政治上的可靠性而不是业务水平。

舍尔纳在执掌指挥权几天后下令立即开始反攻，尽管那时第14和第24装甲师还没有全数抵达。10月28日，"髑髅"师以5辆"虎"式坦克和几辆其他坦克向斯科沃佐夫的近卫机械化第5军发起进攻，第11装甲师在克里沃罗格袭击罗特米斯特罗夫的先头部队。第二天，第14和第24装甲师一部也介入战斗。罗特米斯特罗夫被打了个措手不及，压根没想到敌人新来的装甲师会发起进攻。他的近卫坦克第5集团军在遭受了重大损失后从克里沃罗格撤退。德军的装甲反攻堵上了第一装甲集团军和第八集团军之间的裂隙。但舍尔纳浪费了一个大好机会，他做了一个毫无想象力的决定，选择把敌人突出的战线平推回去，而不是把它分割包围。如果适当协调这4个装甲师，第四十装甲军可能已经分割歼灭了罗特米斯特罗夫3个军中的至少2个。然而，希特勒和舍尔纳选择了一场平凡的胜利。

在1943年10月接近尾声时，科涅夫和马利诺夫斯基的主力都已经渡过了第聂伯河，而瓦图京却被挡住了几个星期。最高统帅部意识到德军已经有效地封锁了布克林桥头堡，他们命令瓦图京把主攻方向转移到基辅以北小小的柳捷日桥头堡。为了组织一支纵深突破的力量，10月25日，瓦图京命令雷巴尔科将近卫坦克第3集团军从布克林桥头堡转移到柳捷日。这是一个非常冒险的策略，只有在曼施泰因不知道瓦图京的坦克已经北移的情况下才会起作用。在朱可夫的监督之下，瓦图京运用了所有的欺敌策略来忽悠德国人。雷巴尔科的坦克只有在夜间才能在严格管制下开动。后者利用无线电欺骗手段，并在布克林桥头堡留下几个指挥所的空壳，假装整个集团军还在那里。由于第聂伯河上只有3座浮桥和几艘渡船，雷巴尔科花了3个晚上才把整个集团军开回河东。由于大雾和雨天，德国空军没有觉察到苏军的转移。雷巴尔科的坦克集团军仍然还有约400辆坦克，但已经损失了很多卡车，他花了2天时间才行进了150公里，在列齐基（Letki）渡过杰斯纳河，然后进入柳捷日桥头堡。到11月2日上午，雷巴尔科的整个近卫坦克第3集团军已经在桥头堡集结完毕，德国人仍然对此一无所知。

11月初，霍特的第四装甲集团军已经在柳捷日桥头堡周围建立起了一个包围圈，守卫这里的是第十三军的4个消磨殆尽的步兵师（第68、第82、第208和第372师）以及第七军的第88步兵师。[193]在他们附近，霍特部署了戈特弗里德·弗罗里希上校的第8装甲师作为预备队，从这个师的实力可以窥见，经过三年连续不断的战斗后，曾经强大的德军装甲师现在已经沦落到何等凄惨的境地。虽然弗罗里希的师11月1日的编制兵力为13665人，但他的4个装甲掷弹兵营一共只有610名步兵，其余工兵、侦察兵和反坦克部队还有545人。第10装甲团第1营是他唯一的装甲营，共有14辆坦克，包括7辆装备75毫米长身管火炮的Ⅳ号坦克。反坦克部队还有7门75毫米反坦克炮、2门50毫米Pak 38反坦克炮和5门37毫米Pak 36反坦克炮。师属炮兵有3辆"黄蜂"式自行火炮，2门100毫米加农炮，2门150毫米榴弹炮和9门105毫米榴弹炮。较好的地方是弗罗里希还有64辆SPW装甲半履带车和828辆卡车，因此他这些残余部队还具有相当好的机动性。弗罗里希组织了两个战斗群作为第十三军的预备队，分别是奈泽战斗群（全部装甲掷弹兵）和冯·米茨拉夫战斗群（第10装甲团第1营、侦察部队和1个炮兵营）。[194]

11月3日8时，基里尔·S.莫斯卡连科中将的第38集团军开始对柳捷日桥头堡南面的德军步兵阵地实行40分钟的大规模炮火准备，瓦图京调动了炮兵第7军和大量的"喀秋莎"火箭炮连，将桥头堡纳入其射程范围内。这里的德军步兵没有预料到敌人会发动大规模攻势，并未在柳捷日附近的沼泽地挖掘完备的工事，因此苏军的炮击造成了严重破坏。8时40分，苏军6个步兵师在近卫坦克第5军的支援下前进，工兵走在最前面，排除敌人的地雷。德军步兵虽然被打得晕头转向，但还是进行了顽强的战斗，将苏军最初的推进限制在3公里以内。[195]弗罗里希的第8装甲师反应迟钝，只进行了几次小规模的反击。随着第38集团军投入第二梯队和更多装甲力量，德军第68和第82师开始崩溃，后退了

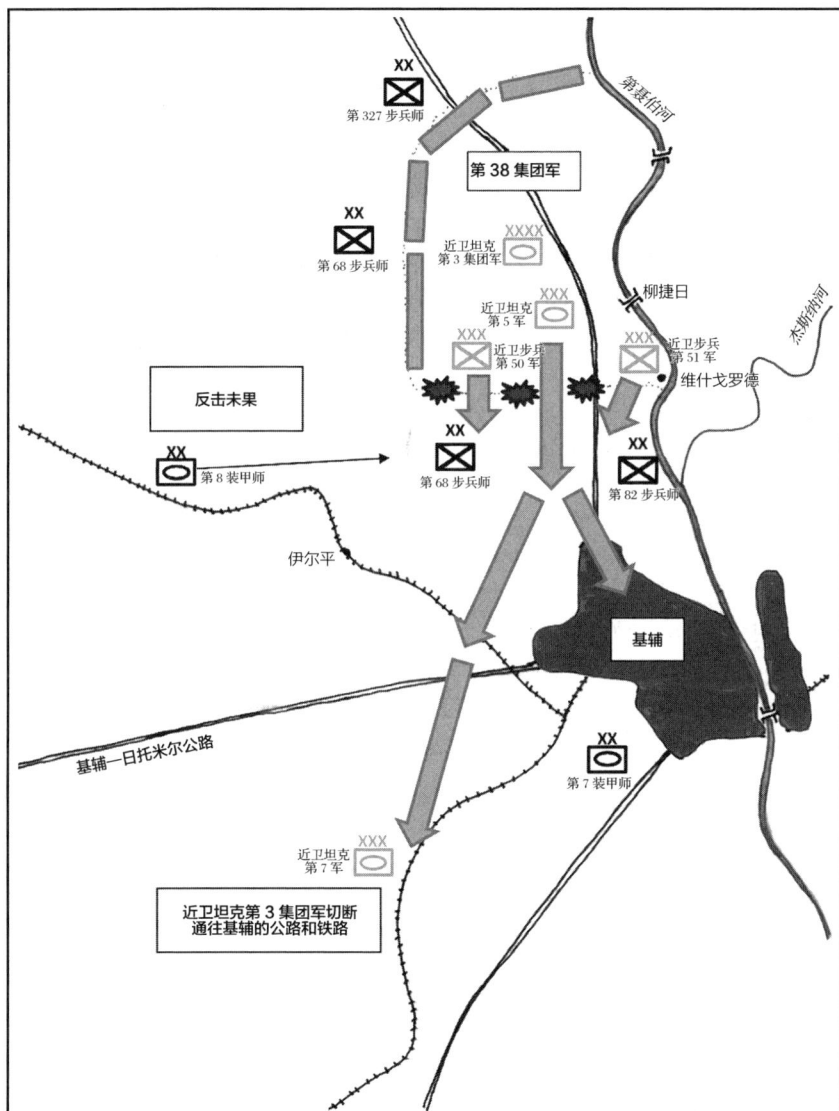

第327步兵师

聂伯河

第38集团军

第68步兵师

近卫坦克
第3集团军

柳捷日

杰斯纳河

近卫坦克
第5军

近卫步兵
第50军

近卫步兵
第51军

维什戈罗德

反击未果

第8装甲师

第68步兵师

第82步兵师

伊尔平

基辅

基辅—日托米尔公路

第7装甲师

近卫坦克
第7军

近卫坦克第3集团军切断
通往基辅的公路和铁路

苏军从柳捷日桥头堡的突破和基辅的解放，1943年11月3日—11月5日

4公里。与以往不同,雷巴尔科的近卫坦克第3集团军(近卫坦克第6、第7军和机械化第9军)是在黄昏时分进入战斗的,他们在夜间继续前进。进攻的第二天,小雨使双方都失去了空中支援,但也掩盖了红军有3个坦克军和1个机械化军开始突破行动的事实。德国第十三军遭到沉重打击,苏军步兵第51军于11月4日晚进抵基辅郊区。当近卫坦克第5军跟随莫斯卡连科的第38集团军进入该市时,雷巴尔科的近卫坦克第3集团军转向东南方向,切断敌人进入基辅的公路和铁路。为了保持连续作战,雷巴尔科命令他的坦克打开前灯通宵行驶,近卫坦克第7军得以在德国第8装甲师赶来之前切断通往基辅的主要公路。

11月5日,德军第88步兵师几乎被歼灭,而第8装甲师被雷巴尔科的坦克洪流无情地推到一边。霍特很快意识到保卫基辅是一项根本不可能完成的任务,于是他转而集中精力防守法斯托夫(Fastov)火车站,第25装甲师正要抵达那里。他让第7装甲师去阻击苏军近卫坦克第6军,但为时已晚,苏联坦克已经占领了车站。11月6日清晨,一个机械化步兵连杀出血路进入基辅市中心,升起了红旗,德军看到以后立即向南撤退。瓦图京利用雷巴尔科的近卫坦克第3集团军解放基辅,显示了红军机械化作战水平的飞速进步。曼施泰因对自己未能预见敌人的行动而深感懊恼。基辅的解放是苏军下第聂伯河攻势的高潮,希特勒把第聂伯河变成一道坚不可摧的防线的计划彻底破产。在此过程中,德国南方集团军群遭受了严重损失,约有170000人伤亡(包括48000人阵亡和失踪),500多辆坦克被击毁。此外,东线德军只有44%的坦克还能作战,数量约为600辆。[196]不过,苏军为胜利付出了不小的代价,至少有45万人伤亡,1800辆坦克被击毁。

德军在基辅附近的反攻,1943年11月7日—12月24日

希特勒对霍特丢失基辅深感愤怒,决定用埃哈德·劳斯装甲兵上将来替换他。曼施泰因也迅速失宠,但是他和希特勒辩解,认为如果对雷巴尔科的近卫坦克第3集团军发动另一次"反手一击"作战,将很有可能夺回基辅。的确,强大的装甲增援部队正赶往东线,包括经过整编的第1装甲师和"警卫旗队"师(现已是装甲师),每师各有1个营的"豹"式坦克和1个营的Ⅳ号坦克。此外,希特勒还从挪威调来了新组建的第25装甲师,从德国调来了第509重装甲

营，该营装备了比以前更多的"虎"式坦克。这些部队都是齐装满员的，共有558辆坦克，其中包括172辆"豹"式和72辆"虎"式。"帝国"师也划归曼施泰因指挥，该师还有33辆坦克，包括5辆"虎"式。曼施泰因决定将这些新到的部队集结在白采尔克瓦（Bila Tserkva）和别尔季切夫（Berdichev），由第四十八装甲军统一指挥，并在法斯托夫对雷巴尔科的左翼进行协同打击。希特勒总是急于发动有可能恢复局面的进攻，他很快就同意了曼施泰因的建议。另一边，就在苏军从柳捷日桥头堡突破的当天，希特勒发布了"第51号元首令"，将补充的重心转向西线，因为1944年盟军对法国的入侵已经可以预料，这意味着曼施泰因不可能再得到比正在赶来的部队更大规模的补充[197]。

普鲁士军事著作家冯·克劳塞维茨曾提到过战争中的"阻力"——一系列难以觉察的小事件和因素，可能会逐渐导致整个作战计划的失败。正是这种阻力——其中有一些是自找的，导致了曼施泰因第二次"反手一击"的失败。第一，希特勒和陆军司令部都破坏了这一计划，他们似乎是随心所欲地把司令官调来调去。第四十八装甲军军长海因里希·埃贝巴赫装甲兵上将在最后一刻被赫尔曼·巴尔克装甲兵上将接替，后者被派往萨勒诺担任军长一个月后又赶回东线①。第二，苏联游击队扰乱了法斯托夫以西的德国铁路交通，许多部队都是陆陆续续抵达的，而且往往在不同的火车站卸车，这严重影响了部署的连贯性。最后，敌人的进攻并未停止，第四装甲集团军的左翼实际已经瓦解，苏军得以向日托米尔（Zhitomir）和科罗斯坚（Korosten）挺进。曼施泰因的如意算盘是等到所有部队集合就绪后再发动进攻，但瓦图京不会给他时间。现在，曼施泰因不得不像1941年的红军那样进行一次大规模的装甲反攻——计划草率、后勤脱节、部队刚刚开到就投入战斗。反击的时间恰逢雨季，泥泞严重阻碍了战术机动，使德军的作战能力进一步下降。

为防止伊万诺夫的近卫坦克第7军攻占德军的集结区，11月9日至13日，劳斯以"帝国"师、第25装甲师冯·韦希马尔战斗群和第509重装甲营向法斯托夫南面发起反攻。尽管德军声称在数天的战斗中击毁了30多辆苏军坦克，但

---

① 原注：从1943年10月15日至11月15日，埃贝巴赫竟先后指挥了3个不同的装甲军，这是对德国最优秀的装甲兵司令官的滥用。巴尔克也在朝令夕改间疲于奔命。

结果仍然令人失望。特别是第509重装甲营，损失了7辆"虎"式坦克，在曼施泰因的反攻开始时，该营只剩下14辆坦克还能作战。[198]从序幕战中还可以清楚地看到，刚刚抵达的第25装甲师显得十分羸弱，还没有做好苦战的准备。它的大部分兵员多年来一直在挪威服役，师长阿道夫·冯·谢尔中将缺乏指挥经验，健康状况也很差。古德里安不想让这个师去东线，但陆军司令部不同意。不到1周，谢尔就被解除了指挥权。古德里安之所以这样做，是因为他知道这个师还没有做好战斗准备。第一次战斗时，韦希马尔战斗群被派去夺回法斯托夫，但他们在T-34的攻击下惊慌失措，于混乱中撤退，人员和车辆都遭受了巨大损失。[199]

与雷巴尔科威胁法斯托夫以南德军集结区相比起来更糟糕的是，瓦图京在基辅以西取得了重大突破。他派遣维克多·K.巴拉诺夫中将的近卫骑兵第1军作为快速集群，冲向德国在日托米尔的主要补给基地，基里尔·S.莫斯卡连科中将的第38集团军在后跟进。莫斯卡连科下辖近卫重型坦克第7团，装备21辆新型的KV-85重型坦克，这种坦克是1944年新的IS-2和T-34/85型坦克装备部队前的过渡。弗罗里希的第8装甲师试图封锁日托米尔到基辅的公路，但他们被巴拉诺夫的骑兵击退，苏联骑兵军①的装甲力量要远远超过德军这个老旧的装甲师。11月3日，近卫骑兵第1军和步兵第23军占领了日托米尔。[200]日托米尔的丢失是灾难性的，因为它是一个重要的铁路枢纽和后勤基地，失去了它，南方集团军群的补给线路就只剩下单轨铁路。曼施泰因和劳斯被迫调整反攻方向，从传统的钳形攻击转变为正面进攻，以夺回日托米尔和法斯托夫。劳斯让"警卫旗队"师在布鲁西洛夫（Brusilov）附近担任掩护，防止雷巴尔科近卫坦克第3集团军的干扰，让第1和第7装甲师合击日托米尔的苏联近卫骑兵第1军。雷巴尔科的坦克和"警卫旗队"师交锋并阻止了其攻占布鲁西洛夫的企图，但自己也未能支援孤立的近卫骑兵第1军。11月20日，德军坦克和装甲掷弹兵猛攻日托米尔。随后，劳斯从南方调来第19装甲师，对位于布鲁西洛夫的雷巴尔科的坦克进行双重包围。同时，"警卫旗队"师吸引其注意力，而第1装甲师向东移动，迂回敌

---

① 原注：1943年末的苏联骑兵军和早期的红军骑兵部队有很大不同。近卫骑兵第1军有3个坦克团，满编的情况下有90辆T-34和21辆T-70，还有1个自行火炮团，有20辆Su-76自行火炮。此外还有21000名官兵、19000匹战马和数百辆卡车。

人的北翼。布鲁西洛夫森林茂密，到处都是峡谷，这意味着大多数坦克交战都将发生在600米以内的距离上，快速机动作战很难进行。"豹"式的75毫米长身管火炮轻松击败了T–34，但第1装甲师在不到1周的战斗中有50多辆"豹"式坦克因故障而损失。11月23日至24日晚上，第1装甲师与第19装甲师完成合围，在布鲁西洛夫形成了一个小包围圈。德国人声称有3000名敌军官兵被打死，153辆坦克在包围圈里被摧毁，但雷巴尔科大多数部队在包围圈合拢之前就溜走了。[201]此时，11月26日，下雨和后勤问题让曼施泰因暂停了第四十八装甲军的反攻。尽管日托米尔被夺回，但考虑到德军努力的程度，这几乎算不上什么成就。

短暂的停顿之后，第四十八装甲军于12月6日恢复了反攻。此时下了今年第一场雪，地面已经变硬，德军的战术机动能力有所提高。这一次，第1、第7装甲师和"警卫旗队"师试图从西面包抄位于拉多梅什利的苏联第60集团军，而"帝国"师、第8和第19装甲师试图从东南面包围。然而，"警卫旗队"师在进攻第二天便耗尽了燃油，试图用坦克包围在森林地区的步兵相当困难。最终，德军的钳形攻势合拢了。曼施泰因称，在为期4天的拉多梅什利（Radomyschl）战役中，有3个苏军步兵师被"歼灭"，但从其微乎其微的俘虏数量来看，这完全是吹牛[202]。接下来，曼施泰因打算清理科罗斯坚以东的地区，苏联第38集团军正在梅列尼镇（Meleni）外围掘壕固守。当瓦图京意识到曼施泰因正投入强大的装甲部队进行反攻时，他便将部队转入防守，把步兵和反坦克部队前移，而把雷巴尔科的装甲部队撤回。红军正在学习如何灵活地化解德军的反攻，而不是一成不变地执行预设的作战计划，就像1942年5月铁木辛哥在哈尔科夫的做法那样。12月18日，"警卫旗队"师和第1装甲师进攻了梅列尼的苏军阵地，但很快就在反坦克炮和地雷面前碰了一鼻子灰。第四十八装甲军一连进攻了6天，但无法形成合围，12月20日，曼施泰因被迫停止反攻。此役之后，"帝国"师消耗殆尽，大部分被派回法国进行重建，但有一个旅级战斗群直到1944年4月都一直留在东线，其中包括2个装甲掷弹兵营、2个装甲连（15辆坦克）、侦察营、2个自行火炮连和1个工兵连。

曼施泰因声称在法斯托夫、布鲁西洛夫、拉多梅什利和梅列尼的坦克战中取得了重大的战术胜利，瓦图京在这些战斗中损失了700辆坦克，雷巴尔科的近卫坦克第3集团军以及第38、第60集团军遭到重创，这些都是夸大其词，目的是为了平息希特勒对失去基辅的愤怒。为了证实他的说法，曼施泰因将在12月的反击中缴获的2辆KV-85坦克作为战利品送回德国，尽管这说明了一个不祥的事实——红军即将在1944年部署新的坦克。事实上，这段时间瓦图京的装甲部队损失并不大，因为他没有让雷巴尔科的近卫坦克第3集团军拼死战斗，而是用反坦克单位来击退德国第四十八装甲军的反攻。瓦图京要把近卫坦克第3集团军保留作为纵深突破之用，因此只让配属于各集团军的独立坦克团来配合防御。曼施泰因也忽视了苏军战场修理能力的进步，他们很多被打坏的坦克都被拖回去修好了。由于拖回45吨重的"豹"式和54吨重的"虎"式需要花很大的力气，德军修理坦克的难度越来越大。在反攻期间，曼施泰因并没有对瓦图京的坦克部队造成实质性打击，所以战役的结果并不具有决定意义。更糟糕的是，到12月20日，第四装甲集团军只剩下46%的装甲部队还能作战（包括28辆"豹"式和11辆"虎"式坦克）。[203]

当第四十八装甲军还在和瓦图京的步兵和反坦克炮进行徒劳无益的战斗时，雷巴尔科的近卫坦克第3集团军接收了新坦克和补充人员，以恢复战斗力。此外，卡图科夫的坦克第1集团军（下辖近卫坦克第4、第11军和近卫机械化第8军）兵力已经恢复到42000人、546辆坦克和自行火炮。令人惊讶的是，红军在短短3周内就修复了基辅的桥梁和铁路，卡图科夫的坦克第1集团军得以乘坐火车渡过第聂伯河，避免了坦克在漫长的公路行军中的损耗。到12月20日，坦克第1集团军已经在法斯托夫附近的莫斯卡连科第38集团军后方集结完毕。[204]瓦图京准备把主攻方向选择在布鲁西洛夫附近的德国第四十二军身上，它以第8、第19和第25装甲师防守着一道宽40公里的前线。由于缺乏步兵，德军不得不用装甲部队来防御一大片前沿阵地，这是德军逐渐山穷水尽的一个标志。此外，第四装甲集团军的部署也很不合理，最强的"警卫旗队"师和第一装甲师，却被部署在最左翼的科罗斯坚附近。

12月24日的早晨是阴天，下着雨。6时，莫斯卡连科的第38集团军开始对德国第四十二军的阵地进行60分钟的炮火准备，然后用200辆坦克支援10个步兵师进攻。苏军主攻方向是德军第19和第25装甲师之间的结合部。汉斯·克尔纳少将的第19装甲师有16辆能作战的坦克和8辆坦克歼击车，但只有几百名装甲掷弹兵，只能采用迟滞战术。第25装甲师要强大得多，有51辆坦克和

7辆III号突击炮，但由于克尔纳的撤退，它的左翼很快暴露了。[205]同样的事情也发生在第8装甲师身上，因为它的右翼敞开了。夜幕降临时，第四十二装甲军的中央阵地在苏军步坦协同进攻下崩溃了，这3个装甲师不得不继续苦战以摆脱包围。一旦莫斯卡连科取得突破，瓦图京就把卡图科夫的坦克第1集团军和雷巴尔科的近卫坦克第3集团军都投入进行纵深突破——这是两个坦克集团军首次并肩作战。措手不及的劳斯试图重新调整部署，但苏军坦克冲得太快了。进攻的第三天，第四十二军开始分崩离析，劳斯没有任何部队可以用来填补缺口，只能把第1装甲师和"警卫旗队"师集中到日托米尔周围。但瓦图京让他的坦克部队转而向南，不再西进，绕过德军坚固设防的据点。12月30日，第四十八装甲军几乎要被包围在日托米尔，第四装甲集团军已经被分割成三块，每块之间都隔着遥远的距离。劳斯放弃了科罗斯坚和日托米尔，试图在别尔季切夫重新集结部队。这一年年底，瓦图京让第四装甲集团军陷入溃退，德军处于一片混乱之中。

德军对这一时期的战报倾向于强调战术上的胜利，即少量的德国坦克击溃了数量多得多的苏联坦克。虽然这些说法有些道理，但他们通常对德国的损失避而不谈。这些报告忽略了最重要的一点，那就是德军坦克是在边打边退，并没有完成防御任务，而被抹黑的T-34却达成了自己作战目标。事实上，到1943年末，德军装甲师已经无法抵挡苏军"压路机"般的攻势，只能做到拖延一下，让对手多付出一些代价。德军每次撤退都要损耗后勤资源，这进一步削弱了其在野战条件下维持装甲师战斗力的能力，其崩溃的时刻也将迅速到来。还必须指出的是，1943年后期，由于越来越多地被用于防御关键地带，德国装甲师失去了行动自由，冯·曼施泰因再也没有什么预备队了。

毫无疑问，对于瓦图京和科涅夫的方面军来说，胜利并不廉价，在1943年7月至12月期间，其人员伤亡超过100万人（包括29万死亡或失踪），不过他们得到的补充兵员与此相当。同一时期，整个红军大约损失了12000辆坦克，但苏联生产了10162辆新坦克，修理约7000辆损坏的坦克，足以保持对德军3∶1或者更高的坦克数量优势。[206]相比之下，1943年7月至12月期间，德国在东线总共损失了大约2800辆坦克和850辆突击炮，得到的补充、增援只有1954辆坦克和1328辆突击炮。[207]事实上，在这一期间，德国生产的装甲车辆只有

60%流向东线，其余的用于为保卫西欧组建的装甲部队。由于失去了第聂伯罗彼得罗夫斯克和基辅的修理工厂，德军的维修能力严重下降，到1943年12月31日，东线德军的2053辆坦克中只有一半还能作战。[208]对曼施泰因来说，最糟糕的问题是兵员不足。1943年下半年，南方集团军群伤亡372000人（102000人阵亡或失踪），但得到的补充不到200000人。

除了坦克数量上的严重不平衡，被寄予厚望的"豹"式坦克并未在质量上抵消红军的数量优势，也令装甲师非常失望。虽然"豹"式的75毫米KwK 42长身管火炮表现不错，但新坦克的机械可靠性令其形象大打折扣。在1943年12月这样一个关键时刻，第四装甲集团军139辆"豹"式坦克中还能作战的只剩下28辆。[209]

注释

1.Wilhelm Tieke, *The Caucasus and the Oil: The German-Soviet War in the Caucasus 1942/43* (Winnipeg: J. J. Fedorowicz Publishing Inc., 1995), pp. 232 - 237.

2. Tieke, pp. 145 - 48, 250.

3. Ernst Rebentisch, *The Combat History of the 23rd Panzer Division in World War II* (Mechanicsburg, PA: Stackpole, 2012), pp. 205.

4. Veterans of the 3rd Panzer Division, *Armoured Bears: The German 3rd Panzer Division in World War II, Volume II* (Mechanicsburg, PA: Stackpole Books, 2013), pp. 113 - 115.

5. Ibid. pp. 131 - 132.

6. Tieke, pp. 298 - 299.

7. David M. Glantz, *Endgame at Stalingrad, Book 2: December 1942 - February 1943* (Lawrence, KS: University Press of Kansas, 2014), pp. 408.

8. Glantz, *Endgame at Stalingrad*, pp. 403.

9. Glantz, *Endgame at Stalingrad*, pp. 441.

10. Robert A. Forczyk, *Panzerjäger vs. KV-1: Eastern Front 1941 - 43*(Oxford: Osprey Publishing, 2012),pp. 69.

11. Glantz, *Endgame at Stalingrad*, pp. 444.

12. Glantz, *Endgame at Stalingrad*, pp. 403.

13. Glantz, *Endgame at Stalingrad*, pp. 485.

14. Ewald Klapdor, *Viking Panzers: The German 5th SS Tank Regiment in the East in World War II* (Mechanicsburg, PA: Stackpole Books, 2011), pp. 132 - 133.

15. Rebentisch, pp. 217.

16. Wolfgang Schneider, *Tigers in Combat, Volume I* (Mechanicsburg, PA: Stackpole Books, 2004), pp. 74.

17. Schneider, pp. 121.

18. Rebentisch, pp. 231.

19. Jentz, pp. 32.

20. Rebentisch, pp. 231.

21. Klapdor, pp. 141.

22. Klapdor, pp. 142.

23. Friederich W. von Mellenthin, *Panzer Battles: A Study of the Employment of Armour in the Second World War* (New York: Ballantine Books, 1971), pp. 250.

24. Pavel Rotmistrov, *Stal'naya gvardiya* [Steel Guard] (Moscow: Voenizdat, 1984),Chapter 3.

25. Robert Forczyk, *Tank Warfare on the Eastern Front 1941 - 1942: Schwerpunkt* (Barnsley, UK: Pen & Sword, 2013), pp. 244 - 246.

26. Samuel W. Mitcham, Jr. *Hitler's Legions: The German Army Order of Battle, World War*

II (New York: Stein & Day Publishers, 1985), pp. 378.

27. Jentz, pp. 31.

28. Vasiliy M. Badanov, *Glubokii tankovyi reid [Deep Tank Raid] in A.M. Samsonov (ed.) Stalingradskaya epopeya* (Moscow: Nauka Publishers, 1968), pp. 625 - 640.

29. Erich von Manstein, *Lost Victories* (Novato, CA: Presidio Press, 1982), pp. 389.

30. Steven J. Zaloga, *Panzer 38(t),* (Oxford, Osprey Publishing, Ltd. 2015), pp. 32 - 33.

31. Richard N. Armstrong, *Red Army Tank Commanders* (Atglen, PA: Schiffer Publishing, 1994), pp. 163 - 164.

32. John Erickson, *The Road to Berlin* (London: Cassell, 2003), pp. 33.

33. Franz Kurowski, *Sturmgeschütz vor!* (Winnipeg: J. J. Fedorowicz Publishing, Inc., 1999), pp. 39.

34. Paul Carell, *Scorched Earth: The Russian-German War 1943 - 1944* (Atglen, PA: Schiffer Publishing, 1994), pp. 280 - 82.

35. Schneider, pp. 74.

36. David M. Glantz, *The Battle for Leningrad 1941 - 1944* (Lawrence, KS: University Press of Kansas, 2002), pp. 270.

37. Schneider, pp. 75.

38. Website: http://bdsa.ru/documents/html/donesyanvar43.html.

39. Armstrong, pp. 57.

40. David M. Glantz, *From the Don to the Dnepr: Soviet Offensive Operations December 1942 - August 1943* (London: Frank Cass, 1991), pp. 93.

41. Glantz, From the Don to the Dnepr, pp. 106.

42. Glantz, From the Don to the Dnepr, pp. 108.

43. Von Manstein, pp. 416 - 417.

44. Klapdoor, pp. 178.

45. Hans-Joachim Jung, *Panzer Soldiers for 'God, Honor, Fatherland' The History of Panzerregiment Großdeutschland* (Winnipeg: J. J. Fedorowicz Publishing, Inc., 2000), pp. 39.

46. Rudolf Lehmann, *The Leibstandarte, Volume III* (Winnipeg: J. J. Fedorowicz Publishing, Inc., 1990),pp. 47.

47. George M. Nipe, Jr., *Last Victory in Russia: The SS-Panzerkorps and Manstein's Kharkov Counteroffensive February-March 1943* (Atglen, PA: Schiffer Publishing, 2000), pp. 87.

48. Ia, KTB, SS-Panzer-Korps, Darstellung der Ereignisse an 5.2.1943, NAM (National Archives Microfilm), Series T-354, Roll. 120.

49. Will Fey, *Armour Battles of the Waffen-SS 1943 - 45* (Mechanicsburg, PA: Stackpole Books, 2003), pp. 5.

50. Lehmann, pp. 88 - 89.

51. Wolfgang Schneider, *Tigers in Combat, Volume II* (Mechanicsburg, PA: Stackpole Books,

2004), pp. 83‑84.

52. Lehmann, pp. 96.

53. Nipe, pp. 126.

54. Lehmann, pp. 66.

55. Nipe, pp. 217‑218.

56. Lehmann, pp. 150‑151.

57. Lehmann, pp. 151.

58. Lehmann, pp. 152‑153.

59. Jung, pp. 47.

60. Hans Schäufler, *Knights Cross Panzers: The German 35th Panzer Regiment in WWII*(Mechanicsburg, PA: Stackpole Books, 2010), pp. 210‑213.

61. David Glantz, *Atlas and Survey, Prelude to Kursk: The Soviet Central Front Offenslve, February‑March 1943* (Self‑Published, 1998).

62. Schäufler pp. 213‑217.

63. Schäufler pp. 219‑220.

64. Von Hardesty and Ilya Grinberg, *Red Phoenix Rising: The Soviet air Force in World War II* (Lawrence,KS: Unlversity Press of Kansas, 2012), pp. 165‑222.

65. Elena Zhiltsova and Vasily Stoyanov, *Na Kubanskom platsdarme: tankovyye boi na Kubani, 5 fevralya‑9 sentyabrya 1943 goda [On the Kuban Bridgehead: Tank Battles in the Kuban, 5 February ‑ 9 September 1943]* (BTV‑MN, 2002).

66. Tieke, pp. 345.

67. Hans‑Ulrich Rudel, *Stuka Pilot* (New York: Bantam Books, 1984), pp. 85‑94.

68. Friedrich von Hake, *Der Schicksalsweg der 13. Panzer‑Dlvision 1939‑1945 [The Destiny of the 13. Panzer‑Dlvision]* (Eggolsheim, Germany: Dorfler im Nebel Verlag, 2006), pp. 163‑164.

69. Jentz, pp. 43.

70. Edward Bacon, 'Soviet Military Losses in World War II,' *Journal of Slavic Military Studies,* Vol. 6, no. 4 (1993年12月), pp. 623.

71. Erich Hager, *The War Diaries of a Panzer Soldier: Erich Hager with the 17th Panzer Dlvision on the Russian Front 1941‑1945* (Atglen, PA: Schiffer Military Publishing, 2010), pp. 113‑119.

72. David M. Glantz and Jonathan M. House, *The Battle of Kursk* (Lawrence, KS: Unlversity Press of Kansas, 1999), pp. 21‑23.

73. Schäufler pp. 221.

74. Lukas Friedli, *Repairing the Panzers: German Tank Maintenance in World War 2,* Volume 1 (Monroe, NY:Panzerwrecks, 2010), pp. 152‑156.

75. Guderian, pp. 249‑250.

76. 'Einsatzbereite Pz. u. Stu.Gesch. Ost.', Gen. Qu. Insp. D. Panzertruppen, NAM, T‑78, Roll

145, Frame 76020.

77. Niklas Zetterling and Anders Frankson, *Kursk 1943: A Statistical Analysis* (London: Frank Cass Publishers, 2000), pp. 27 - 31.

78. Zetterling, pp. 22.

79. Valeriy Zamulin, *Demolishing the Myth: The Tank Battle at Prokhorovka, Kursk, July 1943: An Operational Narrative* (Solihull, UK: Helion & Company Ltd., 2011), pp. 43.

80. David M. Glantz and Jonathan M. House, *The Battle of Kursk* (Lawrence, KS: University Press of Kansas, 1999), pp. 76.

81. Zamulin, pp. 40.

82. Zamulin, pp. 54.

83. Karl-Heinz Münch, *The Combat History of German Heavy Anti-Tank Unit 653 in World War II* (Mechanicsburg, PA: Stackpole Books, 2010), pp. 57.

84. Jung, pp. 131.

85. Robert Forczyk, *Kursk 1943: The Northern Front* (Oxford: Osprey Publishing, 2014), pp. 73 - 74.

86. Zetterling, pp. 34 - 35.

87. Didier Lodieu, 'La Panther-Abteilung de la 9. Pz.-Div. ou la II./Panzer-Regiment 33 puis la Panzer Abteilung 51 Historique du Pz.-Rgt. 33,' *39/45 Magazine,* No. 169, 2000年7月.

88. David M. Glantz and Jonathan M. House, *The Battle of Kursk* (Lawrence, KS: University Press of Kansas, 1999), pp. 84.

89. Glantz and House, pp. 96.

90. Jung, pp. 115 - 116.

91. Zamulin, pp. 97 - 99.

92. Lehmann, pp. 215.

93. Zetterling, pp. 207.

94. Glantz and House, pp. 102.

95. Glantz and House, pp. 105.

96. Mikhail E. Katukov, *Na ostrie glavnogo udara [On the Point of the Main Attack]* (Moscow: Military Publishing House, 1974), pp. 220 - 222.

97. Zamulin, pp. 132.

98. Zamulin, pp. 141.

99. George M. Nipe, *Blood, Steel and Myth: The II. SS-Panzerkorps and the Road to Prochorowka, July 1943* (Stamford, CT: RZM Publishing, 2011), pp. 199.

100. Zamulin, pp. 123 - 124.

101. Christer Bergström, *Kursk, The Air Battle: July 1943* (Hersham, UK: Ian Allan Publishing, 2007), pp. 66.

102. George M. Nipe, *Blood, Steel and Myth: The II. SS-Panzerkorps and the Road to

Prochorowka, July 1943 (Stamford, CT: RZM Publishing, 2011), pp. 208.

103. Nipe, pp. 237.

104. Zamulin, pp. 167.

105. Nipe, 267–268.

106. Robert Forczyk, *Panther vs T–34: Ukraine 1943* (Oxford: Osprey Publishing, 2007), pp. 56.

107. Nipe, pp. 216.

108. Zamulin, pp. 192–193.

109. Zamulin, pp. 241.

110. Zamulin, pp. 276.

111. David M. Glantz and Jonathan M. House, *The Battle of Kursk* (Lawrence, KS: Unlversity Press of Kansas, 1999), pp. 169.

112. Zamulin, pp. 330.

113. Zamulin, pp. 336–337.

114. Nipe, pp. 318–319.

115. Nipe, pp. 331–332.

116. Zamulin, pp. 440.

117. Lehmann, pp. 238.

118. Zetterling, pp. 187, 207.

119. Zetterling, pp. 188.

120. Didier Lodieu, Ⅲ. *Pz. Korps at Kursk* (Paris: Histoire & Collections, 2007), pp. 102–103.

121. Bergström, pp. 78.

122. Didier Lodieu, Ⅲ. *Pz. Korps at Kursk* (Paris: Histoire & Collections, 2007), pp. 120.

123. Paul Carell, *Scorched Earth: The Russian–German War 1943–1944* (Atglen, PA: Schiffer Publishing,1994), pp. 91.

124. Zamulin, pp. 547–548.

125. Grigoryi A. Koltunov, 'Kursk: The Clash of Armour,' *History of the Second World War* (Marshall Cavendish, 1973), pp. 1384.

126. David M. Glantz, *When Titans Clashed: How the Red Army Stopped Hitler* (Lawrence, KS: Unlversity Press of Kansas, 1995), pp. 167.

127. George M. Nipe, *Decision in the Ukraine: Summer 1943, Ⅱ SS and Ⅲ Panzerkorps* (Winnipeg: J. J. Fedorowicz Publishing Inc., 1996), pp. 63–64.

128. Zetterling, pp. 199.

129. Zetterling, pp. 220–221.

130. Sergei M. Shtemenko, *The Soviet General Staff at War 1941–1945* (Honolulu: Unlversity Press of the Pacific, 2001), pp. 162.

131. David M. Glantz and Jonathan M. House, *The Battle of Kursk* (Lawrence, KS: Unlversity Press of Kansas, 1999), pp. 232–234.

132. Bergström, pp. 88 - 89.

133. Münch, pp. 51.

134. Bergström, pp. 91.

135. Wolfgang Schneider, *Tigers in Combat, Volume I* (Mechanicsburg, PA: Stackpole Books, 2004), pp. 225.

136.Bergström, pp. 93.

137. Rudel, pp. 101.

138. Münch, pp. 54 - 55.

139. Jung, pp. 143.

140. Rebentisch, pp. 281.

141. George M. Nipe, *Decision in the Ukraine: Summer 1943, II SS and III Panzerkorps* (Winnipeg: J. J. Fedorowicz Publishing Inc., 1996), pp. 99 - 102.

142. Schneider, Vol. II, 118, 158.

143. Bergström, pp. 118.

144. George M. Nipe, *Decision in the Ukraine: Summer 1943, II SS and III Panzerkorps* (Winnipeg: J. J. Fedorowicz Publishing Inc., 1996), pp. 190.

145. Rebentisch, pp. 285 - 286.

146. Ian Michael Wood, *Tigers of the Death's Head: SS Totenkopf Division's Tiger Company* (Mechanicsburg,PA: Stackpole Books, 2013), pp. 50.

147. Wolfgang Vopersal, *Soldaten, Kämpfer, Kameraden: Marsch und Kämpfer der SS Totenkopf-Division, Vol. III* (Bissendorf, GE: Biblio-Verlag, 1999), pp. 433.

148. Nipe, pp. 218 - 219.

149. Vopersal, pp. 441.

150. Nipe, pp. 252.

151. David M. Glantz and Jonathan M. House, *The Battle of Kursk* (Lawrence, KS: University Press of Kansas, 1999), pp. 245.

152. Andrei L. Getman, *Tanki idut na Berlin* [Tanks Go to Berlin] (Moscow: Nauka, 1973), pp. 113 - 114.

153. Walter Rahn, 'Fighting Withdrawal of Kampfgruppe von Sivers as Floating Bubble in the Vorskla Valley from Tomarovka via Borissovka-Grayvoron-Pirasevka-Kirovka as far as Akhtyrka in August 1943,'unpublished paper by former orderly officer of Panzer-Abteilung 52.

154. David M. Glantz, *From the Don to the Dnepr: Soviet Offensive Operations, December 1942 - August 1943* (London: Frank Cass Publishers, 1991), pp. 286.

155. Getman, pp. 119 - 120.

156. Jung, pp. 147.

157. Getman, pp. 125.

158. Nipe, pp. 281.

159. Getman, pp. 127.

160. Glantz, *From the Don to the Dnepr,* pp. 313.

161. Schneider, Vol. Ⅱ, 159.

162. Schneider, Vol. Ⅱ, 39.

163. Jentz, Volume 2, pp. 110.

164. Jentz, Volume 2, pp. 136‐137.

165. Vasily P. Istomin, *Smolenskaya nastupatel'naya operatsiya 1943 [Smolensk Offenslve Operation 1943]* (Moscow: Military Publishing House, 1975).

166. Veit Scherzer, *113. Infanterie-DIvision, Kiew ‐ Charkow ‐ Stalingrad* (Jena: Scherzers-Militaer-Verlag Ranis, 2007), pp. 260.

167. Istomin.

168. Istomin.

169. Sherzer, pp. 256.

170. Dmitry F. Loza, *Fighting for the Soviet Motherland: Recollections from the Eastern Front* (Lincoln, NE:UnIversity of Nebraska Press, 1998), pp. 21.

171. KrIvosheev, pp. 262.

172. Artem Drabin and Oleg Sheremet, *T-34 in Action* (Barnsley, UK: Pen & Sword, 2006), pp. 68.

173. Rebentisch, pp. 296.

174. Rebentisch, pp. 303.

175. Rebentisch, pp. 305.

176. Jentz, Volume 2, pp. 114‐115, 284.

177. John Erickson, *The Road to Berlin* (London: Cassell, 1983), pp. 122.

178. Aleksandr D. Tsirlin, P. Biryukov, V. P. Istomin and E. H. Fedoseyev, *Inzhenernyye voyskav boyakh za Sovetskuyu Rodinu [Army Corps of Engineers in the Battle for the Soviet Motherland]* (Moscow: Military Publishing, 1970), Chapter 8.

179. Aleksandr A. Maslov, *Fallen Soviet Generals: Soviet General Officers Killed in Battle, 1941‐1945* (London:Routledge, 1998), pp. 109.

180.Maslov, pp. 109.

181. David M. Glantz, *The History of Soviet Airborne Forces* (London: Routledge, 1994), pp. 265‐272.

182. Kirill S. Moskalenko, *Na Yugo-Zapadnom napravlen ll [In the Southwest Direction]* (Moscow: Nauka, 1969), pp. 34‐37.

183. Rolf Hinze, *Crucible of Combat: Germany's DefensIve Battles in the Ukraine, 1943‐44* (Solihull, UK: Helion & Co. Ltd., 2009), pp. 61.

184. Münch, pp. 70‐71.

185. Hager, pp. 127‐128.

548

186. Rebentisch, pp. 308 – 309.

187. Rebentisch, pp. 309.

188. Jung, pp. 155 – 156.

189. Armstrong, pp. 359 – 360.

190. Rebentisch, pp. 310.

191. Jung, pp. 156.

192. Rebentisch, pp. 314 – 316.

193. Hinze, pp. 136, 142 – 143.

194. Werner Haupt, *Die 8. Panzer-Division im 2. Weltkrieg* (Eggolsheim: Podzun–Pallas Verlag, 1987), pp. 310, 316.

195. Ilya B. Moshchanskiy, *Trudnosti Osvobozhdeniya* [Lost Liberation] (Moscow: Veche, 2009), chapter 2.

196. 'Einsatzbereite Pz. u. Stu.Gesch. Ost.', Gen. Qu. Insp. D. Panzertruppen, NAM, T–78, Roll 145, Frame 76020.

197. Hugh Trevor–Roper, *Hitler's War Directives 1939 – 1945* (Edinburgh: Birlinn Ltd., 2004), pp. 218 – 224.

198. Schneider, Volume I , pp. 346.

199. Hinze, pp. 146.

200. Kirill S. Moskalenko, *Na Yugo–zapadnom napravleniy [On the Southwest Direction]* (Moscow: Military Publishing House, 1979), chapter 6.

201. Hinze, pp. 149.

202. Hinze, pp. 151.

203. Stephen Barratt, *Zhitomir–Berdichev: German Operations West of Kiev 24 December 1943 – 31 January 1944* (Solihull, UK: Helion & Company Ltd., 2012), pp. 73.

204. Armstrong, pp. 70.

205. Barratt, pp. 77, 83 – 91.

206. Krivoshein, pp. 262.

207. Zetterling, pp. 147 – 148.

208. Jentz, Volume 2, pp. 110.

209. Barratt, pp. 73.

生产线上的T-34坦克。到1943年1月，苏联工厂可以每月生产1000辆T-34，而德国每月仅仅生产200辆中型坦克。尽管到1943年底，德国提高了坦克产量，但在战争的整个关键阶段，苏联的坦克产量始终占有3：1的优势。斯大林在20世纪30年代提出的工业计划为战时生产奠定了基础，苏联在坦克产量上压倒德国是其精心设计的结果。

维亚切斯拉夫·马雷舍夫，斯大林任命的负责苏联坦克工业的总工程师。他冷酷无情，却足够胜任这一职务，各工厂的厂长们都明白没有完成生产任务会面临什么样的后果。这里是他和一种新型坦克模型的合影，该坦克最后定型为IS-2重型坦克。马雷舍夫较为保守，不愿轻易研制新型坦克，但到了1943年，他终于认识到红军需要一种新坦克来对付德国的"豹"式和"虎"式坦克。

1943 年一辆根据《租借法案》提供的"玛蒂尔达"坦克以及所属部队官兵，隶属于中央方面军。尽管它的 2 磅炮（40 毫米口径）没有高爆炮弹，但整个 1943 年，这种坦克都在红军中担任步兵支援的任务。苏军坦克手喜欢"玛蒂尔达"较厚的装甲，但到 1943 年，它已经完全不是装备 75 毫米长身管火炮的德军坦克的对手。

一辆 Su-122 自行火炮沿着泥泞的道路蹒跚而行。苏军看到了德军突击炮在支援步兵作战中发挥的巨大作用，决心发展自己的自行远程火力。Su-122 一般部署在自行火炮团内，配属于坦克军或步兵军。它的 122 毫米榴弹炮为突击集群提供了机动火力支援，用于削弱敌人的强固支撑点——在 1941—1942 年，这样的支撑点很多无法攻克。

德国为"堡垒"行动做了大量准备，左图为一辆崭新的 IV 号坦克，旁边是堆积如山的新履带，大部分将被用于修复旧的车辆。在库尔斯克会战中，尽管有"虎"式和"豹"式坦克参加战斗，但老旧的 III 号坦克仍然扮演了十分重要的角色。

一名苏军坦克连连长在向他的排长布置战斗任务。到1943年夏天，红军已经有了一批经验丰富的坦克车组和指挥员，和德军的差距正在逐步缩小。

一辆从内部炸毁的"豹"式D型坦克炮塔。德军在向第聂伯河撤退的路上被迫丢弃了大量的"豹"式坦克并加以销毁。在1943年，"豹"式坦克损失的主要方式就是被自己的车组炸毁。

1943年夏，一辆德军的Ⅲ号突击炮停在一辆燃烧的T-34/76 1942型坦克旁边。配备了75毫米长身管火炮的Ⅲ号突击炮在防御中表现出色，但当用于库尔斯克会战那样的进攻战时，它无法完全取代坦克的地位。（德国联邦档案局，图片编号 101I-688-0162-23）

一辆正在燃烧的 T-34 坦克，一名德军突击炮兵正在翻检苏军阵亡坦克手的口袋。（德国联邦档案局，图片编号 *1011-688-0162-24*）

一辆"虎"式坦克与一辆被击毁的 KV-1 坦克并肩而立。有趣的是，可以看到两者体积相似，并且都为传动系统的问题困扰。到 1943 年中期，KV-1 由于机动性和火力不足逐渐退出历史舞台。

一辆"豹"式坦克的乘员正在匆忙装载 75 毫米的炮弹，这难免会引发事故。大部分坦克炮弹都装上了底火，即便人手上的静电也可能将其引爆。尽管东线非战斗伤亡的记录不多，但缺觉和筋疲力尽肯定造成了相当多的损失。在类似库尔斯克这样的消耗战中，车组会越来越疲劳，犯错误的可能性也会越来越大。

一辆 T-34 的炮塔在一次大爆炸后被掀翻。在德军坦克安装 75 毫米长身管火炮或 88 毫米火炮这样的强大武器后，东线的火力平衡改变了，红军优势不再。高速的硬芯穿甲弹在库尔斯克被证明是致命的，显然 T-34 在装甲防护方面已不再占优。（德国联邦档案局，图片编号 101I-220-0630-04A）

Su-76M 突击炮的车组在作战中。这种敞开式的车辆只为乘员提供了最低限度的保护，但随着 1943 年红军开始西进，它提供的机动火力非常有用。在此之前，红军一般依赖牵引式火炮，一旦炮兵跟不上进攻部队，攻势就会逐渐减弱。当 Su-76M 成批抵达前线后，苏军的进攻速度就变得咄咄逼人。

1943 年 11 月，苏军的 T-34 坦克在前往日托米尔的途中。雷巴尔科从柳捷日桥头堡迅速突破，向西南方向急进，让德国人大吃一惊。可以注意到 T-34 上坐着步兵。

1943 年 12 月初拉多米什尔（Radomyschyl）附近，德军在反攻中缴获的 KV-85 坦克。这辆坦克被送回德国进行技术评价，但德国人没有从中领会到什么。1943 年，KV-85 仅仅作为一种安装了 85 毫米口径火炮的过渡性武器进行了少量生产。到 1944 年，T-34/85 和 IS-2 坦克就开始服役了。（*德国联邦档案局，图片编号 101I-708-0270-13A*）

1943 年 11 月，根据《租借法案》提供的"丘吉尔"坦克开进基辅。事实证明，重装甲的"丘吉尔"是一种出色的突击坦克，在苏军中一直服役到战争结束。

1943年冬季,T-34坦克和步兵在雪原上前进。可以注意到这些最新型号的T-34都安装了车长指挥塔,但塔盖依然紧紧地关着。在战争的大部分时间里,苏军的这种习惯让他们无法清楚地判断战场态势。虽然有充分的证据表明,车长应当尽可能伸出头来进行观察,但红军一直到战后还保持着这种有缺陷的习惯。

德军一辆Ⅳ号坦克和一支步兵部队共同前进。注意看一名掷弹兵手里拿着一枚磁性空心反坦克手雷。1943—1944年冬季,德国装甲部队越来越多地被用于针对苏军突破的小规模反击。可以注意看德国坦克车长的头,他可以清楚地观察到战场态势。(德国联邦档案局,图片编号 1011-277-0835-29)

1943年11月下旬德军重新占领日托米尔,这是一次小小的战术胜利,但曼施泰因的装甲反攻未能击溃雷巴尔科的近卫坦克第3集团军或重占基辅。第四装甲集团军得到新的装甲师,暂时阻止了对苏军的攻势,但是挡不住瓦图京在1943年12月24日发动的大规模进攻。

左上：1944年2月，第1装甲师的一个战斗群在解除科尔松之围的战斗中前进。起初，装甲部队在坚硬的积雪地面上有着良好的机动性，但后来冰雪稍稍融化，形成了厚厚的泥浆，使德军的机动性大为降低。在大多数救援行动中，德军都被迫在他们不喜欢的机动条件下执行任务，只求能在被围部队被歼灭前冲进去。

上：1944年冬季，德国步兵坐在一辆IV号坦克上。在从胡贝包围圈突围时，第一装甲集团军已经几乎没有坦克、SPW半履带车或卡车，不得不想尽办法来行军。这次成功的突围证明了德国装甲部队的意志和技能，尽管第三帝国正不可避免地走向失败。（德国联邦档案局，图片编号 101I-277-0835-04）

右：一名德国掷弹兵在村庄里注视着一辆燃烧的T-34。1943年秋季，廉价而易于生产的"铁拳"反坦克火箭筒投产，它有可能改变游戏规则，因为德国步兵终于有了一种可靠的反坦克武器。然而，此时国防军已经没有多少训练有素的士兵了。

一辆后期型的Ⅳ号坦克和一辆被击毁的后期型T-34/76坦克。有意思的是可以比较它们的尺寸大小以及看到厚厚的烂泥对行动的妨碍。

1944年9月，"维京"师一辆"豹"式坦克在波兰森林的边缘。可以看到坦克前面的树木已经被清理以创造良好的射界。

一辆《租借法案》提供的"谢尔曼"坦克。1944年中期,红军已经有了相当多的"谢尔曼"坦克,并且尤为喜欢安装了76毫米口径火炮的相关型号。"谢尔曼"和T-34一样,在机动性能上十分可靠,非常胜任于纵深突破。

一辆在东普鲁士小镇街道上被摧毁的IS-2坦克。IS-2上的122毫米口径火炮是一种强大的武器,可以在远距离击毁"虎"式和"豹"式坦克,但就像大多数重型坦克一样,它不适合进行巷战。

另一辆IS-2在德国城市的街道上陷入困境。这条街道太窄了,不适合进行装甲作战。在这样的环境中,"铁拳"可以在近距离直瞄并摧毁任何一种重型坦克。

第六章

1944 年的坦克战

北方集团军群从列宁格勒撤退，1944年1月14日—4月1日

近三年来，北方集团军群一直待在列宁格勒城外的阵地里，战线几乎没有变化。尽管1943年1月列宁格勒和沃尔霍夫方面军在"火花"战役中打通了一条通往列宁格勒的陆上走廊，但一年之后，该市仍在德军炮火覆盖的范围内。格奥尔格·冯·屈希勒尔元帅的司令部设在普斯科夫（Pskov），他的麾下有2个集团军——第十八集团军包围列宁格勒，第十六集团军部署在诺夫哥罗德和大卢基之间。由于1943年列宁格勒地区相对平静，陆军司令部把格奥尔格·林德曼大将的第十八集团军抽调得只剩下骨架。直到几个空军野战师被派来这里，陆军步兵师才得以南下。第十八集团军得到的人员补充也比别的集团军少得多，1944年初，林德曼有20个师，防守着长达280公里的阵地。在装甲部队方面，第十八集团军主要依靠第502重装甲营的"虎"式坦克来击退敌人的进攻，这支部队在列宁格勒城下取得了相当骄人的战绩。奥托·卡里乌斯中尉就是"虎"式坦克的王牌之一，他在这场阵地战中一举成名。

然而，1943年10月6日，苏军加里宁方面军在德军北方集团军群和中央集团军群的结合部发动了大规模进攻。突击第3、第4集团军共16个步兵师和300辆坦克，向驻守涅韦尔（Nevel）的德国空军第二野战军发起突袭，迅速取得了重大突破。德国第十六集团军和第三装甲集团军被迫把所有预备队都投入到这一濒临崩溃的地区，防止加里宁方面军切断两大集团军群之间的联系。屈希

勒尔不得不派他唯一的机动预备队第502重装甲营去支援这一场反攻，旨在夺回涅韦尔，粉碎苏军的突破。在涅韦尔附近战斗几个月，德军却没有取得进展，尽管声称在此期间击毁了1450辆苏军坦克。

尽管被涅韦尔的突破分散了注意力，但陆军司令部仍然认为苏军到1943年底将进攻北方集团军群的第十八集团军，因此在1943年12月初将党卫军上将费利克斯·施坦因纳指挥的党卫军第三装甲军（下辖第11装甲掷弹兵"诺德兰"师和第4装甲掷弹兵"尼德兰"旅）划归林德曼指挥。虽然拥有华丽的头衔，但这些新编的党卫军部队质量一般，主要由非德籍的日耳曼人组成，装备简陋。"诺德兰"师的第11装甲营本应装备"豹"式坦克，但因为许多坦克有机械故障，该营直到1944年1月还没有准备好战斗。[1]有些无法开动的坦克被运到前线阵地充当固定炮台，而该师的第11突击炮营有42辆 Ⅲ号突击炮，"尼德兰"旅有1个连共10辆突击炮。为了提高反坦克能力，第十八集团军还组建了反坦克第477和第478营，装备20具新式的反坦克火箭筒。作为一项应急计划，1943年9月7日，北方集团军群开始建设"黑豹"防线。这条防线起自纳尔瓦，从楚德湖后面延伸到普斯科夫和奥斯特罗夫（Ostrov）。到12月底，一些反坦克壕和野战工事已经到位，但大部分防御工事要到1944年3月才能完工。[2]

第十八集团军的主要问题是欧拉尼恩包姆突出部，自1941年以来红军一直据守在这里。这个防卫森严的突出部能够得到来自海上的支援，迫使第十八集团军至少安排一个军级单位来封锁它。施坦因纳的部队被部署在突出部南面，以防这块飞地和列宁格勒取得联系。"诺德兰"师是这一关键地区的机动预备队。两年以来，这里一直是一个比较平静的地区，屈希勒尔和林德曼并不十分担心这里，相反，他们一直在防备苏军从列宁格勒向普尔科沃（Pulkovo）高地突围。德军没有注意到苏军的动向，又一次因情报不力而失算。列宁格勒方面军司令列奥尼德·戈沃罗夫中将打算终结德军对列宁格勒的威胁，彻底打垮第十八集团军。这一次，戈沃罗夫没有像1941年—1943年间那样从东面发起攻击，而是把主攻方向定在欧拉尼恩包姆突出部。

朱可夫的门生伊万·F. 费久宁斯基中将被任命为突击第2集团军的司令员，该部由7个步兵师、2个坦克旅和3个坦克团组成。12月底，费久宁斯基的攻击部队悄悄进入欧拉尼恩包姆突出部。这一行动并不是密不透风的，但德军没有意识到苏军要从这里发动主攻，相反，他们主要防备的是伊万·I. 马斯连尼科夫上将的第42集团军，该集团军有9个步兵师、2个坦克旅、6个坦克团和2个炮兵师。戈沃罗夫的准备工作是细致的，红军破例得到了充足的准备时间。

1月14日上午，戈沃罗夫发动了进攻。费久宁斯基的炮兵开始对突出部东面的德军第9和第10空军野战师阵地进行大规模炮击，两艘苏联海军战舰用305毫米口径舰炮进行支援。65分钟内，德军阵地上落下10万发炮弹，工事很快被摧毁了。然后，苏军的5个步兵师和2个坦克旅开始推进。出乎意料的是，德国空军部队进行了顽强抵抗，防线并未被立刻突破，为"诺德兰"师派出援军争取了时间。与此同时，马斯连尼科夫对德国第五十军进行了猛烈轰击，干扰林德曼的注意力，使他不敢把仅有的预备队投入到对费久宁斯基突击第2集团军的反击中。夜幕降临时，费久宁斯基派出一个机动集群，由阿伦·Z. 奥斯科茨基上校的坦克第152旅和2个坦克团组成，向罗普沙（Ropsha）路口前进。

1月15日上午，马斯连尼科夫的第42集团军又一次对德国第五十军进行了长时间的炮击，而后发起进攻，在普尔科沃高地迅速深入了4公里。这次突破得到了近卫坦克第36和第49团的协助，每团各有21辆"丘吉尔"坦克。此时，费久宁斯基已经粉碎了那2个德国空军师的残部，但奥斯科茨基的机动集群在到达罗普沙之前遭到了"诺德兰"师的反击，止步不前。1月16日至17日，林德曼组织局部反攻，暂时延缓了2个苏联集团军的夹击。"诺德兰"师用突击炮和自行火炮攻击苏军突击部队的侧翼，但无法完成封堵。马斯连尼科夫以坦克第1和第220旅组成机动集群，他们在克拉斯诺耶塞洛（Krasnoye Selo）以北遭到阻击。尽管如此，经过5天的战斗后，德军的防御还是开始崩溃，苏军直逼罗普沙。

1月19日，突击第2集团军和第42集团军在罗普沙会师，分割包围了一些德军部队，林德曼被迫撤退。然而屈希勒尔的麻烦还不止于此，梅列茨科夫的沃尔霍夫方面军还对第十六集团军发动了进攻，击溃在诺夫哥罗德的1个德国空军师，试图瓦解第十八集团军的右翼。林德曼的中央被突破，两翼都在退却。

希特勒命令屈希勒尔和林德曼就地坚守，因为援军已经出发。他承诺从中央集团军群调来第12装甲师，从法国调来"统帅堂"装甲掷弹兵师来增援第十八集团军，但远水解不了近渴，这些部队来不及阻止戈沃罗夫的突破。唯一能帮上忙的是第502重装甲营。1月19日，该营第3连的15辆"虎"式坦克在赫尔伯特·迈耶中尉带领下登上火车。1月20日，当他们抵达加特契纳（Gatchina）车站时，这里已经落下苏军的炮弹，第42集团军的先头部队正在逼近。由于该营其余部队还在途中，迈耶的第3连接受当地一名军官的命令，向西北方向前进，支援遭到苏军坦克部队进攻的第五十军。在完全不了解友军和敌军的情况下，迈耶带着1个排4辆"虎"式坦克迅速前进，准备打一场遭遇战。他们向枪炮声密集的地方逼进，意外撞上苏军一个有20—30辆坦克的坦克营。列宁格勒附近树林茂密，随后的战斗肯定是在近距离发生。迈耶的坦克有3辆被打坏并丢弃，迈耶带着最后1辆"虎"式逃回了驻加特契纳以北的连队。他集结了其余的坦克在通往列宁格勒的主干道上进行封锁，但是他没有步兵的支援。第二天早上，苏联第42集团军沿公路席卷而来，迈耶战斗群很快被包围了，虽然"虎"式坦克击毁了敌军8辆坦克和6门反坦克炮，但由于燃油和弹药不足，战斗毫无希望。迈耶因绝望自杀，他的全部11辆"虎"式坦克都被击毁或缴获。[3]失去支援的"虎"式坦克充其量就和一个地堡差不多。

由于第十八集团军的前线被突破，苏军开始无情地向卢加河滚滚而来。屈希勒尔的神经撑不住了，下令2个集团军都向"黑豹"防线撤退，尽管那里的防御工事还没有完工。第十八集团军在重压之下向卢加河且战且退，而第十六集团军则撤退了30公里。第502重装甲营剩余的"虎"式坦克调头伏击苏军先锋，为第十八集团军提供掩护。1月25日，他们声称在加特契纳西南5公里的沃伊斯科维齐（Voyskovitsy）击毁41辆苏军坦克。然而，德军的补给线因撤退而中断，燃油和弹药再度短缺。1月28日，"虎"式坦克在沃洛索沃（Volosovo）作短暂坚守，以待步兵撤向卢加河。有1辆"虎"式坦克独自与苏军1个营27辆T-34交战，它只有3发穿甲弹和9发高爆弹，却依然设法打瘫了7辆T-34后撤离。不过，除还有几辆突击炮外，北方集团军群几乎已经没有别的装甲部队可以担任后卫任务了。

由于屈希勒尔擅自后撤，他立即被希特勒解职，接替他的是以意志坚定闻名的瓦尔特·莫德尔大将。1月31日，当莫德尔来到普斯科夫时，北方集团军群已在全线败退，费久宁斯基的突击第2集团军已进抵金吉谢普（Kingisepp）郊区。更糟糕的是，莫德尔发现第十八集团军只有17000人来防守卢加河115公里宽的前线，这不足以击退一次坚决的突击。为了鼓舞前线的士气，莫德尔宣布他将实施所谓的"剑与盾"战术来挡住俄国压路机，即进行有限的战术退却，而集中足够的部队进行局部反击。莫德尔下令在纳尔瓦和卢加建设大型堡垒，并从北方集团军的后方单位挑选步兵来补充前线。如果失去纳尔瓦对"黑豹"防线来说是致命的，莫德尔亲自去视察了纳尔瓦的防御工事，决定让剩下的"虎"式坦克援助施坦因纳的党卫军第三装甲军进行防守。

然而，不管莫德尔如何虚张声势，苏联的大军仍在碾压一切，以每天16公里的速度前进。2月1日苏军占领金吉谢普，然后夺取了卢加河对岸的一些桥头堡。在纳尔瓦，费久宁斯基的突击第2集团军设法渡过该城南面的纳尔瓦河，但被德军施蓬海默战斗群极为顽强的抵抗所阻。其他苏军部队还试图穿越冰冻的楚德湖，但很快都被消灭了。埃普·冯·博登豪森中将的第12装甲师乘火车从中央集团军群赶来，莫德尔决定将其投入到"剑与盾"的战斗中，把苏联第42集团军挡在卢加河之上。第12装甲师从未从1941年的损失中完全恢复过来，只有1个装甲营，由Ⅲ号和Ⅳ号坦克混编。相比而言，列宁格勒方面军为突破行动额外补充了许多坦克，包括新式的KV-85和IS-1坦克。博登豪森的几次反击都没有成功，只是迟滞了苏军的前进，但第42集团军仍然在2月13日攻克卢加。2月16日，波波夫的波罗的海第2方面军加入进攻，其突击第1集团军攻克了德国第十六集团军防守的旧鲁萨，莫德尔希望守住卢加河一线的幻想完全破灭。他得到希特勒的勉强同意，把北方集团军群全部撤至"黑豹"防线。部队退到指定位置后，不得不在冰雪冻结的地面上挖掘工事。"战壕犁"的发明对此很有帮助，这是一种大型的钢制犁头，被拖在半履带车辆后面，用来挖开地面。

戈沃罗夫准备集中大部分力量夺取纳尔瓦，他希望占领该城并包抄"黑豹"线的其余部分。他决定让第8和第47集团军支援费久宁斯基。奥托·施蓬海默步兵上将在纳尔瓦指挥着一支由残兵败将拼凑起来的部队，包括"诺德兰"师、"尼德兰"旅、4个步兵师和第502重装甲营（还有23辆"虎"式坦克），以及爱沙尼亚武装党卫军和德国空军的部队。2月初，"统帅堂"装甲掷弹兵师抵达这里[①]，加强了他的实力。纳尔瓦易守难攻，它位于芬兰湾和楚

---

① 原注：这个师是以在斯大林格勒战役中被歼灭的第60摩托化步兵师残余部队为基干组建的，抵达纳尔瓦时该师没有配备坦克。

德湖之间的狭长地峡上，周围是沼泽和森林。纳尔瓦河从该城的东侧流过，实际上是一条宽阔的护城河。当"诺德兰"师进入纳尔瓦时，奥托·卡里乌斯中尉的4辆"虎"式坦克被留在河流东岸作为后卫部队，为武装党卫军加强阵地争取时间。莫德尔迅速赶到这个突出位置，亲自叮嘱卡里乌斯："我要你确保不能让俄国坦克从这里突破。"[4]一旦"诺德兰"师完成工事，卡里乌斯的坦克就会奉命撤过河，桥梁也将被炸毁。

苏军雄心勃勃，试图对纳尔瓦的施蓬海默战斗群进行两面包围，第47集团军在纳尔瓦以北的里吉（Riigi）和希维茨依（Siivertsi）渡河，第8集团军在南面的克里瓦索（Krivasso）渡河。此外，2月13日至14日，苏联波罗的海舰队从芬兰湾向德军后方登陆了一个海军步兵营。不知施蓬海默用的什么方法，每次都能勉强凑出一支预备队来击退苏军的进攻。奥托·卡里乌斯的"虎"式坦克在保卫纳尔瓦中发挥了重要作用：首先，2月14日，他派出3辆"虎"式击溃苏军的两栖登陆；接着，2月18日，几辆"虎"式协助"诺德兰"师攻击苏军在北面的桥头堡，然后又转移到南面应对威胁；当苏军快要合围纳尔瓦时，"虎"式坦克阻挡了苏军的两只"钳子"合拢，维持了一线生命。2月下旬，第502重装甲营又得到17辆新的"虎"式坦克，苏军的坦克过了河，但没有足够的数量击败这个营。

3月1日，苏军第59集团军从克里瓦索桥头堡发动大规模进攻，在纳尔瓦以南夺取了大片地区。但是，"诺德兰"师摧毁了纳尔瓦以北的桥头堡，德国人得以把"统帅堂"师转移到南面来。3月6日，苏军猛烈轰炸纳尔瓦，将其变为废墟，然后突击第2集团军进行强渡。3月17日，第59集团军从南面进攻，切断了东西向的铁路干线，但卡里乌斯的3辆"虎"式坦克守住了兵力薄弱的主防线，击毁了34辆T-34和1辆KV-1，挡住了苏军的攻势。[5]苏军只是用连级数量的坦克支持一个步兵营发动零星进攻，所以没能消灭卡里乌斯的微薄兵力。德军尽管损失惨重，但守住了阵地，经过2周激战，苏军停止了进攻。

随着苏军攻势减弱，德国陆军司令部决定发动一次大规模反击，以摧毁苏联第59集团军的克里瓦索桥头堡。德军基本没有投入多少本钱，格拉夫·冯·施特拉赫维茨上校被派往纳尔瓦指挥装甲战斗群，它由剩下的"虎"式坦克以及一些从修理厂收罗的"豹"式和Ⅳ号坦克组成，3个步兵师也加入反击作战。3月26日，施特拉赫维茨开始进攻，并于6天内攻占桥头堡的西半边。第59集团军未能预料到会遭到装甲攻击,也就没有建立有效的反坦克防御体系。4月初,施特拉赫维茨继续进攻,扩大了战果,直到春季地面解冻让他的行动暂停。苏军仍然在克里瓦索保住了一小块地方,但对纳尔瓦的威胁暂时减弱了。施特拉赫维茨的反攻使苏联第59集团军伤亡12000人,苏联"压路机"停了下来。

4月初,"黑豹"防线的局势趋于稳定。纳尔瓦守卫战非常艰难,代价巨大,但德军拼死守城让戈沃罗夫的进攻放慢了。苏军变得过分专注于攻占纳尔瓦,而不是向北方集团军群的其他战线施加压力。因此,德国第十六和第十八集团军余部虽然没有机动后备部队,却得以在爱沙尼亚边境建立新的防线。2月,列宁格勒方面军几乎打垮北方集团军群,正是由于缺乏大规模的装甲机动部队,苏军才没有取得更大的胜利。由于所有的坦克集团军都在乌克兰作战,戈沃罗夫和梅列茨科夫不得不把各坦克旅和团组成临时集群,这比1941年—1942年间的红军的战术好不了多少。对于德军来说,一旦阵地战转为运动战,他们就将意识到自己不会得到多少装甲支援了,这同样令他们深感气馁。

南方集团军群受到重创,1944年1月—3月

1944年元月到来之际,瓦图京的进攻没有停顿。1月5日,他的部队夺取了别尔季切夫(Berdichev)和白采尔科维(Belaya Tserkov)。瓦图京在科罗斯坚北面南方集团军群和中央集团军群之间制造了一条巨大的间隙,这个间隙部署了3个步兵集团军,但没有坦克可供扩张战果。1月8日,雷巴尔科的近卫坦克第3集团军只剩下59辆能作战的坦克,这一集团军不久就退回后方进行补充,留下卡图科夫的坦克第1集团军继续前进。[6]1944年1月上旬,瓦图京损失了314辆坦克,中旬又损失了294辆。源源不断的补充使瓦图京的坦克部队得以一直继续前进,但也仅仅是勉强够用。此时,朱可夫正在指示瓦图京和科涅夫完成一个非凡的目标,这是一次巨大的钳形攻势,以击退第一和第四装甲集团军,从而围歼德军在切尔卡瑟附近的突出部。曼施泰因明白战线正在崩溃,恳求希特勒允许他撤离第聂伯河一线以建立一条新的战线。但希特勒拒绝了,他认为,守住部分第聂伯河防线的宣传意义比保住那些残余部队的军事意义更为重大。由于不能撤退,曼施泰因只能悄悄地把胡贝的第一装甲集团军一部西移,以加强由第四装甲集团军防守的薄弱的左翼。曼施泰因的这一调动未经陆军司令部的许

可，他知道这样一来，防御右翼的沃勒尔第八集团军将面临很大压力。

当瓦图京还在命令卡图科夫的坦克向德军主要的后勤基地乌曼和曼施泰因的司令部所在地文尼察前进时，科涅夫于1月5日早晨向基洛夫格勒以东发动了攻势。虽然近卫第5集团军和第53集团军取得了一些进展，但胡贝仍能阻止科涅夫第一梯队的突破，并巧妙地运用第11装甲师发动局部反攻。当朱可夫在后面盯着时，科涅夫很容易就沉不住气了，进攻发起2个小时后，他便把罗特米斯特罗夫的近卫坦克第5集团军投入了战斗。[7]第一天，罗特米斯特罗夫的坦克强攻德军仍然强固的阵地，损失了139辆坦克。次日，科涅夫把近卫坦克第5集团军转移到了另一个更为有利的方向，但对坦克的运用还是谈不上成功。1月8日，胡贝被迫撤离基洛夫格勒，但他不仅保持了防线的连续，还转移了一些部队来加强劳斯的第四装甲集团军。实际上，胡贝很会打防御战，因此被授权指挥第七军和第四十二军防守第聂伯河附近的科尔松（Korsun）突出部。和曼施泰因一样，胡贝请求放弃这个突出部，但未被同意。在整个1月中旬，瓦图京和科涅夫都在慢慢攻击前进，一个一个拿下德军控制的城镇，卡图科夫的坦克第1集团军进展最大，有望拿下乌曼和文尼察。

曼施泰因虽然身陷险境，但他意识到，由于伤亡和补给方面的困难，苏军的前进速度正在放缓。他相信，如果能分割和摧毁卡图科夫的装甲矛头，瓦图京的进攻就会停止。1月21日，在非常困难的情况下，曼施泰因组织了一支相当强大的反攻部队，由冯·福尔曼第四十七装甲军的"警卫旗队"师、第16装甲师和第101猎兵师组成。党卫军少将威尔海姆·蒙克指挥的"警卫旗队"师有50辆能作战的坦克和27辆突击炮（包括1辆"虎"式、22辆"豹"式、25辆Ⅳ号坦克），但2个装甲掷弹兵团的兵力仅占编制的30%。第16装甲师是第四装甲集团军最强大的部队之一，拥有60多辆能作战的坦克，其中包括38辆"豹"式和24辆Ⅳ号坦克。作为尝试，曼施泰因下令由第503重装甲营和第6装甲师一部合并组建贝克重装甲团（有34辆"虎"式和46辆"豹"式坦克），这是"虎"式和"豹"式首次被整合到一个单位。1月24日6时，福尔曼的反攻部队向卡图科夫位于文尼察的右翼发起猛烈进攻。虽然卡图科夫对200多辆德军战车的现身大吃一惊，但他迅速把反坦克炮调至这一区域，并命令部队埋设地雷，这使德军重型坦克不敢横冲直撞。由于德军后勤基地被破坏，贝克重装甲团在进攻次日便耗尽了弹药，燃油也捉襟见肘。布赖特的第三装甲军（含第6、第17装甲师）也加入了这场命名为"瓦图京"行动的反攻。反攻在1月30日达到高潮，形成了几个小型的包围圈。曼施泰因声称击毙和俘虏了135000名苏军官兵，击毁701辆坦克和自行火炮。[8]他的说法有些夸张，苏军的记录表明，瓦图京的整个方面军在1月下旬损失了513辆坦克和146辆自行火炮，曼施泰因的反击有可能占到其中的300—400辆。[9]此外，在这段时期内卡图科夫的近卫机械化第8军和近卫坦克第11军没有旅长伤亡，而如果坦克第1集团军大部被歼，不可能所有旅长都毫发无损。贝克重装甲团声称击毁267辆坦克，自己仅仅损失了3辆"虎"式和4辆"豹"式坦克，宣称杀伤比高达38∶1。实际上，德国的这一说法是毫无根据的，"瓦图京"行动使坦克第1集团军暂时处于守势并蒙受了巨大损失，但曼施泰因的夸大主要是为了掩盖他的反击没能扭转日益恶化的局势这一事实。

当曼施泰因专心对付卡图科夫的时候，瓦图京正在为他的下一次行动组建新的坦克集团军。1月20日，安德烈·G. 克拉夫琴科中将被任命为坦克第6集团军的司令员，下辖沃尔霍夫的机械化第5军和阿列克谢耶夫的近卫坦克第5军。这不是一个齐装满员的部队，总共只有160辆坦克和50辆自行火炮。[10]沃尔霍夫的机械化第5军最近换装了《租借法案》提供的美制M4A2"谢尔曼"坦克。[11]1月26日，瓦图京以第40集团军进攻德军第五十二军，但没能在这一主攻方向上实现突破，意外的是，对战线过长的德国第四十二军发起的协同进攻却取得了小小的进展。克拉夫琴科派出机械化第5军的一个机动集群去扩大突破口，由米哈伊尔·I. 萨维列夫少将指挥。萨维列夫的机动部队包括坦克第233旅（装备"谢尔曼"坦克）、1个Su–76团、1个摩托化步兵营和1个反坦克连。[12]但是，由于担心布赖特反击卡图科夫，瓦图京命令克拉夫琴科以机械化第5军余部增援卡图科夫，因此没有部队在萨维列夫后面跟进。而克拉夫琴科的坦克第6集团军也在获得重大胜利的同时，坦克数量减少到只有100辆。

与此同时，1月25日，科涅夫恢复对沃勒尔第八集团军的进攻，击溃了战线过长的德军第389步兵师，然后迅速投入罗特米斯特罗夫的近卫坦克第5集团军（含坦克第20、第29军）的323辆坦克。罗特米斯特罗夫的装甲攻势同时迫使疲倦不堪的第14装甲师撤退。在24小时的战斗后，坦克第20和第29军挤进德军战线的一条裂隙，一路向西如入无人之境。沃勒尔以第11装甲师（有15辆坦克和15

辆突击炮）发动了一场快速反击，暂时切断了这2个苏联坦克军的交通线，但无力扩大战果。[13] 1月27日，罗特米斯特罗夫的坦克部队快速西进，就快要和萨维列夫的机动集群会师。挽救这一危局的唯一希望就是格兰根少校的第26装甲团第1营，他们两周前刚刚从德国运抵这里，马上就配属给第四十七装甲军去斩断罗特米斯特罗夫的矛尖。但是这个营还没有参战，就已有十几辆坦克因机械故障熄火，在向集结区开行75公里后，又有1辆"豹"式坦克因引擎起火报废，还有4辆坦克因故障熄火。[14] 显然，早期在"堡垒"行动中出现的问题至今仍未解决。

1月28日6时，第26装甲团第1营以61辆"豹"式坦克向北进攻卡皮塔尼夫卡（Kapitanovka），以图和第11装甲师冯·西弗少校的"豹"式坦克会合。格兰根完全没有进行各兵种的协同作战准备，没有步兵，没有炮兵和空中支援，甚至都没有进行侦察。他毫无战斗经验的车组试图和敌人打一场盲目的遭遇战。事实上，科涅夫已经将强大的反坦克部队调至这一地区，瓦西里·I. 波洛兹科夫少将的坦克第18军正准备重新开辟前进的道路。结果德军的进攻遭遇了一场完全的惨败，"豹"式坦克的侧翼多次遭到苏军反坦克火力伏击，格兰根少校和2个连长阵亡，10辆"豹"式坦克被击毁，18辆受损。另外有16辆因机械故障损坏，全营只剩下17辆"豹"式坦克还能作战。虽然波洛兹科夫的坦克第18军损失了29辆T-34，但他成功地打通了通往西面罗特米斯特罗夫那2个坦克军的道路。[15]

1月28日，伊万·I. 普罗辛中校的坦克第155旅正开足马力向前推进，他们是坦克第20军的先头部队。当天下午，他们抵达兹韦尼戈罗德卡（Zvenigorodka）镇，这里是德军的一个补给基地。在驱散德军后方部队后，普罗辛占领了该镇。大约18时，萨维列夫机动集群的"谢尔曼"坦克出现在这里，近卫坦克第5集团军和坦克第6集团军完成了合围。[16] 德国第十一和第四十二军的大约59000人被围在了科尔松口袋，包括党卫军"维京"师、4个步兵师（第57、第72、第88和第389师）和2个突击炮营（第228、第239营）。这些部队迅速重新部署防御，由第十一军（原文为第四十二军，系有误）军长威尔海姆·施特默尔曼炮兵上将指挥，称为施特默尔曼集群。令人惊讶的是，希特勒拒绝让施特默尔曼集群突围，并命令德国空军和曼施泰因展开救援行动。这又是一个斯大林格勒，只不过规模稍小而已。曼施泰因决心不再重蹈斯大林格勒的覆辙，但组织援军需要几天的时间，同时他还要在苏军包围圈南面的真空地带建立一条新的战线。科涅夫和瓦图京都开始将步兵部队调进走廊，以守住围绕施特默尔曼集团的包围圈，而坦克第29军则要在德军调兵遣将赶赴新战线前继续前进，以扩大包围圈。

福尔曼的第四十七装甲军很快以第11装甲师组织了一次小规模救援行动，该师有22辆"豹"式、3辆Ⅳ号坦克和13辆突击炮，但仅有1000名装甲掷弹兵。第13装甲师的1个小型战斗群也参加了救援行动。2月1日上午，福尔曼开始进攻，他的"豹"式坦克很快突破2个苏军步兵师还未完善的防线。6小时内，第11装甲师在冰冻的平原上前进了31公里，抵达了伊斯克任诺耶（Iskrennoye）附近的什波尔卡河，离施特默尔曼集群只有不到20公里。然而，当"豹"式坦克试图开过河上一座桥梁时，桥被压塌了，前进的步伐停了下来。福尔曼调来工兵为Ⅲ号突击炮建造了一座桥梁，但第八集团军没有材料能为"豹"式坦克建造载重60吨的浮桥。希特勒也开始干预福尔曼的救援行动，他命令福尔曼就地等待，他已经下令让第24装甲师（只有17辆坦克和14辆突击炮）从尼科波尔桥头堡赶来增援。这是一个极为愚蠢的决定，因为该师远在300公里之外，而且没有铁路运输。第四十七装甲军浪费了转瞬即逝的大好时机。希特勒应该帮助福尔曼拿到架桥的材料，但元首对浮桥不感兴趣。福尔曼在伊斯克任诺耶的停顿使苏军可以调动坦克第29军和步兵第49师来进行封堵。更麻烦的是气温升高到了5摄氏度，地面开始解冻，行动更加困难。尽管接下来的两周，福尔曼继续努力向施特默尔曼集群方向前进，但他无法取得更大的进展了。

此时，曼施泰因没有立即取消针对卡图科夫坦克第1集团军的"瓦图京"行动，但在1月30日，他命令胡贝调布赖特的第三装甲军从西南方向实施第二次救援行动，这一行动被称为"旺达"行动。由于融雪造成的道路泥泞，以及难以从正在进行的战斗中抽调装甲部队，布赖特第三装甲军为"旺达"行动集结的时间比预期的要长。布赖特的军起初由第16、第17装甲师，贝克重装甲团和第506重装甲营组成，共有105辆坦克（48辆"豹"式、41辆Ⅳ号、16辆"虎"式坦克）和21辆突击炮。2月4日早晨，2个装甲师在2个步兵师的支援下并肩前进。尽管苏军步兵第104军进行了顽强的抵抗，地雷也阻碍了德军的前进，但这2个装甲师在第一天仍然前进了近19公里。瓦图京让克拉夫琴科的坦克第6集团军和1个反坦克旅前往格尼洛伊季基奇河（Gniloi Tikich）阻击布赖特的坦克，这条河平时不宽，但现在冰雪融水让河面变宽了。"旺达"行动的第二天，布赖特的部队遭遇了苏军坦克，双方进行了小规模的接触战，各有损失。尽管后来第1装甲师和"警卫旗队"师赶来增援，布赖特的攻势还是停顿了一周。苏军已经掌握了阻止德国装甲部队前进的办法，那就是不断地打击突击部队的两侧，迫使德军分兵来防止自己被分割包围。尽管克拉夫琴科损失了很多坦克，但瓦图京可以不停地得到补充，德军却办不到。此外，由于缺乏工兵支持，德军的重型坦克无法渡过格尼洛伊季基奇河。贝克的坦克在进攻次日就用完了弹药和燃油。布赖特抱怨泥泞让他寸步难行，实际上这是一个标准的德式借口，每当一个计划不周的行动失败时就会出现。不管是在俄罗斯还是乌克兰，到处都是因为泥泞。

2月6日，德军两个方向上的努力都已停顿，此时离科尔松口袋还有35—40公里。与斯大林格勒战役不同，施特默尔曼集群没有饿死的危险，但苏军无情的围攻将迫使守军耗光弹药。2月10日，显然施特默尔曼集群不能简单地死守待援，必须采取措施与布赖特或者福尔曼的部队取得联系，施特默尔曼决定让他最好的师——"维京"师寻机向第三装甲军来的方向进攻。该师师长为党卫军少将奥托·吉勒，有大约20辆可以作战的坦克（Ⅲ号或Ⅳ号坦克），几辆突击炮和47门火炮（包括9辆"胡蜂"和3辆"熊蜂"自行火炮）。

与此同时，布赖特的第三装甲军正被困在格尼洛伊季基奇河以南的泥泞中，他明白瓦图京的部队已经横亘在他眼前，决定重整旗鼓向东进攻，因为东面敌人的防御较弱。布赖特此时已经有140辆坦克（包括80辆"豹"式和12辆"虎"式坦克）和14辆突击炮。2月11日上午，布赖特以贝克的重型坦克打头阵发动进攻，2个小时内前进了8公里。5个小时内，"豹"式坦克成功夺取法兰科夫卡（Frankovka）附近横跨格尼洛伊季基奇河的一座桥梁。此时，布赖特决定实施两点突破战术：贝克战斗群向东北方向前进，第1装甲师弗兰克战斗群（1个拥有28辆"豹"式坦克的营和1个SPW装甲半履带车营）向东进攻雷相卡（Lisyanka）。通过这一战术，布赖特希望能够在苏军的防线上找到弱点。弗兰克在一次夜袭中成功夺取了雷相卡，但油料短缺迫使他和贝克都不能前进。这两支部队都不得不等第二天后勤单位沿着泥泞的道路赶上来。[①]此时

---

① 原注：曼施泰因和胡贝本来可以预见到这些供应问题，为第三装甲军配备可在泥泞中行驶的RSO履带补给车，或与德国空军协调，向先头部队提供空投，但他们为此付出的努力微乎其微。"旺达"行动中德军的作战计划并不尽如人意。

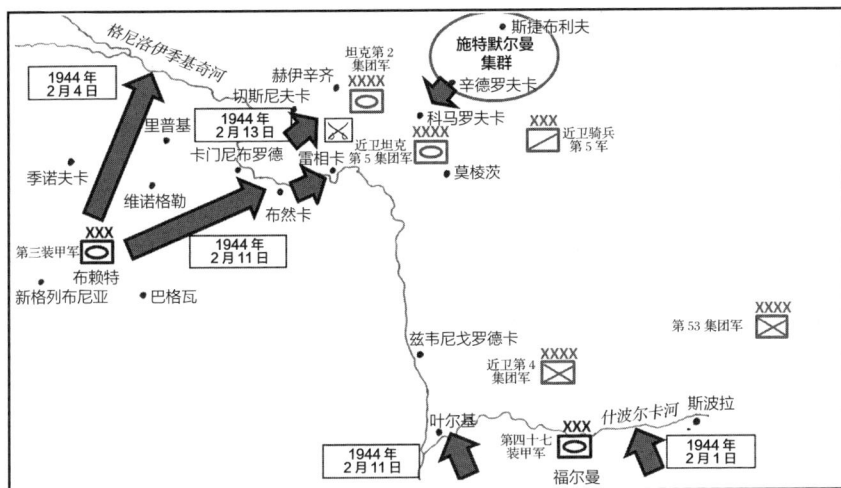

德军救援科尔松包围圈，1944年2月1日—2月16日

一支德军补给纵队遭到苏军袭击，这些苏军都是被德军的快速推进甩在身后的，这表明贝克的交通线并不安全。

瓦图京似乎总有锦囊妙计，他现在又把谢苗·I. 波格丹诺夫中将的坦克第2集团军（含坦克第3、第16军和近卫坦克第11军）调了过来，该集团军一周前还在大本营预备队休整。2月12日，波格丹诺夫把4个坦克旅直接开到布赖特的面前，此时德军的先头部队正因缺乏燃料而动弹不得。两轮驱动的"欧宝闪电"卡车完全陷进乌克兰的泥泞之中，成了救援行动的"阿喀琉斯之踵"。此外，克拉夫琴科剩余的坦克和第40集团军的步兵不停地袭击布赖特暴露的两翼，令他不得安宁。2月13日，布赖特终于等到了足够的燃油来恢复攻势，曼施泰因告诉他："抓紧时间，否则就永远没机会了。"——他必须赶在施特默尔曼集群崩溃前到达那里。贝克以10辆"虎"式和10辆"豹"式坦克作前锋，第1装甲师弗兰克战斗群紧跟其后。在达杜什科夫卡村（Dadushkovka）附近，贝克的坦克遭遇了苏联坦克第3军罗曼·A. 利伯曼上校率领的坦克第50旅。一个排的T-34犯了非常低级的错误，试图在1800米距离上和"虎"式坦克交战，为此他们付出了血的代价。不过，其他的T-34要聪明一些，会在反坦克炮附近寻找掩蔽部，迫使德军装甲部队更为靠近，这样T-34偶尔可以命中。坦克战持续了1个多小时，德军声称1个苏军坦克旅被歼灭，5辆"虎"式和4辆"豹"式被击毁，贝克只剩下10—11辆能用的坦克。尽管他又前进12公里，冲到了赫伊辛齐（Khizhintsy），离包围圈只有10公里，但又一次，燃油用完了。

2月13日，科涅夫的部队占领科尔松机场，德国空军作业停止。显然，施特默尔曼集群只能再苟延残喘几天。2月14日，德国空军孤注一掷，Ju-52在低空从坦克上方飞过，将汽油桶扔进泥淖中，但大部分都破裂了。贝克得到的燃油只够他前进一小步，无法到达包围圈，被敌人的顽强抵抗阻挡在二三九高地。那一天融雪停止，天上又下起了雪，地面变硬了。贝克和弗兰克两个战斗群在雷相卡附近与波格丹诺夫的坦克发生了战斗，德军声称击毁了近卫坦克第5军的19辆T-34和近卫机械化第5军的一些"谢尔曼"坦克，4辆"虎"式和3辆"豹"式受损。2月15日，布赖特的弹药和燃料几乎耗尽，只有20辆坦克还能作战，救援行动在雷相卡停止。瓦图京让波格丹诺夫部署更多的坦克和反坦克炮，以阻止德国援军进一步的推进，其余的部队则和科涅夫一起收缩包围圈。有一支前来增援坦克第16军的部队是尼古拉·S. 格里辛上校的近卫重型坦克第13团，配备21辆IS-1（IS-85）重型坦克，它们和KV-85一样安装有85毫米口径D-5T火炮。这些重型坦克于2月15日投入战斗，它们不够明智，没有留在自己的阵地上，而是向德军贝克战斗群发起了进攻。"豹"式和"虎"式坦克几乎将它们全部打瘫。在这一战斗之后，红军汽车装甲坦克总局决定让新IS系列重型坦克的火炮口径升级为122毫米。

施特默尔曼终于意识到援军不会来了，遂决定在2月16日至17日夜进行突围，以图与第三装甲军会合。为了获得一个突围的跳板，施特默尔曼在2月11日至13日发动了一系列夜袭，从围困的苏联第27集团军手里夺取了山德罗夫卡（Shanderovka）和新布达（Nova Buda）。德国步兵穿着冬季迷彩服在夜间发动进攻，把苏军打了个措手不及，离雷相卡的第三装甲军又近了一步。白天，科涅夫试图夺回这些城镇，但"维京"师最后的坦克和突击炮在党卫军少校汉斯·科勒的指挥下击退了苏军，守住了准备突围的集结地。[17]

2月16日，弗兰克战斗群和贝克战斗群最后一次向奥科台伯（Oktaybr）前进，消灭了另一个苏军坦克旅的部分兵力，自己也损失了更多的"虎"式和"豹"式坦克。弗兰克的"豹"式坦克碰上了坦克第16军近卫重型坦克第13团的 KV–85，遇到了出乎意料的麻烦。[18]这里离施特默尔曼集群只有7公里了。2月16日23时，施特默尔曼开始突围。一开始很平静，第72步兵师渗透进了近卫坦克第5集团军的阵地，但很快苏军就发现了德军的行动，夜空被照明弹和炮火照得通明，有如地狱一般。"维京"师以11500名士兵、7辆坦克和3辆突击炮进攻，但被苏军的坦克和反坦克炮所阻。虽然战斗部队纪律尚称良好，但许多后勤单位惊慌失措，要么四处溃散，要么车辆纵队堵成一团。施特默尔曼在踩踏中丧生，苏军骑兵从树林里出现，砍杀德军的后方部队。数千名德军士兵步行来到格尼洛伊季基奇河边，被迫涉水过河，导致数百人被淹死或冻死。苏联坦克向河边的人群开火，加剧了混乱和恐慌。最后，约有35199名德国人从科尔松口袋逃离，抵达第三装甲军阵地，有19000人被击毙和俘虏。[19]施特默尔曼集群把全部大炮和车辆扔在包围圈内，包括20辆坦克和30辆突击炮。"维京"师在突围中损失了3000人，花了6个月时间才完成补充。

救援行动使德军装甲师付出了沉重的代价，第三和第四十七装甲军共有4000多人伤亡。布赖特的第三装甲军损失了156辆坦克和突击炮，还剩60辆能作战的坦克和6辆Ⅲ号突击炮。约有56%的损失是由于机械故障造成的，"豹"式坦克尤为严重（第三装甲军损失的37辆"豹"式中至少有15辆是因为故障被毁）。事实上，2月29日，第一装甲集团军的187辆"豹"式坦克中有171辆正在维修。福尔曼的第四十七装甲军损失了大约80辆坦克和突击炮，还剩下32辆能作战的坦克和27辆突击炮。泥泞的道路和很少的维修车辆意味着援军退回新的防线时，失去行动能力的坦克都被炸毁了，以免落入敌人之手。为了救回被围的5个师，曼施泰因耗尽了他的装甲后备力量。

瓦图京和科涅夫一举让德国南方集团军群从战斗序列里撤掉了2个军，并使德军在乌克兰的装甲部队失去战斗力，曼施泰因几乎不可能再守住任何战线。科尔松战役之后，曼施泰因主要集中力量支援由第四装甲集团军防御的南方集团军群左翼，该集团军正以12个消耗殆尽的师防守着一段240公里的战线。南方集团军群的左翼和中央集团军群的右翼仅由第十三军掩护，他们没能挡住瓦图京的第13集团军于2月5日夺回罗夫诺和卢茨克。事实上，已经没有什么力量可以阻止瓦图京向西攻入波兰。曼施泰因的右翼也处于崩溃的边缘。第24装甲师从尼科波尔桥头堡调去救援科尔松，在关键时刻削弱了德军保卫桥头堡的力量。2月2日，马利诺夫斯基的乌克兰第3方面军在克里沃罗格以东攻击了霍利德第六集团军的左翼，并迅速取得了突破——德军此时缺乏可用于防守的装甲预备队。24小时内，苏军占领了重要的铁路枢纽阿波斯托洛沃，威胁要将尼科波尔桥头堡内的德国第四和第十七军分割包围。2月7日，霍利德被迫放弃尼科波尔，向西撤退以免被围。第24装甲师回到了霍利德麾下，在毫无成果的北上救援科尔松的行军中，其损失了大部分的坦克和55%的卡车。

与此同时，乌克兰第1和第2方面军在科尔松战役结束的2周内完成了补充，朱可夫迫切希望能在南方集团军群得到加强之前就将其消灭。然而，2月28日，瓦图京被乌克兰独立分子打成重伤，6周后死亡，朱可夫暂时接管方面军。瓦图京的死对红军来说是一个沉重的打击，因为他已成为红军中最熟悉诸兵种合成作战的实践者之一。相比之下，科涅夫或其他大多数方面军司令员更多地依靠火力而不是机动或欺骗。朱可夫立即开始准备下一轮作战，他利用自己在最高统帅部的影响力，从总预备队得到了坦克第4集团军（含近卫机械化第6军和近卫坦克第10军），司令员是1942年12月实施塔钦斯卡亚突袭战的瓦西里·M.巴达诺夫中将。此外，朱可夫还对坦克第1集团军和近卫坦克第3集团军进行了补充，但他们都没有恢复到满员的水平。

3月4日，朱可夫的乌克兰第1方面军进攻德国第四和第一装甲集团军的结合部，科涅夫的乌克兰第2方面军进攻第一装甲集团军和第八集团军的结合部。朱可夫的3个坦克集团军袭击了塔尔诺波尔以东，尽管德军的"警卫旗队"师、第7装甲师和第503重装甲营（有13辆"虎"式坦克）进行了阻击，但苏军仍取得了不小的进展。科涅夫的进展更大，坦克第2和第6集团军在雷相卡以南袭击了第四十七装甲军和第七军，共有5个苏联坦克集团军参加了这次行动。由于德军没有足够的装甲预备队来阻击近卫坦克第5集团军，沃勒尔被迫撤退，不然就要被包围。胡贝守住了他以普罗斯库罗夫为中心的大部分阵地。10天内，科涅夫向德涅斯特河推进了90公里。希特勒要曼施泰因坚守不退，但战线显然即将崩溃。朱可夫的军队已经抵达塔尔诺波尔（Tarnopol），希特勒宣布这里将成为一个堡垒，下令死守。

在南面，3月6日上午，马利诺夫斯基的乌克兰第3方面军在克里沃罗格以南进攻霍利德的第六集团军。次日，近卫第8集团军取得重大突破，该集团军表现出极大的灵活性，突破了德国第二十九军，甩开消耗殆尽的第23装甲师（只有4辆坦克、1辆突击炮和6辆SPW半履带车），苏军坦克和骑兵——不受泥泞影响——大胆直插第六集团军在诺维布格（Novy Bug）的司令部，消灭了大量德军的后勤部队。第23装甲师几乎被歼灭，失去了所有的维修、医疗和后勤单位，以及许多车辆。[20]接着苏军转而向南，包围了德国第四军的5个步兵师和第9装甲师。这支被困的部队称为魏特曼集群，由于没有人来救援，他们不得不在接下来的几周努力摆脱包围。很快，第六集团军全军被迫后撤，以避免被快速机动的苏军坦克部队分割包围。第24装甲师进行了一次后卫作战，但损失了800多人和四分之一的轮式车辆，这些车辆陷进烂泥中，无法动弹。3月13日，第六集团军组成了一个合成装甲战斗群来掩护撤退，它包括第9、第23和第24装甲师全部剩余的坦克——只有3辆。[21]在撤退期间，德军饱受燃料短缺之苦，大量装备被丢弃。3月27日，"髑髅"师在巴尔塔耗尽了燃料，离德涅斯特河只有一步之遥。苏军占领巴尔塔时，"髑髅"师被迫丢弃60多辆坦克和突击炮，以及1000辆轮式车辆。[22]最后7辆"虎"式坦克在蒂拉斯波尔（Tiraspol）附近被车组炸毁，当"髑髅"师渡过德涅斯特河退入罗马尼亚时，它已经没有坦克了。

曼施泰因以为乌克兰第1方面军将向西进攻利沃夫，因此他强化了劳斯的第四装甲集团军，牺牲了胡贝的第一装甲集团军。结果，3月18日时，朱可夫和科涅夫却向南进攻，胡贝的两翼都被突破。3月17日，坦克第2集团军抵达德涅斯特河边的扬波尔（Yampol）。3月20日，卡图科夫的坦克第1集团军以140辆坦克重新投入战斗，切断了胡贝的部队和劳斯第四装甲集团军最后的联系。同时，科涅夫派出克拉夫琴科的坦克第6集团军，占领了德涅斯特河边的莫吉列夫-波多利斯基（Mogilev–Podol'skiy）。德国第四装甲集团军正在撤退，内因多夫集群4600人被苏军近卫第1集团军包围在塔尔诺波尔（Tarnopol）。因为侧翼被击溃，胡贝开始向卡缅涅茨-波多利斯基（Kamenets–Podol'skiy）撤退，但卡图科夫切断了他和西方的联系，然后占领了德涅斯特河对岸一座桥头堡。3月27日，巴达诺夫坦克第4集团军的坦克第10军攻占了卡缅涅茨-波多利斯基，把胡贝的部队困在背靠德涅斯特河一个越来越小的突出部里。在霍京，德军控制的最后一座桥梁也被切断了，德国空军开始向他空运物资。

胡贝的第一装甲集团军陷入包围是德军自斯大林格勒战役以来最大的灾

难。他的部队有200000人，共10个装甲师（"警卫旗队"师，"帝国"师，第1、第6、第7、第11、第16、第17和第19装甲师）、1个装甲掷弹兵师（第20装甲掷弹兵师）、12个步兵师、1个炮兵师、第509重装甲营和第88"犀牛"式重型坦克歼击车营[①]。虽然此时集团军只有35辆能作战的坦克，但失去这些老兵将使德国损失一半训练有素的坦克手。在和希特勒进行了多次争论后，曼施泰因终于让他相信，胡贝必须突围，不然南方集团军群的战线就会崩溃。虽然胡贝有可能渡过德涅斯特河，但这会让曼施泰因很难建立起一条新的防线。因此，胡贝奉命向西进攻，救援部队将在贝勒查尼（Berezhany）附近接应。胡贝重编了他的战斗部队，把全军分成2个主要的集群：冯·德·奇瓦尔瑞军级战斗群（第1、第6、第7、第11、第16、第19装甲师，"警卫旗队"师以及6个步兵师）和布赖特军级集群（"帝国"师和第17装甲师，以及7个步兵师）。胡贝不打算重蹈覆辙，为了得到空军的补给而在机场周围坐以待毙，因为他知道朱可夫很快就会在包围圈周围集结压倒性的力量，让德军无法突围或救援。相反，他打算依靠空投补给来杀出一条血路。德国空军此时对援助被包围的友军已经有了相当丰富的经验，他们派了一支特遣队进入包围圈，装备有空—地无线电、信标和照明弹，以便在需要时标记空投区。[23]胡贝下令销毁所有不必要或损坏的车辆以节约燃油。3月28日，胡贝开始以布赖特军级集群向西突围。

巴达诺夫的坦克第4集团军是阻止胡贝逃跑的主要力量，他的近卫坦克第10军扼守着卡缅涅茨–波多利斯基的道路枢组，近卫机械化第6军就在西边一点。虽然巴达诺夫只剩下大约100辆坦克，但他还有大量的步兵、大炮和反坦克炮。近卫坦克第10军结成环形筑垒阵地，阻断了渡过斯莫特里奇（Smotrich）河（德涅斯特河的一条支流）的主要道路。德军第17装甲师没有去进攻苏军的支撑点，而是在卡缅涅茨–波多利斯基以北找到了一个渡口过了河。近卫坦克第10军在此过程中被暂时包围在卡缅涅茨–波多利斯基，巴达诺夫试图阻击德军的突破，但于3月29日身负重伤。经验丰富的德米特里·K.列柳申科中将接过坦克第4集团军的指挥权，但他对德军的突围无能为力，只能设法拖延。

---

① 原注：1944年1月27日，希特勒下令将SdKfz164"黄蜂"式坦克歼击车改名为"犀牛"式。这种战车类似于SdKfz165"熊蜂"式150毫米口径自行火炮，因为两者都使用Ⅳ号坦克的底盘。

　　朱可夫起初对卡缅涅茨–波多利斯基包围圈过于自信，以为胡贝的装甲集团军会困守于此，他没有加强巴达诺夫，而是派卡图科夫的坦克第1集团军于3月30日攻占切尔诺夫策，把大部分精力放在防止德军渡过德涅斯特河向南逃跑上。他还将第60集团军大部用于压缩德军塔尔诺波尔包围圈，尽管那里的守军不到5000人。朱可夫和科涅夫都用步兵压缩卡缅涅茨–波多利斯基包围圈的北面，却对西面关注不够。与此同时，希特勒对南方集团军群和A集团军群的退却感到愤怒，对曼施泰因和克莱斯特失去了信心，将他们都撤了职。就曼施泰因而言，这一撤换并非没有道理，自从库尔斯克以来，他一直没能预料到敌人的行动，而且比起反击，他似乎总对撤退更感兴趣。希特勒让瓦尔特·莫德尔元帅指挥南方集团军群，让舍尔纳指挥A集团军群。不过，这一变化对战局的影响微不足道，这2个集团军群仍在撤退。

　　3月31日，胡贝正稳步向西前进，击退了战线过长的列柳申科坦克第4集团军（其中一部仍被围在卡缅涅茨–波多利斯基）。朱可夫看到胡贝正在向西逃跑，而不是像自己想象的那样向南，于是命令卡图科夫将坦克第1集团军一部调回德涅斯特河北岸以协助坦克第4集团军。但是朱可夫没有向这一地区派出强大的步兵部队加强防御，这使得胡贝仍能不顾一切地继续向西推进。4月4日，胡贝的集团军往布恰奇（Buchach）附近的斯特雷帕（Strypa）河靠近。同时，莫德尔在60公里开外的贝勒查尼集结救援部队，由豪塞尔的党卫军第二装甲军（下辖党卫军"霍亨斯陶芬"第9装甲师和"弗伦斯堡"第10装甲师）、第653重型坦克歼击车营（28辆经过修复的"费迪南德"式坦克歼击车）以及2个步兵师组成。豪塞尔的2个装甲师在法国接受了训练，但他们都不是齐装满员的装甲师，每师各有2个Ⅳ号坦克连和2个Ⅲ号突击炮连，总共98辆中型坦克和88辆突击炮。4月6日，豪塞尔开始向东进攻布恰奇，以接应胡贝。

　　最后，胡贝的战术素养和决心以及朱可夫疏于关门使战局向有利于德军的方向发展。布赖特军级集群以第6、第7装甲师为前导突破了苏军防线。过了很久，朱可夫才试图将6个步兵师和近卫坦克第2军调来挡住胡贝，但第17装甲师击退了他们，为其他部队到达斯特雷帕河争取到了时间。4月8日，第6装甲师和第509重装甲营的2辆"虎"式坦克终于冲进布恰奇，很快和党卫军第二装甲军取得联系。筋疲力尽的胡贝全军几乎花了一个星期才渡过斯特雷帕河，但他们后来得以和第四装甲集团军共同组织一条新的连续的战线。在装备方面，第一装甲集团军几乎已经一无所有，只剩下20辆坦克（1辆"虎"式）、几辆突击炮和7辆"犀牛"坦克歼击车。胡贝的第一装甲集团军从卡缅涅茨–波多利斯基包围圈中逃脱是第二次世界大战中最伟大的作战成就之一，至少在短期内，它防止了德军的南线侧翼彻底崩溃。正如温斯顿·丘吉尔在谈到敦刻尔克时所说，"撤退并不是胜利"，但胡贝军队的成功突围却能使国防军士气大增。

科尔松包围圈和胡贝的包围圈有两段重要的后话，反映出德国装甲部队在拯救被困的要塞时发挥着越来越重要的作用。第一个案例，吉勒的"维京"师从科尔松突围以后，余部前往波兰东部的霍尔姆–科韦利（Cholm-Kovel）重新集结。他们来到波兰仅仅一个月，白俄罗斯第2方面军第47集团军就于3月15日发动进攻，包围了这座城市以及4000名德军。尽管"维京"师不在包围圈，且作战能力微乎其微，但他们还是仓促组织了救援。党卫军第5装甲团第2营在补充了"豹"式坦克后刚刚抵达霍尔姆，但只有一个连做好了战斗准备，该连成为救援先锋。3月21日，苏军的"谢尔曼"坦克抵达科韦利，该城随时可能陷落。3月27日，在科韦利以西的卢科夫（Lukov），一支东拼西凑的援军集结起来，包括一个党卫军战斗群（17辆"豹"式坦克和"日耳曼尼亚"装甲掷弹兵团第3营）和一个国防军战斗群（7辆Ⅲ号突击炮和第343掷弹兵团）。直接前往科韦利要穿过一片冰冻的沼泽，一条铁路穿过，苏军步兵第60师的反坦克炮和地雷封锁着此处。3月28日中午，党卫军穿过暴风雪，选择了正面进攻。由于通讯出了问题——这是战争中最常出现的"阻力"，德军没有得到炮兵的支援。[24]苏军的反坦克炮与公路摆成直角，击穿3辆"豹"式坦克较薄弱的侧面装甲。"豹"式坦克试图离开公路，但剩余的14辆坦克中有10辆陷入松软的地面，救援行动停了下来。仅有的1辆"豹"式救援坦克花了一整天才把这10辆坦克拉了出来。国防军对这么小的一支部队继续前进并不抱希望，他们也没有可以清理地雷的工兵。在进退两难之间，党卫军装甲部队指挥官决定独自前进。3月29日至30日夜晚，他带着9辆"豹"式坦克勇敢地穿过苏军的防线，有2辆"豹"式触雷，其余的坦克冲进科韦利。但这一努力没能打破围困，只给被困的守军增加了几辆坦克。[25]

4月2日，党卫军第5装甲团第2营的其余部队通过铁路抵达，又给德军增加了59辆"豹"式坦克。来自第4和第5装甲师的战斗群也加入进来，更大规模的救援行动在酝酿之中。4月4日，第二次救援行动开始，苏军拼命进行阻击。党卫军少尉、第5装甲团第2营侦察排长伦茨描述了向科韦利的最后冲刺：

> 我们在下一次前进时，遭到了一次射击，幸运的是我们的坦克只是颤抖了一下。炮手反应像闪电一样快，我用右手拍拍他的肩膀，指示他瞄准目标："高爆弹——800米——反坦克炮在建筑群的前面——开火！"我们开始交火，首发命中，一大团烟雾与断枝残垣一起飞向天空。作为指挥坦克，我用无线电命令整个第6连开火。格罗斯洛克的5辆"豹"式坦克也紧随我们开火，几分钟内我们就让那些反坦克炮和坦克都哑了。后来经过确认，我们击毁了几辆坦克、大约10门反坦克炮还有许多轻重机枪。[26]

4月5日，在冲破坦克和反坦克炮组成的封锁线后，"维京"师的"豹"式坦克抵达了科韦利。此时科韦利的后方通道已经命悬一线，希特勒不愿放弃该城，因此在接下来的三周，"维京"师有限的兵力致力于拓宽这条走廊。他们逐渐把苏军步兵从城市西面击退，但地雷和反坦克炮也也削弱了第5装甲团的力量。[27]希特勒很高兴，因为科韦利又继续撑了4个月，就像科尔松一样，即便救援行动取得成功，装甲部队付出的代价也远远超过了获得的战果。

这一时期，另一个重要的救援行动是莫德尔对塔尔诺波尔的内因多夫集群的救援。莫德尔明白，不能轻易扔掉被包围的部队，这对前线士气至关重要。一旦胡贝的第一装甲集团军重新加入战线，他就将在4月10日前组建一支相当庞大的援军，由赫尔曼·巴尔克的第四十八装甲军负责指挥。主要的突击部队是党卫军少将威尔海姆·比特里希的"霍亨斯陶芬"第9装甲师，该师有1个营的Ⅳ号坦克（第9装甲团第2营）、1个营的Ⅲ号突击炮、1个侦察营、1个装备了SPW半履带车的装甲掷弹兵营、5个步兵营和1个自行火炮营（6辆"熊蜂"和12辆"胡蜂"）。值得注意的是，"霍亨斯陶芬"师有三分之二的步兵是步行作战的，没有机动运输工具。此外，第8装甲师还组建了弗里贝战斗群，其包括第10装甲团第1营的21辆"豹"式坦克、1个装甲半履带车营（第79装甲掷弹兵团第1营）、第507重装甲营的12辆"虎"式坦克和第653重型坦克歼击车营的28辆"费迪南德"。救援部队共计有64辆坦克、27辆突击炮和2000名步兵，但没有工兵支援。4月11日，巴尔克从斯特雷帕河对岸的一座桥头堡发起进攻，但很快就遭到了苏联第60集团军的顽强抵抗，苏军在这条道路上部署了许多反坦克炮和地雷。春雨使道路极为泥泞，笨重的德军坦克步履蹒跚，机动性大为下降。近卫坦克第6军（属于近卫坦克第3集团军）的近卫坦克第52旅用新型的T-34/85坦克攻击了德军纵队，令"霍亨斯陶芬"师大吃一惊，甚至有2辆"费迪南德"被从侧翼击毁。[28]在为期6天的激战中，巴尔克的救援部队向塔尔诺波尔推进一半路程，但损失了13辆Ⅳ号、2辆"虎"式坦克和21辆Ⅲ号突击炮，德军声称击毁了74辆苏军坦克和21门反坦克炮。[29]莫德尔亲临前线，乘坐SdKfz251指挥车视察行动的进展，令人印象深刻。然而，到4月15日，救援显然已经陷入停顿，苏军正在以更多的坦克部队迅速增援这一地区。最后，莫德尔在距离塔尔诺波尔只有8公里的地方终止救援，下令内因多夫集群在城镇陷落前突围。4月16日黎明前，大约1300名守军试图渗透苏军的包围圈，但只有55人回到巴尔克第四十八装甲军的阵地，内因多夫和大部守军都在突围行动中阵亡。

在科韦利和塔尔诺波尔救援行动之后，由于春季道路泥泞，德国人得到了短暂的喘息之机，双方都在连续10个月的战斗后精疲力竭。4月4日，陆军司令部决定将南方集团军群重编为北乌克兰集团军群，下辖第一装甲集团军、第四装甲集团军和匈牙利第一集团军；组建南乌克兰集团军群，下辖第八、第六和第十七集团军（在克里米亚）以及罗马尼亚集团军残部。有趣的是，此时国防军已经不在乌克兰的土地上了，南方集团军群被一分为二。莫德尔认为，一旦苏军的坦克集团军休整完毕，到夏季将会向他在利沃夫附近的集团军群发动大规模进攻，因此他利用自己的影响力争取到了更多的装甲支援，准备重整旗鼓。

德涅斯特河一线的防御，1944年4月5日—5月15日

到1944年4月初，南方集团军群似乎已经被一分为二，最高统帅部认为乌克兰的解放已经基本完成。虽然苏军所有的方面军都被连续数月的战斗弄得疲惫不堪，但斯大林迫切希望在德军重新站稳脚跟之前继续扩大战线，夺取尽可能多的土地。鉴于乌克兰第1和第2方面军的全部4个坦克集团军实力都降到了编制的

25%以下,保守的作战方针应该是把力量集中在一个进攻方向上,而在其他地方转入防御,但斯大林对保守不感兴趣,他要在盟军登陆法国之前尽快攻占更多的领土。他命令朱可夫的乌克兰第1方面军继续向西面的利沃夫挺进,科涅夫的乌克兰第2方面军继续向南进攻罗马尼亚,这意味着苏军2个最强大的方面军要在不同的方向展开行动,不再互为掎角。斯大林认为罗马尼亚是一个相当诱人的目标,因为第三帝国依赖普洛耶什蒂油田的供给,而那里是唾手可得的。

4月5日,最高统帅部命令科涅夫的第27和第40集团军在波格丹诺夫坦克第2集团军的支援下开进罗马尼亚北部,攻占边境城市雅西–基什尼奥夫。[30]最高统帅部还命令马利诺夫斯基的乌克兰第3方面军协助科涅夫进入罗马尼亚,尽管此时马利诺夫斯基的大部分部队还在解放敖德萨港的战斗中。波格丹诺夫的坦克第3军和坦克第16军只有120辆坦克,但斯大林答应给他增援。就在科涅夫进攻之前,最高统帅部把克拉夫琴科的坦克第6集团军撤回总预备队休整,接着是罗特米斯特罗夫的近卫坦克第5集团军,前线只留下了很少的坦克部队。因此,科涅夫在渡过德涅斯特河进入罗马尼亚北部时,起初主要靠的是步兵,只有不到200辆坦克和最低限度的炮兵支援。实际上,最高统帅部将要重复1943年初在"星辰"和"飞跃"行动中曾经犯过的错误。

毫无疑问,德国和罗马尼亚部队在从乌克兰仓皇撤退后组织混乱,然而沃勒尔第八集团军的5个装甲师("髑髅"师与第3、第11、第13和第14装甲师)却聚集在基什尼奥夫,这对苏军来说是一个巨大的障碍。在雅西,第四十七装甲军集中了"大德意志"师、第23和第24装甲师阻击实力不济的苏联坦克第2集团军。这一地区地形崎岖,易守难攻,再加上经常下雨,苏军的前进速度大为减缓。在罗马尼亚境内,德军缩短了供应线,以此获得充足的燃油和弹药补给。

尽管如此,苏军第27集团军还是迅速进入罗马尼亚北部,轻易驱散了小股罗马尼亚后卫部队,其近卫步兵第3军于4月9日占领了重要交通枢纽特尔古弗鲁莫斯。沃勒尔命"大德意志"师和罗马尼亚第四集团军立即进行反击,夺回该镇。自"堡垒"行动以来,"大德意志"师参加了许多激烈的战斗,但它是陆军司令部在东线重点保障的少数部队之一。该师可以像党卫军一样在整个德国招募兵员,而不用同其他装甲师一样只能在自己的后方军区招募。1944年4月初,"大德意志"师依然是一支强大的部队,拥有大约45辆坦克(包括IV号、"豹"式和"虎"式坦克）、25辆突击炮和1600名装甲掷弹兵。[31]在富有魅力的哈索·冯·曼托菲尔中将的指挥下,该师向特尔古弗鲁莫斯疾行40公里,完全出乎苏军第27集团军的意料。4月10日上午,曼托菲尔用坦克和装甲掷弹兵进攻,当晚攻克特尔古弗鲁莫斯,将近卫步兵第3军的3个步兵师分割开来。但曼托菲尔缺乏足够的兵力进行包围,这3个苏军师得以逃脱,但扔掉了大部分装备。在扫荡了这一地区后,曼托菲尔迅速在特尔古弗鲁莫斯周围布防,装甲掷弹兵进入战壕,坦克作为机动后备队。布置停当之后,曼托菲尔在接下来的3周采取了积极防御的措施,发动连级规模的装甲袭击来让科涅夫的部队疲于奔命。

科涅夫对德军在特尔古弗鲁莫斯的反击感到震惊,敦促波格丹诺夫的坦克第2集团军以坦克第3、第16军和2个步兵师向波杜伊洛阿耶伊进攻。然而,4月12日至13日,德军第24装甲师发动了一系列小规模的装甲反击,完全阻止了波格丹诺夫的前进。同样,德军在雅西也集结了装甲部队,使波格丹诺夫向雅西推进的努力也以失败告终。再往南一点,第四十装甲军以第3、第11和第13装甲师在奥基耶夫(Orgeev)顽强防御,推迟了苏联近卫第4集团军渡过德涅斯特河的时间。4月中旬,科涅夫整个方面军被迫转入防守,等待生力军恢复他的战斗力。德军在特尔古弗鲁莫斯、波杜伊洛阿耶伊和雅西的局部胜利阻止了科涅夫迅速夺取罗马尼亚,给了南乌克兰集团军群一个短暂而珍贵的喘息之机。

与此同时,4月10日,马利诺夫斯基的乌克兰第3方面军解放了敖德萨,但是伊萨·A.普利耶夫中将的坦克-骑兵机动集群(近卫机械化第4军和近卫骑兵第4军)包围德国第六集团军东半部分的努力没有成功。[32]马利诺夫斯基以4个集团军向德涅斯特河追击撤退的霍利德第六集团军,并设法在轴心国军队布防前于河对岸夺取了几个小桥头堡。但最高统帅部把普利耶夫的骑兵部队撤回休整,马利诺夫斯基手里只剩下消耗殆尽的坦克第23军和几个坦克旅,不足以扩大桥头堡。同时,轴心国军队的抵抗明显加强,第六集团军因为可以在高地俯瞰这些小小的桥头堡,未来几周击退了马利诺夫斯基的所有突破。

科涅夫对第一次特尔古弗鲁莫斯战役的失败感到十分尴尬,4月下半月,他准备发起第二次战役。他把米哈伊尔·S.舒米洛夫上将实力相对完好的近卫第7集团军(有7个步兵师和近卫坦克第27旅)作为进攻特尔古弗鲁莫斯西面沃勒尔防线的主力部队,而把得到部分补充的罗特米斯特罗夫近卫坦克第5集团军用于扩张战果。谢尔盖·特罗菲缅科中将的第27集团军（有7个步兵师和2个坦克团）将在特尔古弗鲁莫斯东北发动协同进攻，波格丹诺夫的坦克第2集团军将利用这里的突破。罗特米斯特罗夫将投入坦克第18和第29军，共计231辆坦克（包括183辆T-34）和87辆自行火炮。此外，大本营预备队还让近卫重型坦克第14和第52团增援罗特米斯特罗夫，每个团有20辆新型的IS-2重型坦克。罗特米斯特罗夫还接收了一些新型的T-34/85中型坦克。[33]波格丹诺夫的坦克第2军较为弱小，下辖近卫坦克第3军、坦克第16军和近卫坦克第11旅，共计98辆坦克（75辆T-34、16辆IS-2、5辆IS-85和2辆"丘吉尔"重型坦克）和23辆自行火炮（18辆 Su-152和5辆Su-85）。[34]由于缺乏做好战斗准备的独立坦克旅，科涅夫只能用近卫坦克第5集团军和坦克第2集团军来担任步兵支援的角色，这使他没有坦克预备队用于发展胜利。尽管如此，科涅夫的2个坦克集团军共有500辆各型战车，他相信可以占到4∶1的数量优势。科涅夫预计，在3个炮兵师的支援下，他的部队将突破沃勒尔的防线，深入罗马尼亚内地。

事实上，科涅夫的进攻计划是基于错误的情报制订的。基希纳的第五十七装甲军让"大德意志"师固守特尔古弗鲁莫斯，但不得不依靠罗马尼亚部队来防守两翼。罗马尼亚步兵装备较劣、士气低落，但拉杜·科内准将的第1装甲师仍有一些战斗力。1943年9月，德国开始向罗马尼亚提供IV号坦克，科内的师有几十辆IV号坦克和12辆III号突击炮，步兵还配备有一些SPW装甲半履带车。曼托菲尔的"大德意志"师有36—39辆能作战的坦克（22辆IV号、6—7辆"虎"式和8—10辆

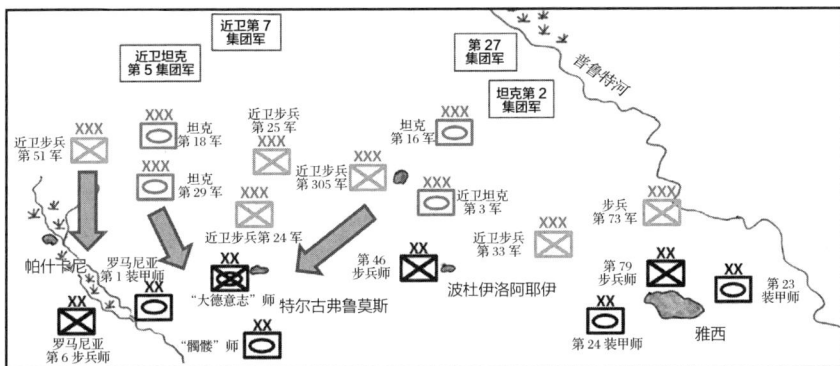

第二次特尔古弗鲁莫斯战役，1944年5月2日

'"豹"式坦克），都在威利·朗凯特上校的装甲团里，师里还有一些突击炮。[35]马克西米利安·冯·埃德尔斯海姆男爵[①]的第24装甲师驻守在波杜伊洛阿耶伊，也可以用15辆Ⅳ号坦克和9辆Ⅲ号突击炮支援基希纳。尽管"髑髅"师在撤退到德涅斯特河时丢弃了所有坦克和车辆，但它刚刚得到了一些补充。沃勒尔让他们组织一个战斗群，作为第五十七军的机动后备队。到5月1日晚，党卫军少校弗里茨·贝尔梅尔组织了一个由24辆Ⅳ号坦克、党卫第6装甲掷弹兵团第2营和1个连的突击炮编成的战斗群。德军没有浪费在特尔古弗鲁莫斯的3周时间，挖好了工事并埋设了地雷。这一次德军拥有了纵深防御和充足的机动部队。此外，德国情报部门也知道了敌人即将进攻的地点。

5月2日5时15分，科涅夫开始进攻，进行60分钟的大规模炮火准备，摧毁了德军一些前哨阵地。6时15分，舒米洛夫的近卫第7集团军以8个加强的步兵师展开攻击，紧随其后的是叶夫根尼·I. 福米内赫少将的坦克第29军。"大德意志"师掷弹兵团遭到重创，部分被击溃，至少有1个连几乎被歼灭。有意思的是，即便像"大德意志"师这样的精锐部队，装甲掷弹兵依然在用徒手抛掷的磁性吸附雷和坦克近距离厮杀，这是因为新式的"铁拳"反坦克火箭筒还没有大规模列装部队。

然而，福米内赫的坦克手没有发现德军一组隐蔽的突击炮正在300米距离上向他们直瞄射击，曼托菲尔投入朗凯特的"大德意志"师装甲团发动了一次熟练的反击，基本歼灭了福米内赫的T-34。随着苏军攻势的逐步削弱，朗凯特的坦克遭到来自近卫重型坦克第14团13辆IS-2重型坦克的远距离射击。[36]朗凯特调来弗里茨·斯塔德勒中尉的8辆"虎"式坦克，于是苏德双方的这两种重型坦克在2000米距离上展开了第一次战斗。从工艺上看，苏军的122毫米口径D-25T火炮在这样的距离上比德军的88毫米口径KwK 36火炮杀伤力更强，但苏军坦克手训练不足，远距离射击的精度欠佳。曼托菲尔看到"虎"式坦克的炮弹命中敌人的重型坦克，但它们"都弹开了"。IS-2的射击速度比"虎"式低得多，每辆坦克只有8发BR-471高爆破甲弹，因此都很节约弹药。斯塔德勒

---

① 原注：埃德尔斯海姆原来在斯大林格勒战役中指挥第24装甲师第26装甲掷弹兵团，他在1942年11月坐飞机离开了包围圈。

决定抵近射击，可能还告诉了车组改用Pzgr40钨芯穿甲弹[①]。这一次，在1800米距离上，"虎"式坦克击毁4辆IS-2，其余的苏军坦克开始撤退。朗凯特不依不饶地让Ⅳ号坦克追击敌人撤退的IS-2，接近到1000米距离内时，其开炮击穿了苏军坦克的后部装甲，又打瘫了几辆坦克。

当曼托菲尔的注意力集中在左翼时，苏军2个步兵师和伊万·A. 沃夫琴科少将的近卫坦克第3军正试图击败他的燧发枪团。朗凯特派出另一个Ⅳ号坦克连前往增援这一地区，埃德尔斯海姆也派去一个装甲战斗群一部，结果沃夫琴科的坦克手遭到两翼的夹击，在这场一边倒的战斗中损失了30多辆坦克。讽刺的是，舒米洛夫的近卫第7集团军在特尔古弗鲁莫斯以西取得了一些进展，在那里，近卫空降第8师和坦克第18军击败了罗马尼亚第6步兵师。不过，科内从他的装甲师中调拨了1个战斗群前去那里防止崩溃，科涅夫没能巩固胜利。

在特尔古弗鲁莫斯东北面，苏联第27集团军的3个师进攻"大德意志"师燧发枪团右翼和第46步兵师的一个团。波格丹诺夫以120辆各型战车支援了进攻，包括独立重型坦克第6团的16辆IS-2。这次进攻取得了一些战果，深入德军防线5公里，于是波格丹诺夫把杜博沃的坦克第16军投入战斗，去扩大所谓的突破口。中午以前，IS-2坦克冲入法库提镇（Facuti），与德军炮兵和师司令部直属部队交战。这对于曼托菲尔来说是一个紧张时刻，他自己已经没有装甲部队可用了。然而，埃德尔斯海姆投入了他的两个战斗群，用40辆坦克和突击炮袭击了杜博沃暴露的侧翼。杜博沃的2个旅被摧毁，损失了约40辆坦克，其余的部队溃不成军。基希纳的第五十七装甲军居然击退了科涅夫的进攻，令人吃惊。苏联坦克第2集团军和近卫坦克第5集团军蒙受了150—200辆坦克和自行火炮的巨大损失。[37]"大德意志"师参战的36辆坦克中，有6辆被击毁，8辆受损。

科涅夫认为基希纳在特尔古弗鲁莫斯的防御不可能再撑得住，决定在5月3日重新发动攻击。他集中了剩余的坦克、步兵和炮兵，试图在一个较窄的正面突破基希纳的防线，但"大德意志"师的88毫米高射炮对罗特米斯特罗夫的坦克展开了一场屠杀。"大德意志"师、第24装甲师和"髑髅"师的贝尔梅尔

---

① 原注：由于钨的紧缺，在库尔斯克会战之后，大部分钨芯弹药已不再列装部队，但"虎"式坦克部队仍然可以得到一些钨芯穿甲弹。

战斗群发动了猛烈的反击，苏军每一次进攻都被击退。经过2天的战斗，科涅夫只剩下不到200辆装甲车辆，但他在5月4日又尝试了一次。最后的进攻只是造成了更多不必要的伤亡，把疲惫不堪、消耗殆尽的部队战线拉长，于是他决定转入防御，把罗特米斯特罗夫的近卫坦克第5集团军撤回休整。波格丹诺夫的坦克第2集团军只剩下35辆坦克和12辆自行火炮。[38]基希纳觉察到了科涅夫前线部队的弱点。5月7日，德军步兵、装甲部队和空军联手实施了两次反击，把苏联近卫第7集团军和第27集团军打了个措手不及。"大德意志"师和第24装甲师收复了一些重要阵地，给科涅夫的部队造成了惨痛的损失。此次胜利后，双方部队在罗马尼亚北部都转入防御。

然而，最高统帅部曾经希望马利诺夫斯基的乌克兰第3方面军能够从塔什利克（Tashlyk）的小桥头堡发动一场强渡德涅斯特河的进攻，为向基什尼奥夫前进创造条件。马利诺夫斯基没有动用桥头堡中原来已经消耗殆尽的部队，而是让新来的近卫第8集团军和突击第5集团军代替他们。在警觉的敌人眼皮底下进行增援是危险的，马克西米利安·德·安格列斯炮兵上将指挥的德国第六集团军发现了马利诺夫斯基的企图，决定先发制人。奥托·冯·克诺贝尔斯多夫装甲兵上将以他的第四十装甲军为基干组建了一个突击集群，由第3、第13和第14装甲师，2个突击炮旅和2个步兵师组成。5月10日上午，克诺贝尔斯多夫在炮火准备之后，以3个装甲师齐头并进，迅速突破了苏军桥头堡。斯大林格勒战役的英雄瓦西里·I.崔可夫中将在桥头堡指挥近卫第8集团军作战，但他的部队还没有准备好击退100多辆德国坦克和突击炮的进攻。崔可夫在桥头堡只有10辆坦克，炮兵的弹药也很少。当德军开始进攻时，他的一些师还在向桥头堡行进的途中，他们都被击溃了。经过3天激战，德军大大压缩了苏军的桥头堡，造成崔可夫久经战阵的近卫第8集团军高达30000人伤亡，数千人被俘。[39]

马利诺夫斯基试图让突击第5集团军发动一次协同攻击，强渡德涅斯特河以减轻遭到重创的崔可夫近卫第8集团军的压力。但克诺贝尔斯多夫轻松将其击败，苏军伤亡20000多人。科涅夫和马利诺夫斯基的方面军都遭遇失利，最高统帅部无计可施，只好推迟几个月进攻，直到夏季再进入罗马尼亚。南乌克兰集团军群不仅打了一场成功的防御战，沃勒尔的第8集团军甚至还在6月进行了局部反击，打乱了科涅夫部署在雅西以北的部队。对红军来说，让被严重消耗的部队持续进攻的危害再一次显现出来。德军可加以利用，对战线过长的苏军前锋实施反击。使用宝贵的坦克集团军去支援步兵也是一种非常糟糕的办法。对德国人来说，4月至5月德涅斯特河保卫战的胜利证明了机动防御作战的有效性，这也是装甲师在战役层面上取得的最后几次重大胜利之一。

"巴格拉季昂"行动及其余波，1944年6月22日—8月31日

　　和流行的东线战史相反，苏联最高统帅部在1943年—1944年冬天并没有对德国中央集团军群坐视不管，而是向第三装甲集团军防御的维捷布斯克突出部和第四集团军防御的奥尔沙发动了几次大规模进攻。中央集团军群有惊无险，中央阵地始终牢牢握在手中，但两翼却变得越来越脆弱。1944年1月至6月中旬，中央集团军群有128000人伤亡，其中36000人死亡和失踪。持续的伤亡和训练不足的新兵导致许多师的战斗力明显下降，有一半的步兵师实力都降到50%以下，但每个师仍要防守长达20公里的战线。在恩斯特·布施元帅的指挥下，中央集团军群陷入了阵地战的思维模式，一心要打造一条坚不可摧的防线。每个德国师都在阵地前面设置雷区和障碍，在后面设置备用阵地。博布鲁伊斯克、莫吉廖夫、奥尔沙和维捷布斯克都被改造成坚固设防的据点，充当苏军进攻时的障碍物，这一地区森林沼泽密布，易守难攻，因此似乎不太可能大规模运用装甲部队。由于苏军在乌克兰的前进，中央集团军群显得十分突出，这个巨大突出部的中心就是明斯克。德军在这里可以较为容易地运用"集中兵力、各个击破"战术，这一战术在以前坚守突出部的战斗中发挥了很大的作用（如勒热夫）。但是要让战术奏效，防御者手里必须要有机动预备队。

　　1944年5月，莫德尔要求陆军司令部给他更多的装甲部队，这样他便可以发动反攻，收复利沃夫以东。实际上，莫德尔只是想要争取更多的装甲预备队，以应付苏军的下一轮进攻。他让希特勒和陆军司令部相信，敌人的下一个主要进攻方向是北乌克兰集团军群，而不是中央集团军群。最后，5月29日，希特勒同意把第五十六装甲军（含第4、第5装甲师，第505重装甲营和第237突击炮旅）从中央集团军群调到北乌克兰集团军群，这实际上把前者主要的装甲预备队抽走了，中央集团军群只剩下1个装甲师可以机动——莫蒂默·冯·凯塞尔中将的第20装甲师，该师有1个装甲营共71辆Ⅳ号坦克。此外，中央集团

军群还有1个第501重装甲营和20辆能作战的"虎"式坦克。

然而，即便第五十六装甲军不调走，甚至派来更多的装甲部队增援，对于中央集团军群来说也无济于事，因为德国严重缺乏燃料，机动能力正在迅速丧失。第三帝国长期以来一直缺少燃油，1944年4月，盟军开始对德国石油生产设施进行轰炸，这一举动对德国空军和机械化部队的影响立竿见影。1944年4月至6月，罗马尼亚普洛耶什蒂油田遭到多次轰炸，原油产量减少八成。盟军对化工厂的轰炸也让德国燃油和合成橡胶的生产陷于停顿。1944年3月至9月，德国车用燃油产量下降了64%，这立即影响了前线装甲师的作战机动性[40]。

1944年5月31日，东线德军只剩下955辆能作战的坦克，其中"虎"式坦克233辆，"豹"式坦克238辆，Ⅳ号坦克484辆。[41]东线德军总共有16个装甲师、7个装甲掷弹兵师和6个重装甲营。在这23个机械化的师中，只有6个师还保有较强战斗力（"大德意志"师，第1、第4、第5、第8和第24装甲师），其余的都只有25%—40%的战斗力。值得注意的是，德军装甲部队大部分都在南方，北乌克兰集团军群有606辆坦克，南乌克兰集团军群有190辆，中央集团军群有86辆，北方集团军群只有73辆。与之相比，红军投入了6000多辆坦克在东线作战，后方还有大量预备队随时可以补充损失。

到1944年6月初，中央集团军群的总兵力为578000人——占到整个东线部队的31%，尽管其一线战斗力量只有约120000人。[42]布施的主要部队包括格奥尔格–汉斯·莱因哈特大将的第三装甲集团军、库尔特·冯·蒂佩尔斯基希步兵上将的第四集团军和汉斯·约尔丹步兵上将的第九集团军，一共26个步兵师、2个空军野战师和3个装甲掷弹兵师（第18、第25装甲掷弹兵师和"统帅堂"师）。布施还有一个由瓦尔特·魏斯大将指挥的第二集团军，守卫着和北乌克兰集团军群的结合部。布施相当乐观地认为，由于有坚固的工事，德军可以守住突出部阵地，因为之前一些并不十分牢固的阵地都花了苏军几天甚至几周时间来突破。囿于过去苏军进攻德军防线的经验，苏军在一两个地区突破是可以控制的，布施和陆军司令部都没有料到苏军可以在多个地区同时实施突破。他们唯一担心的是虚弱的德国空军，第六航空队只有40架Bf–109G战斗机，完全不足以掩护中央集团军群的天空。

布施的作战任务完全是防御，因此中央集团军群的装甲部队大部分是突击炮和自行火炮。除了莫蒂默·冯·凯塞尔的第20装甲师，唯一还有坦克的师是"统帅堂"装甲掷弹兵师，有20辆Ⅳ号坦克和1个连的Ⅲ号突击炮。第三装甲集团军总计有60辆突击炮，1个营的"犀牛"（第59重型坦克歼击车营），第四集团军有246辆突击炮和2个营的"犀牛"（第655重型坦克歼击车营），第九集团军有76辆突击炮。这样，中央集团军群总计有111辆坦克、382辆突击炮和100—120辆坦克歼击车（"犀牛"和"貂"式）。[43]此时，中央集团军群没有"豹"式坦克——尽管它们加入东线战斗已经一年，只能将Ⅳ号坦克作为主战坦克。尽管德国工厂已经把Ⅳ号坦克产量提高到每月300辆，但最新的J型却有所退步，为了节约空间和重量，它取消了炮塔马达，这意味着这种新型坦克要依靠乘员费力地手动旋转曲柄来使炮塔转向——这在战斗中是一个巨大的劣势。布施本来可以把他的突击炮以50辆以上为单位编成机动反坦克预备队，在各集团军后方待命，但他却把突击炮分散开来，给每个步兵师分配1个连或1个排。

德国情报部门猜测，苏军可能会像以前那样，在维捷布斯克或奥尔沙向中央集团军群发动进攻。但是陆军司令部仍然认为苏军的主攻方向是莫德尔的北乌克兰集团军群，因此把大部分的装甲部队都部署到了南面。布施的部队就像1940年的法军那样，准备打一场看得见的阵地战，没想到却迎来了一场毫无准备的运动战。

另一边，苏联部署了4个方面军来对付中央集团军群：罗科索夫斯基的白俄罗斯第1方面军、格奥尔基·F.扎哈罗夫上将的白俄罗斯第2方面军、伊万·切尔尼亚霍夫斯基上将的白俄罗斯第3方面军和伊万·巴格拉米扬将军的波罗的海第1方面军。乌克兰解放以后，斯大林迫切希望看到白俄罗斯解放，指示最高统帅部策划在夏季对中央集团军群发动大规模攻势。4月底，朱可夫被召回莫斯科，与华西列夫斯基和最高统帅部其他成员共同制订了名为"巴格拉季昂"行动的进攻计划纲要。与之前苏军的进攻不同，"巴格拉季昂"行动旨在投入必要的资源，以发动大规模的进攻来夺取决定性胜利。这一次，斯大林没有催促指挥员，而是给了朱可夫和华西列夫斯基足够的时间，让他们积聚压倒性的作战力量来对付德国中央集团军群。虽然参加这一战役的118个步兵师大多数兵力都只有编制的60%，但苏军在步兵方面仍旧占有3∶1的优势。这一次，红军要同步实施所有兵种参与的联合作战，以瓦解德军的防御。它们包括13个炮兵师和4个空军集团军共5000多架飞机，其中战斗机有2300架，苏联空军将完全掌握战场的制空权。

最高统帅部打算用步兵、炮兵和航空兵对中央集团军群的阵地实行多点突破，然后再以装甲部队向纵深挺进。朱可夫和华西列夫斯基都熟悉弗拉基米尔·K.特里安达菲洛夫在战前提出的"大纵深"作战理论，并打算在"巴格拉季昂"战役中采取类似的手段。作为欺敌谋略的一部分，大部分坦克部队仍然留在乌克兰第1和第2方面军，但是参加"巴格拉季昂"行动的4个方面军得到了6个坦克军（坦克第1、第29军和近卫坦克第1、第2、第3、第9军）和2个机械化军（机械化第1军和近卫机械化第3军），其中罗特米斯特罗夫的近卫坦克第5集团军悄悄地从罗马尼亚北部调到切尔尼亚霍夫斯基的白俄罗斯第3方面军。这些坦克部队共有2700辆坦克。现在苏联的军工生产已让苏军可以完全用T-34装备坦克旅，T-70轻型坦克逐步退役。大约20%的T-34是最新型的T-34/85型，大大优于德军的Ⅳ号J型坦克。某些苏军部队仍然装备《租借法案》提供的坦克，如近卫机械化第3军，有100多辆M4A2"谢尔曼"和一些"瓦伦丁"及"丘吉尔"坦克[44]。IS-2重型坦克的数量仍然有限，只有4个团共80辆可以参加"巴格拉季昂"行动。不过，Su-76M自行火炮的生产大大加快了，有超过1000辆自行火炮可以参加进攻，还有100多辆可以击败"虎"式坦克的Su-122自行火炮。

6月22日，苏联4个方面军开始沿德国中央集团军群前线展开侦察和反侦察行动，拔除德军的前哨据点。6月23日5时，红军进行了2个小时的炮火准备，这是德国人从未经历过的。大部分苏军火炮都耗光了2个基数的弹药，这意味着每个122毫米口径榴弹炮连平均发射了640枚炮弹。[45]德军阵地虽然完备，也经不住这样的轰击。大约7时，地面进攻开始，苏军专门组织了突击集群向前推进，清除障碍，扫荡德军前沿阵地。和之前不一样，红军在障碍清除前并没有采用人海战术，而是给突击集群配备了足够的工兵。新的PT-34滚筒式扫雷坦克首次大规模投入使用，并快速清出了雷区通道。虽然德军第四和第九集团军的前沿阵地依然坚挺，击退了苏军的初次进攻，但莱因哈特第三装甲集团军的防区有所不同。巴格拉米扬波罗的海第1方面军的近卫第6集团军和第43集团军在维捷布斯克以西突破了德国第九军的防线，切尔尼亚霍夫斯基白俄罗斯第3方面军的第5和第39集团军在维捷布斯克以南击溃了德国第六军。在

1944年6月22日
德国防线

波罗的海
第3方面军

北方集团
军群

波罗的海
第2方面军

普斯科夫

波罗的海
第1方面军

12

里加

道加瓦皮尔斯

叶尔加瓦

白俄罗斯第3方面军

克莱佩达

近卫坦克
第5集团军

XXXX

考纳斯

维捷布斯克

斯摩棱斯克

哥尼斯堡

维尔纽斯

奥尔沙

中央集团
军群

明斯克

XXXX XXXX

20

白俄罗斯第2方面军

博布鲁伊斯克

华沙

戈梅利

布列斯特

坦克第2集团军

白俄罗斯第1方面军

5

4

"维京"师
W

16

17

坦克第2
集团军

XXXX

基辅

近卫坦克
第1集团军

XXXX

乌克兰第1方面军

北乌克兰集团军群

近卫坦克
第3集团军

XXXX

普热梅希尔

利沃夫

塔尔诺波尔

文尼察

第聂伯河

斯洛伐克

7

8

坦克第
4集团军

XXXX

乌克兰第4方面军

乌曼

"髑髅"师

23

南乌克兰
集团军群

14

德涅斯特河

匈牙利

"大德意志"师

24

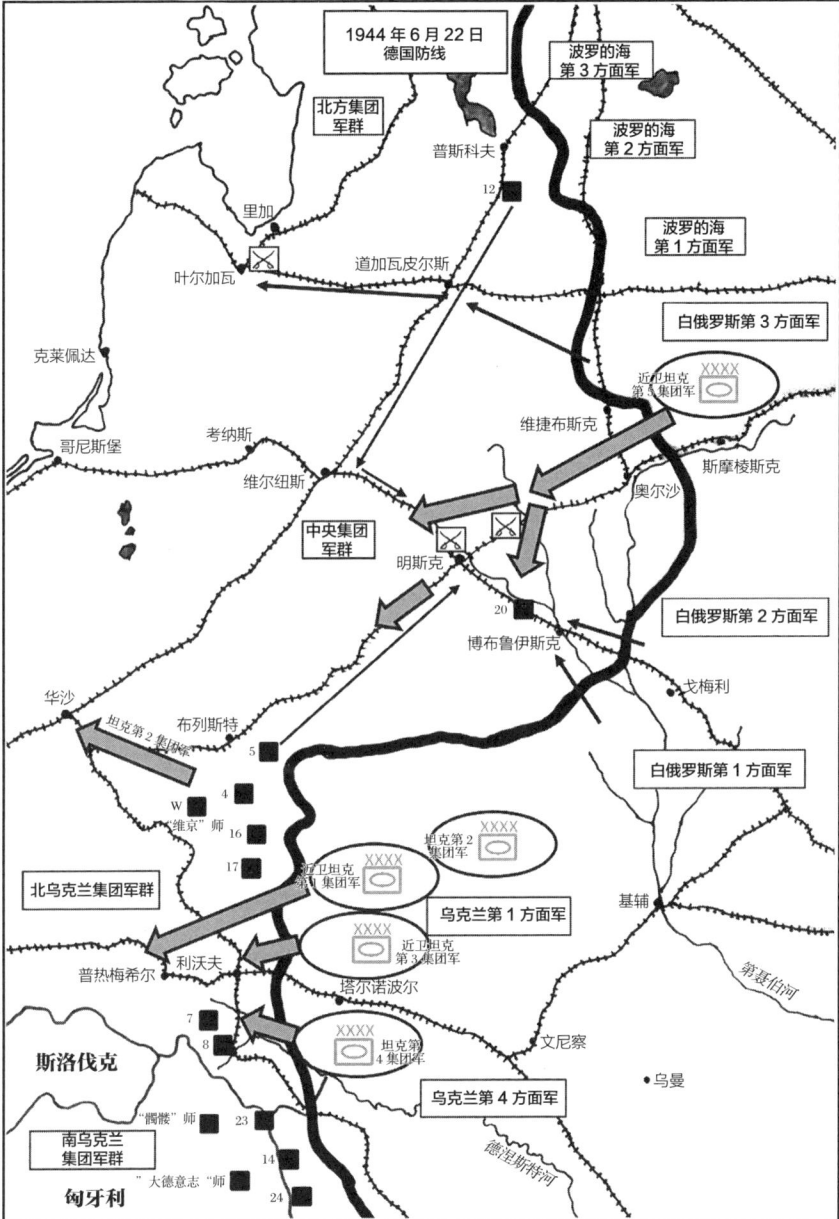

苏联坦克集团军在"巴格拉季昂"战役和利沃夫-桑多梅日攻势中的行动，1944年6月—7月（黑色方块为德军装甲师）

"巴格拉季昂"行动首日日终时，很明显，2个苏联方面军企图对处于维捷布斯克突出部的德国第八军实施双重包围。

"巴格拉季昂"行动开始时，布施正在希特勒处，他还不知道前线究竟出了多大的事。希特勒下令"不准后撤"，布施执行了命令，没有提出异议。事实上，当地的德军指挥官真的需要自己决定如何应对苏军的进攻，德军早期行动中标志性的随机应变式决策，在现在这种情境下很难体现。6月24日，苏军全线加大炮火准备的规模，在德国第四和第九集团军的防线上取得了小小的突破。德军的问题在于总是希望用一点点兵力来守住大片地区，这不可避免地会让苏军突击部队找到弱点。在奥尔沙附近，第四集团军把第501重装甲营的20辆"虎"式坦克分散在一片广阔的地区，想要挡住几个苏军突击集群的进攻，但让它们分散成几个排各自为战，对战局丝毫无补。尽管"虎"式坦克、突击炮和反坦克炮击毁大量苏军坦克，但苏军的推进速度显然要比想象中快得多。莱因哈德的防区受到的打击最为沉重，他的阵地首先崩溃。对于德国中央集团军群的前沿官兵来说，"巴格拉季昂"行动就像海啸一样，以可怕的速度淹没了他们所有的固定工事。

直到6月25日，汉斯·约尔丹才投入凯塞尔的第20装甲师，派他们去博布鲁伊斯克以南阻止敌人突破第四十一装甲军的防区。凯塞尔的师没有整体加入战斗，而是分批分次到达的，他们恰好撞上刚刚突破第四十一装甲军阵地的苏军近卫坦克第1军。在斯洛博德卡村（Slobodka）附近，第21装甲营声称击毁帕诺夫近卫坦克第1军60辆坦克，但自己也损失30辆Ⅳ号坦克。当凯塞尔的坦克和帕诺夫大纠缠时，苏联第3集团军在博布鲁伊斯克以东突破了德国第三十五军的防区，坦克第9军包围了博布鲁伊斯克。在仅仅3天的战斗之后，约尔丹的第九集团军就陷入极为不利的形势之中。德军防线的中央，第四集团军起初尚能坚守，因为它有一些德军最为精锐的部队，并且扎哈罗夫的白俄罗斯第2方面军没有可用于扩张战果的坦克部队。然而，当6月25日两翼开始崩溃时，第四集团军即开始向第聂伯河撤退。6月26日，奥尔沙丢失。切尔尼亚霍夫斯基派出布尔杰伊内的近卫坦克第2军沿斯摩棱斯克—明斯克间的大道进行追击。

对于中央集团军群来说，真正的灾难发生在第六军和第二十七军的结合部，苏联第5集团军击溃2个德军步兵师，完全实现了突破。切尔尼亚霍夫斯基在这一正确的时机投入罗特米斯特罗夫的近卫坦克第5集团军，这一次，苏军的装甲楔子迅速向德军纵深突破，消灭了他们的炮兵和后勤部队。德国第六军的崩溃使莱因哈德的右翼严重受损，苏军步兵和坦克进入缺口，即将包围在维捷布斯克的德国第八军。莱因哈德恳求布施和希特勒允许他们在陷入包围之前撤退，但遭到了拒绝。6月26日，苏军将第八军团团围住。6月27日，该军试图突围，损失了30000人。莱因哈德的第三装甲集团军余部向西退往波拉茨克（Polotsk）。罗特米斯特罗夫的坦克在德军心脏地带横冲直撞，造成了巨大的破坏。"统帅堂"装甲掷弹兵师试图在奥尔沙以北进行阻击，但很快就被击退，然后遭到围歼。

6月27日，希特勒也已经看出"巴格拉季昂"行动不是苏军一次寻常的进攻，因为中央集团军群正在全线溃退。希特勒不顾布施姗姗来迟的撤退请求，无视其军队将被包围，采取了极端的做法。他下令北方集团军群的第12装甲师（有9辆Ⅲ号和35辆Ⅳ号坦克）前往增援约尔丹的第九集团军，约尔丹本人由于没有及时投入第20装甲师而被撤职。[46]然而，运载第12装甲师先头部队的火车尚未开到，罗科索夫斯基就迅速完成了对博布鲁伊斯克的双重合围。德军第20装甲师、第三十五军和第四十一装甲军大部被包围。6月28日，凯塞尔率先突围，设法救出了该师12000名德军官兵，但其余的部队被命运所抛弃。6月29日，苏联第65集团军向博布鲁伊斯克发起进攻，德国2个军70000名士兵被击毙或俘虏。罗科索夫斯基乘胜派出了一支骑兵和坦克的混编部队，向东进攻巴拉诺维奇铁路枢纽，德军很难再向他的侧翼增兵。

在第三装甲集团军和第九集团军几乎崩溃的情况下，蒂佩尔斯基希的第四集团军无法扼守第聂伯河，于是他们迅速向别列津纳河撤退，于6月28日放弃了莫吉廖夫。第501重装甲营的20辆"虎"式坦克只有6辆渡过了别列津纳河，其余的要么受损，要么燃油耗尽。德军步兵师的情况更糟，几乎没有机动车辆，大炮依靠战马牵引，所以他们逃不过苏军机械化部队的追击。罗特米斯特罗夫的坦克紧追不舍，重创了德军正在撤退的部队，兵锋直指别列津纳河。德国国防军最精锐的步兵师之一——第78突击师在奥尔沙附近被围歼。德军在撤退时还遭到了苏联空军的打击，导致6月28日有2名军长阵亡（第六军军长普费费尔和第四十一装甲军军长马蒂内克）。第九集团军司令部也遭到轰炸，主要通讯线路被切断。当天，希特勒解除了布施的指挥权，让莫德尔接替了他，此时莫德尔还身兼北乌克兰集团军群的司令。

当莫德尔接过指挥权的时候，中央集团军群已经溃不成军，几乎没有完好的部队，而且全都在向后溃退。莱因哈特的第三装甲集团军被打散，并且正在向西北方向撤退，和北方集团军群第十六集团军以及中央集团军群其他部队都失去了联系。巴格拉米扬的波罗的海第1方面军正在穷追不舍，如果他有1个坦克集团军，那么这次追击可能是致命的。在战线中央，德国第4和第九集团军余部向鲍里索夫（Borisov）附近的别列津纳河撤退，然后退往明斯克。卡尔·德克尔中将的第5装甲师及其下辖的第505重装甲营（29辆"虎"式坦克）刚刚乘火车从科韦利赶到那里，该师最近得到了重建，有55辆Ⅳ号和70辆"豹"式坦克。[47]迪特里希·冯·绍肯中将是一名正统的普鲁士骑兵军官，负责指挥德克尔的师和另外几支后方部队。他承担了一项艰巨的任务，要尽可能长时间地坚守在别列津纳河的桥梁渡口，以挽救那2个正在撤退的集团军。

6月27日晚，第505重装甲营的一个连在鲍里索夫东北36公里的克鲁普基（Krupki）卸车，马上将和罗特米斯特罗夫近卫坦克第5集团军下辖的沃夫琴科近卫坦克第3军遭遇。沃夫琴科的军主要装备了来自《租借法案》的坦克：110辆M4A2"谢尔曼"、70辆"瓦伦丁"Mk IX和16辆T-34坦克。6月28日，"虎"式坦克试图迎战近卫坦克第3军，但这场战斗就像礁石遇上大海，"虎"式坦克击毁34辆敌军坦克，但"谢尔曼"坦克从两翼迂回，德军被迫扔下6辆受损的"虎"式。次日，"虎"式坦克又击毁21辆坦克，然而一旦弹药耗尽，它们又将面临被包围的危险，然后被迫撤退。当来到别列津纳河时，德军发现他们的"虎"式坦克无法上桥，不得不等待工兵加固桥梁。6月30日，"虎"式坦克渡过别列津纳河，随后进行机动迟滞作战，减缓了近卫坦克第5集团军的推进速度，为第5装甲师的部署争取到时间。

德克尔的装甲工兵在别列津纳河的桥梁上布设了引爆线，侦察营则沿河设防。然而，近卫坦克第5军的先头部队在抵达别列津纳河后决定绕过第5装甲师防守的鲍里索夫，在该城的北面夺取一个小渡河点。后面跟着的几个苏军步兵师一起过了河。由于不会再有德军过河，德克尔炸毁了河上的桥梁。当罗特米斯特罗夫抵达别列津纳河后，他命令坦克第29军从鲍里索夫北面渡河，近卫坦克第2军从南面的别列津诺（Berezino）附近渡河。德克尔的装甲团尚未完成沿别列津纳河的布防，他只能尽力拖延，直到6月30日夜放弃鲍里索夫。

7月1日，罗特米斯特罗夫的主力已经渡过别列津纳河，中央集团军群的后方部队开始撤离明斯克。罗特米斯特罗夫决定对城市进行双重包围，近卫坦克第2军作为南面那只"钳子"，坦克第29军和近卫机械化第3军作为北面那只"钳子"。德克尔和绍肯终于等到第31装甲团抵达前线，他们决定在明斯克东北55公里的普列谢尼齐（Pleshchenitsy）打一场坦克战以阻击苏军北面那只"钳子"。这场战斗是在森林沼泽密布的地区进行的，战术机动困难，交战范围在500米以内。7月1日至2日，德克尔的第5装甲师进行了艰苦的战斗，成功挡住苏军的进攻并给他们造成相当严重的损失，但德军自身的伤亡也很大。7月5日，第501重装甲营炸毁最后一辆"虎"式坦克，撤回德国进行休整。

　　然而，第5装甲师无法凭一己之力击退一个苏联坦克集团军。布尔杰伊内的近卫坦克第2军从明斯克以南长驱直入，几乎没有遇到什么抵抗，于7月3日冲进明斯克。城内发生了激烈的战斗，但德国人是守不住的，明斯克当天解放。布尔杰伊内拿下明斯克，还留在明斯克以东的德国第四和第九集团军的部队陷入孤立，并于随后几天被歼灭。德军尝试突围，但只有很少的部队成功逃脱，损失人数高达10万。德克尔的第5装甲师打了一次出色的迟滞战，但在损失了80%的坦克后被迫撤退。莫德尔已经无力回天，3个集团军都被打垮，剩下的零星部队守不住任何地方。他不经希特勒和陆军司令部批准就让部队向波兰撤退，因为现在唯一的选择就是用空间换取时间。

　　中央集团军群的崩溃在整个东线引起连锁反应，巴格拉米扬的波罗的海第1方面军向波拉茨克急进，7月4日该城被占领。尽管莫德尔和北方集团军群拼命试图在这里建立一条新防线，但巴格拉米扬的部队和切尔尼亚霍夫斯基的白俄罗斯第3方面军仍轻易地进入了立陶宛东部。7月13日，维尔纽斯解放，苏军坦克部队很快逼近里加和波罗的海，威胁在7月底孤立北方集团军群。在南面，7月13日，罗科索夫斯基的白俄罗斯第1方面军和科涅夫的乌克兰第1方面军进攻德国北乌克兰集团军群，该集团军群因支援中央集团军群而被削弱。科涅夫投入3个坦克集团军（近卫坦克第1、第3集团军和坦克第4集团军），将德国第一装甲集团军击溃。到目前为止，大量T-34/85型坦克装备苏军部队，性能上超过德国的Ⅳ号坦克和Ⅲ号突击炮。后面苏军还花了2周时间来完成彻底的突破，但7月27日利沃夫已经被占领。科涅夫和罗科索夫斯基的部队涌入波兰南部，德国第一和第四装甲集团军躲进喀尔巴阡山才幸免于难。波格丹诺夫的坦克第2集团军解放了卢布林，然后向维斯瓦河挺进，但7月21日他负了伤，阿列克谢·I.拉齐耶夫斯基少将率近卫坦克第8军，坦克第3和第16军继续前进。7月27日，近卫第8集团军在华沙以南的马格努谢夫（Magnuszew）夺取了一座维斯瓦河上的桥头堡。7月31日，两个苏联坦克军的先头部队进抵华沙郊外——这就引发了波兰国家军组织的华沙起义。

"巴格拉季昂"行动取得了惊人的成功，几乎整个德军都在撤退，红军即将取得历史性军事胜利。然而，苏军一个月内前进了500公里，后勤已经捉襟见肘，没有足够的卡车和运输机来补给坦克部队。此外，陆军司令部正在迅速向莫德尔提供增援，包括12个人民掷弹兵师、从意大利调来的"赫尔曼·戈林"伞兵装甲师，以及从荷兰调来的第19装甲师。"赫尔曼·戈林"师有64辆Ⅳ号坦克和31辆新型的Ⅳ号坦克歼击车，第19装甲师有81辆Ⅳ号坦克和79辆"豹"式坦克——这是一支相当强大的力量。8月1日上午，新任总参谋长古德里安让这2个新的师再加上"维京"师和"髑髅"师对苏联坦克第2集团军发动反击，德军集结了170多辆坦克，在沃罗明（Wolomin）附近的4天战斗中重创了苏联坦克第3军，迫使坦克第2集团军后撤20公里。在第二次世界大战期间，只有这一次，斯大林故意夸大了德军的胜利，声称在损失没有得到补充前，坦克第2集团军无法向华沙前进。事实上，到8月5日时，红军在维斯瓦河还有相当强大的兵力，斯大林希望德军消灭波兰国家军，来为战后波兰的共产主义专政铺平道路。

在其他地方，红军7月间的狂飙突进到8月戛然而止。8月15日至27日，在里加城外，绍肯发起"多普勒"行动，以第三十九装甲军（含第4、第12装甲师）和第四十装甲军（含第5、第7、第14装甲师）向巴格拉米扬的部队发起进攻，试图重新打通连接北方集团军群的铁路线。经过一个多星期的战斗，尽管近卫坦克第5集团军赶来参战，德军还是成功攻占叶尔加瓦，打通了陆上交通线。但是，希特勒拒绝让北方集团军群通过这一陆上走廊撤退，反而让他们留在爱沙尼亚和立陶宛北部。"多普勒"行动的胜利失去了意义。德国在罗马尼亚遇上了挫折——8月23日布加勒斯特发生政变，罗马尼亚转变了立场，很短的时间内，第六集团军就被击败了，马利诺夫斯基的部队未经多大抵抗就进入了罗马尼亚。丢失普洛耶什蒂油田使国防军的燃油危机进一步加剧，德军再也无法发动大规模的机械化作战。

　　波兰南部，科涅夫的部队于7月29日占领了维斯瓦河在桑多梅日附近的一座桥梁，卡图科夫的坦克第1集团军随即开进桥头堡。北乌克兰方面军发动了反击，企图消除桥头堡，但未获成功。8月5日，重建的第501重装甲营被派去担任另一次反击的先头部队，该营装备了45辆新式的"虎王"坦克，这是它在东线战场的首次登场，不过这成了一场灾难。它们被迫从火车站开行50公里前往战场，结果中途有37辆"虎王"因主减速器缺陷而抛锚。反攻开始以后，情况依然不妙。近卫坦克第53旅（属于近卫坦克第3集团军近卫坦克第6军）的一辆T–34/85型坦克，由亚历山大·P.奥斯丁中尉指挥，它伪装好后躲在玉米地中，发现一个排3辆"虎王"坦克沿着道路纵队行进。奥斯丁在200米距离上向前面2辆"虎王"的炮塔侧面开炮，各用4发BR–65P硬芯穿甲弹将其摧毁，这2辆"虎王"的炮塔都被掀掉了。第3辆"虎王"见势不妙准备溜走，但奥斯丁穷追不舍，把一发炮弹打进了它的发动机舱，使它动弹不得。在这场一边倒的战斗中，15名德国车组人员有11人被打死，其余的人当了俘虏。[48]第二天，第501重装甲营被迫丢弃另一辆"虎王"，结果这辆坦克原封不动地落入苏联人之手。

　　1944年8月底，东线战事大局已定，但国防军暂时还能维持一条新的防线。为了向前线派去更多的坦克，陆军司令部于1944年8月向东线派出4个坦克旅，每旅有36辆"豹"式坦克。这些"豹"式是经过改进的G型坦克，引擎不会起火，但主减速器在行驶150公里后仍然会出问题。相反，苏军正在迅速用T–34/85型坦克为部队换装，只要驾驶得当，可以对付任何一种德国坦克。苏军此时不仅拥有压倒性的数量优势，在质量上的差距也在逐渐缩小。

　　1944年6月至8月，第三帝国在东西两线上都遭受了巨大的失败。这一时期，国防军共有超过90万人死亡和失踪，在1940年—1942年间打过胜仗的老兵都凋谢殆尽。在此之后，国防军油尽灯枯，只能再继续战斗8个月。不仅如此，在这3个月的时间里，德国人还损失了2398辆坦克，其中包括801辆"豹"式和481辆"虎"式。由于盟军对德国坦克工厂和铁路的战略轰炸，德国坦克生产的数量最终开始下降，所有损失都无法完全恢复。没有足够的燃油、经验充足的乘员、备件以及新坦克，德国装甲师已经日落西山。

　　与苏军之前的进攻相比，"巴格拉季昂"行动和利沃夫–桑多梅日战役取得了伟大的胜利，但并未付出太高的代价，总计256000人阵亡或失踪，4300辆坦克被击毁。这些损失很快就会得到补充，红军正在集结力量，准备对德国发起最后一战。

尾声，1944年9月—1945年5月

华沙的叛乱迁延日久，为了让德军不受干扰地进行镇压，最高统帅部决定暂停东线中央地区的行动，而把攻势集中到两翼。波罗的海第1方面军试图切断北方集团军群往里加的交通线，但9月16日，第三装甲集团军得到增援，出动400辆坦克反击——这是德军在东线的最后一次大规模装甲作战。不过，这次行动损失了三分之一的坦克，却未能消除苏军对走廊的威胁。红军装备了大量T-34/85型坦克，IS-2重型坦克的数量也不少。每次德军拼凑出的装甲部队，都会在苏军的反坦克炮群面前撞一鼻子灰，还要不断遭受苏军飞机的袭击。德国空军已不能再保护装甲师。在化解了德军的攻势后，波罗的海第1方面军于10月6日开始转入进攻，以近卫坦克第5集团军作为主攻矛头。第三装甲集团军溃散了，后撤到东普鲁士，近卫坦克第5集团军于10月10日抵达波罗的海。10月15日，里加被苏军占领，北方集团军群被孤立在库尔兰半岛，直到战争结束。第4、第12装甲师也在其中，希特勒没有把这2个集团军海运撤退到东普鲁士加强防御，而是命令他们就地坚守，只有少数部队在1945年1月撤离。令人奇怪的是，整个冬季苏军一直在攻击库尔兰包围圈——这样做几乎没有军事意义，结果损失了1000多辆坦克，却所获无几。

最高统帅部的另一个重点是巴尔干。9月底，罗马尼亚全境都被苏军占领，乌克兰第1和第4方面军进入匈牙利，乌克兰第2和第3方面军则进入保加利亚和南斯拉夫。德国第一和第四装甲集团军在喀尔巴阡山脉进行了顽强的抵抗，特别是9月在捷克斯洛伐克东部的杜克拉山口。在德布勒森，德军发动反击，消灭了普利耶夫的骑兵-坦克集群，不过这只是一次战术上的胜利。由于第六集团军已在罗马尼亚被第二次歼灭，陆军司令部决定重建一个新的第六集团军，尽管它只有1个消耗殆尽的第13装甲师和1个步兵师。在托尔布欣的追击之下，第六集团军撤退到匈牙利东南部。10月底，匈牙利大部分都被苏军占领，贝尔格莱德已被解放。11月，马利诺夫斯基的乌克兰第2方面军向布达佩斯发起进攻，但直到1944年12月26日才包围该城。

令人惊讶的是，德军成功地稳定了东西两线，而对手的补给却跟不上了。希特勒并没有利用这一喘息之机来重整东线的部队，而是将剩下的装甲后备部队派往西线的阿登地区发动一场声势浩大但毫无意义的反击。全部最精锐的装甲部队都去了阿登，留在东线的师不是消耗殆尽就是毫无作战经验。阿登的进攻失败了，德国最后的装甲后备部队被浪费。除不合时宜的反攻外，德国还决定将"大德意志"师升格为军，"赫尔曼·戈林"师也是如此。在其余装甲师得不到补充时把资源浪费在少数精英部队身上的做法是愚蠢的。"大德意志"装甲军的第二个师——"勃兰登堡"装甲掷弹兵师装备很差，其装甲团只有1个营，配备的坦克是由"豹"式、IV号、III号坦克，以及突击炮和SPW装甲半履带车组成的大杂烩[49]。

1945年1月初，希特勒命令第六集团军展开救援行动，营救布达佩斯被围困的部队。被围的包括第13装甲师、"统帅堂"装甲掷弹兵师和匈牙利第1装甲师。这一名为"康拉德"的行动是仓促组织的，党卫军第四装甲军（"髑髅"师和"维京"师）曾两次试图突围而入，但都失败了。第23装甲师和装备了"虎王"的第503重装甲营加入第三次进攻，但德军依然失利。只有一小部分守军突围而出，其他的守军都于2月13日投降。1944年末，德国补充兵员的质量急剧下降，青少年都应征入伍来接替老兵。就连武装党卫军也在做最后的挣扎：1944年秋，16岁的京特·格拉斯被征召入伍，1945年初，他被派到西里西亚的"弗伦斯堡"师。格拉斯被分配到一支有3辆"猎豹"坦克歼击车的单位，但他没有接受任何训练，第一次遇到战斗时惊慌失措。[50]尽管德国在战争的最后时刻装备了最好的坦克和坦克歼击车，但已经没有能够熟练驾驭它们的人员。

此时，守卫维斯瓦河的德军在装甲力量上以1∶6的差距落后于苏军，同理，人员上1∶5，火炮上1∶5，波兰中部的这道防线实际上非常脆弱。朱可夫和最高统帅部花了几个月来计划维斯瓦河–奥德河战役，这是苏军发动的最漂亮的一次进攻。朱可夫决定利用马格努谢夫和普瓦维桥头堡作为白俄罗斯第1方面军进攻德国重建的第九集团军的跳板，调集卡图科夫的近卫坦克第1集团军和波格丹诺夫的近卫坦克第2集团军作为发展胜利的力量。1945年1月14日上午，进攻开始，仅是炮火准备就把德国2个人民掷弹兵师打垮了，朱可夫的部队前进了20公里。第九集团军投入装甲机动预备队第四十装甲军的第19和第25

装甲师，但他们的反击过于弱小，也不协调。次日，朱可夫投入波格丹诺夫的坦克部队，在第九集团军的防线上撕开一道宽阔的口子。经过4天的战斗，德军防线大开，华沙被占领。不到3周，朱可夫的部队就击溃了德国中央集团军群和A集团军群，向奥德河推进500公里。苏联所受的损失相对较小，但尽管使用了大批美制卡车，后勤仍然供应不上。

1945年3月，德军在布达佩斯以南的巴拉顿湖附近发动了最后一次进攻，动用了从西线调来的党卫军第六装甲军。古德里安想以此稳定东线局势，但希特勒却急于在匈牙利收复失地。这一名为"春醒"的行动几乎用上了全部的武装党卫军装甲师（"警卫旗队"师、"帝国"师、"髑髅"师、"维京"师、"霍亨斯陶芬"师和"希特勒青年团"师），还有4个国防军装甲师（第1、第3、第6和第23师）以及2个"虎王"装甲营。3月6日，德军向托尔布欣的乌克兰第3方面军发起进攻。这次战役见证了德国装甲部队的最后一次大集结，共有近500辆坦克（含249辆"豹"式和72辆"虎王"坦克）和173辆突击炮。德军2天内前进了30公里，但在短暂胜利后陷入僵局，10天后这一攻势取消。在这场最后的进攻中，德军损失了大量装备，到3月中旬，装甲部队已经沦落至悲惨的境地。

1945年4月奥得河沿岸的最后一次战役，以及随后对柏林的进攻，都不是红军打得最好的战役。因为要和科涅夫较劲，朱可夫影响了自己的决策。在斯大林的刺激下，两个人发动草率的进攻，依靠人海战术而不是指挥技巧。4月6日，在德军依然坚守泽洛高地的情况下，朱可夫就把近卫坦克第1和第2集团军投入战斗，结果造成人员大量伤亡。令人奇怪的是，希特勒并没有预料到苏军会直接强渡奥得河，他把最精锐的装甲部队留在匈牙利，而沿奥得河的装甲部队却寥寥无几。武装党卫军"诺德兰"装甲掷弹兵师和第503重装甲营的10辆"虎王"是唯一参加柏林战役的经验丰富的装甲部队，在通往柏林的道路上驻守的并非精锐，而是临时成立的师，如"慕钦堡"装甲师、"库尔马克"装甲师等，都只是徒有其名罢了。德军在奥得河和柏林的防御战只有少量坦克参加，大部分是突击炮，但其拼死的顽抗给苏军造成巨大损失，2000辆坦克被击毁。在柏林的德军大量使用致命的"铁拳"反坦克火箭筒，苏军在巷战中使用这么多坦克是一个战术错误。然而，朱可夫和科涅夫依然用他们的坦克部队杀开一条通往柏林的血路，终结了第三帝国。

注释

1.Wilhelm Tieke, *Tragedy of the Faithful: A History of the Ⅲ. (germanisches) SS–Panzer-Korps* (Winnipeg: J. J. Fedorowicz Publishing, Inc., 2001), pp. 28.

2. Steven H. Newton, *Retreat from Lenningrad, Amy Group North 1944/1945* (Atglen, PA: Schiffer Military History, 1995), pp. 27 - 28.

3. Otto Carius, *Tigers in the Mud: The Combat Career of German Panzer Commander Otto Carius* (Mechanichsburg, PA: Stackpole Books, 2003), pp. 43.

4. Carius, pp. 57.

5. Tieke, pp. 66 - 68.

6. Armstrong, pp. 209.

7. Armstrong, pp. 362.

8. Hinze, pp. 174.

9. Tsamo RF, Fond 236, opis 2673, delo 311, list 12, 39, 64, 85.

10. Armstrong, pp. 417.

11. Dmitry Loza, *Commanding the Red Army's Sherman Tanks* (Lincoln, NE: UnIversity of Nebraska Press, 1996), pp. 3.

12. Zetterling, pp. 99.

13. Zetterling, pp. 74.

14. Zetterling, 83.

15. Zetterling, pp. 96.

16. Douglas E. Nash, *Hell's Gate: The Battle of the Cherkassy Pocket, January–February 1944* (Stamford, CT: RZM Publishing, 2005), pp. 91.

17. Nash, pp. 252.

18. Nash, pp. 252.

19. Zetterling, pp. 277.

20. Rebentisch, pp. 344 - 345.

21. Rebentisch, pp. 346.

22. Wood, pp. 143 - 144.

23. Helmut Schiebel, *A Better Comrade You Will Never Find: A Panzerjäger on the Eastern Front, 1941 - 1945*(Winnipeg: J. J. Fedorowicz Publishing, Inc., 2010), pp. 113.

24. Will Fey, *Armour Battles of the Waffen–SS, 1943 - 45* (Mechanichsburg, PA: Stackpole Books, 2003), pp. 74.

25. Klapdor, pp. 250 - 262.

26. Fey, pp. 80.

27. Klapdor, pp. 271.

28. Münch, pp. 213.

29. Velimir Vuksic, *SS Armour on the Eastern Front 1943 - 1945* (Winnipeg: J. J. Fedorowicz Publishing, Inc.,2005), pp. 97.

30. David M. Glantz, *Red Storm over the Balkans: The Failed Soviet Invasion of Romania, Sring 1944* (Larence, KS: UnIversity Press of Kansas, 2007), pp. 39.

31. Jung, pp. 204.

32. Glantz, pp. 120 - 122.

33. Glantz, pp. 192.

34. Glantz, pp. 194 - 5.

35. Jung, pp. 210.

36. Glantz, pp. 228 - 229.

37. Glantz, pp. 249.

38. Glantz, pp. 272 - 273.

39. Glantz, pp. 317.

40.Rolf Hinze, *To The Bitter End* (Philadelphia: Casemate, 2010), pp. 69.

41. Jentz, Volume 2, pp. 205.

42. Walter S. Dunn, Jr., *Soviet Blitzkrieg: The Battle for White Russia* (Mechanichsburg, PA: Stackpole Books, 2008), pp. 61.

43. Samuel W. Mitcham, Jr., *The German Defeat in the East 1944 - 45* (Mechanichsburg, PA: Stackpole Books, 2007), pp. 10 - 14.

44. Mikhail Baryatinski, *Sredniy tank 'Sherman', Vmeste i protlv T-34 [Medium Tank Sherman: With and Against the T-34]* (Moscow: Eksmo, 2006), pp. 67.

45. Steven Zaloga, *Bagration 1944: The Destruction of Army Group Centre* (London: Osprey Publishing, 1996), pp. 42.

46. Mitcham, pp. 48.

47. Mitcham, pp. 27.

48. Steven Zaloga, *T-34/85 Medium Tank 1944 - 1994* (Oxford: Osprey Publishing, 1996), pp. 11 - 12.

49. Eduard Bodenmüller, *Diary of a Tank Gunner in the Panzer Regiment of the Brandenburg Panzergrenadier DIvision, February 1945* (New York: Europa Books Inc., 2004), pp. 61.

50. Gunter Grass, *How I Spent the War: A recruit in the Waffen S.S.*, The New Yorker, June 4, 2007.

本篇结语

　　1941年—1945年，苏德双方在装甲战上都犯了许多战术和战役上的错误，但德国人犯下了挑起战争却没有为赢得战争做好准备的战略错误。并且，红军从1941年—1942年的失败中学到的东西比德军从胜利中学到的更多。无论是在战时还是战后，德国人都一再用苏联人的数量优势来为自己的失败找借口，好像双方在某种程度上是不公平的一样。然而，红军坦克数量优势的原因正是其坦克设计简洁、易于操作、维修方便，可以开行很长的距离而不出太大的故障。苏联坦克的这一实用性是建立在战前工业决策的基础上的，这一决策的着眼点就是要打一场持久战。无论是在战前还是整个战时，苏联对坦克研制、生产和改进的监管都比德国更为专业。德国直到斯大林格勒战役以后才委任古德里安这样的坦克专家来负责装甲师的恢复，而苏联装甲车辆总局局长雅科夫·N. 费多连科中将在整个战争期间都管理着苏联坦克的制造计划。而且古德里安提出的几乎所有重要的建议都被否决了——包括 "豹"式坦克过早投入使用、攻击库尔斯克的决定以及建立装甲预备队的重要性，而费多连科在重建苏联坦克集团军和确保生产超过损失方面发挥了关键作用。德国人选择了更为复杂的坦克，生产数量较少且难以保养。德国人还喜欢少量生产一些如"费迪南德"坦克歼击车那样的实验品，而苏联人则只严格地生产成熟型号。

　　当然，德国坦克设计者犯的最明显的错误就是依赖汽油发动机，而不是像苏联那样花费精力研制高扭矩柴油发动机。像"豹"式和"虎王"这样的

"油老虎"，消耗的燃油量是早期型号的2—4倍，而德国此时正面临燃油短缺的问题。希特勒曾认为柴油发动机是首选的解决办法，却被技术官僚所劝阻，他们认为研制过程需要太长时间，战争在研制成功之前就会结束。除了错误地依赖效率低下的汽油发动机，德国人还痴迷于在坦克和坦克歼击车上安装越来越大的火炮。问题在于45吨以上的装甲车辆很难渡河，因为德制浮桥并没有为重型坦克加以特别设计，而回收车在战场上回收它们也越来越成问题。到1943年，德国重型坦克连小片的河流湿地也难以逾越，对库尔斯克和科尔松救援等一系列行动产生了不利影响。德国需要一种优秀的30—35吨重量的坦克，安装柴油发动机和75毫米长身管火炮，可以大批量生产，但装甲师得到的坦克却越来越不能满足机动作战的要求。有意思的是，德国人非常喜欢的一些设计——比如交错排列的负重轮，在战后的坦克设计中都被抛弃了。

另一个让德国人付出沉重代价的错误是将太多的资源用于建设武装党卫军和空军装甲师，这都是出于政治考虑而不是军事。1943年末，希姆莱装备了越来越多的党卫军部队，其中许多质量令人怀疑。古德里安未能阻止这种资源的转移，因此大部分陆军装甲师都得不到补充，直到1944年末沦为二流部队。在库尔斯克会战之后，德军步兵、空军和炮兵的支援减少，诸兵种合成作战进一步遭到削弱。

在整个战争中，苏联领导人对坦克的设计和生产一直持审慎的态度，并得到了丰厚的回报。1943年底，红军已经有6个坦克集团军（约占全部坦克的30%）和一小批像瓦图京、罗科索夫斯基、巴格拉米扬和科涅夫那样懂得运用装甲矛头来夺取战役胜利的经验丰富的指挥员。然而，红军不可能仅凭数量上的优势就击溃德国集团军群——这种做法在1941年—1942年间屡遭失败。相反，红军学会了集结大量火炮来形成突破，并在机动和反机动方面运用工兵。到库尔斯克战役时，苏军意识到，以隐蔽好的反坦克火力覆盖的雷区是对付"虎"式和"豹"式坦克的最佳方案，然而德国人从未真正提高过他们的扫雷技能。苏军能够迅速补充消耗殆尽的坦克集团军，在很远的距离外重新部署而不被敌军发觉，这对于苏军战胜德国装甲师来说起到了极大的作用。苏联的专家擅长运用欺敌谋略，让红军一次又一次获得战役发起的突然性，德军指挥官们无法理解他们的对手正在不断进步。

苏联没有投入精力研制装甲运兵车、更好的侦察车辆和自行高炮，这些都是严重的技术错误，为此他们在战斗中付出了高昂代价。但《租借法案》提供的美制装甲半履带车和侦察车在战争的最后一年部分弥补了这一缺陷。红军可以在不依靠《租借法案》的情况下打赢德国装甲部队吗？这一点是值得怀疑的，原因有很多。虽然许多《租借法案》提供的坦克质量较差，但卡车、半履带装甲车和其他支援车辆并非如此，没有这些车辆，红军进行大纵深作战的能力就会严重下降；另一个因素是，铝、机床和其他关键原材料的供应使苏联在丢失大片领土和资源的情况下还能迅速扩大坦克产量，如果没有这一援助，苏联的坦克产量可能会减少三分之一。如果没有盟国的《租借法案》，红军很可能没有足够的机动性和数量来实施1944年—1945年间秋风扫落叶般的进攻。

然而，在整个战争期间，和德军相比，苏军的装甲战术都因为其坦克手缺乏训练而大打折扣。1945年间，一些近卫坦克部队接受了特别的射击培训，但在大多数时候，苏军坦克手都是在缺乏足够的炮术训练、无线电台有限导致通讯不畅的情况下投入战斗的。这些缺陷——原本可以减轻——使德国坦克占有巨大的优势，可以解释许多一边倒的杀伤比。然而斯大林和他在克里姆林宫的同僚对改进军事训练并不感兴趣，他们认为这是走向专业化和精英主义的一步，对党的权威来说是危险的。斯大林可以为了胜利接受沉重的代价，只有对能否完成任务产生影响时，他才会关心损失。尽管如此，到1945年时，红军已经建成一支富有经验的坦克部队，能够完成被赋予的一切任务，甚至可以说，超过了鼎盛时期的德国装甲师。

装甲战斗序列和坦克情况，
1943 年—1944 年

装甲部队战斗序列，1943年7月1日

德国

北方集团军群（格奥尔格·冯·屈希勒尔陆军元帅）

第十六集团军（恩斯特·布施陆军元帅）

第18装甲师（维尔纳·冯·埃德曼斯多夫中将）

第184突击炮营

第十八集团军（格奥尔格·林德曼大将）

第226突击炮营

第912突击炮营

第502重装甲营

中央集团军群（京特·冯·克卢格陆军元帅）

第三装甲集团军（格奥尔格-汉斯·莱因哈特大将）

第四十三军（卡尔·冯·奥芬步兵上将）

第20装甲师（格奥尔格·乔尔少将）

集团军预备队

第8装甲师（塞巴斯蒂安·费希特纳少将[1]）

第四集团军（汉斯·冯·扎尔穆特大将）

第270突击炮营

第667突击炮营

第二集团军（瓦尔特·魏斯大将）

第九集团军（瓦尔特·莫德尔大将）

第四十六装甲军（汉斯·佐恩步兵上将）

第7装甲师（弗利兹-格奥尔格·冯·拉帕德中将）

第909突击炮营第2连

第31步兵师（弗里德里希·霍斯巴赫中将）

第909突击炮营第1、第3连

第258步兵师（汉斯库尔特·霍克尔中将）

第29装甲团第6营（Ⅳ号坦克）

第2坦克歼击车营第2连（"貂"式）

第四十一装甲军（约瑟夫·哈佩装甲兵上将）

第18装甲师（卡尔-威尔海姆·冯·施利本少将）

第86步兵师（黑尔姆特·魏德林中将）

第654重型坦克歼击车营（"费迪南德"）

第313清障坦克连

第177突击炮营

第292步兵师（沃尔夫冈·冯·克鲁格中将）

第653重型坦克歼击车营（"费迪南德"）

第314清障坦克连

第244突击炮营

第656重型坦克歼击车团

第216自行火炮营（"灰熊"）

第四十七装甲军（约阿希姆·利默尔森装甲兵上将）

第2装甲师（福尔拉特·吕贝中将）

第9装甲师（瓦尔特·舍勒中将）

第20装甲师（莫蒂默·冯·凯塞尔中将）

第6步兵师（霍斯特·格罗斯曼中将）

第505重装甲营第1、第3连

第312清障坦克连（诺尔蒂少尉）

第245突击炮营

第904突击炮营

第二十三军（约翰尼斯·弗里斯纳步兵上将）

第185突击炮营

第189突击炮营

埃塞贝克集群（第九集团军预备队）

第4装甲师（迪特里希·冯·绍肯中将）

第12装甲师（艾尔坡·冯·博登豪森男爵少将）

第10装甲掷弹兵师（奥古斯特·施密特中将）

第二装甲集团军（海因里希·克洛斯纳步兵上将）

第五十三军（弗里德里希·戈尔维策中将）

第25装甲掷弹兵师（安东·格拉塞尔中将）

第5装甲师（恩斯特·费肯施泰特少将）

第202突击炮营

第904突击炮营

南方集团军群（埃里克·冯·曼施泰因陆军元帅）

第四装甲集团军（赫尔曼·霍特大将）

第四十八装甲军（奥托·冯·克诺贝尔斯多夫装甲兵上将）[2]

第3装甲师（弗朗茨·韦斯特霍芬中将）

第11装甲师（约翰·米克尔少将）

"大德意志"装甲掷弹兵师（瓦尔特·霍恩莱因中将）

第10装甲旅（阿诺德·汉斯·埃尔伯特·布尔迈斯特上校、卡尔·德克尔上校）

第39装甲团（梅纳德·冯·劳切特少校）

第51装甲营

第52装甲营

第911突击炮营

党卫军第二装甲军

党卫军第1装甲掷弹兵师"警卫旗队"（赛普·迪特里希上将）

党卫军第2装甲掷弹兵师"帝国"（瓦尔特·克鲁格中将）

党卫军第3装甲掷弹兵师"髑髅"（马克斯·西蒙少将）

肯普夫战斗群（维尔纳·肯普夫装甲兵上将）

第三装甲军（赫尔曼·布赖特装甲兵上将）

第6装甲师（瓦尔特·冯·许纳斯多夫少将）

第7装甲师（汉斯·冯·丰克男爵中将）

第19装甲师（古斯塔夫·里夏德·恩斯特·施密特中将[3]）

第228突击炮营

第393突击炮营

第六集团军（卡尔-阿道夫·霍利德步兵上将）

第16装甲掷弹兵师（格哈德·冯·什未林伯爵中将）

第203突击炮营

第210突击炮营

第243突击炮营

第287突击炮营

第一装甲集团军（埃伯哈德·冯·马肯森大将）

第209突击炮营

第232突击炮营

第901突击炮营

第二十四装甲军（瓦尔特·内林装甲兵上将）

党卫军第5装甲掷弹兵师"维京"（赫尔伯特·奥托·吉勒少将）

第17装甲师（瓦尔特·席林中将）

第23装甲师（尼古拉斯·冯·福尔曼中将）

A 集团军群（埃瓦尔德·冯·克莱斯特陆军元帅）

第17集团军（埃尔温·雅内克工程兵上将）

第49山地军（鲁道夫·康拉德山地兵上将）

第13装甲师（赫尔穆特·冯·德·奇瓦尔瑞中将）

第191突击炮营

第249突击炮营

增援部队

1943年8月

22日：党卫军第2装甲团第1营（"豹"式坦克，汉斯·魏斯上尉）增援"帝国"师

24日：第15装甲团第1营（"豹"式，卡尔·冯·西弗少校）增援第11装甲师

31日：第23装甲团第2营（"豹"式，弗里茨·费希纳少校）增援第23装甲师

1943年9月

20日：第506重装甲营（"虎"式）

1943年10月

2日：第2装甲团第1营（"豹"式，伯勒特上尉）增援第13装甲师

20日：第24装甲师（马克西米利安·冯·埃德尔斯海姆男爵少将）从意大利调来

25日：第14装甲师（马丁·乌赖因上校）从法国调来

1943年11月

6日：第25装甲师（阿道夫·冯·谢尔中将[4]）从挪威调来

7日：第509重装甲营（"虎"式）

9日："警卫旗队"师，含党卫军第1装甲团第1营（"豹"式，赫尔
伯特·屈尔曼少校）

11日：第1装甲师（瓦尔特·克鲁格中将），含第1装甲团第1营（"豹"式，恩斯
特·菲利普少校）从希腊调来

1943年12月

5日：第31装甲团第1营（"豹"式，胡伯图斯·费尔特克勒少校），配属于第十一军
党卫军第三装甲军（费利克斯·施坦因纳中将）
党卫军第11装甲掷弹兵师"诺德兰"
党卫军第4装甲掷弹兵旅"尼德兰"

1944年1月

"统帅堂"装甲掷弹兵师从法国调来（奥托·科勒曼中将）

1944年3月

党卫军第9装甲师"霍亨斯陶芬"（威尔海姆·比特里希少将）

党卫军第10装甲师"弗伦斯堡"（卡尔·费舍尔·冯·特罗伊恩费尔德少将）

苏联

列宁格勒方面军（列昂尼德·A. 戈沃罗夫上将）

5个坦克旅（坦克第1、第152、第220、第222旅，近卫坦克第30旅）

6个坦克团（坦克第98、第260、第261团，近卫坦克第31、第46、第49团）

3个独立坦克营（坦克第86、第116、第287营）

1个自行火炮团（自行火炮第1439团）

沃尔霍夫方面军（基里尔·A. 梅列茨科夫大将）

6个坦克旅（坦克第16、第29、第122、第124、第185旅，近卫坦克第7旅）

5个坦克团（坦克第25团，近卫坦克第32、第33、第35、第50团）

6个独立坦克营（坦克第17、第500、第501、第502、第503、第507营）

2个自行火炮团（自行火炮第1433、第1434团）

西北方面军（帕维尔·A. 库罗奇金上将）

2个坦克旅（坦克第60、第81旅）

10个坦克团（坦克第27、第32、第37、第38、第65、第226、第227、第239、第249团，近卫坦克第3团）

4个独立坦克营（坦克第150、第170、第514、第515营）

加里宁方面军（安德烈·I. 叶廖缅科上将）

4个坦克旅（坦克第78、第143、第236旅，近卫坦克第28旅）

2个机械化旅（机械化第46、第47旅）

2个坦克团（坦克第105、第221团）

1个独立坦克营（坦克第171营）

西方面军（瓦西里·D. 索科洛夫斯基上将）

13个坦克旅（坦克第94、第120、第153、第187、第196、第213、第256旅，近卫坦克第2、第10、第23、第29、第42、第43旅）

4个坦克团（坦克第119、第161、第233、第248团）

2个独立坦克营（坦克第138、第520营）

3个自行火炮团（自行火炮第1453、第1536、第1537团）

归方面军指挥

坦克第1军（瓦西里·V. 布特科夫少将）

坦克第5军（米哈伊尔·G. 萨赫诺少将）

布良斯克方面军（马尔基安·M. 波波夫上将）

1个坦克旅（坦克第68旅）

9个坦克团（坦克第36、第82、第114、第231、第253团，近卫坦克第11、第12、第13、第26团）

6个自行火炮团（自行火炮第1444、第1445、第1452、第1535、第1538、第1539团）

归方面军指挥

　　近卫坦克第1军（米哈伊尔·F. 帕诺夫少将）

中央方面军（康斯坦丁·K. 罗科索夫斯基大将）

　　坦克第2集团军（阿列克谢·G. 罗金中将）

　　　　坦克第3军（马克西姆·D. 西年科少将）

　　　　坦克第16军（瓦西里·E. 格里戈利耶夫少将）

　　　　近卫坦克第11旅

　　2个坦克旅（坦克第129、第150旅）

　　14个坦克团（坦克第40、第43、第45、第58、第84、第193、第229、第237、第240、第251、第259团，近卫坦克第27、第29、第30团）

　　4个自行火炮团（自行火炮第1442、第1454、第1540、第1541团）

　　归方面军指挥

　　　　坦克第9军（谢尔盖·I. 波格丹诺夫中将）

　　　　坦克第19军（伊万·D. 瓦西里耶夫）

沃罗涅日方面军（尼古拉·F. 瓦图京大将）

　　近卫第6集团军（伊万·M. 奇斯佳科夫中将）

　　　　坦克第96旅

　　　　坦克第230、第245团

　　　　自行火炮第1440团

　　近卫第7集团军（米哈伊尔·S. 舒米洛夫中将）

　　　　近卫坦克第27旅，坦克第210旅

　　　　坦克第148、第167、第262团

　　　　自行火炮第1438、第1529团

　　坦克第1集团军（米哈伊尔·E. 卡图科夫中将）

　　　　机械化第3军（谢尔盖·M. 克里沃申中将）

　　　　坦克第6军（安德烈·L. 格特曼少将）

　　　　坦克第31军（德米特里·Kh. 契尔年科少将[5]）

　　第38、第40集团军

　　　　坦克第86、第180、第192旅

　　　　坦克第59、第60团

　　归方面军指挥

　　　　近卫坦克第2军（阿列克谢·S. 布尔杰伊内上校）

近卫坦克第5军（安德烈·G.克拉夫琴科中将）

西南方面军（罗季翁·Ia.马利诺夫斯基大将）

4个坦克旅（坦克第11、第115、第173、第179旅）

9个坦克团（坦克第52、第141、第212、第224、第243团，近卫坦克第5、第9、第16、第17团）

1个自行火炮团（自行火炮第1433团）

归方面军指挥

近卫机械化第1军（伊万·N.卢西亚诺夫中将）

坦克第2军（阿列克谢·F.波波夫少将）

坦克第23军（埃菲姆·G.普希金少将[6]）

近卫坦克第9旅

近卫坦克第10团

南方面军（费奥多尔·I.托尔布欣上将）

近卫第2集团军（格奥尔基·F.扎哈罗夫中将）

近卫机械化第2军（卡普·V.斯维里多夫中将）

突击第5集团军，第28、第44、第51集团军

4个坦克旅（坦克第140旅，近卫坦克第6、第32、第33旅）

1个坦克团（近卫坦克第22团）

归方面军指挥

近卫机械化第4军（特罗菲姆·I.塔纳什申少将[7]）

北高加索方面军（伊万·E.彼得罗夫中将）

2个坦克旅（坦克第63旅，近卫坦克第5旅）

5个坦克团（坦克第85、第244、第257、第258团，近卫坦克第6团）

2个独立坦克营（坦克第75、第132营）

2个自行火炮团（自行火炮第1448、第1449团）

最高统帅部总预备队/草原方面军（伊万·S.科涅夫大将）

近卫第4集团军（格里戈里·I.库利克中将）

近卫坦克第3军（I.A.沃夫琴科少将）

近卫第5集团军（阿列克谢·S.扎多夫中将）

坦克第10军（V.G.布尔科夫中将）

近卫坦克第5集团军（帕维尔·A.罗特米斯特罗夫中将）

近卫机械化第5军（博伊斯·M.斯科沃特佐夫少将）

坦克第29军（I.F.基里琴科少将）

近卫坦克第53团

自行火炮第1549团

在草原军区的其他部队

近卫坦克第4军（帕维尔·P.波卢博亚罗夫中将）

近卫机械化第3军（维克多·T.奥布霍夫少将）

机械化第1军（米哈伊尔·D.索洛马京中将）

机械化第2军（伊万·P.柯察金中将）

坦克第93旅

坦克第34、第35、第39团

最高统帅部总预备队 / 滨海集团军

近卫坦克第3集团军（帕维尔·S.雷巴尔科中将）

坦克第12军（米特罗凡·I.津科维奇少将[8]）

坦克第15军（菲利普·N.拉德金少将）

坦克第91旅

机械化第5军（米哈伊尔·V.沃尔霍夫少将）

坦克第18军（博伊斯·S.巴哈罗夫少将）

坦克第25军（费奥多尔·G.阿尼库什金少将）

坦克第126、第127、第225团

自行火炮第1547、第1548团

莫斯科军区

近卫机械化第6军（亚历山大·I.阿基莫夫少将）

坦克第11军（尼古拉·N.拉德克维奇少将）

坦克第20军（伊万·G.拉扎列夫中将）

坦克第30军（格奥尔基·S.罗金中将）

6个坦克旅（坦克第88、第92、第118、第144旅，近卫坦克第31、第34旅）

伏尔加军区

机械化第9军（康斯坦丁·A.马利金少将）

8个坦克旅（近卫坦克第41旅，坦克第2、第10、第14、第15、第116、第207、第

254旅）

  5个坦克团（坦克第51、第61、第104、第154、第250团）

  6个独立坦克营（坦克第126、第249、第258、第563、第564、第608营）

增援部队

  1943年8月

    机械化第7军（伊万·V.杜博沃伊少将）

    机械化第8军（阿布兰·M.哈辛少将）

苏联方面军的坦克部队情况（1943年7月1日）

方面军	坦克集团军	坦克军	机械化军	坦克旅	坦克团	独立坦克营	编制坦克数
列宁格勒方面军				5	6	3	600
沃尔霍夫方面军				6	5	6	700
西北方面军				2	10	4	615
加里宁方面军				4	2	1	320
西方面军		2		13	4	2	1200
莫斯科军区		3	1	6			1000
布良斯克方面军		1		1	9		560
中央方面军	1	4		3	14		1340
沃罗涅日方面军	1	3	1	6	7		1200
草原方面军	1	4	4	1	4		1545
西南方面军		2	1	5	10		1140
南方面军			1	4	1		420
北高加索方面军				2	5	2	360
总预备队	1	4	1	1	3		1000
伏尔加军区			1	8	5	6	900
总计	4	23	10	67	85	24	12900

注释

1.费希特纳于1937年—1942年的关键时期掌管过德国陆军军械部装甲车辆和机动装备设计办公室，在发展装甲项目上发挥了重要作用。1943年9月中旬他受了重伤，被调到预备役。"7·20"事件后被盖世太保逮捕，拘押2个月后释放，但未再继续服役。

2.1943年5月6日至8月29日，由迪特里希·冯·肖尔铁茨步兵上将担任指挥官。

3.1943年8月7日在敌人阵地后方自杀。

4.1943年11月15日被解职。

5.1943年8月18日阵亡。

6.1944年3月11日阵亡。

7.1944年3月31日阵亡。

8.1943年9月24日阵亡。

东线的坦克，1943年—1944年

德国坦克

	Ⅲ号L型	Ⅳ号H型	"豹"式A型	"虎"式I型	"虎王"
参战	1942年6月	1943年5月	1943年8月	1942年8月	1944年2月
自重（吨）	22.7	25.9	44.8	57.0	69.8
乘员	5	5	5	5	5
发动机	HL-120 TRM	HL-120 TRM	HL 230 P30	HL 230 P45	HL 230 P30
马力	265	300	700	700	700
悬架	扭力杆	板簧	扭力杆	扭力杆	扭力杆
最大时速 （公里/小时）[①]	40/20	40/20	46/24	38/20	35/17
燃油种类	汽油	汽油	汽油	汽油	汽油
最大行程 （公里）	155/95	210/130	250/100	100/57	170/120
最大涉水深度 （米）	0.8	1.2	1.9	1.6	1.6
履带宽度 （厘米）	40	40	66	72.5	80
主炮	50毫米 KwK 39 L/60	75毫米 KwK 40 L/43	75毫米 KwK 42 L/70	88毫米 KwK 36 L/56	88毫米 KwK 43 L/71
弹药种类	被帽穿甲弹 硬芯穿甲弹 高爆榴弹	被帽穿甲弹 硬芯穿甲弹 高爆榴弹	被帽穿甲弹 硬芯穿甲弹 高爆榴弹	被帽穿甲弹 硬芯穿甲弹 高爆榴弹	被帽穿甲弹 硬芯穿甲弹 高爆榴弹 反坦克高爆榴弹
弹药基数	78	87	79	92	84
前装甲厚度 （毫米）	50+20	50—80	60—100	100	100—180
侧装甲厚度 （毫米）	30	30	40—45	80	80
厚装甲厚度 （毫米）	50	20—30	40	80	80

---

① 原注：公路/非公路。

苏联坦克

	T-70	T34/76 1943 年型	T-34/85	KV-85	IS-2
参战	1942年3月	1943年4月	1944年3月	1943年11月	1944年4月
自重（吨）	10	30.9	32	46	46
乘员	2	4	4	4	4
发动机	GAZ-203 *2	V-2	V-2	V-2K	V-2
马力	85 *2	500	500	600	600
悬架	扭力杆	克里斯蒂	克里斯蒂	扭力杆	扭力杆
最大时速（公里/小时）[①]	45/24	55/40	55/40	43/18	37/19
燃油种类	汽油	柴油	柴油	柴油	柴油
最大行程（公里）	360/180	432/365	360/310	160	150/120
最大涉水深度（米）	0.9	1.3	1.3	1.6	1.3
履带宽度（厘米）	30	55	55	70	65
主炮	45毫米 L/46	76.2毫米 F-34	85毫米 ZIS S-53	85毫米 D-5T	122毫米 D-25T L/43
弹药种类	穿甲高爆弹 高爆破片弹	穿甲高爆弹 高爆破片弹	穿甲高爆弹 高爆破片弹	穿甲高爆弹 高爆破片弹	穿甲高爆弹 高爆榴弹
弹药基数	90	100	60	70	28
前装甲厚度（毫米）	45—60	47—70	47—90	75—110	100—120
侧装甲厚度（毫米）	35—45	52—60	60—75	60—65	90
厚装甲厚度（毫米）	35	47—52	47—60	60—65	60—90

① 原注：公路/非公路。

东线的坦克，1943年—1944年

德国

月份 \ 型号	中型坦克			重型坦克	总计
	III号	IV号	V号	VI号	
1	46	163	（4）①	35	248
2	34	171	（18）	32	255
3	35	205	（59）	41	340
4	46	213	（78）	46	383
5	43	272	324	50	530
6	11	253	160	60	484
7	0	244	202	65	511
8	20	283	120	60	483
9	0	289	197	85	571
10	0	328	257	50	635
11	0	238	209	56	503
12	0	354	299	67	720
总计	235	3013	1768	647	5655

月份 \ 型号	突击炮				坦克歼击车			总计
	III号	42型突击榴弹炮	IV号	"灰熊"	"貂"II、III	"费迪南德"	"黄蜂"1	
1	130	0	0	0	140	0	0	270
2	140	0	0	0	89	0	14	243
3	197	10	0	0	40	1	30	278
4	228	34	0	20	34	30	41	387
5	260	45	0	40	76	60	35	516
6	275	30	0	0	82	0	35	422

① 原注：第一批生产的V号"豹"式坦克需要重造，直到1943年5月才投入使用。

（续前表）

月份	突击炮				坦克歼击车			总计
型号	Ⅲ号	42型突击榴弹炮	Ⅳ号	"灰熊"	"貂"Ⅱ、Ⅲ	"费迪南德"	"黄蜂"[1]	
7	281	25	0	0	90	0	44	440
8	291	5	0	0	62	0	16	374
9	345	10	0	0	101	0	27	483
10	395	11	0	0	141	0	42	589
11	163	4	0	0	100	0	24	291
12	306	30	30	10	75	0	37	488
总计	3011	204	30	70	1030	91	345	4781

1943年重要的工业决策

希特勒对128毫米口径火炮印象深刻，下令将它安装在"虎"式或"豹"式上改装成坦克歼击车

1943年5月，希特勒批准生产"鼠"式超重型坦克（188吨），这将在接下来的两年挤占克虏伯和阿尔凯特工厂的大量资源

1943年8月，Ⅲ号坦克停止生产，流水线转而生产突击炮

1943年12月，希特勒不顾古德里安的反对，批准生产Ⅳ号坦克歼击车。克虏伯-格鲁森工厂股份公司停止了Ⅳ号坦克的生产，转而生产Ⅳ号坦克歼击车

主要的装甲车辆生产中心

布伦瑞克（农业和工业机械股份公司，简称MIAG）：Ⅲ号坦克，Ⅲ号突击炮

纽伦堡（奥格斯堡-纽伦堡机械制造股份公司，简称MAN）：Ⅲ号坦克，Ⅴ号坦克

柏林-马林费尔德（戴姆勒-奔驰股份公司）：Ⅲ号坦克，Ⅴ号坦克

圣瓦伦丁（尼伯龙根工厂）：Ⅳ号坦克

普劳恩（沃格兰机械制造股份公司，简称VOMAG）：Ⅳ号坦克

马格德堡（克虏伯-格鲁森工厂股份公司）：Ⅳ号坦克

汉诺威（下萨克森汉诺威机械制造股份有限公司）：Ⅴ号坦克

凯塞尔（亨舍尔父子股份公司）：Ⅴ号、Ⅵ号坦克

柏林-博尔西格瓦尔德（阿尔凯特股份有限公司）：Ⅲ号、Ⅳ号突击炮，"貂"Ⅱ坦克歼击车

布雷斯劳（车辆和发动机结构股份有限公司，简称FAMO）："貂"式坦克歼击车

杜伊斯堡（德意志埃森工厂股份公司，简称DEW）："黄蜂"/"犀牛"坦克歼击车

坦克发动机

腓特烈港（迈巴赫引擎股份有限公司）：迈巴赫HL 120 TRM、迈巴赫HL 230 P30V12

柏林（北德意志引擎公司）：迈巴赫HL 120 TRM

柏林-尼德尔肖恩怀德（装配工厂）

柏林（戴姆勒-奔驰股份公司）：迈巴赫HL 230 P30V12

茨维考（汽车联盟股份公司）：迈巴赫HL 230 P30V12

新的坦克型号（3种）

1943年4月，IV号坦克H型，安装KwK 40 L/48新型火炮，前装甲厚度提升至80毫米，重量增加2.5吨

1943年7月，V号坦克D型投产，安装KwK 42 L/70长身管火炮

1943年8月，V号坦克A型投产

新的突击炮型号（3种）

1943年3月，42型突击榴弹炮投产，安装105毫米口径StuH 42L/28榴弹炮。1942年11月生产的10辆预制型车被派往列宁格勒

1943年4月，"灰熊"突击炮投产，在IV号坦克车身上安装了150毫米口径StuH 43 L/12榴弹炮，由德意志埃森公司生产

1943年12月，IV号突击炮投产

新的坦克歼击车型号（2种）

1943年2月，"犀牛"坦克歼击车，安装了88毫米口径Pak 43 L/71火炮，由德意志埃森公司生产

1943年3月，"费迪南德"坦克歼击车投产，安装了88毫米口径KwK 43 L/71火炮，由尼伯龙根工厂制造

苏联

型号 月份	轻型坦克			中型坦克			重型坦克		总计
	T-60	T-70	T-80	T-34/76	KV-1系列	KV-85	IS-1	IS-2	
1	11	300	0	1030	92	0	0	0	1433
2	44	400	0	1060	73	0	0	0	1577
3	0	500	0	1411	53	0	0	0	1964

（续前表）

型号 月份	轻型坦克			中型坦克			重型坦克		总计
	T-60	T-70	T-80	T-34/76	KV-1系列	KV-85	IS-1	IS-2	
4	0	500	0	1315	45	0	0	0	1860
5	0	325	0	1246	75	0	0	0	1646
6	0	128	0	1085	30	0	0	0	1243
7	0	260	20	1393	52	0	0	0	1725
8	0	360	20	1375	39	22	0	0	1816
9	0	365	20	1403	0	63	0	0	1851
10	0	209	17	1458	0	63	2	0	1749
11	0	1	0	1452	0	0	25	0	1478
12	0	0	0	1468	0	0	40	35	1543
总计	55	3343	77	15696	459	148	67	35	23888

型号 月份	自行火炮 / 突击炮					总计
	Su-76	Su-85	Su-122	Su-152	ISu-152	
1	25	0	32	0	0	57
2	N/A	0	100	15	0	N/A
3	N/A	0	100	90	0	N/A
4	0	0	75	75	0	N/A
5	0	0	100	25	0	N/A
6	N/A	0	100	85	0	N/A
7	N/A	3	72	80	0	N/A
8	N/A	100	36	84	0	N/A
9	N/A	152	0	84	0	N/A
10	N/A	162	0	84	0	N/A
11	N/A	166	0	42	0	N/A
12	N/A	176	0	4	35	N/A
总计	1908	761	611	668	35	4019

1943 年重要的工业决策

　　1943年3月21日，Su-76在生产了170辆之后，因引擎和传动装置缺陷被苏联国防委员会叫停，其改进型Su-76M在1943年5月底至6月恢复生产

　　1943年8月，KV-1重型坦克停产，转而生产重型突击炮和新的IS系列重型坦克

　　1943年10月，所有轻型坦克停产

主要的装甲车辆生产中心

斯维尔德洛夫斯克（第37号工厂）：T-60、Su-76

高尔基（卡车工厂）：T-70、Su-76

下塔吉尔（斯大林乌拉尔第183坦克工厂）：T-34/76

车里雅宾斯克（车里雅宾斯克工厂）：T-34/76、KV-1、KV-85、IS-1/2、Su-152

高尔基（克拉斯诺耶索莫沃第112工厂）：T-34/76

鄂木斯克（列宁第174工厂）：T-34/76

斯维尔德洛夫斯克（乌拉尔重型机械厂）：T-34/76、Su-85、Su-122

基洛夫（第38工厂）：Su-76

梅季希（第40工厂）：Su-76

坦克发动机

第75工厂：V-2柴油发动机

新的坦克型号（4种）

1943年7月，T-80作为T-70的升级版服役，它具有双人炮塔，提升了装甲保护，加大了马力，但在3个月后停产

1943年9月，KV-85重型坦克作为IS-1/2重型坦克生产前的过渡型号服役。它的车身基于KV-1，但使用了IS系列坦克的炮塔并安装了85毫米口径D-5T火炮。KV-85型坦克共建造了148辆

1943年10月，IS-1（IS-85）重型坦克服役，安装85毫米口径D-5T火炮，但这些坦克后来重新安装了122毫米口径的D-25T火炮

1943年12月，IS-2重型坦克服役，安装122毫米口径D-25T火炮

新的自行火炮/突击炮型号（3种）

1943年2月，Su-152自行火炮代替KV-2服役。最初命名为KV-14，系将152毫米口径ML-20S榴弹炮安装到KV-1S的底盘上而成

1943年8月，Su-85坦克歼击车服役，系将85毫米口径D-5T火炮安装到T-34底盘上而成

1943年12月，ISu-152突击炮服役，它是Su-152的升级版，使用同样的ML-20S榴弹炮，但安装在新的IS坦克底盘上

注释

1.1944年1月改名为"犀牛"。

装甲部队战斗序列，1944年6月21日

德国

北方集团军群（格奥尔格·林德曼大将）

第十六集团军（克里斯蒂安·汉森炮兵上将）

第十八集团军（赫尔伯特·罗克炮兵上将）

纳尔瓦战斗群（约翰尼斯·弗里斯纳步兵上将）

党卫军第三装甲军（费利克斯·施坦因纳上将）

党卫军第103重装甲营

党卫军装甲掷弹兵"诺德兰"师（弗里茨·绍尔茨中将）

党卫军第20武装掷弹兵师（"爱沙尼亚第1"）（弗朗茨·奥格斯伯格少将）

党卫军第4志愿装甲掷弹兵旅"尼德兰"（于尔根·华格纳少将）

归北方集团军群指挥

第12装甲师（格哈德·穆勒少将）

中央集团军群（恩斯特·布施陆军元帅）

第三装甲集团军（格奥尔格－汉斯·莱因哈特大将）

第二集团军（瓦尔特·魏斯大将）

第四集团军（库尔特·蒂佩尔斯基希）

第十二军（温岑兹·穆勒中将）

第18装甲掷弹兵师（卡尔－路德维希·祖塔沃尔恩中将[1]）

第二十七军（保罗·沃尔克斯步兵上将）

第25装甲掷弹兵师（保罗·休尔曼中将）

归集团军指挥

第501重装甲营（"虎"式），第655重型坦克歼击车营（"犀牛"）

第九集团军（汉斯·约尔丹步兵上将）

归中央集团军群指挥

第20装甲师（莫蒂默·冯·凯塞尔中将）

"统帅堂"装甲掷弹兵师（弗里德里希－卡尔·冯·施坦因凯勒少将）

党卫军第5装甲师"维京"（赫尔伯特·奥托·吉勒少将）

北乌克兰集团军群（瓦尔特·莫德尔陆军元帅）

第一装甲集团军（埃哈德·劳斯大将）

第三装甲军（迪特里希·冯·绍肯装甲兵上将）

第1装甲师（维纳尔·马尔克斯少将）

第7装甲师（格哈德·施米德胡贝少将）

第8装甲师（维纳尔·弗里贝少将）

第17装甲师（卡尔–弗里德里希·冯·德·梅登中将）

第20装甲掷弹兵师（格奥尔格·乔科中将）

第二十四装甲军（瓦尔特·内林装甲兵上将）

第653重型坦克歼击车营（"费迪南德"）

第四装甲集团军（约瑟夫·哈佩大将）

第五十六装甲军（约翰尼斯·布洛克步兵上将）

第4装甲师（克莱门斯·贝泽尔中将）

第5装甲师（卡尔·德克尔装甲兵上将）

第505重装甲营（"虎"式）

第237突击炮旅

第一集团军[匈牙利]（卡洛里·贝雷夫中将）

第2装甲师[匈牙利]（佐尔坦·泽登伊准将）

归北乌克兰集团军群指挥

党卫军第2装甲师"帝国"

党卫军第9装甲师"霍亨斯陶芬"

党卫军第10装甲师"弗伦斯堡"

第16装甲师（汉斯–乌尔里希·贝克少将）

南乌克兰集团军群（费迪南德·舍尔纳大将）

第六集团军（马克西米利安·德·安格列斯炮兵上将）

第三十军（马克西米利安·弗雷特–皮科炮兵上将）

第13装甲师（汉斯·特罗格中将）[2]

第四十四军（马克西米利安·德·安格列斯炮兵上将）

第10装甲掷弹兵师（奥古斯特·施密特中将）

第五十二军（埃里希·布申哈根步兵上将）

第93重型坦克歼击车营（"犀牛"）

集团军预备队

第3装甲师（威尔海姆·菲利普中将）

第八集团军（奥托·沃勒尔步兵上将）

 第五十七装甲军（弗里德里希·基希纳装甲兵上将）

  第14装甲师（马丁·乌莱因中将）

  "大德意志"装甲掷弹兵师（哈索·冯·曼陀菲尔中将）

  第24装甲师（马克西米利安·冯·埃德尔沙姆男爵装甲兵上将）

  党卫军第3装甲师"髑髅"（赫尔曼·普里斯中将）

 第四军（弗里德里希·米斯步兵上将）

  第23装甲师（约瑟夫·冯·拉多维茨中将）

 罗马尼亚第四军

归南乌克兰集团军群指挥

"大罗马尼亚"第1装甲师（拉杜·科内准将）

增援部队

1944年7月

 "赫尔曼·戈林"装甲空降师从意大利调来

 第6装甲师从德国调来

 第510重装甲营（"虎"式）

1944年8月

 第19装甲师从荷兰调来

 第101、第102、第103、第104装甲旅（"豹"式）

1944年9月

 第109、第110旅（"豹"式）

 元首掷弹兵旅（"豹"式）

苏联

列宁格勒方面军（列昂尼德·A.戈沃罗夫大将）

 4个坦克旅（近卫坦克第30旅，坦克第1、第152、第220旅）

 14个坦克团（近卫坦克第26、第27、第31、第46、第260团，坦克第27、第45、第82、第98、第124、第185、第221、第222、第226团）

12个自行火炮团（近卫自行火炮第394、第396、第397团，自行火炮第806、第938、第952、第1198、第1222、第1238、第1439、第1495、第1811团）

波罗的海第 3 方面军（伊万·I. 马斯连尼科夫大将）

3个坦克旅（近卫坦克第7旅，坦克第16、第122旅）

4个坦克团（近卫坦克第33团，坦克第51、第258、第511团）

3个自行火炮团（自行火炮第750、第768、第1433团）

波罗的海第 2 方面军（安德烈·I. 叶廖缅科大将）

3个坦克旅（近卫坦克第29旅，坦克第78、第118旅）

6个坦克团（坦克第37、第47、第81、第227、第239、第249团）

4个自行火炮团（自行火炮第991、第1199、第1453、第1539团）

归方面军指挥

坦克第5军（米哈伊尔·G. 萨赫诺少将）

波罗的海第 1 方面军（伊万·巴格拉米扬大将）

5个坦克旅（近卫坦克第10、第34、第39旅，坦克第143、第171旅）

2个坦克团（近卫坦克第2团，坦克第105团）

1个自行火炮团（自行火炮第1203团）

第43集团军（阿法纳西·P. 别洛博罗多夫中将）

坦克第1军（瓦西里·V. 布特科夫中将）

白俄罗斯第 3 方面军（伊万·D. 切尔尼亚霍夫斯基上将）

5个坦克旅（近卫坦克第2、第28旅，坦克第120、第153、第213旅）

1个坦克团（近卫坦克第63团）

10个自行火炮团（自行火炮第735、第926、第927、第953、第954、第957、第958、第959、第1435、第1445团）

近卫第11集团军（库兹马·G. 加利茨基中将）

近卫坦克第2军（阿列克谢·S. 布尔杰伊内中将）

坦克第5集团军（帕维尔·A. 罗特米斯特罗夫元帅）

近卫坦克第3军（伊万·A. 沃夫琴科少将）

坦克第29军（叶夫根尼·I. 福米尼赫少将）

近卫骑兵第3军（尼古拉·S. 奥斯利科夫斯基中将）

方面军预备队

近卫机械化第3军（维克多·T. 奥布霍夫中将）

白俄罗斯第 2 方面军（格奥尔基·F. 扎哈罗夫上将）

4个坦克旅（近卫坦克第23、第42、第43旅，坦克第256旅）

1个坦克团（坦克第233团）

7个自行火炮团（自行火炮第722、第1196、第1197、第1444、第1819、第1830、第1902团）

白俄罗斯第 1 方面军（康斯坦丁·K. 罗科索夫斯基元帅）

2个坦克旅（坦克第1、第68旅）

8个坦克团（坦克第36、第42、第193、第223、第230、第231、第251、第259团）

16个自行火炮团（自行火炮第713、第922、第925、第1204、第1205、第1206、第1221、第1295、第1812、第1821、第1888、第1890、第1897、第1899、第1900、第1901团）

第3集团军（亚历山大·V. 戈尔巴托中将）

坦克第9军（博伊斯·S. 巴哈罗夫少将）

第65集团军（帕维尔·I. 巴托夫中将）

近卫坦克第1军（米哈伊尔·F. 帕诺夫少将）

机械化第1军（谢苗·M. 克里沃申中将）

归方面军指挥

近卫坦克第8军（阿列克谢·F. 波波夫中将）

坦克第11军（菲利普·N. 拉德金少将）

近卫骑兵第2军（弗拉基米尔·V. 克鲁科夫中将）

近卫骑兵第4军（伊萨·A. 普利耶夫中将）

近卫骑兵第7军（米哈伊尔·P. 康斯坦丁诺夫少将）

乌克兰第 1 方面军（伊万·S. 科涅夫元帅）

近卫坦克第1集团军

近卫机械化第8军（伊万·F. 德莫夫少将）

近卫坦克第11军（安德烈·L. 格特曼中将）

近卫坦克第64旅

近卫坦克第11团

近卫坦克第3集团军

近卫坦克第6军（瓦西里·V. 诺维科夫少将）

近卫坦克第7军（谢尔盖·A. 伊万诺夫少将）

机械化第9军（伊万·P. 苏霍夫中将）

坦克第91旅

近卫坦克第71团

坦克第4集团军

近卫机械化第6军（亚历山大·I. 阿基莫夫中将）

近卫坦克第10军（叶夫蒂希·E. 别洛夫少将）

坦克第93旅

近卫坦克第72团

第13集团军

坦克第25军（费奥多尔·G. 阿尼库什金少将）

第60集团军

近卫坦克第4军（帕维尔·P. 波卢博亚罗夫中将）

坦克第59团

坦克第31军（瓦西里·E. 格里戈利耶夫少将）

1个坦克旅（坦克第150旅）

3个坦克团（近卫坦克第1、第12团，坦克第39团）

4个自行火炮团（近卫自行火炮第293团，自行火炮第1228、第1827、第1889团）

乌克兰第 2 方面军（罗季翁·Ia. 马利诺夫斯基大将）

坦克第2集团军

坦克第3军（瓦西里·A. 米舒林中将）

坦克第16军（伊万·V. 杜博沃伊少将）

近卫坦克第11旅

自行火炮第754、第1219团

坦克第6集团军（安德烈·G. 克拉夫琴科中将）

机械化第5军（米哈伊尔·V. 沃尔科夫中将）

近卫坦克第5军（瓦西里·M. 阿列克谢耶夫中将[3]）

坦克第156团

自行火炮第1494团

归方面军指挥

机械化第7军（费奥多尔·G. 卡特科夫少将）

坦克第18军（瓦西里·I. 波洛兹科夫少将[4]）

1个坦克旅（近卫坦克第27旅）

2个坦克团（坦克第25、第38团）

乌克兰第 3 方面军（费奥多尔·I. 托尔布欣大将）

归方面军指挥

近卫机械化第4军（弗拉基米尔·I. 日丹诺夫少将）

坦克第23军（阿列克谢·O. 阿赫马诺夫少将）

近卫机械化第5旅

1个坦克旅（坦克第96旅）

2个坦克团（近卫坦克第5团，坦克第52团）

6个自行火炮团（近卫自行火炮第398团，自行火炮第864、第1200、第1201、第1202、第1891团）

最高统帅部总预备队（RVGK）

坦克第10军（马特维·K. 沙波什尼科夫少将）

坦克第19军（伊万·D. 瓦西里耶夫中将）

坦克第20军（伊万·G. 拉扎列夫中将）

近卫机械化第1军（伊万·N. 鲁希扬诺夫中将）

近卫机械化第2军（卡普·V. 斯维里多夫中将）

近卫机械化第5军（博伊斯·M. 斯科沃特佐夫少将）

近卫机械化第7军（伊万·P. 柯察金中将）

机械化第8军（艾布拉姆·M. 哈辛少将）

滨海集团军（康德拉特·S. 梅利尼克中将）

1个坦克旅（坦克第63旅）

3个坦克团（坦克第85、第244、第257团）

1个自行火炮团（自行火炮第1449团）

增加的部队

12月：

机械化第10军

苏联方面军的坦克部队情况（1944 年 6 月 21 日）

方面军	坦克集团军	坦克军	机械化军	坦克旅	坦克团	坦克总数
列宁格勒				4	14	600
第3波罗的海				3	4	250
第2波罗的海		1		3	6	500
第1波罗的海		1		5	2	450
第3白俄罗斯	1	3	1	5	1	900
第2白俄罗斯				4	1	200
第1白俄罗斯		4	1	2	8	1200
第1乌克兰	3	7	3	4	7	2100
第2乌克兰	2	3	2	2	3	1000
第3乌克兰		1	1	1	2	450
滨海集团军				1	3	150
总预备队		3	5		8	1650
总计	6	23	13	34	59	9450

注释

1.1944年7月6日自杀。

2.1944年于罗马尼亚被俘。

3.1944年8月25日阵亡。

4.1944年8月28日阵亡。

装甲部队战斗序列，1944年6月21日

德国

型号 月份	中型坦克		重型坦克		总计
	IV号	V号	"虎" I	"虎" II	
1	300	279	93	5	677
2	252	256	95	5	608
3	310	270	86	6	672
4	299	311	104	6	720
5	302	345	100	15	762
6	300	370	75	32	777
7	300	380	64	45	789
8	300	350	6	94	750
9	180	335	0	63	578
10	187	278	0	26	491
11	200	318	0	26	544
12	195	285	0	56	536
总计	3125	3777	620	379	7901

型号 月份	突击炮				坦克歼击车					总计
	III号	42型 突击 榴弹炮	IV号	"灰熊"	"貂"III	黄蜂 / 犀牛	IV号 / IV号 70型	38型 坦克歼 击车	"猎豹"	
1	227	20	108	20	74	0	30	0	5	484
2	196	54	181	15	53	25	45	0	7	576
3	264	50	87	16	79	0	75	3	8	582
4	294	58	91	12	47	20	106	20	10	658
5	335	46	95	3	31	24	90	59	10	693
6	341	100	90	40	39	6	120	102	6	844
7	377	92	90	30	0	3	125	110	15	842
8	312	110	70	20	0	31	152	178	14	887

（续前表）

型号 月份	突击炮				坦克歼击车					总计
	Ⅲ号	42型 突击 榴弹炮	Ⅳ号	"灰熊"	"貂"Ⅲ	黄蜂/ 犀牛	Ⅳ号/ Ⅳ号 70型	38型 坦克歼 击车	"猎豹"	
9	356	119	65	19	0	12	139	237	21	968
10	325	100	53	14	0	7	193	240	88	1020
11	361	102	80	3	0	5	205	406	55	1217
12	452	40	49	23	0	0	255	332	67	1218
总计	3840	903	1059	215	323	133	1535	1687	226	9989

重要的工业决策，1944

1943年12月—1944年1月，利用捷克的工厂大规模生产38型坦克歼击车

1944年春，VOMAG停止了Ⅳ号坦克的生产，转而生产Ⅳ号坦克歼击车。只有尼伯龙根工厂还在生产Ⅳ号坦克

1944年8月，希特勒下令在年底停止生产Ⅳ号坦克，转而生产Ⅳ号坦克歼击车

新增的装甲车辆生产中心

38型坦克歼击车

布拉格，波希米亚－摩拉维亚机械制造公司（BMM），1944年3月投产

皮尔森，斯柯达工厂，1944年7月投产

新的坦克型号（1种）

1944年3月，"豹"式G型参战

新的突击炮型号（1种）

1944年8月，克虏伯和阿尔凯特公司在长时间研制后对"突击虎"进行了少量生产（18辆）。它在"虎"Ⅰ的底盘上安装了1门380毫米口径的火箭炮

新的坦克歼击车型号（5种）

1944年1月，Ⅳ号坦克歼击车参战。它在Ⅳ号坦克的底盘上安装了1门75毫米口径的Pak 39 L/48火炮

1944年1月，"猎豹"服役。它在"豹"式底盘上安装了1门88毫米口径的Pak 43火炮

1944年4月，38型坦克歼击车作为一种搭配使用的廉价坦克歼击车投产，它在38(t)坦

克的底盘上安装了1门75毫米口径的Pak 39L/48火炮

1944年7月，"猎虎"少量投产。它在"虎王"的底盘上安装了1门128毫米口径的Pak 44L/55火炮。1944年一共制造了51辆

1944年8月，Ⅳ号70型坦克歼击车服役。它把Ⅳ号坦克歼击车的主炮升级为75毫米口径的Pak 42L/70火炮

苏联

型号 月份	中型坦克		重型坦克	总计
	T-34/76	T-34/85	IS-2	
1	1220	25	35	1280
2	1180	75	75	1330
3	889	328	100	1317
4	176	992	150	1318
5	186	1001	175	1362
6	177	1034	200	1411
7	102	1119	225	1446
8	154	1175	250	1579
9	2	1236	250	1488
10	0	1239	250	1489
11	0	1242	250	1492
12	0	1196	250	1446
总计	4086	10662	2210	16958

型号 月份	自行火炮 / 突击炮					
	Su-76	Su-85	Su-100	Su-122	ISu-152	总计
1	N/A	176	0	N/A	N/A	N/A
2	N/A	176	0	N/A	N/A	N/A
3	N/A	191	0	N/A	N/A	N/A
4	N/A	200	0	N/A	N/A	N/A
5	N/A	205	0	N/A	N/A	N/A

（续前表）

型号 月份	自行火炮 / 突击炮					
	Su-76	Su-85	Su-100	Su-122	ISu-152	总计
6	N/A	210	0	N/A	N/A	N/A
7	N/A	210	0	N/A	N/A	N/A
8	N/A	210	0	0	N/A	N/A
9	380	135	40	0	N/A	N/A
10	N/A	120	90	0	N/A	N/A
11	N/A	60	150	0	N/A	N/A
12	N/A	0	220	0	N/A	N/A
总计	7155	1893	500	493	2510	12551

重要的工业决策，1944

1944年，苏联转而生产T-34/85型，T-34/76型在1943年9月停产

1944年3月以后，车里雅宾斯克工厂停止生产T-34，转而全部生产IS-2和ISu-152